# Tutorium Jura

Die Reihe Tutorium Jura stellt die Grundlagen des Zivil-, Straf- und Öffentlichen Rechts dar, um dem Lernenden einen praktischen Umgang mit der Materie zu ermöglichen. Sie stellt das in Vorlesungen meist abstrakt vermittelte Wissen dar und überträgt es auf prüfungsrelevante Fallsituationen. Der Studierende wird so bei der Entwicklung juristischer Fertigkeiten an die Hand genommen.

Vorkenntnisse spielen keine Rolle. Die Autoren sind erfolgreiche und erfahrene Tutoren. Aufgrund ihrer langjährigen Tätigkeit als Leiter wissenschaftlicher Arbeitsgruppen kennen sie die typischen Probleme von Studierenden im Umgang mit dem Gesetz und gehen daher im Besonderen auf die Ansprüche und Bedürfnisse der Studierenden ein.

Die vollständig im Gutachtenstil verfassten Lösungen bieten dem Lernenden anschauliche Beispiele für eine gelungene Falllösung. Diese ist nicht nur Grundlage einer erfolgreichen Teilnahme an den Scheinprüfungen, sie bestimmt letztendlich den Erfolg im Examen.

Weitere Bände in dieser Reihe
http://www.springer.com/series/5548

Peter Balzer • Stefan Kröll • Bernd Scholl

# Die Schuldrechtsklausur I

Kernprobleme der vertraglichen
Schuldverhältnisse in der
Fallbearbeitung

4. Auflage

 Springer

Peter Balzer
Sernetz Schäfer Rechtsanwälte
Düsseldorf, Deutschland

Bernd Scholl
Universität zu Köln
Köln, Deutschland

Stefan Kröll
Honorarprofessor Bucerius Law School,
Hamburg
Köln, Deutschland

ISSN 1613-8724
Tutorium Jura
ISBN 978-3-662-45661-3          ISBN 978-3-662-45662-0 (eBook)
DOI 10.1007/978-3-662-45662-0

Die Deutsche Nationalbibliothek verzeichnet diese Publikation in der Deutschen Nationalbibliografie;
detaillierte bibliografische Daten sind im Internet über http://dnb.d-nb.de abrufbar.

Springer

Springer Berlin Heidelberg ist Teil der Fachverlagsgruppe Springer Science+Business Media
(www.springer.com)

# Vorwort zur 4. Auflage

Die Vielzahl der in den letzten Jahren zum Schuldrecht ergangenen Entscheidungen hat erneut eine gründliche Überarbeitung unseres Fallbuches erforderlich gemacht. Die Neuauflage, deren Bearbeitung in Abstimmung mit den Mitautoren allein durch *Bernd Scholl* erfolgt ist, trägt den geänderten Titel „Die Schuldrechtsklausur I". In Planung ist ein zweiter Band zu den gesetzlichen Schuldverhältnissen aus der gemeinsamen Feder von *Jens Prütting* und *Bernd Scholl*. Darin aufgenommen wird der Fall zur deliktsrechtlichen Ersatzfähigkeit von „Weiterfresserschäden", der in den Vorauflagen dieses Bandes enthalten war.

In der vierten Auflage neu eingefügt wurden Fälle zum Auftragsrecht (Fall 26) sowie zum Darlehensrecht (Fall 20). Letzteren haben die Rechtsreferendarin *Ines Biesenack* und *Bernd Scholl* gemeinsam erstellt. Im Kaufrecht wurde Fall 8 zur Aus- und Einbaupflicht des Verkäufers im Rahmen der Nachlieferung vor dem Hintergrund der aktuellen Rechtsprechung von EuGH und BGH völlig neu verfasst. Weitere Fälle (etwa Fall 24 zum Werkvertragsrecht und Fall 15 zur Schenkung) wurden erweitert. Relevante Rechtsprechung und Literatur wurden bis Anfang Februar 2015 berücksichtigt.

Wichtige Aktualisierungen und Korrekturen können auf der Seite *www.schuldrechtsklausur.de* abgerufen werden. Aufmerksamen Lesern der Vorauflage danken wir für hilfreiche Anmerkungen und Hinweise. Solche – und auch die Fälle betreffende Verständnisfragen – erreichen uns weiterhin am einfachsten per E-Mail unter der Kontaktadresse *schuldrechtsklausur@uni-koeln.de*.

Köln, im Februar 2015                                                                 Dr. Bernd Scholl

# Vorwort zur 1. Auflage

Dieses Buch richtet sich zunächst an Studenten in den Anfangssemestern, die sich anhand der Kernprobleme der vertraglichen Schuldverhältnisse in die Fallmethodik einarbeiten wollen. Da zahlreiche Fallabwandlungen und auch einige Ausgangsfälle einen höheren Schwierigkeitsgrad aufweisen, bietet das Buch aber gleichermaßen dem fortgeschrittenen Studenten die Möglichkeit, sich anhand der ausformulierten Lösungen auf das Examen vorzubereiten. Hierbei können die Falllösungen ein Lehrbuch nicht ersetzen. Ziel des Buches ist nicht eine vollständige Aufarbeitung sämtlicher Fragestellungen aus dem Gebiet der vertraglichen Schuldverhältnisse. Vielmehr soll den Studenten anhand ausgewählter Fragestellungen die Methodik der Fallbearbeitung vermittelt und der Blick für die dem Schuldrecht zugrundeliegende Systematik geschärft werden. Entsprechend haben wir bewusst auch den Studenten nicht unmittelbar geläufige Themengebiete berücksichtigt, um an ihnen den Umgang mit nicht bekannten Problemen exemplarisch darzustellen. In der Regel lassen sich auch für ausgefallenere Aufgabenstellungen durch eingehende Lektüre des Sachverhalts sowie intensive Arbeit mit dem Gesetz und der zugrundeliegenden Systematik vertretbare Lösungen entwickeln. Das Buch will das hierfür erforderliche methodische Wissen vermitteln und auf die systematischen Zusammenhänge bei den verschiedenen gesetzlich geregelten Vertragstypen hinweisen.

Die Falllösungen gehen oft deutlich über das hinaus, was in einer Anfänger- oder auch in einer Fortgeschrittenenklausur erwartet werden kann. Die (keinen Anspruch auf Vollständigkeit erhebende) Darstellung von Meinungsstreiten soll dem Studenten lediglich Argumentationsmöglichkeiten aufzeigen und zur Nacharbeit anregen. Auch in einer Klausur wird von den Studenten regelmäßig keine vollständige Aufarbeitung des vorhandenen Meinungsspektrums erwartet, sondern lediglich eine Auseinandersetzung mit den unterschiedlichen Ansätzen und das Erarbeiten eigener (vertretbarer) Lösungsansätze.

Bei der Auswahl der Fälle und der Erstellung der Lösungen haben wir unsere langjährigen Erfahrungen als Dozenten und Leiter von Arbeitsgemeinschaften für Studienanfänger an der Rechtswissenschaftlichen Fakultät der Universität zu Köln einfließen lassen. Wir haben uns bemüht, häufig anzutreffende Fehler, die uns während der Lehrstuhltätigkeit bei der Korrektur von Klausuren unterschiedlicher Schwierigkeitsgrade aufgefallen sind, aufzuzeigen und durch „Aufbauhinweise" sowie „Klausurhinweise" zu ihrer Vermeidung beizutragen. Zudem wird zum besseren Verständnis in „Exkursen" oder „systematischen Hinweisen" auf immer wie-

derkehrende Regelungsmuster des Gesetzes und spezielle Argumentationsstruktu-
ren hingewiesen. Um das Fallbuch gewinnbringend zu nutzen, sollte sich der Leser
zunächst stets um eine eigene Lösung bemühen und erst im Anschluss die ausformulierten Lösungen durcharbeiten.

Für die kritische Durchsicht der Falllösungen danken wir unseren Kollegen Ar-
min Winnen und Björn Bachirt.

Köln, im Oktober 2005                                              Dr. Peter Balzer
                                                            Dr. Stefan Kröll, LL.M.
                                                                    Bernd Scholl

# Inhaltsverzeichnis

# Literatur zum Schuldrecht (Auswahl)

## I. Kommentare zum BGB

Die mit einem * gekennzeichneten Kommentare eignen sich besonders zu Studienzwecken.

*Bamberger/Roth*, Kommentar zum Bürgerlichen Gesetzbuch, 3. Aufl. 2012

*Dauner-Lieb/Heidel/Ring*, NomosKommentar BGB, 2./3. Aufl. 2008 ff.

*Erman*, Handkommentar zum Bürgerlichen Gesetzbuch, 14. Aufl. 2014, 2 Bände

*\*Jauernig*, Bürgerliches Gesetzbuch, 15. Aufl. 2014

juris PraxisKommentar BGB, 7. Aufl. 2014 (zit.: jurisPK-BGB)

*\*Kropholler*, Studienkommentar BGB, 14. Aufl. 2013

Münchener Kommentar zum Bürgerlichen Gesetzbuch, 6. Aufl. 2012 ff. (zit.: MünchKomm)

*Palandt*, Bürgerliches Gesetzbuch, 74. Aufl. 2015

*Prütting/Wegen/Weinreich*, BGB Kommentar, 9. Aufl. 2014 (zit.: PWW)

Reichsgerichtsrätekommentar zum BGB, 12. Aufl. 1975–1999 (im Schuldrecht veraltet) (zit.: RGRK)

*\*Schulze/Dörner/Ebert/Hoeren/Kemper/Saenger/Schreiber/Schulte-Nölke/Staudinger*, BGB-Handkommentar, 8. Aufl. 2014 (zit.: Hk-BGB)

*Soergel*, Bürgerliches Gesetzbuch, 12. Aufl. 1987–2007 (im Schuldrecht veraltet); 13. Aufl. 1999 ff. (Bände zum Schuldrecht noch unvollständig)

*Staudinger*, Kommentar zum Bürgerlichen Gesetzbuch, 13. Bearb./Neubearb. 1993 ff.

## II. Lehrbücher

### 1. Zum Schuldrecht

*Brox/Walker*, Allgemeines Schuldrecht, 38. Aufl. 2014; Besonderes Schuldrecht, 38. Aufl. 2014

*Emmerich*, Recht der Leistungsstörungen, 6. Aufl. 2005

*Emmerich*, Schuldrecht Besonderer Teil, 13. Aufl. 2012

*Fikentscher/Heinemann*, Schuldrecht, 10. Aufl. 2006

*Greiner*, Schuldrecht Besonderer Teil – Vertragliche Schuldverhältnisse, 2011

*Grunewald*, Kaufrecht, 2006

*Harke*, Besonderes Schuldrecht, 2011

*Hirsch*, Allgemeines Schuldrecht, 8. Aufl. 2013; Besonderes Schuldrecht, 3. Aufl. 2014

*Looschelders*, Schuldrecht Allgemeiner Teil, 12. Aufl. 2014; Besonderer Teil, 9. Aufl. 2014

*Medicus/Lorenz*, Schuldrecht I, Allgemeiner Teil, 20. Aufl. 2012; Schuldrecht II, Besonderer Teil, 17. Aufl. 2014

*Oetker/Maultzsch*, Vertragliche Schuldverhältnisse, 4. Aufl. 2013

*Oechsler*, Vertragliche Schuldverhältnisse, 2013

*Reinicke/Tiedtke*, Kaufrecht, 8. Aufl. 2009

*Schellhammer*, Schuldrecht nach Anspruchsgrundlagen samt BGB Allgemeiner Teil, 9. Aufl. 2014

*Schlechtriem/Schmidt-Kessel*, Schuldrecht Allgemeiner Teil, 6. Aufl. 2005; *Schlechtriem*, Schuldrecht Besonderer Teil, 6. Aufl. 2003

*Schwarze*, Das Recht der Leistungsstörungen, 2008

*Westermann/Bydlinski/Weber*, Schuldrecht Allgemeiner Teil, 8. Aufl. 2014

**Literatur speziell zur Schuldrechtsreform:**

*Dauner-Lieb/Arnold/Dötsch/Kitz*, Fälle zum neuen Schuldrecht, 2002

*Dauner-Lieb/Heidel/Lepa/Ring*, Das neue Schuldrecht, 2002

*Dauner-Lieb/Konzen/K. Schmidt* (Hrsg.), Das neue Schuldrecht in der Praxis, 2003

*Ehmann/Sutschet*, Modernisiertes Schuldrecht, 2002

*Haas/Medicus/Rolland/Schäfer/Wendtland* Das neue Schuldrecht, 2002

*Huber/Faust*, Schuldrechtsmodernisierung, 2002

*Lorenz/Riehm*, Lehrbuch zum neuen Schuldrecht, 2002

*Schwab/Witt*, Examenswissen zum neuen Schuldrecht, 2. Aufl. 2003

**Grundlegende Lehrbücher noch zum alten Schuldrecht:**

*Enneccerus/Lehmann*, Recht der Schuldverhältnisse, 15. Aufl. 1958

*Esser/Schmidt*, Schuldrecht, Bd. I, Allgemeiner Teil, Teilband 1, 8. Aufl. 1995; Teilband 2, 8. Aufl. 2000; *Esser/Weyers*, Schuldrecht, Bd. II, Besonderer Teil, Teilband 1, 8. Aufl. 1998; Teilband 2, 8. Aufl. 2000

*Larenz*, Lehrbuch des Schuldrechts, Band I: Allgemeiner Teil, 14. Aufl. 1987; Bd. II: Besonderer Teil, 1. Halbband, 13. Aufl. 1986; *Larenz/Canaris*, Lehrbuch des Schuldrechts, Bd. II: Besonderer Teil, 2. Halbband, 13. Aufl. 1994

## 2. Gesamtdarstellungen zum BGB

*Grunewald*, Bürgerliches Recht, 9. Aufl. 2014
*Medicus/Petersen*, Bürgerliches Recht, 24. Aufl. 2013
*Medicus/Petersen*, Grundwissen zum Bürgerlichen Recht, 10. Aufl. 2014
*Musielak/Hau*, Grundkurs BGB, 13. Aufl. 2013; Examenskurs BGB, 3. Aufl. 2014

## III. Fallsammlungen zum Schuldrecht

*Fezer*, Klausurenkurs zum Schuldrecht Allgemeiner Teil, 8. Aufl. 2013; Klausuren-
kurs zum Schuldrecht Besonderer Teil, 9. Aufl. 2014
*Fritzsche*, Fälle zum Schuldrecht I – Vertragliche Schuldverhältnisse, 6. Aufl. 2014;
Fälle zum Schuldrecht II – Gesetzliche Schuldverhältnisse, 2. Aufl. 2013
*Köhler/Lorenz*, Prüfe dein Wissen: Schuldrecht I – Allgemeiner Teil, 22. Aufl. 2014;
Schuldrecht II – Einzelne Schuldverhältnisse, 19. Aufl. 2011
*Kornblum/Stürner*, Fälle zum Allgemeinen Schuldrecht, 7. Aufl. 2011
*Wieling/Finkenauer*, Fälle zum Besonderen Schuldrecht, 7. Aufl. 2012

# Abkürzungsverzeichnis

| | |
|---|---|
| II. BV | Zweite Berechnungsverordnung |
| a. A. | andere[r] Ansicht |
| abl. | ablehnend |
| Abs. | Absatz |
| AcP | Archiv für die civilistische Praxis |
| a. E. | am Ende |
| AEUV | Vertrag über die Arbeitsweise der Europäischen Union |
| a. F. | alte Fassung |
| AG | Aktiengesellschaft; Amtsgericht |
| AGB | Allgemeine Geschäftsbedingung[en] |
| AGBG | Gesetz zur Regelung des Rechts der Allgemeinen Geschäftsbedingungen (aufgehoben durch Art. 6 Nr. 4 SMG) |
| ähnl. | ähnlich |
| AktG | Aktiengesetz |
| allg. | allgemein |
| AnwK | Anwaltkommentar |
| AO | Abgabenordnung |
| AP | Arbeitsrechtliche Praxis |
| Art. | Artikel |
| AT | Allgemeiner Teil |
| Aufl. | Auflage |
| ausf. | ausführlich |
| BAG | Bundesarbeitsgericht |
| BB | Betriebs-Berater |
| Bearb. | Bearbeitung |
| Begr. | Begründung |
| betr. | betreffend |
| BGB | Bürgerliches Gesetzbuch |
| BGH | Bundesgerichtshof |
| BGHZ | Entscheidungen des Bundesgerichtshofs in Zivilsachen |
| BKR | Zeitschrift für Bank- und Kapitalmarktrecht |
| BT | Besonderer Teil |
| BT-Drucks. | Bundestags-Drucksache |
| BVerfG | Bundesverfassungsgericht |
| BVerfGE | Entscheidungen des Bundesverfassungsgerichts |

| | |
|---|---|
| bzw. | beziehungsweise |
| c. i. c. | culpa in contrahendo |
| DB | Der Betrieb |
| ders. | derselbe |
| d. h. | das heißt |
| dies. | dieselbe(n) |
| DNotZ | Deutsche Notar-Zeitschrift |
| DStR | Deutsches Steuerrecht (Zeitschrift) |
| EDV | Elektronische Datenverarbeitung |
| EG | Europäische Gemeinschaft[en] |
| entspr. | entsprechend |
| ErfK | Erfurter Kommentar zum Arbeitsrecht |
| EStG | Einkommensteuergesetz |
| etc. | et cetera |
| EU | Europäische Union |
| EuGH | Europäischer Gerichtshof |
| evtl. | eventuell |
| f. | folgende |
| ff. | [fort]folgende |
| FLF | Finanzierung, Leasing, Factoring (Zeitschrift) |
| Fn. | Fußnote |
| FS | Festschrift |
| gem. | gemäß |
| GewO | Gewerbeordnung |
| ggf. | gegebenenfalls |
| GmbH | Gesellschaft mit beschränkter Haftung |
| GoA | Geschäftsführung ohne Auftrag |
| grds. | grundsätzlich |
| HGB | Handelsgesetzbuch |
| Hk-BGB | Handkommentar zum BGB |
| h. L. | herrschende Lehre |
| h. M. | herrschende Meinung |
| Hrsg. | Herausgeber |
| Hs. | Halbsatz |
| i. A. | im Auftrag |
| i. d. R. | in der Regel |
| i. e. | im einzelnen |
| i. H. [v.] | in Höhe [von] |
| insbes. | insbesondere |
| i. S. d. | im Sinne des |
| i. S. v. | im Sinne von |
| i. V. [m.] | in Verbindung [mit] |
| JA | Juristische Arbeitsblätter |
| Jura | Juristische Ausbildung |
| jurisPK-BGB | juris PraxisKommentar BGB |
| JuS | Juristische Schulung |

| | |
|---|---|
| JZ | Juristenzeitung |
| K&R | Kommunikation und Recht |
| Kap. | Kapitel |
| Kfz | Kraftfahrzeug |
| KG | Kammergericht; Kommanditgesellschaft |
| km | Kilometer |
| km/h | Kilometer pro Stunde |
| krit. | kritisch |
| KSchG | Kündigungsschutzgesetz |
| l | Liter |
| Leits. | Leitsatz |
| LG | Landgericht |
| Lit. | Literatur |
| lit. | littera (Buchstabe) |
| LMK | Kommentierte BGH-Rechtsprechung Lindenmaier-Möhring |
| m. | mit |
| m.(zahlr.) w. N. | mit (zahlreichen) weiteren Nachweisen |
| MDR | Monatsschrift für Deutsches Recht |
| Mio. | Million[en] |
| MMR | MultiMedia und Recht |
| Mot. | Motive zum Bürgerlichen Gesetzbuch |
| MünchKomm | Münchener Kommentar zum Bürgerlichen Gesetzbuch |
| Nachw. | Nachweise |
| n. F. | neue Fassung |
| NJW | Neue Juristische Wochenschrift |
| NJWE-MietR | NJW Entscheidungsdienst Miet- und Wohnungsrecht |
| NJW-RR | NJW-Rechtsprechungs-Report Zivilrecht |
| Nr. | Nummer |
| n. rkr. | nicht rechtskräftig |
| NZA | Neue Zeitschrift für Arbeits- und Sozialrecht |
| NZBau | Neue Zeitschrift für Baurecht |
| NZM | Neue Zeitschrift für Miet- und Wohnungsrecht |
| NZV | Neue Zeitschrift für Verkehrsrecht |
| OHG | offene Handelsgesellschaft |
| OLG | Oberlandesgericht |
| OLGR | OLG-Report |
| PdW | Prüfe dein Wissen |
| PKW | Personenkraftwagen |
| ProdHaftG | Produkthaftungsgesetz |
| PWW | Prütting/Wegen/Weinreich, BGB-Kommentar |
| Rn. | Randnummer |
| RGZ | Entscheidungen des Reichsgerichts in Zivilsachen |
| RL | Richtlinie |
| RRa | Reiserecht aktuell |
| Rspr. | Rechtsprechung |

| | |
|---|---|
| S. | Satz; Seite |
| s. | siehe |
| SchuldR | Schuldrecht |
| SGB | Sozialgesetzbuch |
| SMG | Schuldrechtsmodernisierungsgesetz |
| s. o. | siehe oben |
| sog. | sogenannt |
| StGB | Strafgesetzbuch |
| st. Rspr. | ständige Rechtsprechung |
| str. | streitig |
| StVG | Straßenverkehrsgesetz |
| StVO | Straßenverkehrsordnung |
| s. u. | siehe unten |
| TÜV | Technischer Überwachungsverein |
| u. | und |
| u. a. | und andere; unter anderem |
| UAbs. | Unterabsatz |
| u. E. | unseres Erachtens |
| Urt. | Urteil |
| USt | Umsatzsteuer |
| UStG | Umsatzsteuergesetz |
| u. U. | unter Umständen |
| UWG | Gesetz gegen den unlauteren Wettbewerb |
| v. | von/vom |
| v. a. | vor allem |
| VerbrGKRL | Verbrauchsgüterkaufrichtlinie |
| VersR | Versicherungsrecht (Zeitschrift) |
| vgl. | vergleiche |
| VO | Verordnung |
| VVG | Versicherungsvertragsgesetz |
| WM | Wertpapier-Mitteilungen |
| WuM | Wohnungswirtschaft und Mietrecht |
| z. B. | zum Beispiel |
| zit. | zitiert |
| z. T. | zum Teil |
| z. Z. | zur Zeit |
| ZBB | Zeitschrift für Bankrecht und Bankwirtschaft |
| ZEV | Zeitschrift für Erbrecht und Vermögensnachfolge |
| ZGS | Zeitschrift für das gesamte Schuldrecht |
| ZIP | Zeitschrift für Wirtschaftsrecht [früher: und Insolvenzpraxis] |
| ZJS | Zeitschrift für das Juristische Studium, im Internet abrufbar unter www.zjs-online.com |
| ZMR | Zeitschrift für Miet- und Raumrecht |
| ZPO | Zivilprozeßordnung |
| ZRP | Zeitschrift für Rechtspolitik |
| zust. | zustimmend |

# Fall 1

## Ausgangsfall

Herr König (K) kauft beim Händler Vogel (V) für 9990 € einen neuen roten Fiat Punto, den er sich auf dem Hof selbst ausgesucht hat. Als K mit dem Wagen einige Tage unterwegs ist, stellt er fest, dass der Motor wegen eines (schon von Anfang an vorhandenen) Defekts schlecht anspringt, unrund läuft und immer wieder ausgeht. Er überlegt sich, welche Ansprüche und Rechte er gegenüber V hat.

## 1. Abwandlung

Wegen eines defekten Kabels funktionieren „nur" die automatischen Fensterheber nicht, während der Wagen aber sonst einwandfrei ist. K will wissen, ob er nur Reparatur des Wagens oder auch Lieferung eines Ersatzfahrzeuges verlangen kann.

## 2. Abwandlung

Der Fiat läuft zwar, verbraucht aber, wie K mit einem Sachverständigengutachten des TÜV beweisen kann, statt der im Herstellerprospekt und in der Internetwerbung des Herstellers angegebenen 6,1 Liter Benzin pro 100 km tatsächlich 6,6 Liter. K wendet sich daraufhin an V mit der Bitte, den Motor so einzustellen, dass die Herstellerangaben eingehalten werden. Zwei Versuche des V, den Benzinverbrauch zu senken, bleiben aber erfolglos. Daraufhin tritt K vom Kaufvertrag zurück und verlangt Rückzahlung des Kaufpreises von 9990 €. V hält dem entgegen, bei einer solchen Kleinigkeit könne sich K nicht vom Vertrag lösen.

Kann K Rückzahlung des Kaufpreises verlangen?

© Springer-Verlag Berlin Heidelberg 2015
P. Balzer et al., *Die Schuldrechtsklausur I,* Tutorium Jura,
DOI 10.1007/978-3-662-45662-0_1

## Lösung Fall 1

▶  Der Fall ist bewusst sehr einfach gestaltet und dient der Einführung in die Bearbeitung kaufrechtlicher Fälle. Um die Grundstrukturen der kaufrechtlichen Mängelhaftung deutlich zu machen, werden insbesondere im Ausgangsfall auch relativ unproblematische Punkte ausführlich erörtert und in Kästchen Hinweise gegeben, die den Fall selbst nicht betreffen. Dies dient nur didaktischen Zwecken. In einer Klausur sind derartige Erörterungen fehl am Platze. Aus den gleichen Gründen wurde die Falllösung stark untergliedert; in späteren Fällen werden unproblematische Prüfungspunkte zusammengefasst, um den Lesefluss nicht zu behindern. Für die Klausur empfiehlt sich eine so starke Untergliederung mit eigenen Zwischenüberschriften, wie sie hier vorgenommen wurde, bereits aus zeitlichen Gründen nicht.

## Ausgangsfall

### Aufbauhinweis

Gefragt ist nach allen Ansprüchen und Rechten, die K gegen V wegen des Mangels des gekauften Autos hat. Diese sind alle in § 437 BGB aufgezählt und werden im Folgenden systematisch geprüft. Als Ansprüche ausgestaltet sind Nacherfüllung und Schadensersatz; Gestaltungsrechte sind Rücktritt und Minderung. Man schreibe daher nicht von einem „Anspruch auf Rücktritt" oder „auf Minderung", den es nicht gibt.[1] Ansprüche entstehen erst aus dem Rückgewährschuldverhältnis oder aus der Minderung.

## I. Anspruch auf Nacherfüllung, §§ 437 Nr. 1, 439 Abs. 1 BGB

### Aufbauhinweis

Die Anspruchsgrundlage kann (das Gleiche gilt auch für die folgenden Ansprüche und Rechte) auch noch um die §§ 434, 433 BGB ergänzt werden. Dies ist aber nicht zwingend erforderlich, weil die Voraussetzungen des Kaufvertrages und des Mangels bereits in § 437 BGB enthalten sind.

**1**  K könnte gegen V einen Anspruch auf Nacherfüllung entweder durch Reparatur des Wagens (Nachbesserung) oder durch Lieferung eines mangelfreien anderen Wagens (Ersatzlieferung) aus §§ 437 Nr. 1, 439 Abs. 1 BGB haben.

---

[1] S. nur Jauernig/*C. Berger* § 441 Rn. 1; *Lorenz* JuS 2011, 871, 874; falsch BGH NJW 2011, 2953 Rn. 7, 8, 11.

## 1. Anspruch entstanden

Der Anspruch ist entstanden, wenn K und V einen wirksamen Kaufvertrag über **2** den Fiat geschlossen haben, der Fiat bei Gefahrübergang mangelhaft war und die Mängelhaftung nicht ausgeschlossen ist.

### a) Kaufvertrag

K und V haben einen wirksamen Kaufvertrag gem. § 433 BGB über einen neuen **3** Fiat geschlossen.

### b) Mangel der Kaufsache bei Gefahrübergang

Fraglich ist, ob die Kaufsache, also der Fiat, bei Gefahrübergang mangelhaft war. **4** Hier kommt allein ein **Sachmangel** gem. § 434 BGB in Betracht.

> **Systematischer Hinweis**
>
> Ein **Mangel** liegt vor, wenn die Istbeschaffenheit der Sache hinter der vertraglich geschuldeten Sollbeschaffenheit zurückbleibt. § 434 BGB geht vom sog. subjektiven Fehlerbegriff aus. Das bedeutet, dass eine Parteivereinbarung vorrangig zu berücksichtigen und nur nachrangig auf objektive Maßstäbe abzustellen ist. Zunächst ist nach **§ 434 Abs. 1 S. 1 BGB** zu prüfen, ob die Parteien eine Beschaffenheit konkret vereinbart haben. Ist das nicht der Fall, ist nach **§ 434 Abs. 1 S. 2 Nr. 1 BGB** darauf abzustellen, ob die Sache sich für die nach dem Vertrag vorausgesetzte Verwendung eignet. Der objektive Fehlerbegriff des **§ 434 Abs. 1 S. 2 Nr. 2 BGB** (ggf. in Verbindung mit den in § 434 Abs. 1 S. 3 BGB geregelten Sonderfällen) ist nur relevant, wenn weder eine besondere Parteivereinbarung noch ein vertraglich vorausgesetzter Gebrauch feststellbar ist. Ein Sachmangel liegt nach § 434 Abs. 1 S. 2 Nr. 2 BGB vor, wenn die Sache für die gewöhnliche Verwendung ungeeignet ist und/oder ihr die Beschaffenheit fehlt, die bei Sachen gleicher Art üblich ist und die der Käufer nach der Art der Sache erwarten kann. Wegen der nur nachrangigen Berücksichtigung der gewöhnlichen Verwendungseignung und der üblichen Beschaffenheit liegt insbes. kein Sachmangel vor, wenn die Parteien sich darüber einig sind, dass die verkaufte Ware minderwertig ist oder sein darf (z. B. Ramschware, Mängelexemplare).
>
> Unter welche Variante des § 434 BGB der Mangel zu fassen ist, ist im Einzelfall oft schwer zu sagen. In der Literatur wird nicht einheitlich beurteilt, ob für den Fall des § 434 Abs. 1 S. 2 Nr. 1 BGB erforderlich ist, dass der Käufer die beabsichtigte Verwendung offengelegt und der Verkäufer dem zugestimmt hat,[2] oder ob es bereits ausreicht, dass die Parteien dem Vertrag stillschweigend eine bestimmte (i. d. R. die übliche) Verwendung der Kaufsache zugrunde gelegt haben.[3] Die letztere, weite Auslegung hätte zur Folge, dass § 434 Abs. 1 S. 2 Nr. 1 BGB der praktisch wichtigste Auffangtatbestand

---

[2] *Medicus/Lorenz* SchuldR II, Rn. 81; MünchKomm/*Westermann* § 434 Rn. 18.

[3] Palandt/*Weidenkaff* § 434 Rn. 20 f.; PWW/*D. Schmidt* § 434 Rn. 40.

zu § 434 Abs. 1 S. 1 BGB[4] und § 434 Abs. 1 S. 2 Nr. 2 BGB weitgehend
bedeutungslos wäre. Wenn man dagegen eine vertragliche Übereinkunft über
den Verwendungszweck verlangte, wäre umgekehrt § 434 Abs. 1 S. 2 Nr. 1
BGB weitgehend ohne Bedeutung, weil diese Fälle meist schon von § 434
Abs. 1 S. 1 BGB erfasst sind. Im Ergebnis ist irrelevant, welche Art von Mangel vorliegt. In der Falllösung sollte man sich deshalb mit nicht zu ausführlicher Begründung für eine vertretbare Variante entscheiden. Der BGH prüft
die beiden Nummern von § 434 Abs. 1 S. 2 BGB teilweise zusammen, ohne
sie voneinander abzugrenzen (vgl. BGH NJW 2009, 2120 Rn. 7).

Spezialfälle des Sachmangels sind in § 434 Abs. 2 und 3 BGB geregelt.
§ 434 Abs. 2 BGB betrifft eine fehlerhafte Montage der Kaufsache (dazu Fall
6), § 434 Abs. 3 BGB die Lieferung einer anderen Sache (*aliud*-Lieferung)
oder einer zu geringen Menge (dazu Fall 12 Rn. 14).

Zum Rechtsmangel (§ 435 BGB) s. u. Fall 2 Rn. 7 (Exkurs).

**5** Hier haben K und V keine konkreten Beschaffenheitsvereinbarungen getroffen, so
dass der Fiat keinen Mangel nach § 434 Abs. 1 S. 1 BGB aufweist. Möglicherweise eignet er sich aber nicht für die nach dem Vertrag vorausgesetzte Verwendung
(§ 434 Abs. 1 S. 2 Nr. 1 BGB). Der Käufer eines Kraftfahrzeugs will dieses zum
Fahren nutzen. Deshalb setzt er voraus, dass ein Neufahrzeug sich in einem fahrbe-
reiten Zustand befindet. Dazu gehört, dass es problemlos anspringt, rund läuft und
nicht beim Fahren ausgeht. Das weiß auch der Verkäufer. Der von V an K verkaufte
Fiat eignet sich deshalb nicht für die vertraglich vorausgesetzte Verwendung. Er
weist damit einen Sachmangel gem. § 434 Abs. 1 S. 2 Nr. 1 BGB auf.

Legt man § 434 Abs. 1 S. 2 Nr. 1 BGB eng aus, indem man eine konkrete Vereinbarung über den Verwendungszweck (Rn. 4 im Kasten 2. Absatz) verlangt,
muss man einen Mangel nach § 434 Abs. 1 S. 2 Nr. 1 BGB ablehnen und auf
die Auffangvorschrift des § 434 Abs. 1 S. 2 Nr. 2 BGB abstellen.

**6** Dieser Sachmangel müsste bei Gefahrübergang bestanden haben. Wann die Gefahr
des zufälligen Untergangs und der zufälligen Verschlechterung der Sache auf den
Käufer übergeht, ist in den §§ 446 und 447 BGB geregelt. Dabei stellt § 446 S. 1
BGB den Grundsatz auf, dass die Gefahr mit der Übergabe auf den Käufer übergeht.
Hier bestand der Motordefekt bereits, als V das Auto an K übergeben hat. Der Fiat
war also bereits bei Gefahrübergang mit einem Sachmangel behaftet.

---

[4] Palandt/*Weidenkaff* § 434 Rn. 20 a. E.

## c) Kein Ausschluss der Mängelhaftung

Gründe für einen Ausschluss der Haftung des Verkäufers sind nicht ersichtlich.     7

**Exkurs**

Als Ausschlussgründe kommen insbesondere in Betracht:
- individualvertraglicher Haftungsausschluss (Grenzen: arglistiges Verschweigen des Mangels durch den Verkäufer oder Garantieübernahme, § 444 BGB → Fall 4; beim Verbrauchsgüterkauf ist § 475 BGB zu beachten → Fall 11)
- Haftungsausschluss durch AGB (unterliegt den zusätzlichen Beschränkungen der §§ 305 ff BGB)
- Kenntnis des Käufers vom Mangel und grds. auch grob fahrlässige Unkenntnis, § 442 BGB
- Beim Handelskauf Verletzung der Rügeobliegenheit, § 377 HGB → Fall 12

## d) Zwischenergebnis

Damit ist der Nacherfüllungsanspruch entstanden. K hat gem. § 439 Abs. 1 BGB     8
grundsätzlich die **Wahl** zwischen der Beseitigung des Mangels und der Lieferung
eines neuen Wagens.

## 2. Anspruch nicht erloschen

Bei der Frage, ob der Nacherfüllungsanspruch des K erloschen ist, muss zwischen     9
den beiden Varianten des § 439 Abs. 1 BGB unterschieden werden. Hindernisse,
welche einer Reparatur des Wagens entgegenstehen könnten, sind nicht ersichtlich.
Dagegen könnte der Anspruch auf **Lieferung eines Ersatzfahrzeuges gem. § 275
Abs. 1 BGB wegen Unmöglichkeit ausgeschlossen** sein. In diesem Falle stünde
dem K allein ein Anspruch auf Reparatur des gekauften Wagens zu. Grund für die
Unmöglichkeit der Ersatzlieferung könnte das Vorliegen eines **Stückkaufes** sein: K
hat nicht (wie beim Gattungskauf) nur einen Wagentyp bestellt, sondern sich einen
bestimmten Wagen auf dem Hof des V ausgesucht, so dass die Kaufsache bereits bei
Vertragsschluss individualisiert war und ein Stückkauf vorliegt. Inwieweit das zum
Ausschluss der Ersatzlieferung führt, ist umstritten.

Teilweise wird vertreten, bei einem Stückkauf komme eine Ersatzlieferung all-     10
gemein nicht in Betracht, weil sich die Parteien auf die Lieferung einer ganz bestimmten Sache geeinigt hätten, die nicht durch eine beliebige andere ersetzt werden könne.[5] Nach der Rechtsprechung[6] und herrschenden Auffassung im Schrifttum[7] kommt eine Nachlieferung nur dann nicht in Betracht, wenn die Kaufsache

---

[5] Bamberger/Roth/*Faust* § 439 Rn. 27; *Huber* NJW 2002, 1004, 1006; differenzierend *Sutschet* JA 2007, 161, 165 ff.

[6] BGHZ 168, 64 Rn. 18 ff.; bestätigend BGHZ 170, 86 Rn. 17 = NJW 2007, 1346; OLG Karlsruhe NJW-RR 2007, 1210, 1211 (für gestempelte Briefmarken); so auch die Entwurfsbegr. zum SMG, BT-Drucks. 14/6040, S. 209.

[7] Z. B. MünchKomm/*Westermann* § 439 Rn. 11; Palandt/*Weidenkaff* § 439 Rn. 15; Staudinger/*Matusche-Beckmann* (2014) § 439 Rn. 64 ff.; *Oetker/Maultzsch* Vertragliche Schuldverhältnisse, § 2 Rn. 203; Spickhoff BB 2003, 589, 590; *Bitter* ZIP 2007, 1881 ff m.zahlr.w.N. in Fn. 8. *Bitter* weist darauf hin, dass beim Stückkauf der vom Verkäufer für die Nachlieferung geschuldete Aufwand geringer sei als beim Gattungskauf (S. 1888). – In der Konstruktion anders, im Ergebnis aber übereinstimmend *Dieckmann* ZGS 2009, 9 ff m. w. N. in Fn. 15, der beim Kauf einer austausch-

nach dem gem. §§ 133, 157 BGB durch Auslegung zu ermittelnden Parteiwillen nicht **durch eine gleichartige und gleichwertige Sache ersetzt** werden kann. Einen Hinweis auf die (subjektive) Ersatzfähigkeit liefert auch die (objektive) Vertretbarkeit des Kaufgegenstandes i. S. d. § 91 BGB.[8] Neuwertige Serienfahrzeuge sind vertretbare Sachen. Der Kauf eines Neuwagens ist mit einem Gattungskauf vergleichbar, weil es Verkäufer und Käufer nicht maßgeblich darauf ankommt, genau den ausgesuchten Wagen zu veräußern bzw. zu erwerben. Deshalb ist das Kriterium der Ersatzfähigkeit erfüllt. Anders als nach der Minderauffassung wäre nach h. M. damit hier eine Ersatzlieferung durch einen gleichartigen und gleichwertigen, aber mangelfreien Fiat Punto möglich.

11      Gegen die Mindermeinung, die bereits im Wortlaut des § 439 BGB keine Stütze findet,[9] spricht zunächst, dass es nach der Begründung des Schuldrechtsmodernisierungsgesetzes bei der Nacherfüllung auf die Unterscheidung zwischen Stück- und Gattungskauf nicht ankommen soll.[10] Außerdem wird die Mindermeinung den Interessen der Parteien nicht gerecht. Beim Kauf einer neuwertigen, in großer Stückzahl produzierten Sache ist es dem Käufer gleichgültig, ob er genau das ausgewählte Stück behält oder ein Ersatzstück mit identischen Eigenschaften erhält. Wenn die Kaufsache ersatzfähig ist, entspricht die Interessenlage der beim Gattungskauf. Deshalb ist der h. M. zu folgen. Die Ersatzlieferung ist hier also nicht nach § 275 Abs. 1 BGB ausgeschlossen. Vielmehr sind beide Arten der Nacherfüllung möglich.

### 3. Anspruch durchsetzbar

12      Der Anspruch ist auch durchsetzbar. Insbesondere ist keine der beiden Arten der Nacherfüllung mit für den Verkäufer unverhältnismäßigen Kosten verbunden (§ 439 Abs. 3 BGB; dazu für die 1. Fallabwandlung noch unten Rn. 31 f und Fall 7), und der Nacherfüllungsanspruch ist nicht verjährt (zur zweijährigen Verjährungsfrist §§ 438 Abs. 1 Nr. 3, 214 BGB).

### 4. Ergebnis

13      Damit kann K von V gem. §§ 437 Nr. 1, 439 Abs. 1 BGB nach seiner Wahl Lieferung eines neuen Fiat gleicher Art oder Reparatur des Wagens verlangen.

## II. Rücktrittsrecht gem. §§ 437 Nr. 2, 323 BGB

14      Möglicherweise ist K gem. §§ 437 Nr. 2, 323 BGB auch zum Rücktritt vom Kaufvertrag mit V berechtigt.[11]

---

baren Sache trotz Individualisierung keinen Stückkauf, sondern einen Gattungskauf annimmt und so zu dem Ergebnis kommt, dass eine Nacherfüllung hier – anders als beim „echten" Stückkauf – möglich sei.

[8] *Oetker/Mautzsch* § 2 Rn. 204; a. A. *Roth* NJW 2006, 2953, 2955.

[9] BGHZ 168, 64 Rn. 20.

[10] BT-Drucks. 14/6040, S. 230.

[11] Ebenso gut möglich ist es, einen Anspruch auf Rückgewähr des Kaufpreises aufgrund eines Rücktritts gem. § 346 Abs. 1 i. V. m. §§ 437 Nr. 2, 323 BGB zu prüfen. Dieser Anspruch wäre

> **Systematischer Hinweis**
> Im Anwendungsbereich der kaufrechtlichen Mängelhaftung werden die Regelungen des allgemeinen Leistungsstörungsrechts – und damit auch § 323 BGB – verdrängt. Sofern der Rücktritt daher wegen eines Sachmangels erfolgt, ist es erforderlich, den Anwendungsbereich des § 323 BGB über die Bezugnahme in § 437 Nr. 2 BGB wieder zu eröffnen.

## 1. Kaufvertrag

Ein wirksamer Kaufvertrag gem. § 433 BGB zwischen K und V liegt vor (Rn. 3).    **15**

## 2. Mangel der Kaufsache bei Gefahrübergang

Der verkaufte Fiat war gem. § 434 Abs. 1 S. 2 Nr. 1 BGB bei Gefahrübergang man-    **16** gelhaft (s. o. Rn. 4 ff.).

Aufgrund des Mangels hat V seine Leistung nicht vertragsgemäß i. S. v. § 323 Abs. 1 S. 1 Fall 2 BGB erbracht.[12]

## 3. Kein Ausschluss der Mängelhaftung und des Rücktrittsrechts

Die Haftung für Mängel ist nicht ausgeschlossen (s. o. Rn. 7). Auch das Rücktritts-    **17** recht ist nicht nach § 323 Abs. 5 S. 2 BGB ausgeschlossen, weil der Mangel als erheblich anzusehen ist.

## 4. Erfolglose Nachfristsetzung

Ein Rücktritt setzt nach § 323 Abs. 1 BGB grundsätzlich die Setzung einer an-    **18** gemessenen Frist zur Nacherfüllung durch den Schuldner voraus, die erfolglos ablaufen muss.

### Exkurs

Das Kaufrecht geht also vom Vorrang der Nacherfüllung gegenüber den übrigen Gewährleistungsrechten aus. Dem Verkäufer steht ein Recht zur zweiten Andienung zu. Nur unter bestimmten Voraussetzungen ist eine Fristsetzung entbehrlich:
- wenn der Verkäufer die Nacherfüllung ernsthaft und endgültig verweigert, § 323 Abs. 2 Nr. 1 BGB (entsprechend für den Schadensersatz § 281 Abs. 2 Fall 1 BGB);
- beim relativen Fixgeschäft gem. § 323 Abs. 2 Nr. 2 BGB;
- beim Vorliegen sonstiger besonderer Umstände nach einer Interessenabwägung, § 323 Abs. 2 Nr. 3 BGB (entsprechend für den Schadensersatz § 281 Abs. 2 Fall 2 BGB)

---

zwingend zu prüfen gewesen, wenn allein nach Ansprüchen (oder konkret nach einem Anspruch auf Kaufpreisrückzahlung) gefragt wäre. Innerhalb dieses Anspruchs wäre dann zusätzlich zum Rücktrittsrecht noch eine Rücktrittserklärung (§ 349 BGB) zu prüfen. Bestünde ein Rücktrittsrecht (was hier nicht der Fall ist), fehlte es aber noch an einer Rücktrittserklärung, wäre als Ergebnis festzuhalten, dass K Rückzahlung des Kaufpreises verlangen kann, wenn er zurücktritt.

[12] Zu Aufbauproblemen beim Zusammenspiel von kaufrechtlicher Mängelhaftung (§ 437 BGB) und allgemeinem Leistungsstörungsrecht (§§ 280 ff, 323 BGB) vgl. für den Schadensersatzanspruch den Aufbauhinweis nach Rn. 25 und für den Rücktritt vor Rn. 38.

Beispiel: Arglistiges Verschweigen eines Mangels durch den Verkäufer, BGH NJW 2007, 835 m.zahlr.w.N. in Rn. 12; BGH NJW 2007, 1534, 1535 (Rn. 15); BGH NJW 2008, 1371.
* bei Unmöglichkeit der Nacherfüllung gem. § 326 Abs. 5 BGB (entsprechend für den Schadensersatz § 283 bzw. § 311a Abs. 2 BGB);
* speziell im Kaufrecht, wenn der Verkäufer beide Arten der Nacherfüllung nach § 439 Abs. 3 verweigert[13] oder die Nacherfüllung fehlgeschlagen oder dem Käufer unzumutbar ist, § 440 BGB, sowie beim unselbständigen Unternehmerregress, § 478 Abs. 1 BGB (dazu Fall 13 Rn. 7 ff.).

Nach der Rspr. des BGH ist für die Fristsetzung im Rahmen von § 323 (ebenso § 281) BGB aber nicht erforderlich, dass der Gläubiger (Käufer) einen bestimmten Zeitraum oder einen bestimmten (End-)Termin angibt. Vielmehr genügt es, wenn der Gläubiger durch das Verlangen nach sofortiger, unverzüglicher oder umgehender Leistung oder vergleichbare Formulierungen deutlich macht, dass dem Schuldner für die Erfüllung nur ein begrenzter (bestimmbarer) Zeitraum zur Verfügung steht (BGH NJW 2009, 3153).

19  Vorliegend sind Gründe für eine Entbehrlichkeit der Nacherfüllung nicht ersichtlich, insbesondere sind beide Arten der Nacherfüllung möglich (s. o. Rn. 9). Daher kommt ein Rücktritt zum augenblicklichen Zeitpunkt nicht in Betracht. Vorher muss K noch eine angemessene Nachfrist setzen, die erfolglos ablaufen muss.

## 5. Ergebnis

20  K hat zur Zeit kein Rücktrittsrecht aus §§ 437 Nr. 2, 323 BGB.

## III. Minderungsrecht aus §§ 437 Nr. 2, 441 BGB

21  Fraglich ist, ob K das Recht hat, den Kaufpreis nach §§ 437 Nr. 2, 441 BGB zu mindern.[14]

Gem. § 441 Abs. 1 BGB („statt zurückzutreten") ist die Minderung unter den Voraussetzungen des Rücktritts zulässig. Neben der Mangelhaftigkeit der Kaufsache ist also insbesondere grundsätzlich der Ablauf einer angemessenen Frist zur Nacherfüllung erforderlich (s. o. Rn. 18). Daran fehlt es hier. Deshalb ist auch eine Minderung zum gegenwärtigen Zeitpunkt nicht möglich.

## IV. Anspruch auf Schadensersatz statt der Leistung, §§ 437 Nr. 3, 280 Abs. 1 u. 3, 281 BGB

22  Zu prüfen ist, ob K von V gem. §§ 437 Nr. 3, 280 Abs. 1 u. 3, 281 BGB Schadensersatz statt der Leistung verlangen kann.

---

[13] Im Rahmen eines Verbrauchsgüterkaufs gilt das nicht, weil der Verkäufer nicht beide Arten der Nacherfüllung wegen Unverhältnismäßigkeit verweigern kann, s. u. Rn. 31.

[14] Ebenso gut möglich ist, einen Anspruch des K gegen V auf Rückgewähr des Betrages, um den der gezahlte Kaufpreis den aufgrund des Mangels geminderten Kaufpreis übersteigt, gem. § 441 Abs. 4 i. V. m. §§ 437 Nr. 2, 441 Abs. 1 u. 3 BGB zu prüfen (vgl. Fn. 11).

> **Systematischer Hinweis**
> Der Käufer hat grundsätzlich die Wahl zwischen zwei Formen des Scha-
> densersatzes statt der Leistung: Beim sog. **kleinen Schadensersatz** behält
> er die mangelhafte Kaufsache und macht im Wege des Schadensersatzes die
> Wertdifferenz zwischen mangelfreier und mangelhafter Sache oder den Män-
> gelbeseitigungsaufwand (ggf. zuzüglich eines verbleibenden Minderwertes)
> geltend (BGH ZIP 2014, 1532 Rn. 33). Beim **großen Schadensersatz** oder
> **Schadensersatz statt der ganzen Leistung** gibt der Käufer die mangelhafte
> Kaufsache zurück und verlangt als Schaden z. B. die Mehrkosten des Kaufs
> einer mangelfreien Sache bei einem anderen Händler ersetzt. Die letztere
> Form des Schadensersatzes scheidet gem. § 281 Abs. 1 S. 3 BGB aus, wenn
> die Pflichtverletzung unerheblich ist.

## 1. Kaufvertrag

K und V haben einen wirksamen Kaufvertrag geschlossen (§ 433 BGB; Rn. 3). **23**

## 2. Mangel der Kaufsache; kein Ausschluss der Mängelhaftung

Der Fiat weist einen Motordefekt auf und ist damit mangelhaft i. S. v. § 434 **24**
Abs. 1 S. 2 Nr. 1 BGB (s. o. Rn. 4 ff.). Die Mängelhaftung ist nicht ausgeschlossen.

## 3. Pflichtverletzung i. S. v. § 280 BGB

Schadensersatzansprüche setzen gem. § 280 Abs. 1 S. 1 BGB eine Pflichtverletzung **25**
voraus. Darunter fällt jede objektive Abweichung des Verhaltens einer Partei vom
geschuldeten Pflichtenprogramm.[15] Gem. § 433 Abs. 1 S. 2 BGB ist der Verkäufer
verpflichtet, die Sache dem Käufer mangelfrei zu verschaffen. In der Lieferung des
mangelhaften Fiat durch V (Schlechtleistung) liegt daher eine Pflichtverletzung.

---

> **Aufbauhinweis**
>
> Im reformierten Kaufrecht steht das Gewährleistungsrecht nicht mehr völlig los-
> gelöst vom allgemeinen Leistungsstörungsrecht. Vielmehr verweist § 437 Nr. 2
> und 3 BGB für Rücktritt und Schadensersatz auch für die Zeit nach Gefahr-
> übergang weitgehend auf die allgemeinen Regeln. In der Falllösung stellt sich
> daher das Aufbauproblem, wie man die kaufrechtliche Mängelprüfung (mit den
> Elementen Kaufvertrag, Mangel der Kaufsache, kein Ausschluss der Mängel-
> haftung) in die allgemeine Prüfung (beim Schadensersatzanspruch gem. § 280

---

[15] Ganz h. M. in der Lit.; MünchKomm/*Ernst* § 280 Rn. 12; *Lorenz* NJW 2005, 1889, 1890. Auf
die Umstände, die zu dieser Pflichtverletzung führen, kommt es erst beim Vertretenmüssen an. Anders zu § 281 BGB BGHZ 174, 61 Rn. 32 = NJW 2007, 3777, wonach die bloße Nichtverschaffung
des Eigentums beim Grundstückskauf noch keine Pflichtverletzung sein soll, da der Verkäufer
lediglich die Handlungen, die für die Umschreibung des Eigentums erforderlich sind, schulde,
nicht aber den Erfolg selbst.

BGB: Schuldverhältnis, Pflichtverletzung, Vertretenmüssen, evtl. zusätzliche Voraussetzungen nach §§ 280 Abs. 3, 281 ff BGB) integriert. Prüft man all diese Voraussetzungen hintereinander, führt das zu Redundanzen, weil immer ein Schuldverhältnis vorliegt, wenn bereits ein Kaufvertrag bejaht wurde, und die Pflichtverletzung des Verkäufers mit dem Mangel zusammenfällt. Insofern bieten sich zwei Möglichkeiten an: Einmal kann man vom allgemeinen Schema (§ 280 BGB) ausgehen und den Mangel im Rahmen der Pflichtverletzung (§ 433 Abs. 1 S. 2 BGB) prüfen. Zum anderen kann man vom kaufrechtlichen Schema ausgehen und nach der Prüfung des Mangels nur kurz hinzufügen, dass damit auch eine Pflichtverletzung i. S. v. § 280 Abs. 1 BGB vorliegt. Nach der zweiten Variante sind im Anschluss daran die Voraussetzungen von §§ 280 ff BGB zu prüfen, die im Rahmen der §§ 434 ff BGB noch nicht geprüft wurden (also insbes. Vertretenmüssen und evtl. Nachfrist).

In den folgenden Fällen werden deshalb die Prüfungspunkte Mangel und Pflichtverletzung zusammengefasst. Es gibt aber kein festes Schema, das zwingend einzuhalten wäre. Abhängig von den Problemschwerpunkten werden die folgenden Falllösungen im Aufbau daher immer wieder voneinander abweichen. „Der Fall und die Rechtsprobleme bestimmen den Aufbau, niemals umgekehrt. Und kein Aufbau ist wie der andere. […] Die Leitfrage lautet stets: Was erwartet die Aufgabe von mir und was muss ich dazu dem Leser systematisch darlegen?" (*K. Schmidt* JuS 11/2012, XXXV)

### 4. Erfolglose Nachfristsetzung

26   Aber auch der Schadensersatzanspruch setzt den erfolglosen Ablauf einer Frist zur Nacherfüllung voraus (§ 281 Abs. 1 BGB), sofern die Frist nicht ausnahmsweise entbehrlich ist (§ 281 Abs. 2 BGB). Hier ist die Frist nicht entbehrlich. Damit fehlt es an dieser Tatbestandsvoraussetzung.

Anders als die bisher geprüften Ansprüche (Nacherfüllung) und Rechte (Rücktritt, Minderung) setzt der Schadensersatzanspruch darüber hinaus voraus, dass der Schuldner die Umstände, die zu der Pflichtverletzung geführt haben, **zu vertreten hat**, § 280 Abs. 1 S. 2 i. V. m. § 276 BGB. Die Beweislast für das Vertretenmüssen ist umgekehrt, d. h. der Schuldner muss sich exkulpieren, um einer Haftung zu entgehen. Nach h. M. kann sich das Vertretenmüssen beim Schadensersatz statt der Leistung sowohl auf den Mangel als auch auf das Versäumen der Nacherfüllung während der Nachfrist beziehen (dazu ausf. Fall 10). Das spricht dafür, das Vertretenmüssen beim Schadensersatz statt der Leistung nicht unmittelbar nach dem Mangel, sondern erst nach der erfolglosen Nachfristsetzung zu prüfen.

### 5. Ergebnis

27   K kann von V gegenwärtig nicht Schadensersatz statt der Leistung gem. §§ 437 Nr. 3, 280 Abs. 1 u. 3, 281 BGB verlangen.

# 1. Abwandlung

## Anspruch auf Nacherfüllung, §§ 437 Nr. 1, 439 Abs. 1 BGB

K könnte gegen V einen Anspruch auf Nacherfüllung entweder durch Reparatur des    **28**
Wagens (Nachbesserung) oder durch Lieferung eines mangelfreien anderen Wagens
(Ersatzlieferung) aus §§ 437 Nr. 1, 439 Abs. 1 BGB haben.

## 1. Anspruch entstanden

Voraussetzung dafür ist, dass ein wirksamer Kaufvertrag vorliegt und die Kaufsa-    **29**
che mangelhaft ist. V hat dem K wirksam einen Fiat Punto verkauft (§ 433 BGB).
Fraglich ist, ob der Wagen mangelhaft i. S. v. § 434 BGB ist. Mangels Vereinbarung einer konkreten Beschaffenheit (§ 434 Abs. 1 S. 1 BGB) ist dies nach § 434
Abs. 1 S. 2 BGB zu beurteilen. Ein Neuwagen mit nicht funktionierenden elektrischen Fensterhebern weist jedenfalls nicht die Beschaffenheit auf, die der Käufer
eines Neuwagens mit elektrischen Fensterhebern erwarten kann, und ist daher mangelhaft (§ 434 Abs. 1 S. 2 Nr. 2 BGB).[16] Da die Mängelhaftung nicht ausgeschlossen ist, ist der Anspruch des K gegen V auf Nacherfüllung – nach Wahl des K durch
Nachbesserung oder Ersatzlieferung – entstanden.

## 2. Anspruch nicht erloschen

Der Anspruch ist nicht erloschen, insbesondere nicht durch Unmöglichkeit der    **30**
Nacherfüllung (s. o. Rn. 9).

## 3. Anspruch durchsetzbar

Fraglich ist jedoch, ob sowohl der Anspruch auf Nachbesserung als auch der auf    **31**
Ersatzlieferung durchsetzbar sind. Nach § 439 Abs. 3 S. 1 BGB kann der Verkäufer
die vom Käufer gewählte Art der Nacherfüllung verweigern, wenn sie nur mit **unverhältnismäßigen Kosten** möglich ist. Dabei sind nach dem Gesetzeswortlaut zwei
Formen der Unverhältnismäßigkeit zu unterscheiden:[17] Einmal können die Kosten
für die gewählte Variante der Nacherfüllung **absolut unverhältnismäßig** sein, weil
sie außer Verhältnis zum Interesse des Käufers an der Nacherfüllung bzw. zum Wert
der Sache in mangelfreiem Zustand stehen (§ 439 Abs. 3 S. 2 Fälle 1 u. 2 sowie S. 3

---

[16] Die Annahme eines Mangels nach § 434 Abs. 1 S. 2 Nr. 1 BGB ist auch vertretbar. Siehe Rn. 5
und 4.

[17] BGH NJW 2009, 1660 Rn. 14; MünchKomm/*Westermann* § 439 Rn. 21; *Kirsten* ZGS 2005,
66 ff. Dem Gesetzeswortlaut lässt sich diese Unterscheidung nur andeutungsweise entnehmen. Die
relative Unverhältnismäßigkeit ergibt sich aus § 439 Abs. 3 S. 2 Fall 3 BGB, die absolute aus § 439
Abs. 3 S. 2 Fälle 1 u. 2 sowie S. 3 Hs. 2 BGB.

Hs. 2 BGB). Zum anderen kann ein Vergleich der Kosten für die beiden Varianten der Nacherfüllung ergeben, dass die Kosten für eine der Varianten **relativ unverhältnismäßig** sind (§ 439 Abs. 3 S. 2 Fall 3 BGB). Allerdings hat der EuGH jüngst entschieden, dass die Annahme einer absoluten Unverhältnismäßigkeit bei einem Verbrauchsgüterkauf gegen Art. 3 Abs. 3 der Verbrauchsgüterkaufrichtlinie verstößt.[18] Diese sieht eine Unverhältnismäßigkeit nur dann vor, wenn die gewählte Nacherfüllungsvariante „Kosten verursachen würde, die … verglichen mit der alternativen Abhilfemöglichkeit unzumutbar wären". Das deutsche Gesetz ist also richtlinienwidrig. Der BGH hat darauf entschieden, dass § 439 Abs. 3 BGB in Fällen des Verbrauchsgüterkaufs einschränkend dahingehend anzuwenden sei, dass ein Verweigerungsrecht nicht besteht, wenn nur eine Art der Nacherfüllung möglich ist oder der Verkäufer die andere Art der Nacherfüllung zu Recht verweigert.[19] Eine absolute Unverhältnismäßigkeit gibt es demnach im Rahmen eines Verbrauchsgüterkaufs nicht mehr.

> Dazu noch ausführlich Fall 8 Rn. 21 ff. Ein Eingehen auf das vorgenannte Problem war hier nicht zwingend erforderlich, weil eine absolute Unverhältnismäßigkeit der Ersatzlieferung ohnehin nicht in Betracht kam. Ein Neuwagen verliert zwar allein durch eine Tageszulassung erheblich an Wert, so dass dem V hier, wenn er den mangelhaften Wagen zurücknehmen und dem K einen neuen zur Verfügung stellen müsste, erhebliche Nachteile entstünden. Allerdings überwiegen diese Kosten des V das Interesse eines Neuwagenkäufers an einem voll funktionstüchtigen Wagen nicht, so dass eine Ersatzlieferung nicht absolut unverhältnismäßig ist.

32  Möglicherweise ist eine Ersatzlieferung aber relativ unverhältnismäßig. Im Vergleich dazu ist eine bloße Reparatur des Wagens durch Austausch des defekten Kabels für V viel günstiger. Für K ist eine Reparatur mit keinen wesentlichen Nachteilen verbunden. Deshalb sind die Kosten einer Ersatzlieferung im Verhältnis zu denen einer Reparatur unverhältnismäßig. V kann die Lieferung eines anderen Fahrzeugs verweigern. Er muss dann nur den bereits gelieferten Wagen reparieren.

## 4. Ergebnis

33  K hat gegen V einen Anspruch auf Nacherfüllung aus §§ 437 Nr. 1, 439 Abs. 1 BGB, entweder gerichtet auf Reparatur oder auf Ersatzlieferung. Nur der erstgenannte Anspruch ist aber durchsetzbar.

---

[18] EuGH NJW 2011, 2269 Rn. 63 ff.
[19] BGH NJW 2012, 1073 Leitsatz 2.

**Exkurs**

Rücktritt, Minderung und Schadensersatz scheiden hier wie im Ausgangsfall mangels Nachfristsetzung aus. Wenn V den Wagen trotz Nachfristsetzung nicht reparieren oder die Nachfristsetzung entbehrlich werden sollte, könnte K gem. § 323 Abs. 5 S. 2 und § 281 Abs. 1 S. 3 BGB weder zurücktreten noch großen Schadensersatz verlangen, weil die Kosten der Mangelbeseitigung im Verhältnis zum Kaufpreis geringfügig sind und der Mangel mithin unerheblich ist (dazu die 2. Abwandlung; vgl. auch BGH NJW 2014, 3229).

## 2. Abwandlung

### Anspruch auf Rückzahlung des Kaufpreises, § 346 Abs. 1 i. V. m. §§ 437 Nr. 2, 323 BGB

K könnte gegen V einen Anspruch auf Rückzahlung des Kaufpreises in Höhe von 9900 € aus § 346 Abs. 1 i. V. m. §§ 437 Nr. 2, 323 BGB haben.  **34**

### 1. Rücktrittsrecht

Das setzt zunächst voraus, dass K nach §§ 437 Nr. 2, 323 BGB zum Rücktritt berechtigt war.  **35**

### a) Kaufvertrag

K und V haben einen wirksamen Kaufvertrag gem. § 433 BGB geschlossen.  **36**

### b) Mangel bei Gefahrübergang

Weiterhin müsste der Fiat mangelhaft i. S. d. § 434 BGB sein. Hier ist nichts dafür  **37** ersichtlich, dass K und V Näheres zum Benzinverbrauch vereinbart haben. Daher scheidet ein Mangel nach § 434 Abs. 1 S. 1 BGB aus. Der Wagen ist trotz des Mehrverbrauchs zum Fahren und damit sowohl für eine vertraglich vorausgesetzte (§ 434 Abs. 1 S. 2 Nr. 1 BGB) als auch für die gewöhnliche Verwendung (§ 434 Abs. 1 S. 2 Nr. 2 Fall 1 BGB) geeignet. Möglicherweise hat der gekaufte Fiat aber aufgrund der Abweichung des tatsächlichen Benzinverbrauchs von dem im Herstellerprospekt angegebenen nicht die Beschaffenheit, die der Käufer nach der Art der Sache erwarten kann (§ 434 Abs. 1 S. 2 Nr. 2 Fall 2 BGB). Nach § 434 Abs. 1 S. 3 BGB gehören zur vom Käufer zu erwartenden Beschaffenheit auch die öffentlichen Äußerungen des Herstellers. Dabei muss es sich um objektiv überprüfbare Tatsachenangaben und nicht lediglich um reißerische Anpreisungen handeln. Hier sieht der Herstellerprospekt einen geringeren Benzinverbrauch vor, als der von V gelieferte Wagen aufweist. Der Kraftstoffverbrauch ist einer objektiven Überprüfung zugänglich. Anhaltspunkte dafür, dass V den Herstellerprospekt nicht kannte und auch nicht kennen musste, dass der Prospekt im Zeitpunkt des Vertragsschlusses berichtigt worden war oder dass er die Kaufentscheidung nicht beeinflussen konnte (§ 434 Abs. 1 S. 3 Hs. 2 BGB), bestehen nicht. An einem Mangel könnte man allenfalls deshalb zweifeln, weil der Kraftstoffmehrverbrauch relativ gering ist. Für das

Vorliegen eines Mangels stellt § 434 BGB[20] aber keine Geringfügigkeitsschwelle auf. Ein Kraftstoffmehrverbrauch stellt bereits dann einen Sachmangel dar, wenn er jenseits desjenigen Toleranzbereichs liegt, der durch Fertigungstoleranzen und unvermeidbare Ungenauigkeiten der Verbrauchswertemessung vorgegeben ist.[21] Dies ist bei einer Abweichung um 0,5 l/100 km der Fall. Damit liegt ein Sachmangel gem. § 434 Abs. 1 S. 2 Nr. 2 i. V. m. S. 3 BGB vor. Es ist auch nicht ersichtlich, dass sich der Benzinverbrauch erst nachträglich erhöht hat, so dass der Mangel bereits bei Gefahrübergang bestand.[22]

### c) Nachfristsetzung bzw. Entbehrlichkeit

**Aufbauhinweis**

§ 437 Nr. 2 BGB verweist hinsichtlich der Voraussetzungen des Rücktritts auf § 323 BGB. § 323 Abs. 1 BGB ermöglicht einen Rücktritt nur bei gegenseitigen Verträgen; weiterhin wird vorausgesetzt, dass der Schuldner eine fällige Leistung nicht oder nicht vertragsgemäß erbracht hat. Dabei sind die Prüfungspunkte gegenseitiger Vertrag und nicht vertragsgemäße Leistung identisch mit der im Rahmen von § 437 Nr. 2 BGB oben (Rn. 36 f.) erfolgten Prüfung, ob ein wirksamer Kaufvertrag vorliegt und die Sache mangelhaft ist. Deshalb sollten diese Punkte zur Vermeidung von Wiederholungen im Rahmen von § 323 Abs. 1 BGB nicht nochmals angesprochen werden, sondern es ist sogleich auf die weiteren Voraussetzungen für einen Rücktritt einzugehen.

38 Weiterhin setzt der Rücktritt gem. § 323 BGB voraus, dass der Käufer dem Verkäufer eine Frist zur Nacherfüllung gesetzt hat oder dass diese entbehrlich war. K hat dem V keine Nachfrist nach § 323 Abs. 1 BGB gesetzt. Auch die Voraussetzungen des § 323 Abs. 2 BGB liegen nicht vor. Die Nachfristsetzung ist aber gem. § 440 S. 1 BGB entbehrlich, wenn die Nacherfüllung fehlgeschlagen ist. Nach § 440 S. 2 BGB gilt die Nacherfüllung nach dem erfolglosen zweiten Versuch als fehlgeschlagen. Hier hat V zweimal erfolglos versucht, den Kraftstoffverbrauch des Fiat zu senken. Damit war die Fristsetzung gem. § 440 BGB entbehrlich.

### d) Keine Unerheblichkeit des Mangels

**Klausurhinweis**

Die Erheblichkeit der Pflichtverletzung wird als eigenständige Rücktrittsvoraussetzung in Klausuren häufig übersehen. Dieser Prüfungspunkt ist aber von Bedeutung, weil bei einer unerheblichen Pflichtverletzung nur eine Minderung in Betracht kommt (vgl. § 441 Abs. 1 S. 2 BGB).

39 Gem. § 323 Abs. 5 S. 2 BGB ist der Rücktritt ausgeschlossen, wenn die Pflichtverletzung, also der Mangel, unerheblich ist. Die Beurteilung, ob dem Rücktritt die

---

[20] Anders als § 459 Abs. 1 S. 2 BGB a. F.

[21] LG Ravensburg NJW 2007, 2127, 2128; vgl. *Reinking/Eggert* Der Autokauf, 12. Aufl. 2014, Rn. 620 ff.

[22] Im Übrigen wird dies nach § 476 BGB bei einem Verbrauchsgüterkauf vermutet.

Unerheblichkeit des Mangels entgegensteht, erfordert eine umfassende Interessenabwägung. Nach der Rechtsprechung des BGH[23] stellt ein Kraftstoffmehrverbrauch
in Höhe von weniger als 10 % lediglich einen unerheblichen Mangel dar, weil dadurch Wert und Tauglichkeit des Fahrzeuges kaum beeinträchtigt würden. Weicht
der Verbrauch dagegen in einem höheren Maße von den Herstellerangaben ab,
überwiegen angesichts steigender Kraftstoffkosten, erhöhten Umweltbewusstseins
und des hohen Standards bei der heutigen Automobilproduktion die Interessen des
Käufers. Folgt man dieser Abgrenzung, so reicht die hier vorliegende Abweichung
von 8,2 % nicht für einen erheblichen Mangel aus.

**Exkurs**
Bei einem behebbaren Mangel kommt es für die Frage der Erheblichkeit des Mangels vor allem
auf das Verhältnis zwischen Mangelbeseitigungskosten und Kaufpreis an. Der BGH hat jüngst entschieden, dass bei einem behebbaren Sachmangel die Erheblichkeitsschwelle des § 323 Abs. 5 S. 2
BGB im Rahmen der auf der Grundlage der Einzelfallumstände vorzunehmenden Interessenabwägung i. d. R. dann erreicht sei, wenn der Mängelbeseitigungsaufwand einen Betrag von 5 % des
Kaufpreises überschreite. Von einem geringfügigen Mangel, der zwar den Rücktritt, nicht aber
die übrigen Gewährleistungsrechte (außer: Schadensersatz statt der ganzen Leistung) ausschließt,
könne hingegen in der Regel noch gesprochen werden, wenn der Mängelbeseitigungsaufwand die
vorgenannte flexible Schwelle von 5 % des Kaufpreises nicht übersteige (BGH NJW 2014, 3229).
– Bei der Bewertung der Erheblichkeit der Pflichtverletzung berücksichtigt der BGH nicht nur den
Mangel selbst als verletzte Leistungspflicht, sondern auch vorvertragliches Verhalten des Verkäufers. Daher soll eine Pflichtverletzung jedenfalls dann erheblich sein, wenn der Verkäufer über das
Vorhandensein eines Mangels arglistig getäuscht hat (BGHZ 167, 19 = NJW 2006, 1960 m. krit.
Besprechung *Lorenz* S. 1925 ff.).

## 2. Ergebnis

K war nicht zum Rücktritt berechtigt. Er kann von V nicht Rückzahlung des Kauf-       **40**
preises verlangen.

**Beachte**
Trotz Unerheblichkeit des Mangels bleibt eine Minderung möglich, obwohl
§ 441 Abs. 1 S. 1 BGB hinsichtlich der Rücktrittsvoraussetzungen auf den
Rücktritt verweist. Denn der Ausschlussgrund des § 323 Abs. 5 S. 2 BGB
wird von dieser Verweisung gem. § 441 Abs. 1 S. 2 BGB ausdrücklich aus-
genommen. Bei geringen Kraftstoffmehrverbräuchen kann aber auch eine
Minderung ausscheiden, wenn der Wert des Fahrzeugs dadurch nicht messbar
beeinträchtigt wird (vgl. LG Ravensburg NJW 2007, 2127, 2128 f.).
   Bei einem unerheblichen Mangel kann der Käufer nach § 281 Abs. 1 S. 3
BGB auch nicht großen Schadensersatz (Schadensersatz statt der ganzen
Leistung) verlangen (zur Abgrenzung oben Rn. 22). Wie die Minderung
bleibt aber kleiner Schadensersatz möglich.

---

[23] BGH NJW 2007, 2111; BGHZ 136, 94, 98 ff.; s. auch OLG Hamm NJW-RR 2013, 1146; LG
Ravensburg NJW 2007, 2127.

# Fall 2

## Ausgangsfall

Herr König (K) kauft bei Herrn Vogel (V) für 9990 € einen sieben Jahre alten gebrauchten Mercedes, den er seinem erfolglos Jura studierenden Sohn zu schenken plant. Der Wagen funktioniert bestens. Nach kurzer Zeit meldet sich aber bei K Herr Eisenberg (E), der beweisen kann, dass ihm der Wagen von Dieb D gestohlen worden ist. D hatte den Wagen unter Vorlage eines perfekt gefälschten Kraftfahrzeugbriefs (Zulassungsbescheinigung Teil II) an den ahnungslosen V verkauft. K gibt dem Herausgabeverlangen des E nach und übergibt ihm den Wagen. K verlangt von V, dass dieser den Wagen von E erwerbe und ihm dann wieder verschaffe. Andernfalls will er Schadensersatz erhalten oder zumindest den gezahlten Kaufpreis zurückerhalten. Als sich V daraufhin an E wendet, teilt dieser mit, dass er keinesfalls bereit sei, auf den Wagen zu verzichten. Welche der von K angesprochenen Ansprüche bestehen?

## 1. Abwandlung

Anders als im Ausgangsfall hat V den Wagen ordnungsgemäß von dem Voreigentümer E angekauft. Bei den Verkaufsverhandlungen, die der Angestellte A für V führt, erklärt A auf die Frage des K nach möglichen Unfallschäden, das Fahrzeug sei unfallfrei. Dabei hatten V und A aber angesichts der Tatsache, dass E ein langjähriger, geschätzter Kunde ist, auf eine Untersuchung des Fahrzeuges verzichtet. K kauft das Fahrzeug. Als er es das erste Mal zur Inspektion in die Werkstatt bringt, wird dort festgestellt, dass das Fahrzeug vorher einen erheblichen und nicht fachgerecht reparierten Unfallschaden erlitten hat. Daraufhin will K wissen, wie er sich von dem Vertrag lösen und den Kaufpreis zurückverlangen kann.

© Springer-Verlag Berlin Heidelberg 2015
P. Balzer et al., *Die Schuldrechtsklausur I,* Tutorium Jura,
DOI 10.1007/978-3-662-45662-0_2

## 2. Abwandlung

Um aufgrund seiner sportlichen Fahrweise nicht permanent mit Bußgeldern belegt zu werden, kauft K im Ladengeschäft des Spezialhändlers X ein Radarwarngerät für 1000 €. Nach einigen Autobahnfahrten muss er leider feststellen, dass das Gerät höchst unzuverlässig arbeitet. K überlegt sich, welche Ansprüche und Rechte er gegen X hat. Er will auch wissen, ob X ihm die Bußgelder ersetzen muss, die er zahlen musste, weil das Gerät vor den Kontrollen kein Warnsignal abgab. X meint, K habe keinerlei Ansprüche, da der Gebrauch von Radarwarngeräten nach § 23 Abs. 1b der Straßenverkehrsordnung verboten sei.

> **§ 23 StVO – Sonstige Pflichten von Fahrzeugführenden**
> [...]
> (1b) [1]Wer ein Fahrzeug führt, darf ein technisches Gerät nicht betreiben oder betriebsbereit mitführen, das dafür bestimmt ist, Verkehrsüberwachungsmaßnahmen anzuzeigen oder zu stören. [2]Das gilt insbesondere für Geräte zur Störung oder Anzeige von Geschwindigkeitsmessungen (Radarwarn- oder Laserstörgeräte).
> [...]

## Lösung Fall 2

▶   Dieser Fall dient der Abgrenzung der kaufrechtlichen Mängelhaftung vom allgemeinen Leistungsstörungsrecht (Ausgangsfall) sowie der Darstellung des Konkurrenzverhältnisses zwischen Mängelhaftung, Anfechtung und c. i. c. (1. Abwandlung). Die 2. Abwandlung, der die Entscheidung BGH NJW 2005, 1490 zugrunde liegt, macht deutlich, dass für das Eingreifen der Mängelhaftung ein wirksamer Vertrag erforderlich ist und ansonsten Bereicherungsrecht eingreift. Deshalb setzt diese Abwandlung bereicherungsrechtliche Grundkenntnisse voraus. Die 1. Abwandlung ist einprägsam aufbereitet bei *www.telejura.de* („Der Autokauf").

## Ausgangsfall

### I. Anspruch auf Übereignung aus § 433 Abs. 1 BGB

1    K könnte gegen V einen Anspruch auf Übereignung des Mercedes aus § 433 Abs. 1 BGB haben.

### 1. Anspruch entstanden

2    K und V haben einen wirksamen Kaufvertrag gem. § 433 BGB geschlossen. Auch wenn es dem V nicht möglich sein sollte, dem K Eigentum an dem verkauften Mercedes zu verschaffen, stünde das der Wirksamkeit des Vertrages nicht entgegen (§ 311a Abs. 1 BGB). Damit ist der Anspruch auf Übereignung des Mercedes entstanden.

## 2. Anspruch nicht durch Erfüllung erloschen

Fraglich ist, ob der Anspruch auf Übereignung gem. § 362 Abs. 1 BGB durch Erfül-  **3**
lung erloschen ist. Dies setzt voraus, dass V dem K den Wagen gem. § 929 S. 1 BGB
durch Einigung und Übergabe übereignet hat. Zwar haben sich die Parteien über
den Eigentumsübergang geeinigt, und V hat K den Wagen auch übergeben. Jedoch
scheitert eine Übereignung nach § 929 S. 1 BGB daran, dass nicht V, sondern E
Eigentümer war. Auch ein gutgläubiger Erwerb nach §§ 929 S. 1, 932 BGB kommt
trotz Gutgläubigkeit des K gem. § 935 Abs. 1 S. 1 BGB nicht in Betracht, weil dem
E als Eigentümer der Wagen gestohlen worden ist. Damit hat V dem K kein Eigentum verschafft, und der Anspruch ist nicht durch Erfüllung erloschen.

## 3. Kein Ausschluss wegen Vorrangigkeit der Mängelhaftung

### Aufbauhinweis

Im Folgenden wird inzident geprüft, ob der allgemeine Erfüllungsanspruch
durch den spezielleren Nacherfüllungsanspruch verdrängt wird. Stattdessen
könnte man auch zunächst den Nacherfüllungsanspruch nach §§ 437 Nr. 1, 439
BGB prüfen und erst danach, wenn man diesen verneint, auf den allgemeinen
Erfüllungsanspruch zu sprechen kommen.

Die Geltendmachung des Erfüllungsanspruchs aus § 433 Abs. 1 BGB setzt weiter-  **4**
hin voraus, dass dieser Anspruch nicht durch die Regeln über die kaufrechtliche
Mängelhaftung gem. §§ 434 ff. BGB verdrängt wird. Wenn die gekaufte Sache
mangelhaft ist, wandelt sich der ursprüngliche Erfüllungsanspruch aus § 433 Abs. 1
BGB mit Gefahrübergang (also im Regelfall mit Übergabe, § 446 BGB) in einen
Nacherfüllungsanspruch um (§§ 437 Nr. 1, 439 BGB). Damit ist zu prüfen, ob der
Mercedes mangelhaft ist. Möglicherweise ist er mit einem **Rechtsmangel** i. S. v.
§ 435 BGB behaftet, weil er nach wie vor im Eigentum des E steht (s. Rn. 3).[1] Ob
ein Rechtsmangel vorliegt, wenn die übergebene Sache im Eigentum eines Dritten
steht, ist umstritten.

**a)** Nach überwiegender Ansicht[2], der sich auch der BGH[3] angeschlossen hat,  **5**
liegt ein Rechtsmangel nur vor, wenn der Verkäufer dem Käufer zwar Eigentum
verschafft, dieses aber mit Rechten Dritter belastet ist. Verschaffe der Verkäufer
dem Käufer dagegen gar kein Eigentum, liege ein Fall der Nichterfüllung vor, so
dass der Käufer den ursprünglichen Erfüllungsanspruch geltend machen müsse.

---

[1] Unstreitig kein Rechtsmangel läge vor, wenn die Sache nicht abhandengekommen wäre, so dass
V zwar Nichtberechtigter gewesen wäre, dem gutgläubigen K aber dennoch nach § 932 BGB
Eigentum hätte verschaffen können. Auch das gutgläubig erworbene Eigentum ist vollwertiges
Eigentum.

[2] OLG Karlsruhe NJW 2005, 989, 991; Bamberger/Roth/*Faust* § 435 Rn. 15; Erman/*Grunewald*
§ 435 Rn. 3; MünchKomm/*Westermann* § 435 Rn. 7; Palandt/*Weidenkaff* § 435 Rn. 8; *Reinicke/
Tiedtke* Kaufrecht, Rn. 392; Staudinger/*Matusche-Beckmann* (2014) § 435 Rn. 13.

[3] BGHZ 174, 61 Rn. 27 ff. m. w. N. = NJW 2007, 3777.

**6**      **b)** Nach anderer Ansicht[4] liegt dagegen ein Rechtsmangel i. S. v. § 435 BGB auch vor, wenn der Verkäufer die Sache dem Käufer zwar übergibt, es ihm aber nicht gelingt, das Eigentum an ihr zu verschaffen. Wenn bereits beschränkt dingliche Rechte Dritter einen Rechtsmangel begründen könnten, müsse das erst recht für das Eigentum eines Dritten als stärkstes dingliches Recht gelten. Vor allem wird dieses Ergebnis damit begründet, dass andernfalls Wertungswidersprüche bei der Verjährung bestünden: Nach § 438 Abs. 1 Nr. 1 lit. a BGB verjähren Mängelansprüche in 30 Jahren, wenn der *Mangel* in einem dinglichen Recht eines Dritten besteht, aufgrund dessen dieser Herausgabe verlangen kann. Diese Regelung stellt nach dem Willen des Gesetzgebers[5] gerade auf das Eigentum eines Dritten an der Kaufsache ab: Da der Besitzer (Käufer) dem Eigentümer 30 Jahre auf Herausgabe haftet (§ 197 Abs. 1 Nr. 1 BGB), soll er sich so lange auch an seinen Verkäufer halten können. Dies würde missachtet, wenn man die lange Verjährungsfrist nur auf beschränkt dingliche Rechte anwendete und es für den Fall, dass die übergebene Kaufsache im Eigentum eines Dritten steht, bei der regelmäßigen Verjährungsfrist nach § 195 BGB beließe.

**7**      **c)** Für die zweitgenannte Ansicht spricht die Sonderregelung für die Verjährung in § 438 Abs. 1 Nr. 1 lit. a BGB, die in der Tat auf das fehlende Eigentum zugeschnitten zu sein scheint. Andererseits kann aber die Mängelhaftung nur an die Verletzung der Pflicht zur mangelfreien Lieferung nach § 433 Abs. 1 S. 2 BGB („Schlechtleistung") anknüpfen. Verschafft der Verkäufer dem Käufer kein Eigentum, hat er bereits seine Pflicht aus § 433 Abs. 1 S. 1 BGB nicht erfüllt („Nichtleistung"). Die Wertungswidersprüche bei der Verjährung lassen sich auch durch eine analoge Anwendung des § 438 Abs. 1 Nr. 1 lit. a BGB im Rahmen des allgemeinen Leistungsstörungsrechts vermeiden.[6] Damit liegt hier kein Rechtsmangel vor. Das Mängelhaftungsrecht verdrängt den ursprünglichen Erfüllungsanspruch nicht.

---

A.A. vertretbar. Dann gelangt man über die Anwendung des Mängelrechts (Anspruch des K gegen V auf Nacherfüllung aus §§ 437 Nr. 1, 439 BGB) zum gleichen Ergebnis. Der Anspruch wäre ebenfalls wegen Unmöglichkeit gem. § 275 Abs. 1 BGB ausgeschlossen. Unterschiede können allerdings in anderen Fällen wegen kaufrechtlicher Sonderregelungen z. B. in §§ 439 Abs. 3, 442 BGB bestehen. Außerdem ist die Lieferung einer Ersatzsache bei einer Stückschuld nach h. M. nur bei Mangelhaftigkeit, nicht aber bei Untergang der Sache bzw. sonstiger Unmöglichkeit denkbar.[7] Deshalb wird hier

---

[4] *Canaris* JZ 2003, 831, 832; Jauernig/*C. Berger* § 435 Rn. 5; *Lorenz* in Köhler/Lorenz, PdW SchuldR II, Fall 11 (S. 22); *Oechsler* Vertragl. Schuldverh., Rn. 148; *Pahlow* JuS 2006, 289, 293; *Scheuren-Brandes* ZGS 2005, 295 f.

[5] Vgl. BT-Drucks. 14/6040, S. 227; 14/7052, S. 196.

[6] *Medicus/Lorenz* SchuldR II, Rn. 117; offengelassen von BGHZ 174, 61 Rn. 28.

[7] *Fest* ZGS 2005, 18 ff.; *Roth* NJW 2006, 2953, 2955; *Oetker/Maultzsch* Vertragl. Schuldverh., § 2 Rn. 205; a. A. *Bitter* ZIP 2007, 1881, 1886 f.; *Balthasar/Bolten* ZGS 2004, 411, 413 f.

gar nicht angesprochen, ob die Lieferung eines anderen Wagens in Betracht käme, was bei Annahme eines Rechtsmangels jedenfalls bei der Prüfung der Unmöglichkeit der Nacherfüllung im Rahmen des Schadensersatzanspruchs und des Rücktritts (unten Rn. 12, 17) zu erörtern (und mangels Ersatzfähigkeit beim Gebrauchswagenkauf zu verneinen; s. u. Rn. 30) gewesen wäre.

**Exkurs**

Beispiele für Rechtsmängel i. S. d. § 435 BGB sind die Belastung der verkauften beweglichen Sache mit einem Pfandrecht oder des verkauften Grundstücks mit einer Hypothek oder Grundschuld, wenn der Käufer sie nicht im Vertrag übernommen hat. Neben solchen dinglichen Rechten können schuldrechtliche Rechte einen Rechtsmangel darstellen, wenn sie auch dem Käufer entgegengehalten werden können und ihn in der Nutzung des Kaufgegenstandes beeinträchtigen können. Das gilt insbes. für Miet-/Pachtverträge, in die der Erwerber gem. §§ 566 Abs. 1, 578, 581 Abs. 2 BGB kraft Gesetzes eintritt (Fall 16 Rn. 41).

## 4. Ausschluss des Anspruchs gem. § 275 Abs. 1 BGB

Der Anspruch auf Übereignung könnte aber wegen Unmöglichkeit gem. § 275 **8** Abs. 1 BGB ausgeschlossen sein. V kann dem K nur Eigentum an dem Wagen verschaffen, wenn E mitwirkt und dem V den Wagen übereignet, was dazu führte, dass K gem. § 185 Abs. 2 S. 1 Fall 2 BGB Eigentum erwürbe, bzw. die bislang unwirksame Verfügung des V an K gem. § 185 Abs. 2 S. 1 Fall 1 BGB genehmigt. E ist aber keinesfalls bereit, auf seinen Wagen zu verzichten. Damit ist es dem V unmöglich, dem K Eigentum an dem Wagen zu verschaffen.

**Exkurse**

Hierbei handelt es sich um eine eher theoretische Sachverhaltskonstellation. Abhängig vom Preis wird fast jeder Eigentümer zum Verkauf bereit sein. Der Verkäufer muss grundsätzlich auch einen höheren Betrag als den mit dem Käufer vereinbarten Kaufpreis oder den Marktwert der Sache aufwenden, um den Eigentümer zu einer Genehmigung der Verfügung zu bewegen. Die Grenze bildet § 275 Abs. 2 BGB: Verlangt der Eigentümer für eine Genehmigung einen Preis, der zum Wert der Sache außer Verhältnis steht, kann der Verkäufer die Leistung verweigern.

Fraglich ist, wie die Beweislast hinsichtlich der Unmöglichkeit der Leistung verteilt ist, wenn der Verkäufer nicht oder nicht mehr[8] Eigentümer der Sache ist. Diese Frage stellt sich in einer Klausur vor allem dann, wenn der Sachverhalt offenlässt, ob der Eigentümer dazu bereit ist, die Sache abzugeben oder die Verfügung des Verkäufers zu genehmigen. In diesem Fall kann der Gläubiger (Käufer) grundsätzlich nach wie vor den primären Erfüllungsanspruch (§ 433 Abs. 1 BGB) geltend machen. Der Schuldner (Verkäufer) muss darlegen und notfalls beweisen, dass ihm die Erfüllung nicht mehr möglich ist, wobei die fehlende Verfügungsmacht noch nicht die Unmöglichkeit indiziert. Will der Gläubiger (Käufer) in diesem Fall hingegen Sekundärrechte geltend machen, etwa Schadensersatz wegen Unmöglichkeit nach §§ 280 Abs. 1 u. 3, 283 BGB verlangen, müsste er nach allgemeinen Grundsätzen darlegen und beweisen, dass die Unmöglichkeit als anspruchsbegründende Tatsache eingetreten ist, dass also ein Erwerb durch den Schuldner oder eine Genehmigung des Dritteigentümers ausgeschlossen ist. Da dies der Gläubiger (Käufer) aber nur schwer beurteilen kann, indiziert für die Sekundärrechte die Weiterveräußerung die Unmöglichkeit, sofern der Schuldner nicht darlegt, dass er zur Erfüllung willens und in der Lage ist (BGHZ 141, 179, 182).

---

[8] Vgl. etwa den Fall BGH NJW 2007, 2841, in dem der Verkäufer die Sache vertragswidrig an einen Dritten weiterveräußerte.

**5. Ergebnis**

9   Der Erfüllungsanspruch ist gem. § 275 Abs. 1 ausgeschlossen. K kann von V nicht
    Übergabe und Übereignung des Wagens aus § 433 Abs. 1 S. 1 BGB verlangen.

## II. Schadensersatzanspruch aus § 311a Abs. 2 BGB[9]

10  K könnte gegen V aber einen Anspruch auf Schadensersatz statt der Leistung zu-
    mindest in Höhe des Wertes des Wagens (9990 €) aus § 311a Abs. 2 BGB haben.

**1. Vertrag**

11  Dieser Anspruch setzt zunächst einen Vertrag voraus. Hier haben K und V einen
    Kaufvertrag geschlossen (Rn. 2).

**2. Anfängliche Unmöglichkeit der Leistung**

12  Ferner muss die Leistung, hier also die gem. § 433 Abs. 1 BGB geschuldete Über-
    eignung des Mercedes, von Anfang an, also schon ab Vertragsschluss, unmöglich
    gewesen sein. Wie bereits (Rn. 8) gezeigt, kann V dem K hier kein Eigentum an
    dem Mercedes verschaffen. Allerdings ist fraglich, ob diese Unmöglichkeit bereits
    bei Vertragsschluss bestand. Dagegen könnte sprechen, dass sich erst später heraus-
    gestellt hat, dass E zu einem Verkauf des Wagens und zu einer Genehmigung der
    Übereignung des V an K nicht bereit war. Andererseits bestand das der Übereig-
    nung entgegenstehende Eigentum des E bereits bei Vertragsschluss, und wenn man
    unterstellt, dass E bereits zu diesem Zeitpunkt nicht zur Genehmigung bereit war,
    dies nur erst später erklärt hat, liegt ein Fall des § 311a Abs. 2 BGB vor.[10]

**3. Kenntnis oder fahrlässige Unkenntnis des V**

13  Gem. § 311a Abs. 2 S. 2 BGB besteht ein Schadensersatzanspruch nicht, wenn der
    Schuldner (V) das Leistungshindernis nicht kannte und seine Unkenntnis auch nicht
    zu vertreten hat. Zu vertreten hat der Schuldner nach § 276 Abs. 1 BGB grund-
    sätzlich Vorsatz und Fahrlässigkeit, es sei denn, ein anderer Haftungsmaßstab wäre
    bestimmt oder dem Inhalt des Schuldverhältnisses zu entnehmen. Hier war V ah-
    nungslos und konnte, da ihm ein perfekt gefälschter Kfz-Brief vorgelegt wurde,
    vom Eigentum des D ausgehen, so dass ihm keine fahrlässige Unkenntnis vorge-
    worfen werden kann.

14      Ein Schadensersatzanspruch käme allein in Betracht, wenn man dem Kaufver-
    trag zwischen V und K die konkludente Garantie i. S. v. § 276 Abs. 1 BGB entnäh-
    me, dass V Eigentümer der verkauften Sache ist und so verschuldensunabhängig
    für die Verschaffung des Eigentums einstehen will. Tatsächlich wird vereinzelt[11]
    angenommen, wer eine Sache verkaufe, garantiere, dass sie ihm gehöre. Der Ver-
    käufer werde deshalb mit seinem Einwand, er habe schuldlos nicht gewusst, dass

---

[9] Nimmt man einen Rechtsmangel an (s. Rn. 4 ff.), sind Anspruchsgrundlage §§ 437 Nr. 3, 311a
Abs. 2 BGB, ohne dass dadurch das Ergebnis der Lösung beeinflusst würde.

[10] Vertretbar wäre mit entspr. Begründung auch die Prüfung der §§ 280 Abs. 1 u. 3, 283 BGB.

[11] *Sutschet* NJW 2005, 1404, 1406 mit Hinweis auf *Jhering* Das Schuldmoment im römischen
Privatrecht, 1867, S. 46.

die versprochene Sache nicht sein Eigentum sei, nicht gehört.[12] Der Gesetzgeber des Schuldrechtsmodernisierungsgesetzes hat sich aber bewusst gegen das Garantieprinzip entschieden und für die Haftung auf Schadensersatz das Verschuldensprinzip gewählt.[13] Dieser Wille des Gesetzgebers ist zu akzeptieren und kann nicht durch die Annahme einer konkludent vereinbarten Garantiehaftung umgangen werden. Wollen die Parteien eine verschuldensunabhängige Haftung für anfängliches Unvermögen erreichen, müssen sie dies vereinbaren; anderenfalls bleibt es bei der Regel des § 311a Abs. 2 S. 2 BGB.[14] Damit ist der Schadensersatzanspruch hier mangels Vertretenmüssens des V ausgeschlossen.

### 4. Ergebnis

K hat keinen Anspruch auf Schadensersatz gegen V aus § 311a Abs. 2 BGB.                    **15**

## III. Rückgewähranspruch aus §§ 346 Abs. 1, 326 Abs. 4 BGB

Fraglich ist, ob K von V gem. §§ 346 Abs. 1, 326 Abs. 4 BGB Rückgewähr des **16** gezahlten Kaufpreises verlangen kann. Das setzt gem. § 326 Abs. 4 BGB voraus, dass er eine nach § 326 BGB nicht geschuldete Gegenleistung bewirkt hat. Nach § 326 Abs. 1 BGB entfällt der Anspruch auf die Gegenleistung (Kaufpreis), wenn der Schuldner (Verkäufer) nach § 275 BGB nicht zu leisten braucht. Hier ist V die Übereignung des verkauften Fahrzeuges unmöglich (s. o. Rn. 8). Daher entfällt gem. § 326 Abs. 1 BGB auch der Anspruch des V gegen K auf den Kaufpreis als Gegenleistung. Aus § 326 Abs. 2 BGB ergibt sich nichts anderes. Daher kann K gem. §§ 346 Abs. 1, 326 Abs. 4 BGB von V den gezahlten Kaufpreis in Höhe von 9990 € zurückverlangen.

## IV. Rückgewähranspruch aus §§ 346 Abs. 1, 326 Abs. 5, 323 BGB[15]

Möglicherweise kann K, wenn er den Rücktritt erklärt hat (§ 349 BGB), auch gem. **17** §§ 346 Abs. 1, 326 Abs. 5, 323 BGB Rückzahlung des Kaufpreises verlangen. Dann müsste er nach §§ 326 Abs. 5, 323 BGB zum Rücktritt vom Kaufvertrag mit V berechtigt sein.

Wie gezeigt, haben K und V einen Kaufvertrag geschlossen. Hierbei handelt es sich um einen gegenseitigen Vertrag. Die von V gem. § 433 Abs. 1 BGB geschuldete Übereignung des Wagens ist unmöglich. In diesem Fall erklärt § 326 Abs. 5

---

[12] Diese Lösung hätte zur Folge, dass die ungeschriebene Garantiehaftung des alten Schuldrechts für anfängliches Unvermögen (bei Interesse vgl. *Medicus* SchuldR I, 12. Aufl. 2000, Rn. 384; SchuldR II, 10. Aufl. 2000, Rn. 24) auch im neuen Schuldrecht erhalten bliebe.

[13] BT-Drucks. 14/6040, S. 165; BGHZ 164, 196, 211 f.

[14] BGH NJW 2007, 3777 Rn. 35 ff.; OLG Karlsruhe NJW 2005, 989, 990; NK/*Dauner-Lieb* § 276 Rn. 25; MünchKomm/*Westermann* § 435 Rn. 1; *Oetker/Maultzsch* § 2 Rn. 136.

[15] Bei Annahme eines Rechtsmangels (s. Rn. 4 ff.) sind als Anspruchsgrundlage § 346 Abs. 1 i. V. m. §§ 437 Nr. 2, 326 Abs. 5 BGB zu prüfen; Änderungen treten ansonsten nicht auf.

BGB die ansonsten gem. § 323 Abs. 1 BGB grundsätzlich erforderliche **Nachfrist-setzung** für **entbehrlich**. K kann gem. §§ 326 Abs. 5, 323 BGB vom Kaufvertrag mit V zurücktreten und dann den Kaufpreis gem. § 346 Abs. 1 BGB zurückver-langen.

---

**Systematischer Hinweis**

Wer den Anspruch aus §§ 346 Abs. 1, 326 Abs. 4 BGB bejaht hat, braucht den Rücktritt nach § 326 Abs. 5 BGB nicht zu prüfen, weil § 326 Abs. 4 BGB dem Käufer ohne Erklärung des Rücktritts die Rückforderung des Kauf-preises ermöglicht und so für ihn die einfachere Möglichkeit darstellt. § 326 Abs. 5 ist aber nicht generell überflüssig: Die Norm soll dem Gläubiger hel-fen, der nicht weiß, ob der Schuldner wegen Unmöglichkeit oder aus anderen Gründen nicht leistet, indem er jedenfalls eine Nachfrist setzen und dann – sei es nach § 323, sei es nach § 326 Abs. 5 BGB – zurücktreten kann. Darüber hinaus ist § 326 Abs. 4 BGB nur im allgemeinen Leistungsstörungsrecht und wegen § 326 Abs. 1 S. 2 BGB nicht über §§ 437, 634 BGB bei Unmöglichkeit der Nacherfüllung anwendbar; in diesen Fällen bedarf es stets eines Rücktritts nach § 326 Abs. 5 BGB, wenn der Gläubiger den Kaufpreis oder Werklohn zurückverlangen will.

**Ergänzung:** Hätte K das Fahrzeug noch nicht an E herausgegeben, müsste er es – gleich ob er nach § 326 Abs. 4 oder Abs. 5 BGB vorgeht – gem. §§ 346 Abs. 1, 348 BGB Zug-um-Zug gegen Rückgewähr des Kaufpreises an V zurückgeben. Diese Pflicht ist nunmehr ersatzlos weggefallen. K ist auch nicht gem. § 346 Abs. 2 S. 1 Nr. 3 BGB verpflichtet, Wertersatz für das Auto zu leisten. Zwar wird § 346 Abs. 2 S. 1 Nr. 3 BGB auf alle Fälle der Unmög-lichkeit der Rückgewähr entsprechend angewandt,[16] doch ist der Wertersatz-anspruch hier nach § 346 Abs. 3 S. 1 Nr. 2 und 3 BGB ausgeschlossen: Die Unmöglichkeit der Herausgabe beruht gerade auf der fehlenden Eigentums-verschaffung durch V; K hat den Wagen nur herausgegeben, weil er gegen-über E als Eigentümer dazu verpflichtet war (§ 985 BGB). Deshalb hat V die Unmöglichkeit der Herausgabe zu „vertreten" i. S. v. § 346 Abs. 3 S. 1 Nr. 2 Fall 1 BGB[17] (wobei es auf Verschulden des V nicht ankommt[18]). Im Übrigen hätte im Falle einer Rückgabe an V auch dieser den Wagen an E herausgeben müssen, so dass der Schaden auch bei ihm eingetreten wäre (§ 346 Abs. 3 S. 1 Nr. 2 Fall 2 BGB). Darüber hinaus hat K nicht schuldhaft gehandelt, indem er dem dinglichen und damit gegenüber dem Rückgabeanspruch des V stärkeren Herausgabeverlangen des E nachgegeben hat,[19] so dass auch der Ausschluss-grund des § 346 Abs. 3 S. 1 Nr. 3 BGB einschlägig ist. K kann also trotz der Herausgabe des Wagens an E den vollen Kaufpreis zurückverlangen.

---

[16] *Brox/Walker* SchuldR AT, § 18 Rn. 25.

[17] *Reinicke/Tiedtke* Kaufrecht, Rn. 254.

[18] Palandt/*Grüneberg* § 346 Rn. 12; *Faust* JuS 2009, 481, 485.

[19] BGHZ 5, 337, 340 f.

# 1. Abwandlung

## I. Anfechtungsrecht gem. § 123 BGB

Möglicherweise kann K seine auf Abschluss des Kaufvertrages gerichtete Willens-   **18**
erklärung gem. § 123 BGB wegen arglistiger Täuschung anfechten.

### 1. Anwendbarkeit

Das setzt zunächst voraus, dass K nicht durch den Vorrang der kaufrechtlichen   **19**
Mängelhaftung an der Anfechtung des Vertrages gehindert ist. Das Anfechtungs-
recht wegen arglistiger Täuschung soll die rechtsgeschäftliche Entscheidungsfreiheit schützen und verfolgt daher eine andere Zielrichtung als die §§ 434 ff. BGB.
Darüber hinaus ist das Vertrauen des Verkäufers auf den Fortbestand des Vertrages
im Falle einer arglistigen Täuschung nicht schutzwürdig, was auch die Wertungen
der §§ 438 Abs. 3, 442 Abs. 1 S. 2, 444 BGB zeigen. Daher wird das Anfechtungs-
recht nach § 123 BGB nicht durch die kaufrechtliche Gewährleistung verdrängt.[20]
Der Käufer kann zwischen beiden Möglichkeiten frei wählen.

**Exkurs**
Nicht verdrängt wird auch eine Anfechtung nach § 119 Abs. 1 BGB, weil die §§ 434 ff. BGB
insoweit keine Sonderregelung enthalten. Hingegen ist eine Anfechtung durch den Käufer nach
§ 119 Abs. 2 BGB hinsichtlich einer Eigenschaft, die die Beschaffenheit der Sache betrifft, ausgeschlossen. Insoweit ist die kaufrechtliche Mängelhaftung mit ihren verschiedenen Sonderregeln
etwa in §§ 438, 442 BGB jedenfalls ab Gefahrübergang (§§ 446, 447 BGB) vorrangig. Auch wenn
die Unfallfreiheit eine verkehrswesentliche Eigenschaft des Wagens ist, ist also eine Anfechtung
nach § 119 Abs. 2 BGB hier nicht möglich.

### 2. Täuschung

Zunächst müsste K getäuscht worden sein. Täuschung ist die Vorspiegelung un-   **20**
wahrer oder die Entstellung wahrer Tatsachen. Hier hat A behauptet, das verkaufte
Fahrzeug sei unfallfrei. Tatsächlich hatte aber der Voreigentümer mit dem Wagen
einen erheblichen Unfall erlitten, der zudem nicht fachgerecht repariert worden war.
Mithin hat A unwahre Tatsachen vorgespiegelt, den K also getäuscht.

**Exkurs**
Während das Tatbestandsmerkmal der Rechtswidrigkeit für die Anfechtung wegen Drohung in
§ 123 Abs. 1 BGB normiert ist, fehlt es für die Täuschung. Auch hier ist aber anerkannt, dass die
Täuschung rechtswidrig sein muss. Allerdings indiziert die Täuschung deren Rechtswidrigkeit.
Relevant wird die Voraussetzung der Rechtswidrigkeit nur im Einzelfall, wenn eine gestellte Frage
nicht wahrheitsgemäß beantwortet werden muss, so bei unzulässigen Fragen des Arbeitgebers bei
einem Vorstellungsgespräch, z. B. nach einer Schwangerschaft. Hier brauchte die Rechtswidrigkeit der Täuschung aber nicht erwähnt zu werden.

---

[20] Allg.M., vgl. nur BGH NJW 1958, 177; Palandt/*Ellenberger* § 123 Rn. 29; *Staudinger/Ewert*
JA 2010, 241, 245.

## 3. Arglist

21 Außerdem müsste A arglistig gehandelt haben. Arglistig handelt, wer unrichtige Erklärungen in Kenntnis ihrer Unrichtigkeit abgibt, wobei bedingter Vorsatz ausreicht. Nach der Rechtsprechung des BGH handelt ein Verkäufer bereits dann arglistig, wenn er zu Fragen, deren Beantwortung erkennbar maßgebliche Bedeutung für den Kaufentschluss seines Kontrahenten hat, ohne tatsächliche Grundlagen ins Blaue hinein unrichtige Angaben macht.[21] Hier hat A auf die entsprechende Frage des K erklärt, der Wagen sei unfallfrei. Eine Untersuchung auf mögliche Mängel hatten V und A davor nicht vorgenommen. Auf bloße Angaben des Voreigentümers hätten sie sich nicht verlassen dürfen. Damit hat A die Unfallfreiheit ohne hinreichende Erkenntnisgrundlage, somit „ins Blaue hinein" zugesichert. Folglich hat A den K arglistig getäuscht.

**Exkurs**
Der Verkäufer ist ohne Vorliegen besonderer Anhaltspunkte nicht verpflichtet, einen Gebrauchtwagen auf Unfallschäden zu untersuchen. Vielmehr genügt grds. eine fachmännische äußere Besichtigung. Nur wenn diese Erstuntersuchung Anhaltspunkte für einen Vorschaden ergibt, kann der Verkäufer zu weiteren Nachforschungen verpflichtet sein (BGH NJW 2014, 211 Rn. 24). Der Verkäufer darf aber nicht – und das wird ihm hier vorgeworfen – eine Untersuchung auf Unfallschäden behaupten, die er gar nicht vorgenommen hat. Hätte E gegenüber V angegeben, das Auto sei unfallfrei, und hätte V bzw. A gegenüber K behauptet, das Auto habe „laut Vorbesitzer" keine Unfallschäden, schiede eine arglistige Täuschung aus.

## 4. Zurechnung der Täuschung an V

22 Fraglich ist, ob eine Anfechtung nur unter den Voraussetzungen des § 123 Abs. 2 S. 1 BGB möglich ist, weil die arglistige Täuschung nicht durch V selbst, sondern durch seinen Angestellten A erfolgt ist. Dann müsste A Dritter im Sinne dieser Vorschrift sein. Als Dritte kommen nur solche Personen in Betracht, die am Geschäft unbeteiligt sind und deren Verhalten sich der Erklärungsempfänger nicht zurechnen lassen muss. A ist hier als Vertreter des V aufgetreten. Er war damit am Geschäft beteiligt und ist folglich nicht Dritter i. S. d. § 123 Abs. 2 BGB.[22]

## 5. Kausalität

23 Die arglistige Täuschung muss für die Abgabe der Willenserklärung des K kausal gewesen sein. Hätte K von dem Unfall gewusst, hätte er den Wagen jedenfalls nicht zu den vereinbarten Bedingungen gekauft. Damit war die Täuschung kausal für den Abschluss des Kaufvertrages.

## 6. Ergebnis

24 Folglich kann K den Kaufvertrag gem. § 123 BGB innerhalb der Jahresfrist des § 124 BGB anfechten. Wenn K gem. § 143 BGB die Anfechtung erklärt, führt das gem. § 142 Abs. 1 BGB zur Nichtigkeit des Vertrages *ex tunc* (von Anfang an). K

---

[21] BGHZ 168, 64 Rn. 13 m. w. N.

[22] Vgl. MünchKomm/*Schramm* § 166 Rn. 11. Der BGH zieht hingegen unmittelbar § 166 Abs. 1 BGB heran (BGHZ 168, 64, 68 Rn. 8 a. E.).

kann dann gem. § 812 Abs. 1 S. 1 Fall 1 BGB[23] Rückgewähr des gezahlten Kaufpreises verlangen.

## II. Rücktrittsrecht gem. §§ 437 Nr. 2, 326 Abs. 5, 323 BGB

Fraglich ist, ob K auch berechtigt ist, gem. §§ 437 Nr. 2, 326 Abs. 5, 323 BGB vom Kaufvertrag mit V zurückzutreten. **25**

### 1. Kaufvertrag
K und V haben einen Kaufvertrag gem. § 433 BGB geschlossen. Wenn K ihn nicht durch Anfechtung gem. § 142 BGB rückwirkend vernichtet, ist dieser trotz der arglistigen Täuschung wirksam. **26**

### 2. Mangel bei Gefahrübergang
Außerdem müsste der gekaufte Wagen bei Gefahrübergang mangelhaft gewesen sein. Hier könnte der Wagen nicht die vereinbarte Beschaffenheit gehabt haben, § 434 Abs. 1 S. 1 BGB. Es war vereinbart, dass der Wagen unfallfrei sein sollte. Tatsächlich handelte es sich um einen Unfallwagen. Damit war der Wagen nach § 434 Abs. 1 S. 1 BGB mangelhaft. **27**

**Exkurs**
Auch wenn es an einer Beschaffenheitsvereinbarung fehlt, ist ein gebrauchtes Kraftfahrzeug, das einen Unfall erlitten hat, bei dem es zu mehr als Bagatellschäden (ganz geringfügigen äußeren Lackschäden) gekommen ist, mangelhaft nach § 434 Abs. 1 S. 2 Nr. 2 BGB, wenn der Verkäufer nicht auf den Unfall aufmerksam macht (BGH NJW 2008, 53, 54 Rn. 20). Eine fachgerechte Reparatur ändert an der Mangelhaftigkeit nichts.

### 3. Unmöglichkeit der Nacherfüllung
Gem. § 326 Abs. 5 BGB kann der Käufer nur dann ohne Setzung einer Nachfrist vom Kaufvertrag zurücktreten, wenn der Verkäufer wegen Unmöglichkeit gem. § 275 BGB nicht zu leisten braucht. Das setzt hier voraus, dass die Nacherfüllung sowohl in der Form der Nachbesserung als auch in der Form der Ersatzlieferung unmöglich ist. **28**

### a) Ausschluss des Anspruchs auf Nachbesserung
Der Charakter des gekauften Fahrzeuges als Unfallwagen kann durch eine wie auch immer geartete Reparatur nicht verändert werden.[24] Selbst wenn der Unfallschaden fachgerecht repariert würde, änderte das an der Eigenschaft als Unfallwagen nichts. **29**

---

[23] Auch im Falle der Anfechtung wird wegen der Rückwirkung der Anfechtung nach h. M. (Staudinger/*Lorenz* [2007] § 812 Rn. 88; *Medicus/Lorenz* SchuldR II, Rn. 1138) die *condictio indebiti* und nicht die *condictio ob causam finitam* (§ 812 Abs. 1 S. 2 Fall 1 BGB) angewandt (für letztere aber Palandt/*Sprau* § 812 Rn. 26; offenlassend BGH NJW 2008, 1878, 1879).

[24] BGH NJW 2008, 53 Rn. 23; 2008, 1517 Rn. 21. Dagegen führt eine Beschädigung der Originallackierung bei Gebrauchtwagen nicht zur Unmöglichkeit der Nacherfüllung, sondern stellt nur einen durch Neulackierung behebbaren Mangel dar (BGH NJW 2009, 2807 Rn. 7, 16 f.).

Unfallwagen sind auf dem Markt nur zu einem geringeren Preis absetzbar (sog. merkantiler Minderwert), da verborgen gebliebene Schäden nicht auszuschließen sind. Daher ist eine Nachbesserung unmöglich.

### b) Ausschluss des Anspruchs auf Ersatzlieferung

30    Fraglich ist aber, ob hier eine Ersatzlieferung in Betracht kommt. Wie in Fall 1 (Rn. 9 ff.) gezeigt, ist eine Ersatzlieferung beim Stückkauf nur dann unmöglich und damit nach § 275 Abs. 1 BGB ausgeschlossen, sofern die Kaufsache nach dem Parteiwillen nicht ersatzfähig ist, wofür auch die fehlende Vertretbarkeit (§ 91 BGB) ein Indiz ist.

31    Anders als neue Serienfahrzeuge sind Gebrauchtwagen Einzelstücke. Sie sind daher nicht vertretbare Sachen i. S. v. § 91 BGB.[25] Ein gebrauchtes Fahrzeug mit genau denselben Eigenschaften zu finden, die der verkaufte Wagen aufweist, ist nur in ganz seltenen Ausnahmefällen möglich. Besonders der Erhaltungszustand und der Abnutzungsgrad unterscheiden sich im Einzelfall stark. Auch wenn es dem Gebrauchtwagenkäufer vor allem auf einen bestimmten Fahrzeugtyp und eine bestimmte Ausstattung ankommt, ist in der Regel erst der bei einer persönlichen Besichtigung gewonnene Gesamteindruck von den technischen Eigenschaften, der Funktionsfähigkeit und dem äußeren Erscheinungsbild des individuellen Fahrzeugs ausschlaggebend für den konkreten Kaufentschluss.[26] Es entspräche daher nicht den Interessen des Käufers, wenn er statt des gekauften Wagens einen zwar ähnlichen, aber eben nicht identischen erhielte. Deshalb geht die Gesetzesbegründung zu Recht davon aus, dass bei gebrauchten Sachen eine Nachlieferung zumeist von vornherein ausscheiden wird.[27] Umstände, die ein gegenteiliges Ergebnis rechtfertigen könnten, sind hier nicht ersichtlich. Daher scheidet mangels Ersatzfähigkeit des Gebrauchtwagens auch ein Anspruch des K auf Ersatzlieferung aus.

Beide Arten der Nacherfüllung sind unmöglich.

**Exkurs**
Auch wenn die Nacherfüllung nicht unmöglich ist, kann der Käufer, dem ein Mangel arglistig verschwiegen bzw. die Mangelfreiheit arglistig vorgespiegelt worden ist, regelmäßig gem. § 323 Abs. 2 Nr. 3 BGB ohne Nachfristsetzung vom Kaufvertrag zurücktreten (s. o. Fall 1 Rn. 18 m. w. N.).

### 4. Keine Unerheblichkeit des Mangels

32    Der Mangel ist nicht unerheblich (§ 326 Abs. 5 i. V. m. § 323 Abs. 5 S. 2 BGB).

### 5. Ergebnis

33    Damit kann K gem. §§ 437 Nr. 2, 326 Abs. 5, 323 BGB vom Kaufvertrag zurücktreten. Erklärt er gem. § 349 BGB den Rücktritt, kann er gem. § 346 Abs. 1 S. 1 BGB Rückzahlung des Kaufpreises verlangen.

---

[25] Palandt/*Ellenberger* § 91 Rn. 4.
[26] BGHZ 168, 64 Rn. 24.
[27] BT-Drucks. 14/6040, S. 232 mit Bezug auf Erwägungsgrund (16) der EG-Verbrauchsgüterkaufrichtlinie; a. A. aber *Scheuren-Brandes* ZGS 2005, 295, 296.

**Exkurs**

Hat der Käufer die Anfechtung erklärt, wird dadurch der Vertrag mit Wirkung *ex tunc* aufgehoben (§ 142 Abs. 1 BGB). Er kann daher nicht mehr zum Rücktritt übergehen.[28] Umgekehrt kann er aber nach erklärtem Rücktritt, der den Vertrag lediglich in ein Rückgewährschuldverhältnis umwandelt, noch anfechten. Die Anfechtung kann im Einzelfall für den Käufer Vorteile gegenüber dem Rücktritt haben, wenn die Kaufsache durch Verschulden des Käufers untergegangen oder verschlechtert worden ist. Während die Wertersatzpflicht aus § 346 Abs. 2 BGB beim Rücktritt nur unter den Voraussetzungen des § 346 Abs. 3 BGB ausgeschlossen ist, kann sich der arglistig getäuschte Käufer (vorbehaltlich § 242 BGB) auch dann auf den Wegfall der Bereicherung nach § 818 Abs. 3 BGB berufen, wenn er die Sorgfalt in eigenen Angelegenheiten nicht eingehalten hat,[29] solange er den Anfechtungsgrund nicht positiv kennt (§§ 819 Abs. 1, 142 Abs. 2 BGB). (Zum Ganzen *Renna* ZGS 2007, 448 f.) Vorteile bei der Verjährung bestehen hingegen nicht, weil bei arglistigem Verschweigen eines Mangels (Entsprechendes muss bei arglistigem Vorspiegeln der Mangelfreiheit gelten) nach § 438 Abs. 3 BGB nicht die kurze Verjährung nach § 438 Abs. 1 Nr. 3 BGB, sondern die Regelverjährung nach §§ 195, 199 BGB gilt. – Wenn der arglistig getäuschte Käufer vom Verkäufer Schadensersatz statt der Leistung nach §§ 437 Nr. 3, 280 Abs. 1 u. 3, 281 BGB verlangen will (höhere Kosten eines Deckungsgeschäfts), muss er von einer Anfechtung absehen, um nicht seinem Schadensersatzanspruch den Boden zu entziehen.[30]

## III. Anspruch auf Vertragsaufhebung aus §§ 280 Abs. 1, 311 Abs. 2, 241 Abs. 2 BGB

Fraglich ist, ob K gegen V außerdem einen Schadensersatzanspruch aus §§ 280 Abs. 1, 311 Abs. 2, 241 Abs. 2 BGB (*culpa in contrahendo*) wegen fehlerhafter Beantwortung der Frage nach der Unfallfreiheit des Wagens hat, der auf Rückgängigmachung des Kaufvertrages als Naturalrestitution nach § 249 Abs. 1 BGB gerichtet wäre. **34**

### 1. Anwendbarkeit der culpa in contrahendo

Dies setzt zunächst voraus, dass die Vorschriften über die *culpa in contrahendo* neben dem kaufrechtlichen Mängelhaftungsrecht anwendbar sind. Diese Frage ist umstritten. **35**

a) Nach einer **teilweise in der Literatur vertretenen Auffassung**[31] soll der Verkäufer neben den §§ 434 ff. BGB auch unbeschränkt wegen vorvertraglicher Aufklärungspflichtverletzung haften. Dies wird damit begründet, dass es sich um unterschiedliche Haftungssysteme handele, die unterschiedliche Zwecke verfolgten und unterschiedliche Voraussetzungen hätten. **36**

---

[28] Nach BGH NJW 2010, 2503 Rn. 16 kann aber eine Anfechtungserklärung als Rücktrittserklärung ausgelegt oder in eine solche umgedeutet werden.

[29] Die von der Rspr. entwickelte Saldotheorie gilt nicht zu Lasten des arglistig getäuschten Vertragspartners (BGHZ 53, 144 ff.; Palandt/*Sprau* § 818 Rn. 49). Allerdings soll der Kondiktionsanspruch des Getäuschten, wenn die Sache bei ihm vor der Anfechtung durch sein Verschulden zerstört worden ist, nach § 242 BGB unter Berücksichtigung der Schwere der jeweiligen Verstöße zu mindern sein (BGHZ 57, 137, 152; *Kropholler/Jacoby/v. Hinden* § 818 Rn. 12).

[30] *Höpfner* NJW 2004, 2865; a. A. *Herbert* JZ 2011, 503, 511 f.

[31] Bamberger/Roth/*Faust* § 437 Rn. 190; *Häublein* NJW 2003, 388, 391 ff.; *Medicus* JuS 1998, 289, 292.

37        **b)** Nach einer **weiteren Meinung in der Literatur**[32] soll ein Rückgriff auf die
         Regeln der c. i. c. nach Gefahrübergang stets ausgeschlossen sein, sofern es sich um
         Verhaltenspflichten des Verkäufers im Zusammenhang mit der Beschaffenheit der
         Kaufsache handele. Der Käufer sei – auch bei vorsätzlichem Verhalten – durch die
         §§ 434 ff. BGB hinreichend geschützt.

38        **c)** Nach der **Rechtsprechung** und wohl **herrschenden Lehre**[33] entfaltet das
         kaufrechtliche Mängelhaftungsrecht zwar eine Sperrwirkung gegenüber der c. i. c.,
         allerdings soll hiervon bei vorsätzlichem Handeln des Verkäufers eine Ausnahme
         bestehen, da dieser dann nicht schutzwürdig sei.[34]

39        **d) Stellungnahme.** Gegen die erste Ansicht spricht, dass die §§ 434 ff. BGB
         eine detaillierte, im Grundsatz abschließende Sonderregelung für die Haftung des
         Verkäufers wegen die Beschaffenheit der Kaufsache enthalten. Ein Rückgriff auf
         die c. i. c. führte dazu, dass Besonderheiten der kaufrechtlichen Mängelhaftung wie
         der Ausschluss der Haftung bei grob fahrlässiger Unkenntnis des Käufers (§ 442
         Abs. 1 BGB) und der Vorrang der Nacherfüllung (§ 439 BGB) umgangen würden.
         Jedenfalls wenn man nicht § 438 BGB analog auf den Anspruch aus c. i. c. anwen-
         dete, würden darüber hinaus die besonderen Verjährungsregeln der Sachmängel-
         haftung (kürzere und bereits mit Ablieferung der Sache, nicht erst bei Kenntnis des
         Käufers vom Mangel beginnende Verjährung) umgangen. Daher ist im Grundsatz
         eine Sperrwirkung der Sachmängelhaftung anzunehmen. Allerdings gilt das nicht
         ausnahmslos. Handelt der Verkäufer arglistig, greifen kaufrechtliche Sonderrege-
         lungen nicht ein. Der Verkäufer haftet dann auch bei grob fahrlässiger Unkenntnis
         des Käufers (§ 442 Abs. 1 S. 2 BGB), kann sich auf einen Haftungsausschluss nicht
         berufen (§ 444 BGB), verliert sein Recht zur zweiten Andienung (s. o. Fall 1 Rn. 18,
         3. Spiegelstrich im Kasten), und es gilt die regelmäßige Verjährungsfrist (§ 438
         Abs. 3 BGB).[35] Zu folgen ist daher der dritten Ansicht, die einen Rückgriff auf die
         c. i. c. bei Vorsatz des Verkäufers zulässt.[36]
         Hier hat V, wie oben (Rn. 21) geprüft, arglistig gehandelt. Die Regeln über die
         c. i. c. sind daher anwendbar.

---

[32] Bamberger/Roth/*Gehrlein/Sutschet* § 311 Rn. 79; Jauernig/*Stadler* § 311 Rn. 38; Erman/*Kindl* § 311 Rn. 87.

[33] BGHZ 180, 205, 210 ff.; ZIP 2011, 719 Rn. 16; zum alten Schuldrecht bereits BGHZ 60, 319 ff.; 88, 130, 134; 114, 263, 266; Erman/*Grunewald* Vor § 437 Rn. 15 ff.; Jauernig/*C. Berger* § 437 Rn. 34; MünchKomm/*Westermann* § 437 Rn. 58; Palandt/*Grüneberg* § 311 Rn. 15; Palandt/*Wei-denkaff* § 437 Rn. 51b; *Lorenz* NJW 2006, 1925, 1926 und NJW 2007, 1, 4; *Staudinger/Ewert* JA 2010, 241, 243.

[34] Eine weitere Ausnahme wird für den Fall diskutiert, dass der Umstand, auf den sich das Ver-schulden des Verkäufers bei Vertragsschluss bezieht, zwar zum Gegenstand einer Beschaffen-heitsvereinbarung hätte gemacht werden können, dies aber nicht geschehen ist (offengelassen von BGHZ 180, 205, vgl. dort Rn. 18).

[35] BGHZ 180, 205 Rn. 24.

[36] Falllösungstechnisch hätte man auch nur die zweite Ansicht ablehnen und die Entscheidung zwischen der ersten und der dritten offenlassen können.

**Exkurs**
Problematisch ist auch das Verhältnis zwischen der Anfechtung wegen arglistiger Täuschung und
c. i. c. Man könnte § 123 BGB als abschließende Sonderregelung ansehen, so dass bei bloß fahrlässiger Irreführung ein auf Vertragsaufhebung gerichteter Schadensersatzanspruch aus c. i. c. ausgeschlossen wäre. Die h. M.[37] lehnt ein solches Verständnis – jedenfalls seit der Kodifizierung
der c. i. c.[38] – aber ab. Hier stellte sich das Problem nicht, weil die Voraussetzungen der §§ 123,
124 BGB vorlagen und nichts dagegen spricht, neben der Anfechtung einen im Ergebnis auf das
gleiche Ziel gerichteten Schadensersatzanspruch aus c. i. c. zuzulassen.

## 2. Vorvertragliches Schuldverhältnis, Pflichtverletzung, Vertretenmüssen

Zwischen K und V ist hier durch die Aufnahme von Vertragsverhandlungen gem.     **40**
§ 311 Abs. 2 Nr. 1 BGB ein vorvertragliches Schuldverhältnis zustande gekommen.
Aus diesem folgen Schutz- und Rücksichtnahmepflichten nach § 241 Abs. 2 BGB.
Dazu gehört auch die Pflicht, dem Verhandlungspartner keine falschen Auskünfte
zu erteilen. Dagegen hat V bzw. sein Angestellter A durch den falschen Hinweis
auf die Unfallfreiheit des Wagens verstoßen. Fraglich ist, ob V die Pflichtverletzung gem. § 280 Abs. 1 S. 2 BGB zu vertreten hat. V hat nicht selbst gehandelt. Er
muss sich jedoch das Verschulden seines Erfüllungsgehilfen A (Vorsatz gem. § 276
Abs. 1 BGB) nach § 278 BGB zurechnen lassen. Damit hat V die Pflichtverletzung
zu vertreten.

## 3. Anspruch auf Vertragsaufhebung

Demnach muss V dem K gem. § 249 Abs. 1 BGB Schadensersatz leisten. Wenn     **41**
durch pflichtwidrige Einwirkung auf die Willensbildung des Geschädigten ein Vertrag zustande kommt, der bei zutreffender Information nicht geschlossen worden
wäre, hat der Geschädigte im Wege der Naturalrestitution einen Anspruch auf Vertragsaufhebung.[39] K kann also von V aus §§ 280 Abs. 1, 311 Abs. 2, 241 Abs. 2
BGB Rückgängigmachung des Kaufvertrages verlangen.

## 2. Abwandlung

### I. Anspruch auf Nacherfüllung, §§ 437 Nr. 1, 439 Abs. 1 BGB

K könnte gegen X einen Anspruch auf Nacherfüllung gem. §§ 437 Nr. 1, 439 Abs. 1     **42**
BGB haben. Grundsätzlich kommt – nach Wahl des Käufers – sowohl eine Reparatur des Gerätes (§ 439 Abs. 1 Fall 1 BGB) als auch die Lieferung eines Ersatzgerätes
(§ 439 Abs. 1 Fall 2 BGB) in Betracht; im Zweifel wird K letztere bevorzugen.

---

[37] BGH NJW 1962, 1196, 1198; 1998, 302, 303 f.; MünchKomm/*Emmerich* § 311 Rn. 87 ff.

[38] NK/*Krebs* § 311 Rn. 73; *Arnold* JuS 2013, 865, 869; Staudinger/*Singer* (2011) § 123 Rn. 101

[39] Vgl. BGH NJW-RR 2008, 564 Rn. 9; Palandt/*Grüneberg* § 311 Rn. 40 und 55.

## 1. Wirksamer Kaufvertrag, § 433 BGB

43 Der Nacherfüllungsanspruch setzt zunächst das Bestehen eines wirksamen Kaufvertrages gem. § 433 BGB voraus. Die erforderliche Einigung (§§ 145, 147 BGB)
liegt vor. Allerdings fragt es sich, ob der Kaufvertrag wirksam ist.

### a) Nichtigkeit gem. § 134 BGB

44 Zunächst könnte der Verkauf von Radarwarngeräten gegen ein gesetzliches Verbot
verstoßen und damit nach § 134 BGB nichtig sein. Nach § 23 Abs. 1b StVO ist
es dem Führer eines Kraftfahrzeuges untersagt, ein technisches Gerät zu betreiben
oder betriebsbereit mitzuführen, das dafür bestimmt ist, Verkehrsüberwachungs-
maßnahmen anzuzeigen oder sie zu stören. Das gilt nach Satz 2 insbesondere für
Radarwarn- oder Laserstörgeräte. Damit ist die Benutzung des Radarwarngeräts
verboten. Darauf beschränkt sich allerdings die Verbotsnorm. Der Verkauf ist nicht
erfasst. Der Kaufvertrag zwischen K und X ist also nicht gem. § 134 BGB nichtig.

### b) Nichtigkeit gem. § 138 BGB

45 Die Unwirksamkeit des Kaufvertrages könnte sich aber daraus ergeben, dass er
gegen die guten Sitten verstößt (§ 138 Abs. 1 BGB). Ein Rechtsgeschäft ist sittenwidrig, wenn es gegen das Anstandsgefühl aller billig und gerecht Denkenden
verstößt. Zur Ausfüllung dieser Formel sind vor allem die Wertmaßstäbe heranzuziehen, die in der Rechtsordnung selbst angelegt sind. Eine Sittenwidrigkeit kommt
insbesondere in Betracht, wenn durch das Geschäft Dritte gefährdet oder geschädigt
werden oder wenn das Geschäft in krassem Widerspruch zum Gemeinwohl steht.
Voraussetzung ist, dass die an dem Geschäft Beteiligten sittenwidrig handeln, also
die Umstände, die die Sittenwidrigkeit begründen, kennen oder sich zumindest ihrer
Kenntnis grob fahrlässig verschließen.

46 Wie geprüft (Rn. 44), ist die Benutzung eines Radarwarngeräts verboten und
stellt eine Ordnungswidrigkeit dar (§ 49 Abs. 1 Nr. 22 StVO, § 24 StVG). Durch
das Verbot soll sichergestellt werden, dass die präventive Wirkung drohender Ge-
schwindigkeitskontrollen nicht unterlaufen werden kann. Diese dienen der Sicherheit im Straßenverkehr, insbesondere dem Schutz von Leib und Leben Dritter. Der
Verkauf des Radarwarngerätes ist also auf ein Verhalten gerichtet, das im Interesse
der Verkehrssicherheit in Deutschland verboten ist. Deshalb ist bereits der Kaufvertrag rechtlich zu missbilligen. Bei lebensnaher Sachverhaltsauslegung ist davon
auszugehen, dass den Beteiligten zumindest die Tatsachen, aus denen diese rechtliche Wertung folgt, bekannt waren.
Der Kaufvertrag ist damit sittenwidrig und gem. § 138 Abs. 1 BGB unwirksam.[40]

### 2. Ergebnis

47 Mangels wirksamen Kaufvertrages besteht kein Nacherfüllungsanspruch aus
§§ 437 Nr. 1, 439 Abs. 1 BGB.

---

[40] Vgl. BGH NJW 2005, 1490 m. w. N.

## II. Sonstige kaufrechtliche Mängelrechte und -ansprüche

Auch ein Rücktrittsrecht, Minderungsrecht oder Anspruch auf Schadensersatz des 48
K gegen X wegen des Mangels der Kaufsache kommt mangels Wirksamkeit des
Kaufvertrages nicht in Betracht. Das gilt auch für einen grundsätzlich denkbaren
Anspruch aus §§ 437 Nr. 3, 280 Abs. 1 BGB auf Ersatz der gezahlten Bußgelder als
Mangelfolgeschaden.

## III. Anspruch auf Kaufpreisrückzahlung, § 812 Abs. 1 S. 1 Fall 1 BGB

K könnte gegen X einen Anspruch auf Rückzahlung des gezahlten Kaufpreises in 49
Höhe von 1000 € aus § 812 Abs. 1 S. 1 Fall 1 BGB haben.

### 1. Etwas erlangt

Dann müsste X zunächst „etwas" i. S. v. § 812 Abs. 1 S. 1 BGB erlangt haben. 50
Darunter fällt jeder Vermögensvorteil im weitesten Sinne. Hier hat X Eigentum
und Besitz an den Geldscheinen erhalten, mit denen K das Radarwarngerät bezahlt
hat.[41] Damit hat X etwas erlangt.

### 2. Durch Leistung

Außerdem müsste X den Vermögensvorteil „durch Leistung" erlangt haben. Leis- 51
tung ist die bewusste und zweckgerichtete Mehrung fremden Vermögens. Hier hat
K das Vermögen des X bewusst gemehrt, um seine (scheinbare) Verpflichtung aus
dem Kaufvertrag zu erfüllen. Damit liegt eine Leistung vor.

### 3. Ohne rechtlichen Grund

Der Kaufvertrag zwischen K und X ist gem. § 138 Abs. 1 BGB unwirksam (s. o. 52
Rn. 43 ff.). Deshalb erfolgte die Leistung ohne rechtlichen Grund.

### 4. Ausschluss des Anspruchs gem. § 817 S. 2 BGB

Der demnach grundsätzlich gegebene Anspruch auf Rückzahlung des Kaufpreises 53
könnte aber gem. § 817 S. 2 BGB ausgeschlossen sein. § 817 S. 2 BGB gilt nicht
nur, wie seine systematische Stellung nahelegt, im Rahmen der *condictio ob turpem
vel iniustam causam* (§ 817 S. 1 BGB), sondern für alle Leistungskondiktionen, also
auch die *condictio indebiti* des § 812 Abs. 1 S. 1 Fall 1 BGB.[42]

　　Nach dem Wortlaut des § 817 S. 2 BGB setzt der Ausschluss der Rückforderung voraus, dass Leistender und Annehmender gegen ein gesetzliches Verbot oder
gegen die guten Sitten verstoßen haben.[43] Ein solcher beiderseitiger Sittenverstoß

---

[41] Bei bargeldloser Zahlung hätte X einen Auszahlungsanspruch gegen seine Bank erhalten.

[42] Vgl. nur Palandt/*Sprau* § 817 Rn. 12.

[43] Nach allg. Meinung muss das erst recht gelten, wenn nur dem Leistenden, nicht aber dem An-
nehmenden ein Sittenverstoß zur Last fällt. Diese Erweiterung ist hier aber irrelevant.

durch den Abschluss des Kaufvertrages wurde bereits bejaht (s. o. Rn. 43 ff.). Damit ist die Rückforderung gem. § 817 S. 2 BGB ausgeschlossen.[44]

**Exkurs**

Einem Verbraucher, der ein Radarwarngerät gekauft hat, steht aber trotz § 138 Abs. 1 BGB unter den Voraussetzungen der §§ 312c, 312 g BGB ein Widerrufsrecht nach Fernabsatzrecht zu, da dieses keinen wirksamen Vertrag voraussetzt (BGHZ 183, 235 = NJW 2010, 610).

## 5. Ergebnis

54   K hat keinen Anspruch gegen X auf Rückzahlung des Kaufpreises aus § 812 Abs. 1 S. 1 Fall 1 BGB.

---

[44] Vgl. BGH NJW 2005, 1490, 1491.

# Fall 3

## Ausgangsfall

Pferdezüchter Z verkauft der Reiterin R den Hengst „Farbenfroh" zu einem (für ein gesundes Tier angemessenen) Preis von 2500 €. Äußerlich erscheint „Farbenfroh" zu diesem Zeitpunkt noch gesund. Nach zwei Wochen bricht bei ihm aber eine durch Viren verursachte, unheilbare Infektionskrankheit aus, die das Gehirn befällt und schließlich zum Tode des Tieres führt. Die Inkubationszeit der Krankheit beträgt mindestens drei Wochen. Z hätte die Krankheit bei einer Untersuchung bereits erkennen können. Bedauerlicherweise bleibt es nicht beim Tod von Farbenfroh: Dieser hat die beiden anderen Pferde (Wert je 3000 €) der R angesteckt, die eingeschläfert werden müssen.

Welche Ansprüche hat R gegen Z?

## Abwandlung

R hatte bislang keine Pferde, sondern wollte mit „Farbenfroh" reiten lernen. Dazu hat sie eine umfangreiche Reiterausstattung für 1200 € angeschafft (Sattelzeug, Kleidung, Stiefel etc.). Nach den schlimmen Erfahrungen mit „Farbenfroh" will R mit Pferden nichts mehr zu tun haben. Sie verlangt daher die Kosten für die Ausstattung von Z ersetzt. Z meint, dann müsse R ihm zumindest die Ausstattung herausgeben.

Außerdem verlangt R die Kosten für Bahnfahrkarten (15 €) ersetzt, die sie für die Besichtigung des Pferdes aufgewandt hat. Z hatte das Pferd in der örtlichen Zeitung zum Verkauf angeboten, woraufhin sich R telefonisch gemeldet und mit Z einen Besichtigungstermin vereinbart hatte. R meint, auch die Aufwendungen für die Bahnfahrkarten seien infolge des Todes des Tieres vergeblich und daher von Z zu ersetzen. Zu Recht?

© Springer-Verlag Berlin Heidelberg 2015                                        35
P. Balzer et al., *Die Schuldrechtsklausur I*, Tutorium Jura,
DOI 10.1007/978-3-662-45662-0_3

## Lösung Fall 3

▶ Der einfache Fall beschäftigt sich mit den Folgen einer Unmöglichkeit
der Nacherfüllung beim Kauf. Außerdem dient der Fall der Abgrenzung
von Schadensersatz statt der Leistung und neben der Leistung. Gegenstand der Abwandlung ist der Aufwendungsersatzanspruch aus § 284
BGB.
  Zu Besonderheiten des Tier-, insbes. Pferdekaufs vgl. *Westermann*
ZGS 2005, 342 ff.; *Eichelberger/Zentner* JuS 2009, 201 ff.; *Marx* NJW 2010,
2839 ff.; *Wertenbruch* NJW 2012, 2065 ff.; Falllösung: *Hofmann* JA 2013,
16 ff.

## Ausgangsfall

### I. Anspruch auf Nacherfüllung aus §§ 437 Nr. 1, 439 Abs. 1 BGB

#### Aufbauhinweis

Wer das Bestehen dieses Anspruchs für so fernliegend hält, dass er ihn gar nicht
ansprechen will, kann allein Rücktritt, Minderung und Schadensersatz prüfen
und muss dann auf die Voraussetzung der Unmöglichkeit der Nacherfüllung inzident eingehen.

**1**  R könnte gegen Z einen Anspruch auf Nacherfüllung aus §§ 437 Nr. 1, 439 Abs. 1
BGB haben. Dieser wäre entweder gerichtet auf Mängelbeseitigung (§ 439 Abs. 1
Fall 1 BGB) oder auf Lieferung eines Ersatztieres (§ 439 Abs. 1 Fall 2 BGB).

#### 1. Anspruch entstanden
##### a) Kaufvertrag

**2**  Voraussetzung dafür ist zunächst der wirksame Abschluss eines Kaufvertrages gem.
§ 433 BGB. Hier haben Z und R die entgeltliche Lieferung eines Pferdes vereinbart.
Zwar betrifft § 433 BGB den Sachkauf, während Tiere gem. § 90a S. 1 BGB keine
Sachen sind. Gem. § 90a S. 3 BGB sind aber die für Sachen geltenden Vorschriften
entsprechend anzuwenden. Damit gelten die Vorschriften des Sachkaufes für den
Tierkauf entsprechend. Ein wirksamer Kaufvertrag i. S. § 433 BGB liegt vor.

##### b) Mangel der Kaufsache bei Gefahrübergang

**3**  Weiterhin müsste das Kaufobjekt bei Gefahrübergang, also bei Übergabe des Pferdes (§ 446 S. 1 BGB), einen Sachmangel i. S. v. § 434 BGB aufgewiesen haben.
Mangels Vereinbarung einer bestimmten Beschaffenheit des Pferdes ist nach § 434
Abs. 1 S. 2 Nr. 1 BGB zu prüfen, ob dem Pferd die Eignung zur vertraglich vorausgesetzten Verwendung fehlte. Das Pferd sollte als Reitpferd genutzt werden. Das
setzt voraus, dass es keine schweren Krankheiten aufweist. Hier war „Farbenfroh"

zwar bei Übergabe äußerlich noch gesund, zwei Wochen später aber bereits an einer tödlichen Virusinfektion erkrankt. Wegen der Inkubationszeit der Krankheit steht fest, dass das Pferd das Virus bereits bei Übergabe in sich trug, auch wenn die Krankheit noch nicht ausgebrochen war. Damit war es bereits bei Gefahrübergang mangelhaft i. S. § 434 Abs. 1 S. 2 Nr. 1 BGB.[1]

**Exkurs**
Mit der Mangelhaftigkeit eines Reitpferdes befasst sich BGH NJW 2007, 1351 (insbes. Rn. 19). Danach gehört zur „üblichen" Beschaffenheit eines Tieres nicht, dass es in jeder Hinsicht einer biologischen oder physiologischen „Idealnorm" entspricht. Da Tiere mit individuellen Anlagen ausgestattet sind, muss der Käufer damit rechnen, dass das von ihm erworbene Tier physiologische Abweichungen vom Idealzustand aufweist und deshalb, obwohl derzeit klinisch unauffällig, mit einer gewissen Wahrscheinlichkeit zukünftig klinische Symptome entwickeln wird. Daran ändert auch nichts, dass der Markt auf solche Abweichungen mit Preisabschlägen reagiert.
   Man kann noch prüfen, ob R ihrer Mängelrechte nach § 442 Abs. 1 S. 2 BGB verlustig geht, weil sie das Pferd offenbar keiner tierärztlichen Kaufuntersuchung (die in der Praxis durchaus üblich ist) unterzogen hat. Jedoch liegt in dem Verzicht auf eine solche Untersuchung jedenfalls keine grobe Fahrlässigkeit. Der Käufer eines Pferdes muss – jedenfalls wenn nicht besondere Umstände zur Vorsicht mahnen – dieses nicht selbst untersuchen (lassen), um Mängelansprüche geltend machen zu können.[2]

## 2. Anspruch nicht ausgeschlossen

Möglicherweise ist der Nacherfüllungsanspruch jedoch gem. § 275 Abs. 1 BGB    **4**
wegen Unmöglichkeit ausgeschlossen. Eine Leistung ist unmöglich, wenn sie dauerhaft nicht erbracht werden kann. Die erste Variante der Nacherfüllung (Mängelbeseitigung nach § 439 Abs. 1 Fall 1 BGB) wäre hier eine tierärztliche Heilbehandlung. Da „Farbenfroh" aber bereits tot ist (und die Krankheit darüber hinaus unheilbar war), ist eine Mängelbeseitigung unmöglich.

Allein fraglich ist, ob ein Anspruch der R gegen Z auf Lieferung eines anderen,    **5**
gesunden Pferdes (§ 439 Abs. 1 Fall 2 BGB) in Betracht kommt. Teilweise wird vertreten, bei jedem Stückkauf sei eine Ersatzlieferung gem. § 275 Abs. 1 BGB ausgeschlossen. Nach h. M. gilt das aber nur, wenn die Kaufsache nach dem Parteiwillen nicht ersatzfähig ist, was regelmäßig bei nicht vertretbaren Sachen (§ 91 BGB) der Fall ist (dazu allg. Fall 1 Rn. 9 ff.). Beim Kauf eines Reitpferdes handelt es sich um einen Stückkauf. Zudem pflegen Pferde wie sonstige Haustiere nicht „im Verkehr nach Zahl, Maß oder Gewicht bestimmt zu werden" (§ 91 BGB) und sind mithin keine vertretbaren Sachen. Es handelt sich vielmehr um Individuen, die üblicherweise aufgrund des persönlichen Eindrucks gekauft werden und zu denen der Käufer eine emotionale Bindung aufbaut. Es wäre daher mit den Käuferinteressen nicht vereinbar, sie einfach durch „gleichwertige" andere Tiere zu ersetzen.[3] Eine Nacherfüllung scheidet damit auch nach der h. M. mangels Ersatzfähigkeit aus. Da-

---

[1] Die Annahme eines Mangels nach § 434 Abs. 1 S. 2 Nr. 2 BGB ist ebenso gut vertretbar (s. Fall 1 Rn. 4).
[2] NK/*Adolphsen* Anh. V zu §§ 433–480: Tierkauf Rn. 38; *Adolphsen* VersR 2003, 1088 ff.
[3] OLG Frankfurt a. M. ZGS 2011, 284, 285; *Wertenbruch* NJW 2012, 2065 f.; a. A. für Kutschpferde OLG Koblenz NJW-RR 2009, 985, 986.

mit ist nach allen vertretenen Ansichten eine Nacherfüllung durch Ersatzlieferung wegen Unmöglichkeit gem. § 275 Abs. 1 BGB ausgeschlossen.

### 3. Ergebnis

**6**  R hat gegen Z keinen Nacherfüllungsanspruch aus §§ 437 Nr. 1, 439 Abs. 1 BGB.

## II. Anspruch auf Rückzahlung des Kaufpreises, § 346 Abs. 1 BGB i. V. m. §§ 437 Nr. 2, 326 Abs. 5, 323 BGB

**7**  R könnte gegen Z einen Anspruch auf Rückzahlung des geleisteten Kaufpreises von 2500 € aus § 346 Abs. 1 i. V. m. §§ 437 Nr. 2, 326 Abs. 5, 323 BGB haben.

### 1. Rücktrittsrecht

**8**  R und Z haben einen Kaufvertrag geschlossen (§ 433 BGB), und das verkaufte Pferd ist mangelhaft (§ 434 Abs. 1 S. 2 Nr. 1 BGB) (s. o. Rn. 3). Ein Rücktritt kommt grundsätzlich nur dann in Betracht, wenn der Käufer eine angemessene Frist zur Nacherfüllung gesetzt hat und diese fruchtlos abgelaufen ist. Im Falle der Unmöglichkeit der Nacherfüllung erübrigt sich aber gem. § 326 Abs. 5 BGB eine Nachfristsetzung. Da hier weder eine Mängelbeseitigung noch eine Ersatzlieferung möglich ist (s. o. Rn. 4 f.), ist eine Nachfristsetzung nicht erforderlich. Der Mangel ist auch erheblich (§ 326 Abs. 5 i. V. m. § 323 Abs. 5 S. 2 BGB).

### 2. Rücktrittserklärung

**9**  Gem. § 349 BGB ist erforderlich, dass R ihr Rücktrittsrecht ausübt.

### 3. Ergebnis

**10**  Danach kann sie von Z gem. § 346 Abs. 1 i. V. m. §§ 437 Nr. 2, 326 Abs. 5, 323 BGB Rückzahlung des geleisteten Kaufpreises von 2500 € verlangen.

Grundsätzlich müsste R im Gegenzug (§§ 348, 320 BGB) das Pferd zurückübereignen (§ 346 Abs. 1 BGB). Da es tot ist, ist das nicht mehr möglich.[4] Auch eine Wertersatzpflicht der R (§ 346 Abs. 2 S. 1 Nr. 3 BGB) scheidet aus, weil der Tod mangelbedingt eingetreten ist (also von Z zu „vertreten" ist) und darüber hinaus auch bei Z eingetreten wäre (§ 346 Abs. 3 S. 1 Nr. 2 BGB).

---

[4] Eine andere Frage ist, ob R von Z Beseitigung des Kadavers verlangen kann. Nach h. M. korrespondiert mit dem Rückgewähranspruch des Verkäufers nach § 346 Abs. 1 BGB eine Rücknahmepflicht, sofern der Käufer an der Kaufsache kein Interesse mehr hat (ausführlich Fall 8 Rn. 40). Demnach kann R von Z Beseitigung des toten Pferdes verlangen.

## III. Rückzahlung des Kaufpreises nach Minderung auf Null, § 441 Abs. 4 i. V. m. §§ 437 Nr. 2, 441 Abs. 1 u. 3 BGB

R könnte gegen Z weiterhin einen Anspruch aus § 441 Abs. 4 i. V. m. §§ 437 Nr. 2, **11** 441 Abs. 1 u. 3 BGB auf Rückzahlung des gesamten Kaufpreises von 2500 € nach dessen Minderung auf Null haben.

### 1. Minderungsrecht

Dann müsste der R zunächst ein Recht zur Minderung des Kaufpreises zustehen. **12** Gem. § 441 Abs. 1 BGB sind dessen Voraussetzungen[5] mit denen des Rücktritts identisch. Da R zum Rücktritt berechtigt ist, steht ihr mithin auch ein Recht zur Minderung zu. Gem. § 441 Abs. 3 BGB ist bei der Minderung der Kaufpreis in dem Verhältnis herabzusetzen, in welchem zur Zeit des Vertragsschlusses der Wert der Sache in mangelfreiem Zustand zu dem wirklichen Wert gestanden hätte. Ein Tier, das von einer unheilbaren und tödlichen Viruserkrankung befallen ist, hat keinen Verkehrswert. Deshalb ergibt sich eine Minderung des Kaufpreises auf Null[6] (allg. zur Berechnung der Minderung Fall 10 Rn. 22).

### 2. Minderungserklärung

Gem. § 441 Abs. 1 BGB muss R die Minderung erklären. **13**

### 3. Ergebnis

Danach kann sie von Z gem. § 441 Abs. 4 i. V. m. §§ 437 Nr. 2, 441 Abs. 1 u. 3 BGB **14** Rückzahlung des geleisteten Kaufpreises von 2500 € verlangen.[7]

## IV. Schadensersatz statt der Leistung, §§ 437 Nr. 3, 311a Abs. 2 BGB

R könnte gegen Z aus §§ 437 Nr. 3, 311a Abs. 2 BGB einen Anspruch auf Schadens- **15** ersatz statt der Leistung in Höhe des Wertes des gekauften Pferdes von 2500 € und möglicherweise auch der angesteckten Pferde von 6000 € haben.

### 1. Kaufvertrag und Mangel der Kaufsache

Z und R haben einen Kaufvertrag geschlossen, und das verkaufte Pferd ist mangel- **16** haft (s. o. Rn. 3).

---

[5] Abgesehen davon, dass die Unerheblichkeit des Mangels die Minderung nicht ausschließt, § 441 Abs. 1 S. 2 BGB.

[6] Zur Minderung auf Null s. BGHZ 116, 104, 116; Palandt/*Weidenkaff* § 441 Rn. 16.

[7] Grds. muss der Käufer bei Minderung des Kaufpreises auf Null die wertlose Sache analog § 346 Abs. 1 BGB zurückgewähren (Bamberger/Roth/*Faust* § 441 Rn. 26). Angesichts des Todes des Tieres ist das hier nicht mehr möglich (s. Rn. 10).

## 2. Anfängliche Unmöglichkeit der Nacherfüllung

**17**  Anspruchsgrundlage für Schadensersatz statt der Leistung sind nur dann die §§ 437 Nr. 3, 311a Abs. 2 BGB, wenn die Kaufsache mit einem Mangel behaftet ist, der bereits im Zeitpunkt des Vertragsschlusses nicht durch Nacherfüllung behebbar war. Hier wurde bereits oben (Rn. 4 f.) gezeigt, dass eine Nacherfüllung nicht in Betracht kommt. Da „Farbenfroh" schon bei Vertragsschluss mit der unheilbaren Krankheit infiziert war, war eine Heilung bereits zu diesem Zeitpunkt unmöglich. Damit war der Mangel bereits bei Vertragsschluss nicht zu beheben.

## 3. Kenntnis oder fahrlässige Unkenntnis des Verkäufers

**18**  Gem. § 311a Abs. 2 S. 2 BGB besteht der Schadensersatzanspruch nicht, wenn der Schuldner das Leistungshindernis bei Vertragsschluss, also den unbehebbaren Mangel, nicht kannte und seine Unkenntnis auch nicht zu vertreten hat, also nicht fahrlässig handelte (§ 276 BGB). Aus der negativen Formulierung ergibt sich, dass der Verkäufer sein fehlendes Vertretenmüssen beweisen muss. Hier kannte Z die Infektion des Tieres nicht. Als Züchter hätte er das Tier aber vor dem Verkauf gründlich auf mögliche Krankheiten untersuchen müssen. Dadurch, dass er dies offenbar nicht getan hat, hat er die im Verkehr erforderliche Sorgfalt i. S. § 276 Abs. 2 BGB verletzt. Seine Unkenntnis hinsichtlich des Mangels muss er deshalb vertreten (§ 311a Abs. 2 S. 2 BGB).

## 4. Schaden/Ergebnis

**19**  Aufgrund des Mangels ist der gekaufte Hengst gestorben und damit wertlos. Zudem sind infolge des Mangels zwei weitere Tiere, die schon vorher der R gehörten, gestorben. Fraglich ist, welche dieser Schadenspositionen vom Anspruch auf Schadensersatz statt der Leistung nach §§ 437 Nr. 3, 311a Abs. 2 BGB umfasst ist.

---

**Wichtig[8]**
**Schadensersatz statt der Leistung** zeichnet sich im Falle der mangelhaften Leistung dadurch aus, dass der Schaden einer Nacherfüllung *grundsätzlich* zugänglich ist, also durch eine (hypothetische) Nacherfüllung hätte behoben werden können oder noch behoben werden könnte (wenn der Käufer noch nicht selbst Gegenmaßnahmen getroffen hat). Da hier der Schadensersatz an

---

[8] Zur Abgrenzung zwischen Schadensersatz statt und neben der Leistung unter Darstellung verschiedener Ansätze *Ackermann* JuS 2012, 865; *Arnold* ZJS 2009, 22, 25 f. (www.zjs-online.com); *Hirsch* JuS 2014, 97; *Ostendorf* NJW 2010, 2833 ff.; *Tiedtke/Schmitt* BB 2005, 615; Überblick bei *Kleine/Scholl* NJW 2006, 3462, 3465; *Bredemeyer* ZGS 2010, 10; NK/*Dauner-Lieb* § 280 Rn. 67 ff. Die Unterscheidung ist deshalb von Bedeutung, weil beim Anspruch auf Schadensersatz neben der Leistung nach § 280 Abs. 1 BGB eine Fristsetzung nie erforderlich ist, während der Gläubiger grds. erst dann Schadensersatz statt der Leistung fordern kann, wenn eine von ihm gesetzte Nachfrist abgelaufen ist. Vorliegend ist die Unterscheidung im Ergebnis irrelevant, weil auch der Anspruch auf Schadensersatz statt der Leistung wegen Unmöglichkeit der Nacherfüllung vom Ablauf einer Nachfrist unabhängig ist.

die Stelle der Nacherfüllung tritt („Schadensersatz statt der Nacherfüllung"), muss der Käufer im Grundsatz vorher eine Nachfrist setzen. Der **Schadensersatz neben der Leistung** betrifft hingegen Schadenspositionen, die einer Nacherfüllung nicht zugänglich sind; hier ist der Schaden bereits endgültig eingetreten. Als Begleitschäden sind sie neben der Nacherfüllung ersatzfähig. Der Schadensersatz statt der Leistung betrifft das Äquivalenzinteresse (Erfüllungsinteresse) des Käufers. Verletzungen des Integritätsinteresses sind dagegen im Rahmen des Schadensersatzes neben der Leistung geltend zu machen. In der Regel handelt es sich daher um Schadensersatz statt der Leistung, wenn sich der Schaden auf die Kaufsache selbst beschränkt (Mangelschaden), während es um Schadensersatz neben der Leistung geht, wenn an anderen Rechtsgütern des Käufers durch die mangelhafte Leistung Schäden auftreten (Mangelfolgeschäden). Denn die Nacherfüllung bezieht sich nicht auf Rechtsgüter außerhalb der Kaufsache.

| | Schadensersatz statt der Leistung | Schadensersatz neben der Leistung |
|---|---|---|
| *Hauptkriterium* | Schaden ist Nacherfüllung grds. zugänglich, d. h. der Schaden wäre vermieden worden, wenn Verkäufer nacherfüllt hätte (bzw. er würde vermieden, wenn Verkäufer jetzt nacherfüllte) | Schaden ist endgültig eingetreten und hätte nicht durch hypothetische Nacherfüllung behoben werden können (bzw. kann durch hypothetische Nacherfüllung nicht behoben werden) |
| *Hilfskriterium* | Äquivalenzinteresse Mangelschaden | Integritätsinteresse Mangelfolge-/ Begleitschaden |

Die genannten Kriterien sorgen in den meisten Fällen für eine praktikable Abgrenzung: Verlangt der Käufer die Reparaturkosten oder den Minderwert der Sache ersetzt, handelt es sich um (kleinen) Schadensersatz statt der Leistung. Verlangt er den Wert der Sache (oder den Kaufpreis als Mindestschaden) oder die Zusatzkosten eines Deckungskaufes ersetzt, handelt es sich stets um Schadensersatz statt der ganzen Leistung. Die Mehrkosten eines Deckungskaufs können nicht im Rahmen des Schadensersatzes neben der Leistung ersatzfähig sein (BGH NJW 2013, 2959 Rn. 27). Geht es hingegen um Schäden an anderen Rechtsgütern oder Vermögensschäden, die der Käufer in Folge des Mangels erlitten hat, so sind §§ 437 Nr. 3, 280 Abs. 1 BGB einschlägig.

Die Abgrenzungskriterien helfen aber manchmal nicht weiter, insbes. in Fällen entgangenen Gewinns oder speziell bei Betriebs- oder Nutzungsausfallschäden, deren Zuordnung von ihrem zeitlichen Anfall abhängt. Beispiel:

Der Verkäufer liefert eine mangelhafte Maschine. Der Käufer setzt eine Frist zur Nacherfüllung, die erfolglos verstreicht. Durch Produktionsausfall entstehen dem Käufer Schäden (vgl. Fall 10, 4. Abwandlung). Hier ist zu prüfen, ob eine Nacherfüllung zum letztmöglichen Zeitpunkt (bei Fristablauf, str.[9]) den Schaden hätte entfallen lassen. Im genannten Beispiel ist dann der bis zum Fristablauf entstandene Schaden unter den Voraussetzungen der §§ 437 Nr. 3, 280 Abs. 1 BGB, der danach noch entstehende Schaden unter den Voraussetzungen der §§ 437 Nr. 3, 280 Abs. 1 u. 3, 281 BGB ersatzfähig. Dieses zeitlich-dynamische Kriterium[10] ist hingegen bei anderen Schadenspositionen, die eindeutig dem Äquivalenz- bzw. Integritätsinteresse zuordenbar sind, nicht notwendig.[11]

**20**  Der Anspruch auf Schadensersatz statt der Leistung nach § 280 Abs. 3, 281, 283 BGB umfasst grundsätzlich solche Schäden, die durch eine hypothetische (im Falle der Unmöglichkeit ausgeschlossene)[11] Nacherfüllung behebbar wären.[12] Schadenspositionen, die einer (hypothetischen) Nacherfüllung nicht zugänglich sind, insbes. weil sie an sonstigen Rechtsgütern des Käufers entstanden sind, sind hingegen dem Schadensersatz neben der Leistung (§ 280 Abs. 1 BGB) zuzuordnen. Überträgt man dies auf § 311a Abs. 2 BGB, dann entfiele im vorliegenden Fall der Schaden an „Farbenfroh" im Falle einer hypothetischen Nacherfüllung (man stelle sich die Auferweckung des toten Tieres oder die Lieferung eines Ersatzpferdes vor), so dass in Höhe von 2500 € ein Schaden vorliegt, dessen Ersatz an die Stelle der Leistung (Nacherfüllung) träte. Der Schaden an den beiden angesteckten Tieren wäre hin-

---

[9] Wie hier *Ostendorf* NJW 2010, 2833, 2837, 2838 f.; *Tiedtke/Schmitt* BB 2005, 615, 617; Jauernig/*Stadler* § 281 Rn. 16; Palandt/*Grüneberg* § 281 Rn. 17. Stattdessen wird z. T. (*Medicus/Lorenz* SchuldR I, Rn. 352; Bamberger/Roth/*Faust* § 437 Rn. 56) auch auf den (späteren) Zeitpunkt des Schadensersatzverlangens gem. § 281 Abs. 4 BGB abgestellt, weil erst durch dieses der Nacherfüllungsanspruch untergeht. – Wird die Nacherfüllung unmöglich, ist der spätestmögliche Zeitpunkt der Zeitpunkt des Eintritts der Unmöglichkeit; bei anfänglicher Unmöglichkeit ist auf den Lieferzeitpunkt abzustellen (Bamberger/Roth/*Faust* aaO).

[10] *Lorenz* NJW 2005, 1889, 1890 f.

[11] BGH NJW 2013, 2959 f m. w. N. in Rn. 24; *Ostendorf* NJW 2010, 2833, 2839; für generelle Entbehrlichkeit *Hirsch* JuS 2014, 97, 99. A.A. Bamberger/Roth/*Faust* § 437 Rn. 60; *Tiedtke/ Schmitt* BB 2005, 615, 618, wonach nicht der Nacherfüllung zugängliche Mangelfolgeschäden, die erst nach dem spätestmöglichen Zeitpunkt der Nacherfüllung (bei § 281 BGB: Fristablauf bzw. Schadensersatzverlangen; bei § 283 BGB: Unmöglichwerden der Leistung; bei § 311a Abs. 2 BGB kann es nach dieser Ansicht keinen Schadensersatz neben der Leistung geben, da eine Leistungspflicht nie bestand, insofern wären alle Schadenspositionen dem Schadensersatz statt der Leistung zuzuordnen) entstehen, im Rahmen des Schadensersatzes statt der Leistung ersatzfähig sein sollen. Zu praktisch unterschiedlichen Ergebnissen kommt diese Ansicht nicht, weil die Voraussetzungen des Schadensersatzes statt der Leistung dann stets vorliegen. Die Auffassung ist aber kontraintuitiv, weil Mangelfolgeschäden einer Nacherfüllung nicht zugänglich sind und daher auch nicht als Schadensersatz „statt der Nacherfüllung" ersatzfähig sein können.

[12] Vgl. BGH NJW 2013, 2959 Rn. 26 f.; NK/*Dauner-Lieb* § 280 Rn. 67; Palandt/*Grüneberg* § 280 Rn. 18; *Ostendorf* NJW 2010, 2833, 2836 f.

gegen neben der Leistung ersatzfähig, weil trotz der aufgezeigten hypothetischen Nacherfüllung diese Mangelfolgeschäden bestehen blieben.

Abweichend davon vertritt der für das Werkvertragsrecht zuständige VII. Zivil- **21** senat des BGH hingegen die Auffassung, dass § 311a Abs. 2 BGB anders als die §§ 280 Abs. 3, 281, 283 BGB ein umfassender Schadensersatzanspruch sei, der auch Folgeschäden umfasse.[13] Ein Rückgriff auf § 280 Abs. 1 BGB wäre nach dieser Ansicht nicht notwendig; R könnte aus §§ 437 Nr. 3, 311a Abs. 2 BGB sowohl für „Farbenfroh" als auch für die beiden anderen Pferde Schadensersatz in Höhe von insgesamt 8500 € verlangen.

Aus dogmatischen Gründen überzeugt die letztgenannte Ansicht nicht.[14] § 311a **22** Abs. 2 BGB ist nur insoweit eine von den §§ 280 ff. BGB unabhängige Anspruchsgrundlage, als es um Schadensersatz statt der Leistung geht. Der Begriff des Schadensersatzes statt der Leistung in § 311a Abs. 2 BGB ist in gleicher Weise wie in den §§ 280 Abs. 3, 281, 283 BGB auszulegen. Eine Schadensposition, die einer hypothetischen Nacherfüllung nicht zugänglich ist, kann auch im Rahmen von § 311a Abs. 2 BGB nicht dem Schadensersatz statt der Leistung unterfallen. Insofern ist auf §§ 437 Nr. 3, 280 Abs. 1 BGB zu rekurrieren.

> Selbstverständlich ist die Ansicht des BGH in einer Klausur ebenso gut vertretbar. Im Ergebnis wirkt sich der Meinungsstreit kaum aus, weil bei anfänglicher Unmöglichkeit die Voraussetzungen der §§ 437 Nr. 3, 311a Abs. 2 BGB und §§ 437 Nr. 3, 280 Abs. 1 BGB einander im Wesentlichen entsprechen. Bedeutung hat der Streit aber für das Konkurrenzverhältnis zu § 284 BGB (dazu die Abwandlung). Geht man von einem strengen Alternativverhältnis zwischen Schadensersatz statt der Leistung und Ersatz frustrierter Aufwendungen aus, könnte der Käufer bei Einordnung aller Schäden unter §§ 437 Nr. 3, 311a Abs. 2 BGB nicht Ersatz der Mangelfolgeschäden und gleichzeitig gem. §§ 437 Nr. 3, 284 BGB Ersatz frustrierter Aufwendungen verlangen – ein nicht überzeugendes Ergebnis.[15]

Demnach erstreckt sich der Anspruch der R gegen Z aus §§ 437 Nr. 3, 311a Abs. 2 **23** BGB nur auf den Wert von „Farbenfroh" (2500 €). Fraglich ist, ob es sich insoweit

---

[13] BGH NJW 2014, 3365 Rn. 27; MünchKomm/*Ernst* § 311a Rn. 65; Erman/*Kindl* § 311a Rn. 8. Dieses Ergebnis stimmt mit der Ansicht überein, die streng zeitlich-dynamisch abgrenzt und alle Schäden nach Wegfall des Nacherfüllungsanspruchs dem Schadensersatz statt der Leistung zu (s. Fn. 11; krit. *Arnold* ZJS 2009, 22, 28). Da bei anfänglicher Unmöglichkeit nie ein Nacherfüllungsanspruch bestand, wären sämtliche Schäden dem Schadensersatz statt der Leistung zuzuordnen. Dagegen spricht, dass sich die Nacherfüllung nie auf Rechtsgüter außerhalb der Kaufsache bezieht, der Schadensersatz also insofern nicht an die Stelle der Nacherfüllung tritt.

[14] Wie hier Jauernig/*Stadler* § 311a Rn. 13; NK/*Dauner-Lieb* § 311a Rn. 24 u. § 280 Rn. 75; *Dötsch* ZGS 2002, 160, 161 f.; *Looschelders* JA 2014, 942, 943 f.

[15] So auch *Arnold* ZJS 2009, 22, 28; NK/*Dauner-Lieb* § 311a Rn. 24; zum Konkurrenzverhältnis zwischen Schadensersatz statt der Leistung und Aufwendungsersatz s. bei Fn. 26.

um „kleinen" oder „großen" Schadensersatz handelt. Für letzteren darf die Pflichtverletzung gem. § 311a Abs. 2 S. 3 i. V. m. § 281 Abs. 1 S. 3 BGB nicht unerheblich
sein, was der Fall ist. Hier kommen kleiner und großer Schadensersatz zum selben
Ergebnis, weil das gekaufte Tier wertlos ist.[16] Sowohl der (beim kleinen Schadensersatz zu ersetzende) mangelbedingte Minderwert des Tieres als auch der (im Rahmen des großen Schadensersatzes ersatzfähige) gesamte Wert des Tieres betragen
2500 €. Schadensersatz statt der Leistung ist nach § 251 BGB stets in Geld zu gewähren.[17] R kann von Z daher aus §§ 437 Nr. 3, 311a Abs. 2 BGB Schadensersatz
in Höhe von 2500 € verlangen.

## V. Schadensersatz neben der Leistung, §§ 437 Nr. 3, 280 Abs. 1 BGB

24   Nach der hier vertretenen Ansicht kann sich ein vertraglicher Anspruch der R gegen
Z auf Ersatz des Wertes der beiden von „Farbenfroh" angesteckten Pferde, die ein-
geschläfert werden mussten, allein aus §§ 437 Nr. 3, 280 Abs. 1 BGB ergeben.
Denn hierbei handelt es sich um sog. Mangelfolgeschäden außerhalb der Kaufsache
(„Farbenfroh"), die einer Nacherfüllung von vornherein nicht zugänglich sind.

### 1. Kaufvertrag und Mangel der Kaufsache

25   R und Z haben einen Kaufvertrag geschlossen. Die Kaufsache, also der Hengst
„Farbenfroh", war bei Gefahrübergang mangelhaft. Durch die mangelhafte Leistung hat Z zugleich gegen seine Verkäuferpflicht aus § 433 Abs. 1 S. 2 BGB verstoßen und damit die im Rahmen des § 280 Abs. 1 BGB notwendige Verletzung einer
Pflicht aus dem Schuldverhältnis begangen.

### 2. Vertretenmüssen

26   Gem. §§ 280 Abs. 1 S. 2, 276 BGB ist erforderlich, dass der Schuldner die Pflichtverletzung zu vertreten hat, was vermutet wird. Hier hätte Z den Hengst vor dem
Verkauf untersuchen müssen. Dann hätte er die Krankheit erkannt. Wie im Rahmen
des § 311a Abs. 2 BGB (oben Rn. 21) muss Z daher den Mangel vertreten.

### 3. Schaden/Ergebnis

27   Der aus der Pflichtverletzung entstandene Schaden der R liegt im Tod der beiden
Pferde, die „Farbenfroh" angesteckt hat. Diesen Schaden hat Z der R im Rahmen
des Schadensersatzes neben der Leistung zu ersetzen. Dabei ist der Schaden gem.
§ 251 Abs. 1 BGB in Geld zu ersetzen, da eine Naturalrestitution nach § 249 BGB

---

[16] Deshalb kommen übrigens auch Rücktritt und Minderung (auf Null) zum selben Ergebnis. Der
kleine Schadensersatz ist mit der Minderung vergleichbar, der große Schadensersatz mit dem
Rücktritt.

[17] Beim Schadensersatz statt der Leistung scheidet eine Naturalrestitution nach § 249 BGB –
selbst wenn die Nacherfüllung möglich ist (§ 281 BGB) – aus rechtlichen Gründen aus, weil eine
Nacherfüllung gem. § 281 Abs. 4 BGB nach einem Schadensersatzverlangen ausgeschlossen ist
(NK/*Magnus* § 251 Rn. 12; Palandt/*Grüneberg* § 251 Rn. 3).

wegen des Todes der Tiere nicht möglich ist. Z schuldet der R also aus §§ 437 Nr. 3, 280 Abs. 1 BGB auch Schadensersatz in Höhe von insgesamt 6000 € für die beiden anderen Pferde.

## VI. Schadensersatzanspruch aus § 823 Abs. 1 BGB

Möglicherweise hat R gegen Z auch einen Anspruch auf Schadensersatz aus § 823 **28** Abs. 1 BGB.

### 1. Tatbestand

Dann müsste Z zunächst durch eine Verletzungshandlung eines der in § 823 Abs. 1 **29** BGB geschützten Rechtsgüter und Rechte der R verletzt haben. Verletztes Recht ist hier das Eigentum der R an den beiden von „Farbenfroh" infizierten Pferden. Nicht verletzt ist dagegen das Eigentum der R an „Farbenfroh" selbst, da R zu keinem Zeitpunkt mangelfreies Eigentum an dem Tier innegehabt hat.

Verletzungshandlung ist die Übergabe des infizierten „Farbenfroh" an R.[18] Hätte **30** Z das infizierte Tier der R nicht übergeben, wären auch die anderen Tiere nicht er-krankt; die Verletzungshandlung ist also kausal für die Rechtsverletzung. Allerdings hat die Übergabe von „Farbenfroh" durch Z nicht unmittelbar zur Verletzung der anderen Tiere geführt. Hierzu war noch erforderlich, dass R die Tiere miteinander in Kontakt gebracht hat. Eine derartige mittelbare Rechtsverletzung kann dem Ver-ursacher nur zugerechnet werden, wenn er eine Pflicht zum Handeln verletzt hat.[19] Indem Z ein Pferd in Verkehr gebracht hat, ohne es vorher auf ansteckende Krank-heiten untersucht zu haben, hat er eine Verkehrssicherungspflicht verletzt.[20] Damit ist dem Z der Tod der anderen Pferde zuzurechnen.

### 2. Rechtswidrigkeit

Da Rechtfertigungsgründe nicht bestehen, handelte Z rechtswidrig. **31**

### 3. Verschulden

Weiterhin müsste Z vorsätzlich oder fahrlässig gehandelt haben. Dadurch, dass er **32** „Farbenfroh" der R übergeben hat, ohne zuvor die notwendige Untersuchung auf Krankheiten vorgenommen zu haben, hat er die im Verkehr erforderliche Sorgfalt verletzt und mithin fahrlässig gehandelt (§ 276 Abs. 2 BGB).

---

[18] Denkbar wäre auch, auf die unterlassene Untersuchung (Verletzung einer Verkehrssicherungs-pflicht) abzustellen. Das positive Tun der Übergabe bildet aber den Schwerpunkt der Vorwerfbar-keit.

[19] *Medicus/Petersen* Bürgerliches Recht, Rn. 646 f.; *Brox/Walker* SchuldR BT, § 45 Rn. 32, 46. Nach a. A. ist dies Voraussetzung für die Rechtswidrigkeit, die bei mittelbaren Rechtsverletzungen nicht indiziert sein soll. Im Ergebnis unterscheiden sich die Auffassungen nicht.

[20] In der Terminologie der Produkthaftung kann man von einem „Fabrikationsfehler" sprechen. Allerdings passt dieser auf Industrieprodukte zugeschnittene Begriff auf Tiere nur begrenzt.

## 4. Schaden/Ergebnis

33  Der aus der Rechtsverletzung entstandene Schaden der R liegt im Tod der beiden
Pferde. Hinsichtlich der Ersatzfähigkeit gilt das Gleiche wie oben Rn. 33. R kann
von Z auch nach § 823 Abs. 1 BGB Zahlung von 6000 € verlangen.

## VII. Schadensersatzanspruch aus § 1 ProdHaftG

34  Der Anspruch auf Schadensersatz der R gegen Z könnte sich schließlich auch aus
§ 1 ProdHaftG ergeben.

## 1. Tatbestand

35  Dann müsste gem. § 1 Abs. 1 S. 1 ProdHaftG zunächst durch den Fehler eines
Produkts eine Sache beschädigt worden sein. **Produkt** ist nach § 2 ProdHaftG jede
bewegliche Sache. Darunter fallen auch Tiere.[21] Nach § 3 Abs. 1 ProdHaftG hat ein
Produkt einen **Fehler**, wenn es nicht die Sicherheit bietet, die unter Berücksichtigung aller Umstände, insbesondere seiner Darbietung, des Gebrauchs, mit dem
gerechnet werden kann, des Zeitpunkts, in dem es in den Verkehr gebracht wurde,
berechtigterweise erwartet werden kann. Hier hatte das Produkt „Farbenfroh" eine
ansteckende Krankheit, die das Leben anderer, im Eigentum der R stehender Tiere gefährdete. Insofern liegt ein Produktfehler vor. Weiterhin müsste aufgrund des
Fehlers eine **Sache beschädigt** worden sein. Nach § 1 Abs. 1 S. 2 ProdHaftG ist
dabei erforderlich, dass eine andere Sache als das fehlerhafte Produkt beschädigt
wird und diese andere Sache ihrer Art nach gewöhnlich für den privaten Ge- oder
Verbrauch bestimmt und hierzu von dem Geschädigten hauptsächlich verwendet
worden ist. Aufgrund der Ansteckung durch „Farbenfroh" mussten hier zwei weitere Pferde der R getötet werden, die damit kausal durch das fehlerhafte Produkt
„beschädigt" wurden. R hat die Pferde bestimmungsgemäß allein zum privaten Gebrauch verwendet.

36  Als Züchter ist Z **Hersteller** i. S. d. § 4 Abs. 1 S. 1 ProdHaftG und damit An-
spruchsschuldner. Ausschlussgründe nach § 1 Abs. 2 ProdHaftG sind nicht ersichtlich. Der Anspruch ist auch nicht nach § 13 ProdHaftG erloschen.

## 2. Schaden/Ergebnis

37  Demnach kann R von Z auch gem. § 1 ProdHaftG Schadensersatz verlangen. Der
Umfang bestimmt sich nach §§ 7 ff. ProdHaftG. Hier beträgt der von R erlittene
Schaden 6000 €. Gem. § 11 ProdHaftG hat R allerdings einen Schaden bis zu einer
Höhe von 500 € selbst zu tragen. Daher kann sie von Z aus § 1 ProdHaftG nur Zah-
lung von 5500 € verlangen.

---

[21] MünchKomm/*Wagner* § 2 ProdHaftG Rn. 4, der insoweit nicht auf § 90a BGB abstellt.

# Abwandlung

## I. Anspruch auf Erstattung der Kosten für die Reiterausstattung

> **Klausurhinweis**
>
> Die im Folgenden unter 1 und 2 geprüften Ansprüche sind relativ fernliegend und müssten in einer Klausur nicht gesehen werden; es wäre also vollkommen ausreichend, allein den Anspruch aus §§ 437 Nr. 3, 284 BGB zu prüfen.

### 1. Verwendungs-/Aufwendungsersatzanspruch aus § 347 Abs. 2 BGB

Nach Erklärung des Rücktritts vom Kaufvertrag (zur Berechtigung oben Rn. 7 ff.) **38** könnte R gegen Z einen Anspruch auf Ersatz der Kosten für die Reiterausstattung aus § 347 Abs. 2 i. V. m. §§ 437 Nr. 2, 326 Abs. 5, 323 BGB haben.

Gem. § 347 Abs. 2 S. 1 BGB kann R, die das Pferd zwar nicht zurückgewähren kann, aber gem. § 346 Abs. 3 Nr. 2 BGB von der Pflicht zum Wertersatz befreit ist (oben Rn. 10), Ersatz **notwendiger Verwendungen** verlangen. Verwendungen sind Vermögensaufwendungen, die der Sache zugutekommen sollen, indem sie ihrer Erhaltung, Wiederherstellung oder Verbesserung dienen. Die Anschaffung der Reiterausstattung ist also nur insoweit als Verwendung zu qualifizieren, als sie dem Tier und nicht dem Reiter dienen sollte. Aufgrund des Sattelzeugs konnte das Pferd zum Reiten genutzt werden, insofern wurde das Pferd also „verbessert". Die Anschaffung des Sattelzeuges ist mithin im Gegensatz zu Kleidung, Stiefeln u. ä. als Verwendung anzusehen. Zweifelhaft ist aber, ob die Anschaffung des Sattelzeugs notwendig war. Notwendig ist eine Verwendung, wenn es ihrer bedarf, um die Sache in ihrer Substanz und Nutzbarkeit zu erhalten, wenn also jedermann (hier auch Z) die Verwendung hätte machen müssen.[22] Vorliegend ist nichts dafür ersichtlich, dass „Farbenfroh" nur zum Reiten genutzt werden konnte bzw. bereits vor dem Kauf als Reitpferd trainiert wurde. Insofern ist die Anschaffung des Sattelzeugs zwar nützlich, aber nicht unbedingt notwendig gewesen. Ein Ersatzanspruch aus § 347 Abs. 2 S. 1 BGB besteht also nicht.

Auch ein Anspruch auf Ersatz der Kosten für die Reiterausstattung aus § 347 **39** Abs. 2 S. 2 BGB („andere Aufwendungen") besteht jedenfalls deshalb nicht, weil Z durch die Aufwendungen der R nicht bereichert ist.

**Exkurs**

Typische notwendige Verwendungen, die der Käufer im Rücktrittsfalle nach § 347 Abs. 2 S. 1 BGB vom Verkäufer ersetzt verlangen kann, sind beim Tierkauf Futterkosten oder Aufwendungen für eine tierärztliche Behandlung (BGHZ 170, 31 Rn. 41 = NJW 2007, 674).

### 2. Schadensersatz gem. §§ 437 Nr. 3, 311a Abs. 2 BGB

Auch ein Anspruch der R gegen Z auf Ersatz der Reiterausstattung im Wege des **40** Schadensersatzes statt der Leistung gem. §§ 437 Nr. 3, 311a Abs. 2 BGB kommt

---

[22] Vgl. MünchKomm/*Baldus* § 994 Rn. 27.

nicht in Betracht, weil R diese Aufwendungen auch getätigt hätte, wenn das Pferd gesund gewesen wäre, insofern ein ersatzfähiger kausaler Schaden also nicht vorliegt.

**Exkurs**

Etwas anderes könnte sich allein aus der **Rentabilitätsvermutung** ergeben. Danach kann der Geschädigte als Mindestschaden die für den Vertrag gemachten und jetzt nutzlos gewordenen Aufwendungen ersetzt verlangen, weil davon auszugehen ist, dass sich zumindest diese Aufwendungen später rentiert hätten.[23] Diese Vermutung gilt aber nur im unternehmerischen Bereich. Der Kauf des Pferdes stand in keinem Zusammenhang mit einer wirtschaftlichen Tätigkeit, so dass die Rentabilitätsvermutung nicht anwendbar ist.

**Beispiel** für die Rentabilitätsvermutung: Ein Händler mietet eine Halle für eine Sonderverkaufsveranstaltung. Um auf diese Veranstaltung aufmerksam zu machen, lässt er an die nahe gelegenen Haushalte Werbesendungen verteilen. Nun stellt der Vermieter die Halle schuldhaft nicht zur Verfügung. Nach der Rentabilitätsvermutung gelten die nutzlos gewordenen Aufwendungen als Mindestschaden des Händlers, da davon auszugehen ist, dass er bei Durchführung der Veranstaltung zumindest Erträge in dieser Höhe erwirtschaftet hätte. Sie sind daher bereits im Rahmen des Schadensersatzes statt der Leistung nach §§ 280 Abs. 1 u. 3, 283 BGB ersatzfähig.[24] Darüber hinaus sind auch die Voraussetzungen des § 284 BGB erfüllt. Dieser gilt sowohl für Aufwendungen für ideelle oder konsumptive Zwecke als auch für solche für kommerzielle Zwecke (BGHZ 163, 381, 386). In diesem Rahmen sind also die mit der Rentabilitätsvermutung einhergehenden komplizierten schadensersatzrechtlichen Erwägungen nicht erforderlich.

## 3. Aufwendungsersatz gem. §§ 437 Nr. 3, 284 BGB

**41**   R könnte gegen Z aber einen Anspruch auf Ersatz der Reiterausstattung aus §§ 437 Nr. 3, 284 BGB haben. Wie sich aus § 284 BGB ergibt („anstelle des Schadensersatzes statt der Leistung"), hat der Aufwendungsersatzanspruch die gleichen Voraussetzungen wie der Anspruch auf Schadensersatz statt der Leistung.

### a) Voraussetzungen des Schadensersatzes statt der Leistung

**42**   Wie oben (Rn. 15 ff.) geprüft, hat R gegen Z einen Anspruch auf Schadensersatz statt der Leistung, der sich hier wegen des anfänglich unbehebbaren Sachmangels aus §§ 437 Nr. 3, 311a Abs. 2 BGB ergibt. Somit sind auch die Voraussetzungen für einen Anspruch auf Ersatz frustrierter Aufwendungen dem Grunde nach gegeben.

### b) Ersatzfähige Aufwendungen

**43**   Von dem Anspruch umfasst sind diejenigen Aufwendungen, die R im Vertrauen auf den Erhalt der Leistung gemacht hat und billigerweise machen durfte (§ 284 BGB). Hier hat sie, um das gekaufte Pferd zweckgemäß zum Reiten benutzen zu können, eine umfassende Reiterausstattung gekauft. Nach den Erfahrungen mit „Farbenfroh" hat sie sich nun dazu entschlossen, das Reiten aufzugeben. Damit sind Sattel

---

[23] BGHZ 143, 41, 48 ff.; Palandt/*Grüneberg* § 281 Rn. 23 f.; *Oechsler* Vertragliche Schuldverhältnisse, Rn. 392 ff.; MünchKomm/*Emmerich* Vor § 281 Rn. 25 ff.

[24] Vgl. zum alten Schuldrecht BGHZ 99, 182, 197 f., wo die Rentabilitätsvermutung freilich nicht galt, weil der Mieter keinen wirtschaftlichen Zweck verfolgte. § 284 BGB wurde erst durch die Schuldrechtsreform 2002 eingeführt.

und Reiterkleidung für sie nutzlos. Es handelt sich um „frustrierte" Aufwendungen, die R im Vertrauen auf die Mangelfreiheit des gekauften Pferdes gemacht hat. Diese sind ihr gem. §§ 437 Nr. 3, 284 BGB zu ersetzen.

Allerdings kann es nicht dabei bleiben, dass R die Kosten für die Ausstattung **44** vollständig ersetzt verlangt und diese dann trotzdem behält. Vielmehr muss sie den ihr aus der frustrierten Aufwendung verbliebenen Vermögensvorteil herausgeben,[25] also Zug um Zug gegen Erstattung der Aufwendungen die Reiterausstattung an Z übergeben und übereignen. (Denkbar wäre auch, dass R die Reiterausstattung am Markt verkauft und dann nur den Differenzbetrag zwischen Einkaufs- und Verkaufspreis erstattet bekommt.)

---

**Systematische Hinweise**
Bei anfänglicher Unmöglichkeit ist § 284 BGB grundsätzlich nicht unmittelbar, sondern nur über den Verweis in § 311a Abs. 2 S. 1 BGB anwendbar. Bei der hier vorliegenden Unmöglichkeit der Nacherfüllung ist dieser „Umweg" unnötig, da § 437 Nr. 3 BGB für den Fall eines Mangels der Kaufsache direkt auf § 284 BGB verweist.

Wenn R Aufwendungsersatz nach §§ 437 Nr. 3, 284 BGB verlangt, kann sie nicht zugleich Schadensersatz statt der Leistung nach §§ 437 Nr. 3, 311a Abs. 2 BGB (Rn. 15 ff.) verlangen, weil die Ansprüche nur alternativ bestehen („elektive Konkurrenz", vgl. Wortlaut „anstelle"[26]). Den Kaufpreis kann sie aber im Wege des Rücktritts zurückverlangen (Rn. 7 ff.), der entsprechend § 325 BGB mit dem Anspruch aus § 284 BGB kombiniert werden kann.

---

## II. Anspruch auf Erstattung der Fahrtkosten

### 1. Anspruch aus §§ 437 Nr. 3, 311a Abs. 2 BGB
R kann von Z nicht gem. §§ 437 Nr. 3, 311a Abs. 2 BGB Erstattung der Kosten für **45** die Bahnfahrkarten verlangen, weil diese Kosten auch angefallen wären, wenn Z mangelfrei erfüllt hätte, die Pflichtverletzung also nicht kausal für den Schaden ist.

### 2. Anspruch aus §§ 437 Nr. 3, 284 BGB
Der Anspruch könnte sich aber aus §§ 437 Nr. 3, 284 BGB ergeben. Der Anspruch **46** ist dem Grunde nach gegeben (oben Rn. 42). Fraglich ist allein, ob die Kosten für die Bahnfahrkarten frustrierte Aufwendungen i. S. d. § 284 BGB darstellen. Dazu müsste R die Aufwendungen *im Vertrauen* auf den ordnungsgemäßen Erhalt der Leistung gemacht haben. Anders als bei den nach Vertragsschluss gemachten Aufwendungen für die Reiterausstattung ist das bei den Kosten für die vor Vertrags-

---

[25] Vgl. BGH NJW 2005, 2848, 2851 (insoweit in BGHZ 163, 381 nicht abgedruckt); *Gsell* in Dauner-Lieb/Konzen/K. Schmidt, Das neue Schuldrecht in der Praxis, 2002, S. 321, 345; *dies.* NJW 2006, 125, 127.

[26] Palandt/*Grüneberg* § 284 Rn. 4; *Kleine/Scholl* NJW 2006, 3462, 3466 m. w. N.; *Oechsler* Vertragliche Schuldverhältnisse, Rn. 396; str.; a. A. *Gsell* NJW 2006, 125.

schluss erfolgte Besichtigung nicht der Fall.[27] R kann die Kosten für die Bahnfahrkarten auch nicht nach §§ 437 Nr. 3, 284 BGB ersetzt verlangen.

**Exkurs**

Anders wäre die Ersatzfähigkeit nach Vertragsschluss entstandener Fahrtkosten zu beurteilen: Hätte R das Pferd bereits gekauft und wäre dann zur Abholung zu Z gefahren, wären diese Kosten
grds. nach § 284 BGB ersatzfähig.

### 3. Anspruch aus §§ 280 Abs. 1, 311 Abs. 2, 241 Abs. 2 BGB

**47**  Möglicherweise ergibt sich der Anspruch der R gegen Z auf Ersatz der Bahnfahrkarten aber aus §§ 280 Abs. 1, 311 Abs. 2, 241 Abs. 2 BGB (*culpa in contrahendo*),
weil Z die R nicht spätestens bei Vereinbarung des Besichtigungstermins über die
Krankheit des Pferdes aufgeklärt hat.[28] Das setzt voraus, dass die Regeln der c. i. c.
überhaupt neben der kaufrechtlichen Mängelhaftung anwendbar sind, wenn sich
die Pflichtverletzung des Verkäufers auf einen Umstand bezieht, der zu einer Verletzung der Pflichten des Verkäufers nach §§ 433 Abs. 1 S. 2, 434 BGB führt.

> Zum Meinungsstand siehe Fall 2 Rn. 34 ff. Hier wird auf eine nochmalige
> Darstellung des Meinungsstreites verzichtet.

**48**  Nach zutreffender h. M.[29] entfaltet das kaufrechtliche Mängelhaftungsrecht eine
Sperrwirkung, die – jedenfalls wenn der Verkäufer nicht arglistig gehandelt hat –
einen Rückgriff auf das Rechtsinstitut der c. i. c. ausschließt. Andernfalls würden
die Sonderregelungen über die Sachmängelhaftung in den §§ 434 ff. BGB wie der
Ausschluss der Haftung bei grob fahrlässiger Unkenntnis des Käufers (§ 442 Abs. 1
BGB) und der Vorrang der Nacherfüllung (§ 439 BGB) umgangen. Da Z nicht vorsätzlich gehandelt hat, sind die Regeln über die c. i. c. nicht anwendbar. R hat damit
auch aus §§ 280 Abs. 1, 311 Abs. 2, 241 Abs. 2 BGB keinen Anspruch auf Ersatz
der Fahrtkosten gegen Z.

**Annex**

Die Vorschriften über den Verbrauchsgüterkauf (§§ 474 ff. BGB) sind auch auf den Tierkauf anwendbar (worauf es vorliegend nicht ankam; zum Verbrauchsgüterkauf noch Fall 11). Da die
§§ 474 ff. BGB nicht speziell auf Tiere zugeschnitten sind, stellen sich hier zahlreiche Ausle-
gungsprobleme.
    So fragt es sich, ob Tiere als „neue" oder „gebrauchte Sachen" einzustufen sind, was für die
§§ 474 Abs. 2 S. 2, 475 Abs. 2 BGB relevant ist. Nach einer in der Literatur vertretenen An-

---

[27] Vgl. Palandt/*Grüneberg* § 284 Rn. 6; Bamberger/Roth/*Unberath* § 284 Rn. 15.

[28] Anders als der Anspruch auf Schadensersatz statt der Leistung ist der Anspruch aus c. i. c. grds.
auf das **negative Interesse**, also den Ersatz des Vertrauensschadens gerichtet. Hätte Z die R spätestens bei dem Telefongespräch über die Krankheit aufgeklärt, hätte R das Pferd gar nicht erst
besichtigt, so dass die Kosten für die Bahnfahrkarten nicht angefallen wären.

[29] Siehe Fall 2 Fn. 33.

sicht sind Tiere stets als „gebraucht" anzusehen, weil eine am Verwendungszweck anknüpfende Abgrenzung nach den Kriterien „neu" oder „gebraucht" bei Tieren angesichts vielfältiger Arten und Verwendungsformen nicht nur sachlich unangemessen, sondern auch praktisch nicht oder nur schwer handhabbar sei.[30] Der BGH ist dem – unter Berufung auf die Gesetzesbegründung (BT-Drucks. 14/6040, S. 245) – nicht gefolgt. Nach BGHZ 170, 31 ist ein Tier, das im Zeitpunkt des Verkaufs noch jung (hier: sechs Monate altes Fohlen) und bis zum Verkauf nicht benutzt (hier: als Reittier oder zur Zucht verwendet) worden ist, nicht „gebraucht". Wie lange ein Tier als „jung" anzusehen ist, hat der BGH aber nicht entschieden; darüber kann auch keine verallgemeinerbare Aussage getroffen werden.

§ 476 BGB ist im Rahmen des Tierkaufes anwendbar. Die „Art der Sache" schließt die Beweislastumkehr nicht von vornherein aus (BGHZ 167, 40, 48 ff.). Bei bestimmten Tierkrankheiten kann die Vermutung wegen der „Art des Mangels" ausgeschlossen sein (aaO). Dass der Verkäufer eine Infektionserkrankung auch bei sorgfältiger Untersuchung nicht erkennen kann, reicht dafür aber nicht aus (BGH NJW 2007, 2619, 2620 Rn. 11).

---

[30] NK/*Adolphsen* Anh. V zu §§ 433–480: Tierkauf Rn. 68; Bamberger/Roth/*Faust* § 474 Rn. 19; weitere Nachw. bei BGHZ 170, 31, 40 Rn. 28.

# Fall 4

Kalle (K), ein begeisterter Motorradfahrer und Internetsurfer, entdeckt im Internet-Auktionshaus „eBay" ein gebrauchtes BMW-Motorrad des Victor (V), das K sofort gefällt. V verkauft die bislang von ihm privat genutzte Maschine auf Druck seiner Frau. Als Startpreis gibt er 100 € an. In den eBay-AGB heißt es unter § 6 u. a.:

> Stellt ein Verkäufer mittels der eBay-Dienste einen Artikel im Auktionsformat ein, so gibt er ein verbindliches Angebot zum Abschluss eines Vertrags über diesen Artikel ab. Dabei bestimmt er einen Startpreis und eine Frist, binnen derer das Angebot angenommen werden kann (Angebotsdauer). Legt der Verkäufer beim Auktionsformat einen Mindestpreis fest, so steht das Angebot unter der aufschiebenden Bedingung, dass der Mindestpreis erreicht wird. Bei Auktionen nimmt der Käufer das Angebot durch Abgabe eines Gebots an. Die Annahme erfolgt unter der aufschiebenden Bedingung, dass der Käufer nach Ablauf der Angebotsdauer Höchstbietender ist. Ein Gebot erlischt, wenn ein anderer Käufer während der Angebotsdauer ein höheres Gebot abgibt.

1. Da K seltsamerweise als Einziger für das Motorrad bietet, erhält er für 100 € den „Zuschlag". V weigert sich zu liefern, da der Preis offensichtlich nicht dem Wert der Sache entspreche. Er meint, mit dem Einstellen bei „eBay" habe er sich rechtlich nicht binden wollen. Das Motorrad sei ca. 8000 € wert, daher sei der Vertrag jedenfalls sittenwidrig oder das Verlangen des K nach Lieferung treuwidrig. Kann K Lieferung verlangen?

2. Angenommen, K erhält das Motorrad für 8000 €. Auf der Angebotsseite hatte V u. a. folgende Informationen eingestellt: „Kilometerstand: 30.000 km" und „Motorrad wird natürlich ohne Gewährleistung verkauft". Bei einer Inspektion stellt K nach einem Jahr fest, dass der Tacho nicht den Kilometerstand, sondern die Laufleistung in Meilen wiedergibt. Deshalb betrug die Laufleistung bei Übergabe nicht 30.000, sondern 48.280 km. K will sich von dem Vertrag lösen, während V auf den Haftungsausschluss verweist. Ist K zum Rücktritt berechtigt?

© Springer-Verlag Berlin Heidelberg 2015
P. Balzer et al., *Die Schuldrechtsklausur I, Tutorium Jura*,
DOI 10.1007/978-3-662-45662-0_4

## Lösung Fall 4

▶    Gegenstand des kurzen Falles ist ein im Internet geschlossener Kauf-
     vertrag. Dabei werden im ersten Teil Probleme des Vertragsschlusses im
     Internet behandelt, der zweite Teil ist der Entscheidung BGHZ 170, 86 =
     NJW 2007, 1346 nachgebildet.

## 1. Frage

### Anspruch des K gegen V auf Lieferung aus § 433 Abs. 1 BGB

1    K könnte gegen V einen Anspruch auf Übereignung und Übergabe des Motorrades
     aus § 433 Abs. 1 BGB haben. Dann müsste zwischen K und V ein wirksamer Kauf-
     vertrag zustande gekommen sein.

### 1. Zustandekommen eines Kaufvertrags

2    Verträge kommen zustande durch auf den Vertragsschluss gerichtete, einander ent-
     sprechende Willenserklärungen, i. d. R. durch Angebot und Annahme, §§ 145 ff.
     BGB, bei Versteigerungen hingegen durch Gebot und Zuschlag, § 156 BGB.
         Fraglich ist demnach zunächst, ob es sich bei Online-Auktionen um Versteige-
     rungen im Rechtssinne handelt. Bei Versteigerungen bedarf es des Zuschlags als
     Willenserklärung des Auktionators. Bei Online-Auktionen teilt der jeweilige Be-
     treiber zwar dem Höchstbietenden bei Auktionsende per E-Mail mit, dass er den
     Artikel gekauft habe. Diese Mitteilung stellt aber keine Willenserklärung des Be-
     treibers nach § 156 BGB dar.[1] Ein Zuschlag ist auch in den AGB von eBay nicht
     vorgesehen. Die vertragliche Bindung der Parteien beruht vielmehr auf ihren eige-
     nen Erklärungen.

3        Demnach ist zu prüfen, ob ein Vertrag nach den allgemeinen Regeln der §§ 145 ff.
     zustande gekommen ist. Das Angebot des V könnte bereits in dem Einstellen des
     Motorrades auf der Seite von „eBay" liegen. Dazu müsste es sich hierbei aber um
     eine Willenserklärung und nicht um eine bloße *invitatio ad offerendum* handeln.
     Wer einen Artikel in der Öffentlichkeit zum Verkauf „anbietet", will sich typischer-
     weise dadurch noch nicht binden, weil er sich die Auswahl seiner Vertragspart-
     ner vorbehalten will und außerdem seine Kapazitäten beschränkt sind. Andernfalls
     könnte er sich schadensersatzpflichtig machen, wenn die Nachfrage der Käufer den
     Vorrat des Verkäufers übersteigt. Bei der Internet-Auktion bestehen diese Gefahren
     aber nicht. Der Verkauf soll nach dem System der Online-Auktion, das auch in den
     eBay-AGB niedergelegt ist, von vornherein nur an denjenigen erfolgen, der inner-
     halb der Laufzeit der Auktion das höchste Gebot abgibt. Zudem sehen die AGB, die
     zwar die Beziehung zwischen Verkäufer und Käufer nicht direkt betreffen, aber zur
     Auslegung auch in diesem Verhältnis heranzuziehen sind, eine Bindung des Ver-

---

[1] BGHZ 149, 129, 133; NJW 2005, 53, 54; *Paal* JuS 2010, 953, 955.

käufers bereits durch das Einstellen vor. Damit hat V hier eine wirksame *offerta ad incertam personam* abgegeben.[2]

K hat dieses Angebot dadurch angenommen, dass er für das Motorrad geboten **4** hat. Die Annahme stand dabei – entsprechend der Regelung in den eBay-AGB – unter der auflösenden Bedingung, dass innerhalb der Laufzeit ein höheres Gebot einging, § 158 Abs. 2 BGB.[3] Da dies hier nicht der Fall war, ist zum Ende der Bietfrist (aufschiebende Befristung der Erklärungen nach §§ 163, 158 Abs. 1 BGB) ein Kaufvertrag zwischen K und V zustande gekommen.

## 2. Nichtigkeit gem. § 138 Abs. 1 BGB?

Fraglich ist, ob der Kaufvertrag wegen Sittenwidrigkeit gem. § 138 Abs. 1 BGB **5** nichtig ist. Ein Rechtsgeschäft verstößt gegen die guten Sitten, wenn es gegen das Anstandsgefühl aller billig und gerecht Denkenden verstößt.[4] Die Sittenwidrigkeit kann sich daraus ergeben, dass objektiv zwischen Leistung und Gegenleistung ein auffälliges Missverhältnis besteht und subjektiv der Begünstigte aus verwerflicher Gesinnung gehandelt hat. Die verwerfliche Gesinnung wird regelmäßig bei einem besonders groben Missverhältnis vermutet. Ein besonders grobes Missverhältnis wird angenommen, wenn der Wert der Leistung annähernd doppelt so hoch ist wie derjenige der Gegenleistung.[5]

Hier war der Wert des Motorrades, den V mit 8000 € angibt, jedenfalls mehr **6** als doppelt so hoch wie der Kaufpreis (100 €). Insofern liegt ein besonders grobes Missverhältnis zwischen Leistung und Gegenleistung vor. Fraglich ist, ob daraus auf die verwerfliche Gesinnung des K geschlossen werden kann. Bei Internetauktionen besteht die Besonderheit, dass der Kaufpreis nicht durch Verhandlungen zwischen Käufer und Verkäufer zustande kommt, bei denen die stärkere Partei die Not oder Unerfahrenheit der schwächeren ausnutzen könnte. Es liegt im System der eBay-Auktion, dass ein Kauf zum Startpreis zustande kommt, wenn nur eine Person bietet, selbst wenn diese einen deutlich höheren Höchstpreis geboten hat. Darüber hinaus macht es für den Bieter gerade den Reiz einer Auktion aus, mit der Abgabe eines zunächst niedrigen Gebots die Chance wahrzunehmen, den Auktionsgegenstand zum „Schnäppchenpreis" zu erwerben, während der Anbieter die Chance wahrnimmt, durch den Mechanismus des Überbietens am Ende einen für ihn vorteilhaften Kaufpreis zu erzielen.[6] Dass letzteres im vorliegenden Fall nicht funktioniert hat, ändert an dieser generellen Wertung nichts. Demnach kann bei einer Internetauktion nicht aus dem Verhältnis zwischen Kaufpreis und Wert der

---

[2] Vgl. BGHZ 149, 129, 133 ff.; NJW 2005, 53, 54.

[3] Vgl. *Sutschet* NJW 2014, 1041 f.

[4] RGZ 80, 219, 221; BGHZ 10, 228, 232; BGH NJW 2004, 2668, 2870; Palandt/*Ellenberger* § 138 Rn. 2.

[5] BGH NJW 1992, 899; BGHZ 146, 298= NJW 2001, 1127; 2012, 2723 Rn. 17; WM 2008, 967 Rn. 35; Palandt/*Ellenberger* § 138 Rn. 34a.

[6] BGH NJW 2012, 2723 Rn. 20; ZIP 2015, 41 Rn. 10.

Sache auf eine verwerfliche Gesinnung des Käufers geschlossen werden.[7] Bei der Internetauktion bedarf es für das subjektive Kriterium der Sittenwidrigkeit vielmehr zusätzlicher Umstände, aus denen geschlossen werden kann, dass der Bieter die Not des Anbieters in verwerflicher Weise zu seinem Vorteil ausgenutzt hat. Dafür ist im vorliegenden Fall nichts ersichtlich. Damit ist der Kaufvertrag nicht nach § 138 Abs. 1 BGB nichtig.

Zwischen K und V ist ein wirksamer Kaufvertrag zustande gekommen.

### 3. Treuwidrigkeit des Leistungsverlangens des K?

7 Das Erfüllungsverlangen des K könnte aufgrund des Missverhältnisses zwischen Leistung und Gegenleistung mit den Grundsätzen von Treu und Glauben gem. § 242 BGB unvereinbar sein. Dagegen spricht jedoch, dass V zur Veräußerung des Motorrades den Weg der Internetauktion gewählt hat. Dabei trägt der Anbieter das Risiko der „Versteigerung" unter Wert.[8] Dieses Risiko hätte V vermeiden können, wenn er als Startpreis einen Betrag, der dem Wert des Motorrades entspricht, gewählt hätte. Insofern stellt sich das Erfüllungsverlangen des K nicht als treuwidrig dar.

### 4. Ergebnis

8 K kann von V Übereignung und Übergabe des Motorrades aus § 433 Abs. 1 BGB Zug-um-Zug gegen Zahlung des Kaufpreises von 100 € verlangen.

**Exkurs**

Wichtig ist auch die Frage, unter welchen Bedingungen sich der „eBay"-Käufer von dem geschlossenen Vertrag wieder lösen kann. Denkbar ist zunächst eine Irrtumsanfechtung nach § 119 BGB, insbes. bei einem Erklärungsirrtum wegen fehlerhafter Eingabe nach § 119 Abs. 1 Fall 2 BGB. Darüber hinaus kann dem Käufer ein Widerrufsrecht nach Fernabsatzrecht zustehen, § 312g Abs. 1 BGB. Das setzt nach § 312c Abs. 1 BGB einen Fernabsatzvertrag voraus, wofür der Verkäufer Unternehmer und der Käufer Verbraucher sein muss. Unternehmer sind regelmäßig „eBay"-Verkäufer, die sich als „Powerseller" bezeichnen (OLG Frankfurt MMR 2007, 378); dafür, dass sie ausnahmsweise ein Privatgeschäft getätigt haben, tragen sie die Beweislast (OLG Koblenz NJW 2006, 1438). Das Widerrufsrecht ist nicht nach § 312g Abs. 2 Nr. 10 BGB ausgeschlossen, weil es sich bei der Online-Auktion nicht um eine öffentlich zugängliche Versteigerung handelt (s. o. Rn. 2). Die Widerrufsfrist beträgt nach § 355 Abs. 2 S. 1, § 356 Abs. 2 Nr. 1 lit. a BGB vierzehn Tage ab Erhalt der Ware, wobei die Frist allerdings nicht vor Erfüllung der Informationspflichten nach § 356 Abs. 3 BGB i. V. m. Art. 246a § 1 Abs. 2 S. 1 Nr. 1, § 4 EGBGB beginnt.

### 2. Frage

**Rücktrittsrecht des K aus §§ 437 Nr. 2, 326 Abs. 5, 323 BGB**

9 Fraglich ist, ob K gem. §§ 437 Nr. 2, 326 Abs. 5, 323 BGB berechtigt ist, von dem mit V geschlossenen Kaufvertrag zurückzutreten.

---

[7] BGH NJW 2012, 2723; ZIP 2015, 41 Rn. 9.

[8] BGH ZIP 2015, 41 Rn. 12; OLG Köln MMR 2007, 446, 447; *Paal* JuS 2010, 953, 955.

## 1. Kaufvertrag

K und V haben einen wirksamen Kaufvertrag über das BMW-Motorrad geschlossen **10** (vgl. 1. Frage).

## 2. Mangel bei Gefahrübergang

Weiterhin müsste das Motorrad mangelhaft i. S. d. § 434 BGB sein. Nach § 434 **11** Abs. 1 S. 1 BGB ist eine Sache frei von Sachmängeln, wenn sie bei Gefahrübergang die vereinbarte Beschaffenheit hat. Hier hat V auf der Angebotsseite angegeben, die Laufleistung des Motorrades betrage 30.000 km. Diese Eigenschaft ist Bestandteil des Kaufvertrages geworden. Da die Laufleistung bei Übergabe tatsächlich um mehr als die Hälfte höher war, fehlte dem Motorrad bei Gefahrübergang eine vereinbarte Eigenschaft.

## 3. Unbehebbarkeit und Erheblichkeit des Mangels

Das Rücktrittsrecht nach § 326 Abs. 5 BGB setzt voraus, dass der Mangel nicht **12** durch Nacherfüllung gem. § 439 BGB behebbar ist. Bei einem Gebrauchtfahrzeug ist eine Mangelbehebung durch Neulieferung wegen § 275 Abs. 1 BGB regelmäßig ausgeschlossen (s. o. Fall 1 Rn. 9 ff., Fall 2 Rn. 30). Besonderheiten, die hier ein anderes Ergebnis rechtfertigten, sind nicht ersichtlich. Auch eine Reparatur des Motorrades ist nicht möglich, weil die Laufleistung im Nachhinein nicht mehr verändert werden kann. Damit ist der Mangel unbehebbar.

Nach § 326 Abs. 5 i. V. m. § 323 Abs. 5 S. 2 BGB besteht ein Rücktrittsrecht nur bei einem nicht unerheblichen Mangel. Diese Voraussetzung ist bei einer Laufleistung, die mehr als 50 % höher liegt als vereinbart, erfüllt.

## 4. Ausschluss der Mängelhaftung

Möglicherweise entfällt das Rücktrittsrecht aber aufgrund des Gewährleistungs- **13** ausschlusses. Im Rahmen eines zwischen Verbrauchern abgeschlossenen Kaufvertrages ist die Vereinbarung eines Ausschlusses der Mängelhaftung grundsätzlich zulässig.

Übersicht zum Ausschluss der Mängelhaftung bei Fall 1 Rn. 7. Zur Unwirksamkeit des Haftungsausschlusses bei arglistigem Verschweigen (§ 444 Fall 1 BGB) s. BGHZ 190, 272 = NJW 2011, 3640. Danach hängt die Unwirksamkeit nicht davon ab, ob der Sachmangel für den Willensentschluss des Käufers ursächlich war. – Nicht zu beanstanden wäre es, die unter a) folgenden Erörterungen kürzer zu fassen oder die Frage offenzulassen, weil es auf sie im Ergebnis nicht ankommt (s. u. b).

### a) Unwirksamkeit des Haftungsausschlusses nach § 444 Fall 2 BGB

**14** Der Haftungsausschluss könnte aber nach § 444 Fall 2 BGB unwirksam sein. Danach kann sich der Verkäufer auf eine Vereinbarung, durch welche die Rechte eines Käufers wegen eines Mangels ausgeschlossen oder beschränkt werden, nicht berufen, wenn er eine Garantie für die Beschaffenheit der Sache übernommen hat. Die Übernahme einer Garantie i. S. d. § 444 Fall 2 BGB setzt voraus, dass der Verkäufer in vertragsmäßig bindender Weise die Gewähr für das Vorhandensein der vereinbarten Beschaffenheit der Kaufsache übernimmt und damit seine Bereitschaft zu erkennen gibt, für alle Folgen des Fehlens dieser Beschaffenheit einzustehen, insbesondere verschuldensunabhängig auf Schadensersatz zu haften (§ 276 Abs. 1 S. 1 BGB).[9] Deshalb ist bei der Annahme einer stillschweigenden Garantieübernahme Zurückhaltung geboten. Bei der Frage, ob ein Gebrauchtfahrzeugverkäufer dem Käufer die angegebene Laufleistung garantiert oder es sich um eine bloße Beschaffenheitsangabe nach § 434 Abs. 1 S. 1 BGB handelt, ist von der Interessenlage der Parteien auszugehen. Nach früherer Rechtsprechung[10] sollte der Käufer den Angaben eines gewerblichen Gebrauchtwagenhändlers hinsichtlich der Laufleistung besonderes Vertrauen entgegenbringen und davon ausgehen dürfen, der Händler wolle sich für die Kilometerangabe „stark machen", mithin konkludent zusichern (garantieren), dass die bisherige Laufleistung nicht wesentlich höher liege als die angegebene. Anderenfalls müsse er deutlich zum Ausdruck bringen, dass er für die Laufleistung nicht einstehen wolle.

**Exkurs**

Der BGH hat angedeutet, dass er möglicherweise an dieser Rechtsprechung angesichts der Verbesserung der Rechtsstellung des privaten Gebrauchtwagenkäufers durch das Schuldrechtsmodernisierungsgesetz auch für gewerbliche Verkäufer nicht mehr festhalten wird (BGHZ 170, 86 Rn. 24). Das OLG Rostock (NJW 2007, 3290) hat aber die bisherigen Grundsätze weiter angewandt.

**15** Für den privaten Verkauf gelten diese Erwägungen nicht. Das obengenannte Interesse des Käufers und das Interesse des Verkäufers, für nicht mehr als dasjenige einstehen zu müssen, was er nach seiner laienhaften Kenntnis zu beurteilen vermag, stehen sich hier gleichgewichtig gegenüber.[11] Wenn der Verkäufer für die Richtigkeit der zur Laufleistung gemachten Angaben unter allen Umständen und verschuldensunabhängig einstehen soll, bedarf es dazu grundsätzlich einer ausdrücklichen Garantieerklärung des Verkäufers. Für die Annahme einer stillschweigenden Garantie bedarf es über die Angabe der Laufleistung hinaus besonderer Umstände, die bei dem Käufer die berechtigte Erwartung wecken, der Verkäufer wolle für die Laufleistung des Fahrzeuges einstehen, etwa wenn er sich als Erstbesitzer bezeich-

---

[9] BGHZ 170, 86 Rn. 20 m. w. N.= NJW 2007, 1346 unter Bezugnahme auf den Begriff der zugesicherten Eigenschaft i. S. d. § 459 Abs. 2 BGB a. F.

[10] BGH WM 1975, 895, 896 f.; 1998, 1590 f. (jeweils zur zugesicherten Eigenschaft).

[11] BGH WM 1991, 1224, 1226; BGHZ 170, 86 Rn. 25.

net, weil er dann den Tachostand von Anfang an kennt.[12] Damit scheidet hier eine
stillschweigende Garantieübernahme durch V aus.

### Exkurs zum Garantiebegriff

Der Begriff der Garantie kommt im reformierten Schuldrecht an verschiedenen Stellen vor. Dabei
wird er in den §§ 276 Abs. 1 S. 1, 442 Abs. 1 S. 2, 444 Fall 2, 445 Fall 2 BGB identisch verwendet
und bedeutet hier (entsprechend der zugesicherten Eigenschaft nach § 463 BGB a. F.), dass der
Verkäufer – über die bloße Beschaffenheitsvereinbarung nach § 434 Abs. 1 S. 1 BGB hinaus – in
vertragsmäßig bindender Weise die Gewähr für das Vorhandensein der vereinbarten Beschaffenheit der Kaufsache übernimmt und damit seine Bereitschaft zu erkennen gibt, für alle Folgen des
Fehlens dieser Beschaffenheit einzustehen, insbes. verschuldensunabhängig auf Schadensersatz
zu haften (s. o. Rn. 14).
    § 443 BGB regelt hingegen einen anderen Garantiebegriff. Bei einer Garantie i. S. d. § 443
BGB gewährt der Verkäufer, Hersteller oder ein sonstiger Dritter dem Käufer im Garantiefall Mängelrechte, die das Gesetz nicht vorsieht. Es geht hingegen nicht um eine verschuldensunabhängige
Schadensersatzhaftung, die in der Auflistung der möglichen Rechtsfolgen in § 443 Abs. 1 BGB
fehlt. Typische Garantien i. S. d. § 443 BGB sind Beschaffenheitsgarantien und Haltbarkeitsgarantien. Beschaffenheitsgarantien beziehen sich darauf, dass die Kaufsache bei Gefahrübergang
eine bestimmte Beschaffenheit aufweist. Haltbarkeitsgarantien leisten dafür Gewähr, dass die
Kaufsache die Beschaffenheit während des ganzen Garantiezeitraums behält. § 443 Abs. 1 BGB
erfasst auch Garantien für den Fall, dass die Kaufsache andere als die Mängelfreiheit betreffende
Anforderungen nicht erfüllt (z. B. Zusage eines künftigen Bebauungsplan durch den Verkäufer),
    Der Regelungsgehalt von § 443 Abs. 1 BGB ist insoweit gering, als er nur klarstellt, dass der
Käufer neben seinen gesetzlichen Rechten auch aus der Garantie gegen den Garanten vorgehen
kann. Nach § 443 Abs. 2 BGB wird vermutet, dass ein während der Garantiezeit auftretender
Mangel von der Haltbarkeitsgarantie gedeckt ist, so dass der Garant zu seiner Entlastung beweisen muss, dass der Mangel vom Käufer verschuldet ist oder zumindest dessen Risikobereich ent-
stammt.

## b) Auslegung des Haftungsausschlusses

Möglicherweise erstreckt sich der Haftungsausschluss aber gar nicht auf die Lauf-       **16**
leistung. Die Angabe der Laufleistung und der Haftungsausschluss stehen gleichrangig nebeneinander. Ginge man davon aus, dass sich der Haftungsausschluss auch
auf die Angabe der Laufleistung bezöge, wäre diese Beschaffenheitsvereinbarung
völlig unverbindlich und für den Käufer ohne Wert. Deshalb ist ein Haftungsausschluss, sofern er eine Beschaffenheitsvereinbarung nicht ausdrücklich einbezieht,
nach der Interessenlage der Parteien dahingehend auszulegen, dass er sich nicht auf
die Beschaffenheitsvereinbarung erstreckt.[13]

## 5. Ergebnis

Da die Mängelhaftung hinsichtlich der vereinbarten Laufleistung nicht ausge-       **17**
schlossen worden ist, kann K von dem Kaufvertrag nach §§ 437 Nr. 2, 326 Abs. 5,
323 BGB zurücktreten.

---

[12] BGHZ 170, 86 Rn. 26. Der bloße Umstand, dass der Kaufvertrag über das Internet geschlossen
wurde, reicht hingegen nicht aus, weil die fehlende Kontrollmöglichkeit des Käufers keine Besonderheit des Internet-Gebrauchtfahrzeugkaufs ist (Rn. 27).
[13] BGHZ 170, 86 Rn. 31; BGH NJW 2013, 1733 Rn. 15.

# Fall 5

## Ausgangsfall

K ist seit April 2014 als Professor an der Juristischen Fakultät der Universität Rostock tätig. Da er weiterhin in Düsseldorf wohnt, möchte er die wöchentlichen Zugfahrten zur Vorbereitung seiner Vorlesungen nutzen. K erwirbt daher am 12.4.2014 im Computergeschäft des V in Düsseldorf ein neues Notebook des Modells Predator 2015 zum Preis von 1500 €, das vom Hersteller H in Werbeprospekten mit einer (netzteilunabhängigen) Betriebsdauer von zehn Stunden beworben wird. K hatte die Werbeprospekte, die auch im Geschäft des V ausliegen, vor dem Kauf eingehend studiert, da es ihm im Hinblick auf die fast neunstündige Zugfahrt nach Rostock auf eine hohe Betriebsdauer des Akkus ankommt, die bei Notebooks gewöhnlich drei bis fünf Stunden beträgt. Bereits bei der ersten Zugfahrt nach Rostock am 14.4.2014 muss K jedoch kurz hinter Hamburg feststellen, dass der mitgelieferte Akku (trotz vorheriger Aufladung gemäß der mitgelieferten Bedienungsanleitung) nach nur fünf Stunden Betriebsdauer leer ist. Nachdem ihm dies in der Folge noch mehrfach passiert, ruft K am 26.5.2014 bei V an, um sich über die unzureichende Betriebsdauer des Akkus zu beschweren. Bei diesem Telefonat weist V darauf hin, dass Hersteller H aufgrund der Vielzahl von Kundenbeschwerden über die Betriebsdauer mittlerweile eine Überprüfung der beim Modell Predator 2015 verwendeten Akkus hat vornehmen lassen. Hierbei hat sich herausgestellt, dass infolge eines Produktionsfehlers bei sämtlichen Akkus der Modellreihe Predator 2015 die Betriebsdauer nur fünf Stunden beträgt. Andere Akkus, die die beworbene Betriebsdauer von zehn Stunden aufweisen, stehen für die Modellreihe Predator 2015 bauartbedingt nicht zur Verfügung. K erklärt daraufhin, er werde sich überlegen, ob er angesichts dieser Umstände das Notebook behält. Nachdem sich auf der Zugfahrt von Rostock nach Düsseldorf am 5.6.2014 der Computer wieder mitten in der Arbeit abgeschaltet hat, beschließt K, das Notebook umgehend zurückzugeben. Am nächsten Tag begibt sich K daher zu V und erklärt ihm, dass er das Notebook nicht behalten möchte. Er verlangt von V Rückzahlung des Kaufpreises in Höhe von 1500 € gegen Rückgabe des Gerätes.

Zu Recht?

## Abwandlung

Auf der Zugfahrt von Rostock nach Düsseldorf am 5.6.2014 verpackt K das Gerät, nachdem der Akku leer ist und er sich zur Rückgabe des Notebooks entschlossen hat, sorgfältig in seinem Hartschalenkoffer, den er verschlossen und mit einem Zahlenschloss gesichert im Gepäcknetz seines Abteils in der 1. Klasse, das er alleine besetzt, verstaut. Kurz vor Münster sucht K den Speisewagen auf, um eine Kleinigkeit zu essen. Als er nach 20 min zurückkehrt, muss er feststellen, dass sein Koffer, den er wie üblich während des Speisewagenaufenthalts zurückgelassen hat, aus dem Abteil entwendet worden ist. Offensichtlich hatte sich bei dem kurzen Aufenthalt des Zuges in Münster jemand in das Abteil begeben und den Koffer des K an sich gebracht. K begibt sich gleichwohl am nächsten Tag zu V und verlangt von diesem Rückzahlung des Kaufpreises in Höhe von 1500 €. V meint hingegen, wenn K das Notebook nicht zurückgebe, müsse er dafür Ersatz leisten. Mit dem entsprechenden Ersatzanspruch rechne er auf, so dass er zur Rückzahlung nicht verpflichtet sei.

Wie ist die Rechtslage?

## Lösung Fall 5

▶   Der Fall befasst sich mit der Rückabwicklung des Vertrages infolge Rücktritts des Käufers bei mangelhafter Leistung des Verkäufers. Besondere Schwierigkeiten treten hier insbesondere dann auf, wenn die erhaltene Leistung (z. B. infolge Untergangs) nicht mehr zurückgewährt werden kann. Hier stellt sich das Problem, unter welchen Voraussetzungen der Käufer, der gleichwohl die Rückzahlung des Kaufpreises verlangt, einem Anspruch des Verkäufers auf Wert- oder Schadensersatz ausgesetzt ist, den dieser dem Rückzahlungsverlangen entgegenhalten kann.

## Ausgangsfall

1   K könnte gegen V nach §§ 346 Abs. 1, 437 Nr. 2, 326 Abs. 5, 323 BGB einen Anspruch auf Rückzahlung des Kaufpreises i. H. von 1500 € gegen Rückgabe des Notebooks haben.

# I. Anspruch entstanden

Der Anspruch des K ist entstanden, wenn K wirksam vom Vertrag zurückgetreten **2**
ist.

## 1. Rücktrittsrecht des K

Voraussetzung für einen Rücktritt ist zunächst das Bestehen eines (vertraglichen **3**
oder gesetzlichen) Rücktrittsrechts. Da zwischen K und V ein vertragliches Rücktrittsrecht nicht vereinbart worden ist, kommt allein ein gesetzliches Rücktrittsrecht
in Betracht, das sich aus §§ 437 Nr. 2, 326 Abs. 5, 323 BGB ergeben kann.

### a) Wirksamer Kaufvertrag

K und V haben am 12.4.2014 einen Kaufvertrag über ein Notebook Modell Predator **4**
2015 abgeschlossen. Ein Kaufvertrag i. S. v. § 433 BGB liegt daher vor.

### b) Sachmangel bei Gefahrübergang

Das Notebook müsste einen Sachmangel i. S. v. § 434 BGB aufweisen. **5**

#### aa) Mangel nach § 434 Abs. 1 S. 1 BGB

Es könnte ein Sachmangel nach § 434 Abs. 1 S. 1 BGB vorliegen. Danach ist eine **6**
Sache frei von Sachmängeln, wenn sie bei Gefahrübergang die vereinbarte Beschaffenheit hat. Nach dem somit vorrangig geltenden subjektiven Fehlerbegriff liegt ein
Sachmangel vor, wenn die Istbeschaffenheit des Kaufgegenstands für den Käufer
nachteilig von der vertraglich vereinbarten Sollbeschaffenheit abweicht. K und V
haben jedoch keine besondere Sollbeschaffenheit des Notebooks vereinbart. Daher
ist das Notebook nicht nach § 434 Abs. 1 S. 1 BGB mangelhaft.

#### bb) Mangel nach § 434 Abs. 1 S. 2 Nr. 1 BGB

Da im Kaufvertrag zwischen K und V auch keine besondere Verwendung für das **7**
Gerät vorausgesetzt wurde, insbes. die geplante Verwendung des Notebooks durch
K für V nicht erkennbar war, ist es auch nicht nach § 434 Abs. 1 S. 2 Nr. 1 BGB
mangelhaft.

#### cc) Mangel nach § 434 Abs. 1 S. 3 i. V. m. § 434 Abs. 1 S. 2 Nr. 2 BGB

Ebenso greift § 434 Abs. 1 S. 2 Nr. 2 BGB grundsätzlich nicht ein, da das Notebook **8**
mit fünf Stunden Betriebsdauer eine Beschaffenheit aufweist, die bei Notebooks
gleicher Art durchaus üblich ist. Zur Beschaffenheit der Kaufsache nach § 434
Abs. 1 S. 2 Nr. 2 BGB gehören allerdings auch diejenigen Eigenschaften, die der
Käufer u. a. nach den Äußerungen des Herstellers in seiner Werbung erwarten kann,
vgl. § 434 Abs. 1 S. 3 BGB. Hier durfte K eine Betriebsdauer des Akkus von zehn
Stunden erwarten, da der Hersteller H das gekaufte Modell des Notebooks in einem
Prospekt entsprechend beworben hat. Ein Sachmangel ist somit nach § 434 Abs. 1
S. 3 BGB gegeben, es sei denn, einer der dort genannten drei Ausschlussgründe
liegt vor.

9        α) Ein Sachmangel liegt danach nicht vor, wenn der Verkäufer die Äußerung des
         Herstellers in seiner Werbung nicht kannte und auch nicht kennen musste. Ob V die
         Äußerung des Herstellers H (positiv) kannte, ist unklar. Möglicherweise musste V
         sie jedoch kennen. Kennenmüssen setzt nach der Legaldefinition des § 122 Abs. 2
         BGB voraus, dass die Werbeäußerung dem Verkäufer infolge von Fahrlässigkeit
         unbekannt geblieben ist. Da die Werbeprospekte des H im Geschäft des V auslagen,
         war es ihm zumutbar, von den dort ausgewiesenen Produktangaben Kenntnis zu
         nehmen. Selbst wenn V die Äußerungen des H daher nicht kannte, ist ihm Fahrläs-
         sigkeit vorzuwerfen. Ein Sachmangel ist somit nicht aufgrund fehlenden Kennen-
         müssens des V ausgeschlossen.

10       β) Weiterhin ist ein Sachmangel ausgeschlossen, wenn die Äußerung im Zeit-
         punkt des Vertragsschlusses in gleichwertiger Weise berichtigt war. Anhaltspunkte
         dafür bestehen jedoch nicht.

         γ) Schließlich liegt ein Sachmangel auch dann nicht vor, wenn die Äußerung
         auf die Kaufentscheidung des Käufers keinen Einfluss hatte. K hat das Notebook
         jedoch gerade aufgrund der Werbeäußerung im Herstellerprospekt erworben. Somit
         hatte diese Einfluss auf die Kaufentscheidung, so dass auch dieser Ausschlussgrund
         nicht eingreift. Demnach war das Notebook nach § 434 Abs. 1 S. 3 i. V. m. § 434
         Abs. 1 S. 2 Nr. 2 BGB aufgrund der nur fünfstündigen Betriebsdauer mangelhaft.

dd) Gefahrübergang

11       Der Sachmangel lag bereits bei der Übergabe des Notebooks und damit im Zeit-
         punkt des Gefahrübergangs (§ 446 S. 1 BGB) vor.

c) Rücktrittsvoraussetzungen nach §§ 326 Abs. 5, 323 BGB
aa) Unmöglichkeit der Nacherfüllung

12       Der Käufer kann nach § 326 Abs. 5 BGB vom Kaufvertrag zurücktreten, ohne eine
         Frist zur Nacherfüllung gesetzt zu haben, wie dies nach § 323 Abs. 1 BGB im
         Grundsatz erforderlich ist, wenn die Nacherfüllung nach § 275 BGB unmöglich ist.

13       Die Nacherfüllung in Form der Mängelbeseitigung war bereits deshalb i. S. v.
         § 275 Abs. 1 BGB unmöglich, weil es keine Akkus für das erworbene Modell gibt,
         die eine Betriebsdauer von zehn Stunden aufweisen. Auch die Lieferung eines man-
         gelfreien Notebooks war nach § 275 Abs. 1 BGB unmöglich, da sämtliche Akkus
         der Modellreihe Predator 2015 nur eine Betriebsdauer von fünf Stunden aufwiesen.
         Somit war eine Fristsetzung nach § 326 Abs. 5 BGB entbehrlich.

bb) Erheblichkeit der Pflichtverletzung

14       Das Rücktrittsrecht des K wäre nach § 323 Abs. 5 S. 2 BGB, auf den § 326 Abs. 5
         Hs. 2 BGB verweist, ausgeschlossen, wenn die Pflichtverletzung des V unerheb-
         lich war. Dies ist indes nicht der Fall. Immerhin betrug die Abweichung der Be-
         triebsdauer von der vom Hersteller H versprochenen ganze fünf Stunden. Der Aus-
         schlussgrund des § 323 Abs. 5 S. 2 BGB greift folglich nicht ein.

         Somit stand K nach §§ 437 Nr. 2, 326 Abs. 5, 323 Abs. 1 BGB ein gesetzliches
         Rücktrittsrecht zu.

## 2. Rücktrittserklärung

Nach § 349 BGB muss der Rücktritt zudem erklärt werden. Eine solche Rücktritts- **15** erklärung ist jedenfalls konkludent dadurch erfolgt, dass K erklärt, das Notebook nicht behalten zu wollen, und einen Anspruch auf Rückzahlung des Kaufpreises geltend macht.

## 3. Zwischenergebnis

Da K wirksam vom Vertrag zurückgetreten ist, ist der Anspruch auf Rückzahlung **16** des Kaufpreises i. H. von 1500 € aus §§ 346 Abs. 1, 437 Nr. 2, 323 BGB gegen V entstanden.

## II. Anspruch nicht untergegangen

K kann den Anspruch nur geltend machen, wenn er nicht untergegangen ist. Grün- **17** de, die für einen Untergang des Rückzahlungsanspruchs sprechen, sind indes nicht ersichtlich.

## III. Anspruch durchsetzbar

Der Rückzahlungsanspruch des K müsste auch durchsetzbar sein. Nach §§ 348, **18** 320 Abs. 1 BGB sind die sich aus dem Rücktritt ergebenden Verpflichtungen der Parteien Zug um Zug zu erfüllen. V könnte daher die Rückzahlung des Kaufpreises verweigern, bis K das Notebook zurückgegeben hat. Da K Rückzahlung aber nur Zug um Zug gegen Rückgabe des Notebooks verlangt, besteht keine Einrede des V nach §§ 348, 320 Abs. 1 BGB. Der Rückzahlungsanspruch des K ist folglich auch durchsetzbar.

## IV. Ergebnis

K hat gegen V nach §§ 346 Abs. 1, 437 Nr. 2, 323 BGB einen Anspruch auf Rück- **19** zahlung des Kaufpreises i. H. von 1500 € Zug um Zug gegen Rückgabe des Note-books.

## Abwandlung

K könnte gegen V nach §§ 346 Abs. 1, 437 Nr. 2, 326 Abs. 5, 323 BGB einen An- **20** spruch auf Rückzahlung des Kaufpreises i. H. von 1500 € haben.

## I. Anspruch entstanden

**21** Da K wirksam vom Vertrag mit V zurückgetreten ist (oben Rn. 3 ff.), ist sein Anspruch auf Rückzahlung des Kaufpreises nach §§ 346 Abs. 1, 437 Nr. 2, 326 Abs. 5, 323 BGB entstanden.

## II. Anspruch untergegangen

**22** Der Anspruch des K auf Rückzahlung des Kaufpreises könnte jedoch nach §§ 387, 389 BGB durch Aufrechnung des V erloschen sein.

### 1. Aufrechnungserklärung

**23** Nach § 388 S. 1 BGB erfolgt die Aufrechnung durch Erklärung gegenüber dem anderen Teil. V hält dem Zahlungsverlangen des K hier entgegen, er rechne mit einem Ersatzanspruch hinsichtlich des gestohlenen Notebooks auf. Eine Aufrechnungserklärung i. S. v. § 388 S. 1 BGB liegt mithin vor.

---

**Aufbauhinweis**

Die Aufrechnungserklärung kann auch nach der Prüfung, ob überhaupt eine Gegenforderung besteht, erörtert werden. Dieses Vorgehen kommt insbesondere in Betracht, wenn der Bearbeiter feststellt, dass eine Gegenforderung nicht besteht. Im vorliegenden Fall ist die Erörterung aus didaktischen Gründen vorgezogen worden, da es nach hier vertretener Ansicht (unten Rn. 24 ff.) wegen Fehlens einer Gegenforderung auf die Aufrechnungserklärung nicht ankommt.

---

### 2. Gegenforderung des V

**24** Nach § 387 S. 1 BGB kommt eine Aufrechnung nur in Betracht, wenn V seinerseits eine (fällige und einredefreie) Forderung gegen K hat, mit der er die Aufrechnung erklären konnte.

### a) Anspruch auf Wertersatz nach § 346 Abs. 2 S. 1 Nr. 3 BGB
aa) Diebstahl des Notebooks als Untergang

**25** In Betracht zu ziehen ist zunächst, dass V gegen K, da infolge des Diebstahls eine Herausgabe des Notebooks ausgeschlossen ist, einen Anspruch auf Wertersatz nach § 346 Abs. 2 S. 1 Nr. 3 BGB geltend machen kann. Eine Verpflichtung zum Wertersatz besteht nach dieser Vorschrift, wenn der empfangene Gegenstand sich verschlechtert hat oder untergegangen ist. Hier kommt nur ein Untergang i. S. v. § 346 Abs. 2 S. 1 Nr. 3 BGB in Betracht. Darunter versteht man jedoch allein die vollständige Vernichtung der Sachsubstanz.[1] Hier liegt aber ein Diebstahl und keine

---

[1] NK/*Hager* § 346 Rn. 40; Palandt/*Grüneberg* § 346 Rn. 9; Bamberger/Roth/*Grothe* § 346 Rn. 43; Staudinger/*Kaiser* (2012) § 346 Rn. 146.

Substanzvernichtung vor. Daher greift § 346 Abs. 2 S. 1 Nr. 3 BGB seinem Wortlaut nach nicht ein. Die somit bestehende Regelungslücke ist im Fall eines Diebstahls jedoch durch analoge Anwendung der Vorschrift zu schließen. Denn es entspricht dem Charakter des § 346 Abs. 2 S. 1 Nr. 3 BGB als Gefahrtragungsregel, dass der Schuldner nicht nur für den Untergang und die Verschlechterung, sondern auch für andere Formen der Rückgewährunmöglichkeit einzustehen hat.[2] Somit besteht grundsätzlich eine Pflicht des K zum Wertersatz analog § 346 Abs. 2 S. 1 Nr. 3 BGB.

---

**Aufbauhinweis**

Da die Berechnung der Höhe des Wertersatzes vielfach problematisch ist, sollte diese erst erfolgen, wenn feststeht, ob nicht nach § 346 Abs. 3 BGB die Wertersatzpflicht entfallen ist.

---

**bb) Entfallen der Wertersatzpflicht**

**α)** Die Wertersatzpflicht des K könnte jedoch nach § 346 Abs. 3 S. 1 Nr. 3 BGB **26** entfallen sein. Nach dieser Vorschrift besteht keine Pflicht zum Wertersatz, wenn im Fall eines gesetzlichen Rücktrittsrechts der Untergang beim Berechtigten eingetreten ist, obwohl er diejenige Sorgfalt beobachtet hat, die er in eigenen Angelegenheiten anzuwenden pflegt.

Ein Fall des gesetzlichen Rücktrittsrechts liegt vor, da K hier wegen eines Sachmangels nach §§ 437 Nr. 2, 326 Abs. 5, 323 BGB vom Kaufvertrag zurückgetreten ist. Der Diebstahl ist auch beim Rücktrittsberechtigten K eingetreten.

Schließlich muss K diejenige Sorgfalt beachtet haben, die er in eigenen An- **27** gelegenheiten anzuwenden pflegt. Bei der Haftung für eigenübliche Sorgfalt gilt somit ein subjektiver Fahrlässigkeitsbegriff. Maßstab ist die Veranlagung und das gewohnheitsmäßige Verhalten des Schuldners. Gemessen an diesem Maßstab hat K seine eigenübliche Sorgfalt gewahrt, da er während des Speisewagenaufenthalts stets sein Gepäck im Abteil zurücklässt. Allerdings ist der Schuldner, der nur für eigenübliche Sorgfalt einzustehen hat, nach § 277 BGB nicht von der Haftung für grobe Fahrlässigkeit befreit. Grobe Fahrlässigkeit liegt vor, wenn der Schuldner seine Sorgfaltspflichten in besonders schwerem Maße verletzt, wenn er also einfachste, ganz nahe liegende Überlegungen nicht anstellt. Von einem Zugreisenden kann indes kaum erwartet werden, dass er bei einem Aufenthalt im Speisewagen sein gesamtes Gepäck mitführt. Dies muss selbst dann gelten, wenn das Gepäck, weil der Reisende das Abteil – wie vorliegend – alleine besetzt, unbeaufsichtigt zurückbleibt. Zudem hat K das Notebook nicht offen zurückgelassen, sondern in seinen Koffer verpackt, den er durch ein Zahlenschloss gesichert hat. Daher kann K jedenfalls grobe Fahrlässigkeit nicht vorgeworfen werden. Somit ist die Wertersatzpflicht nach dem Wortlaut des § 346 Abs. 3 S. 1 Nr. 3 BGB ausgeschlossen.

---

[2] Vgl. Bamberger/Roth/*Grothe* § 346 Rn. 45; NK/*Hager* § 346 Rn. 40.

Gut vertretbar ist es aber auch, den Umstand, dass K sein wertvolles Note-book überhaupt im unbesetzten Abteil zurückgelassen hat, als grob fahrläs-sig zu bewerten. Dann besteht eine Pflicht des K zum Wertersatz nach § 346 Abs. 2 S. 1 Nr. 3 BGB. In diesem Fall muss sich der Bearbeiter mit der Frage befassen, in welcher Höhe ein Anspruch des V auf Wertersatz besteht. § 346 Abs. 2 S. 2 BGB stellt insoweit auf die vertraglich vereinbarte Gegenleistung als Maßstab für den Wertersatz ab (hierzu BGH NJW 2009, 1068; krit. *Faust* JuS 2009, 271). Nach allgemeiner Ansicht ist die Gegenleistung aber dann nicht als Maßstab heranzuziehen, wenn die gekaufte Sache mangelhaft ist. Hier erscheint es sachgerecht, die Regelung zur Ermittlung der Minderung nach § 441 Abs. 3 BGB anzuwenden, um die Proportion zwischen Restwert und Wertersatz gemessen am Verhältnis des Wertes und des Kaufpreises zu wahren[3]. Ein Abstellen auf den (vollen) Kaufpreis hätte auch zur Folge, dass der Verkäufer vom zufälligen Untergang der Sache insoweit profitiert, als er bei einer möglichen Rückgewähr nur die mangelhafte Sache erhalten hätte.

**28**   β) In Betracht zu ziehen ist aber, dass § 346 Abs. 3 S. 1 Nr. 3 BGB nicht anzuwen-den ist, weil K im Zeitpunkt des Diebstahls bereits von dem Rücktrittsgrund Kennt-nis erlangt hatte. Ab Kenntnis vom Mangel wusste er, dass er das Notebook im Fall eines Rücktritts an V zurückgewähren musste. Teilweise wird daher vertreten, dass ab Kenntnis des Rücktrittsgrundes eine Privilegierung nach § 346 Abs. 3 S. 1 Nr. 3 BGB nicht mehr in Betracht komme.[4] Dagegen sprechen jedoch der Wortlaut des § 346 Abs. 3 S. 1 Nr. 3 BGB und die Tatsache, dass die Privilegierung des gesetz-lichen Rücktrittsberechtigten auch darauf beruht, dass die Ursache des Rücktritts-rechts – nämlich der zugrundeliegende Sachmangel – aus der Sphäre des Verkäu-fers stammt.[5] Außerdem ist der Käufer unstreitig berechtigt, auch nach Kenntnis des Mangels die Sache weiterzubenutzen. Demnach bleibt es dabei, dass trotz der Kenntnis des K vom Rücktrittsgrund die Wertersatzpflicht nach § 346 Abs. 3 S. 1 Nr. 3 BGB ausgeschlossen ist.

Da diese Problematik sehr kontrovers diskutiert wird, ist auch die entgegen-gesetzte Meinung mit entsprechender Begründung gut vertretbar. Wichtig ist allein, dass der Bearbeiter das Problem überhaupt erkennt und in den Grund-zügen skizziert. Eine umfassende Darstellung der unterschiedlichen Ansätze wird nicht erwartet.

---

[3] BGH NJW 2011, 3085 Rn. 9 ff.; Palandt/*Grüneberg* § 346 Rn. 10; NK/*Hager* § 346 Rn. 46.

[4] NK/*Hager* § 346 Rn. 59; *Schwab* JuS 2002, 630, 635; *Perkams* Jura 2003, 150, 151 f.; *Looschel-ders* SchuldR AT, Rn. 827.

[5] So die wohl h. M., vgl. Staudinger/*Kaiser* (2012) § 346 Rn. 205; Bamberger/Roth/*Grothe* § 346 Rn. 53; Palandt/*Grüneberg* § 346 Rn. 13, 13b; *Schneider* ZGS 2007, 57 ff.; *Brox/Walker* SchuldR AT, § 18 Rn. 27; *Medicus/Lorenz* SchuldR I, Rn. 573; *Faust* JuS 2009, 481, 486.

### b) Schadensersatzanspruch nach §§ 346 Abs. 4, 280 Abs. 1 u. 3, 283 BGB

Zu prüfen ist weiterhin, ob V gegen K ein Schadensersatzanspruch nach §§ 346    **29**
Abs. 4, 280 Abs. 1 u. 3, 283 BGB zusteht, mit dem er gegen den Anspruch des K
auf Rückzahlung des Kaufpreises aufrechnen kann. Da K infolge des Diebstahls das
Notebook nicht an V zurückgeben kann, könnte eine verschuldete Unmöglichkeit
der Rückgewähr vorliegen, die eine Schadensersatzhaftung auslöst.

Fraglich ist aber, ob der vorliegende Sachverhalt überhaupt von §§ 346 Abs. 4,    **30**
280 Abs. 1 u. 3, 283 BGB erfasst wird, da – mangels Rücktrittserklärung – zum
Zeitpunkt des Diebstahls noch kein Rückgewährschuldverhältnis zwischen V und K
bestand. Dies ist indes zu verneinen. Die Pflicht zur Rückgewähr, deren Nichterfüllung § 346 Abs. 4 BGB durch den Verweis auf das allgemeine Leistungsstörungsrecht sanktionieren will, setzt (nach allerdings durchaus umstrittener Ansicht) das
Entstehen des Rückgewährschuldverhältnisses und damit eine Rücktrittserklärung
voraus.[6] Der vor Erklärung des Rücktritts erfolgte Diebstahl des Notebooks kann
daher keine Schadensersatzhaftung des K aus §§ 346 Abs. 4, 280 Abs. 1 u. 3, 283
BGB auslösen.

---

**Aufbauhinweis**

Sofern man im vorliegenden Fall § 346 Abs. 4 BGB aufgrund der Kenntnis des
K vom Rücktrittsgrund auch schon vor Entstehen des Rückgewährschuldverhältnisses anwenden will, stellt sich indes die Frage nach dem in Ansatz zu brin-
genden Verschuldensmaßstab. Diese Frage wird aufgrund der hier vertretenen
Ansicht zum Anwendungsbereich von § 346 Abs. 4 BGB im Zusammenhang
mit einer möglichen Schadensersatzhaftung des K aus §§ 280 Abs. 1, 241 Abs. 2
BGB erörtert (unten Rn. 34 f.).

V hat gegen K folglich keinen Schadensersatzanspruch nach §§ 346 Abs. 4, 280    **31**
Abs. 1 u. 3, 283 BGB, mit dem er die Aufrechnung gegen den Kaufpreisrückzah-
lungsanspruch des K erklären könnte.

### c) Schadensersatzanspruch nach §§ 280 Abs. 1, 241 Abs. 2 BGB

Zu prüfen ist weiterhin, ob V gegen K einen Schadensersatzanspruch aus §§ 280    **32**
Abs. 1, 241 Abs. 2 BGB hat, mit dem er die Aufrechnung erklären kann.

§ 346 Abs. 4 BGB ist bei dieser Anspruchsprüfung nicht einschlägig, da es
nicht um die Verletzung von Pflichten aus dem nach Erklärung des Rücktritts
entstandenen Rückgewährschuldverhältnis geht.

---

[6] Erman/*Röthel* § 346 Rn. 40; Staudinger/*Kaiser* (2012) § 346 Rn. 281; jurisPK-BGB/*Faust* § 346
Rn. 112; *Faust* JuS 2009, 481, 487; *Medicus/Lorenz* SchuldR I, Rn. 578; *Oechsler* Vertragliche
Schuldverhältnisse, Rn. 315; *Schneider* ZGS 2007, 57, 59; nach a. A. besteht jedenfalls ab dem
Zeitpunkt der Kenntnis des Rücktrittsberechtigten vom Rücktrittsgrund eine Haftung für jede
Fahrlässigkeit, die auf eine (analoge) Anwendung von § 346 Abs. 4 BGB gestützt wird, vgl. Bam-
berger/Roth/*Grothe* § 346 Rn. 58; MünchKomm/*Gaier* § 346 Rn. 60; Palandt/*Grüneberg* § 346
Rn. 15.

Nach h. M. treffen jeden Rückgewährschuldner allein wegen der Möglichkeit der späteren Rückgewähr besondere, von der Rückgewährpflicht nach § 346 Abs. 1 BGB zu trennende Rücksichtnahmepflichten i. S. v. §§ 280 Abs. 1, 241 Abs. 2 BGB.[7] Umstritten ist indes der Zeitpunkt, ab dem eine solche Schadensersatzhaftung zum Tragen kommt. Während vereinzelt darauf abgestellt wird, dass die Pflicht zur Rücksichtnahme schon mit dem Leistungsaustausch beginnt,[8] wird überwiegend vertreten, dass eine Schadensersatzhaftung erst ab fahrlässiger Unkenntnis vom Bestehen des Rücktrittsgrundes in Betracht kommt.[9] Nach anderer Ansicht ist der Vertragspartner zur Rücksichtnahme auf die Interessen des anderen am Rückerhalt der intakten Leistung erst dann verpflichtet, wenn er positive Kenntnis vom Rücktrittsgrund hat.[10] Im vorliegenden Fall ist eine Entscheidung des Streits entbehrlich, da K aufgrund des mit V am 26.5.2014 geführten Telefonats Kenntnis von der Fehlerhaftigkeit des Akkus hatte. Eine Rücksichtnahmepflicht des K ist daher gegeben.

**33**    Mit der Annahme einer solchen Rücksichtnahmepflicht ist aber noch keine Aussage darüber getroffen, ob auch ein Verstoß des K gegen sie vorliegt. Eine solche Pflichtverletzung ist bei einem allgemein unsachgemäßen Umgang mit der Sache anzunehmen, der zum Untergang führt.[11] Eine Pflichtverletzung könnte darin liegen, dass K das Notebook – wenn auch in einem verschlossenen Koffer – im Bahnabteil zurückgelassen hat. Da er dieses Abteil zudem alleine besetzt hatte, wusste K, dass kein Mitreisender darauf achten würde, ob sich ein Dritter am Koffer zu schaffen macht. Gegen eine Pflichtverletzung könnte aber sprechen, dass sich das Notebook in einem verschlossenen Koffer befand und daher von außen nicht zu erkennen war. Die besseren Gründe sprechen hier indes für die Annahme einer Pflichtverletzung. Da sich K bereits entschlossen hatte, vom Vertrag zurückzutreten, wusste er um seine baldige Rückgewährpflicht, so dass er besondere Vorkehrungen zum Schutz des Notebooks zu treffen hatte. Dies hat er durch das Zurücklassen des Notebooks im unbesetzten Abteil unterlassen. Ein (objektiver) Verstoß gegen seine Rücksichtnahmepflichten aus §§ 280 Abs. 1, 241 Abs. 2 BGB liegt mithin vor.

> Ein anderes Ergebnis ist mit entsprechender Begründung gut vertretbar. Maßgeblich ist allein, dass der Bearbeiter das Problem überhaupt erkennt und Lösungsmöglichkeiten erörtert.

---

[7] Vgl. Staudinger/*Kaiser* (2012) § 346 Rn. 223 ff.; Bamberger/Roth/*Grothe* § 346 Rn. 58; *Medicus/Lorenz* SchuldR I, Rn. 573, 578; jurisPK-BGB/*Faust* § 346 Rn. 113; *Faust* JuS 2009, 481, 487 f.; *Gaier* WM 2002, 1, 12; *Schwab* JuS 2002, 630, 636; Erman/*Röthel* § 346 Rn. 41.

[8] So NK/*Hager* § 346 Rn. 16.

[9] Bamberger/Roth/*Grothe* § 346 Rn. 59; MünchKomm/*Gaier* § 346 Rn. 61; jurisPK-BGB/*Faust* § 346 Rn. 115; *Faust* JuS 2009, 481, 488 f.

[10] Staudinger/*Kaiser* (2012) § 346 Rn. 229; *Medicus/Lorenz* SchuldR I, Rn. 573, 578; *Schwab* JuS 2002, 630, 636; *Arnold* ZGS 2003, 432, 434.

[11] Vgl. z. B. Staudinger/*Kaiser* (2012) § 346 Rn. 233: der Käufer schließt das erworbene Auto nicht ab, das ihm deshalb gestohlen wird.

Ein Schadensersatzanspruch des V kommt aber nur in Betracht, wenn K die Pflicht- **34** verletzung auch zu vertreten hat, § 280 Abs. 1 S. 2 BGB. Insoweit ist – falls nicht ein anderer Verschuldensmaßstab eingreift – grundsätzlich auf § 276 BGB abzustellen, so dass K für Vorsatz und Fahrlässigkeit einstehen müsste. K ist insoweit sicherlich vorzuwerfen, dass er die im Verkehr erforderliche Sorgfalt außer Acht gelassen hat, so dass ein fahrlässiges Handeln gegeben ist.

Im Zusammenhang mit der Verletzung der Pflicht zur Rücksichtnahme wird **35** jedoch vorgebracht, dass zur Vermeidung von Wertungswidersprüchen mit § 346 Abs. 3 S. 1 Nr. 3 BGB nicht auf § 276 BGB, sondern auf den Sorgfaltsmaßstab des § 277 BGB abzustellen sei.[12] Dieser Ansicht ist zu folgen, da sich nur auf diesem Weg Wertungswidersprüche zu § 346 Abs. 3 S. 1 Nr. 3 BGB vermeiden lassen. Es erscheint insoweit nicht überzeugend, zwar eine Wertersatzpflicht nach § 346 Abs. 3 S. 1 Nr. 3 BGB abzulehnen, über den Umweg der Rücksichtnahmepflichten dann aber zu einer Schadensersatzhaftung zu gelangen, die letztlich zum gleichen wirtschaftlichen Ergebnis führt. Legt man den Maßstab des § 277 BGB zugrunde, so fehlt es, wie bereits im Zusammenhang mit dem Wertersatzanspruch aus § 346 Abs. 3 S. 1 Nr. 3 BGB ausgeführt (oben Rn. 27), jedenfalls an einem grob fahrlässigen Verhalten des K. Mangels Vertretenmüssens scheidet eine Schadensersatzverpflichtung daher aus.

> A.A. ebenso gut vertretbar.

Somit steht V kein Schadensersatzanspruch nach §§ 280 Abs. 1, 241 Abs. 2 BGB **36** gegen K zu. Der Rückgewähranspruch des K i. H. von 1500 € ist daher nicht durch Aufrechnung des V nach §§ 387, 389 BGB erloschen.

> Sofern das Zurücklassen des Koffers gut vertretbar als grob fahrlässig bewertet oder der allgemeine Fahrlässigkeitsmaßstab angewendet wird, ist im Rahmen der Haftung des K aus §§ 280 Abs. 1, 241 Abs. 2 BGB zu problematisieren, in welcher Höhe ein Schadensersatzanspruch besteht. In diesem Zusammenhang sind die bereits oben (nach Rn. 27) bei der Wertersatzpflicht angestellten Überlegungen zu berücksichtigen. Der Schadensersatzanspruch würde daher lediglich in Höhe des mangelbedingten Wertes des Notebooks bestehen.

## III. Ergebnis

K kann daher von V Rückzahlung des Kaufpreises i. H. von 1500 € nach §§ 346 **37** Abs. 1, 437 Nr. 2, 326 Abs. 5, 323 BGB verlangen.

---

[12] *Schneider* ZGS 2007, 57, 60; Palandt/*Grüneberg* § 346 Rn. 18 m. w. N.; a. A. Bamberger/ Roth/*Grothe* § 346 Rn. 61; jurisPK-BGB/*Faust* § 346 Rn. 116; *Faust* JuS 2009, 481, 489; *Medicus/Lorenz* SchuldR I, Rn. 573.

# Fall 6

## Ausgangsfall

K erwirbt am 15.7.2013 beim Fachhändler V den Bausatz für eine Blockbohlen-
sauna Modell „Lahti" aus Kelo-Holz zum Preis von 1699 €. V hat den Bausatz,
der für den finnischen Markt produziert worden ist, von seinem Lieferanten L aus
Helsinki bezogen. Da die dem Bausatz beigefügte Aufbauanleitung ausschließlich
auf Finnisch abgefasst ist, bittet V seinen Mitarbeiter M, vor der Auslieferung an
K für eine deutsche Übersetzung des Textes, der sich unter den entsprechenden
Abbildungen befindet, zu sorgen. M benutzt hierzu das im Internet frei verfügbare
Übersetzungsprogramm „TransFinn". Da es sich um ein sehr einfaches Programm
handelt, ist der übersetzte Text kaum verständlich. Am 29.7.2013 liefert V den Bausatz der Sauna bei K an, wo er ihn vereinbarungsgemäß auf der Garageneinfahrt
ablädt. K beschäftigt sich sogleich mit der Aufbauanleitung, um die Montage vorzubereiten. Nachdem ihn die Schwächen der Übersetzung zunächst noch amüsiert
haben, wird er bei der weiteren Lektüre zunehmend ärgerlich. Obwohl er es nicht
für völlig ausgeschlossen hält, dass er die Sauna allein anhand der Abbildungen in
der Anleitung zusammenbauen kann, ruft K am 30.7.2013 bei V an und fordert ihn
auf, umgehend für eine verständliche Aufbauanleitung zu sorgen. V entgegnet, hierzu sei er weder bereit noch verpflichtet. Schon die Übersetzung der Anleitung aus
dem Finnischen sei ein Entgegenkommen, da der Aufbau auch ohne Bezugnahme
auf den Text allein anhand der Abbildungen möglich sei. K habe sich zudem zu
einem Selbstaufbau entschlossen, obwohl er (V) ihm für einen Aufpreis von nur
300 € die Montage durch seinen Mitarbeiter angeboten habe. Nun müsse er schon
selbst sehen, wie er mit dem Bausatz klarkomme. Da sich V nicht erweichen lässt,
ihm eine neue Aufbauanleitung zur Verfügung zu stellen, erklärt K mit Fax vom
3.8.2013 gegenüber V den Rücktritt vom Vertrag. Er fordert V auf, ihm den bereits
überwiesenen Kaufpreis von 1699 € zurückzuzahlen und den noch immer auf der
Garageneinfahrt lagernden Bausatz umgehend abzuholen.

Zu Recht?

© Springer-Verlag Berlin Heidelberg 2015
P. Balzer et al., *Die Schuldrechtsklausur I*, Tutorium Jura,
DOI 10.1007/978-3-662-45662-0_6

## 1. Abwandlung

Auch Nachbar N des K will für seinen Keller eine Blockbohlensauna erwerben. Aufgrund der Erfahrungen des K mit dem Selbstaufbau der Sauna entschließt sich N, den Aufbauservice des V in Anspruch zu nehmen. N erwirbt daher am 16.9.2013 bei V eine Blockbohlensauna Modell „Lahti" einschließlich Aufbau zum Preis von 1999 €. V liefert den Bausatz vereinbarungsgemäß am 23.9.2013 bei N an, wo er zunächst auf der Garageneinfahrt gelagert wird. Am 5.10.2013 erscheint der Mitarbeiter M des V bei N, um die Sauna aufzubauen. Dabei wirft der von V sorgfältig ausgewählte und bislang sehr zuverlässig arbeitende M beim Transport der Materialien ins Haus zunächst eine im Flur stehende Chinavase im Wert von 300 € um, die zerbricht. Beim anschließenden Aufbau hat auch M mit der aus dem Finnischen übersetzten und kaum verständlichen Aufbauanleitung erhebliche Schwierigkeiten. Er benutzt daher zur Befestigung der hölzernen Liegebank an der Seitenwand die Schrauben, die lediglich für das Anbringen der Deckenlampe vorgesehen sind. Als N die Sauna am nächsten Tag erstmals benutzt, brechen die viel zu dünnen Schrauben; N stürzt mitsamt der Liegebank auf den gefliesten Boden. Während er unverletzt bleibt, wird die Liegebank stark beschädigt. N verlangt von V Lieferung und Montage einer neuen Liegebank und außerdem ebenfalls von V Zahlung von 300 € wegen der Zerstörung der Chinavase.

Zu Recht?

## 2. Abwandlung

Wie in der 1. Abwandlung, nur kann N die Sauna infolge dauerhafter gesundheitlicher Probleme erstmals am 27.9.2015 nutzen. Als er V am nächsten Tag auf Lieferung und Montage einer neuen Liegebank in Anspruch nimmt, entgegnet dieser, dass er hierzu nach so langer Zeit nicht mehr bereit sei.

Kann N von V Lieferung und Montage einer neuen Liegebank verlangen?

# Lösung Fall 6

▶  Im Mittelpunkt des Falles und der Abwandlungen steht die Problematik
   der mangelhaften Montageanleitung sowie der unsachgemäßen Montage durch Mitarbeiter des Verkäufers.

## Ausgangsfall

K könnte gegen V einen Anspruch auf Rückzahlung des Kaufpreises in Höhe von     1
1.699 € nach §§ 346 Abs. 1, 437 Nr. 2, 323 BGB haben.

## I. Rücktrittsrecht des K

Da ein vertragliches Rücktrittsrecht des K mangels entsprechender Vereinbarung     2
nicht besteht, ist zu prüfen, ob sich aus §§ 437 Nr. 2, 323 BGB ein gesetzliches
Rücktrittsrecht ergibt.

### 1. Wirksamer Kaufvertrag
Voraussetzung für ein solches Rücktrittsrecht ist zunächst das Bestehen eines wirk-     3
samen Kaufvertrages i. S. v. § 433 BGB zwischen K und V. Einen solchen Vertrag
über die Lieferung eines Bausatzes für eine Blockbohlensauna Modell „Lahti" zum
Preis von 1699 € haben K und V am 15.7.2013 geschlossen.

### 2. Vorliegen eines Sachmangels
Weiterhin müsste die Kaufsache mangelhaft i. S. v. § 434 BGB sein. Ein Sachman-     4
gel könnte hier darin gesehen werden, dass V mit dem Bausatz eine nur unzurei-
chend aus dem Finnischen übersetzte Aufbauanleitung geliefert hat. Die Aufbauanleitung könnte demnach mangelhaft sein. Fraglich ist allerdings, ob eine mangelhafte Aufbauanleitung schon zu einem Sachmangel führen kann, denn die Teile des
Bausatzes an sich wurden fehlerfrei geliefert. § 434 Abs. 2 S. 2 BGB stellt jedoch
klar, dass ein Sachmangel auch dann gegeben ist, wenn bei einer zur Montage bestimmten Sache die Montageanleitung mangelhaft ist. Dies gilt auch und vor allem
dann, wenn die gelieferten Bauteile fehlerfrei sind. Eine solche Ausweitung des
Sachmangelbegriffs ist auch sachgerecht, denn bei Kaufgegenständen zur Selbst-
montage kommt der Aufbauanleitung eine besondere Bedeutung zu.
   Eine Montageanleitung ist mangelhaft, wenn sie nicht den ganz überwiegenden     5
Teil der Käufer zu einer fehlerfreien Montage befähigt.[1] Dies gilt insbesondere bei
einer Montageanleitung, die für den Käufer nicht verständlich ist. Die mit Hilfe

---

[1] Vgl. zu dieser Problematik eingehend *Tiedtke/Schmitt* DB 2005, 1555 ff.; *Brand* ZGS 2003,
96 ff. Vereinzelt wird in Anknüpfung an die Rechtsprechung zur irreführenden Werbung nach § 5
UWG bereits als ausreichend angesehen, wenn 10–15 % der angesprochenen Käufer nicht zur

eines Übersetzungsprogramms erstellte deutsche Übersetzung der ursprünglich auf Finnisch abgefassten Montageanleitung war für K kaum verständlich. Auch wenn K es nicht für ausgeschlossen hält, dass es ihm trotz der Unverständlichkeit allein anhand der Abbildungen gelingt, die Sauna aufzubauen, steht dies einem Mangel nicht entgegen. Maßgeblich für die Mangelhaftigkeit der Montageanleitung ist das Verständnis eines durchschnittlich begabten Käufers. Diesem ist aber kaum zuzutrauen, lediglich anhand der Abbildungen eine komplexe Blockbohlensauna fehlerfrei aufzubauen. Dabei braucht der Käufer nicht einmal einen Montageversuch zu unternehmen. Folglich ist die mitgelieferte Aufbauanleitung allein wegen der sprachlichen Mängel bereits mangelhaft. Somit liegt ein Sachmangel i. S. v. § 434 Abs. 2 S. 2 BGB vor.

**6**     Hieran ändert auch nichts, dass K sich zu einem Selbstaufbau entschlossen und das Montageangebot des V zu einem Aufpreis von 300 € nicht angenommen hat. Die Annahme dieses Angebots hätte lediglich zu einer Erweiterung der vertraglichen Pflichten dahingehend geführt, dass V zusätzlich zur Montage der Sauna verpflichtet wäre und dafür einen höheren Kaufpreis erhalten hätte. Dadurch, dass K nicht auf dieses Angebot eingegangen ist, bleibt es aber bei der Verpflichtung des V, eine mangelfreie Kaufsache (einschließlich einer mangelfreien Montageanleitung) an K zu liefern.

### 3. Vorliegen des Mangels bei Gefahrübergang
**7**     Nach § 434 BGB ist es zudem erforderlich, dass der Mangel bereits bei Gefahrübergang vorgelegen hat.

Die unverständliche Aufbauanleitung lag dem Bausatz bei Lieferung bei, so dass der Mangel zum Zeitpunkt der Übergabe (§ 446 S. 1 BGB) bestand.

### 4. Erfolgloser Fristablauf
**8**     Voraussetzung für den Rücktritt ist weiterhin, dass K dem V erfolglos eine angemessene Frist zur Nacherfüllung gesetzt hat, § 323 Abs. 1 BGB. Insbesondere im Kaufrecht geht das Recht des Verkäufers zur zweiten Andienung (vgl. § 439 Abs. 1 BGB) der Geltendmachung sonstiger Mängelrechte des Käufers wie Schadensersatz, Rücktritt und Minderung vor. K hat am 30.7.2013 V aufgefordert, für eine verständliche Aufbauanleitung zu sorgen. Zwar hat K weder einen bestimmten Zeitraum noch einen bestimmten (End-)Termin für die Nacherfüllung angegeben. Nach neuer Rechtsprechung des BGH trägt der Gläubiger dem Fristsetzungserfordernis aber schon dadurch Rechnung, dass er eine sofortige, unverzügliche oder umgehende Leistung verlangt.[2] Bereits damit mache der Gläubiger deutlich, dass dem Schuldner für die Erfüllung nur ein begrenzter (bestimmbarer) Zeitraum zur Verfügung stehe. Folgt man dem, hätte K bereits durch seine Aufforderung an V, „umgehend" für eine verständliche Aufbauanleitung zu sorgen, dem Fristsetzungs-

---

Montage der gekauften Sache anhand der Anleitung in der Lage sind, vgl. Bamberger/Roth/*Faust* § 434 Rn. 97.

[2] BGH NJW 2009, 3153; zustimmend *Greiner/Hossenfelder* JA 2010, 412 ff.; a. A. *Koch* NJW 2010, 1636 ff.

erfordernis genügt. Die Frist wäre auch abgelaufen, da V nicht „umgehend" eine verständliche Aufbauanleitung bereitgestellt hat.

Letztlich kommt es darauf aber nicht an, wenn die Fristsetzung ohnehin nach 9 § 323 Abs. 2 Nr. 1 BGB entbehrlich gewesen sein sollte. Dazu müsste V die Nacherfüllung ernsthaft und endgültig verweigert haben. V hat eindeutig zum Ausdruck gebracht, dass er weder bereit noch verpflichtet sei, dem Verlangen des K nach einer verständlichen Aufbauanleitung nachzukommen. In der Aussage, K müsse selbst sehen, wie er mit dem Bausatz klarkomme, liegt eine zumindest konkludente Erfüllungsverweigerung. Eine Fristsetzung ist somit nach § 323 Abs. 2 Nr. 1 BGB entbehrlich.

**Exkurs**

Das bloße Bestreiten des Mangels reicht für eine ernsthafte und endgültige Erfüllungsverweigerung nicht aus. Vielmehr müssen weitere Umstände hinzukommen, aus denen sich ergibt, dass der Schuldner seinen Vertragspflichten unter keinen Umständen nachkommen will und es damit ausgeschlossen erscheint, dass er sich von einer Fristsetzung werde umstimmen lassen (BGH NJW 2011, 2872 Rn. 14; weniger streng möglicherweise BGH NJW 2014, 213 Rn. 14).

### 5. Keine Unerheblichkeit der Pflichtverletzung

Nach § 323 Abs. 5 S. 2 BGB kommt ein Rücktritt, sofern der Schuldner seine Leis- 10 tung nicht vertragsgemäß bewirkt hat, nur dann in Betracht, wenn die Pflichtverletzung erheblich ist.

Bei einer zum Aufbau bestimmten Sauna stellt die Lieferung einer verständlichen Montageanleitung einen Schwerpunkt der Pflichten des Verkäufers dar, da der Käufer ansonsten nicht in den Stand versetzt wird, die Sache vertragsgemäß zu nutzen. Die Lieferung einer unverständlichen Montageanleitung ist daher als erhebliche Pflichtverletzung i. S. v. § 323 Abs. 5 S. 2 BGB anzusehen. Dies muss insbesondere auch deshalb gelten, weil K sich nicht sicher ist, dass ihm allein anhand der Abbildungen der Aufbau der Sauna gelingt.

## II. Rücktrittserklärung

Um sein Rücktrittsrecht auszuüben, muss K gegenüber V den Rücktritt erklären, 11 § 349 BGB. Hierbei handelt es sich um eine einseitige, empfangsbedürftige Willenserklärung. Die Einhaltung einer besonderen Form ist nicht erforderlich. Demnach hat K am 3.8.2013 per Fax wirksam gegenüber V den Rücktritt erklärt.

## III. Ergebnis und Rechtsfolgen

Die Voraussetzungen für einen wirksamen Rücktritt des K vom Kaufvertrag liegen 12 somit vor. Gemäß §§ 346 ff. BGB wandelt sich das Schuldverhältnis als Folge des wirksam erklärten Rücktritts in ein Rückgewährschuldverhältnis um. Die empfangenen Leistungen sind dabei Zug um Zug zurückzugewähren (§ 348 i. V. m. § 320 BGB). Demnach hat K gegen V einen Anspruch aus §§ 346 Abs. 1, 437 Nr. 2, 323 BGB auf Rückzahlung des vollen Kaufpreises in Höhe von 1699 € gegen Rückgabe des Bausatzes.

Da K und V ursprünglich eine Bringschuld vereinbart hatten, muss V den Bausatz dort abholen, wo er sich nach der Anlieferung befindet. K kann daher verlangen, dass V den auf seiner Garageneinfahrt lagernden Bausatz dort abholt.

### Exkurs

Überwiegend wird angenommen, der Erfüllungsort für die Rückgewähransprüche sei stets der Ort, an dem sich die Sache vertragsgemäß befindet (Palandt/*Grüneberg* § 269 Rn. 16; OLG Karlsruhe MDR 2013, 898; zum alten Schuldrecht BGHZ 87, 104, 109). Dann wäre V auch zur Abholung bei K verpflichtet, wenn K die Sauna ursprünglich selbst bei V abgeholt hätte. Den Erfüllungsort der Nacherfüllung beurteilt der BGH aber abweichend (s. BGH NJW 2011, 2278 Rn. 28 und Fall 8 Rn. 5).

---

## 1. Abwandlung

### I. Anspruch auf Lieferung und Montage einer neuen Liegebank

**13** N könnte gegen V einen Anspruch auf Lieferung und Montage einer neuen Liegebank nach §§ 437 Nr. 1, 439 Abs. 1 BGB haben.

### 1. Kaufvertrag

**14** N und V haben einen Kaufvertrag i. S. v. § 433 BGB über Lieferung und Aufbau der Blockbohlensauna geschlossen.

### 2. Mangel der Kaufsache

**15** Die Sauna müsste mangelhaft i. S. v. § 434 BGB sein. In Betracht kommt ein Sachmangel nach § 434 Abs. 2 S. 1 BGB. Dann müsste die vereinbarte Montage durch den Verkäufer oder dessen Erfüllungsgehilfen unsachgemäß durchgeführt worden sein. Hier hat V die Montage der Blockbohlensauna durch seinen Mitarbeiter M ausführen lassen. Dieser müsste Erfüllungsgehilfe des V sein. Erfüllungsgehilfe ist, wer mit Wissen und Wollen des Geschäftsherrn in dessen Pflichtenkreis tätig wird. V hatte sich durch Vertrag mit N am 15.9.2009 zur Lieferung und zum Aufbau der Blockbohlensauna verpflichtet. M war somit im Pflichtenkreis des V tätig. Dies geschah auch mit Wissen und Wollen des V. Demnach war M Erfüllungsgehilfe. Durch das Verwenden der viel zu dünnen Schrauben hat M die Montage unsachgemäß ausgeführt. Bei Montagefehlern ist ausnahmsweise nicht erforderlich, dass der Mangel bereits bei Gefahrübergang (hier: Übergabe des Bausatzes) vorlag. Vielmehr kommt es auf den Abschluss der Montage an.[3] Demnach ist ein Sachmangel i. S. d. § 434 Abs. 2 S. 1 BGB gegeben.

---

[3] Erman/*Grunewald* § 434 Rn. 67 a. E.; Bamberger/Roth/*Faust* § 434 Rn. 92; Staudinger/*Matusche-Beckmann* (2014) § 434 Rn. 117. Wenn der Montagemangel bei Gefahrübergang vorliegt, ist

> Da es bei § 434 Abs. 2 S. 1 BGB nicht um eine Verschuldenszurechnung geht, sondern lediglich um die Zurechnung fremden Verhaltens in Form der unsachgemäßen Montage, muss § 278 S. 1 BGB im Gutachten nicht genannt werden.

### 3. Ergebnis
N hat daher gegen V einen Anspruch auf Lieferung und Montage einer neuen Liege-bank nach §§ 437 Nr. 1, 439 Abs. 1 BGB.      **16**

## II. Anspruch auf Schadensersatz wegen Zerstörung der Chinavase

### 1. Anspruch aus §§ 280 Abs. 1, 241 Abs. 2 BGB
N könnte gegen V gem. §§ 280 Abs. 1, 241 Abs. 2 BGB einen Anspruch auf Scha-densersatz in Höhe von 300 € wegen der Zerstörung der Chinavase bei der Aufstel-lung der Sauna haben.      **17**

### a) Schuldverhältnis
Das erforderliche Schuldverhältnis liegt in dem geschlossenen Kaufvertrag (§ 433 BGB).      **18**

### b) Pflichtverletzung
Hier könnte V gegen eine Schutzpflicht nach § 241 Abs. 2 BGB verstoßen haben. Danach hat jede Partei Rücksicht auf die Rechte, Rechtsgüter und Interessen der anderen Partei zu nehmen. Hier hat M als Mitarbeiter von V bei der Aufstellung der Sauna die im Eigentum des K stehende Vase zerstört. Diese Schutzpflichtverletzung nach § 241 Abs. 2 BGB muss V sich analog § 278 BGB[4] zurechnen lassen, wenn M sein Erfüllungsgehilfe ist. M ist als Angestellter des V mit dessen Willen im Pflich-tenkreis des V tätig geworden und mithin Erfüllungsgehilfe des V. V muss sich die Schutzpflichtverletzung zurechnen lassen.      **19**

> **Systematischer Hinweis**
> Beachte, dass die Pflichtverletzung hier nicht im Mangel der Kaufsache liegt. Deshalb ist § 437 Nr. 3 BGB auch nicht in der Anspruchsgrundlage mitzuzitieren.

---

die Sache bereits nach § 434 Abs. 1 BGB mangelhaft, so dass es auf § 434 Abs. 2 S. 1 BGB nicht ankommt.

[4] § 278 BGB gilt nicht nur für das Verschulden, sondern auch für den vorgelagerten Pflichtverstoß, MünchKomm/*Grundmann* § 278 Rn. 49.

## c) Vertretenmüssen

20   Fraglich ist, ob V diese Schutzpflichtverletzung auch vertreten muss, § 280 Abs. 1
     S. 2 BGB. Hier hat V nicht selbst gehandelt, sondern M. M hat die im Verkehr erfor-
     derliche Sorgfalt missachtet, als er die Vase umwarf, und damit fahrlässig gehandelt
     (§ 276 Abs. 2 BGB). M ist Erfüllungsgehilfe des V (s.o. Rn. 19), so dass dieser sich
     das Verschulden des M nach § 278 BGB zurechnen lassen muss.

## d) Rechtsfolge: Schadensersatz

21   Demnach kann K von V gem. §§ 280 Abs. 1, 241 Abs. 2 BGB Ersatz des durch die
     Pflichtverletzung entstandenen Schadens verlangen. Da die Vase irreparabel zer-
     stört wurde, schuldet V dem K gem. § 251 Abs. 1 BGB Zahlung von 300 €.

## 2. Anspruch aus § 831 Abs. 1 BGB

22   Ein Schadensersatzanspruch des K gegen V wegen der Zerstörung der Vase könnte
     sich weiterhin aus § 831 Abs. 1 BGB ergeben. Danach ist der Geschäftsherr einem
     Dritten zum Ersatz desjenigen Schadens verpflichtet, den ein Verrichtungsgehilfe in
     Ausführung der Verrichtung dem Dritten zufügt.

## a) M als Verrichtungsgehilfe

23   Dann müsste M Verrichtungsgehilfe des V sein. Verrichtungsgehilfe ist, wer mit
     Wissen und Wollen des Geschäftsherrn in dessen Interesse tätig wird und von den
     Weisungen des Geschäftsherrn abhängig ist. Als Arbeitgeber kann V ständig über
     Art, Inhalt und Umfang der Tätigkeit des M als Arbeitnehmer bestimmen. M ist von
     den Weisungen des V abhängig und daher dessen Verrichtungsgehilfe.

## b) Unerlaubte Handlung des Verrichtungsgehilfen

24   Weiterhin müsste M widerrechtlich den Tatbestand einer unerlaubten Handlung
     i. S. d. §§ 823 ff. BGB verwirklicht haben. M hat hier widerrechtlich die im Eigen-
     tum des K stehende Chinavase zerstört und damit eine rechtswidrige unerlaubte
     Handlung i. S. d. § 823 Abs. 1 BGB begangen.

## c) In Ausführung der Verrichtung

25   Ferner müsste die unerlaubte Handlung in Ausführung der Verrichtung verursacht
     worden sein. Die Eigentumsverletzung darf also nicht bloß bei Gelegenheit der dem
     Gehilfen aufgetragenen Verrichtung erfolgt sein, sondern es muss ein unmittelbarer
     innerer Zusammenhang zwischen der unerlaubten Handlung und der Verrichtung
     bestehen. Hier gehörte der Transport der Bauteile zum Zwecke des Aufbaus der
     Sauna zum dem M übertragenen Aufgabenbereich, so dass die unerlaubte Handlung
     in Ausführung der Verrichtung verursacht wurde.

## d) Exkulpation gem. § 831 Abs. 1 S. 2 BGB

26   Die Haftung des Geschäftsherrn ist an ein eigenes Auswahl- oder Überwachungs-
     verschulden geknüpft. Das Verschulden wird zwar vermutet, der Geschäftsherr
     kann sich aber dadurch entlasten, dass er beweist, dass er den Gehilfen sorgfältig
     ausgewählt und überwacht hat, § 831 Abs. 1 S. 2 BGB. V hat M laut Sachverhalt

sorgfältig ausgewählt. M hat darüber hinaus bislang stets zuverlässig gearbeitet, so dass auch kein Anhaltspunkt für ein Überwachungsverschulden besteht. Damit kann sich V gem. § 831 Abs. 1 S. 2 BGB exkulpieren.

**e) Ergebnis**

Ein Schadensersatzanspruch des K gegen V aus § 831 Abs. 1 BGB besteht damit nicht.    27

Unterschiede zwischen § 278 und 831 BGB (vgl. auch BGH ZIP 2013, 77 Rn. 15 f.)

| § 278 | § 831 |
|---|---|
| Zurechnungsnorm | Eigene Anspruchsgrundlage |
| Zurechnung fremden Verschuldens | Haftung für eigenes Auswahl-/Überwachungsverschulden |
| Setzt bestehendes Schuldverhältnis voraus, daher im Deliktsrecht nicht anwendbar | Begründet Schuldverhältnis erst |
| Auch auf Selbständige anwendbar | Verrichtungsgehilfe muss weisungsabhängig sein |
| Keine Exkulpationsmöglichkeit | Exkulpation nach § 831 I 2 möglich |

# 2. Abwandlung

N könnte gegen V einen Anspruch auf Lieferung und Montage einer neuen Liege-    28
bank nach §§ 437 Nr. 1, 439 Abs. 1 BGB haben.

## I. Anspruch entstanden und nicht erloschen

Der Anspruch auf Lieferung und Montage einer neuen Liegebank ist, wie oben    29
(Rn. 14) ausgeführt, entstanden und nicht erloschen.

## II. Anspruch durchsetzbar

Fraglich ist aber, ob der Anspruch des N gegen V auch durchsetzbar ist. Indem    30
V geäußert hat, er sei nach so langer Zeit nicht mehr bereit, eine neue Liegebank zu liefern, hat er jedenfalls konkludent die Einrede der Verjährung erhoben. Zu prüfen ist aber, ob der Anspruch des N auch verjährt ist. Nach §§ 438 Abs. 1 Nr. 3, Abs. 2 BGB beginnt die Verjährung bei beweglichen Sachen mit der Ablieferung der Sache. Die Ablieferung ist regelmäßig identisch mit der Verschaffung des unmittelbaren Besitzes und damit zugleich mit der Übergabe nach § 433 Abs. 1 S. 1 BGB.[5] V hat die Sauna am 23.9.2013 bei N angeliefert und ihm damit den unmittel-

---

[5] Vgl. NK/*Büdenbender* § 438 Rn. 36.

baren Besitz verschafft, so dass der Anspruch verjährt sein könnte. Bei Ware, die montiert werden muss, tritt nach allgemeiner Ansicht die Ablieferung aber erst mit Vollendung der Montage ein, da der Käufer erst jetzt die Vertragsmäßigkeit der Verkäuferleistung prüfen kann.[6] Da der Mitarbeiter M des V erst am 5.10.2013 die Montage vorgenommen hat, begann die Frist am 6.10.2013 zu laufen (§ 187 Abs. 1 BGB) und endet erst mit Ablauf des 5.10.2015 (§ 188 Abs. 2 BGB). Damit ist der Nacherfüllungsanspruch des N am 28.9.2015 noch nicht verjährt.

## III. Ergebnis

**31**   N hat daher gegen V einen durchsetzbaren Anspruch auf Lieferung und Montage einer neuen Liegebank nach §§ 437 Nr. 1, 439 Abs. 1 BGB.

---

[6] MünchKomm/*Westermann* § 438 Rn. 27; Bamberger/Roth/*Faust* § 438 Rn. 33; so auch schon zum früheren Recht BGH NJW 1961, 730.

# Fall 7

## Ausgangsfall

A, begeisterter Anhänger des 1. FC Köln, beschließt im Sommer 2009 in Vorfreude auf die Rückkehr seines Lieblingsspielers Podolski zum 1. FC Köln, sich im Sportgeschäft des S für die kommende Saison mit Fanartikeln neu einzudecken. Er bestellt daher am 7.7.2009 bei S u. a. ein weißes Langarm-Heimtrikot „Senior" (Größe XL) mit dem Namensaufdruck Podolski zum (angemessenen) Preis von 64,90 €. Bei der Beschriftung des Trikots unterläuft der ansonsten stets einwandfrei arbeitenden X, die als Aushilfe in den Schulferien bei S arbeitet, ein Fehler. Sie verschreibt sich und versieht das Trikot mit dem Namen Podolsky. Als A das Trikot am 14.7.2009 abholt, bemerkt er den Fehler nicht. Im Rahmen der Saisoneröffnung lässt A sein Trikot am 24.7.2009 von mehreren Spielern der Bundesligamannschaft mit Originalunterschriften verzieren. Erst beim Saisonauftaktspiel am 8.8.2009 gegen Borussia Dortmund fällt dem hinter ihm stehenden B der Fehler auf. A begibt sich in der kommenden Woche sogleich zu S und verlangt Beseitigung des Beschriftungsfehlers. S entgegnet, dass die Beschriftung, die mit Klebebuchstaben erfolgt ist, zwar rückgängig gemacht werden könne, dies sei aber aufgrund der angewendeten Klebetechnik mit erheblichem Kostenaufwand (40 €) verbunden. Hierzu sei er angesichts der geringen Gewinnspanne beim Verkauf der Trikots – der Einkaufspreis des S beträgt 30 € – nicht bereit. S bietet dem A daher lediglich die Lieferung eines neuen Trikots mit ordnungsgemäßer Beschriftung an. A ist hieran aufgrund der Originalunterschriften auf seinem Trikot jedoch nicht interessiert.

Kann A von S Beseitigung des Beschriftungsfehlers verlangen?

© Springer-Verlag Berlin Heidelberg 2015

P. Balzer et al., *Die Schuldrechtsklausur I,* Tutorium Jura,

DOI 10.1007/978-3-662-45662-0_7

# 1. Abwandlung

Am 28.9.2009 sucht A den S erneut auf, um sich für das am 3.10.2009 anstehende Auswärtsspiel bei Bayern München, das er gemeinsam mit drei seiner Freunde vom Fan-Club „Niehler Leidensgenossen 2000" besuchen will, mit neuen Fanschals einzudecken. Da S das von A bevorzugte Modell „Echte Fründe" nicht vorrätig hat, bestellt er für A vier dieser Schals bei seinem Großhändler G. S vereinbart mit A, dass dieser am 30.9.2009 bis zum Geschäftsschluss um 19 Uhr vorbeikommen soll, um die Schals abzuholen, da S vom 1. bis 3.10.2009 sein Geschäft wegen Renovierungsarbeiten geschlossen hält. Aufgrund einer Reifenpanne gelingt es A aber nicht, die Schals zum vereinbarten Zeitpunkt abzuholen. S legt daher die für A bestimmten Schals in ein Regal, in dem auch weitere zur Abholung bestimmte Ware gelagert wird. Bei den Renovierungsarbeiten am folgenden Tag stößt S infolge einer Unaufmerksamkeit gegen einen auf dem Regal abgestellten Eimer mit weißer Farbe, der daraufhin umstürzt und sich über die zurückgelegte Ware ergießt. Die für A vorgesehenen vier roten Schals werden durch die Farbe völlig verschmutzt und sind nicht mehr zu gebrauchen. Als A die Schals schließlich am 6.10.2009 abholt, klärt ihn S darüber auf, wie es zur Verschmutzung der Schals gekommen ist. A meint, das gehe ihn nichts an, und verlangt von S Lieferung von vier neuen roten Schals des Modells „Echte Fründe".

Zu Recht?

# 2. Abwandlung

Als seine Tochter T Sympathien für Bayer Leverkusen entwickelt, beschließt A, diesen Fehlentwicklungen zu begegnen. Er erwirbt bei S am 24.10.2009 einen Satz Kinderbettwäsche „Geißbock" zum Preis von 26,90 €, den er der T zum 6. Geburtstag schenkt. Die Begeisterung der T findet jedoch ein jähes Ende. Bei der ersten – gemäß der beigefügten Pflegeanleitung durchgeführten – Wäsche färbt die neu erworbene rote Bettwäsche vollständig aus und verfärbt auch eine mitgewaschene Tischdecke des A. Als A den S mit dem Waschergebnis konfrontiert, zahlt dieser anstandslos den Kaufpreis zurück. A verlangt von S jedoch auch Schadensersatz für die verfärbte Tischdecke in Höhe von 50 € (Wert der Tischdecke), die nicht mehr zu gebrauchen ist. Es stellt sich heraus, dass S aufgrund verschiedener Reklamationen von der unzureichenden Fixierung der Farbe in der Bettwäsche wusste und es gleichwohl versäumt hat, den Verkauf der Wäsche einzustellen.

Kann A von S Schadensersatz in Höhe von 50 € verlangen?

# Lösung Fall 7

▶ Im Mittelpunkt des Falles stehen Voraussetzungen und Grenzen des Nacherfüllungsanspruchs des Käufers bei Sachmängeln. Weiterhin geht es um die Frage, unter welchen Voraussetzungen der Käufer bei Schäden, die ihm aufgrund Mangelhaftigkeit der Kaufsache an anderen Rechtsgütern entstehen, Ersatzansprüche gegen den Verkäufer geltend machen kann.

## Ausgangsfall

A könnte gegen S einen Nacherfüllungsanspruch auf Beseitigung des Beschrif- **1** tungsfehlers aus §§ 437 Nr. 1, 439 Abs. 1 Fall 1 BGB haben.

## I. Anspruch entstanden

### 1. Wirksamer Kaufvertrag
Der erforderliche Kaufvertrag i. S. v. § 433 BGB ist durch die übereinstimmenden **2** Willenserklärungen von A und S am 7.7.2009 geschlossen worden.

### 2. Vorliegen eines Sachmangels
Voraussetzung für das Bestehen des Nacherfüllungsanspruchs ist weiterhin, dass **3** die Kaufsache mangelhaft i. S. d. § 434 BGB ist.

Infolge des Fehlers bei der Beschriftung des Trikots kommt hier ein Sachmangel i. S. v. § 434 Abs. 1 S. 1 BGB in Betracht. Dann müsste dem Trikot die vereinbarte Beschaffenheit fehlen. Beschaffenheit ist ein anderer Ausdruck für den tatsächlichen Zustand der Sache.[1] Dieser wiederum wird bestimmt durch ihre Eigenschaften (körperlichen Merkmale) sowie die tatsächlichen, wirtschaftlichen oder rechtlichen Umstände, die mit dem physischen Zustand der Kaufsache bei Gefahrübergang zusammenhängen.[2] Der gemäß der Bestellung des A aufzubringende Namenszug „Podolski" sollte dem Trikot tatsächlich anhaften und ihm folglich eine durch die Abrede zwischen A und S bestimmte Beschaffenheit verleihen. Infolge des Beschriftungsfehlers, der der X unterlaufen ist, ist diese vereinbarte Beschaffenheit nicht gegeben. Ein Sachmangel i. S. v. § 434 Abs. 1 S. 1 BGB liegt daher vor.

**Exkurs**
Für das Vorliegen eines Sachmangels spielt es keine Rolle, ob der Verkäufer den Mangel i. S. d. §§ 276 Abs. 1 S. 1, 278 S. 1 BGB zu vertreten hat, so dass die Frage, ob dem S der Beschriftungsfehler der X zuzurechnen ist, keiner Erörterung bedarf. Auf ein Vertretenmüssen kommt es nur

---

[1] Palandt/*Weidenkaff* § 434 Rn. 10; MünchKomm/*Westermann* § 434 Rn. 9 ff.
[2] Bamberger/Roth/*Faust* § 434 Rn. 27; Palandt/*Weidenkaff* § 434 Rn. 14.

dann an, wenn der Käufer Schadensersatzansprüche geltend macht, da insoweit eine i. S. d. §§ 276 Abs. 1 S. 1, 278 S. 1, 280 Abs. 1 S. 2 BGB schuldhafte Pflichtverletzung vorliegen muss.

### 3. Gefahrübergang

**4** Der Sachmangel müsste weiterhin bei Gefahrübergang vorgelegen haben (vgl. § 434 Abs. 1 S. 1 BGB). Gefahrübergang meint den Übergang der Gegenleistungs- oder Preisgefahr gem. §§ 446, 447 BGB. Abzustellen ist hier regelmäßig auf den Zeitpunkt der Übergabe der verkauften Sache, § 446 S. 1 BGB. Das von A erworbene Trikot war zum Zeitpunkt der Abholung fehlerhaft, so dass auch diese Voraussetzung erfüllt ist.

### 4. Ergebnis

**5** Aufgrund des Sachmangels bei Gefahrübergang steht A daher nach § 437 Nr. 1 BGB ein Anspruch auf Nacherfüllung zu. A hat sein Wahlrecht nach § 439 Abs. 1 BGB dahingehend ausgeübt, dass er Beseitigung des Mangels verlangt (§ 439 Abs. 1 Fall 1 BGB).

## II. Anspruch untergegangen

**6** Es sind keine Umstände ersichtlich, die zu einem Erlöschen des Anspruchs von A auf Nacherfüllung aus §§ 437 Nr. 1, 439 Abs. 1 Fall 1 BGB hätten führen können. Der Anspruch des A ist daher nicht untergegangen.

## III. Anspruch durchsetzbar

**7** Fraglich ist aber, ob der Nacherfüllungsanspruch des A aus §§ 437 Nr. 1, 439 Abs. 1 Fall 1 BGB durchsetzbar ist. Angesichts der erheblichen Kosten von 40 € für die Beseitigung des Beschriftungsfehlers könnte S ein Leistungsverweigerungsrecht nach § 439 Abs. 3 S. 1 BGB zustehen. Dies ist der Fall, wenn die vom Käufer gewählte Art der Nacherfüllung nur mit unverhältnismäßigen Kosten möglich ist. Gemäß § 439 Abs. 3 S. 2 BGB sind bei der Beurteilung der Unverhältnismäßigkeit der Kosten insbesondere der Wert der Sache in mangelfreiem Zustand, die Bedeutung des Mangels und die Frage zu berücksichtigen, ob auf die andere Art der Nacherfüllung ohne erhebliche Nachteile für den Käufer zurückgegriffen werden kann.

### 1. Absolute Unverhältnismäßigkeit

**8** Nach dem Wortlaut der Norm kann sich die Unverhältnismäßigkeit i. S. v. § 439 Abs. 3 BGB aus einem Vergleich der Kosten der Nacherfüllung mit dem Wert der Sache im mangelfreien Zustand und mit dem Mangelunwert ergeben (sog. *absolute Unverhältnismäßigkeit*).

**9** Fraglich ist allerdings, ob die Annahme einer absoluten Unverhältnismäßigkeit mit den Vorgaben der EG-Verbrauchsgüterkaufrichtlinie vereinbar ist. Gem. Art. 3 Abs. 3 UAbs. 2 VerbrGKRL ist eine Abhilfe nur dann unverhältnismäßig, wenn die gewählte Nacherfüllungsvariante „Kosten verursachen würde, die ... verglichen mit der alternativen Abhilfemöglichkeit unzumutbar wären". Der EuGH hat daraus gefolgert, dass die Umsetzung in § 439 Abs. 3 BGB der Richtlinie widerspricht.[3] § 439 Abs. 3 BGB ist daher in Fällen des Verbrauchsgüterkaufs einschränkend dahingehend anzuwenden sei, dass ein Verweigerungsrecht nicht besteht, wenn nur eine Art der Nacherfüllung möglich ist oder der Verkäufer die andere Art der Nacherfüllung zu Recht verweigert.[4] Eine absolute Unverhältnismäßigkeit gibt es demnach im Rahmen eines Verbrauchsgüterkaufs nicht mehr.

Hinzu kommt, dass eine absolute Unverhältnismäßigkeit zumindest voraussetzt, **10** dass die Nacherfüllungskosten den Wert der Kaufsache (im Regelfall der Kaufpreis) übersteigen.[5] Für die Beseitigung des Beschriftungsfehlers fallen Kosten von 40 € an[6] (und für eine Neubeschaffung 30 €), während der Wert des Trikots im mangelfreien Zustand, wie sich aus dem Hinweis auf die Angemessenheit des Kaufpreises ergibt, bei 64,90 € liegt, also die Kosten für beide denkbaren Nacherfüllungsalternativen deutlich übersteigt. Auch wenn man den Mangelunwert, also den mangelbedingten Minderwert, mit den Kosten der Nacherfüllung vergleicht, gelangt man zu keinem anderen Ergebnis, weil ein Trikot mit falscher Beschriftung für einen Fußballfan kaum einen Wert hat. Selbst wenn also im Rahmen eines Verbrauchsgüterkaufs noch Raum für die absolute Unverhältnismäßigkeit wäre, läge ein solcher Fall hier nicht vor.

---

**Systematischer Hinweis**
Für die Beurteilung der Unverhältnismäßigkeit darf nicht abstrakt auf die Kosten der Nacherfüllung abgestellt werden. Unzutreffend ist daher das Argument, die bei Beseitigung des Beschriftungsfehlers anfallenden Kosten von 40 € bzw. die Kosten für eine Neubeschaffung von 30 € seien so gering, dass eine Unverhältnismäßigkeit nicht in Betracht komme. Abzustellen ist vielmehr immer auf die Relation der Nacherfüllungskosten zum Wert der Sache bzw. dem durch den Minderwert der Sache konkretisierten Leistungsinteresse des Käufers.

---

[3] EuGH NJW 2011, 2269 Rn. 63 ff.
[4] BGH NJW 2012, 1073 Leitsatz 2.
[5] Vertreten werden folgende Grenzwerte (die für den Verbrauchsgüterkauf jetzt nicht mehr relevant sind): *Bitter/Meidt* ZIP 2001, 2114, 2121: wenn die Kosten der Nacherfüllung 150% des Werts der Sache oder 200% des Mangelunwerts erreichen (dazu auch BGH NJW 2009, 1660, 1661 Rn. 15; ZIP 2014, 1532 Rn. 40, 44); *Huber* NJW 2002, 1004, 1008: 100% des Sachwerts bzw. 130%, wenn der Verkäufer schuldhaft gehandelt hat; weitere Nachweise bei Bamberger/Roth/*Faust* § 439 Rn. 50. Vgl. aber auch NK/*Büdenbender* § 439 Rn. 41, 45 und *Lorenz* NJW 2009, 1633, 1637, die sich wegen der Notwendigkeit, die Umstände des Einzelfalles zu berücksichtigen, gegen das Aufstellen fester Prozentwerte aussprechen, s. auch BGH ZIP 2014, 1532 Rn. 41, 45.
[6] Auch wenn man hierzu noch den Restwert der mangelhaften Sache addiert und damit auf die Gesamtleistung des Verkäufers abstellt (vgl. *Heinemann* ZGS 2003, 149, 152 Fn. 28; *Bitter/Meidt* ZIP 2001, 2114, 2121 letzter Absatz), ändert sich an dem Ergebnis nichts, weil ein falsch beschriftetes Trikot kaum einen Wert hat, dieser jedenfalls geringer ist als der eines unbeschrifteten (30 €).

## 2. Relative Unverhältnismäßigkeit

**11**   Die Unverhältnismäßigkeit kann sich aber auch noch aus einem Vergleich der Kosten der beiden Nacherfüllungsalternativen ergeben (sog. *relative Unverhältnismäßigkeit*).[7] Für die Lieferung eines neuen Trikots muss S lediglich den Einkaufspreis von 30 € aufwenden, der somit um 10 € unter den Kosten für eine Mangelbeseitigung liegt. Sofern beide Arten der Nacherfüllung für den Käufer gleichwertig sind, kann dem Verkäufer die teurere Alternative im Regelfall dann nicht zugemutet werden, wenn die Kosten hierfür um mehr als 10–20 % über der günstigeren Nacherfüllungsalternative liegen.[8] Diese Grenze ist vorliegend überschritten, da die Kosten für die Mangelbeseitigung um 25 % über den Kosten der Nachlieferung liegen.

**12**   Der Verkäufer kann jedoch die vom Käufer gewählte Nacherfüllungsvariante trotz Überschreitung dieser Grenze nur ablehnen, wenn dem Käufer durch die dem Verkäufer günstigere Art der Nacherfüllung keine erheblichen Nachteile entstehen. Dies bedeutet, dass beide Nacherfüllungsalternativen aus Sicht des Käufers so gut wie gleichwertig sein müssen.[9] Insoweit sind auch immaterielle Interessen des Käufers in die Abwägung einzubeziehen.[10] Vorliegend ist das erworbene Trikot durch die Originalunterschriften der Lizenzspieler veredelt worden. Nachträgliche Veränderungen, die der Käufer an der Kaufsache (im Vertrauen auf ihre Mangelfreiheit) vorgenommen hat, müssen ihm erhalten bleiben.[11] Dies ist im hier gegebenen Fall aber nur möglich, wenn der Schreibfehler auf dem Trikot beseitigt wird. Das Nacherfüllungsinteresse des A kann also durch die für S günstigere Art der Nacherfüllung (Lieferung eines neuen Trikots) nicht zumutbar befriedigt werden. S kann daher die Beseitigung des Beschriftungsfehlers nicht nach § 439 Abs. 3 S. 1 BGB verweigern.

---

**Hinweis**

Nach teilweise vertretener, allerdings nicht unumstrittener Ansicht soll auch die Frage, inwieweit der Verkäufer den Sachmangel zu vertreten hat, eine Rolle bei der Beurteilung der Frage spielen, ob er die „unerwünschte" Art der Nacherfüllung ablehnen kann (*Huber* in: Huber/Faust, Schuldrechtsmodernisierung, Kap. 13 Rn. 40; a. A. *Grunewald* Kaufrecht, § 9 Rn. 47). Dies

---

[7] Bamberger/Roth/*Faust* § 439 Rn. 40 ff.

[8] Für 10 %-Grenze *Bitter/Meidt* ZIP 2001, 2114, 2122; zustimmend *Haas* in Haas/Medicus/Rolland/Schäfer/Wendtlandt, Das neue Schuldrecht, 2002, Kap. 5 Rn. 16; Erman/*Grunewald* § 439 Rn. 14. Für 20 %-Grenze LG Ellwangen NJW 2003, 517; Jauernig/*C. Berger* § 439 Rn. 30. Bamberger/Roth/*Faust* § 439 Rn. 47 lehnt feste Prozentgrenzen ab, hält aber – je nach Grad des Vertretenmüssens – eine Grenze zwischen 5 und 25 % für angemessen.

[9] Vgl. Bamberger/Roth/*Faust* § 439 Rn. 47.

[10] Man kann hier auf die Erwägungen zu § 251 Abs. 2 BGB zurückgreifen, wonach bei der Frage der Verweigerung der Naturalrestitution zugunsten einer Geldentschädigung wegen unverhältnismäßiger Aufwendungen auch das Affektionsinteresse des Geschädigten zu berücksichtigen ist; vgl. MünchKomm/*Oetker* § 251 Rn. 40.

[11] Bamberger/Roth/*Faust* § 439 Rn. 18.

würde das hier gefundene Ergebnis (durchsetzbarer Nacherfüllungsanspruch des A) stützen, da die als Fahrlässigkeit i. S. d. § 276 Abs. 1 S. 1, Abs. 2 BGB zu qualifizierende Unachtsamkeit der X dem S nach § 278 S. 1 BGB zuzurechnen ist.

## IV. Ergebnis

A hat somit gegen S einen durchsetzbaren Anspruch auf Beseitigung des Beschriftungsfehlers nach §§ 437 Nr. 1, 439 Abs. 1 Fall 1 BGB.                    **13**

## 1. Abwandlung

A könnte gegen S einen Anspruch auf Lieferung von vier neuen roten Schals des   **14**
Modells „Echte Fründe" aus §§ 437 Nr. 1, 439 Abs. 1 Fall 2 BGB haben.

## I. Anspruch entstanden

### 1. Wirksamer Kaufvertrag
A und S haben am 28.9.2009 einen Kaufvertrag i. S. v. § 433 BGB über vier rote   **15**
Schals des Modells „Echte Fründe" geschlossen.

### 2. Vorliegen eines Sachmangels
Weiterhin müsste nach § 434 BGB ein Sachmangel gegeben sein. Mangels Ver-       **16**
einbarung einer bestimmten Beschaffenheit oder im Vertrag vorausgesetzter Verwendung (§ 434 Abs. 1 S. 1 bzw. § 434 Abs. 1 S. 2 Nr. 1 BGB) bestimmt sich die
Mangelfreiheit gem. § 434 Abs. 1 S. 2 Nr. 2 BGB danach, ob sich die Schals für
die gewöhnliche Verwendung eignen und die für vergleichbare Ware übliche Beschaffenheit aufweisen. Die mit weißer Farbe verschmutzten roten Schals eignen
sich nicht mehr zur Benutzung als Fanartikel. Ein Sachmangel nach § 434 Abs. 1
S. 2 Nr. 2 BGB liegt daher vor.

Gut vertretbar ist es auch, einen Sachmangel nach § 434 Abs. 1 S. 2 Nr. 1 BGB anzunehmen, wenn man darauf abstellt, dass der Erwerb der Fanschals zugleich eine bestimmte vertraglich vorausgesetzte Verwendung umfasst. Vgl. Fall 1 Rn. 4.

### 3. Gefahrübergang

**17** Der Sachmangel müsste auch bereits zum Zeitpunkt des Gefahrübergangs vorgelegen haben.

#### a) Beschädigung der Schals zum Zeitpunkt der Übergabe, § 446 S. 1 BGB

**18** Als A die Schals am 6.10.2009 bei S abholte, bestand der Sachmangel bereits. Bei Zugrundelegung von § 446 S. 1 BGB lag daher ein Sachmangel im Zeitpunkt des Gefahrübergangs vor.

#### b) Vorverlagerung des Gefahrübergangs, § 446 S. 3 BGB

**19** Möglicherweise ergibt sich aber aus § 446 S. 3 BGB eine Vorverlagerung des Gefahrübergangs. Hier ist der Sachmangel zwar vor Abholung am 6.10.2009, aber nach dem vereinbarten Abholtermin am 30.9.2009 entstanden. A könnte sich daher ab dem 30.9.2009 in Annahmeverzug befunden haben, so dass nach § 446 S. 3 BGB die Gefahr bereits zu diesem Zeitpunkt auf ihn übergegangen wäre mit der Folge, dass er keine Mängelrechte gegenüber S wegen der am 1.10.2009 eingetretenen Verschmutzung der Schals geltend machen könnte.

> In Klausuren wird die Vorverlagerung des Gefahrübergangs nach § 446 S. 3 BGB vielfach übersehen. Die Bearbeiter gelangen, wenn sie überhaupt einen Annahmeverzug erörtern, vielfach lediglich zu § 326 Abs. 2 S. 1 Fall 2 BGB, der aber allein die Vergütungsgefahr betrifft und daher für die Frage, ob der Käufer Gewährleistungsansprüche geltend machen kann, unergiebig ist.

**20** Zu prüfen ist daher, ob sich A zum Zeitpunkt der Beschädigung der Schals am 1.10.2009 im Annahmeverzug nach § 293 BGB befunden hat. Voraussetzung für einen Annahmeverzug des A ist nach § 293 BGB, dass er die ihm angebotene Leistung nicht angenommen hat. Ein tatsächliches Angebot der Schals durch S i. S. v. § 294 BGB ist nicht erfolgt, da A zum vereinbarten Abholtermin nicht erschienen ist. Nach § 295 S. 1 BGB genügt indes ein wörtliches Angebot, wenn der Gläubiger die geschuldete Sache abzuholen hat. Auch ein wörtliches Angebot durch S ist aber nicht erfolgt. Nach § 296 S. 1 BGB ist jedoch ein Angebot nur dann erforderlich, wenn der Gläubiger seine Mitwirkungshandlung, für die eine Zeit nach dem Kalender bestimmt ist, rechtzeitig vornimmt. Da es A versäumt hat, am 30.9.2009 die Schals wie vereinbart bis zum Geschäftsschluss um 19 Uhr abzuholen, war ein Angebot des S vorliegend nach § 296 S. 1 BGB entbehrlich. Auch § 297 BGB steht einem Annahmeverzug des A nicht entgegen, da S zum vereinbarten Leistungszeitpunkt am 30.9.2009 auch tatsächlich zur Leistung in der Lage war. A ist daher am 30.9.2009 mit Ablauf der vereinbarten Abholfrist um 19 Uhr nach § 293 BGB in Annahmeverzug geraten. Nach § 446 S. 3 BGB ist zu diesem Zeitpunkt die Gefahr auf ihn übergegangen. Da zum Zeitpunkt des Gefahrübergangs ein Sachmangel nach § 434 Abs. 1 S. 2 Nr. 2 BGB noch nicht bestand, dieser vielmehr erst durch die Unachtsamkeit des S am 1.10.2009 eingetreten ist, liegen die Voraussetzungen für einen Nacherfüllungsanspruch des A nicht vor.

Dieses Ergebnis ist unstreitig, wenn der Verkäufer den Mangel nicht zu vertreten hat. Dies ist hier der Fall, weil S, der während des Annahmeverzuges des A gem. § 300 Abs. 1 BGB nur für Vorsatz und grobe Fahrlässigkeit haftet, nur einfach fahrlässig gehandelt hat. Hätte S grob fahrlässig gehandelt, wäre die Anwendbarkeit des Mängelrechts umstritten.[12] Nach einer Auffassung[13] ist § 437 BGB anwendbar, weil § 446 S. 3 BGB (unstreitig; Bamberger/Roth/*Faust* § 446 Rn. 16) nur die Gefahr des zufälligen Untergangs und der zufälligen Verschlechterung betrifft. Dies ändert nach anderer Auffassung aber nichts daran, dass im Rahmen von § 437 BGB der Mangel bei Gefahrübergang vorgelegen haben muss,[14] was hier nicht der Fall ist. Dem Käufer stünden daher keine Mängelrechte zu; allerdings sei im Annahmeverzug eine (Neben-)Pflicht des Verkäufers zu sorgfältiger Aufbewahrung der Ware i. S. d. § 241 Abs. 2 BGB anzunehmen, deren Verletzung zu einer Haftung aus § 280 Abs. 1 (ggf. i. V. m. Abs. 3, 282) BGB führen könne (*Oetker/Maultzsch* Vertragliche Schuldverhältnisse, § 2 Rn. 388). Auch hier wäre aber zu berücksichtigen, dass nach § 300 Abs. 1 BGB der Schuldner während des Annahmeverzugs nur für grobe Fahrlässigkeit haftet, die vorliegend nicht gegeben ist.

## II. Ergebnis

A hat daher gegen S keinen Anspruch auf Lieferung von vier neuen roten Schals des     **21**
Modells „Echte Fründe" aus §§ 437 Nr. 1, 439 Abs. 1 Fall 2 BGB.

Auch ein Anspruch des A gegen S auf Lieferung von vier neuen Schals aus § 433 Abs. 1 S. 1 BGB besteht nicht. Dies folgt nach h. M. bereits daraus, dass ab Gefahrübergang (§ 446 S. 3 BGB) der ursprüngliche Erfüllungsanspruch durch einen Nacherfüllungsanspruch aus §§ 437 Nr. 1, 439 Abs. 1 BGB ersetzt wird (Palandt/*Weidenkaff* § 433 Rn. 21; Erman/*Grunewald* § 439 Rn. 1; MünchKomm/*Westermann* § 437 Rn. 6). Wendet man hingegen allgemeines Leistungsstörungsrecht an, bis der Käufer die Sache als (teilweise) Erfüllung angenommen hat (so Bamberger/Roth/*Faust* § 437 Rn. 5 f.; *Oetker/ Maultzsch* Vertragliche Schuldverhältnisse, § 2 Rn. 147), könnte hier auch der ursprüngliche Erfüllungsanspruch geprüft werden, weil A die verschmutzten Schals zurückgewiesen hat. Dann wäre aber der Anspruch auf Lieferung unverschmutzter Schals gem. § 275 Abs. 1 BGB ausgeschlossen, weil S bei der hier vorliegenden Holschuld bereits durch Aussonderung und Bereitstellung das zur Konkretisierung der Gattungs- zur Stückschuld Erforderliche

---

[12] Zum Problem Staudinger/*Beckmann* (2014) § 446 Rn. 32.

[13] *Schwarze* Recht der Leistungsstörungen, § 36 Rn. 52; MünchKomm/*Westermann* § 446 Rn. 8; *Ernst* in FS Huber, 2006, S. 165, 210 f.

[14] Erman/*Grunewald* § 446 Rn. 7; *Oetker/Maultzsch* Vertragl. Schuldverh., § 2 Rn. 388; wohl auch Bamberger/Roth/*Faust* § 446 Rn. 15, 16 a. E.

(§ 243 Abs. 2 BGB) getan hat (s. Fall 14 Rn. 4) und die ausgesonderten Schals völlig unbrauchbar geworden (d. h. auch nicht zu reinigen) sind, was ihrem Untergang gleichsteht. Eine Nachlieferung, die der Unmöglichkeit entgegenstehen könnte, gibt es nach h. M. im allgemeinen Leistungsstörungsrecht nicht (s. Fall 2 Fn. 7).

**Exkurse**
Auch sonstige Mängelrechte des A (Rücktritt gem. §§ 437 Nr. 2, 323; Minderung gem. §§ 437 Nr. 2, 441; Schadensersatz gem. §§ 437 Nr. 3, 280 Abs. 1 u. 3, 281 BGB) sind ausgeschlossen, da auch diese voraussetzen, dass der Mangel bei Gefahrübergang vorlag, woran es aufgrund des Annahmeverzugs fehlt. Will man entsprechend den soeben angestellten Überlegungen allgemeines Leistungsstörungsrecht (Unmöglichkeitsrecht) anwenden, scheitert ein Rücktritt gem. §§ 326 Abs. 5, 323 BGB an § 323 Abs. 6 Fall 2 BGB, denn die Schals sind während des Annahmeverzuges des A unbrauchbar geworden und dies ist von S wegen § 300 Abs. 1 BGB nicht zu vertreten. Ein Schadensersatzanspruch aus §§ 280 Abs. 1 u. 3, 283 BGB scheitert ebenso wegen § 300 Abs. 1 BGB am fehlenden Vertretenmüssen des S.
     Nicht Gegenstand der Aufgabe war die Frage, ob S von A **Zahlung des Kaufpreises** aus § 433 Abs. 2 BGB verlangen kann. Diese Frage ist im Ergebnis zu bejahen, wobei zwei Lösungswege vertretbar erscheinen: 1) Wendet man allgemeines Leistungsstörungsrecht an, führt die Unmöglichkeit der Lieferung unverschmutzter Schals (§ 275 Abs. 1 BGB) zwar grds. gem. § 326 Abs. 1 BGB auch zum Erlöschen des Kaufpreisanspruchs. Doch gilt dies hier gem. § 326 Abs. 2 S. 1 Fall 2 BGB wegen Annahmeverzugs des A nicht. 2) Wendet man hingegen allgemeines Leistungsstörungsrecht wegen Spezialität des Mängelrechts nach Gefahrübergang nicht an (vgl. § 326 Abs. 1 S. 2 BGB; außerdem ist hier die Nacherfüllung gar nicht unmöglich, weil eine Nachlieferung denkbar ist), wäre zu prüfen, ob A die Kaufpreiszahlung gem. § 320 BGB bis zur Lieferung mangelfreier Schals verweigern kann. Die Einrede des nichterfüllten Vertrages steht A aber nicht zu, weil er wegen § 446 S. 3 BGB keinen Nacherfüllungsanspruch gegen S hat.
     Wäre die Verschmutzung der Schals zu beseitigen, wäre der Weg über das Unmöglichkeitsrecht versperrt, denn ein Sachmangel kann nicht als Teilunmöglichkeit behandelt werden; §§ 275 Abs. 1, 326 Abs. 1 BGB sind also unanwendbar (*Ernst* in FS Huber, 2006, S. 165, 187).

## 2. Abwandlung

### I. Anspruch aus §§ 437 Nr. 3, 280 Abs. 1 BGB

**22**    A könnte gegen S einen Anspruch aus §§ 437 Nr. 3, 280 Abs. 1 BGB auf Schadensersatz in Höhe von 50 € für die verfärbte Tischdecke haben.

### 1. Anspruch entstanden
#### a) Wirksamer Kaufvertrag
**23**    Zwischen A und S müsste zunächst ein wirksamer Kaufvertrag i. S. v. § 433 BGB abgeschlossen worden sein. A hat am 24.10.2009 einen Satz Kinderbettwäsche „Geißbock" zum Preis von 26,90 € bei S erworben, so dass ein Kaufvertrag abgeschlossen worden ist.

## b) Sachmangel bei Gefahrübergang als Pflichtverletzung

Die Bettwäsche müsste weiterhin mangelhaft i. S. v. § 434 BGB sein. Da weder eine **24** bestimmte Beschaffenheit vereinbart worden ist (§ 434 Abs. 1 S. 1 BGB) noch im Vertrag eine besondere Verwendung vorausgesetzt wurde (§ 434 Abs. 1 S. 2 Nr. 1 BGB), ist für die Beurteilung, ob ein Sachmangel vorliegt, auf § 434 Abs. 1 S. 2 Nr. 2 BGB abzustellen. Zu prüfen ist daher, ob sich die Bettwäsche für die gewöhnliche Verwendung eignet und die für vergleichbare Ware übliche Beschaffenheit aufweist. Vorliegend fehlt es der Bettwäsche an hinreichender Farbfixierung. Sie kann infolgedessen nicht gewaschen werden, ohne auszufärben. Damit hat sie nicht die für Bettwäsche übliche Beschaffenheit. Ein Sachmangel nach § 434 Abs. 1 S. 2 Nr. 2 BGB liegt daher vor.[15]

Dieser Mangel lag auch bereits bei Abholung, also bereits zum Zeitpunkt des **25** Gefahrübergangs nach § 446 S. 1 BGB, vor.

Durch die Lieferung der mangelhaften Bettwäsche hat S gegen seine Pflicht aus § 433 Abs. 1 S. 2 BGB zur mangelfreien Lieferung verstoßen und damit die im Rahmen von § 280 Abs. 1 S. 1 BGB erforderliche Pflichtverletzung begangen.

## c) Vertretenmüssen

Nach § 280 Abs. 1 S. 2 BGB muss der Schuldner die Pflichtverletzung zu vertreten **26** haben. Dies wird vermutet, so dass der Schuldner, hier also der Verkäufer S, dartun muss, dass er die Pflichtverletzung nicht zu vertreten hat.

---

**Klausurhinweis**

Dies bedeutet für die Falllösung, dass ein Verschulden unterstellt werden kann, wenn entweder gar keine Angaben diesbezüglich im Sachverhalt gemacht werden oder wenn der Schuldner keine ihn entlastenden Tatsachen vorbringt. Finden sich dagegen Angaben, die auf ein Verschulden schließen lassen (wie hier), so werden diese in der gebotenen Kürze zu Lasten des Schuldners ausgewertet.

---

Zu vertreten hat der Schuldner nach Maßgabe des § 276 Abs. 1 S. 1 BGB Vor- **27** satz und Fahrlässigkeit. S wusste von der mangelhaften Farbfixierung aufgrund der vorangegangenen Reklamationen; gleichwohl veräußerte er die Bettwäsche. Er verletzte die Pflicht zu mangelfreier Lieferung also bewusst, d. h. vorsätzlich. Demnach hat S die Pflichtverletzung i. S. v. § 280 Abs. 1 S. 2 BGB zu vertreten.

## d) Einordnung des Schadens und Umfang des Schadensersatzes

Fraglich ist, ob der Schaden im Rahmen des Schadensersatzes neben der Leistung **28** ohne Nachfristsetzung ersatzfähig ist. Bei der Verfärbung der Tischdecke handelt es sich um einen Schaden, der einer Nacherfüllung von vornherein nicht zugänglich war. Der Schaden ist außerhalb der Kaufsache entstanden, er betrifft das Integritätsinteresse des A. Ein solcher Mangelfolgeschaden ist im Rahmen des Schadensersat-

---

[15] Gut vertretbar ist auch die Annahme eines Sachmangels nach § 434 Abs. 1 S. 2 Nr. 1 BGB; s. Fall 1 Rn. 4.

zes neben der Leistung ersatzfähig (s. zur Abgrenzung zum Schadensersatz statt der Leistung ausführlich Fall 3 Rn. 19).

29    Nach § 249 BGB ist S als Schädiger verpflichtet, den A so zu stellen, wie dieser bei pflichtgemäßem Verhalten des S stehen würde (Differenzhypothese). Hätte S dem A Bettwäsche mit hinreichender Farbfixierung verkauft, wäre es nicht zu einer Verfärbung der mitgewaschenen Tischdecke gekommen. Die Verfärbung der Tischdecke ist folglich durch die Pflichtverletzung des S verursacht worden, so dass S diesen Schaden ersetzen muss. Die Höhe des Anspruchs bestimmt sich gem. § 249 Abs. 2 BGB nach dem Wiederbeschaffungswert der Tischdecke, so dass der ersatzfähige Schaden 50 € beträgt.

## 2. Ergebnis

30    A kann daher von S Schadensersatz für die verfärbte Tischdecke aus §§ 437 Nr. 3, 280 Abs. 1 BGB in Höhe von 50 € verlangen.

> Dem Anspruch des A steht auch nicht entgegen, dass er bereits zuvor von dem Kaufvertrag über die Bettwäsche mit S nach §§ 437 Nr. 2, 326 Abs. 5, 323 BGB wirksam zurückgetreten ist. Der Anspruch auf Schadensersatz besteht nach § 325 BGB nicht alternativ, sondern parallel zur Möglichkeit, vom Vertrag zurückzutreten. Darüber schloss der Rücktritt die Geltendmachung von Schadensersatz neben der Leistung schon immer nicht aus.

## II. Anspruch aus § 823 Abs. 1 BGB

31    Möglicherweise hat A gegen S auch einen Anspruch auf Schadensersatz für die verfärbte Tischdecke in Höhe von 50 € aus § 823 Abs. 1 BGB.

## 1. Tatbestand

32    Dann müsste S zunächst durch eine Verletzungshandlung eines der in § 823 Abs. 1 BGB geschützten Rechtsgüter und Rechte des A verletzt haben. Verletztes Recht ist hier das Eigentum des A an der Tischdecke, das durch die Verfärbung beeinträchtigt worden ist. Verletzungshandlung ist die Aushändigung der Bettwäsche mit der unzureichenden Farbfixierung. Hätte S diese Bettwäsche dem A nicht übergeben, wäre bei der anschließenden Wäsche die Tischdecke des A nicht in Mitleidenschaft gezogen worden. Die Verletzungshandlung des S ist also nach der Äquivalenzformel kausal für die Rechtsverletzung. Allerdings hat die Aushändigung der Bettwäsche nicht unmittelbar zu der Verfärbung der Tischdecke geführt. Die letzte Ursache für die Verfärbung hat vielmehr A oder ein Familienmitglied gesetzt, indem Tischdecke und Bettwäsche gemeinsam gewaschen wurden. Eine mittelbare Rechtsverletzung ist dem Verursacher nur zurechenbar, wenn er eine Pflicht zum Handeln verletzt hat (s. o. Fall 3 Rn. 30). Hier ergibt sich die Pflicht des S, keine Ware auszuliefern, die das Eigentum des Kunden beschädigen kann, aus dem Kaufvertrag zwischen A und S. Damit liegt eine dem S zurechenbare Eigentumsverletzung vor.

## 2. Rechtswidrigkeit

Da Rechtfertigungsgründe nicht bestehen, handelte S rechtswidrig.                            **33**

## 3. Verschulden

Weiterhin müsste S vorsätzlich oder fahrlässig gehandelt haben. Dadurch, dass er              **34**
A die Bettwäsche übergeben hat, obwohl er von der unzureichenden Fixierung der
Farbe wusste, hat er die im Verkehr erforderliche Sorgfalt verletzt und mithin fahr-
lässig gehandelt (§ 276 Abs. 2 BGB).

## 4. Schaden

Deshalb hat S dem A nach § 823 Abs. 1 BGB den Schaden, der aus der Rechtsver-               **35**
letzung entstanden ist, zu ersetzen. Gem. § 249 Abs. 2 BGB muss S den Wert der
Tischdecke ersetzen, der 50 € beträgt.

## 5. Ergebnis

A hat daher gegen S einen Anspruch auf Schadensersatz für die verfärbte Tischde-             **36**
cke in Höhe von 50 € aus § 823 Abs. 1 BGB.

---

Vorteile von Schadensersatzansprüchen nach §§ 280 ff. BGB gegenüber solchen nach § 823
Abs. 1 BGB

| §§ 280 ff. BGB | § 823 Abs. 1 BGB |
|---|---|
| Auch reine Vermögensschäden ersatzfähig | Verletzung eines absolut geschützten Rechts(guts) erforderlich |
| Beweislastumkehr für Verschulden (§ 280 Abs. 1 S. 2 BGB) | Geschädigter muss grds. Verschulden des Schädigers beweisen |
| Zurechnung fremden Verschuldens nach § 278 BGB | Haftung nur für eigenes Verschulden[16] |

[16]§ 831 BGB ist keine Zurechnungsnorm, siehe die Übersicht in Fall 6 Rn. 27.

# Fall 8

## Ausgangsfall

Heimwerker Hans (H) kauft im Baumarkt des B 50 Quadratmeter glasierte Boden-fliesen für 1000 €, die er selbst mit einem Anhänger nach Hause transportiert. H verlegt sie in der Küche seines Wohnhauses. Kurz nach dem Einbau platzen Teile der Oberfläche der Fliesen ab. Es stellt sich heraus, dass die Abplatzungen beim Aufprall herunterfallender Gegenstände entstehen, weil die Fliesen Hohlstellen durch Fehlpressungen aufweisen und deshalb nicht fest genug sind. Dieser Fehler war für die Angestellten des Baumarktes unerkennbar.

H verlangt von B

- Lieferung neuer Fliesen zu sich nach Hause bzw. zumindest neue Fliesen und Erstattung der Kosten für den Transport der neuen Fliesen nach Hause
- Entfernung der verlegten Fliesen bzw. Ersatz der Kosten dafür
- Verlegung der neuen Fliesen bzw. Ersatz der Kosten dafür

Die professionelle Verlegung der neuen Fliesen kostet 3000 €, die Entfernung der alten Fliesen 1500 €. Der Einkaufspreis des B für die Fliesen beträgt 800 €.[1]

B meint, er sei allenfalls dazu verpflichtet, dem H im Baumarkt neue Fliesen zur Abholung bereitzustellen. Zu Ein- und Ausbau sei er nicht verpflichtet, denn er führe einen Baumarkt und sei kein Fliesenleger. Außerdem stünden die Kosten für Ein- und Ausbau völlig außer Verhältnis zum Kaufpreis, so dass ihn auch deshalb keine Pflicht zum Ein- und Ausbau treffe.

Wie ist die Rechtslage?

---

[1] Aus Vereinfachungsgründen soll Umsatzsteuer nicht berücksichtigt werden, d. h. unterstellt werden, dass es eine Umsatzbesteuerung nicht gäbe.

© Springer-Verlag Berlin Heidelberg 2015
P. Balzer et al., *Die Schuldrechtsklausur I,* Tutorium Jura,
DOI 10.1007/978-3-662-45662-0_8

## Abwandlung

Von H wie oben auf Lieferung neuer Fliesen sowie Entfernung der alten und Verlegung der neuen Fliesen in Anspruch genommen, verweigert B die Nacherfüllung kategorisch, weil er mit alledem nichts zu tun habe. Daraufhin überlegt sich H, ob es sinnvoll wäre, von dem Vertrag zurückzutreten. Insbesondere möchte er wissen, ob er dann auch Entfernung der mangelhaften Fliesen sowie Ersatz von 3000 €, die er an einen Handwerksbetrieb für die Erstverlegung der mangelhaften Fliesen gezahlt hat, verlangen kann. Was raten Sie H?

**Auszug aus der Richtlinie 1999/44/EG vom 25.5.1999 (Verbrauchsgüterkaufrichtlinie)**

**Artikel 1. Geltungsbereich und Begriffsbestimmungen**

(1) Zweck dieser Richtlinie ist die Angleichung der Rechts- und Verwaltungsvorschriften der Mitgliedstaaten zu bestimmten Aspekten des Verbrauchsgüterkaufs und der Garantien für Verbrauchsgüter zur Gewährleistung eines einheitlichen Verbraucherschutz-Mindestniveaus im Rahmen des Binnenmarkts.

(2) Im Sinne dieser Richtlinie bezeichnet der Ausdruck

   a) „Verbraucher" jede natürliche Person, die im Rahmen der unter diese Richtlinie fallenden Verträge zu einem Zweck handelt, der nicht ihrer beruflichen oder gewerblichen Tätigkeit zugerechnet werden kann;

   b) „Verbrauchsgüter" bewegliche körperliche Gegenstände, mit Ausnahme von […]

   c) „Verkäufer" jede natürliche oder juristische Person, die aufgrund eines Vertrags im Rahmen ihrer beruflichen oder gewerblichen Tätigkeit Verbrauchsgüter verkauft; […]

**Artikel 3. Rechte des Verbrauchers**

(1) Der Verkäufer haftet dem Verbraucher für jede Vertragswidrigkeit, die zum Zeitpunkt der Lieferung des Verbrauchsgutes besteht.

(2) Bei Vertragswidrigkeit hat der Verbraucher entweder Anspruch auf die unentgeltliche Herstellung des vertragsgemäßen Zustands des Verbrauchsgutes durch Nachbesserung oder Ersatzlieferung nach Maßgabe des Absatzes 3 oder auf angemessene Minderung des Kaufpreises oder auf Vertragsauflösung in bezug auf das betreffende Verbrauchsgut nach Maßgabe der Absätze 5 und 6.

(3) Zunächst kann der Verbraucher vom Verkäufer die unentgeltliche Nachbesserung des Verbrauchsgutes oder eine unentgeltliche Ersatzlieferung verlangen, sofern dies nicht unmöglich oder unverhältnismäßig ist.

Eine Abhilfe gilt als unverhältnismäßig, wenn sie dem Verkäufer Kosten verursachen würde, die

  –  angesichts des Werts, den das Verbrauchsgut ohne die Vertragswidrigkeit hätte,

  –  unter Berücksichtigung der Bedeutung der Vertragswidrigkeit und

  –  nach Erwägung der Frage, ob auf die alternative Abhilfemöglichkeit ohne erhebliche Unannehmlichkeiten für den Verbraucher zurückgegriffen werden könnte,

verglichen mit der alternativen Abhilfemöglichkeit unzumutbar wären.

Die Nachbesserung oder die Ersatzlieferung muss innerhalb einer angemessenen Frist und ohne erhebliche Unannehmlichkeiten für den Verbraucher erfolgen, wobei die Art des Verbrauchsgutes sowie der Zweck, für den der Verbraucher das Verbrauchsgut benötigte, zu berücksichtigen sind.

(4) Der Begriff „unentgeltlich" in den Absätzen 2 und 3 umfasst die für die Herstellung des vertragsgemäßen Zustands des Verbrauchsgutes notwendigen Kosten, insbesondere Versand-, Arbeits- und Materialkosten.

(5) Der Verbraucher kann eine angemessene Minderung des Kaufpreises oder eine Vertragsauflösung verlangen,
- wenn der Verbraucher weder Anspruch auf Nachbesserung noch auf Ersatzlieferung hat oder
- wenn der Verkäufer nicht innerhalb einer angemessenen Frist Abhilfe geschaffen hat oder
- wenn der Verkäufer nicht ohne erhebliche Unannehmlichkeiten für den Verbraucher Abhilfe geschaffen hat.

(6) Bei einer geringfügigen Vertragswidrigkeit hat der Verbraucher keinen Anspruch auf Vertragsauflösung.

## Lösung Fall 8

▶ Dieser Fall von höherem Schwierigkeitsgrad befasst sich mit dem Umfang des Nacherfüllungsanspruchs in seinem Zusammenspiel mit Schadensersatzansprüchen wegen Mangelhaftigkeit der Kaufsache. Die Frage war Gegenstand mehrerer OLG-Entscheidungen (OLG Karlsruhe ZGS 2004, 432; OLG Köln NJW-RR 2006, 677 = ZGS 2006, 77; OLG Frankfurt ZGS 2008, 315) und eines BGH-Urteils (BGHZ 177, 224 = NJW 2008, 2837 zum Einbau) gewesen, bis der EuGH nach Vorlage durch den BGH (NJW 2009, 1660 zum Ausbau) und das AG Schorndorf (ZGS 2009, 525 zum Einbau) entschied, dass aus der Verbrauchsgüterkaufrichtlinie eine Verpflichtung des Verkäufers zum Ein- und Ausbau folge (NJW 2011, 2269). Das daraufhin ergangene BGH-Urteil (NJW 2012, 1073) ist aber noch nicht der Schlusspunkt der Entwicklung. Die notwendige Berichtigung des BGB durch den deutschen Gesetzgeber lässt noch auf sich warten (vgl. *Kaiser* JZ 2013, 346 ff.; *Bacher* MDR 2014, 629, 633).

## Ausgangsfall

### I. Anspruch auf Lieferung neuer Fliesen nach Hause aus §§ 437 Nr. 1, 439 Abs. 1 Fall 2 BGB

H könnte gegen B einen Anspruch aus §§ 437 Nr. 1, 439 Abs. 1 Fall 2 BGB auf Lieferung neuer Fliesen zu sich nach Hause haben.　　　　　　　　　　　　**1**

#### 1. Kaufvertrag

Dann müssten H und B zunächst einen Kaufvertrag i. S. d. § 433 BGB geschlossen haben. Hier sollte B dem H Eigentum und Besitz an den Fliesen verschaffen. Eine Verlegung der Fliesen durch B war nicht vereinbart. Deshalb liegt ein Kaufvertrag (§ 433 BGB) und nicht etwa ein Werkvertrag (§ 631 BGB) vor.　　　　　　**2**

## 2. Mangel der Kaufsache bei Gefahrübergang

3    Außerdem müsste die Kaufsache im Zeitpunkt des Gefahrübergangs mangelhaft gewesen sein. Die Voraussetzungen eines Sachmangels sind in § 434 BGB geregelt. Hier ist nicht ersichtlich, dass i. S. d. § 434 Abs. 1 S. 1 BGB konkret vereinbart wurde, welche Beschaffenheit die Fliesen aufweisen sollten. Die Fliesen weisen aber Fehlpressungen auf, die sie für eine Verlegung im Hause ungeeignet machen. Deshalb eignen sie sich nicht für die nach dem Vertrag zumindest stillschweigend vorausgesetzte Verwendung, § 434 Abs. 1 S. 2 Nr. 1 BGB.[2] Ein Sachmangel liegt folglich vor. Dieser bestand bereits bei Übergabe der Fliesen und damit bei Gefahrübergang (§ 446 S. 1 BGB).[3]

## 3. Zwischenergebnis

4    Da Ausschlussgründe nicht ersichtlich sind, hat H als Käufer einen Anspruch auf Nacherfüllung in Form der Lieferung neuer Fliesen.[4]

## 4. Leistungsort

5    Fraglich ist jedoch, wo B diese Verpflichtung zu erfüllen hat. Die Frage des Erfüllungsortes der Nacherfüllung ist streitig. Bislang wurden vor allem zwei Ansichten vertreten:

6    Nach der ersten Ansicht soll die Nacherfüllungspflicht stets als Bringschuld anzusehen sein, unabhängig davon, wie die ursprüngliche Erfüllungspflicht ausgestaltet war.[5] Die Nacherfüllung müsse am Belegenheitsort der Kaufsache vorgenommen werden, damit dem Käufer durch die Lieferung der mangelhaften Sache keine Nachteile erwüchsen. Danach könnte H hier Lieferung der Fliesen zu sich nach Hause verlangen.

7    Nach der zweiten Auffassung soll die Nacherfüllungspflicht stets am ursprünglichen Erfüllungsort zu erfüllen sein.[6] Denn der Nacherfüllungsanspruch sei als modifizierter Erfüllungsanspruch zu qualifizieren. Der Käufer sei dadurch geschützt, dass der Verkäufer die Kosten für den Transport gem. § 439 Abs. 2 BGB zu tragen

---

[2] Vertretbar ist ebenso gut ein Abstellen auf den objektiven Fehlerbegriff des § 434 Abs. 1 S. 2 Nr. 2 BGB. Siehe Fall 1 Rn. 4.

[3] Da feststeht, dass der Mangel schon bei Gefahrübergang vorlag, bedarf es eines Rückgriffs auf § 476 BGB nicht. Möglich ist aber, darauf als zusätzliches Argument hinzuweisen.

[4] Eine Nacherfüllung durch Beseitigung des Mangels (§ 439 Abs. 1 Fall 1 BGB) kommt dagegen nicht in Betracht, da die Fliesen irreparabel sind.

[5] Entwurfsbegr. zum SMG, BT-Drucks. 14/6040, S. 231; OLG München NJW 2006, 449 f.; OLG Köln NJW-RR 2006, 677 [unter II 2 c]; OLG Celle MDR 2010, 372; Bamberger/Roth/*Faust* § 439 Rn. 13a; MünchKomm/*Westermann* § 439 Rn. 7; *Reinicke/Tiedtke* Kaufrecht, Rn. 417; Staudinger/*Matusche-Beckmann* (2014) § 439 Rn. 27; *Höpfner* ZGS 2009, 270, 273; *Witt* ZGS 2008, 369, 370; *Ringe* NJW 2012, 3393 (vorbehaltlich Parteivereinbarung); *Brors* NJW 2013, 3329 ff.; für den Werkvertrag BGH NJW-RR 2008, 724 Rn. 13.

[6] OLG München NJW 2007, 3214; OLG Koblenz ZGS 2010, 570 f.; *Jacobs* in Dauner-Lieb/Konzen/K. Schmidt (Hrsg.), Das neue Schuldrecht in der Praxis, S. 374; *Muthorst* ZGS 2007, 370; *Unberath/Cziupka* JZ 2008, 867 ff.; *Reinking* NJW 2008, 3608 ff.; *Lorenz* NJW 2009, 1633, 1635; *Greiner* ZGS 2010, 353, 357.

habe. Die ursprüngliche kaufvertragliche Lieferpflicht des B war entsprechend dem gesetzlichen Regelfall des § 269 Abs. 1 BGB eine Holschuld, Leistungsort war also das Geschäft des B. Demnach müsste H auch die neuen Fliesen im Baumarkt abholen kommen.

Der BGH hat in einer neuen Entscheidung beide Ansichten abgelehnt und vertritt eine vermittelnde Lösung.[7] Anknüpfend an die allgemeine Regelung des § 269 Abs. 1 BGB, komme es in erster Linie auf die von den Parteien getroffenen Vereinbarungen an. Fehlten vertragliche Abreden über den Erfüllungsort der Nacherfüllung, sei auf die jeweiligen Umstände des Einzelfalls, insbesondere die Natur des Schuldverhältnisses, abzustellen. In vielen Fällen sei der Erfüllungsort am Sitz des Verkäufers anzusiedeln, insbesondere beim Kauf in Ladengeschäften oder wenn wie beim Fahrzeugkauf zur Nachbesserung aufwendige Diagnose- und Reparaturarbeiten des Verkäufers notwendig seien. Dagegen erweise sich eine Gleichsetzung des Erfüllungsorts der Nacherfüllung mit dem Sitz des Verkäufers als unangemessen, wenn es um die Nachbesserung von an ihrem Bestimmungsort auf- oder eingebauten Gegenständen gehe oder wenn ein Rücktransport nicht oder nur schwer möglich sei. Ließen sich auch aus den Umständen des Einzelfalls keine Erkenntnisse gewinnen, sei der Erfüllungsort am Wohnsitz oder am Ort der Niederlassung des Schuldners (§ 269 Abs. 2 BGB). Mangels einer vertraglichen Abrede wären hier die Umstände des Einzelfalls zu betrachten. Hier geht es um einen Kauf von Fliesen in einem Ladengeschäft, was dafür spricht, dass der Erfüllungsort der Nacherfüllung entsprechend dem ursprünglichen Erfüllungsort das Geschäft des B ist. Allerdings müssen diese Fliesen im Haus des H verlegt werden. Entscheidend für die Frage, ob H die Fliesen anliefern muss, dürfte nach der vermittelnden Auffassung sein, ob B als Fliesenverkäufer verpflichtet ist, im Rahmen der Nacherfüllung die neu zu liefernden Fliesen auch zu verlegen. Wenn dies der Fall sein sollte, muss B die Fliesen auch anliefern. Wenn H die Fliesen hingegen selbst verlegen muss, spricht dies dafür, dass B die Fliesen bloß im Geschäft bereitstellen muss. Die Fahrt- und Transportkosten wären H dann nach § 439 Abs. 2 BGB zu erstatten.

Letztlich kann die Frage, ob B nach der vermittelnden Ansicht die Fliesen zu H nach Hause liefern muss, hier noch nicht abschließend beantwortet werden.

**8**

**9**

## 5. Vorläufiges Ergebnis

H hat gegen B einen Anspruch auf Lieferung neuer Fliesen aus §§ 437 Nr. 1, 439 Abs. 1 Fall 2 BGB. Ob der Erfüllungsort der Nacherfüllungspflicht das Geschäft des B oder das Haus des H ist, kann jetzt noch nicht geklärt werden. Zunächst ist zu untersuchen, ob B zum Ausbau der defekten und zum Einbau der neuen Fliesen

**10**

---

[7] BGHZ 189, 196 = NJW 2011, 2278, Leitsatz und insbes. Rn. 29 ff. im Anschluss an *Pils* JuS 2008, 767, 769; BGH NJW 2013, 1074 Rn. 24; zustimmend Eisenberg BB 2011, 2634 ff.; kritisch wegen der unterlassenen Vorlage an den EuGH *Staudinger/Artz* NJW 2011, 3121, 3122 f.; *Jaensch* NJW 2012, 1025, 1030; krit. wegen der Schwierigkeit für den Käufer, den korrekten Nacherfüllungsort zu bestimmen, *Cziupka* NJW 2013, 1043; ablehnend wegen Unvereinbarkeit mit VerbrGKRL *Brors* NJW 2013, 3329, a. A. (für Gleichlauf von Erfüllungs- und Nacherfüllungsort, aber gegen eine Pflicht des Käufers, die Sache zum Nacherfüllungsort zu transportieren) *Gsell* JZ 2011, 988 ff.

verpflichtet ist. Danach ist auf den Leistungsort der Nacherfüllungspflicht zurück-
zukommen (Rn. 33).

## II. Anspruch auf Entfernung der mangelhaften Fliesen und Verlegung der neuen Fliesen bzw. auf Ersatz der Kosten dafür aus dem Nacherfüllungsanspruch

**11** Fraglich ist, ob der soeben bejahte Nacherfüllungsanspruch des H gegen B (§§ 437
Nr. 1, 439 Abs. 1 Fall 2 BGB) auch die Entfernung der mangelhaften Fliesen aus dem
Fußboden des Hauses des H sowie die Verlegung der neuen Fliesen umfasst. Die
Frage, ob der Verkäufer eine vom Käufer eingebaute Sache im Zuge der Ersatzlieferung entfernen und die neue Sache einbauen muss, ist in den §§ 437 ff. BGB nicht
ausdrücklich geregelt und muss daher durch Auslegung ermittelt werden. Dabei wird
zunächst dargestellt, wie diese Frage bislang in Deutschland durch (weitgehend)
isolierte Auslegung des § 439 Abs. 1 BGB beantwortet wurde (unten 1). Danach
werden die vom EuGH konkretisierten Vorgaben der EG-Richtlinie 1999/44/EG
vom 25.5.1999 zum Verbrauchsgüterkauf (i. F.: VerbrGKRL), deren Umsetzung die
§§ 434 ff., 474 ff. BGB dienen, berücksichtigt (unten 2). Schließlich wird geprüft,
was aus den europarechtlichen Vorgaben für das nationale Recht folgt (unten 3).

### 1. Bisheriger Meinungsstand auf der Grundlage des nationalen Rechts

**12** Bislang wurden in der deutschen Rechtsprechung und in der deutschen Rechtslehre
im Hinblick auf die Ein- und Ausbauverpflichtung des Verkäufers vor allem drei
Ansichten vertreten:

Nach einer Ansicht, die bisher auch vom BGH vertreten wurde,[8] sollte weder
der Ausbau der mangelhaften noch der Einbau der neuen Sache im Rahmen der
Nacherfüllung geschuldet sein. Der Nacherfüllungsanspruch könne nicht weiter gehen als der ursprüngliche Erfüllungsanspruch. Der Verkäufer müsse im Rahmen der
Nacherfüllung lediglich seine ursprüngliche Verpflichtung wiederholen und eine
mangelfreie Sache übergeben und übereignen.

**13** Nach einer zweiten Ansicht sollte der Verkäufer im Rahmen der Nacherfüllung
zwar zum Ausbau der mangelhaften, nicht aber zum Einbau der neuen Sache verpflichtet sein.[9] Diese Unterscheidung zwischen Ein- und Ausbau konnte man damit
begründen, dass mit dem Anspruch des Verkäufers auf Rückgewähr der mangelhaften Sache bei Neulieferung (§ 439 Abs. 4 i. V. m. § 346 Abs. 1 BGB) jedenfalls
dann ein Anspruch des Käufers, dass dieser die Sache auch zurücknimmt, korres-

---

[8] Zum Einbau: BGHZ 177, 224 Rn. 17 ff. m. w. N. in Rn. 16; zum Ausbau: BGH NJW 2009,
1660 Rn. 20 – Vorlagebeschluss an den EuGH; für Ein- und Ausbau *Thürmann* NJW 2006, 3457,
3460 f.; *Skamel* NJW 2008, 2820 ff.; *Katzenstein* ZGS 2009, 553 ff.; *Lorenz* NJW 2009, 1633,
1635; *Greiner* ZGS 2010, 353, 356 ff.; zum Ausbau *Höpfner* ZGS 2009, 270, 273 f.

[9] OLG Köln NJW-RR 2006, 677; OLG Frankfurt a. M. ZGS 2008, 315 (aufgehoben durch BGH
NJW 2012, 1073); *Jaensch* JuS 2009, 131 ff.

pondiert, wenn der Käufer daran ein besonderes Interesse hat.[10] Damit könnte auch eine Pflicht zur Entfernung der eingebauten mangelhaften Sache verbunden sein.[11]

Eine dritte Meinung bejahte eine Pflicht des Verkäufers zum Ausbau der mangel- **14** haften und zum Einbau der neuen Sache, weil der Käufer durch die Nacherfüllung so zu stellen sei, wie er stünde, wenn die erste Lieferung mangelfrei gewesen wäre.[12] Gegen diese Ansicht wurde überwiegend eingewandt, dass sie Nacherfüllung und Schadensersatz vermische und typische Schadenspositionen der Nacherfüllung zuordne. Der Verkäufer habe insbesondere den Einbau der Sache ursprünglich nicht geschuldet und könne dazu auch nicht im Rahmen der Nachlieferung verpflichtet sein.

Nach der erstgenannten Ansicht sind Ein- und Ausbaukosten, nach der zweitgenannten Ansicht die Einbaukosten verschuldensabhängig im Rahmen des Schadensersatzes neben der Leistung zu ersetzen (§§ 437 Nr. 3, 280 Abs. 1 BGB; Schadensersatz neben der Leistung deshalb, weil es sich nach diesen Ansichten um nicht der Nacherfüllung zugängliche Schadenspositionen handelt). Der Anspruch scheitert aber in der Praxis i. d. R. am fehlenden Verschulden des Verkäufers hinsichtlich des Mangels (§§ 280 Abs. 1 S. 2 i. V. m. § 276 BGB). Denn der Verkäufer ist im Grundsatz nicht zu einer Untersuchung der fremdbezogenen Waren auf etwaige Mängel gegenüber dem Käufer verpflichtet.[13] Der Hersteller oder Lieferant ist auch nicht Erfüllungsgehilfe (§ 278 BGB) des Verkäufers, weil der Verkäufer nur die Verschaffung, nicht die Herstellung der Kaufsache schuldet.[14]

---

[10] Bamberger/Roth/*Faust* § 439 Rn. 32; Palandt/*Weidenkaff* § 439 Rn. 26; Staudinger/*Matusche-Beckmann* (2014) § 439 Rn. 133 f.; *Höpfner* ZGS 2009, 270, 272 f. (auch ohne besonderes Interesse); anders *Greiner* ZGS 2010, 353, 357.

[11] Der BGH hat diese Argumentation allerdings für Fliesen abgelehnt (BGH NJW 2009, 1660, 1662 f. Rn. 21), dazu noch unten Rn. 41.

[12] Vgl. OLG Karlsruhe ZGS 2004, 432; Bamberger/Roth/*Faust* § 439 Rn. 18 ff.; *Faust* JuS 2008, 934, 935 (unter 4 a); *Witt* ZGS 2008, 369 ff.; zu weiteren Nachw. s. BGHZ 177, 224 Rn. 16 = NJW 2008, 2837.

[13] Vgl. OLG Köln NJW-RR 2006, 677; *Gröschler* NJW 2005, 1601; *Lorenz* ZGS 2004, 408, 410; *ders.* NJW 2007, 1, 2; MünchKomm/*Westermann* § 437 Rn. 28; Staudinger/*Beckmann* (2014) § 433 Rn. 147, 149. Zur Verpflichtung des Importeurs, aus China importierte technische Arbeitsmittel dahingehend zu untersuchen, ob sie den allgemein anerkannten Regeln der Technik entsprechen, BGH NJW 2006, 1589.

[14] Begr. RegE SMG, BT-Drucks. 14/6040, S. 209 f.; BGHZ 200, 337 = NJW 2014, 2183 Rn. 31 f. (auch nicht beim Werklieferungsvertrag, a. a. O. Rn. 33 ff.); BGHZ 177, 224 Rn. 29; BGHZ 181, 317 Rn. 19 = NJW 2009, 2674; *Oechsler* Vertragliche Schuldverhältnisse, Rn. 349 ff.; Palandt/*Grüneberg* § 278 Rn. 13; h. M.; a. A. *Peters* ZGS 2010, 24; *Schroeter* JZ 2010, 495, 497 ff.; *Weller* NJW 2012, 2312, 2315 ff.; *ders.*, NJW 2014, 2156, 2157.

## 2. Vorgaben der VerbrGKRL und Grundsatzentscheidung des EuGH

**15**    Bei der Auslegung des nationalen Rechts sind allerdings im Anwendungsbereich der VerbrGKRL deren Vorgaben zu beachten. Hier hat H als Verbraucher (Art. 1 Abs. 2 lit. a VerbrGKRL) bei B als gewerblichem Verkäufer (Art. 1 Abs. 2 lit. c VerbrGKRL) Fliesen (Verbrauchsgüter i. S. d. § 1 Abs. 2 lit. b VerbrGKRL) gekauft. Es liegt daher ein Verbrauchsgüterkauf i. S. d. Art. 1 Abs. 2 VerbrGKRL (dem die nationale Umsetzung in § 474 Abs. 1 BGB entspricht) vor. Die Fliesen wiesen im Zeitpunkt der Lieferung eine Vertragswidrigkeit i. S. d. Art. 3 Abs. 1 i. V. m. Art. 2 Abs. 1 VerbrGKRL auf. In diesem Fall sieht Art. 3 Abs. 3 VerbrGKRL einen Anspruch auf unentgeltliche Ersatzlieferung vor.

**16**    Mit der Frage, ob dieser Anspruch auch den Ausbau der vertragswidrigen und den Einbau der als Ersatz gelieferten Sache umfasst, hat sich der EuGH[15] auf Vorlagebeschlüsse des BGH[16] und des AG Schorndorf[17] befasst. Entsprechend der oben in Rn. 14 zum deutschen Recht genannten Ansicht vertritt der EuGH die Auffassung, Art. 3 Abs. 2 und 3 VerbrGKRL sei dahin auszulegen, dass, wenn der vertragsgemäße Zustand eines vertragswidrigen Verbrauchsguts, das vor Auftreten des Mangels vom Verbraucher eingebaut wurde, durch Ersatzlieferung hergestellt wird, der Verkäufer unabhängig von einer ursprünglichen Einbauverpflichtung dazu verpflichtet sei, entweder das mangelhafte Verbrauchsgut selbst auszubauen und das als Ersatz gelieferte einzubauen oder die dafür notwendigen Kosten zu ersetzen. Aus der in Art. 3 Abs. 3 VerbrGKRL angeordneten Verpflichtung, den vertragsgemäßen Zustand des Verbrauchsguts unentgeltlich herzustellen, folge, dass dem Käufer nicht zusätzliche finanzielle Lasten für den Ausbau der defekten und den Einbau der neuen Sache auferlegt werden dürften, die bei ordnungsgemäßer Erfüllung nicht angefallen wären.[18] Zudem stelle es „zweifellos" eine erhebliche Unannehmlichkeit für den Käufer i. S. d. Art. 3 Abs. 3 VerbrGKRL dar, wenn der Verkäufer die defekte Sache nicht ausbaue und die neue nicht einbaue. Der Begriff der „Ersatzlieferung" sei – auch in anderen Sprachfassungen – so auszulegen, dass er sich nicht bloß auf die Lieferung eines Ersatzes beschränke. Diese Auslegung entspreche dem Ziel der Richtlinie, ein hohes Verbraucherschutzniveau zu gewährleisten.[19] Es führe auch nicht zu einem „ungerechten Ergebnis", wenn dem Verkäufer die Kosten für Aus- und Einbau auferlegt würden, denn dieser habe nicht ordnungsgemäß erfüllt und müsse daher die Folgen tragen.[20] Die Rechte des Käufers nach Art. 3 VerbrGKRL

---

[15] Rs. C-65/09 und C-87/09, NJW 2011, 2269 ff. – *Gebr. Weber GmbH/Jürgen Wittmer* und *Ingrid Putz/Medianess Electronics GmbH*; dazu *Büdenbender/Binder* DB 2011, 1736; *Augenhofer/Appenzeller/Holm* JuS 2011, 680; *Stöber* ZGS 2011, 346; *Purnhagen* EuZW 2011, 626; *Eisenberg* BB 2011, 2634, 2636 f.; *Bauerschmidt/Harnos* JA 2012, 256; krit. *Kaiser* JZ 2011, 978; abl. *Förster* ZIP 2011, 1493; *Lorenz* NJW 2011, 2241; *Greiner/Benedix* ZGS 2011, 489.

[16] NJW 2009, 1660 (zum Ausbau).

[17] ZGS 2009, 525 (zum Einbau).

[18] Vgl. EuGH NJW 2011, 2269 Rn. 47.

[19] EuGH NJW 2011, 2269 Rn. 55.

[20] EuGH NJW 2011, 2269 Rn. 56.

dienten der Herstellung der Situation, die vorgelegen hätte, wenn der Verkäufer von vornherein ein vertragsgemäßes Gut geliefert hätte.[21]

### 3. Kritik; Folgerungen für das deutsche Recht: richtlinienkonforme Auslegung

Die Begründung des EuGH überzeugt jedenfalls nicht vollständig: Will man den **17** Käufer über die Nacherfüllung so stellen, wie er stünde, wenn der Verkäufer von vornherein mangelfrei geliefert hätte, würden sämtliche Schadenspositionen vom Nacherfüllungsanspruch erfasst.[22] Auch reicht der Umstand, dass der Verkäufer mangelhaft geleistet hat, nicht aus, um ihn für sämtliche dem Käufer dadurch entstandene Nachteile haftbar zu machen, denn die Schadensersatzhaftung ist nach deutschem Recht verschuldensabhängig ausgestaltet.

Trotz dieser Bedenken sind die nationalen Gerichte an das Auslegungsergeb- **18** nis des EuGH gebunden und müssen es durch richtlinienkonforme Auslegung des nationalen Rechts umsetzen. Das nationale Recht ist dabei so weit wie möglich anhand des Wortlauts und des Zwecks der Richtlinie auszulegen, um zu einem Ergebnis zu gelangen, das mit dem von der Richtlinie verfolgten Ziel vereinbar ist.[23] Deshalb ist im Folgenden der Entscheidung des EuGH zu folgen.

Da der EuGH offengelassen hat, ob der Verkäufer selbst zum Aus- und Einbau **19** verpflichtet sein soll oder lediglich zum Kostenersatz,[24] bieten sich zwei Möglichkeiten der Umsetzung im Rahmen von § 439 BGB an.

Eine Möglichkeit wäre, eine Pflicht des Verkäufers zum Aus- und Einbau zu verneinen und dem Käufer stattdessen aus § 439 Abs. 2 BGB einen Anspruch auf Kostenersatz zuzubilligen.[25]

Der BGH plädiert hingegen für eine extensive Auslegung von § 439 Abs. 1 Fall **20** 2 BGB.[26] Zwar spricht dessen Wortlaut („Lieferung einer mangelfreien Sache") zunächst dafür, dass der Verkäufer lediglich eine neue, mangelfreie Sache übergeben und übereignen muss. Zu bedenken ist aber, dass der Gesetzgeber § 439 Abs. 1 Fall 2 BGB zur Umsetzung des in Art. 3 Abs. 2 VerbrGKRL vorgesehenen Anspruchs

---

[21] EuGH NJW 2011, 2269 Rn. 60.

[22] Vgl. *Lorenz* NJW 2011, 2241, 2243; Erman/*Grunewald* § 439 Rn. 6.

[23] EuGH Slg. 2004, I-8835 Leitsatz 4 = NJW 2004, 3547 Leitsatz 3 (*Pfeiffer*).

[24] EuGH Leitsatz 1 und Rn. 62; *Lorenz* NJW 2011, 2241, 2243 unter IV 1 a; *Kaiser* JZ 2011, 978, 979; *Jaensch* NJW 2012, 1025, 1027.

[25] Dafür *Greiner/Benedix* ZGS 2011, 489, 493; *Kaiser* JZ 2011, 978, 984 f., 987 f.; *Kroll-Schlüter* JR 2011, 463, 465. Vereinzelt wird auch ein Anspruch auf Kostenersatz aus §§ 437 Nr. 3, 280 Abs. 1 BGB hergeleitet, wobei dieser ausnahmsweise verschuldensunabhängig sein soll (*Weber* ZGS 2011, 539 ff.). Letztere Lösung überzeugt nicht, weil die Annahme eines verschuldensunabhängigen Schadensersatzanspruchs im deutschen Recht systemfremd ist. *Jaensch* NJW 2012, 1025, 1029 nimmt zwar an, der Verkäufer sei im Rahmen der Nacherfüllung zum Aus- und Einbau verpflichtet. Wenn der Verkäufer dies aber nach § 439 Abs. 3 BGB berechtigt verweigere, ergebe sich ein Schadensersatzanspruch des Käufers aus §§ 437 Nr. 3, 280 Abs. 1 u. 3, 283 BGB. Auch dies überzeugt nicht, weil hier kein Fall der Unmöglichkeit vorliegt.

[26] BGH NJW 2012, 1073 Rn. 25 (für den Ausbau); ebenso *Lorenz* NJW 2011, 2241, 2243; *Förster* ZIP 2011, 1493, 1500; *Purnhagen* EuZW 2011, 626, 627, 629; *Jaensch* NJW 2012, 1025, 1027.

auf Ersatzlieferung geschaffen hat und die in § 439 Abs. 1 Fall 2 BGB geregelte Form der Nacherfüllung auch in der Gesetzesbegründung[27] als „Ersatzlieferung" bezeichnet wird. Zudem ergibt sich aus dem in § 439 Abs. 4 BGB angeordneten Rückgewähranspruch des Verkäufers ein Austauschelement.[28] Daher ist eine weitergehende Auslegung der Norm nach dem Wortlaut möglich[29] und aufgrund der Richtlinie geboten. Die Lösung über § 439 Abs. 1 Fall 2 BGB erscheint gegenüber der Anwendung von § 439 Abs. 2 BGB vorzugswürdig, weil der Verkäufer, der Aus- und Einbau möglicherweise billiger als der Käufer ausführen oder organisieren kann, andernfalls durch ein Selbstvornahmerecht des Käufers sein Recht zur zweiten Andienung verlöre.[30]

21 § 439 Abs. 1 Fall 2 BGB ist daher richtlinienkonform dahin auszulegen, dass die Ersatzlieferung im Rahmen eines Verbrauchsgüterkaufs auch den Ausbau der mangelhaften und den Einbau der als Ersatz gelieferten Sache umfasst.

> Der BGH lehnt ein Wahlrecht des Käufers zwischen Aus- und Einbau durch den Verkäufer einerseits sowie Selbstvornahme und Kostenerstattung andererseits ausdrücklich ab (BGH NJW 2012, 1073 Rn. 27).

### 4. Zwischenergebnis

22 Demnach hat H gegen B aufgrund richtlinienkonformer Auslegung des § 439 Abs. 1 Fall 2 BGB einen Anspruch auf Entfernung und Abtransport der mangelhaften sowie auf Einbau der neuen Fliesen.

**Exkurs**
Außerhalb des Anwendungsbereichs der VerbrGKRL, insbes. im Rahmen eines Unternehmergeschäfts, bedarf es hingegen keiner richtlinienkonformen Auslegung des § 439 BGB. In diesem Fall ist an der im Kasten nach Rn. 14 dargestellten Lösung festzuhalten, dass Einbau und Ausbau nicht von der Nacherfüllung umfasst und die Kosten dafür nur verschuldensabhängig im Wege des Schadensersatzes neben der Leistung ersatzfähig sind (BGHZ 195, 135 = NJW 2013, 220; BGHZ 200, 337 = NJW 2014, 2183 Rn. 27, 29; *Lorenz* NJW 2013, 207; *Kaiser* JZ 2013, 346, 349 f.).

### 5. Kein Leistungsverweigerungsrecht gem. § 275 Abs. 2 BGB

23 Möglicherweise kann sich B auf ein Leistungsverweigerungsrecht nach § 275 Abs. 2 BGB berufen, so dass der Anspruch des H gegen B nicht durchsetzbar sein könnte. Danach kann der Schuldner die Leistung verweigern, soweit sie einen Aufwand erfordert, der unter Beachtung des Inhalts des Schuldverhältnisses und der Gebote von Treu und Glauben in einem groben Missverhältnis zu dem Leistungsinteresse des Gläubigers steht. Hierbei handelt es sich aber um eine eng auszulegende, prak-

---

[27] Begr. RegE SMG, BT-Drucks. 14/6040, S. 232.
[28] BGH NJW 2012, 1073 Rn. 26.
[29] A.A. *Kaiser* JZ 2011, 978, 980.
[30] BGH NJW 2012, 1073 Rn. 41, 43.

tisch nur sehr selten anwendbare Ausnahmevorschrift[31] für Fälle, die der tatsächlichen Unmöglichkeit nach § 275 Abs. 1 BGB nahestehen. Der Aus- und Einbau verursacht für B zwar hohe Kosten, allerdings ist das Interesse des H an einwandfreien Fliesen ebenso hoch.[32] Jedenfalls fehlt es an dem geforderten groben Missverhältnis. B hat also kein Leistungsverweigerungsrecht nach § 275 Abs. 2 BGB.

## 6. Leistungsverweigerungsrecht wegen Unverhältnismäßigkeit?
### a) Unverhältnismäßigkeit der Nachlieferung gem. § 439 BGB
Möglicherweise ist der Anspruch aber gem. § 439 Abs. 3 BGB nicht durchsetz-    **24**
bar. Dann müsste die Nacherfüllung für B unverhältnismäßige Kosten verursachen.
§ 439 BGB unterscheidet zwei Formen der Unverhältnismäßigkeit: Entweder kann
sich die Unverhältnismäßigkeit aus einem Vergleich der Kosten der einen Nacherfüllungsvariante mit denen der anderen ergeben (§ 439 Abs. 3 S. 2 Fall 3 BGB;
relative Unverhältnismäßigkeit), oder die Kosten der gewählten Nacherfüllungsvariante können aus sich heraus unverhältnismäßig sein, weil sie außer Verhältnis
zum Wert der Sache in mangelfreiem Zustand (§ 439 Abs. 3 S. 2 Fall 1 BGB) und
zur Bedeutung des Mangels (§ 439 Abs. 3 S. 2 Fall 2 BGB) stehen (absolute Unverhältnismäßigkeit). Im Falle absoluter Unverhältnismäßigkeit kann der Verkäufer die Nacherfüllung nach deutschem Recht vollständig verweigern, was sich aus
§ 439 Abs. 3 S. 3 Hs. 2 BGB sowie § 440 S. 1 BGB („wenn der Verkäufer beide
Arten der Nacherfüllung gem. § 439 Abs. 3 verweigert") ergibt. Hier ist allein eine
Nachlieferung der Fliesen möglich.[33] Da folglich ein Vergleich der Kosten beider
Nacherfüllungsvarianten nicht möglich ist, kommt hier nur eine absolute Unverhältnismäßigkeit in Betracht.

Über die Frage, bei Überschreitung welcher Grenzen die Nacherfüllung als ab-    **25**
solut unverhältnismäßig anzusehen ist, herrscht keine Einigkeit, zumal Grenzwerte
eine Bewertung der Umstände des Einzelfalles nicht ersetzen können.[34] Nach dem
käuferfreundlichsten Ansatz soll die Nacherfüllung dann absolut unverhältnismäßig
sein, wenn deren Kosten 150 % des Wertes der Sache im mangelfreien Zustand
oder 200 % des mangelbedingten Minderwertes übersteigen.[35] Hier ist der Wert der
Sache im mangelfreien Zustand mit dem gezahlten Kaufpreis von 1000 € gleichzusetzen. Auch der mangelbedingte Minderwert kann (wenn man die völlige Wertlosigkeit der Fliesen unterstellt) nicht größer sein als 1000 €. Eine Nacherfüllung,
die Entfernung der alten und Verlegung der neuen Fliesen umfasst, verursachte bei
B Kosten in Höhe von 5300 €. Das sind 530 % des Wertes der Kaufsache im mangelfreien Zustand und mindestens ebenfalls 530 % des mangelbedingten Minderwertes. Die Kosten der Nacherfüllung sind daher so hoch, dass die Nacherfüllung
bei isolierter Betrachtung des deutschen Rechts als absolut unverhältnismäßig anzusehen ist und B die Nacherfüllung verweigern könnte.

---

[31] BGH NJW 2009, 1660 Rn. 18.

[32] Vgl. *Büdenbender/Binder* DB 2011, 1736, 1742.

[33] S.o. Fn. 3.

[34] BGH NJW 2009, 1660 Rn. 15; weitere Nachweise in Fall 7 Fn. 5.

[35] *Bitter/Meidt* ZIP 2001, 2114, 2121.

**b) Unvereinbarkeit mit der Verbrauchsgüterkaufrichtlinie**

**26**    Möglicherweise ist dieses Ergebnis aber nicht mit der VerbrGKRL vereinbar. Nach
Art. 3 Abs. 3 Unterabs. 1 der Richtlinie kann der Verbraucher vom Verkäufer Nachbesserung oder Ersatzlieferung verlangen, sofern dies nicht unmöglich oder unverhältnismäßig ist. Nach Unterabs. 2 gilt eine Abhilfe aber nur dann als unverhältnismäßig, wenn sie „Kosten verursachen würde, die ... verglichen mit der alternativen
Abhilfemöglichkeit unzumutbar wären". Der EuGH hat daher – wiederum für die
nationalen Gerichte verbindlich – entschieden, dass die Richtlinie allein den Fall
der relativen Unverhältnismäßigkeit erfasse.[36] Dies sei auch damit zu rechtfertigen,
dass die gegenüber der Herstellung des vertragsgemäßen Zustands subsidiären Mittel der Auflösung des Vertrags oder der Minderung des Kaufpreises nicht dasselbe
Verbraucherschutzniveau gewährleisteten.[37] Der Verkäufer könne daher die einzig
mögliche Art der Abhilfe nicht wegen Unverhältnismäßigkeit der hierfür erforderlichen Kosten verweigern.[38]

**27**    Allerdings hat der EuGH weiter entschieden, dass Art. 3 Abs. 3 VerbrGKRL es
nicht ausschließe, den Anspruch des Verbrauchers auf Kostenerstattung für den
Ausbau der mangelhaften Kaufsache und den Einbau der Ersatzsache auf einen
Betrag zu beschränken, der dem Wert, den die Sache hätte, wenn sie vertragsgemäß
wäre, und der Bedeutung der Vertragswidrigkeit angemessen sei.[39] Dabei dürfe das
Recht des Verbrauchers auf Erstattung der Ein- und Ausbaukosten aber nicht ausgehöhlt werden.

**c) Auswirkungen auf das nationale Recht**

**28**    Damit ist § 439 Abs. 3 BGB nicht mit der Richtlinie vereinbar, soweit er dem Verkäufer eine Verweigerung der Nacherfüllung wegen absoluter Unverhältnismäßigkeit ermöglicht. Fraglich ist, welche Konsequenzen dies hat. Der Gesetzeswortlaut
ist eindeutig, so dass – anders als bei der Frage, ob der Aus- und Einbau von der
Nacherfüllungspflicht erfasst ist – eine richtlinienkonforme Auslegung des deutschen Rechts nicht in Betracht kommt.[40] EU-Richtlinien entfalten anders als EU-
Verordnungen keine unmittelbare Wirkung zwischen Privatpersonen; sie richten
sich nur an die Mitgliedstaaten, die sie umsetzen müssen (Art. 288 Abs. 2 und 3
AEUV).[41] Bei fehlerhafter Umsetzung von Richtlinien durch den nationalen Gesetzgeber gilt also im Grundsatz das europarechtswidrige nationale Gesetz, nicht
die Richtlinie.

**29**    Allerdings wird dieser Grundsatz in der Rechtsprechung durch die Annahme
der Möglichkeit einer richtlinienkonformen Rechtsfortbildung durch teleologische

---

[36] EuGH NJW 2011, 2269 Rn. 63 ff.
[37] EuGH NJW 2011, 2269 Rn. 72.
[38] EuGH NJW 2011, 2269 Rn. 71.
[39] EuGH NJW 2011, 2269 Rn. 74, 76.
[40] BGH NJW 2012, 1073 Rn. 28 f.; s. auch BGHZ 179, 27 Rn. 20=NJW 2009, 427.
[41] Vgl. *Schroeder* Grundkurs Europarecht, 3. Aufl. 2013, § 6 Rn. 57; *Herdegen* Europarecht,
16. Aufl. 2014, § 8 Rn. 48.

Reduktion[42] zunehmend in Frage gestellt. Voraussetzung dafür ist zunächst eine verdeckte Regelungslücke, d. h. eine planwidrige Unvollständigkeit des Gesetzes. Der BGH bejaht eine verdeckte Regelungslücke, weil § 439 Abs. 3 BGB keine Einschränkung dahingehend enthält, dass im Rahmen eines Verbrauchsgüterkaufs eine absolute Unverhältnismäßigkeit der Nacherfüllung nicht in Betracht kommt. Diese Unvollständigkeit ist nach Auffassung des BGH auch planwidrig, weil der Gesetzgeber der Schuldrechtsreform die Absicht gehabt habe, eine mit der Verbrauchsgüterkaufrichtlinie konforme Regelung zu schaffen, und diese Absicht auch in der Gesetzesbegründung[43] konkret geäußert habe. Dass er sich keine konkreten Gedanken über die Richtlinienkonformität des § 439 Abs. 3 S. 3 BGB gemacht, sondern diese stillschweigend vorausgesetzt habe, ändere an der Planwidrigkeit der Regelungslücke nichts.[44] Entscheidend sei, dass der Gesetzgeber § 439 Abs. 3 S. 3 BGB nicht in gleicher Weise erlassen hätte, hätte er gewusst, dass die Norm nicht richtlinienkonform ist. Die Regelungslücke sei daher durch eine teleologische Reduktion des § 439 Abs. 3 BGB für die Fälle des Verbrauchsgüterkaufs zu schließen.

Die Vorschrift sei somit in Fällen des Verbrauchsgüterkaufs einschränkend dahingehend anzuwenden, dass ein Verweigerungsrecht nicht besteht, wenn nur eine Art der Nacherfüllung möglich ist oder der Verkäufer die andere Art der Nacherfüllung zu Recht verweigert. Allerdings dürfe der Verkäufer in diesen Fällen den Käufer bezüglich des Ausbaus der mangelhaften Sache und des Einbaus der als Ersatz gelieferten Sache auf die Kostenerstattung in Höhe eines angemessenen Betrages verweisen. Bei der Bemessung dieses Betrages seien der Wert der Sache in mangelfreiem Zustand und die Bedeutung des Mangels zu berücksichtigen. Zugleich sei – im Einklang mit der Entscheidung des EuGH – zu gewährleisten, dass durch die Beschränkung auf eine Kostenbeteiligung des Verkäufers das Recht des Käufers auf Erstattung der Aus- und Einbaukosten nicht ausgehöhlt werde.[45]

Folgt man dieser Argumentation, kann B zwar nicht – wie in § 439 Abs. 3 BGB vorgesehen und von B geltend gemacht – die Nacherfüllung vollständig verweigern. B hat aber das Recht, den H hinsichtlich des Aus- und Einbaus auf die Kostenerstattung in Höhe eines angemessenen Betrages zu verweisen. Leitlinien zu der Frage, welcher Betrag angemessen ist, gibt es noch nicht. Der BGH hat – ohne nähere Begründung – bei rein optischen Mängeln ohne Funktionsbeeinträchtigung und einem Wert der mangelfreien Sache von 1200 € einen Betrag von 600 € für angemessen gehalten.[46] Vorliegend kommt es hingegen durch das Absplittern von Teilen der Oberfläche der Fliesen zu einer Funktionsbeeinträchtigung. Insofern er-

30

31

---

[42] BGH NJW 2012, 1073 Rn. 30 ff.; zur richtlinienkonformen Rechtsfortbildung entgegen dem Gesetzeswortlaut grundlegend BGHZ 179, 27 Rn. 21 ff. = NJW 2009, 427; zur Nichtanwendung einer deutschen Rechtsnorm wegen Verstoßes gegen EU-Recht auch EuGH NJW 2005, 3695; BAG NZA 2006, 1162 *(Mangold)*; BVerfG NJW 2010, 3422 *(Honeywell)*.

[43] BT-Drucks. 14/6040, S. 232.

[44] BGH NJW 2012, 1073 Rn. 34.

[45] BGH NJW 2012, 1073 Rn. 35. Unklar bleibt, woraus der Kostenersatzanspruch des Käufers herzuleiten ist, auf den ihn der Verkäufer verweisen darf (*Jaensch* EWiR 2012, 173, 174).

[46] BGH NJW 2012, 1073 Rn. 54; für unangemessen niedrig hält dies *Kaiser* JZ 2013, 346, 349.

scheint es angemessen, dass B dem H einen Betrag von 1000 € ersetzen muss, der dem einfachen Wert der Fliesen entspricht (*die Annahme anderer Werte ist natürlich vertretbar*).

---

**Weiterführende Hinweise**

Die Möglichkeit einer richtlinienkonformen Rechtsfortbildung ist umstritten (ablehnend etwa *Höpfner* JZ 2009, 403 ff. u. JZ 2012, 473, 475). Es lässt sich durchaus die Ansicht vertreten, dass bis zu einer Gesetzesänderung das richtlinienwidrige deutsche Recht weiter anwendbar sei, weil der Gesetzgeber sich hier bewusst für ein umfassendes Leistungsverweigerungsrecht entschieden habe (*Greiner/Benedix* ZGS 2011, 489, 496; *Lorenz* NJW 2011, 2241, 2244; *Kaiser* JZ 2013, 346, 347) und die Annahme eines generellen Umsetzungswillens eine bloße Fiktion wäre.

Der BGH wählt also den Weg, dass der Käufer zunächst vom Verkäufer Aus- und Einbau verlangen soll und der Verkäufer dann im Rahmen einer Einrede den Käufer stattdessen auf anteilige Kostenerstattung verweisen kann. In der Literatur ist hingegen auch vorgeschlagen worden, der Verkäufer solle den Aus- und Einbau bei Unverhältnismäßigkeit verweigern dürfen, sofern sich nicht der Verbraucher zur Beteiligung an den Kosten bereit erklärt.[47] Diesen Ansatz hat der BGH abgelehnt, weil er dem Verkäufer die Möglichkeit einer völligen Verweigerung des Aus- und Einbaus eröffne und dadurch die Rechte des Käufers ausgehöhlt werden könnten (BGH NJW 2012, 1073 Rn. 38).

Einfacher können die Vertreter der Ansicht, die von vornherein nur eine Pflicht des Verkäufers zur Kostenerstattung annehmen (s. o. Fn. 24), die Begrenzung der Erstattungspflicht auf einen angemessenen Betrag sicherstellen. Der BGH folgt dieser Ansicht jedoch nicht (s. o.).

Nicht überzeugend erscheint ein anderer in der Literatur vorgeschlagener Ansatz, die Nachlieferung bei absoluter Unverhältnismäßigkeit der Höhe nach zu begrenzen (*Förster* ZIP 2011, 1493, 1500): Der EuGH erlaubt nicht generell eine Beschränkung der Nacherfüllung bei absoluter Unverhältnismäßigkeit, sondern nur hinsichtlich Aus- und Einbaukosten. Außerdem wäre dem Käufer nicht damit gedient, wenn der Verkäufer z. B. ¼ der Fliesen auswechselte und den Rest im mangelhaften Zustand ließe.

---

## 7. Ergebnis

**32**  H hat zwar gegen B aus §§ 437 Nr. 1, 439 Abs. 1 Fall 2 BGB im Rahmen der Nachlieferung einen Anspruch auf Entfernung der mangelhaften Fliesen und Verlegung der als Ersatz gelieferten Fliesen. Dieser Anspruch ist jedoch so nicht durchsetzbar. B kann den H darauf verweisen, statt der Entfernung und der Neuverlegung die Erstattung eines angemessenen Betrages in Höhe von 1000 € zu verlangen.

---

[47] *Faust* JuS 2011, 744, 747 f.; *Meier* JA 2013, 502, 505; *Stöber* ZGS 2011, 346, 350 f.; s. auch *Faust* JuS 2012, 456, 458.

## III. Folgerungen für den Leistungsort der Nacherfüllungspflicht

Zu prüfen ist, welche Schlüsse aus diesem Ergebnis für die Frage zu ziehen sind, **33** ob B die neuen Fliesen zu H nach Hause liefern oder bloß im Geschäft bereitstellen muss (Fortsetzung von Rn. 10). Wenn B im Rahmen der Nachlieferung im Grundsatz dazu verpflichtet ist, die alten Fliesen bei H zu entfernen und die neuen Fliesen bei H zu verlegen, dann muss er erst recht dazu verpflichtet sein, die neuen Fliesen bei H anzuliefern. Die in Rn. 7 genannte Auffassung, die den Erfüllungsort der Nacherfüllung stets am ursprünglichen Erfüllungsort ansiedeln will, wird diesem Ergebnis nicht gerecht und ist daher abzulehnen. Vielmehr ist im Einklang mit den beiden anderen Auffassungen festzustellen, dass den Verkäufer jedenfalls dann eine Verpflichtung zur Lieferung der Ersatzsache zum Käufer trifft, wenn der Verkäufer diese einbauen muss.[48]

Allerdings besteht hier die Besonderheit, dass B den Einbau der neuen Fliesen **34** (und den Ausbau der mangelhaften) verweigern und den H auf einen Kostenersatzanspruch i. H. v. 1000 € verweisen darf. Dies könnte dazu führen, dass nach der vermittelnden Auffassung des BGH auch eine Bereitstellung der Fliesen im Baumarkt ausreichend sein könnte. Dagegen spricht jedoch, dass B hier nur deshalb ausnahmsweise zur Verweigerung des Ein- und Ausbaus verpflichtet ist, weil dieser zu Kosten führt, die im Verhältnis zum Wert der Kaufsache und zum Mangelunwert außer Verhältnis stehen. Für die Anlieferung der Fliesen gelten diese Überlegungen aber nicht; die für sie notwendigen Kosten stehen nicht außer Verhältnis zum Wert der Fliesen. Außerdem ist bei der Bewertung der Umstände des Einzelfalls zu bedenken, dass der Transport von 50 m² Fliesen für H aufwendig ist und von B möglicherweise einfacher und billiger organisiert werden kann. Auch unter Zugrundelegung der vermittelnden Ansicht des BGH erscheint es daher angemessen, eine Pflicht des B zur Lieferung der neuen Fliesen zu H nach Hause anzunehmen.

> A.A. – keine Pflicht des B zur Lieferung der Fliesen zu H nach Hause – unter Zugrundelegung der Ansicht des BGH vertretbar, dann hat H aber gegen B einen Anspruch auf Ersatz der notwendigen Transportkosten aus § 439 Abs. 2 BGB.

## IV. Gesamtergebnis

H kann von B aus § 439 Abs. 1 Fall 2 BGB Lieferung mangelfreier Fliesen zu sich **35** nach Hause verlangen. H hat auch einen Anspruch darauf, dass B die mangelhaften Fliesen entfernt und die neuen Fliesen verlegt. Jedoch ist dieser Anspruch nicht durchsetzbar. B kann den H darauf verweisen, statt der Entfernung und der Neuverlegung die Erstattung eines angemessenen Betrages i. H. v. 1000 € zu verlangen.

---

[48] Vgl. *Looschelders* JA 2011, 783, 785.

## Abwandlung

**36**  H bittet um Prüfung, ob es ratsam ist, von dem mit B geschlossenen Kaufvertrag zurückzutreten und dann Rückzahlung des Kaufpreises zu verlangen (unten I). Zudem will er wissen, ob er dann von B Entfernung der mangelhaften Fliesen (unten II) und die Kosten für die Verlegung der mangelhaften Fliesen ersetzt verlangen kann (unten III).

### I. Anspruch auf Rückzahlung des Kaufpreises nach Rücktritt aus § 346 Abs. 1 i. V. m. §§ 437 Nr. 2, 323 BGB

**37**  H könnte gegen B einen Anspruch auf Rückzahlung des Kaufpreises für die Fliesen in Höhe von 1000 € aus § 346 Abs. 1 i. V. m. §§ 437 Nr. 2, 323 BGB haben, wenn er vom Kaufvertrag zurücktritt.

#### 1. Rücktrittsrecht

**38**  Dazu müsste H zunächst zum Rücktritt vom Kaufvertrag berechtigt sein, §§ 437 Nr. 2, 323 BGB. Wie bereits geprüft, haben H und B einen Kaufvertrag geschlossen, und die Kaufsache war schon bei Gefahrübergang mangelhaft. Allerdings setzt ein Rücktritt gem. § 323 BGB grundsätzlich den Ablauf einer angemessenen Frist zur Nacherfüllung voraus. Eine solche hat H dem B nicht gesetzt. Jedoch hat B eine Nacherfüllung kategorisch verweigert. Damit war die Fristsetzung nach § 323 Abs. 2 Nr. 1 BGB ausnahmsweise entbehrlich. Der Mangel der Fliesen ist auch erheblich, § 323 Abs. 5 S. 2 BGB. H ist damit zum Rücktritt berechtigt.

#### 2. Rücktrittserklärung/Ergebnis

**39**  Gem. § 349 BGB muss H den Rücktritt noch erklären. Dann kann er von B gem. § 346 Abs. 1 BGB Rückzahlung des Kaufpreises in Höhe von 1000 € verlangen.

### II. Anspruch auf Entfernung der mangelhaften Fliesen

#### 1. Aus dem Rückgewährschuldverhältnis gem. § 346 Abs. 1 BGB

**40**  Fraglich ist, ob B aufgrund des Rückgewährschuldverhältnisses nach § 346 Abs. 1 BGB gegenüber H auch dazu verpflichtet ist, die mangelhaften Fliesen zu entfernen und abzutransportieren. Diese könnte aus der Pflicht des Verkäufers, die mangelhafte Sache im Falle eines Rücktritts zurückzunehmen, herzuleiten sein. Das Gesetz bestimmt in § 346 Abs. 1 BGB zwar lediglich, dass der Verkäufer in diesem Falle einen Anspruch auf Rückgewähr der mangelhaften Sache hat. Auch wenn der Wortlaut eher dagegen spricht, dass mit diesem Rückgewähranspruch des Verkäufers auch eine Rücknahmepflicht korrespondiert, ist aber anerkannt, dass der Käufer jedenfalls dann vom Verkäufer Rücknahme der mangelhaften Sache verlangen kann, wenn der Käufer daran ein besonderes Interesse hat.[49] Dies wird z. T. auch dem Rechtsgedanken des § 433 Abs. 2 BGB entnommen (Abnahmepflicht des Käufers):[50] Das Rückgewährschuldverhältnis gem. §§ 346 ff. BGB sei spiegelbildlich zum ursprünglichen Vertragsverhältnis ausgestaltet. Wie der Verkäufer vorher vom Käufer Abnahme der Kaufsache habe verlangen können, müsse nun auch der Käufer vom Verkäufer Rücknahme der mangelhaften Sache zumindest dann verlangen können, wenn er ein schutzwürdiges Interesse daran habe, die Sache loszuwerden.

Bei Fliesen besteht aber die Besonderheit, dass diese – anders als etwa provisorisch verlegte Dachziegel – mit der Verlegung gem. §§ 946, 93, 94 Abs. 2 BGB wesentlicher Bestandteil des Hausgrundstücks werden. Damit steht einem Rückgewähranspruch des Verkäufers aus § 346 Abs. 1 BGB die Unmöglichkeit der Herausgabe der Fliesen entgegen. Ein Wertersatzanspruch nach § 346 Abs. 2 S. 1 Nr. 2 BGB (ggf. analog[51]) scheitert an § 346 Abs. 3 S. 1 Nr. 1 BGB. Wenn der Verkäufer bereits keinen Rückgewähranspruch hat, muss auch der damit korrespondierende Rücknahmeanspruch des Käufers ausgeschlossen sein.[52] Da H hier also keinen Anspruch auf Rücknahme der Fliesen hat, kann daraus auch kein Anspruch auf deren Entfernung hergeleitet werden. **41**

A.A. gut vertretbar. H sollte dann aber angesichts der entgegenstehenden BGH-Rechtsprechung auf ein erhebliches Prozessrisiko hingewiesen werden.

## 2. Schadensersatz statt der Leistung, §§ 437 Nr. 3, 280 Abs. 1 u. 3, 281 BGB

Die Kosten für die Entfernung der Fliesen könnten aber im Wege des Schadensersatzes statt der Leistung gem. §§ 437 Nr. 3, 280 Abs. 1 u. 3, 281 BGB ersatzfähig sein, der gem. § 325 BGB neben dem Rücktritt anwendbar ist. **42**

### a) Mangelhafte Leistung als Pflichtverletzung

B hat, wie oben geprüft, eine mangelhafte Sache geliefert und damit seine Pflicht aus § 433 Abs. 1 S. 2 BGB verletzt. **43**

---

[49] BGHZ 87, 104, 109 (zur Pflicht des Verkäufers, im Falle der Wandelung, die dem heutigen Rücktritt vom Kaufvertrag entspricht, mangelhafte Dachziegel zurückzunehmen); Bamberger/Roth/*Faust* § 437 Rn. 45; Jauernig/*Stadler* § 346 Rn. 2; NK/*Hager* § 346 Rn. 23; Palandt/*Grüneberg* § 346 Rn. 5; anders Staudinger/*Kaiser* (2014) § 346 Rn. 91 ff.

[50] Bamberger/Roth/*Faust* § 437 Rn. 45; NK/*Hager* § 346 Rn. 23; ablehnend MünchKomm/*Gaier* § 346 Rn. 16.

[51] Staudinger/*Kaiser* (2012) § 346 Rn. 144; für Gesamtanalogie zu Nrn. 2 und 3 MünchKomm/*Gaier* § 346 Rn. 43.

[52] BGH NJW 2009, 1660 Rn. 21; *Witt* ZGS 2008, 369, 371; a. A. *Faust* JuS 2009, 470, 471; *Höpfner* ZGS 2009, 270, 274; krit. zur Kopplung der Rücknahmepflicht an ein Rückforderungsrecht auch *Lorenz* NJW 2009, 1633, 1634.

**b) Fristsetzung bzw. Entbehrlichkeit**

44 Eine Fristsetzung ist, wie schon im Rahmen des Rücktritts geprüft, wegen ernsthafter und endgültiger Erfüllungsverweigerung entbehrlich, § 281 Abs. 2 Fall 1 BGB.

**c) Vertretenmüssen**

45 Schließlich setzt der Anspruch Vertretenmüssen des B voraus (§§ 280 Abs. 1 S. 2,
276 BGB). Dieses kann sich nach h. M. alternativ auf den Mangel (oben a) oder auf
das Unterlassen der Nacherfüllung (oben b) beziehen (ausf. dazu Fall 10). In Bezug
auf den Mangel trifft B kein Verschulden. Allerdings hat B ohne Grund die Nacherfüllung verweigert. Daher trifft ihn Verschulden hinsichtlich der Verweigerung
der Nacherfüllung.

**d) Schaden/Ersatzfähigkeit**

46 Im Rahmen des Schadensersatzes statt der Leistung ist der Schaden ersatzfähig,
der vermieden worden wäre, wenn der Verkäufer ordnungsgemäß nacherfüllt hätte.
Wie im Ausgangsfall erörtert, war B im Rahmen der Nacherfüllung dazu verpflichtet, die alten Fliesen zu entfernen. Demnach sind die Kosten für die Entfernung
(1500 €) nun grundsätzlich als Schadensersatz „statt der Nacherfüllung" ersatzfähig. Allerdings war B im Rahmen der Nacherfüllung dazu berechtigt, den Ausbau
der mangelhaften Fliesen (und den Einbau der neuen Fliesen) zu verweigern und
H stattdessen auf Zahlung von 1000 € zu verweisen. Diese Begrenzung des Nacherfüllungsanspruchs ist auch im Rahmen des Schadensersatzes zu beachten. Der
Anspruch auf Schadensersatz ist daher ebenfalls auf einen Betrag von 1000 € zu
begrenzen. Dabei sind aber Ein- und Ausbaukosten nicht getrennt zu betrachten,
sondern ihre Summe ist auf 1000 € begrenzt, so dass der Betrag nicht weiter herabzusetzen ist, obwohl es hier nur um die Ausbaukosten geht.[53]

**e) Ergebnis**

47 H kann von B gem. §§ 437 Nr. 3, 280 Abs. 1 u. 3, 281 BGB Schadensersatz statt
der Leistung i. H. v. 1000 € für die Entfernung der mangelhaften Fliesen verlangen.

## III. Anspruch auf Ersatz der Kosten für die Verlegung der mangelhaften Fliesen als Aufwendungsersatz gem. §§ 437 Nr. 3, 284 BGB

**Hinweise auf nicht einschlägige Anspruchsgrundlagen:**
Die Kosten für die Verlegung der mangelhaften Fliesen sind nicht im Rahmen eines **Anspruchs
auf Verwendungsersatz** (§ 347 Abs. 2 S. 1 BGB) bzw. Aufwendungsersatz (§ 347 Abs. 2 S. 2
BGB) ersatzfähig. Ein solcher Anspruch kommt, wenn man dem BGH folgt (s. o. Rn. 41), schon
deshalb nicht in Betracht, weil der Käufer keinen Anspruch auf Rücknahme der verlegten Fliesen
hat. Außerdem stellt die Verlegung keine Verwendung i. S. d. § 347 Abs. 1 S. 1 BGB dar, sondern
lediglich eine Zuführung der Fliesen zu ihrem bestimmungsgemäßen Gebrauch. Zwar handelt es
sich um eine Aufwendung i. S. d. § 347 Abs. 2 S. 2 BGB, doch ist B dadurch nicht bereichert. Dazu
ausführlicher Fall 3 Rn. 38.

---

[53] Vgl. BGH NJW 2012, 1073 Rn. 55.

Die Kosten für die Verlegung der mangelhaften Fliesen sind auch nicht im Rahmen des **Scha-densersatzes statt der Leistung** nach §§ 437 Nr. 3, 280 Abs. 1 u. 3, 281 BGB ersatzfähig. Zwar sind dessen tatbestandliche Voraussetzungen erfüllt (s. o. Rn. 42 ff.). Im Rahmen des Schadens-ersatzes kann der Käufer aber nicht besser gestellt werden, als er stünde, wenn der Verkäufer von Anfang an eine mangelfreie Leistung erbracht hätte.[54] Der *erste* Einbau der Fliesen wäre ohnehin nötig gewesen, auch wenn B mangelfreie Fliesen geliefert hätte. Lediglich durch die Notwendig-keit einer *zweiten* Verlegung entsteht dem H aufgrund des Mangels der Fliesen ein Schaden. In Bezug auf die erste Verlegung fehlt es dagegen an der Kausalität zwischen Pflichtverletzung und Schaden.[55]

Möglicherweise hat H gegen B einen Anspruch auf Ersatz der bei der Verlegung   **48**
der Fliesen angefallenen Aufwendungen i. H. v. 3000 € aus §§ 437 Nr. 3, 284 BGB.
Danach kann der Käufer einer mangelhaften Sache anstelle des Schadensersatzes
statt der Leistung vom Verkäufer die Aufwendungen ersetzt verlangen, die er im
Vertrauen auf den Erhalt der Leistung gemacht hat und billigerweise machen durfte.

## 1. Voraussetzungen des Schadensersatzes statt der Leistung
H hat, wie oben (Rn. 42 ff.) geprüft, gegen B dem Grunde nach einen Anspruch auf   **49**
Schadensersatz statt der Leistung gem. §§ 437 Nr. 3, 280 Abs. 1 u. 3, 281 BGB.

## 2. Kosten für Verlegung als vergebliche Aufwendungen
Fraglich ist, ob die Kosten für die Verlegung der mangelhaften Fliesen „frustrierte"   **50**
Aufwendungen darstellen, die H im Vertrauen auf die Mangelfreiheit der Fliesen
gemacht hat und billigerweise machen durfte. Aufwendungen i. S. d. § 284 BGB
sind freiwillige Vermögensopfer, zu denen insbesondere auch Einbaukosten zäh-
len.[56] H hat diese Aufwendungen gemacht, weil er davon ausging, die Fliesen seien
fehlerfrei. H hat die Fliesen durch die Verlegung ihrer bestimmungsgemäßen Verwendung zugeführt, so dass er die Aufwendungen auch billigerweise machen durfte. § 284 BGB sieht keine höhenmäßige Begrenzung des Anspruchs vor,[57] so dass
die für die Verlegung aufgewendeten 3000 € ersatzfähig sind, obwohl der Kaufpreis
nur ein Drittel davon beträgt.

## 3. Ergebnis
Damit kann H von B aus §§ 437 Nr. 3, 284 BGB Ersatz der Kosten für die vergeb-   **51**
liche erste Verlegung der Fliesen in Höhe von 3000 € verlangen.

## IV. Konkurrenzverhältnis/Empfehlung

Nach Rücktritt kann H also von B Rückzahlung des Kaufpreises in Höhe von   **52**
1000 € verlangen. Darüber hinaus (§ 325 BGB) besteht im Rahmen des Schadensersatzes statt der Leistung ein Anspruch auf Zahlung von 1000 € für die Entfernung

---

[54] Vgl. *Lorenz/Riehm* Lehrbuch zum neuen Schuldrecht, Rn. 538.

[55] Vgl. *Greiner* ZGS 2010, 353, 357.

[56] BGHZ 177, 224 Rn. 32; Jauernig/*Stadler* § 284 Rn. 4; Bamberger/Roth/*Unberath* § 284 Rn. 12; *Jaensch* JuS 2009, 131, 132; *Bauerschmidt/Harnos* JA 2012, 256, 261.

[57] MünchKomm/*Ernst* § 284 Rn. 28.

der Fliesen und im Rahmen des Ersatzes frustrierter Aufwendungen ein Anspruch auf Zahlung von 3000 € für die vergebliche erste Verlegung der Fliesen. Allerdings schließen sich die Ansprüche aus §§ 437 Nr. 3, 280 Abs. 1 u. 3, 281 BGB sowie aus §§ 437 Nr. 3, 284 BGB gegenseitig aus. Dies ergibt sich aus dem Wortlaut des § 284 BGB („anstelle des Schadensersatzes statt der Leistung").[58] H sollte sich für den höheren Anspruch entscheiden. Es ist dem H daher zu empfehlen, vom Kaufvertrag zurückzutreten und Ersatz der frustrierten Aufwendungen in Höhe von 3000 € zu verlangen. So kann er gegen B Ansprüche in Höhe von insgesamt 4000 € geltend machen.

**Zum Verständnis**

Die Kosten für die erste Verlegung der Fliesen kann H also nur ersetzt verlangen, wenn B nicht bis zum Ablauf einer angemessenen Nachfrist nacherfüllt oder die Nacherfüllung aus anderen Gründen scheitert. Denn macht B von seinem Recht zur zweiten Andienung Gebrauch, indem er neue Fliesen liefert, erhält H letztlich die von B geschuldete Leistung. Die Kosten für die erste Verlegung waren dann im Ergebnis nicht vergeblich i. S. v. § 284 BGB. H ist hinreichend dadurch geschützt, dass er für die Entfernung der mangelhaften Fliesen und für die zweite Verlegung im Rahmen der Nacherfüllung teilweisen Kostenersatz erhält (oben Rn. 11 ff.).

---

[58] Palandt/*Grüneberg* § 284 Rn. 4; Staudinger/*Schwarze* (2014) § 284 Rn. 13 f.; *Kleine/Scholl* NJW 2006, 3462, 3466.

# Fall 9

## Ausgangsfall

Die 19-jährige Kunigunde (K) benötigt für ihren Abiball ein Abendkleid. Von ihrer letzten Indienreise hat sie Stoffe mitgebracht, aus denen sie das Kleid von dem Schneider Schnell (S) anfertigen lassen will. Sie bringt die Stoffe zu S und erklärt ihm genau, wie das Kleid aussehen soll. Für seine Arbeit soll S 100 € bekommen. Drei Tage später übergibt S der K das fertige Kleid. Da sie diverse andere Anschaffungen getätigt hat, kann K das Kleid nicht sofort bezahlen, verspricht aber, es in der darauffolgenden Woche von den erwarteten Geldgeschenken zu bezahlen.

Zu Hause will K das Kleid zunächst eintragen. Nach kurzer Zeit reißt es jedoch im Rückenbereich, was auf schlechte Verarbeitung seitens des S zurückzuführen ist. Da K meint, auf S sei kein Verlass, bringt sie das Kleid sogleich zum Schneider Teuer (T), der es aufwendig repariert, indem er das gerissene Stoffstück durch ein anderes austauscht. Dafür berechnet er 40 €, die K gerade noch bezahlen kann. Als sich S in der nächsten Woche vereinbarungsgemäß wegen der Bezahlung des Kleides meldet, meint K, sie könne von den vereinbarten 100 € die an T gezahlten 40 € abziehen, und zahlt daher nur 60 €. S beharrt hingegen auf der Zahlung auch des Restbetrages. Er wäre selbstverständlich dazu bereit gewesen, die Reparatur selbst durchzuführen. Außerdem hätten seine Materialkosten für die Reparatur allenfalls 5 € betragen, so dass er einen Abzug von 40 € keinesfalls akzeptieren könne. Wie ist die Rechtslage?

## Abwandlung

Das Kleid reißt am Samstagnachmittag vor dem am Abend stattfindenden Ball. K versucht noch, den S zu erreichen. Da dies nicht gelingt, wendet sie sich an T. Dieser näht den gerissenen Stoff provisorisch wieder zusammen, was zwar bei näherer Betrachtung nicht schön aussieht, der K aber immerhin ein Erscheinen auf dem Ball

© Springer-Verlag Berlin Heidelberg 2015
P. Balzer et al., *Die Schuldrechtsklausur I,* Tutorium Jura,
DOI 10.1007/978-3-662-45662-0_9

ermöglicht. T verlangt für die provisorische Reparatur außerhalb der Öffnungszeiten 10 €. Als S in der nächsten Woche Zahlung verlangt, hält K ihm entgegen, sie ziehe von dem vereinbarten Preis die an T gezahlten 10 € ab und außerdem müsse S das Kleid erst richtig reparieren, bevor er Zahlung verlangen könne. Wer hat recht?

## Lösung Fall 9

▶ Der Fall beschäftigt sich mit dem vieldiskutierten Problem, inwieweit der Käufer bei Selbstvornahme einer Mängelbeseitigung ohne Fristsetzung bzw. vor Fristablauf die hieraus resultierenden Aufwendungen auf den Verkäufer überwälzen kann. Mit der Frage hat sich sogar das BVerfG befasst und entschieden, dass der Käufer jedenfalls durch die bloße Ersatzbeschaffung seine Mängelrechte nicht verliert (ZGS 2006, 470). Eine detaillierte Erörterung dieser Problematik kann indes nur von fortgeschrittenen Studenten erwartet werden. Für den Anfänger stellen die entsprechenden Ausführungen daher vorrangig eine Einführung in die Problematik dar.

## Ausgangsfall

1    S könnte gegen K einen Anspruch auf Zahlung des Restbetrages von 40 € aus §§ 433 Abs. 2, 651 BGB haben.

### I. Anspruch entstanden

2    Dies setzt voraus, dass S und K einen Vertrag geschlossen haben, auf den gem. § 651 BGB Kaufrecht Anwendung findet. S und K haben vereinbart, dass S aus von K selbst gestellten Stoffen für 100 € ein Abendkleid herstellen solle. Hierbei handelt es sich grundsätzlich um einen auf eine Werkleistung i. S. d. § 631 BGB gerichteten Vertrag. Allerdings findet gem. § 651 S. 1 BGB auf einen Vertrag, der die Lieferung herzustellender beweglicher Sachen zum Gegenstand hat, Kaufrecht Anwendung. Dies war hier der Fall. Darauf, dass K selbst die Stoffe gestellt hat, kommt es nicht an.[1] Damit unterliegt der Vertrag Kaufrecht. Aus diesem Vertrag ist zunächst ein Anspruch des S gegen K auf Kaufpreiszahlung in Höhe von 100 € entstanden.

---

[1] Anders noch § 651 BGB a.F. (und jetzt immer noch § 3 Abs. 4 UStG), der nur den Werklieferungsvertrag regelte, der sich dadurch auszeichnet, dass sich der Unternehmer verpflichtet, das Werk *aus einem von ihm zu beschaffenden Stoffe* herzustellen. Nach altem Schuldrecht wäre damit auf den Fall Werkvertragsrecht anzuwenden gewesen.

**Exkurse**

Betrifft der Vertrag – wie hier – die Herstellung einer nicht vertretbaren Sache (§ 91 BGB), so sind nach § 651 S. 3 BGB zusätzlich auch einige Normen des Werkvertragsrechts anwendbar. Kaufpreiszahlungspflicht und Mängelhaftung richten sich aber nach Kaufrecht. Problematisch kann sein, ob der Unternehmer durch die Verarbeitung gem. § 950 Abs. 1 S. 1 BGB Eigentum erwirbt. Vor Neufassung von § 651 BGB (siehe Fn. 1) wurde der Besteller, der einen von ihm gelieferten Stoff zu einer neuen Sache verarbeiten lässt, als Hersteller betrachtet, nicht der Unternehmer. Nunmehr liegt die Gegenauffassung nahe, um dem Unternehmer zu ermöglichen, dem Besteller in Erfüllung der §§ 651, 433 Abs. 1 BGB Eigentum zu übertragen.[2] Nach OLG Celle ZIP 2009, 1386 f.; MünchKomm/*Füller* § 950 Rn. 22 (str.) ist ein Eigentumserwerb des Unternehmers zu verneinen, wenn der Unternehmer die Sache – wie hier – fast ausschließlich aus vom Besteller gelieferten Sachen fertigt, weil letzterer dann das wirtschaftliche Risiko des Verarbeitungsvorgangs trage. Folgt man dem, reduziert sich die Pflicht des Unternehmers nach §§ 651, 433 Abs. 1 BGB auf die bloße Besitzverschaffung, zur Eigentumsübertragung ist er dann nicht verpflichtet.[3] Nach a. A. soll dagegen in diesem Fall Werkvertragsrecht zur Anwendung kommen.[4]

## II. Anspruch erloschen

Allerdings verlangt S von K nur noch Zahlung von 40 €. In Höhe von 60 € ist der Anspruch bereits durch Erfüllung gem. § 362 Abs. 1 BGB erloschen. Selbst wenn K nicht dazu berechtigt gewesen sein sollte, den Kaufpreis um 40 € zu reduzieren, hat S die (mögliche) Teilleistung der K i. S. v. § 266 BGB akzeptiert.   **3**

Fraglich ist demnach allein, ob der Anspruch auch in Höhe der verbliebenen und von S geltend gemachten 40 € erloschen ist.

### 1. Erlöschen durch Minderung gem. §§ 441 Abs. 3, 651 BGB

Zunächst könnte sich der Kaufpreisanspruch aufgrund wirksamer Minderung gem. §§ 441 Abs. 3, 651 BGB auf 60 € reduziert haben, so dass K den vollen geschuldeten Betrag an S gezahlt hat.   **4**

### a) Minderungserklärung

Die erforderliche Minderungserklärung (§ 441 Abs. 1 S. 1 BGB) hat K konkludent dadurch abgegeben, dass sie unter Hinweis auf die von T vorgenommene Reparatur nur 60 € gezahlt hat.   **5**

### b) Minderungsgrund

Weiterhin müsste K gem. §§ 437 Nr. 2, 441, 651 BGB zur Minderung des Kaufpreises um 40 € berechtigt gewesen sein.   **6**

    **aa)** Der Betrag, um den der vereinbarte Kaufpreis durch die Minderung gem. § 441 Abs. 3 BGB reduziert wird, ergibt sich bei Angemessenheit des Kaufpreises

---

[2] *Röthel* NJW 2005, 625 ff.

[3] H.M.; NK/*Raab* § 651 Rn. 27–29; Staudinger/*Peters/Jacoby* (2013) § 651 Rn. 13, 19; *Nietsch* AcP 211 (2011), 737, 745.

[4] MünchKomm/*Busche* § 651 Rn. 4.

jedenfalls dann aus den Kosten, die für eine Mangelbeseitigung (auch durch Selbstvornahme) notwendig sind, wenn diese wirtschaftlich sinnvoll ist.[5] Davon ist hier
auszugehen.

7    **bb)** Weiterhin müsste das hergestellte Kleid mangelhaft i. S. d. § 434 BGB gewesen sein. Hier hatte S es schlecht verarbeitet, so dass es nach kurzem Gebrauch
riss und damit in diesem Zustand unbrauchbar wurde. Damit eignete sich das Kleid
bereits bei Übergabe nicht für die nach dem Vertrag vorausgesetzte Verwendung als
Abendkleid, § 434 Abs. 1 S. 2 Nr. 1 BGB.

8    **cc)** Allerdings kommt eine Minderung gem. § 441 Abs. 1 S. 1 BGB („statt zurückzutreten") nur unter den Voraussetzungen des Rücktritts in Betracht.[6] Gem.
**§ 323 Abs. 1 BGB** muss der Käufer grundsätzlich den Ablauf einer angemessenen
Nachfrist abwarten, bevor er zurücktreten bzw. mindern kann (Vorrang der Nacherfüllung). Dies hat K nicht getan, so dass sie grundsätzlich nicht zur Minderung
berechtigt ist. Etwas anderes ergibt sich auch nicht aus § 323 Abs. 2 Nr. 3 BGB, da
die von K behauptete Unzuverlässigkeit des S nicht ausreicht, um ihm die Möglichkeit zur Nacherfüllung zu nehmen.

9    Denkbar wäre allenfalls, dass die Fristsetzung gem. **§ 326 Abs. 5 BGB** entbehrlich war, weil die Mängelbeseitigung aufgrund der Selbstvornahme durch K unmöglich geworden ist. K hat das Kleid bereits reparieren lassen. S kann den mit
der Nachbesserung bezweckten Erfolg nicht mehr herbeiführen. Damit ist eine
Nachbesserung des Kleides gem. § 275 Abs. 1 BGB unmöglich geworden (Zweck-
erreichung).[7] Zudem scheidet eine Nachlieferung aus, da das Kleid speziell für K
aus von ihr gestellten Stoffen angefertigt wurde und daher eine nicht ersatzfähige
Stückschuld vorliegt (vgl. allg. Fall 1 Rn. 9 ff., Fall 2 Rn. 30).[8] Insofern wäre die
Fristsetzung gem. § 326 Abs. 5 BGB grundsätzlich entbehrlich. Gem. § 323 Abs. 6
Fall 1 BGB, auf den § 326 Abs. 5 Hs. 2 BGB verweist, ist ein Rücktritt (und damit
auch eine Minderung) aber ausgeschlossen, wenn der Gläubiger für den Umstand,
der ihn zum Rücktritt (zur Minderung) berechtigen würde, allein oder weit überwie-

---

[5] Dazu und zur Minderungsformel siehe Fall 10 Rn. 22 m. w. N.

[6] Nach § 441 Abs. 1 S. 2 BGB findet lediglich der Ausschlussgrund des § 323 Abs. 5 S. 2 BGB
keine Anwendung.

[7] Palandt/*Weidenkaff* § 437 Rn. 4a; *Lorenz* NJW 2003, 1417, 1418; *Wiese* in *Tonner/Wiese* BB
2005, 903, 905; *Wall* ZGS 2011, 166, 168; offengelassen von BGHZ 162, 219, 225 = NJW 2005,
1348, 1349; a. A. *Oechsler* NJW 2004, 1825, 1826; *ders.* Vertragliche Schuldverhältnisse, Rn. 204.

[8] Zur Frage, wann die Selbstvornahme der Reparatur zur Unmöglichkeit der Nacherfüllung führt,
*Lorenz* NJW 2006, 1175, 1777; *Dauner-Lieb/Arnold* ZGS 2005, 10, 11; *Arnold* ZIP 2004, 2412,
2414; *Lerach* JuS 2008, 953, 954. Danach führt die Beseitigung des Mangels durch Reparatur
allein zur Unmöglichkeit der Nachbesserung durch den Verkäufer. Bei Gattungssachen bleibt eine
Nacherfüllung durch Ersatzlieferung möglich. Dass der Käufer nach der Reparatur kein Interesse
mehr an einer Ersatzlieferung hat, ist unbeachtlich (a. A. *Tonner* in *Tonner/Wiese* BB 2005, 903,
905 Fn. 17). Daher kann der Käufer nur im Falle einer nicht ersatzfähigen Stückschuld die Nacherfüllung durch Selbstvornahme vereiteln. Zu der Frage, ob beim Gattungskauf der Käufer, der die
Sache erst ohne Fristsetzung selbst repariert und danach Ersatzlieferung verlangt, hinsichtlich der
Reparatur der ursprünglich gelieferten Sache Verwendungsersatz nach §§ 439 Abs. 4, 347 Abs. 2
S. 1 BGB verlangen kann, s. *Lerach* JuS 2008, 953 ff. (bejahend); *Dauner-Lieb/Arnold* ZGS 2005,
10, 12 (für den Regelfall verneinend).

gend verantwortlich ist. Abzustellen ist dabei im Falle des § 326 Abs. 5 BGB allein auf die Unmöglichkeit der Nacherfüllung, nicht etwa auf den Mangel. Hier ist die Unmöglichkeit der Nacherfüllung allein durch die eigenmächtige Selbstvornahme der Reparatur durch K eingetreten. § 323 Abs. 6 BGB schließt einen Rücktritt und eine Minderung wegen Unmöglichkeit der Nacherfüllung ohne Nachfristsetzung daher aus.[9]

### c) Zwischenergebnis
K war nicht zur Minderung berechtigt. Der Kaufpreis ist nicht durch Minderung in Höhe von 40 € erloschen.  **10**

### 2. Erlöschen des Anspruchs durch Aufrechnung i. H. v. 40 €
Möglicherweise ist der Anspruch des S jedoch durch eine wirksame Aufrechnung  **11**
der K gem. §§ 389, 387 BGB auch in Höhe der ausstehenden 40 € erloschen.

### a) Aufrechnungserklärung
K müsste hierzu wirksam die Aufrechnung gegenüber S gem. § 388 BGB erklärt ha-  **12**
ben. Hierbei handelt es sich um eine einseitige, empfangsbedürftige Willenserklärung. Diese kann auch konkludent erfolgen, was ggf. durch Auslegung (§§ 133, 157 BGB) zu ermitteln ist. Indem K unter Berufung auf die Zahlung von 40 € an T lediglich 60 € gezahlt hat, hat sie konkludent die Aufrechnung gegenüber S erklärt.

---

**Aufbauhinweis**

Möglich ist es auch (Entsprechendes gilt für die Minderung), zunächst die Aufrechnungslage und erst dann die Aufrechnungserklärung zu prüfen.

### b) Aufrechnungslage
Darüber hinaus bedarf es auch einer Aufrechnungslage i. S. v. § 387 BGB. Da-  **13**
nach müssen einander gleichartige, fällige Forderungen gegenüberstehen. K könnte demnach gegen den Kaufpreisanspruch des S aufrechnen, wenn sie ihrerseits einen fälligen Anspruch in Höhe von 40 € gegen S hätte. Folglich ist zu prüfen, ob ein solcher Anspruch der K gegen S besteht.

### aa) Anspruch der K aus §§ 437 Nr. 3, 280 Abs. 1 u. 3, 281, 651 BGB
K könnte einen Anspruch gegen S auf Ersatz der Kosten für die Reparatur des Klei-  **14**
des in Höhe von 40 € aus §§ 437 Nr. 3, 280 Abs. 1 u. 3, 281 Abs. 1 S. 1, 651 BGB haben. Aufgrund dieses auf Schadensersatz statt der Leistung gerichteten Anspruchs kann der Käufer solche Schäden ersetzt verlangen, die im Falle einer Nacherfüllung durch den Verkäufer nicht angefallen wären. Darunter fallen grundsätzlich – wenn die noch zu prüfenden Anspruchsvoraussetzungen erfüllt sind – auch die Aufwendungen für eine eigenmächtig vorgenommene Beseitigung des Mangels.

---

[9] Vgl. ausf. *Wall* ZGS 2011, 166, 170 m. w. N.

**α) Mangel der Kaufsache als Pflichtverletzung**

**15**    Wie bereits (oben Rn. 7) erörtert, ist in der fehlerhaften Verarbeitung des Kleides ein Sachmangel i. S. d. § 434 Abs. 2 S. 2 Nr. 1 BGB zu sehen. Dadurch hat S seine Pflicht zur mangelfreien Verschaffung der Kaufsache gem. §§ 433 Abs. 1 S. 2, 651 BGB verletzt.

**β) Ablauf einer Frist zur Nacherfüllung**

**16**    Ein Anspruch auf Schadensersatz statt der Leistung besteht gem. § 281 Abs. 1 S. 1 BGB aber grundsätzlich nur nach Ablauf einer angemessenen Frist zur Nacherfüllung. Wie oben (Rn. 8) im Rahmen der Prüfung einer möglichen Minderung des Kaufpreises dargelegt, fehlt es an dieser Voraussetzung.

**Exkurs**
Zur Entbehrlichkeit der Nachfristsetzung gem. § 281 Abs. 2 Fall 2 BGB beim Tierkauf, wenn der Zustand des Tieres eine unverzügliche tierärztliche Behandlung als Notmaßnahme erforderlich erscheinen lässt, BGH NJW 2005, 3211 (Hund); 2006, 988, 989 (Pferd – in diesem Fall aber verneinend). – Zur Entbehrlichkeit der Nachfristsetzung gem. § 281 Abs. 2 Fall 1 BGB siehe BGH NJW-RR 2009, 667: Danach muss der Schuldner die Nacherfüllung bereits verweigert haben, bevor der Gläubiger diese selbst vornimmt; eine bloß nachträgliche Leistungsverweigerung reicht nicht aus.

**17**    **Zwischenergebnis** Folglich scheidet auch ein Anspruch der K gegen S auf Schadensersatz statt der Leistung aus §§ 437 Nr. 3, 280 Abs. 1 und 3, 281, 651 BGB, mit dem K aufrechnen könnte, aus.

**bb) Anspruch der K aus §§ 437 Nr. 3, 280 Abs. 1 u. 3, 283, 651 BGB**

**18**    Möglicherweise hat K einen Anspruch gegen S auf Ersatz der an T gezahlten Reparaturkosten in Höhe von 40 € aus §§ 437 Nr. 3, 280 Abs. 1 u. 3, 283, 651 BGB.[10]

**α) Mangel der Kaufsache; Unmöglichkeit der Nacherfüllung**

**19**    Dafür ist – außer dem bereits bejahten Mangel der Kaufsache (oben Rn. 7) – zunächst erforderlich, dass der Schuldner (Verkäufer) nach § 275 Abs. 1–3 BGB nicht zu leisten braucht. Mit der Selbstvornahme der Mängelbeseitigung durch K ist die Nacherfüllung durch S unmöglich i. S. v. § 275 Abs. 1 BGB geworden (oben Rn. 9).

**β) Vertretenmüssen**

**20**    Weitere Voraussetzung für einen Schadensersatzanspruch nach § 283 BGB ist jedoch nach § 280 Abs. 1 S. 2 BGB, dass der Schuldner die Pflichtverletzung zu vertreten hat. Hier beruhte der Mangel, also die fehlerhafte Verarbeitung, auf Fahrlässigkeit des S. Vertretenmüssen ist demnach zu bejahen, wenn man es ausreichen lässt, dass der Verkäufer allein die mangelhafte Leistung zu vertreten hat.[11] Nach h. M. ist die für das Vertretenmüssen relevante Pflichtverletzung im Falle des § 283

---

[10] Bedauerlicherweise ist der BGH (BGHZ 162, 219) auf diese Anspruchsgrundlage (wie auch auf eine Minderung nach §§ 437 Nr. 2, 441 i. V. m. § 326 Abs. 5 BGB) gar nicht eingegangen.

[11] Dafür Bamberger/Roth/*Faust* § 437 Rn. 115; *Tonner/Wiese* BB 2005, 903, 907; *Wiese* JuS 2003, 260, 262.

BGB aber die Unmöglichkeit der Leistung (Nacherfüllung). Es soll daher allein darauf ankommen, dass der Verkäufer die Umstände, aufgrund derer die Nacherfüllung unmöglich geworden ist, zu vertreten hat.[12] Da nur die Selbstvornahme durch K dazu geführt hat, dass die Nacherfüllung unmöglich wurde, scheidet nach letzterer Auffassung daher auch ein Schadensersatzanspruch aus §§ 437 Nr. 3, 280 Abs. 1 u. 3, 283, 651 BGB mangels Vertretenmüssens aus.

Welche der beiden Ansichten vorzugswürdig ist, kann offenbleiben, wenn vorliegend letztlich auch nach der Mindermeinung ein Schadensersatzanspruch nach § 283 BGB nicht besteht. Insofern ist zu berücksichtigen, dass auch ein (vom Verschulden des Verkäufers unabhängiger) Rücktritt wegen Unmöglichkeit der Nacherfüllung nach § 323 Abs. 6 i. V. m. § 326 Abs. 5 BGB ausgeschlossen ist, wenn der Käufer allein oder weit überwiegend für die Umstände, aufgrund derer der Verkäufer nicht nacherfüllen muss, verantwortlich ist. Das muss entsprechend auch für den Schadensersatzanspruch gelten.[13] Jedenfalls muss man in dem hier vorliegenden Fall, dass der Käufer die Nacherfüllung vereitelt, indem er den Mangel selbst beseitigt, ohne sich vorher an den Verkäufer gewandt zu haben, ein so überwiegendes Mitverschulden des Käufers annehmen, dass ein Schadensersatzanspruch nach § 254 BGB vollständig ausgeschlossen ist.[14] Demnach besteht hier auch dann kein Schadensersatzanspruch aus §§ 437 Nr. 3, 280 Abs. 1 u. 3, 283, 651 BGB, wenn man es im Grundsatz ausreichen lässt, dass der Verkäufer allein die mangelhafte Leistung als Pflichtverletzung i. S. v. § 280 Abs. 1 S. 1 BGB zu vertreten hat. Aufgrund dessen ist eine Entscheidung des Meinungsstreites nicht notwendig.

**Zwischenergebnis** Ein Anspruch der K gegen S auf Ersatz der Kosten für die Reparatur des Kleides in Höhe von 40 € aus §§ 437 Nr. 3, 280 Abs. 1 u. 3, 283, 651 BGB scheidet somit aus.

**21**

**22**

cc) Anspruch der K aus §§ 634 Nr. 2, 637 BGB analog

K könnte gegen S einen Anspruch auf Zahlung der für die Selbstvornahme aufgewendeten 40 € analog §§ 634 Nr. 2, 637 BGB haben. Das setzt allerdings voraus, dass das für den Werkvertrag vorgesehene Selbstvornahmerecht mit anschließendem Kostenerstattungsanspruch analog auf den Kaufvertrag angewendet werden kann. Ein Analogieschluss setzt eine planwidrige Regelungslücke sowie vergleichbare Sachverhalte voraus. An einer planwidrigen Regelungslücke fehlt es, wenn der Gesetzgeber bewusst auf eine Regelung verzichtet hat. Die kaufrechtlichen Mängelrechte sind in § 437 BGB abschließend geregelt. Auch § 651 BGB verweist nicht auf § 637 BGB. Anders als im Mietrecht (§ 536a Abs. 2 BGB) und im Werkvertragsrecht (§§ 634 Nr. 2, 637 BGB) hat der Gesetzgeber im Kaufrecht ein

**23**

---

[12] *Bressler* NJW 2004, 3382, 3383; *Herresthal/Riehm* NJW 2005, 1457; *Hirsch* Jura 2003, 289, 296; *Lorenz* NJW 2002, 2497, 2501; *ders.* NJW 2003, 1417, 1418; MünchKomm/*Westermann* § 437 Rn. 24; *Reinicke/Tiedtke* Kaufrecht, Rn. 531 ff.; *Tiedtke/Schmitt* BB 2005, 615, 621; *Wall* ZGS 2011, 166, 171.

[13] Bamberger/Roth/*Faust* § 437 Rn. 119.

[14] Vgl. *Tonner/Wiese* BB 2005, 903, 907; *Gsell* ZIP 2005, 922, 924.

Selbstvornahmerecht bewusst nicht vorgesehen und in der Begründung klargestellt, dass dem Käufer ein solches nicht zustehe.[15] Die entsprechenden Normen aus dem Werkvertragsrecht sind daher mangels Planwidrigkeit der Regelungslücke – entgegen einer Mindermeinung[16] – auf das Kaufrecht nicht übertragbar. Ein Anspruch der K gegen S analog §§ 634 Nr. 2, 637 BGB besteht damit nicht.

Selbst wenn man eine Analogie hier bejahen wollte, lägen mangels der auch im Rahmen von § 637 Abs. 1 BGB erforderlichen Nachfristsetzung die Voraussetzungen einer Selbstvornahme nicht vor, so dass der Anspruch auch aus diesem Grunde nicht bestünde.

### dd) Anspruch der K aus §§ 670, 683 S. 1, 677 BGB

**24**   Ein Anspruch der K gegen S auf Ersatz der für die Reparatur des Kleides angefallenen Aufwendungen in Höhe von 40 € aus §§ 670, 683 S. 1, 677 BGB (berechtigte GoA) kommt – unabhängig von der Frage der Anwendbarkeit der Vorschriften über die Geschäftsführung ohne Auftrag neben der kaufrechtlichen Mängelhaftung (dazu noch Rn. 37) – jedenfalls deshalb nicht in Betracht, weil die eigenmächtige Vornahme der Mängelbeseitigung durch K nicht dem Willen oder Interesse des S entsprach.[17]

### c) Zwischenergebnis

**25**   K hat folglich keinen aufrechenbaren Anspruch in Höhe von 40 € gegen S. Eine Aufrechnungslage i. S. v. § 387 BGB liegt insofern nicht vor. Demnach sind die Voraussetzungen für eine Aufrechnung nach §§ 389, 387 BGB, die den Anspruch völlig zum Erlöschen brächte, nicht erfüllt.

### 3. Erlöschen des Anspruchs i. H. v. 5 € nach § 326 Abs. 2 S. 2 analog

**26**   Der Anspruch des S gegen K könnte nach § 326 Abs. 2 S. 2 BGB analog in Höhe von 5 € deshalb erloschen sein, weil S in dieser Höhe Nacherfüllungskosten erspart hat.

**Zum Verständnis**

Während bislang geprüft wurde, ob K die Kosten, die ihr durch die Selbstvornahme entstanden sind, ersetzt verlangen kann, geht es hier darum, ob K zumindest Ersatz derjenigen Aufwendungen verlangen kann, die S durch die Selbstvornahme erspart worden sind. Häufig werden die dem Verkäufer ersparten Aufwendungen niedriger sein als die beim Käufer angefallenen, weil ersterer im Gegensatz zum letzteren häufig in der Lage ist, den Mangel selbst oder durch eigene Leute zu beheben, und damit der sonst übliche Gewinn nicht anfällt.

Der Fallaufbau ist an dieser Stelle nicht einfach. Die Prüfung der Aufrechnung wurde unterbrochen und wird an späterer Stelle (Rn. 34) fortgesetzt. Dies beruht darauf, dass – sollte § 326 Abs. 2 S. 2 BGB vorliegend anwendbar sein – der Kaufpreisanspruch des S unmittelbar in Höhe der ersparten Nacherfüllungskosten erlösche, eine Aufrechnung also (wie auch oben bei der Minderung) insofern nicht nötig wäre. Viel einfacher wäre die Prüfung, wenn in der Fallfrage nicht nach dem

---

[15] BT-Drucks. 14/6040, S. 229.

[16] Jauernig/*C. Berger* § 439 Rn. 16.

[17] Zweifelhaft ist auch der für die GoA erforderliche Fremdgeschäftsführungswille der K bei der Selbstvornahme. Man wird ihn nur annehmen können, wenn der Käufer bei Mängelbeseitigung beabsichtigt, die Kosten später beim Verkäufer zu liquidieren.

Kaufpreisanspruch des S gefragt wäre, sondern direkt nach Ansprüchen der K wegen der Aufwendungen für die Selbstvornahme. Dann könnte man einfach die hier inzident geprüften Anspruchsgrundlagen prüfen. Hätte K den Kaufpreis schon gezahlt, wäre die mögliche Anspruchsgrundlage für eine Rückerstattung hier § 326 Abs. 2 S. 2 analog i. V. m. §§ 326 Abs. 4, 346 Abs. 1 BGB.

Die in Rn. 27 und 28 folgenden Ausführungen dienen v. a. dem dogmatisch Interessierten zum Verständnis und wären für eine Klausur zu ausführlich.

Eine unmittelbare Anwendung des § 326 Abs. 2 S. 2 BGB scheitert daran, dass **27** dieser Fälle der „qualitativen" Unmöglichkeit, d. h. der Unmöglichkeit der Nacherfüllung bei einer nicht behebbaren Schlechtleistung, nicht erfasst. Das ergibt sich aus der Systematik des § 326 Abs. 1 u. 2 BGB. § 326 Abs. 2 S. 2 BGB stellt eine Sonderregelung zu § 326 Abs. 2 S. 1 BGB dar. Letzterer ordnet das Fortbestehen der Gegenleistungspflicht unter anderem bei vom Gläubiger allein oder weit überwiegend zu vertretender Unmöglichkeit an. Die Norm weicht damit vom Grundsatz des § 326 Abs. 1 S. 1 BGB ab, wonach bei Unmöglichkeit der Leistung auch die Gegenleistungspflicht entfällt. Für den Fall der nur „qualitativen Unmöglichkeit" ergibt sich bereits aus § 326 Abs. 1 S. 2 BGB, dass der Schuldner der unmöglich gewordenen Leistung (Verkäufer) die volle Gegenleistung (Kaufpreis) verlangen kann. Ist der Gläubiger (Käufer) – wie hier aufgrund der Selbstvornahme ohne Nachfristsetzung (Rn. 9) – für die Unmöglichkeit der Nacherfüllung verantwortlich, folgt das Bestehenbleiben der Gegenleistungspflicht (des Kaufpreisanspruchs) also bereits aus § 326 Abs. 1 S. 2 BGB, ohne dass ein Rückgriff auf § 326 Abs. 2 S. 1 BGB notwendig wäre. Auch § 326 Abs. 2 S. 2 BGB, wonach der Schuldner (Verkäufer) sich im Rahmen des § 326 Abs. 2 S. 1 BGB zumindest das anrechnen lassen muss, was er infolge der Unmöglichkeit der Leistung (hier: Nacherfüllung) erspart hat, ist deshalb aufgrund seiner systematischen Stellung nicht unmittelbar anwendbar.

Denkbar erscheint aber eine analoge Anwendung des § 326 Abs. 2 S. 2 BGB auch **28** auf Fälle der qualitativen Unmöglichkeit. Zweck des § 326 Abs. 1 S. 2 BGB, der eine unmittelbare Anwendung ausschließt, ist es, eine Minderung des Kaufpreises kraft Gesetzes nach § 326 Abs. 1 S. 1 (Hs. 2) BGB wegen „qualitativer Unmöglichkeit" zu verhindern. Stattdessen soll der Käufer wahlweise auf den Rücktritt oder die Minderung verwiesen werden (§§ 437 Nr. 2 i. V. m. 326 Abs. 5 BGB).[18] Sowohl Rücktritt als auch Minderung scheiden aber nach § 323 Abs. 6 BGB aus, wenn der Käufer die Unmöglichkeit der Nacherfüllung allein oder weit überwiegend zu vertreten hat (oben Rn. 9). Damit enthält § 323 Abs. 6 BGB einen Ausschlussgrund für den Rücktritt (und die Minderung), der § 326 Abs. 2 BGB als Ausnahme zu § 326 Abs. 1 BGB von Wortlaut und Zweck her entspricht. Allerdings enthält § 323 Abs. 6 BGB keine § 326 Abs. 2 S. 2 BGB entsprechende Sonderregelung, mit der aufgrund der Unmöglichkeit ersparte Aufwendungen abgeschöpft werden. Die gesetzliche Wertung des § 326 Abs. 2 S. 2 BGB, dass der Schuldner (Verkäufer) durch die vom Gläubiger (Käufer) zu vertretende Unmöglichkeit keine zusätzlichen Vorteile haben soll, könnte aber auch auf die vom Käufer zu vertretende „qualitative Unmöglichkeit" i. S. v. § 326 Abs. 1 S. 2 BGB zutreffen. Der Käufer, der weder zurücktreten

---

[18] Das Gleiche gilt beim Werkvertrag für den Besteller.

oder mindern kann, hätte so die Möglichkeit, zumindest die Aufwendungen ersetzt zu verlangen, die der Verkäufer dadurch erspart, dass er nicht nacherfüllen muss.[19]

**29** Ob eine derartige entsprechende Anwendung des § 326 Abs. 2 S. 2 BGB auf die Selbstvornahme im Kaufrecht möglich ist, ist streitig. Ein bedeutender Teil der Literatur bejaht dies.[20] Der Verkäufer solle im Falle der Selbstvornahme der Mangelbeseitigung durch den Käufer nicht besser gestellt werden, als er bei störungsfreier Abwicklung stünde. Deshalb soll er unter zumindest analoger Anwendung des § 326 Abs. 2 S. 2 BGB die Aufwendungen, die er im Rahmen der Nacherfüllung nach § 439 Abs. 2 BGB hätte tragen müssen und die ihm durch die Selbstvornahme erspart worden sind, dem Käufer ersetzen müssen. Nach einem anderen Teil der Literatur,[21] dem sich der BGH angeschlossen hat,[22] sind die Rechte des Käufers bei mangelhafter Leistung in den §§ 437 ff. BGB abschließend geregelt. Ein Anspruch auf Ersatz der Aufwendungen für die eigenmächtige Mängelbeseitigung ist dort nicht vorgesehen. Deshalb habe der Käufer, der den Mangel selbst beseitige, keinerlei Ansprüche gegen den Verkäufer.[23]

**30** Gegen die erstere Auffassung könnte zunächst sprechen, dass durch eine Selbstvornahme der Mangelbeseitigung außerhalb der Voraussetzungen der Minderung bzw. des Schadensersatzes statt der Leistung dem Verkäufer das Recht zur zweiten Andienung und damit die Möglichkeit genommen wird, sich den Kaufpreis in vollem Umfang zu verdienen.[24] Darüber hinaus könnte er die Chance verlieren, den wirtschaftlichen Nachteil, der sich aus Schadensersatz oder Minderung ergibt, abzuwenden. Gegen diese Argumentation spricht jedoch, dass der Verkäufer die

---

[19] Vgl. zur vorstehend dargestellten dogmatischen Begründung *Lorenz* NJW 2003, 1417, 1419, der den Ansatz entwickelt hat und auch eine direkte Anwendung des § 326 Abs. 2 S. 2 BGB für möglich hält.

[20] *Lorenz* NJW 2003, 1417, 1418 f. (lesenswert); *ders.* ZGS 2003, 398 f.; *ders.* NJW 2005, 1321 ff.; *ders.* NJW 2005, 1889, 1895; *Medicus/Lorenz* SchuldR II, Rn. 141 f.; im Anschluss daran: Bamberger/Roth/*Faust* § 437 Rn. 37; *Braun* ZGS 2004, 423, 427 ff.; *Brömmelmeyer* JZ 2006, 493, 494 f.; *Bydlinski* ZGS 2005, 129; *Ebert* NJW 2004, 1761, 1762 f.; *Gsell* ZIP 2005, 922 ff.; *Herresthal/Riehm* NJW 2005, 1457 ff.; Jauernig/*Stadler* § 326 Rn. 29; *Katzenstein* ZGS 2004, 300, 305; *ders.* ZGS 2005, 184 ff. und 305 ff. (ggf. auch Bereicherungsausgleich nach § 812 BGB); *Oetker/Maultzsch* Vertragliche Schuldverhältnisse, § 2 Rn. 225 ff.; *Soergel/Gsell* (2005) § 326 Rn. 83; *Wall* ZGS 2011, 166, 171 f.; *Wiese* in *Tonner/Wiese* BB 2005, 903, 905 ff.; differenzierend *Lamprecht* ZGS 2005, 266.

[21] *Dauner-Lieb/Arnold* ZGS 2005, 10; *Dauner-Lieb/Dötsch* ZGS 2003, 455, 458; *Arnold* ZIP 2004, 2412; *Dötsch* MDR 2004, 975; *Dauner-Lieb* ZGS 2005, 169; *Arnold* MDR 2005, 661 (alle mit im Wesentlichen gleichen Argumenten); ferner MünchKomm/*Westermann* § 439 Rn. 10; Jauernig/*C. Berger* § 439 Rn. 16; *Looschelders* JA 2007, 673, 674; Palandt/*Grüneberg* § 326 Rn. 13; Palandt/*Weidenkaff* § 437 Rn. 4a; *Sutschet* JZ 2005, 574; *Tonner* in *Tonner/Wiese* BB 2005, 903 ff.

[22] BGHZ 162, 219 = NJW 2005, 1348 m.Nachw. auch zur instanzgerichtlichen Rspr. auf S. 1349; bestätigend BGH NJW 2005, 3211, 3212; 2006, 988, 989; 2007, 1534 Rn. 14; NJW-RR 2009, 667 Rn. 14.

[23] Das gilt nach BGH NJW 2006, 1195 Rn. 18 ff. auch dann, wenn der Käufer eines Kfz gar nicht weiß, ob der aufgetretene Defekt auf einem Sachmangel beruht, und den Wagen in einer anderen Werkstatt reparieren lässt.

[24] Vgl. BGHZ 162, 219, 227 = NJW 2005, 1348, 1350.

von ihm nach § 439 Abs. 2 BGB zu tragenden Aufwendungen erspart hat. Er wird letztlich so gestellt, als ob er ordnungsgemäß nachgebessert hätte. Es wird lediglich eine Bereicherung des Verkäufers abgeschöpft; wirtschaftliche Nachteile erleidet er nicht. Insbesondere bleibt es dabei, dass der Käufer nur unter den in § 437 Nr. 2 u. 3 BGB i. V. m. den in Bezug genommenen Normen Schadensersatz statt der Leistung verlangen bzw. mindern kann.

Des Weiteren wird gegen eine Anwendung des § 326 Abs. 2 S. 2 BGB vorge-   **31**
bracht, dass durch eine Selbstvornahme dem Verkäufer die Möglichkeit genommen werde, zu überprüfen, ob tatsächlich – entsprechend der Behauptung des Käufers – ein Mangel vorgelegen hat, auf welcher Ursache er beruht, und hierfür ggf. Beweise zu sichern.[25] Hiergegen spricht jedoch, dass der Käufer letztlich die Darlegungs- und Beweislast für die vom Verkäufer ersparten Aufwendungen trägt. Beweisschwierigkeiten gehen folglich zu Lasten des Käufers.[26]

Beachtlich erscheint allerdings das Argument, dass die §§ 437 ff. BGB eine ab-   **32**
schließende Regelung für die kaufrechtliche Mängelhaftung enthalten, die eine Anwendung des allgemeinen Leistungsstörungsrechts nur bei entsprechender Verweisung ermöglicht, und deshalb mangels planwidriger Regelungslücke eine Analogie zu § 326 Abs. 2 S. 2 BGB ausgeschlossen ist.[27] Wie oben dargestellt (Rn. 23), hat der Gesetzgeber im Kaufrecht bewusst auf die Regelung eines Selbstvornahmerechts verzichtet. Die Rechte des Käufers sind in § 437 BGB abschließend aufgezählt. Auf § 326 Abs. 2 S. 2 BGB wird dort nicht Bezug genommen. Die analoge Anwendung des § 326 Abs. 2 S. 2 BGB ist auch insoweit bedenklich, als sie im Ergebnis zu einer „Minderung" des Kaufpreises führt, ohne dass die gesetzlich geregelten Voraussetzungen hierfür vorliegen. Dies soll § 326 Abs. 1 S. 2 BGB aber gerade verhindern, damit die Vorschriften des Mängelrechts nicht unterlaufen werden.

Folglich ist eine analoge Anwendung des § 326 Abs. 2 S. 2 BGB auf die Selbst-   **33**
vornahme im Kaufrecht abzulehnen.

---

A. A. mit entsprechender Begründung ebenso gut vertretbar. Insbesondere kann man anführen, dass der Aufwendungsersatzanspruch nach Selbstvornahme im Werkvertrags- und Mietrecht ein anderer, viel weiter reichender ist als der nur auf Ersatz *ersparter* Aufwendungen gerichtete Anspruch analog § 326 Abs. 2 S. 2, Abs. 4 BGB und deshalb eine planwidrige Regelungslücke nicht ausgeschlossen ist. Um einen Wertungswiderspruch zwischen den gleichartigen in § 326 Abs. 2 S. 1 bzw. §§ 326 Abs. 5 i. V. m. 323 Abs. 6 BGB geregelten Konstellationen zu vermeiden (s. o. Rn. 27) und eine (vom Ergebnis her wenig überzeugende) ungerechtfertigte Bereicherung des Verkäufers, der immerhin eine mangelbehaftete Sache geliefert hat, zu verhindern, lässt sich eine Analogie zu § 326 Abs. 2 S. 2 BGB gut begründen.

---

[25] Vgl. BGHZ 162, 219, 228 = NJW 2005, 1348, 1350.

[26] *Lorenz* NJW 2005, 1321, 1322.

[27] BGHZ 162, 219, 225 f. = NJW 2005, 1348, 1349; *Dauner-Lieb/Dötsch* ZGS 2003, 455, 457.

In einer Klausur ist allein maßgeblich, dass der Bearbeiter versucht, die verschiedenen Standpunkte gegeneinander abzuwägen.

Auch wenn die Rechtsprechung eine Analogie zu § 326 Abs. 2 S. 2 BGB im Falle der eigenmächtigen Mängelbeseitigung durch den Käufer ablehnt, hat das OLG München (ZGS 2007, 80) für einen Sonderfall die analoge Anwendung des § 326 Abs. 2 S. 2 BGB bejaht: Wenn die Kaufsache zunächst einen behebbaren Mangel hatte, dieser aber wegen unsachgemäßer Behandlung durch den Käufer unbehebbar wurde, soll der Käufer einen Anspruch auf Ersatz der dem Verkäufer ersparten Aufwendungen haben.

Somit ist der Anspruch des S gegen K nicht in Höhe der ersparten Nacherfüllungskosten von 5 € nach § 326 Abs. 2 S. 2 BGB (analog) teilweise erloschen.

### 4. Erlöschen des Anspruchs durch Aufrechnung i. H. v. 5 €

34    Möglicherweise ist der Anspruch des S gegen K in Höhe der ersparten Nacherfüllungsaufwendungen des S von 5 € durch Aufrechnung der K erloschen, §§ 389, 387 BGB.

#### a) Aufrechnungserklärung

35    K hat die Aufrechnung erklärt (s. o. Rn. 12). Zwar hat sie in Höhe von 40 € aufgerechnet, diese Erklärung ist aber so auszulegen, dass K auch in Höhe von 5 € aufrechnen will, sofern sie nur in dieser Höhe Ansprüche gegen S haben sollte.

#### b) Aufrechnungslage

36    Im Rahmen der Aufrechnungslage ist allein fraglich, ob K gegen S einen fälligen Anspruch in Höhe von 5 € hat.

##### aa) Anspruch der K aus §§ 684 S. 1, 818 Abs. 2 BGB

37    Möglicherweise hat K gegen S einen Anspruch auf Ersatz der Kosten, die S durch die Selbstvornahme der Mängelbeseitigung erspart hat,[28] in Höhe von 5 € aus §§ 684 S. 1, 818 Abs. 2 BGB (unberechtigte GoA).

Fraglich ist hierbei aber schon die Anwendbarkeit der Geschäftsführung ohne Auftrag neben den Mängelrechten. Die GoA setzt weder eine Fristsetzung noch ein Vertretenmüssen voraus. Diese Tatbestandsvoraussetzungen dienen jedoch gerade dem Schutz des Verkäufers im Rahmen des Mängelrechts. Dieser Schutz würde durch die Anwendbarkeit der GoA unterlaufen. Ein Rückgriff auf die Grundsätze der GoA ist folglich ausgeschlossen.[29]

---

[28] Während der Aufwendungsersatzanspruch bei berechtigter GoA (Rn. 24) auf Ersatz der eigenen Aufwendungen des Käufers gerichtet ist, ergibt sich aus dem Verweis des § 684 S. 1 BGB auf das Bereicherungsrecht, dass hier nur die ersparten Aufwendungen des Verkäufers ersatzfähig sind.

[29] BGH NJW 2005, 3211, 3212. Zum Ausschluss von Ansprüchen aus GoA und Bereicherungsrecht siehe auch *Ebert* NJW 2004, 1761, 1762. Er entspricht der bisherigen Rspr. zur Selbstvor-

Ein Anspruch der K gegen S auf Ersatz der Kosten in Höhe von 5 € aus §§ 684, 818 Abs. 2 BGB scheidet somit aus.

### bb) Anspruch der K aus § 812 Abs. 1 S. 1 Fall 2 BGB

K könnte aber einen Anspruch gegen S auf Zahlung von 5 € aus § 812 Abs. 1 S. 1 **38** Fall 2 BGB haben.

Das erlangte Etwas könnte hier die Befreiung des S von der Nacherfüllungsverbindlichkeit sein. Allerdings besteht bei der Anwendung der Aufwendungskondiktion – wie bei der GoA – die Gefahr der Umgehung der Vorschriften des Mängelrechts, insbesondere des Rechts zur zweiten Andienung. Ein solcher Anspruch ist daher im vorliegenden Fall gleichfalls abzulehnen.[30]

### c) Zwischenergebnis

K hat folglich auch keinen aufrechenbaren Anspruch gegen S in Höhe von 5 €. Eine **39** Aufrechnungslage i. S. v. § 387 BGB liegt somit nicht vor. Der Kaufpreisanspruch des S gegen K ist auch nicht in Höhe von 5 € erloschen.

## III. Ergebnis

S hat daher gegen K einen Anspruch auf Zahlung des Restkaufpreises in Höhe von **40** 40 € aus §§ 433 Abs. 2, 651 BGB.

## Abwandlung

Fraglich ist, ob S auch in der Abwandlung einen Anspruch gegen K auf Zahlung des **41** gesamten Kaufpreises in Höhe von 100 € aus §§ 433 Abs. 2, 651 BGB hat.

## I. Anspruch entstanden

Der Anspruch ist, wie oben Rn. 2 geprüft, durch den Vertragsschluss entstanden. **42**

---

nahme im Werkvertragsrecht: BGHZ 46, 242, 246; 70, 389, 398; 92, 123, 125; 96, 221, 223. Für die Anwendung der §§ 684, 818 Abs. 2 BGB dagegen *Oechsler* NJW 2004, 1825, 1826 f.; *ders.* Vertragliche Schuldverhältnisse, Rn. 205.

[30] S. Nachw. in Fn. 29. Für eine Anwendung der §§ 812 ff. BGB (oder GoA) in Ausnahmefällen aber Erman/*Grunewald* § 439 Rn. 11. *Katzenstein* (ZGS 2005, 184 ff. und 305 ff.) lässt offen, ob sich der Anspruch aus §§ 326 Abs. 2 S. 2, Abs. 4, 346 Abs. 1 BGB oder aus Bereicherungsrecht ergibt.

## II. Anspruch nicht erloschen

**43**    Zu prüfen ist allein, ob der Anspruch durch Aufrechnung der K gem. §§ 389, 387 BGB mit einem ihr gegen S zustehenden Anspruch auf Ersatz der an T gezahlten 10 € in dieser Höhe erloschen ist.

**Zum Verständnis**
Anders als im Ausgangsfall hat K das Kleid hier nicht endgültig, sondern nur provisorisch reparieren lassen. Sie will es behalten und verlangt weiterhin Nachbesserung durch S. Das zeigt deutlich, dass die Nachbesserung durch die provisorische Reparatur gerade nicht unmöglich geworden ist. Auf das Problem der analogen Anwendung des § 326 Abs. 2 S. 2 BGB kommt es daher gar nicht an. Da eine Minderung wie oben wegen Vorrangs der Nacherfüllung ausscheidet, kommt als Anspruchsgrundlage für den Ersatz des für die provisorische Reparatur gezahlten Entgelts vielmehr allein ein Schadensersatzanspruch in Betracht. Wenn der Käufer die Kaufsache behalten will und Nachbesserung verlangt, kann es sich bei der geltend gemachten Schadensposition allein um Schadensersatz neben der Leistung, also hier neben der Nacherfüllung handeln. Die für die Reparatur angefallenen Kosten sind endgültig angefallen und können durch Nacherfüllung nicht mehr behoben werden. Insofern gilt Ähnliches wie bei Nutzungsausfallschäden (dazu ausf. Fall 10 Rn. 31 ff.). Anspruchsgrundlage sind daher §§ 437 Nr. 3, 280 Abs. 1 BGB. Eine Nachfristsetzung ist folglich entbehrlich.

Verlangt der Käufer hingegen nach einer provisorischen Reparatur Ersatzlieferung oder tritt er (wenn die weiteren Voraussetzungen erfüllt sind) vom Kaufvertrag zurück, kommt als weitere Anspruchsgrundlage § 347 Abs. 2 S. 1 BGB (bei der Ersatzlieferung i. V. m. § 439 Abs. 4 BGB) in Betracht (siehe auch oben Fn. 8). Dies setzt voraus, dass es sich bei der Reparatur um eine notwendige Verwendung handelt, diese also zur Erhaltung der Sache objektiv erforderlich war.

## 1. Aufrechnungserklärung

**44**    Indem K erklärt hat, sie ziehe von dem vereinbarten Kaufpreis 10 € ab, hat sie die Aufrechnung mit einem ihr angeblich zustehenden Ersatzanspruch erklärt, § 388 BGB.

## 2. Aufrechnungslage

**45**    Die Aufrechnungslage setzt nach § 387 BGB voraus, dass der K tatsächlich ein Gegenanspruch gegen S auf Zahlung von 10 € zustand. Dieser Anspruch könnte sich aus §§ 437 Nr. 3, 280 Abs. 1 BGB ergeben.

### a) Voraussetzungen für den Anspruch aus §§ 437 Nr. 3, 280 Abs. 1 BGB

**46**    K und S haben einen Vertrag geschlossen, auf den nach § 651 S. 1 BGB Kaufrecht anwendbar ist. Weiterhin ist die Kaufsache mangelhaft (s. o. Rn. 7). Dadurch hat S seine Verpflichtung zur mangelfreien Lieferung aus § 433 Abs. 1 S. 2 BGB verletzt. Diese Pflichtverletzung hat S auch zu vertreten (s. o. Rn. 20). Demnach ist S der K dem Grunde nach zum Schadensersatz neben der Leistung verpflichtet.

### b) Ersatzfähigkeit der Reparaturkosten

**47**    Fraglich ist, ob die geltend gemachten Reparaturkosten im Rahmen des einfachen Schadensersatzes ersatzfähig sind. Hier behält K das Kleid und verlangt Nachbesserung. Es handelt sich bei den Kosten für die provisorische Reparatur um eine auf der

Mangelhaftigkeit der Kaufsache beruhende Schadensposition, die durch die Nacherfüllung, die nun noch erfolgen muss, nicht mehr behoben werden kann, somit um Schadensersatz neben der Leistung.

> Die Ansicht, die Betriebsausfallschäden nur unter den Voraussetzungen der §§ 280 Abs. 1 u. 2, 286 BGB ersetzen will (Fall 10 Rn. 31 ff.), müsste dies auch hier verlangen. Die Ansicht ist aber abzulehnen (siehe dort).

Fraglich ist, ob der Anspruch unter dem Gesichtspunkt des Mitverschuldens (§ 254 **48** BGB) ausgeschlossen oder zu mindern ist. Dies wäre jedenfalls dann der Fall, wenn K die provisorische Reparatur durch T vorgenommen hätte, ohne vorher den S zu fragen, und wenn S zu der Reparatur bereit gewesen wäre. Dann hätte K verhindert, dass S selbst für eine Reparatur gesorgt hätte, also die Nacherfüllung vereitelt. S war jedoch am Samstagnachmittag nicht mehr erreichbar. K musste das Kleid daher zu einem anderen Schneider bringen, um es wie geplant am Abend nutzen zu können, wozu sie aufgrund des Kaufvertrages auch berechtigt war. Aufgrund der provisorischen Reparatur, die S die Möglichkeit zur Nacherfüllung nicht genommen hat, kann ihr daher kein Vorwurf gemacht werden. Der Schadensersatzanspruch ist nicht wegen Mitverschuldens zu mindern.

### 3. Zwischenergebnis

K hatte gegen S einen Schadensersatzanspruch aus §§ 437 Nr. 3, 280 Abs. 1 BGB **49** auf Zahlung von 10 €, mit dem sie wirksam aufgerechnet hat. Damit ist der Kaufpreisanspruch des S in dieser Höhe erloschen.

### III. Anspruch durchsetzbar

Fraglich ist, ob der in Höhe von 90 € noch bestehende Anspruch des S gegen K **50** durchsetzbar ist oder ob K die Zahlung verweigern kann, bis S das Kleid endgültig repariert hat. Insofern könnte K die Einrede des nichterfüllten Vertrages gem. § 320 BGB erheben. Das setzt voraus, dass die Forderung, auf die das Leistungsverweigerungsrecht gestützt wird, auf einem gegenseitigen Vertrag beruht und mit der Hauptforderung in einem Gegenseitigkeitsverhältnis steht. Da das Kleid mangelhaft ist, hat S seine aus § 433 Abs. 1 S. 2 BGB folgende Hauptleistungspflicht nicht erfüllt. Daher hat K gegen S nunmehr einen Nacherfüllungsanspruch aus §§ 437 Nr. 1, 439 BGB. Dieser Anspruch steht mit der Kaufpreiszahlungspflicht aus § 433 Abs. 2 BGB in einem synallagmatischen Verhältnis. Daher kann K als Käufer die Zahlung des Kaufpreises solange verweigern, bis S nacherfüllt hat. Angesichts des erheblichen Mangels steht auch § 320 Abs. 2 BGB einer Verweigerung des gesamten Kaufpreises nicht entgegen.

## IV. Ergebnis

**51**  In der Abwandlung hat S gegen K nur einen Anspruch auf Zahlung von 90 €. Zudem kann K bis zur endgültigen Reparatur des Kleides die Zahlung des Kaufpreises verweigern. K hat also recht.

### Exkurs

Der Käufer kann die Zahlung des Kaufpreises auch dann verweigern, wenn die Mängelansprüche bereits verjährt und Rücktritt und Minderung daher gem. §§ 218, 438 Abs. 4 u. 5 BGB unwirksam sind. Das ergibt sich aus § 438 Abs. 4 S. 2 u. Abs. 5 BGB. Hat der Käufer den Kaufpreis dagegen bereits (teilweise) gezahlt, ist wegen § 214 Abs. 2 S. 1 BGB eine Rückforderung ausgeschlossen.

# Fall 10

## Ausgangsfall

Victor Voigt (V) betreibt das Geschäft „Fahrrad Voigt". Angestellte hat er nicht. Ende September 2014 führt er eine „Aktionswoche" durch, bei der er seine Fahrräder zum Teil deutlich reduziert. Katharina Kunze (K) erwirbt deshalb bei V ein Fahrrad, das üblicherweise (auch in anderen Geschäften) 300 € kostet, zum Sonderpreis von 200 €. Nachdem K einige Fahrten mit dem Rad unternommen hat, funktioniert im Oktober 2014 die Gangschaltung nicht mehr. Es stellt sich heraus, dass der Schaden darauf zurückzuführen ist, dass V das Fahrrad nicht fachmännisch montiert hatte. K will, dass V das Rad repariert. Dieser liegt zu diesem Zeitpunkt aber mit einer Lungenentzündung im Krankenhaus. Sein Geschäft ist geschlossen. K wirft daher einen Brief in den Briefkasten des V, in dem sie ihn auffordert, den Schaden binnen zwei Wochen zu beheben. Nach drei Wochen ist V wieder gesund und meldet sich bei K, um die Reparatur jetzt durchzuführen. K hatte das Fahrrad vier Tage zuvor aber bereits in einem anderen Fachgeschäft für angemessene 60 € reparieren lassen. An einer Reparatur ist sie deshalb nicht mehr interessiert, sondern verlangt von V Ersatz von 60 €.
Zu Recht?

## 1. Abwandlung

Der Schaden an der Gangschaltung beruht abweichend vom Ausgangsfall auf einem Fehler des Herstellers, der für V nicht ohne weiteres erkennbar war. Nach Eintritt des Schadens verlangt K von V Reparatur. V (diesmal gesund) verweigert eine Reparatur, weil er für den Mangel nicht verantwortlich sei. Er meint, K solle sich direkt an den Hersteller wenden, und schickt sie nach Hause. Darauf lässt K die Reparatur in einem anderen Fachgeschäft für 60 € durchführen und verlangt von V Ersatz.
Zu Recht?

© Springer-Verlag Berlin Heidelberg 2015
P. Balzer et al., *Die Schuldrechtsklausur I*, Tutorium Jura,
DOI 10.1007/978-3-662-45662-0_10

## 2. Abwandlung

Wie ist die Rechtslage, wenn Grund für den Defekt der Gangschaltung wie in der 1. Abwandlung ein für V nicht ohne weiteres erkennbarer Herstellerfehler ist, wenn V aber – wie im Ausgangsfall – die Reparatur wegen eines Krankenhausaufenthaltes in der von K gesetzten Zweiwochenfrist nicht durchführen konnte? K hat das Fahrrad wiederum fachmännisch reparieren lassen und will die Reparaturkosten von 60 € (zumindest teilweise) ersetzt bekommen.

## 3. Abwandlung

Wie in der ersten Abwandlung erscheint K im Geschäft des V und verlangt Reparatur des Fahrrades, weil die Gangschaltung defekt sei. V bittet darum, dass K ihm das Fahrrad zunächst zur Prüfung des Mangels überlasse. Erst danach könne er darüber entscheiden, ob er das Fahrrad auf seine Kosten reparieren werde. Zudem weist V darauf hin, dass er Reparaturen durch einen Spezialisten vornehmen lasse und dieser allein für die Überprüfung der Fahrräder je nach Aufwand 10–20 € verlange. Sollte sich herausstellen, dass der Defekt an der Gangschaltung allein auf Fehlverhalten der K zurückzuführen sei und K dies eindeutig hätte erkennen müssen, werde er diesen Betrag von K ersetzt verlangen. Unter diesen Bedingungen lehnt K es ab, dem V das Fahrrad zu überlassen. Sie hinterlässt V einen Zettel mit ihrem Namen und ihrer Adresse, auf dem sie V nochmals zur bedingungslosen Reparatur binnen zwei Wochen auffordert. Dann verlässt sie das Geschäft mitsamt dem Fahrrad. Nach Ablauf der Zweiwochenfrist lässt K das Fahrrad anderweitig reparieren und verlangt von V Ersatz der Reparaturkosten in Höhe von 60 €. Kann K diesen Betrag von V im Wege des Schadensersatzes ersetzt verlangen, wenn der Defekt der Gangschaltung tatsächlich auf einem Herstellerfehler beruhte?

## 4. Abwandlung

Aufgrund des Defekts der Gangschaltung funktioniert das Fahrrad ab Freitag, dem 3.10.2014, nicht mehr. Da V am Feiertag und am Wochenende geschlossen hat, kann K das Fahrrad erst am Montagnachmittag direkt nach der Arbeit zu V zur Reparatur bringen. Zuvor musste K, da sie das Fahrrad am Wochenende nicht nutzen konnte, einige Erledigungen mit dem Bus machen. V ist am Dienstag sofort zur Reparatur bereit, weil er eingestehen muss, dass er das Rad (wie im Ausgangsfall) falsch montiert hat. Allerdings werde die Reparatur einige Tage dauern. Statt wie geplant mit dem Fahrrad zur Arbeit zu fahren, muss K deshalb auch in der Zeit, in der das Rad bei V steht, den Bus nehmen. Am Freitag, dem 10.10.2014, meldet sich V bei K und teilt ihr mit, sie könne das Rad repariert abholen. Es funktioniert jetzt einwandfrei. Als K das Rad abholt, verlangt sie von V Erstattung von 14 € für Busfahrkarten. 7 € entfallen davon auf Busfahrten, die sie unternommen hat, bevor sie das Rad zurückgebracht hat, weitere 7 € auf Busfahrten im Reparaturzeitraum. Besteht der geltend gemachte Anspruch der K?

## Lösung Fall 10

▶ Gegenstand dieses kurzen Falles mit Abwandlungen ist zunächst die Streitfrage, an welche Pflichtverletzung das Vertretenmüssen des Verkäufers bei mangelhafter Lieferung anknüpft. Außerdem wird in der 2. Abwandlung die Minderungsformel behandelt. Die 4. Abwandlung befasst sich mit der Problematik der Ersatzfähigkeit von Nutzungsausfallschäden.

## Ausgangsfall

### Anspruch auf Ersatz der Reparaturkosten aus §§ 437 Nr. 3, 280 Abs. 1 u. 3, 281 BGB

K könnte gegen V einen Anspruch auf Schadensersatz in Höhe der für die Reparatur    1
angefallenen Kosten von 60 € haben. Da es der K darum geht, einen Schaden an der Kaufsache ersetzt zu bekommen, der einer Nacherfüllung durch den Verkäufer grundsätzlich zugänglich gewesen wäre, handelt es sich bei dem geltend gemachten Anspruch um Schadensersatz statt der Leistung, der nur unter den Voraussetzungen der §§ 437 Nr. 3, 280 Abs. 1 u. 3, 281 BGB ersatzfähig ist.

### 1. Kaufvertrag

Den erforderlichen Kaufvertrag (§ 433 BGB) über das Fahrrad haben die Parteien    2
im September 2014 geschlossen.

### 2. Mangel der Kaufsache als erste Pflichtverletzung[1]

Ferner müsste die Kaufsache, also das Fahrrad, bei Gefahrübergang mangelhaft    3
gewesen sein, § 434 BGB. V hatte das Fahrrad falsch montiert mit der Folge, dass die Gangschaltung des Fahrrades nach kurzem Gebrauch nicht mehr funktionierte. Damit war das Fahrrad bereits bei Übergabe nicht zur vertraglich vorausgesetzten Verwendung geeignet und somit mangelhaft (§ 434 Abs. 1 S. 2 Nr. 1 BGB).[2]

Dadurch hat V gegen seine kaufvertragliche Pflicht aus § 433 Abs. 1 S. 2 BGB zur mangelfreien Verschaffung der Kaufsache verstoßen. Eine (erste) Pflichtverletzung i. S. v. § 280 Abs. 1 S. 1 BGB liegt also vor.

---

[1] Zu Aufbaufragen vgl. den Aufbauhinweis in Fall 1 nach Rn. 25.
[2] Die Annahme eines Mangels nach § 434 Abs. 1 S. 2 Nr. 2 BGB ist gut vertretbar; s. Fall 1 Rn. 4.

### 3. Frist zur Nacherfüllung; Nichtvornahme der Nacherfüllung als weitere Pflichtverletzung

4    Gem. § 281 Abs. 1 S. 1 BGB kann der Käufer Schadensersatz statt der Leistung grundsätzlich nur nach erfolglosem Ablauf einer angemessenen Frist zur Nacherfüllung verlangen. Hier hat K dem V in einem Brief eine zweiwöchige Frist zur Reparatur gesetzt. Diese Frist war angemessen. Fraglich ist jedoch, ob das Schreiben dem V trotz dessen krankheitsbedingter Abwesenheit zugegangen ist. Die Fristsetzung stellt eine rechtsgeschäftsähnliche Handlung dar, auf die § 130 Abs. 1 BGB analog anzuwenden ist. Zugang ist damit dann zu bejahen, wenn das Schriftstück so in den Herrschaftsbereich des Empfängers gelangt ist, dass unter gewöhnlichen Umständen mit seiner Kenntnisnahme gerechnet werden kann.[3] Hier ist der Brief durch Einwurf in den Briefkasten in den Machtbereich des V gelangt. Unter gewöhnlichen Umständen wäre noch am selben Tag, bei Einwurf außerhalb der Geschäftszeiten am Morgen darauf mit einer Kenntnisnahme zu rechnen gewesen. Auf die krankheitsbedingte Abwesenheit des V kommt es nicht an. Die Fristsetzung ist dem V also zugegangen. Die gesetzte Frist ist erfolglos abgelaufen.

Dadurch, dass V die Nacherfüllung nicht innerhalb der Nachfrist vorgenommen hat, hat er seine Pflicht zur Nacherfüllung aus §§ 437 Nr. 1, 439 BGB (objektiv) verletzt. Hierin liegt eine weitere Pflichtverletzung i. S. v. § 280 Abs. 1 S. 1 BGB.

### 4. Vertretenmüssen

5    Gem. § 280 Abs. 1 S. 2 BGB tritt die Schadensersatzpflicht nicht ein, wenn der Schuldner die Pflichtverletzung nicht zu vertreten hat. Es stellt sich die Frage, auf welche der beiden genannten Pflichtverletzungen (hier also die Verschaffung des mangelhaften Fahrrades oder das Unterlassen der Nacherfüllung innerhalb der gesetzten Frist) sich der Verschuldensvorwurf beziehen muss. Dies ist umstritten.[4]

6    Nach einer Ansicht ist allein auf die Lieferung der mangelhaften Sache abzustellen.[5] Nach einer zweiten Ansicht ist die für das Vertretenmüssen relevante Pflichtverletzung dagegen das Scheitern der Nacherfüllung.[6] Nach einer dritten, herrschenden Auffassung genügt es dagegen, wenn der Verkäufer eine der beiden Pflichtverletzungen zu vertreten hat.[7]

---

[3] BGHZ 67, 271, 275.

[4] Der BGH hat die Frage offengelassen (BGHZ 163, 234, 241 = NJW 2005, 2852, 2853).

[5] NK/*Büdenbender* § 437 Rn. 64; *Haas* in Haas/Medicus u. a., Das neue Schuldrecht, 2002, Kap. 5 Rn. 224 f.; *Huber* in Huber/Faust, Schuldrechtsmodernisierung, Kap. 13 Rn. 111.

[6] *Lorenz* NJW 2002, 2497, 2503; *Medicus/Lorenz* SchuldR II, Rn. 175; Bamberger/Roth/*Unberath* § 281 Rn. 12; möglicherweise auch OLG Celle ZGS 2006, 429, 431.

[7] *Ackermann* JuS 2012, 865, 867; Bamberger/Roth/*Faust* § 437 Rn. 73; *Canaris* DB 2001, 1815, 1816; *Huber* in FS Schlechtriem, 2003, S. 521, 527 ff.; Jauernig/*C. Berger* § 437 Rn. 19; *Looschelders* JA 2007, 673, 676; *ders.* in FS Canaris I, 2007, S. 737 ff.; MünchKomm/*Westermann* § 437 Rn. 27; Palandt/*Weidenkaff* § 437 Rn. 37; PWW/*D. Schmidt* § 437 Rn. 45 ff.; Hk-BGB/*Saenger*

**Klausurhinweis**

In einer Klausur dürfte es ausreichen, das Problem zu erkennen und die h. M. (alternative Anknüpfung des Vertretenmüssens) sowie die Ansicht von *Lorenz*, der sich intensiv mit dem Problem auseinandergesetzt hat und nur das Scheitern der Nacherfüllung für den relevanten Anknüpfungspunkt hält, darzustellen. Die erstgenannte Ansicht wird kaum mehr vertreten.

Hier hat V allein die Verschaffung des mangelhaften Fahrrades zu vertreten, weil er     7
dieses unter Missachtung der im Verkehr erforderlichen Sorgfalt falsch montiert hat
(§ 276 Abs. 1 u. 2 BGB). Dagegen kann ihm nicht vorgeworfen werden, dass er das
Fahrrad nicht in der von K gesetzten, objektiv gesehen angemessenen Zweiwochenfrist repariert hat, weil er in dieser Zeit arbeitsunfähig im Krankenhaus gelegen hat.[8]
Ein Schadensersatzanspruch kann daher nur nach der erst- und der letztgenannten
Auffassung bejaht werden.

Für die zweitgenannte Ansicht könnte sprechen, dass der Anspruch auf Schadens-     8
ersatz statt der Leistung auf Ersatz desjenigen Schadens gerichtet ist, der sich aus
dem endgültigen Ausbleiben der Leistung ergibt. Deshalb könnte man annehmen,
dass Anknüpfungspunkt für das Vertretenmüssen des Verkäufers die Umstände sein
müssen, die zur Verletzung der Nacherfüllungspflicht und damit zum endgültigen
Ausbleiben der Leistung führen. Dieses Ergebnis steht aber in Widerspruch zum
Gesetzeswortlaut und Willen des Gesetzgebers. § 281 Abs. 1 S. 1 BGB gewährt dem
Gläubiger ausdrücklich auch bei „nicht wie geschuldet" erbrachter Leistung einen
Schadensersatzanspruch. Damit ist die mangelhafte Leistung gemeint. § 281 Abs. 1
S. 1 Fall 2 BGB liefe leer, wenn man als Anknüpfungspunkt für den Schadensersatz
statt der Leistung bei mangelhafter Lieferung immer auf die Nichterfüllung der
Nacherfüllungspflicht (§ 281 Abs. 1 S. 1 Fall 1 BGB) abstellte. Zwar hat der Ver-
käufer, der schuldhaft eine mangelhafte Sache geliefert hat, ein Recht zur zweiten
Andienung; wenn er dieses aber – gleich aus welchen Gründen – nicht wahrnimmt
oder wahrnehmen kann, muss er für sein ursprüngliches schuldhaftes Fehlverhalten
haften und ist dem Käufer zum Schadensersatz statt der Leistung verpflichtet. Dass
der Mangel ein möglicher Anknüpfungspunkt für das Vertretenmüssen sein muss,

---

§ 437 Rn. 7; *Reinicke/Tiedtke* Kaufrecht, Rn. 538 ff.; *Tiedtke/Schmitt* BB 2005, 615, 622 f. So wohl
auch BGH NJW 2009, 1660 Rn. 11.

[8] Ein anderes Ergebnis könnte man über § 287 S. 2 BGB erzielen, wenn man die mangelhafte Leistung zugleich als Verzögerung der mangelfreien Leistung auffasst. Dann könnte man annehmen,
dass in der Nachfristsetzung zugleich eine Mahnung liege und V, der die Lieferung des mangelhaften Fahrrades zu vertreten hat (§ 286 Abs. 4 BGB), daher mit Zugang des Schreibens der K mit
der mangelfreien Lieferung in Verzug geraten sei und fortan gem. § 287 S. 2 BGB verschuldensunabhängig hafte (so *Todorow*, Der Bezugspunkt des Vertretenmüssens beim Schadensersatz statt
der Leistung, 2008, S. 94 ff.; vgl. auch *Ludes/Lube*, ZGS 2009, 259, 260 f., die aber annehmen,
Verzug trete erst mit Ablauf der Nachfrist sein – dann fehlt es hier am Vertretenmüssen des V und
der Streit wird doch relevant). Richtigerweise dürften die Verzugsregeln und damit auch § 287 S. 2
BGB aber nur Fälle der Nichtleistung erfassen und auf Fälle der „Verzögerung der mangelhaften
Leistung" nicht anwendbar sein (vgl. Bamberger/Roth/*Faust* § 437 Rn. 73.1, MünchKomm/*Ernst*
Vor § 275 Rn. 13; *Gomille/Milger* JA 2011, 900, 904; s. auch unten Rn. 33).

zeigt auch § 440 S. 1 Fall 3 BGB:[9] Ist die Nacherfüllung dem Käufer unzumutbar, so bedarf es keiner Nachfristsetzung. Reichte Verschulden des Verkäufers hinsichtlich des Mangels nicht aus, könnte der Käufer in diesem Fall trotz Entbehrlichkeit der Nachfrist nicht unmittelbar Schadensersatz verlangen, auch wenn der Verkäufer den Mangel zu vertreten hat – ein Ergebnis, das der Gesetzgeber offensichtlich nicht gewollt hat. Deshalb kann eine Haftung des Verkäufers auf Schadensersatz auch dann bestehen, wenn er zwar den Mangel der Kaufsache, nicht aber das Unterbleiben der Nacherfüllung zu vertreten hat.[10] Folglich ist die zweitgenannte Auffassung abzulehnen. Ob die erst- oder die letztgenannte Auffassung vorzugswürdig ist, kann an dieser Stelle noch offenbleiben, da hier beide zu dem Ergebnis gelangen, dass die Voraussetzung des § 280 Abs. 1 S. 2 BGB erfüllt ist.

## 5. Schaden

9 K kann daher von V im Wege des Schadensersatzes statt der Leistung (hier in Gestalt des kleinen Schadensersatzes) verlangen, so gestellt zu werden, wie sie bei ordnungsgemäßer Erfüllung stünde. Durch den Sachmangel sind Reparaturkosten in Höhe von 60 € entstanden. Diese kann K gem. §§ 437 Nr. 3, 280 Abs. 1 u. 3, 281 BGB von V ersetzt verlangen.

---

**Anmerkung**

Folgt man in Bezug auf den Anknüpfungspunkt des Vertretenmüssens der zweitgenannten Auffassung, könnte man noch prüfen, ob K den Mängelbeseitigungsaufwand zumindest im Wege der Minderung teilweise ersetzt verlangen kann (dazu die 2. Abwandlung).

---

## 1. Abwandlung

### Anspruch auf Ersatz der Reparaturkosten aus §§ 437 Nr. 3, 280 Abs. 1 u. 3, 281 BGB

10 K könnte gegen V einen Anspruch auf Ersatz der Reparaturkosten aus §§ 437 Nr. 3, 280 Abs. 1 u. 3, 281 BGB haben.

---

[9] Bamberger/Roth/*Faust* § 437 Rn. 73.1 a. E.
[10] Vgl. auch BGHZ 177, 224 Rn. 28 f.; BGH NJW 2010, 2426 Rn. 29, wo der BGH Vertretenmüssen hinsichtlich des Mangels prüft.

## 1. Kaufvertrag und Mangel der Kaufsache als erste Pflichtverletzung

Wie im Ausgangsfall dargelegt, haben K und V einen Kaufvertrag geschlossen. **11** Aufgrund der defekten Schaltung war das Fahrrad gem. § 434 Abs. 1 S. 2 Nr. 1 BGB mangelhaft. Dadurch hat V seine Verkäuferpflicht aus § 433 Abs. 1 S. 2 BGB verletzt.

## 2. Frist zur Nacherfüllung bzw. Entbehrlichkeit; Nichtvornahme der Nacherfüllung als weitere Pflichtverletzung

Grundsätzlich setzt ein Anspruch auf Schadensersatz statt der Leistung gem. § 281 **12** Abs. 1 S. 1 BGB voraus, dass der Verkäufer eine vom Käufer gesetzte angemessene Nachfrist hat verstreichen lassen. Hier hat K dem V allerdings keine Frist zur Nacherfüllung gesetzt. Gem. § 281 Abs. 2 Fall 1 BGB ist die Fristsetzung aber entbehrlich, wenn der Schuldner die Leistung ernsthaft und endgültig verweigert. Hier hat V das Nacherfüllungsbegehren der K mit der Begründung zurückgewiesen, er sei für den Mangel nicht verantwortlich, und die K nach Hause geschickt. Zwar traf V hinsichtlich des Herstellerfehlers keine Verantwortung; dies ändert aber nichts an seiner verschuldensunabhängigen Verpflichtung zur Nacherfüllung (§ 439 BGB). Der Äußerung und dem Verhalten des V ist zu entnehmen, dass die Verweigerung der Nacherfüllung sein letztes Wort war, er also die Nacherfüllung ernsthaft und endgültig verweigert hat. Gem. § 281 Abs. 2 BGB war die Nachfristsetzung folglich entbehrlich.

In der Weigerung, das Fahrrad zu reparieren, wozu er aber gem. §§ 437 Nr. 1, 439 BGB verpflichtet war, liegt eine weitere Pflichtverletzung des V.

## 3. Vertretenmüssen

Der Schadensersatzanspruch des K scheidet gem. § 280 Abs. 1 S. 2 BGB aus, wenn **13** V die Pflichtverletzung nicht zu vertreten hat. Hier ist wie im Ausgangsfall problematisch, auf welche der beiden Pflichtverletzungen abzustellen ist.

Fraglich ist zunächst, ob V den Mangel zu vertreten hat. Dazu müsste er zumindest fahrlässig gehandelt haben, § 276 BGB. Den Zwischenhändler trifft gegenüber dem Abnehmer grundsätzlich nicht die Pflicht, fremdbezogene Waren auf etwaige Mängel zu untersuchen. Der Hersteller ist auch nicht Erfüllungsgehilfe des Händlers.[11] Da die fehlerhafte Gangschaltung für V nicht ohne weiteres erkennbar war, hat er die mangelhafte Leistung – anders als im Ausgangsfall – nicht zu vertreten. Der Schadensersatzanspruch kann also nicht an die Verletzung der Verkäuferpflicht aus § 433 Abs. 1 S. 2 BGB anknüpfen.

---

[11] S. o. Fall 8 Fn. 14.

Allerdings könnte den V insofern ein Schuldvorwurf treffen, als er sich geweigert hat, den Mangel zu beheben. V hätte wissen müssen, dass er verschuldensunabhängig zur Nacherfüllung verpflichtet war. Er hat die Rechtslage also zumindest fahrlässig verkannt (§ 276 Abs. 2 BGB). Insofern ist ihm ein Verschuldensvorwurf zu machen.

**14** Fraglich ist, ob das ausreicht. Nach der Ansicht, die ausschließlich den Mangel als Anknüpfungspunkt für das Vertretenmüssen ansieht (oben Fn. 5), ist dies zu verneinen. Ein Schadensersatzanspruch lässt sich nur mit der (allerdings ebenfalls bereits abgelehnten) Auffassung, die ausschließlich auf das Ausbleiben der Nacherfüllung abstellt (Fn. 6), und der Auffassung, nach der beide Pflichtverletzungen Anknüpfungspunkt für das Vertretenmüssen sein können (Fn. 7), bejahen.

**15** Da der Streit bereits teilweise entschieden worden ist, ist hier nur noch zu klären, ob allein der Mangel Anknüpfungspunkt für das Vertretenmüssen sein kann oder zusätzlich auch die Verletzung der Nacherfüllungspflicht. Zwar knüpft § 437 Nr. 3 BGB für Schadensersatzansprüche in erster Linie unmittelbar an einen Mangel der Kaufsache an. Daraus kann man aber nicht schließen, dass die Verletzung der Nacherfüllungspflicht für den Verkäufer nicht sanktionsbewehrt ist. Vielmehr kann jede schuldhafte Vertragsverletzung zu einem Schadensersatzanspruch führen. Das muss auch für die Verletzung der Nacherfüllungspflicht gelten. Deshalb kommt auch die Verletzung der Nacherfüllungspflicht als eigenständiger Anknüpfungspunkt für einen Schadensersatzanspruch in Betracht. Das entspricht dem Willen des Gesetzgebers, nach dem der Schadensersatz statt der Leistung nach § 281 Abs. 1 BGB von einer Fristsetzung durch den Gläubiger sowie davon abhängt, „dass der Schuldner schuldhaft nicht leistet oder nicht nacherfüllt".[12] Richtigerweise ist also der Auffassung zu folgen, nach der beide Pflichtverletzungen des Verkäufers – mangelhafte Leistung und Verletzung der Nacherfüllungspflicht – als Anknüpfungspunkt für das Vertretenmüssen und damit für einen Schadensersatzanspruch in Betracht kommen. Damit genügt es, dass V das Ausbleiben der Nacherfüllung zu vertreten hat.

## 4. Ergebnis

**16** K kann daher von V Ersatz der als Schaden angefallenen Mängelbeseitigungskosten aus §§ 437 Nr. 3, 280 Abs. 1 u. 3, 281 BGB verlangen.

**Exkurs**

Auch wenn die Beseitigung des Mangels unmöglich ist, stellt sich im Rahmen der Prüfung von Ansprüchen auf Schadensersatz statt der Leistung die Frage, ob beim Vertretenmüssen auf den Mangel abzustellen ist oder auf die Umstände, die zur Unmöglichkeit der Nacherfüllung führen. Die h. M. stellt ausschließlich auf letzteren Aspekt ab. Zum Problem s. Fall 9 Rn. 20.

---

[12] Entwurfsbegr. zum SMG, BT-Drucks. 14/6040, S. 140.

# 2. Abwandlung

## I. Anspruch auf Ersatz der Reparaturkosten aus §§ 437 Nr. 3, 280 Abs. 1 u. 3, 281 BGB

Fraglich ist, ob K auch hier von V Ersatz der Reparaturkosten aus §§ 437 Nr. 3, 280 **17** Abs. 1 u. 3, 281 BGB verlangen kann. In der zweiten Abwandlung hat V – wie im Ausgangsfall – eine mangelhafte Kaufsache geliefert und die geschuldete Nacherfüllung nicht in der von K gesetzten angemessenen Frist vorgenommen. Insofern liegen wiederum zwei (objektive) Pflichtverletzungen vor. Anders als in den bisherigen Fällen trifft den K aber hinsichtlich beider Pflichtverletzungen kein Verschulden. Deshalb ist ein Schadensersatzanspruch hier gem. § 280 Abs. 1 S. 2 BGB ausgeschlossen.

## II. Anspruch auf anteilige Rückzahlung des Kaufpreises aus § 441 Abs. 4 i. V. m. §§ 437 Nr. 2, 441 Abs. 1 u. 3 BGB

Möglicherweise kann K von V im Wege der Minderung zumindest einen Teil des **18** gezahlten Kaufpreises zurückverlangen, § 441 Abs. 4 i. V. m. §§ 437 Nr. 2, 441 Abs. 1 u. 3 BGB.

> **Systematischer Hinweis**
> Eigentliche Anspruchsgrundlage für den Rückzahlungsanspruch nach Minderung ist § 441 Abs. 4 BGB. Der Rückzahlungsanspruch folgt also nicht aus § 346 Abs. 1 BGB, auf den § 441 Abs. 4 S. 2 BGB verweist. Mit der Verweisung ist nur gemeint, dass der Verkäufer auch Nutzungen aus dem überzahlten Betrag zurückzugeben hat (MünchKomm/*Westermann* § 441 Rn. 17, 18).

### 1. Minderungsrecht
Dazu müsste der K zunächst das Recht zustehen, den Kaufpreis zu mindern. **19**

### a) Kaufvertrag und Mangel der Kaufsache
Wie geprüft (oben Rn. 2 f.), haben K und V einen Kaufvertrag (§ 433 BGB) ge- **20** schlossen. Das Fahrrad war mangelhaft (§ 434 Abs. 1 S. 2 Nr. 1 BGB).

### b) Erfolgloser Ablauf einer angemessenen Frist zur Nacherfüllung
Das Minderungsrecht besteht gem. § 441 Abs. 1 S. 1 BGB („statt zurückzutreten") **21** unter den gleichen Voraussetzungen[13] wie das Rücktrittsrecht des Käufers. Deshalb kann der Käufer gem. § 323 Abs. 1 BGB grundsätzlich erst nach Ablauf einer an-

---

[13] Abgesehen von § 323 Abs. 5 S. 2 BGB (Geringfügigkeit des Mangels), der gem. § 441 Abs. 1 S. 2 BGB keine Anwendung findet.

gemessenen Frist zur Nacherfüllung mindern. Hier hat K eine angemessene Zweiwochenfrist gesetzt, die erfolglos abgelaufen ist.

### c) Höhe des Minderungsbetrages

22   Damit steht der K dem Grunde nach ein Minderungsrecht zu. Fraglich ist, in wel-
cher Höhe sie den Kaufpreis mindern kann. Gem. § 441 Abs. 3 S. 1 BGB ist bei der
Minderung der Kaufpreis in dem Verhältnis herabzusetzen, in welchem zur Zeit des
Vertragsschlusses der Wert der Sache in mangelfreiem Zustand zu dem wirklichen
Wert gestanden hätte. Es gilt also folgende Minderungsformel:

$$\frac{\text{Vereinbarter Kaufpreis}}{\text{geminderter Kaufpreis}} = \frac{\text{Wert ohne Mangel}}{\text{Wert mit Mangel}}$$

$$\Leftrightarrow \text{Geminderter Kaufpreis} = \frac{\text{Wert mit Mangel} \cdot \text{vereinbarter Kaufpreis}}{\text{Wert ohne Mangel}}$$

Der Wert des Fahrrades ohne den Mangel ist hier der übliche Kaufpreis, also 300 €.
Vereinbart war im Rahmen des Sonderangebotes nur ein Kaufpreis von 200 €. Fraglich ist, wieviel das Fahrrad in mangelhaftem Zustand wert war. Den Minderwert
wird man jedenfalls dann mit dem Mängelbeseitigungsaufwand gleichsetzen müssen, wenn durch den Mangel die Kaufsache nicht mehr funktionstüchtig, eine Reparatur gleichzeitig aber sinnvoll ist, so dass jeder wirtschaftlich denkende Mensch
die Sache reparieren lassen wird.[14] Demnach beträgt der Minderwert des Fahrrades
hier 60 €; der Wert des Fahrrades mit Mangel beträgt also 240 €. Der geminderte
Kaufpreis ist damit $\frac{240 \cdot 200}{300}$ € = 160 €.
K ist berechtigt, den Kaufpreis um 200 − 160 € = 40 € zu mindern.

### 2. Minderungserklärung

23   K muss gem. § 441 Abs. 1 BGB noch die Minderung erklären und dabei den Umfang der Kaufpreisherabsetzung (also 40 €) angeben.

### 3. Ergebnis

24   Nach Erklärung der Minderung hat K gegen V einen Anspruch auf Rückzahlung
von 40 € aus § 441 Abs. 4 i. V. m. §§ 437 Nr. 2, 441 Abs. 1 u. 3 BGB.

---

[14] Vgl. allg. Palandt/*Weidenkaff* § 441 Rn. 15. Anderes gilt dann, wenn die Beseitigung des Mangels hohe Kosten erfordert, der Mangel den Marktwert der Sache aber kaum beeinflusst (z. B. beim
Autokauf fehlender Airbag für Beifahrer).

**Systematische Hinweise**

Sowohl bei der Minderung als auch beim kleinen Schadensersatz behält der Käufer die Kaufsache (anders als beim Rücktritt und beim großen Schadensersatz). Wenn der Preis der Kaufsache ihrem Wert entspricht (wovon mangels gegenteiliger Anhaltspunkte auszugehen ist), ist sowohl über die Minderung als auch (falls es nicht am Vertretenmüssen fehlt) über den kleinen Schadensersatz der Minderwert der Sache ersatzfähig. Zu unterschiedlichen Ergebnissen kommen Minderung und kleiner Schadensersatz aber dann, wenn der Käufer entweder (wie hier) ein gutes oder umgekehrt ein schlechtes Geschäft gemacht hat. Denn während sich der kleine Schadensersatz allein an dem Wert der Leistung orientiert, ist in der Minderungsformel auch die Gegenleistung enthalten, so dass das von den Parteien verhandelte Äquivalenzverhältnis zwischen Preis und Leistung aufrechterhalten bleibt (BGH NJW 2011, 2953 Rn. 9). Bei einem für den Käufer guten Geschäft ist für diesen der kleine Schadensersatz günstiger (falls es nicht – wie hier – am Vertretenmüssen fehlt); umgekehrt erhält der Käufer bei einem für ihn schlechten Geschäft über die Minderung mehr als den Minderwert ersetzt, so dass dann diese für ihn günstiger ist (dazu ausf. *Eichel* JuS 2011, 1064 ff.).

Da K hier den Mangel eigenmächtig beseitigt hat, ohne dass die Voraussetzungen des Schadensersatzanspruchs nach §§ 437 Nr. 3, 280 Abs. 1 u. 3, 281 BGB vorgelegen haben, stellt sich die **Problematik der Selbstvornahme**, die bereits Gegenstand von Fall 9 war. So könnte man annehmen, dass die eigenmächtige Reparatur des Fahrrades durch K die Nacherfüllung unmöglich gemacht hat (s. Fall 9 Rn. 9). Dies setzt jedoch voraus, dass sowohl Nachbesserung als auch Ersatzlieferung nicht möglich sind (s. Fall 9 Fn. 8). Hier ist durch die Selbstvornahme zwar eine nochmalige Reparatur unmöglich geworden, eine Ersatzlieferung ist hingegen nach wie vor möglich, da – anders als in Fall 9 – das Fahrrad ersatzfähig ist. Ein Anspruch auf Ersatz der Reparaturkosten aus §§ 437 Nr. 3, 280 Abs. 1 u. 3, 283 BGB sowie auch der von Teilen der Literatur entgegen dem BGH angenommene Anspruch analog §§ 326 Abs. 2 S. 2, Abs. 4, 346 Abs. 1 BGB scheiden damit mangels Unmöglichkeit der Nacherfüllung aus. (Ein Anspruch auf Ersatz der Reparaturkosten aus §§ 437 Nr. 3, 280 Abs. 1 u. 3, 283 BGB würde darüber hinaus am fehlenden Vertretenmüssen scheitern, weil V weder den Mangel noch die Unmöglichkeit der Reparatur zu vertreten hat.) Anders als in Fall 9 kann K immerhin mindern, weil der Schadensersatzanspruch hier nicht an der fehlenden Fristsetzung, sondern am fehlenden Vertretenmüssen scheitert und die Minderung verschuldensunabhängig ist.

---

[15] Über den kleinen Schadensersatz können u. U. neben dem Minderwert noch weitere Schäden ersatzfähig sein.

## 3. Abwandlung

### Anspruch auf Ersatz der Reparaturkosten aus §§ 437 Nr. 3, 280 Abs. 1 u. 3, 281 BGB

25   K könnte gegen V einen Anspruch auf Schadensersatz statt der Leistung in Höhe der Reparaturkosten von 60 € aus §§ 437 Nr. 3, 280 Abs. 1 u. 3, 281 BGB haben. Ein Kaufvertrag zwischen K und V liegt vor. Außerdem beruhte der Defekt der Gangschaltung laut Sachverhalt auf einem Herstellerfehler, so dass ein Mangel bei Gefahrübergang nach §§ 434 Abs. 1 S. 2 Nr. 1, 446 S. 1 BGB und damit eine Pflichtverletzung nach §§ 433 Abs. 1 S. 2, 280 Abs. 1 S. 1 BGB vorliegen.

26   Fraglich ist jedoch, ob K dem V eine den Anforderungen des § 281 Abs. 1 S. 1 BGB entsprechende **Frist zur Nacherfüllung** gesetzt hat. Sie hat hier zwar eine zweiwöchige, im Grundsatz angemessen lange Frist zur Nachbesserung gesetzt. Die Obliegenheit des Käufers, zunächst Nacherfüllung nach §§ 437 Nr. 1, 439 Abs. 1 BGB zu verlangen, wenn er Schadensersatz statt der Leistung verlangen (oder zurücktreten oder mindern) will, beschränkt sich aber nicht auf eine mit einer Fristsetzung verbundene Aufforderung zur Nacherfüllung, sondern umfasst auch die Bereitschaft des Käufers, dem Verkäufer die Kaufsache zur Überprüfung der erhobenen Mängelrügen für eine entsprechende Untersuchung zur Verfügung zu stellen.[16] Der Verkäufer ist nicht verpflichtet, sich auf ein Nacherfüllungsverlangen des Käufers einzulassen, bevor dieser ihm Gelegenheit zu einer solchen Untersuchung der Kaufsache gegeben hat.[17] Denn der Verkäufer muss die Möglichkeit haben, die Sache daraufhin zu untersuchen, ob sie tatsächlich mangelhaft ist, ob der Mangel bereits bei Gefahrübergang vorlag und wie der Mangel behoben werden kann, letzteres damit er ggf. entscheiden kann, ob er die gewählte Variante der Nacherfüllung gem. § 439 Abs. 3 BGB verweigern kann. Eine solche Gelegenheit zur Untersuchung des Fahrrades hat K dem V nicht gegeben. Sie hat sich geweigert, dem V das Fahrrad zur vorherigen Überprüfung des Mangels zur Verfügung zu stellen. Damit fehlt es im Grundsatz an den Anforderungen eines Nacherfüllungsbegehrens nach §§ 281 Abs. 1 S. 1, 439 Abs. 1 BGB.

27   Etwas anderes könnte sich aber daraus ergeben, dass V der K in Aussicht gestellt hat, unter bestimmten Bedingungen die Kosten für die Überprüfung des Fahrrades von ihr ersetzt zu verlangen. Dies könnte gegen den im Verbrauchsgüterkaufrecht zwingenden Grundsatz der kostenfreien Nacherfüllung verstoßen (vgl. §§ 439 Abs. 2, 475 Abs. 1 BGB), so dass V hier die Nacherfüllung verweigert haben könnte und die Nachfrist sogar nach § 281 Abs. 2 BGB entbehrlich gewesen sein könnte. Jedoch hat V lediglich angekündigt, im Falle eines Defekts, der offensichtlich in den Verantwortungsbereich der K fällt, von dieser Ersatz zu verlangen. In diesem Fall kann dem Verkäufer tatsächlich ein Schadensersatzanspruch aus §§ 280 Abs. 1, 241 Abs. 2 BGB zustehen. Denn ein Käufer, der unberechtigt Mängelbeseitigungsansprüche geltend macht, verletzt eine Pflicht zur Rücksichtnahme nach § 241 Abs. 2 BGB und handelt damit pflichtwidrig i. S. v. § 280 Abs. 1 S. 1 BGB. Schuld-

---

[16] BGH NJW 2010, 1448 Rn. 12; 2013, 1074 Rn. 24.

[17] BGH NJW 2010, 1448 Rn. 12; 2013, 1074 Rn. 24.

haft (§§ 280 Abs. 1 S. 2, 276 BGB) handelt der Käufer aber nicht bereits dann, wenn sich sein Verlangen nachträglich als unberechtigt herausstellt, sondern nur dann, wenn er bei einer sorgfältigen Überprüfung im Rahmen seiner Möglichkeiten hätte erkennen müssen, dass die Vertragsstörung auf eine seinem Verantwortungsbereich zuzuordnende Ursache zurückzuführen ist, so dass er seine Rechtsposition nicht als plausibel ansehen durfte.[18] Dieses Evidenzkriterium hat V in eigenen Worten wiedergegeben. Seine Ankündigung gibt damit bloß die geltende Rechtslage wieder. Es bleibt dabei, dass eine Fristsetzung notwendig war und dass K dem V das Rad hätte überlassen müssen. Es fehlt daher an einem hinreichenden Nacherfüllungsbegehren der K.

K kann von V nicht Schadensersatz statt der Leistung in Höhe der Reparatur-  **28** kosten von 60 € verlangen.

**Exkurse**

Auch eine Minderung nach §§ 437 Nr. 2, 441 Abs. 1 u. 3 BGB mit der Folge eines Rückzahlungsanspruchs aus § 441 Abs. 4 BGB scheidet hier aus. Denn es fehlt ebenso an einem Nacherfüllungsverlangen, das den Anforderungen der für Rücktritt und Minderung geltenden §§ 323 Abs. 1, 439 Abs. 1 BGB genügt. Hinsichtlich der Selbstvornahme-Problematik sei auf die Ausführungen in dem Kasten nach Rn. 24 verwiesen. Dies alles war hier aber aufgrund der auf Schadensersatz beschränkten Fallfrage nicht zu prüfen.

Der Käufer, der, nachdem der Verkäufer eine erhobene Mängelrüge zurückgewiesen hat, einen Privatgutachter mit der Feststellung des Sachmangels beauftragt, kann, wenn die Sache tatsächlich mangelhaft ist, die Kosten dafür verschuldensunabhängig nach § 439 Abs. 2 BGB vom Verkäufer ersetzt verlangen (BGH NJW 2014, 2351; ablehnend *Lorenz* NJW 2014, 2319, nach dem die Kosten nur gem. §§ 437 Nr. 3, 280 Abs. 1 BGB ersatzfähig sind).

---

# 4. Abwandlung

## Anspruch der K gegen V auf Ersatz der Kosten für Busfahrkarten

K könnte gegen V einen Anspruch auf Zahlung von 14 € aus §§ 437 Nr. 3, 280  **29** Abs. 1 BGB haben.

## 1. Voraussetzungen für Schadensersatz neben der Leistung

Dadurch, dass V der K ein mangelhaftes Fahrrad übergeben hat, hat er seine Ver-  **30** käuferpflicht aus § 433 Abs. 1 S. 2 BGB verletzt (oben Rn. 3). Diese Pflichtverletzung hat er auch zu vertreten, weil er das Fahrrad fahrlässig falsch montiert hat (Rn. 7). Die Voraussetzungen für einen Anspruch auf Schadensersatz neben der Leistung liegen damit vor.

---

[18] BGH NJW 2008, 1147; BGHZ 179, 238. – Der Verkäufer hat aber keinen Anspruch darauf, dass der Käufer erklärt, die Kosten zu übernehmen, wenn sich herausstellt, dass ein Nacherfüllungsanspruch nicht besteht. Denn der Verkäufer ist durch seine gesetzlichen und vertraglichen Ansprüche hinreichend geschützt (BGH NJW 2010, 3649, 3651 Rn. 24 zum Werkvertrag). Eine solche Erklärung hat V nicht gefordert.

**Anmerkung**
Anknüpfungspunkt für das Vertretenmüssen beim Schadensersatz neben der Leistung wegen eines Mangels der Kaufsache ist unstreitig allein der Mangel. Auf die Nichterfüllung der Nacherfüllung kann es deshalb nicht ankommen, weil vom Anspruch auf Schadensersatz neben der Leistung (§§ 437 Nr. 3, 280 Abs. 1 BGB) nur solche Schadenspositionen umfasst sind, die einer Nacherfüllung nicht zugänglich sind. Zur Abgrenzung zwischen Schadensersatz statt und neben der Leistung auch beim Nutzungsausfallschaden ausführlich Fall 3 Rn. 19.

## 2. Ersatzfähigkeit des Nutzungsausfallschadens

**31**   Fraglich ist allerdings, ob der von K geltend gemachte Schaden im Rahmen des Schadensersatzes neben der Leistung ersatzfähig ist. Hier behält K das Fahrrad und hat erfolgreich Nacherfüllung verlangt. Es handelt sich bei den angefallenen Fahrtkosten also um Schadenspositionen, die trotz ordnungsgemäßer Nacherfüllung angefallen sind und der Nacherfüllung nicht zugänglich waren, weil sie nicht dadurch hätten behoben werden können, dass die Nacherfüllung im spätestmöglichen Zeitpunkt (also bei Fristablauf)[19] vorgenommen wurde. Folglich sind die Fahrtkosten grundsätzlich vom Schadensersatz neben der Leistung umfasst.[20]

**Systematischer Hinweis**
Zur Abgrenzung zwischen Schadensersatz statt und neben der Leistung siehe Fall 3 Rn. 19. Die Unterscheidung zwischen Äquivalenz- und Integritätsinteresse bzw. Mangel- oder Mangelfolgeschaden hilft bei Nutzungsausfallschäden nicht weiter. Hier muss daher auf das Hauptkriterium, nämlich die Behebbarkeit des Schadens durch Nacherfüllung, abgestellt werden. Nutzungsausfallschäden, die trotz ordnungsgemäßer Nacherfüllung entstanden sind, sind im Rahmen des Schadensersatzes neben der Leistung ersatzfähig. Das Erfordernis einer Fristsetzung ergäbe insofern keinen Sinn.

Umstritten ist jedoch, ob Schäden, die dadurch entstehen, dass der Käufer die Sache bis zum Abschluss der Reparatur nicht nutzen kann (sog. **Nutzungsausfallschäden**[21]), unter den Voraussetzungen des einfachen Schadensersatzes gem. § 280

---

[19] Z.T. wird auch auf den Zeitpunkt des Schadensersatzverlangens abgestellt, s. Fall 3 Fn. 9.

[20] Insofern ist die Einordnung von Nutzungsausfallschäden als Schadensersatz statt der Leistung verfehlt, so aber *P. Huber* in Huber/Faust, Kap. 13 Rn. 99 ff., 108.

[21] Nutzungsausfallschäden können auch sein Betriebsausfallschäden, entgangene Weiterveräußerungsgewinne, Miete für eine Ersatzsache während der Nacherfüllungsfrist.

Abs. 1 BGB ersatzfähig sind[22] oder nur unter den zusätzlichen Voraussetzungen der
§§ 280 Abs. 2, 286 BGB.[23]

Die Vertreter der letzteren Auffassung tragen vor, in der Lieferung einer man-  **32**
gelhaften Sache liege zugleich die Verzögerung der Lieferung einer mangelfreien.
Es bestünde ein Wertungswiderspruch, wenn der Verkäufer, der gar nicht leiste,
bis zum Verzugseintritt nicht auf Schadensersatz hafte, während der Verkäufer, der
immerhin schlecht leiste, sich ohne zusätzliche Voraussetzungen nach § 280 Abs. 1
BGB schadensersatzpflichtig mache. Deshalb sei der Nutzungsausfallschaden nur
ersatzfähig, wenn der Käufer den Verkäufer in Verzug gesetzt habe. Die dazu erforderliche Mahnung liege in der Mängelrüge, also dem Nacherfüllungsbegehren.
Dieser Auffassung nach kann der Käufer daher allenfalls den Schaden, der nach
Erhebung des Nacherfüllungsanspruches entstanden ist (hier also die 7 € für die
Busfahrten zwischen Dienstagnachmittag und Freitag), gem. §§ 280 Abs. 1 u. 2,
286 BGB geltend machen.[24]

Gegen diese Auffassung spricht jedoch, dass der Nutzungsausfallschaden nach  **33**
dem in der Gesetzesbegründung zum Ausdruck gebrachten Willen des Gesetzgebers unmittelbar nach § 280 Abs. 1 BGB ersatzfähig sein soll.[25] In systematischer
Hinsicht sind die Grundlagen für einen Schadensersatzanspruch wegen eines Mangels der Kaufsache in § 437 Nr. 3 Fall 1 BGB abschließend aufgezählt, ohne dass
dort § 286 BGB erwähnt wäre.[26] Die Pflichtverletzung, aufgrund derer der Nutzungsausfallschaden entsteht, ist bereits die mangelhafte Leistung selbst, also die
Verletzung der Pflicht aus § 433 Abs. 1 S. 2 BGB. § 280 Abs. 2 i. V. m. § 286 BGB
betrifft nur den Fall, dass der Schuldner gar nicht leistet. Nur dem Käufer, dem die
Sache gar nicht geliefert wurde, ist nach dem Zweck der Norm zuzumuten, den
Verkäufer durch Mahnung in Verzug zu setzen, weil er die Tatsache der Nichtlie-
ferung leicht feststellen kann. Einen Mangel wird der Käufer hingegen i. d. R. erst
bei Ingebrauchnahme bemerken.[27] Außerdem trifft die Behauptung, der Verkäufer,
der nicht leiste, stünde besser als der Verkäufer, der schlecht leiste, wenn man den
Nutzungsausfallschaden unter § 280 Abs. 1 BGB fasse, nur in dem Fall zu, dass
Kaufvertragsschluss und Erfüllung zeitlich auseinanderfallen. Bei einem Handkauf
wie im vorliegenden Fall ist von vornherein kein Wertungswiderspruch denkbar.
Richtigerweise sind Nutzungsausfallschäden daher im Rahmen des einfachen Scha-

---

[22] So die h. M.: BGHZ 181, 317, 320 ff. = NJW 2009, 2674, 2675 mit zahlr. weiteren Nachw. auch
zur Gegenansicht; *Medicus/Lorenz* SchuldR II, Rn. 183; *Lorenz* NJW 2005, 1889, 1891; Münch-
Komm/*Ernst* § 280 Rn. 55 ff.; Bamberger/Roth/*Faust* § 437 Rn. 58 f.; *Canaris* ZIP 2003, 321, 326;
Staudinger/*Schwarze* (2014) § 280 Rn. C 30 f.; *Tiedtke/Schmitt* BB 2005, 615, 619 f.; *Döll/Rybak*
Jura 2005, 582, 584 ff.

[23] *Dauner-Lieb/Dötsch* DB 2001, 2535 ff.; Jauernig/*C. Berger* § 437 Rn. 17; *Oechsler* NJW
2004, 1825, 1828; NK/*Dauner-Lieb* § 280 Rn. 58, 61; NK/*Büdenbender* § 437 Rn. 74 ff.; *Oetker/*
*Maultzsch* Vertragliche Schuldverhältnisse, § 2 Rn. 267 ff.

[24] NK/*Büdenbender* § 437 Rn. 77. **A.A.** aber *Oechsler* NJW 2004, 1825, 1828, wonach Verzug erst
nach Ablauf einer gesetzten Nachfrist eintreten könne. Die Mahnung durch das Nacherfüllungsbegehren erfolge aufschiebend bedingt.

[25] BT-Drucks. 14/6040, S. 225.

[26] Vgl. BGHZ 181, 317 Rn. 15 = NJW 2009, 2674.

[27] BGHZ 181, 317 Rn. 17 = NJW 2009, 2674; *Lorenz* LMK 2009, 286449.

densersatzes neben der Leistung gem. § 280 Abs. 1 BGB ersatzfähig, und zwar sowohl im Zeitraum vor als auch nach dem Nacherfüllungsbegehren.[28]

## 3. Ergebnis

**34**  K kann also von V gem. §§ 437 Nr. 3, 280 Abs. 1 BGB Schadensersatz in Höhe von 14 € verlangen.

> A.A. vertretbar. Dann wäre ein Anspruch aus §§ 437 Nr. 3, 280 Abs. 1 u. 2, 286 BGB zu prüfen, der zusätzlich Verzug nach § 286 BGB voraussetzte. Ein Schadensersatzanspruch der K gegen V wäre dann in Höhe von 7 € für die Zeit nach Verzugseintritt durch das Nacherfüllungsbegehren (=Mahnung) gegeben (bzw. ganz abzulehnen, wenn der Ansicht gefolgt wird, dass die Mahnung aufschiebend bedingt bis zum Ende einer [hier nicht gesetzten] Nachfrist erfolge [s. Fn. 24]).

**Exkurse**

Auch nach der hier vertretenen Ansicht kann der Nutzungsausfallschaden u. U. nur unter den Voraussetzungen des Verzuges ersatzfähig sein, wobei allerdings nicht auf den Verzug des Verkäufers mit der mangelfreien Lieferung (§ 433 Abs. 1 S. 2 BGB), sondern mit der Nacherfüllung (§ 439 BGB) abzustellen ist. Ein Schadensersatzanspruch nach §§ 437 Nr. 3, 280 Abs. 1 BGB scheidet nämlich gem. § 280 Abs. 1 S. 2 BGB aus, wenn der Verkäufer den Mangel nicht zu vertreten hat (hier also z. B. bei einem nicht erkennbaren Herstellerfehler wie in der 1. Abwandlung). Dann kann der Nutzungsausfallschaden nur ersatzfähig sein, wenn der Verkäufer mit der Nacherfüllung in Verzug gerät, regelmäßig also mit Ablauf der vom Käufer gesetzten angemessenen Frist zur Nacherfüllung, weil in dem mit einer Fristsetzung verbundenen Nacherfüllungsverlangen gleichzeitig eine aufschiebend bedingte Mahnung zur Nacherfüllung liegt.

Der Nutzungsausfallschaden kann, wenn der Käufer nicht mehr an der Leistung festhält, auch Teil des Schadensersatzes statt der Leistung gem. §§ 437 Nr. 3, 280 Abs. 1 u. 3, 281 BGB sein (s. Fall 3 Rn. 19).[29] Beispiel: Hätte V hier nicht bis zum Ende der Nachfrist das Fahrrad repariert und hätte K daher Schadensersatz statt der Leistung verlangt, wären die ab diesem Zeitpunkt entstehenden Nutzungsausfallschäden (z. B. Kosten für weitere Busfahrkarten für den Zeitraum, bis das Fahrrad von jemand anders repariert wird) im Rahmen des Schadensersatzes statt der Leistung ersatzfähig. Ein zugleich erklärter Rücktritt der K stünde dem nicht entgegen (§ 325 BGB).[30] Die vorher entstandenen Nutzungsausfallschäden blieben aber dem Schadensersatz neben der Leistung zugehörig und könnten nicht in den Anspruch aus §§ 437 Nr. 3, 280 Abs. 1 u. 3, 281 BGB einbezogen werden.[31]

---

[28] In Bezug auf den Schaden vor dem Nacherfüllungsbegehren ist jedoch zu beachten, dass den Käufer gem. § 254 Abs. 2 BGB eine Schadensminderungsobliegenheit trifft, die einen Schadensersatzanspruch bei schuldhaft verzögertem Nacherfüllungsbegehren für diesen Zeitraum ausschließt. Ein Verstoß der K gegen § 254 Abs. 2 BGB kommt hier nicht in Betracht, weil V am Feiertag (3.10.) und am Wochenende geschlossen hatte und K das Fahrrad daher zum frühestmöglichen Zeitpunkt zurückgegeben hat.

[29] BGHZ 174, 290 Rn. 8=NJW 2008, 911; BGHZ 181, 317 Rn. 9=NJW 2009, 2674; BGH NJW 2010, 2426 Rn. 13 mit Anm. *Faust* JuS 2010, 724.

[30] BGH NJW 2010, 2426, 2427 ff.

[31] Palandt/*Grüneberg* § 281 Rn. 17; *Kleine/Scholl* NJW 2006, 3462, 3465 m. w. N. auch zur Gegenansicht.

# Fall 11

## Ausgangsfall

Karl Kunze (K) kauft am 15.1.2015 bei der Kraftfahrzeughändlerin Vera Vogel (V) für 12.000 € einen zwei Jahre alten Opel (Kilometerstand 50.000). Am 20.1.2015 wird der Wagen übergeben. K nutzt ihn für den täglichen Weg zur Arbeit und für private Fahrten. Am 19.7.2015 erleidet der Wagen bei einem sonntäglichen Ausflug des K mit seiner Familie einen Motorschaden (Kilometerstand 65.000). Bei der anschließenden Untersuchung zeigt sich, dass die Zylinderkopfdichtung defekt ist. Offen bleibt jedoch, ob die Zylinderkopfdichtung bereits bei Übergabe des Wagens defekt war oder – was ebenso gut möglich ist – der K selbst den Defekt der Zylinderkopfdichtung dadurch verursacht hat, dass er kein Kühlwasser nachgefüllt und den Motor durch hochtouriges Fahren überbeansprucht hat.

K verlangt von V zunächst Reparatur des Wagens. V lehnt diese jedoch endgültig ab, weil K nicht bewiesen habe, dass der Defekt bereits bei Übergabe vorhanden gewesen sei. Außerdem habe sie den Wagen vor dem Verkauf gründlich untersucht und nichts festgestellt. Nunmehr tritt K vom Kaufvertrag zurück. Da V auch nicht bereit ist, den Kaufpreis zurückzuerstatten, verklagt K sie auf Zahlung von 12.000 € bei dem zuständigen Landgericht. V bestreitet den Anspruch, weil K nicht zum Rücktritt berechtigt sei. Hilfsweise rechnet sie mit folgenden ihr angeblich gegen K zustehenden Ansprüchen auf: einem Anspruch auf Ersatz für den Wertverlust des Wagens infolge des Motorschadens (4.000 €) und einem Anspruch auf Nutzungsersatz, weil K in der Zwischenzeit mit dem Wagen gefahren sei. Den letzteren Betrag errechnet sie zutreffend, indem sie von einer voraussichtlichen Restnutzung des Wagens bei Vertragsschluss von 150.000 km (also bis zu einem Kilometerstand von insgesamt 200.000) ausgeht. Deshalb könne K allenfalls einen Teil des Kaufpreises zurückverlangen. Außerdem ist V keinesfalls bereit, den Kaufpreis zurückzuzahlen, bevor ihr K den Wagen zurückgegeben hat.

Wird die zulässige Klage des K Erfolg haben?

© Springer-Verlag Berlin Heidelberg 2015                                        149
P. Balzer et al., *Die Schuldrechtsklausur I,* Tutorium Jura,
DOI 10.1007/978-3-662-45662-0_11

## 1. Abwandlung

Abweichend vom Ausgangsfall kann die Ursache des Motorschadens nicht ermittelt werden. Ausweislich eines Sachverständigengutachtens ist es möglich, dass der Motorschaden auf einen Materialfehler an einem kurz vor dem Verkauf von V ausgetauschten Zahnriemen am Steuerrad der Nockenwelle zurückzuführen ist. Denkbar ist aber auch, dass der Motorschaden auf einer fehlerhaften Fahrweise des K (Wechsel in kleineren Gang bei zu hoher Motordrehzahl) beruht. Wie ist hier die Rechtslage?

## 2. Abwandlung (zum Ausgangsfall)

Abweichend vom Ausgangsfall verkauft V wegen der ihr zu großen Haftungsrisiken Gebrauchtwagen nur an Gewerbetreibende und andere Unternehmer, mit denen sie einen Ausschluss der Mängelhaftung vereinbaren kann. Um den Opel dennoch von V kaufen zu können, gab sich K bei den Kaufverhandlungen daher als Inhaber einer Werbeagentur aus, der das Fahrzeug beruflich nutzen wolle. Sodann wurde der Kaufvertrag unter (einzelvertraglichem) Ausschluss jeglicher Haftung für etwaige Sachmängel geschlossen. Danach kommt es zu einem Motorschaden, wobei K – abweichend vom Ausgangsfall – beweisen kann, dass dieser auf einem bereits bei Übergabe bestehenden Defekt der Zylinderkopfdichtung beruht. K „outet" sich nun als Verbraucher und verlangt Reparatur des Opel.
       Zu Recht?

## 3. Abwandlung (zum Ausgangsfall)

Abweichend vom Ausgangsfall wurde im Geschäft der V unter Verwendung des Formulars *„Kaufvertrag für den privaten Verkauf eines Kraftfahrzeugs"* ein schriftlicher Vertrag geschlossen, der als Verkäufer nicht V, sondern einen gewissen Emil Eigen (E) ausweist. Unterschrieben ist der Vertrag auf Verkäuferseite von V mit dem Zusatz „i. A.". E, 70-jähriger Rentner, war bislang Eigentümer des Opel gewesen und hatte V bei Erwerb eines Neufahrzeuges damit beauftragt, für ihn den Verkauf zu vermitteln. Dabei sollte der jeweilige durch den Verkauf erzielte Preis auf den von E an V zu zahlenden Kaufpreis für den Neuwagen angerechnet werden. Im Kaufvertrag zwischen K und E findet sich folgende formularmäßige Klausel:

> „Das Kraftfahrzeug wird unter Ausschluss der Sachmängelhaftung verkauft. Dieser Ausschluss gilt nicht für Schadensersatzansprüche aus Sachmängelhaftung, die auf einer grob fahrlässigen oder vorsätzlichen Verletzung von Pflichten des Verkäufers beruhen, sowie bei Schäden aus der Verletzung des Lebens, des Körpers oder der Gesundheit."

Nach dem Motorschaden am 19.7.2015 verlangt K von V Reparatur des Wagens. Er meint, nicht E, sondern V sei sein Vertragspartner.
       Zu Recht?

## Lösung Fall 11

▶ Die vier Teilfälle beruhen auf BGH-Entscheidungen zum Recht des Verbrauchsgüterkaufes. Der Ausgangsfall basiert auf der Entscheidung BGH NJW 2007, 2621, die 1. Abwandlung auf der Entscheidung BGHZ 159, 215 = NJW 2004, 2299. Beide betreffen die Reichweite der Vermutung nach § 476 BGB. In den Abwandlungen 2 und 3 (BGH NJW 2005, 1045 und 1039) geht es um die Frage, ob und wie das zwingende Recht des Verbrauchsgüterkaufes durch die Vertragsparteien ausgeschaltet werden kann. Das ökonomische Bedürfnis dafür ergibt sich daraus, dass die Einschränkung der Privatautonomie in den §§ 474 ff. BGB nicht nur den Verkäufer (Unternehmer) in seiner Entscheidungsfreiheit beschränkt, sondern auch für den Käufer (Verbraucher) nicht unbedingt von Vorteil sein muss: Die zwingende Mängelhaftung schlägt sich – ebenso wie zwingende Widerrufsrechte – auf dem Markt in einem höheren Preis nieder und bevormundet den erfahrenen Käufer, der u. U. ein billigeres Gut ohne Gewährleistung gegenüber einem teureren mit Gewährleistung präferiert. Rechtsprobleme entstehen dann, wenn sich der Käufer bei tatsächlichem Auftreten eines Mangels doch auf seine Verbraucherrechte beruft.

## Ausgangsfall

Die zulässige Klage des K gegen V wird Erfolg haben, wenn sie begründet ist. Das ist dann der Fall, wenn K tatsächlich einen **Anspruch gegen V auf Rückzahlung des Kaufpreises** in Höhe von 12.000 € hat. Dieser Anspruch kann sich allein aus § 346 Abs. 1 i. V. m. §§ 437 Nr. 2, 323 BGB ergeben. **1**

## I. Anspruch entstanden

### 1. Rücktrittsrecht
#### a) Kaufvertrag und Mangel der Kaufsache
**aa)** Voraussetzung für die Entstehung des Rückgewähranspruches ist zunächst ein Rücktrittsrecht des K. Ein Rücktritt gem. §§ 437 Nr. 2, 323 BGB setzt neben dem hier unproblematischen Abschluss eines Kaufvertrages voraus, dass die Kaufsache bei Gefahrübergang einen Mangel aufweist. Der Mangel könnte hier in dem Defekt der Zylinderkopfdichtung liegen, die den Motorschaden verursacht hat. Aufgrund dessen eignet sich der Wagen jetzt nicht mehr für die vertraglich vorausgesetzte Verwendung (§ 434 Abs. 1 S. 2 Nr. 1 BGB).[1] Der Mangel muss aber bereits bei Gefahrübergang, also bei Übergabe, bestanden haben (§§ 434 Abs. 1 S. 1, 446 S. 1 **2**

---

[1] Die Annahme eines Mangels nach § 434 Abs. 1 S. 2 Nr. 2 BGB ist ebenso gut vertretbar, s. Fall 1 Rn. 4.

BGB). Ob dies hier der Fall war, ist unklar. Möglicherweise ist der Defekt auch durch fehlerhaften Gebrauch des Wagens durch K eingetreten.

3     Es kommt damit hier darauf an, wer die **Beweislast** für das Vorliegen eines Sachmangels trägt. Allgemein ergibt sich aus § 363 BGB, dass der Käufer nach Entgegennahme der Sache für das Vorliegen eines Sachmangels bei Gefahrübergang beweispflichtig ist.[2] Dieser Grundsatz wird von **§ 476 BGB** im Anwendungsbereich des **Verbrauchsgüterkaufes** (§ 474 Abs. 1 BGB) eingeschränkt.

bb) Voraussetzungen der Vermutung des § 476 BGB

4     Demnach ist zu prüfen, ob hier die Voraussetzungen des § 476 BGB erfüllt sind. Die Vermutung für die Mangelhaftigkeit bei Gefahrübergang greift bei einem Verbrauchsgüterkauf ein, wenn sich innerhalb von sechs Monaten seit Gefahrübergang ein Sachmangel zeigt, es sei denn, die Vermutung ist mit der Art der Sache oder des Mangels unvereinbar.

5     α) Zunächst müsste also ein **Verbrauchsgüterkauf** i. S. d. § 474 Abs. 1 BGB vorliegen. K müsste also als Verbraucher von V als Unternehmer eine bewegliche Sache gekauft haben. Hier ist V als Kfz-Händlerin Unternehmer (§ 14 BGB) und K, der den Wagen nur für unselbständige berufliche Tätigkeiten und für Privatfahrten nutzt, Verbraucher (§ 13 BGB).[3] Das gekaufte Fahrzeug ist eine bewegliche Sache. Ein Verbrauchsgüterkauf liegt also vor.

6     β) Weiterhin müsste sich **innerhalb von sechs Monaten seit Gefahrübergang ein Sachmangel gezeigt** haben. Hier ist an dem Wagen am 19.7.2015 und damit weniger als sechs Monate nach Gefahrübergang (20.1.2015) ein Defekt der Zylinderkopfdichtung sichtbar geworden. Allerdings könnte man an der Anwendbarkeit des § 476 BGB deshalb zweifeln, weil nach der – in der Literatur kritisierten – Rechtsprechung des BGH feststehen bzw. vom Käufer bewiesen sein muss, dass die Sache mangelhaft ist. § 476 BGB soll lediglich eine in zeitlicher Hinsicht wirkende Vermutung begründen, dass dieser Mangel bereits im Zeitpunkt des Gefahrübergangs vorlag.[4] Hier steht der Mangel des Fahrzeuges aber insofern fest, als die Zylinderkopfdichtung unstreitig defekt ist. Offen ist lediglich, ob die Zylinderkopfdichtung bereits bei Übergabe mangelhaft war oder der Defekt durch einen Fahr- oder Bedienungsfehler des K entstanden ist. Für diesen Fall ist die Vermutung des § 476 BGB auch nach der engen Auslegung der Rechtsprechung anwendbar.[5] Die zeitliche Unklarheit, ob die Zylinderkopfdichtung schon bei Gefahrübergang defekt war, geht damit im Grundsatz zu Lasten der V.

---

[2]  Entwurfsbegr. zum SMG, BT-Drucks. 14/6040, S. 217, 245; BGH NJW 2009, 1341 Rn. 15 m. w. N.; Palandt/*Weidenkaff* § 434 Rn. 59.

[3]  **Exkurs:** Die Voraussetzungen des § 474 Abs. 1 S. 1 BGB muss der Verbraucher darlegen und beweisen, also sowohl seine Verbrauchereigenschaft (BGH NJW 2007, 2619) als auch die Unternehmereigenschaft des Vertragspartners (KG ZGS 2007, 78).

[4]  Dazu die 1. Abwandlung.

[5]  BGH NJW 2007, 2621 Rn. 14–16.

γ) Fraglich erscheint, ob die Vermutung mit der **Art der Sache**[6] vereinbar ist, **7** weil es sich bei der Kaufsache um einen Gebrauchtwagen handelt. § 476 BGB ist jedoch grundsätzlich auch auf gebrauchte Sachen anwendbar.[7] Anderes kann gelten, wenn ein allgemeiner Erfahrungssatz dafür spricht, dass der konkrete Mangel bei der gebrauchten Sache erst nach Gefahrübergang eingetreten ist.[8] Vorliegend gilt das angesichts des relativ geringen Alters des Wagens (zwei Jahre) und der mäßigen Laufleistung aber nicht.

**Exkurs**

Beim Gebrauchtwagenkauf stellt sich bereits im Rahmen der Prüfung von § 434 BGB die Frage, ob Verschleiß einen Mangel darstellt. Für normalen Verschleiß ist das zu verneinen (BGH NJW 2006, 434; anders für den Fall, dass ein Verschleißteil bei einer üblichen Inspektion hätte ausgewechselt werden müssen OLG Koblenz NJW 2007, 1828, und für den Fall, dass es sich nicht um „normalen" Verschleiß handelt, sondern der Schaden in ursächlichem Zusammenhang mit einem Konstruktionsfehler aus der Sphäre des Herstellers steht OLG Düsseldorf NJW 2006, 2858, 2860).

Auch fehlt einem Gebrauchtwagen, der bei Gefahrübergang betriebsfähig und verkehrssicher ist, nicht deswegen die vereinbarte Beschaffenheit (§ 434 Abs. 1 S. 1 BGB) „fahrbereit", weil der Motor wegen eines fortschreitenden Schadens nach einer Fahrstrecke von höchstens 2000 km ausgetauscht werden muss (BGHZ 170, 67 = NJW 2007, 759 Leits. 1). Anders liegt es nur im Fall der Haltbarkeitsgarantie gem. § 443 Abs. 1 BGB (nicht aber bei der Beschaffenheitsgarantie).

δ) Die Vermutung könnte aber mit der **Art des Mangels** unvereinbar sein. In der **8** Literatur[9] wurde diese Ausnahme im Anschluss an die Gesetzesbegründung[10] recht weit ausgelegt. Die Vermutung des § 476 BGB greife nicht ein, wenn es sich dabei um einen Mangel handele, der typischerweise jederzeit eintreten könne und daher keinen hinreichenden Rückschluss auf sein Vorliegen bereits zum Zeitpunkt des Gefahrübergangs zulasse. Ein Defekt an der Zylinderkopfdichtung eines Gebrauchtwagens kann insbes. bei übermäßiger Inanspruchnahme der Maschine jederzeit eintreten. Es gibt keinen allgemeinen Erfahrungssatz, dass dieser Fehler bereits bei Gefahrübergang, der immerhin fast sechs Monate zurücklag, bestand.

Der BGH[11] ist dieser Sichtweise nicht gefolgt, weil die Vermutung des § 476 **9** BGB sonst entgegen dem aus dem Wortlaut der Vorschrift hervorgehenden Regel-Ausnahme-Verhältnis regelmäßig gerade in den Fällen leerliefe, in denen der Entstehungszeitpunkt des Mangels nicht zuverlässig festgestellt werden kann. Die Vermutung sei nur dann mit der Art des Mangels unvereinbar, wenn es sich um äußerliche Beschädigungen handele, die auch dem fachlich nicht versierten Käufer auffallen müssten, weil dann zu erwarten sei, dass er den Mangel bei der Übergabe

---

[6] Typischer Anwendungsfall sind leichtverderbliche Sachen wie Lebensmittel. Selbstverständlich kann hier bei Auftreten eines Mangels im Laufe der Sechsmonatsfrist die Beweislastumkehr nicht gelten.

[7] BGH NJW 2005, 3490, 3492; OLG Köln ZGS 2004, 40; Palandt/*Weidenkaff* § 476 Rn. 3.

[8] Bamberger/Roth/*Faust* § 476 Rn. 16.

[9] MünchKomm/*Lorenz* (4. Aufl. 2004) § 476 Rn. 17 (zumindest für äußere Beschädigungen wie einen Unfallschaden); Bamberger/Roth/*Faust* (1. Aufl. 2003), § 476 Rn. 4.

[10] Entwurfsbegr. SMG, BT-Drucks. 14/6040, S. 245.

[11] BGH NJW 2005, 3490; 2006, 1195 Rn. 15; 2007, 2619 Rn. 10; 2007, 2621 Rn. 17.

beanstande.[12] Diese Ausnahme greift hier schon deshalb nicht ein, weil keine äußere Beschädigung vorliegt.

10      Der Auslegung des BGH ist aus Gründen des mit der Regelung intendierten Verbraucherschutzes zu folgen.[13] Damit ist unschädlich, dass der Defekt auch durch eine Fehlbedienung des K eingetreten sein kann. Entscheidend ist, dass V nicht hat beweisen können, dass der Mangel bei Gefahrübergang noch nicht bestand. Deshalb wird gem. § 476 BGB das Gegenteil vermutet.

### b) Nachfristsetzung bzw. Entbehrlichkeit der Nachfrist

11      Ein Rücktritt kommt gem. § 323 Abs. 1 BGB grundsätzlich nur nach erfolglosem Ablauf einer angemessenen Frist zur Nacherfüllung in Betracht. Eine solche hat K der V nicht gesetzt. V hat aber das Nacherfüllungsbegehren des K ernsthaft und endgültig zurückgewiesen. Damit war die Fristsetzung gem. § 323 Abs. 2 Nr. 1 BGB entbehrlich.

### c) Kein Ausschluss des Rücktritts und Zwischenergebnis

12      Da das Rücktrittsrecht nicht ausgeschlossen ist, insbes. kein unerheblicher Mangel i. S. v. § 323 Abs. 5 S. 2 BGB vorliegt, konnte K vom Kaufvertrag zurücktreten.

### 2. Rücktrittserklärung

13      K hat der V gegenüber den Rücktritt erklärt, § 349 BGB.

### 3. Zwischenergebnis

14      Aufgrund des Rücktritts muss V dem K daher die empfangenen Leistungen zurückgewähren, § 346 Abs. 1 BGB. Damit ist ein Anspruch des K gegen V auf Rückzahlung von 12.000 € entstanden.

## II. Anspruch nicht erloschen

15      Der Anspruch könnte aber teilweise gem. **§ 389 BGB** durch **Aufrechnung** der V erloschen sein. Voraussetzung dafür ist, dass eine Aufrechnungslage besteht, dass die Aufrechnung erklärt wurde und dass die Aufrechnung nicht ausgeschlossen ist.

### 1. Aufrechnungslage

16      Eine Aufrechnungslage setzt gem. §§ 387, 390 BGB voraus, dass zwei Personen gegeneinander gleichartige Ansprüche haben, wobei der Gegenanspruch (= Aktivanspruch, also der Anspruch des die Aufrechnung Erklärenden) durchsetzbar, der Hauptanspruch (= Passivanspruch, also der Anspruch des Aufrechnungsgegners) erfüllbar sein muss.

---

[12] BGH NJW 2005, 3490, 3492 (krit. *Klöhn* NJW 2007, 2811, 2813 ff.); 2006, 1195 Rn. 16. Typisches Beispiel wären auffällige „Kratzer". Bei erst bei genauem Betrachten des Fahrzeugs sichtbar werdenden Schäden greift die Vermutung hingegen ein.

[13] So jetzt auch Bamberger/Roth/*Faust* § 476 Rn. 16; ebenso *Gsell* JZ 2008, 29, 30.

## a) Wechselseitige Forderungen

Zunächst ist erforderlich, dass der Schuldner des Hauptanspruchs zugleich der **17**
Gläubiger des Gegenanspruchs und der Gläubiger des Hauptanspruchs zugleich der
Schuldner des Gegenanspruchs ist. Der Hauptanspruch liegt hier in dem Anspruch
des K gegen V auf Kaufpreisrückgewähr in Höhe von 12.000 €. Als aufrechenbare
Gegenansprüche der V gegen K kommen in Betracht:[14] **(1)** ein möglicher Anspruch
auf **Ersatz gezogener Nutzungen** und **(2)** ein Anspruch auf **Wertersatz** wegen des
Motorschadens.

**Ad (1)** Durch den Gebrauch eines Fahrzeuges entstehen Gebrauchsvorteile und **18**
damit Nutzungen i. S. d. § 100 BGB. Im Falle des Rücktritts sind gezogene Nutzungen grundsätzlich nach § 346 Abs. 1 BGB herauszugeben. Bei Gebrauchsvorteilen[15]
kommt eine Herausgabe des Vorteils *in natura* aber nicht in Betracht. Deshalb ordnet § 346 Abs. 2 S. 1 Nr. 1 BGB eine Wertersatzpflicht an. Der Wert der Nutzungen
ist mit der linearen Abschreibungsmethode nach folgender Formel[16] zu ermitteln:

$$\text{Gebrauchsvorteil} = \frac{\text{Bruttokaufpreis} \cdot \text{zurückgelegte Fahrstrecke in km}}{\text{bei Vertragsschluss erwartete Restfahrleistung in km}}$$

$$= \frac{12.000 \cdot 15.000}{150.000} = 1200$$

Damit ergibt sich ein Anspruch der V gegen K auf Ersatz des Wertes gezogener **19**
Nutzungen i. H. v. 1200 €.

### Exkurs

Auch im Falle der Ersatzlieferung stellt sich das Problem, ob der Verkäufer vom Käufer für die
Nutzung der ursprünglich gelieferten Sache Wertersatz verlangen kann. Das BGB sah einen solchen Wertersatzanspruch in § 439 Abs. 4 i. V. m. § 346 Abs. 2 S. 1 Nr. 1 BGB zunächst generell
vor. Auf eine Vorlage des BGH (NJW 2006, 3200) hat der EuGH (NJW 2008, 1433) aber entschieden, dass die deutsche Regelung mit Art. 3 der Verbrauchsgüterkaufrichtlinie, wonach die Nacherfüllung „unentgeltlich" zu erfolgen hat, unvereinbar sei. Daraufhin hat der BGH entschieden, dass
§ 439 Abs. 4 BGB im Wege einer richtlinienkonformen Rechtsfortbildung dahingehend einschränkend auszulegen sei, dass in den Fällen des Verbrauchsgüterkaufs ein Anspruch des Verkäufers
gegen den Käufer auf Herausgabe der gezogenen Nutzungen oder auf Wertersatz für die Nutzung
der mangelhaften Sache nicht bestehe (BGHZ 179, 27 = NJW 2009, 427 mit Anm. *Faust* JuS 2009,
274). Inzwischen hat der Gesetzgeber dies in § 474 Abs. 5 BGB ausdrücklich angeordnet, so dass

---

[14] Daneben hat V gegen K einen Anspruch auf Rückgabe und Rückübereignung des Wagens
(§ 346 Abs. 1 BGB). Da dieser Anspruch aber offensichtlich nicht mit dem Hauptanspruch gleichartig ist (Rn. 21) und V insoweit auch nicht die Aufrechnung erklärt, wird er hier nicht erwähnt.

[15] Anders bei Sachfrüchten i. S. v. § 99 Abs. 1 BGB, z. B. Eiern, Tierjungen, Obst.

[16] Vgl. *Reinicke/Tiedtke* Kaufrecht, Rn. 247; *Reinking/Eggert* Der Autokauf, 12. Aufl. 2014,
Rn. 1166; BGH NJW 1995, 2159, 2161 m.w.N. Die gleiche Methode gilt auch bei der Rückabwicklung von Kaufverträgen über Immobilien (BGHZ 164, 235 = NJW 2006, 53). – Kritisch
ist anzumerken, dass die lineare Abschreibungsmethode nicht berücksichtigt, dass (jedenfalls bei
Kraftfahrzeugen) zu Beginn der Nutzungszeit ein höherer Werteverzehr eintritt als an ihrem Ende
und deshalb bei wirtschaftlicher Betrachtungsweise degressiv abzuschreiben wäre.

es der methodisch umstrittenen richtlinienkonformen Rechtsfortbildung gegen den Gesetzeswortlaut nicht mehr bedarf.

Der für den Fall des Rücktritts in § 346 Abs. 2 BGB angeordneten Wertersatzpflicht, die Gegenstand des vorliegenden Falles ist, steht hingegen die Verbrauchsgüterkaufrichtlinie nicht entgegen
(BGH NJW 2010, 148 mit Besprechung *Höpfner* S. 127).

**20**  **Ad (2)** Grundsätzlich wäre denkbar, dass K, der den Wagen nur mit einem Motorschaden zurückgeben kann, deshalb gem. **§ 346 Abs. 2 S. 1 Nr. 3 BGB** Ersatz in
Höhe des Wertverlustes (4000 €) leisten muss. Dieser Anspruch ist nicht etwa durch
den zweiten Halbsatz der Norm ausgeschlossen, weil dieser nur die Verschlechterung durch die Ingebrauchnahme als erstmalige Benutzung (bei neuem KFZ durch
Erstzulassung), nicht aber durch den Gebrauch als solchen von der Wertersatzpflicht ausnimmt. Der Ausschluss des Anspruchs könnte sich aber aus § 346 Abs. 3
S. 1 Nr. 2 BGB ergeben, wenn der Gläubiger die Verschlechterung zu „vertreten"
hat. Nach dem Sinn und Zweck der Regelung kann es hier nicht auf Verschulden
ankommen. Vielmehr reicht es aus, dass sich mit der Verschlechterung ein Risiko
aus der Sphäre des Rückgewährgläubigers (Verkäufers) realisiert. Das ist insbes.
der Fall, wenn die Verschlechterung auf einem zum Rücktritt berechtigenden Mangel beruht.[17] Dies wird hier gem. § 476 BGB vermutet (s. o. Rn. 3 ff.). Ein Wertersatzanspruch ist insofern also ausgeschlossen. Außerdem ist mangels Verschuldens
des K auch der Ausschlussgrund des § 346 Abs. 3 S. 1 Nr. 3 BGB erfüllt.

Festzuhalten ist demnach, dass der Forderung des K gegen V auf Kaufpreisrückzahlung (12.000 €) eine Forderung der V gegen K auf Nutzungsersatz (1200 €)
gegenüberstehen.

### b) Gleichartigkeit

**21**  Dieser Gegenanspruch auf Nutzungsersatz ist auch mit dem Anspruch auf Kaufpreisrückzahlung gleichartig, nämlich auf Zahlung von Geld gerichtet.

### c) Durchsetzbarkeit der Gegenforderung

**22**  Die Gegenforderung muss durchsetzbar, also fällig (§ 271 Abs. 1 BGB) und insbesondere gem. § 390 S. 1 BGB einredefrei sein. An der Einredefreiheit des Anspruchs
der V gegen K auf Nutzungsersatz könnte man deshalb zweifeln, weil K diese Verpflichtung gem. § 348 i. V. m. § 320 BGB nur Zug-um-Zug gegen Rückzahlung des
Kaufpreises erfüllen muss. Insofern ist die Gegenforderung einredebehaftet. Nach
Sinn und Zweck des § 390 S. 1 BGB kann aber ein Aufrechnungsausschluss dann
nicht in Betracht kommen, wenn die Einrede des Zurückbehaltungsrechtes gerade
diejenige Forderung sichert, gegen die sich die Aufrechnung richtet.[18] Denn durch
die Aufrechnung wird die zu sichernde Forderung (hier: der Kaufpreisrückzah-
lungsanspruch) befriedigt, so dass die Einrede des Zurückbehaltungsrechtes gegenstandslos wird. § 390 S. 1 BGB steht einer Aufrechnung also hier nicht im Wege.

---

[17]  Palandt/*Grüneberg* § 346 Rn. 12; MünchKomm/*Gaier* § 346 Rn. 51.
[18]  BGH NJW 1990, 3210, 3212.

## d) Erfüllbarkeit der Hauptforderung

An der Erfüllbarkeit (§ 271 Abs. 1 BGB) der Hauptforderung, also des Anspruchs **23** des K gegen V auf Kaufpreisrückzahlung, bestehen keine Zweifel. Nach allem besteht eine Aufrechnungslage.

## 2. Aufrechnungserklärung

Gem. § 388 BGB ist erforderlich, dass die Aufrechnung von einer der Parteien er- **24** klärt wird. Hier hat V ihre Gegenansprüche beziffert und mit ihnen im Prozess aufgerechnet. Allerdings hat sie die Aufrechnung nur „hilfsweise" für den Fall erklärt, dass das Gericht die Hauptforderung als begründet ansehen sollte. Dies könnte eine unzulässige Bedingung i. S. v. § 388 S. 2 BGB sein und zur Unwirksamkeit der Aufrechnung führen. Allerdings wird bei einer derartigen **Hilfsaufrechnung im Prozess** die Aufrechnung nur an eine Rechtsbedingung und damit nicht an eine echte Bedingung geknüpft. Daher steht § 388 S. 2 BGB der Hilfsaufrechnung nach allgemeiner Meinung nicht im Wege.[19] Eine wirksame Aufrechnungserklärung liegt vor, wobei zu bemerken ist, dass sie in Bezug auf den angeblichen Anspruch auf Wertersatz für den Motorschaden am Wagen ins Leere geht.

## 3. Kein Ausschluss und Zwischenergebnis

Da der Aufrechnung weder ein gesetzliches noch ein vertragliches Aufrechnungs- **25** verbot entgegensteht, ist der Anspruch auf Rückzahlung des Kaufpreises in einer Höhe von 1200 € gem. § 389 BGB erloschen. Er besteht lediglich in Höhe von 10.800 €.

## III. Anspruch nicht gehemmt

Fraglich ist, ob der Rückzahlungsanspruch des K gegen V einredebehaftet ist. Gem. **26** § 348 i. V. m. § 320 BGB sind die Verpflichtungen aus dem Rückgewährschuldverhältnis Zug-um-Zug zu erfüllen. V kann also die Rückzahlung des Kaufpreises solange verweigern, bis auch K seine Verpflichtung aus § 346 Abs. 1 BGB erfüllt und den Wagen zurückgibt und zurückübereignet.

## IV. Ergebnis

K hat gegen V einen Anspruch auf Zahlung von 10.800 € aus § 346 Abs. 1 i. V. m. **27** §§ 437 Nr. 2, 323 BGB, der allerdings durch die Einrede der §§ 348, 320 BGB gehemmt ist, auf die sich V im Prozess berufen hat. Deshalb wird V verurteilt werden,

---

[19] Palandt/*Grüneberg* § 388 Rn. 3; RGZ 97, 269, 273. Die im Prozess erklärte Aufrechnung hat eine Doppelnatur. Sie ist zugleich materiell-rechtliche Willenserklärung und Prozesshandlung. Zwar sind auch Prozesshandlungen bedingungsfeindlich. Die Hilfsaufrechnung ist aber lediglich an eine innerprozessuale Bedingung geknüpft, was unschädlich ist.

an K Zug-um-Zug gegen Rückgewähr des defekten Wagens 10.800 € zu zahlen.
Nur insoweit wird die Klage Erfolg haben.

## 1. Abwandlung

**28** Das Bestehen eines Rücktrittsrechts gem. §§ 437 Nr. 2, 323 BGB in der 1. Abwandlung hängt allein davon ab, ob hier bei Gefahrübergang ein Sachmangel vorliegt
bzw. dies – wie im Ausgangsfall – gem. § 476 BGB zumindest vermutet wird.
Als maßgeblichen Mangel könnte man zunächst den Motorschaden selbst ansehen, aufgrund dessen sich der Wagen nicht mehr zur vertraglich vorausgesetzten
Verwendung eignet (§ 434 Abs. 1 S. 2 Nr. 1 BGB). Der Mangel muss aber bereits
bei Gefahrübergang bestanden haben (§§ 434 Abs. 1 S. 1, 446 BGB). Der Motorschaden ist unstreitig erst am 19.7.2015 eingetreten und kann damit nicht zugleich
der relevante Sachmangel i. S. d. § 434 Abs. 1 BGB sein. Dies kann vielmehr allein
die *Ursache* sein, die zu dem Motorschaden geführt hat. Doch ist hier unklar geblieben, wodurch der Motorschaden eingetreten ist. Insbesondere ist offen, ob der
Motorschaden auf einen bereits bei Gefahrübergang (Übergabe) vorhandenen Materialfehler des Wagens oder auf eine von K selbst zu vertretende falsche Fahrweise
zurückzuführen ist. Fraglich ist, ob sich auch in diesem Fall innerhalb von sechs
Monaten seit Gefahrübergang ein Sachmangel gezeigt hat und deshalb die Vermutung des § 476 BGB eingreift. Diese Frage ist umstritten.

## I. Ansicht des BGH

**29** Der BGH[20] legt die Vorschrift insoweit eng aus. Die Vermutung beziehe sich nicht
auf das Vorliegen eines Mangels als solches, sondern nur auf den *Zeitpunkt*, zu
dem der Mangel bereits vorlag. Für den vorliegenden Fall bedeutet das Folgendes:
Es wird zwar nach § 476 BGB vermutet, dass der Motorschaden bereits bei Gefahrübergang vorlag; das hilft dem K aber nicht, weil völlig unstreitig ist, dass der
Motorschaden erst nachher eingetreten ist (oben Rn. 28). Die Vermutung des § 476
BGB ist insoweit also widerlegt.
Wenn der Käufer behauptet, der nach Gefahrübergang sichtbar gewordene Mangel beruhe auf einer Ursache, die ihrerseits einen vertragswidrigen Zustand darstelle, dann soll der Käufer dies nach der Lösung des BGH beweisen müssen.[21] Erst
wenn ihm der Beweis dieses latenten Mangels gelungen sei, greife die Vermutung
des § 476 BGB, dass dieser latente Mangel bereits im Zeitpunkt des Gefahrübergangs vorgelegen habe. Hier müsste also K beweisen, dass die Ursache für den

---

[20] BGHZ 159, 215, 218=NJW 2004, 2299; 2005, 3490, 3491 f.; 2006, 434, 436; BGHZ 200, 1
Rn. 20 ff.=NJW 2014, 1086; zust. Palandt/*Weidenkaff* § 476 Rn. 8; *Höpfner* ZGS 2007, 410 ff.;
*Oetker/Maultzsch* Vertragliche Schuldverhältnisse, § 2 Rn. 548; *Oechsler* Vertragliche Schuldverhältnisse, Rn. 162; *Wertenbruch* LMK 2004, 156.
[21] BGHZ 200, 1 Rn. 21=NJW 2014, 1086.

Motorschaden der Defekt des Zahnriemens am Steuerrad der Nockenwelle war. Erst dann könnte vermutet werden, dass dieser Fehler bereits bei Gefahrübergang vorlag. Dieser Beweis ist K hier jedoch nicht gelungen. Es kann nämlich nicht ausgeschlossen werden, dass der Motorschaden durch eine falsche Fahrweise des K entstanden ist. Deshalb ist K nach dem Ansatz des BGH hier mangels eines bewiesenen Sachmangels nicht berechtigt, vom Kaufvertrag mit V zurückzutreten.

**Zum Verständnis**
Der Unterschied zum Ausgangsfall liegt also darin, dass es hier keinen bewiesenen Mangel gibt, der möglicherweise bereits bei Gefahrübergang vorgelegen hat. Es liegt lediglich ein Schaden vor, der unstreitig erst nachher eingetreten ist. Auf diesen Fall ist § 476 BGB nach Auffassung des BGH nicht anwendbar. Unschädlich für die Anwendbarkeit des § 476 BGB ist hingegen auch nach Ansicht des BGH, dass die konkrete Möglichkeit besteht, dass der Sachmangel von einem Dritten verursacht worden ist, der die Kaufsache bestimmungsgemäß eingebaut hat (BGH NJW 2005, 283 betr. Teichbecken); dass der Mangel typischerweise jederzeit auftreten kann (siehe Ausgangsfall); dass der Mangel für den Verkäufer ebenso wie für den Käufer nicht erkennbar war, weil nicht erforderlich ist, dass der Verkäufer in Bezug auf den betreffenden Mangel bessere Erkenntnismöglichkeiten hat als der Käufer (BGH NJW 2007, 2619).

## II. Ansicht der wohl herrschenden Lehre

In der Literatur wird diese enge Auslegung wohl überwiegend abgelehnt.[22] Entgegen der Ansicht des BGH beziehe sich die Vermutung des § 476 BGB auch auf die Frage, ob der unstreitig erst nach Gefahrübergang eingetretene Sachmangel (hier der Motorschaden) auf einen bereits bei Gefahrübergang vorliegenden „Grundmangel" zurückzuführen sei. Die Auslegung des BGH entspreche weder dem Wortlaut noch dem Zweck des Gesetzes. Nach der Literaturansicht ergibt sich damit hier Folgendes: Der Motorschaden ist kurz vor Ablauf der Sechsmonatsfrist des § 476 BGB eingetreten. Deshalb muss wegen der Beweislastumkehr des § 476 BGB im Grundsatz der Verkäufer beweisen, dass der Motorschaden nicht auf einen Mangel bei Gefahrübergang zurückzuführen ist.

**30**

## III. Stellungnahme

Der Ausgangspunkt des BGH, dass der Käufer das Vorliegen eines Mangels, also einer Abweichung der Ist- von der Sollbeschaffenheit beweisen muss, ist zutreffend. Die Einschränkung, dass dieser Mangel identisch mit dem bereits möglicherweise bei Gefahrübergang vorhandenen sein müsse, ist dagegen dem Gesetzeswortlaut nicht zu entnehmen. Das Gesetz lässt es vielmehr ausreichen, dass sich innerhalb

**31**

---

[22] *Lorenz* NJW 2004, 3020 ff.; NK/*Büdenbender* § 476 Rn. 12; Bamberger/Roth/*Faust* § 476 Rn. 13; *Gsell* EWiR 2004, 903 f. u. ausf. JuS 2005, 967 ff.; *Klöhn* NJW 2007, 2811, 2812; *Looschelders* SchuldR BT, Rn. 272; *Looschelders/Benzenberg* VersR 2005, 233; *Medicus/Lorenz* SchuldR II, Rn. 244; *H. Roth* ZIP 2004, 2025; *Saenger/Veltmann* ZGS 2005, 450 ff.

von sechs Monaten irgendein Mangel zeigt; bereits dann wird vermutet, dass die Sache bei Gefahrübergang mangelhaft war. Die *ratio legis* bestätigt diese Sichtweise. § 476 BGB beruht auf dem Gedanken, dass die Beweismöglichkeiten des verkaufenden Unternehmers jedenfalls in engem zeitlichem Zusammenhang mit der Übergabe ungleich besser sind als die des kaufenden Verbrauchers.[23] Ganz häufig hält sich ein Mangel zunächst in engen Grenzen und ist nicht erkennbar (z. B. Anriss), bis er sich ausweitet und die Funktion der Sache beeinträchtigt (z. B. Bruch). Verlangte man hier vom Käufer den Beweis des „Grundmangels", würde der Zweck der Vorschrift, dem Käufer durch eine Beweislastumkehr die Durchsetzung seiner Mängelrechte zu erleichtern, verfehlt. Insbesondere beim Kauf komplizierterer technischer Geräte, die plötzlich nicht mehr funktionieren, wird es dem Käufer kaum möglich sein, auszuschließen, dass der eingetretene Schaden auf einer fehlerhaften Bedienung beruht. Gerade von der Notwendigkeit dieser Beweisführung soll ihn aber § 476 BGB befreien. Durch eine Auslegung des § 476 BGB, wie sie der BGH vornimmt, wird der Anwendungsbereich der Norm deshalb entgegen dem Gesetzeszweck erheblich eingeschränkt. Die besseren Argumente sprechen daher für die Literaturansicht.

**32**  Hinsichtlich der sonstigen Voraussetzungen des § 476 BGB gilt das Gleiche wie im Ausgangsfall. Die Vermutung ist sowohl mit der Art der Sache als auch mit der Art des Mangels vereinbar. Insbesondere schließt die Möglichkeit, dass K den Motorschaden durch einen Fahrfehler selbst herbeigeführt hat, die Anwendung des § 476 BGB nicht aus (wie oben Rn. 9 f), zumal hier angesichts des Austauschs des Zahnriemens kurz vor dem Verkauf naheliegend erscheint, dass der Wagen tatsächlich bereits bei Übergabe mangelhaft war. Hier wird deshalb vermutet, dass der Motorschaden vom 19.7.2015 auf einen bereits bei Übergabe angelegten „Grundmangel" des Fahrzeugs zurückzuführen ist.

Somit gilt im Ergebnis das Gleiche wie im Ausgangsfall (oben Rn. 27).

A. A. gut vertretbar. Entscheidend ist, das Problem zu erkennen.

**Exkurs**

Angenommen, V hätte aufgrund eines Nacherfüllungsbegehrens des K den Wagen untersuchen lassen und bei der Untersuchung hätte sich herausgestellt, dass der Motordefekt nicht mangelbedingt ist, sondern durch fehlerhafte Fahrweise des K (Wechsel in kleinen Gang bei zu hoher Drehzahl) verursacht wurde. Kann V dann die Kosten für diese Untersuchung von K ersetzt verlangen? – Nach der Rspr. verletzt ein Käufer, der unberechtigt Mängelbeseitigungsansprüche geltend macht, eine Pflicht zur Rücksichtnahme nach § 241 Abs. 2 BGB und handelt pflichtwidrig i. S. v. § 280 Abs. 1 S. 1 BGB (BGH NJW 2008, 1147; BGHZ 179, 238). Schuldhaft (§§ 280 Abs. 1 S. 2, 276 BGB) handelt der Käufer aber nicht bereits dann, wenn sich sein Verlangen nachträglich als unberechtigt herausstellt, sondern nur dann, wenn er bei einer sorgfältigen Überprüfung im Rahmen seiner Möglichkeiten hätte erkennen müssen, dass die Vertragsstörung auf eine seinem

---

[23] Entwurfsbegr. zum SMG, BT-Drucks. 14/6040, S. 245; vgl. Palandt/*Weidenkaff* § 476 Rn. 2.

Verantwortungsbereich zuzuordnende Ursache zurückzuführen ist, so dass er seine Rechtsposition nicht als plausibel ansehen durfte. Diese Voraussetzungen dürften hier erfüllt sein, weil K den eigenen Schaltfehler hätte erkennen und danach wissen müssen, dass ihm der Motorschaden selbst zuzuschreiben ist. Gem. §§ 280 Abs. 1, 241 Abs. 2 BGB müsste er dann als Schadensersatz die Kosten ersetzen, die er bei V verursacht hat.

# 2. Abwandlung

Zu prüfen ist, ob K gegen V einen Anspruch auf Reparatur des defekten Opel aus §§ 437 Nr. 1, 439 Abs. 1 Fall 1 BGB hat. Das Bestehen dieses Nacherfüllungsanspruchs setzt voraus, dass der gekaufte Opel mangelhaft i. S. v. § 434 BGB und die Mängelhaftung nicht ausgeschlossen ist.                                             **33**

## I. Mangel der Kaufsache

Abweichend vom Ausgangsfall kann K hier beweisen, dass die Ursache für den Motorschaden bereits am 20.1.2015 vorhanden war. Auf die Reichweite der Vermutung des § 476 BGB kommt es also nicht an. Der Wagen eignete sich bereits bei Gefahrübergang nicht für die vertraglich vorausgesetzte Verwendung, nämlich zum Fahren, und war folglich mangelhaft gem. § 434 Abs. 1 S. 2 Nr. 1 BGB.[24]               **34**

## II. Ausschluss der Mängelhaftung

Der Nacherfüllungspflicht der V kann demnach allein der vereinbarte Haftungsausschluss entgegenstehen. Dazu müsste diese Vereinbarung aber wirksam sein. Grundsätzlich ist die kaufrechtliche Mängelhaftung dispositives Recht, so dass sie von den Parteien abbedungen werden kann. Dies gilt gem. § 475 Abs. 1 BGB aber nicht beim Verbrauchsgüterkauf.[25] Verbrauchsgüterkauf ist ein Kaufvertrag zwischen einem Verbraucher und einem Unternehmer über eine bewegliche Sache (§ 474 Abs. 1 S. 1 BGB). Wie bereits im Ausgangsfall (Rn. 3) geprüft, ist V Unternehmerin (§ 14 BGB). Zweifelhaft ist hier dagegen die notwendige Verbrauchereigenschaft (§ 13 BGB) des K, weil dieser nach außen hin als Inhaber einer Werbeagentur und damit als selbständiger Unternehmer (§ 14 BGB) aufgetreten ist. Ermittelt man den Inhalt des Vertrags daher durch Auslegung unter Berücksichtigung der V erkennbaren Begleitumstände,[26] müsste man die Verbrauchereigenschaft von   **35**

---

[24] Vertretbar ist ebenso gut die Annahme eines Mangels nach § 434 Abs. 1 S. 2 Nr. 2 BGB, s. Fall 1 Rn. 4.

[25] Die Abbedingung von Schadensersatzansprüchen des Käufers ist aber auch hier möglich, § 475 Abs. 3 BGB. Bei gebrauchten Sachen kann die Mängelhaftung auf ein Jahr beschränkt werden, § 475 Abs. 2 BGB.

[26] Vgl. OLG Karlsruhe MDR 2012, 334, 335; Palandt/*Ellenberger* § 13 Rn. 4; NK/*Ring* §§ 13, 14 Rn. 30.

K verneinen. Bei rein objektiver Betrachtung ist K, der eine Werbeagentur gar nicht besitzt und den Wagen ausschließlich privat nutzen wollte, aber Verbraucher.[27] Ob K als Verbraucher anzusehen ist, hängt also davon ab, ob die Verbrauchereigenschaft unter Berücksichtigung der Erklärungen des Käufers und der Umstände des Vertrages oder rein objektiv zu bestimmen ist. Dies geht aus dem Gesetzeswortlaut nicht eindeutig hervor.[28] Die Frage kann aber offenbleiben, falls sich K selbst dann nicht auf die Unwirksamkeit des Haftungsausschlusses berufen kann, wenn man die Verbrauchereigenschaft rein objektiv bestimmt und deshalb hier einen Verbrauchsgüterkauf annimmt.

**36**     Das in § 242 BGB kodifizierte allgemeine Rechtsprinzip von Treu und Glauben beinhaltet insbesondere das **Verbot widersprüchlichen Verhaltens** (*venire contra factum proprium*). Hier hat K der V bei Vertragsschluss in dem Wissen, dass V nicht an Verbraucher verkauft, vorgespiegelt, er sei Unternehmer. Nur aufgrund dieser Täuschung ist es zum Vertragsschluss gekommen. K setzt sich in Widerspruch zu seinem vorherigen Verhalten, wenn er sich nun darauf beruft, er sei in Wahrheit Verbraucher. Dies spricht dafür, ihm als Käufer, der sich den Schutz des Verbrauchsgüterkaufrechts erschleichen will, eine Berufung auf die §§ 474 ff. BGB nach Treu und Glauben zu versagen.

**37**     Allerdings könnte dies mit der Unabdingbarkeit des Verbraucherschutzrechts, die im Umgehungsverbot des § 475 Abs. 1 S. 2 BGB zum Ausdruck kommt, nicht im Einklang stehen. So ist anerkannt, dass der Minderjährige den Schutz der §§ 106 ff. BGB nicht dadurch verliert, dass er sich als volljährig ausgibt. Der Zweck des Minderjährigenrechts, die entwicklungsbedingte Unreife besonders zu schützen, lässt sich auf das Verbraucherschutzrecht aber nicht übertragen. Die Verbraucherschutzvorschriften setzen einen verantwortlich handelnden Verbraucher voraus. Deshalb gebührt dem Grundsatz von Treu und Glauben Vorrang vor dem Interesse des unredlichen Vertragspartners.[29] § 475 Abs. 1 S. 2 BGB steht dem nicht im Wege.

**38**     K kann sich damit selbst dann nicht auf die Unwirksamkeit des vereinbarten Haftungsausschlusses berufen, wenn man ihn als Verbraucher einordnet. Da sonstige Gründe für eine Unwirksamkeit des Haftungsausschlusses (insbes. § 444 BGB) nicht ersichtlich sind, ist die Mängelhaftung der V wirksam ausgeschlossen.

---

[27] Für rein objektive Betrachtung MünchKomm/*Lorenz* § 474 Rn. 23; MünchKomm/*Micklitz* § 13 Rn. 35 m. w. N.; *Schürnbrand* JZ 2009, 133, 136.

[28] BGH NJW 2005, 1045; 2009, 3780 Rn. 8 (VIII. Zivilsenat, der die Frage daher jeweils offengelassen hat). Nach letzterem Urteil kommt eine Zurechnung entgegen dem mit dem rechtsgeschäftlichen Handeln objektiv verfolgten Zweck aber nur dann in Betracht, wenn die dem Vertragspartner erkennbaren Umstände eindeutig und zweifelsfrei darauf hinweisen, dass die natürliche Person in Verfolgung ihrer gewerblichen oder selbständigen beruflichen Tätigkeit handelt.

[29] Zum Ganzen BGH NJW 2005, 1045, 1046; s. auch OLG Hamm MDR 2012, 895; *Najdecki* ZGS 2009, 155, 156 m. w. N.; a. A. *Schürnbrand* JZ 2009, 133, 137.

## III. Ergebnis

K hat gegen V keinen Anspruch auf Reparatur des Wagens aus §§ 437 Nr. 1, 439 **39**
Abs. 1 Fall 1 BGB.

## 3. Abwandlung

K könnte gegen V einen Anspruch auf Reparatur des Wagens (Nachbesserung) aus **40**
§§ 437 Nr. 1, 439 Abs. 1 Fall 1 BGB haben.

## I. Kaufvertrag zwischen K und V

Das setzt grundsätzlich zunächst voraus, dass zwischen K und V gem. § 433 BGB **41**
ein Kaufvertrag über den Opel zustande gekommen ist. In dem schriftlichen Kaufvertrag ist aber als Verkäufer ausdrücklich nicht V, sondern E bezeichnet. Zwar hat
V den Vertrag unterschrieben, aber nicht in eigenem Namen, sondern in Stellvertretung für E, was sie durch den Zusatz „i. A." deutlich gemacht hat. Auch wenn
möglicherweise bei den Kaufverhandlungen noch nicht klar war, dass V selbst nicht
Verkäuferin des Opel werden sollte, wurde jedenfalls beim Abschluss des schriftlichen Vertrages hinreichend deutlich, dass V es lediglich im Rahmen eines **Agen-
turvertrages** übernommen hat, den Kaufvertrag zwischen den Privatleuten V und
E zu vermitteln. Ein Kaufvertrag zwischen K und V liegt damit nicht vor, so dass
eine kaufrechtliche Haftung der V grundsätzlich ausscheidet.

## II. Umgehungsgeschäft gem. § 475 Abs. 1 S. 2 BGB?

Möglicherweise muss sich V aber so behandeln lassen, als ob sie Verkäuferin wäre, **42**
weil die gewählte Konstruktion, dass statt des Händlers ein Privatmann als Verkäufer auftritt, als Umgehungsgeschäft i. S. d. § 475 Abs. 1 S. 2 BGB zu werten
sein könnte. Eine Gesetzesumgehung liegt vor, wenn die Gestaltung eines Rechts-
geschäfts objektiv den Zweck hat, den Eintritt einer Rechtsfolge zu verhindern, die
das Gesetz für derartige Geschäfte vorsieht, wobei eine Umgehungsabsicht nicht
erforderlich ist.[30] Im Rahmen des § 475 Abs. 1 S. 2 BGB ist demnach eine Umgehung anzunehmen, wenn die gewählte Gestaltung dazu dient, die Anwendung der
in Satz 1 aufgeführten Vorschriften entgegen dem damit bezweckten Verbraucher-
schutz auszuschließen oder einzuschränken. Ob gewerbliche Agenturverträge über
den Verkauf beweglicher Sachen Privater an Verbraucher als Umgehungsgeschäfte
anzusehen sind, ist umstritten.

---

[30] BGH NJW 2006, 1066 Rn. 13.

**Exkurs**

Das Vorliegen eines Umgehungsgeschäfts liegt noch viel näher, wenn gar kein Agenturgeschäft vorliegt, sondern der Unternehmer einen Verbraucher als Strohmann-Verkäufer „vorschiebt", der den Gebrauchtwagen des Unternehmers an einen Verbraucher verkauft (vgl. BGHZ 170, 67 = NJW 2007, 759 für den Verkauf des Wagens einer GmbH durch den – als Verbraucher einzustufenden – Geschäftsführer; OLG Saarbrücken MDR 2006, 1108).

**43**  1. Nach einer **Mindermeinung** soll es Unternehmern, die zumindest auch Fahrzeuge verkaufen, durch § 475 Abs. 1 S. 2 BGB untersagt sein, auch Kaufverträge über Fahrzeuge zu vermitteln.[31] Danach soll jedes Agenturgeschäft zu einer Mängelhaftung des Agenten führen. Nach dieser Auffassung läge ein unzulässiges Umgehungsgeschäft vor, so dass V der kaufrechtlichen Mängelhaftung unterläge.

**44**  2. Nach einer **weiteren Ansicht** sind Agenturgeschäfte generell zulässig. § 475 Abs. 1 S. 2 BGB betreffe lediglich Abreden zwischen Unternehmern und Verbrauchern. Wenn der Unternehmer den Kaufvertrag nur vermittle, werde der Kaufvertrag zwischen Verbrauchern geschlossen, so dass § 475 BGB nicht gelte.[32] Dieser Ansicht zufolge scheidet eine kaufrechtliche Mängelhaftung der V aus.

**45**  3. Die **herrschende Meinung** einschließlich des BGH vertritt eine Mittelposition.[33] Agenturgeschäfte seien zwar grundsätzlich zulässig, im Einzelfall könne aber eine Umgehung des Verbraucherschutzrechtes anzunehmen sein, wenn das Agenturgeschäft missbräuchlich dazu eingesetzt werde, ein in Wahrheit vorliegendes Eigengeschäft des Unternehmers zu verschleiern. Entscheidend sei, wie bei wirtschaftlicher Betrachtung die Chancen und Risiken des Geschäfts zwischen Voreigentümer und Händler verteilt seien. Das Agenturgeschäft sei unzulässig, wenn der Händler dem Voreigentümer einen bestimmten Mindestverkaufspreis für den Altwagen garantiere und ihm bei dem Kauf eines Neuwagens den entsprechenden Teil des Kaufpreises für das Neufahrzeug gestundet habe. Wenn dagegen der Neuwagenkäufer, also der Voreigentümer, das Risiko des Weiterverkaufs seines bisherigen Fahrzeuges zu tragen habe, liege kein Umgehungsgeschäft vor.

Hier sieht der Agenturvertrag zwischen E und V vor, dass der *jeweilige* durch den Weiterverkauf erzielte Kaufpreis auf den Kaufpreis des Neuwagens angerechnet wird. Das wirtschaftliche Risiko des Verkaufs des Fahrzeugs trägt also E. Nach den Kriterien der h. M. handelt es sich damit um ein echtes Agenturgeschäft, nicht um ein Umgehungsgeschäft i. S. v. § 475 Abs. 1 S. 2 BGB.

---

[31]  *Hofmann* JuS 2005, 8, 10.

[32]  Erman/*Grunewald* § 475 Rn. 8; *Maultzsch* ZGS 2005, 175, 178; *Oetker/Maultzsch* Vertragliche Schuldverhältnisse, § 2 Rn. 520; *Ziegler/Rieder* ZIP 2001, 1789, 1797; *Looschelders* JA 2007, 673, 678; *Grunewald* Kaufrecht, § 3 Rn. 32.

[33]  BGH NJW 2005, 1039, 1040; Bamberger/Roth/*Faust* § 474 Rn. 7; *Katzenmeier* NJW 2004, 2632 f.; *Müller* NJW 2003, 1975, 1978 f.; MünchKomm/*Lorenz* § 475 Rn. 29 f.; Staudinger/*Matusche-Beckmann* (2014) § 475 Rn. 48 ff.

**4. Stellungnahme.** Hier kommt nur die erstgenannte Mindermeinung zum Vor-    **46**
liegen eines Umgehungsgeschäfts, während die beiden anderen Meinungen das
Agenturgeschäft zwischen E und V anerkennen. Gegen die erstgenannte Meinung spricht zunächst, dass Agenturgeschäfte gerade im Gebrauchtwagenhandel
bereits in früheren Zeiten üblich und von der Rechtsprechung anerkannt waren,
um die damals im Falle eines Kaufvertrags zwischen Händler und Käufer anfal-
lende Umsatzsteuer zu vermeiden.[34] Der Gesetzgeber hat, obwohl die Möglichkeit, das Verbrauchsgüterkaufrecht durch Agenturgeschäfte zu umgehen, bereits
im Vorfeld diskutiert wurde, in § 475 BGB auf ein ausdrückliches Verbot dieser
Verträge verzichtet. Daraus ist zu schließen, dass Agenturgeschäfte jedenfalls
nicht generell als Umgehungsgeschäfte i. S. v. § 475 Abs. 1 S. 2 BGB eingeord-
net werden können.[35] Jedenfalls dann, wenn – wie hier – der Alteigentümer das
Verkaufsrisiko trägt, liegt auch wirtschaftlich betrachtet ein Verkauf unter Privatleuten vor, der nicht den §§ 474 ff. BGB unterliegt. Die zusätzliche Einschaltung
des Händlers hat dabei sowohl für den Verkäufer, der sich nicht aktiv um den für
ihn besten Käufer bemühen muss, als auch für den Käufer, der beim Händler eine
große Auswahl hat und sich fachmännisch beraten lassen kann, Vorteile. Das
verkennt die Mindermeinung, die Agenturgeschäfte aus Gründen des Verbraucherschutzes generell als Umgehungsgeschäft ansieht. Sie ist damit abzulehnen.
Ob Agenturgeschäfte im Gebrauchtwagenhandel dagegen generell zulässig sind
oder – so die h. M. – nur wenn der Alteigentümer das Risiko des Verkaufs trägt,
kann offenbleiben, da hier beide Auffassungen zu dem Ergebnis gelangen, dass
kein Umgehungsgeschäft vorliegt.

## III. Ergebnis

Eine Mängelhaftung der V scheidet damit richtigerweise aus. K hat gegen V keinen    **47**
Anspruch auf Reparatur des Wagens aus §§ 437 Nr. 1, 439 Abs. 1 BGB.

**Exkurse**
Wenn man – entweder mit der Mindermeinung oder bei einer anderen Sachverhaltskonstellation
– ein Umgehungsgeschäft i. S. v. § 475 Abs. 1 S. 2 BGB bejaht, stellt sich die dogmatische Frage,
aus welchem Grund der Händler der kaufrechtlichen Mängelhaftung unterliegen soll. Teilweise
wird hier eine Unwirksamkeit des Kaufvertrags zwischen Voreigentümer und Käufer gem. §§ 475

---

[34] Wenn der Händler den Wagen zunächst von einem Privatmann ankaufte und anschließend an
einen Privatmann weiterverkaufte, hatte der Händler (mangels umsatzsteuerbarer Leistung seines
Verkäufers) keine Möglichkeit zum Vorsteuerabzug, erbrachte aber gegenüber seinem Abnehmer
eine steuerbare Leistung und musste deshalb auf den vollen Kaufpreis USt ausweisen. Um dies
zu verhindern, übernahm der Gebrauchtwagenhändler den Wagen nur in Agentur, während der
Kaufvertrag zwischen den Privatleuten abgeschlossen wurde, so dass insoweit keine USt an-
fiel. Durch die Einführung der Differenzbesteuerung in § 25a UStG zum 1.7.1990 (nach der im
Weiterverkaufsfall unter bestimmten Voraussetzungen nur die Differenz zwischen Einkaufs- und
Verkaufspreis der Steuerberechnung zugrunde gelegt wird) haben die steuerrechtlich motivierten
Agenturgeschäfte ihre Bedeutung verloren.
[35] BGH NJW 2005, 1039, 1040 m. w. N.

Abs. 1 S. 2, 134 BGB angenommen; stattdessen werden Kaufverträge einmal zwischen Privatver-
käufer und Agent (Händler) und zum anderen zwischen Agent (Händler) und Käufer fingiert.[36]
Nach einer anderen Konstruktion bleiben der Kaufvertrag zwischen Alteigentümer und Käufer
sowie das Agenturgeschäft wirksam. Der Käufer erhält lediglich – losgelöst von einem Kaufvertrag – Mängelrechte gegen den Gebrauchtwagenhändler.[37] Der BGH hat diese Frage zunächst
offengelassen,[38] jetzt aber die erstgenannte Ansicht (Unwirksamkeit des Strohmanngeschäfts)
ausdrücklich abgelehnt.[39] *Lorenz*[40] lehnt hingegen eine Haftung des Händlers gegenüber dem
Verbraucher-Käufer wegen der Relativität von Schuldverhältnissen ab. Nach seiner Auffassung
bleibt der als „Strohmann" zwischengeschaltete Verbraucher-Verkäufer Vertragspartei, ihm werde
jedoch die Unternehmereigenschaft des „wirtschaftlichen" Vertragspartners zugerechnet mit der
Folge, dass der Gewährleistungsausschluss nach § 475 Abs. 1 S. 1 BGB unwirksam sei. Der Verbraucher-Verkäufer unterliege gegenüber dem Verbraucher-Käufer der Mängelhaftung, habe aber
im Innenverhältnis Rückgriffsansprüche gegen den Händler.

Wenn eine Sachmängelhaftung des Agenten ausscheidet, kommen trotzdem Ansprüche aus
**Sachwalterhaftung** (§§ 280 Abs. 1, 241 Abs. 2, 311 Abs. 3 BGB) in Betracht.[41] Der Händler
nimmt als Fachmann und „Quasi-Verkäufer" in besonderem Maße das Vertrauen des Käufers,
der zum Voreigentümer üblicherweise keinen Kontakt aufnimmt, in Anspruch (§ 311 Abs. 3 S. 2
BGB). Verletzt der Händler seine Sorgfalts-, Untersuchungs- und Offenbarungspflichten, haftet er
auf Ersatz des Vertrauensschadens. Hier fehlt es an einer derartigen Pflichtverletzung der V, da der
Mangel laut Sachverhalt unerkennbar war. Der Anspruch war auch gar nicht zu prüfen, da nur nach
einem Anspruch auf Nachbesserung, nicht auf Schadensersatz gefragt war.

Kaufrechtliche Sachmängelansprüche des K können sich allein gegen E richten (wonach ebenfalls nicht gefragt war). Diese wurden aber durch den formularmäßigen Haftungsausschluss wirksam (insbes. unter Beachtung von § 309 Nr. 7; § 309 Nr. 8 BGB gilt nicht für gebrauchte Sachen)
ausgeschlossen.

### Annex: Weiteres Problem – Beschaffenheitsvereinbarungen

Außerdem wird die Frage diskutiert, ob es zulässig ist, die strenge Haftung des Gebrauchtwagenhändlers durch Beschaffenheitsvereinbarungen (§ 434 Abs. 1 S. 1 BGB) zu umgehen, etwa der
verkaufte Wagen sei „nicht fahrbereit", es handele sich um ein „Bastlerfahrzeug" oder gar um
„rollenden Schrott". Hier wird man unterscheiden müssen.[42] Eine Beschaffenheitsvereinbarung ist
zulässig, wenn sie ernstgemeint und hinreichend konkret ist sowie außerdem nach der Perspek-
tive des Käufers bei Vertragsschluss tatsächlich den Zustand der Sache widerspiegelt. Ein Indiz
dafür ist ein gegenüber mangelfreien Sachen herabgesetzter Preis. Wenn der Käufer dagegen berechtigterweise davon ausgehen kann, der Sachzustand sei besser, als die Vereinbarung vorsieht,
etwa wenn das als Bastlerfahrzeug bezeichnete Fahrzeug ohne Probleme fahrbereit ist, nimmt die
Beschaffenheitsvereinbarung die Funktion eines Haftungsausschlusses wahr, so dass § 475 Abs. 1
S. 2 BGB eingreift. Denn das Risiko, dass die Sache einen verborgenen Mangel hat, kann der Verkäufer beim Verbrauchsgüterkauf nicht auf den Käufer abwälzen.

---

[36] *Katzenmeier* NJW 2004, 2632, 2633; *Müller* NJW 2003, 1975, 1980; OLG Stuttgart NJW 2004,
2169, 2170.

[37] *Hofmann* JuS 2005, 8, 11; Bamberger/Roth/*Faust* § 474 Rn. 7 a. E.; *Reinking/Eggert* Der Autokauf, 12. Aufl. 2014, Rn. 2188 ff.

[38] BGHZ 170, 67 Rn. 16=NJW 2007, 759; eher in die Richtung der erstgenannten Ansicht wohl
BGH NJW 2005, 1039, 1040.

[39] BGH ZIP 2013, 269 Rn. 17=NJW-RR 2013, 687.

[40] In MünchKomm, § 475 Rn. 36; in *Köhler/Lorenz* PdW Schuldrecht II, Fall 66; LMK 2007,
211667. Ähnl. *Looschelders* JA 2007, 673, 678, der meint, der Verbraucher könne sich im Ergebnis sowohl an den privaten Verkäufer als auch an den Händler halten. Der BGH (BGHZ 170, 67
Rn. 12 ff., 18=NJW 2007, 759) hat diese Auffassung ausdrücklich abgelehnt.

[41] St. Rspr. seit BGHZ 63, 382 ff.; Palandt/*Grüneberg* § 311 Rn. 66.

[42] Vgl. Bamberger/Roth/*Faust* § 475 Rn. 8 ff.; MünchKomm/*Lorenz* § 475 Rn. 8; *Andreae* NJW
2007, 3457, 3462; vgl. auch OLG Oldenburg ZGS 2004, 75.

AGB-Klauseln, die eine von der üblichen Beschaffenheit abweichende für vertragsgemäß erklären sollen, können bereits überraschend sein und werden dann nicht Vertragsbestandteil (§ 305c
Abs. 1 BGB). Außerdem ist das Transparenzgebot des § 307 Abs. 1 S. 2 BGB zu beachten.[43]

Nicht möglich ist es, objektiv neue Sachen als gebrauchte zu verkaufen (BGHZ 170, 31
Rn. 32 f.). Das Merkmal, ob eine Sache neu oder gebraucht ist, ist jedenfalls bei einem Verbrauchsgüterkauf einer Parteivereinbarung entzogen.

---

[43] Staudinger/*Matusche-Beckmann* (2014) § 475 Rn. 74.

# Fall 12

## Ausgangsfall

P betreibt seit 2011 zwölf Parfümerien im Stadtgebiet von Düsseldorf, in denen sie insgesamt 48 Angestellte beschäftigt. Der Jahresumsatz der Parfümerien beträgt rund 3,5 Mio. €; im Jahr 2013 hat P einen Gewinn von 275.000 € erzielt. Eine Eintragung des Unternehmens der P im Handelsregister ist bislang nicht erfolgt. Im Februar 2014 bestellt P bei der F-AG (F) 1000 Tuben Gesichtspeeling zum Preis von 3000 €. Die Lieferung der Ware erfolgt am 10.3.2014 in das Zentrallager der P in Düsseldorf, von dem aus alle Filialen beliefert werden. Obwohl P in der Vergangenheit schon mehrfach Probleme mit F wegen qualitativ minderwertiger Ware hatte, nimmt sie keine Überprüfung der Lieferung vor. Nachdem das Gesichtspeeling im April 2014 an die Filialen ausgeliefert worden ist, melden sich etliche Kunden, die nach der Verwendung über starke Hautreizungen klagen. Eine Untersuchung Anfang Mai 2014 ergibt, dass das Peeling infolge eines Abfüllfehlers einen deutlich überhöhten Anteil an Sandpartikeln enthält. Dies hätte P bei einer Kontrolle ohne weiteres feststellen können. Am 14.5.2014 fordert P die F schriftlich auf, ihr 1000 neue Tuben Gesichtspeeling gegen Rückgabe der mangelhaften Tuben zu liefern.

Zu Recht?

## Abwandlung

Am 12.2.2015 bestellt P bei der S-OHG (S), die einen Großhandel für Sonnenschutzmittel in München betreibt, 50 Kartons zu jeweils 18 Tuben „Sunblocker Ozon 30" zum Preis von 1500 €. Die Anlieferung der Sonnenschutzcreme zum Zentrallager der P erfolgt am 28.2.2015 durch den Fahrer F der S. Dieser lässt sich vom Mitarbeiter M der P, der von ihr im Januar 2015 eingestellt worden und für die Wareneingangskontrolle zuständig ist, einen Lieferschein unterschreiben, aus dem sich die ordnungsgemäße Ablieferung der 50 Kartons ergibt. M verbringt die Ware ohne weitere Kontrolle in das Zentrallager, wo sie bis zur Auslieferung an die

P. Balzer et al., *Die Schuldrechtsklausur I,* Tutorium Jura,
DOI 10.1007/978-3-662-45662-0_12

Filialen verbleiben soll. Erst bei der Auslieferung am 10.4.2015 stellt M fest, dass es sich nur um 48 Kartons handelt, so dass er die Filiale in Duisburg nicht mehr beliefern kann. Als M der P die Sachlage per Telefon schildert, ist diese zunächst sehr erbost, dass M nicht bereits bei der Anlieferung die gelieferte Menge überprüft hat, wie sie es ihm schon mehrfach aufgetragen hat, sondern lediglich den Lieferschein unterschrieben hat. P ruft gleichwohl sofort bei S an und verlangt Nachlieferung der fehlenden zwei Kartons. S beruft sich demgegenüber darauf, dass M den Erhalt von 50 Kartons quittiert habe.

Wie ist die Rechtslage?

## Lösung Fall 12

▶  Bei der Erörterung gewährleistungsrechtlicher Fragen beim Kauf kommt es durchaus häufig vor, dass aufgrund der Beteiligung von Kaufleuten i. S. d. §§ 1 ff. HGB handelsrechtliche Vorschriften in die Prüfung mit einzubeziehen sind. Der folgende, einfach gelagerte Fall stellt daher in Grundzügen die Besonderheiten dar, die bei der Beteiligung von Kaufleuten im Hinblick auf die kaufrechtlichen Gewährleistungsvorschriften der §§ 434 ff. BGB bestehen.

## Ausgangsfall

1   P könnte gegen F einen Anspruch auf Lieferung von 1000 neuen Tuben Gesichtspeeling aus §§ 437 Nr. 1, 439 Abs. 1 Fall 2 BGB haben.

### I. Wirksamer Kaufvertrag

2   Voraussetzung für diesen Nacherfüllungsanspruch ist zunächst ein wirksamer Kaufvertrag i. S. v. § 433 BGB zwischen P und F. Dieser wurde im Februar 2014 durch die Bestellung der 1000 Tuben Gesichtspeeling geschlossen.

### II. Vorliegen eines Sachmangels bei Gefahrübergang

3   Weiterhin setzt der Nacherfüllungsanspruch einen Sachmangel i. S. v. § 434 BGB voraus. Ein solcher Sachmangel könnte sich aus § 434 Abs. 1 S. 2 Nr. 2 BGB ergeben. Da das Gesichtspeeling infolge eines Abfüllfehlers einen deutlich überhöhten Anteil an Sandpartikeln aufweist, eignet es sich nicht für die gewöhnliche Verwendung und ist daher i. S. v. § 434 Abs. 1 S. 2 Nr. 2 BGB mangelhaft.

Gut vertretbar ist es auch, einen Sachmangel nach § 434 Abs. 1 S. 2 Nr. 1 BGB anzunehmen, wenn man davon ausgeht, dass die Parteien mit dem Erwerb des Peelings zugleich eine bestimmte Verwendung vertraglich vorausgesetzt haben. Vgl. zu dieser Abgrenzungsproblematik bereits oben Fall 1 Rn. 4.

Da der Sachmangel auf einem Abfüllungsfehler beruht, lag er bereits bei Gefahr- **4** übergang, d. h. zum Zeitpunkt der Übergabe der Ware an P (§ 446 S. 1 BGB) vor.

## III. Ausschluss der Gewährleistung nach § 377 Abs. 2 HGB

Der Nacherfüllungsanspruch der P könnte aber nach § 377 Abs. 2 HGB ausge- **5** schlossen sein. Nach § 377 Abs. 1 HGB besteht bei einem beiderseitigen Handels- kauf eine Pflicht des Käufers zur unverzüglichen (vgl. § 121 Abs. 1 S. 1 BGB) Untersuchung und Rüge mangelhafter Ware. Unterlässt der Käufer die Mängelan- zeige, gilt die Ware als genehmigt, soweit es sich nicht um einen versteckten Man- gel handelt (§ 377 Abs. 2 u. 3 HGB).

### 1. Beiderseitiges Handelsgeschäft zwischen P und F

Fraglich ist zunächst, ob es sich bei dem zwischen P und F geschlossenen Vertrag **6** um ein beiderseitiges Handelsgeschäft handelt. Handelsgeschäfte sind gem. § 343 Abs. 1 HGB alle Geschäfte eines Kaufmanns, die zum Betrieb seines Handelsge- werbes gehören.

### a) Kaufmannseigenschaft von P und F

Zu prüfen ist daher zunächst, ob P und F Kaufleute i. S. v. §§ 1 ff. HGB sind. Da **7** F sein Unternehmen in der Rechtsform einer AG betreibt, ist er (Form-)Kaufmann i. S. d. § 6 Abs. 1 HGB, § 3 Abs. 1 AktG.

Fraglich kann allein sein, ob auch P Kaufmann ist, da es insoweit an einer Ein- tragung im Handelsregister fehlt. Sofern die Voraussetzungen des § 1 Abs. 1 HGB vorliegen, ist die Eintragung im Handelsregister aber nur deklaratorisch. Nach § 1 Abs. 1 HGB ist Kaufmann, wer ein Handelsgewerbe betreibt. Dies ist gem. § 1 Abs. 2 HGB jeder Gewerbebetrieb, es sei denn, dass das Unternehmen nach Art oder Umfang einen in kaufmännischer Weise eingerichteten Geschäftsbetrieb nicht erfordert. Da P zwölf Parfümerien betreibt, 48 Angestellte beschäftigt und zudem einen erheblichen Umsatz und Gewinn (im Jahr 2013 3,5 Mio. € bzw. 275.000 €) erzielt, ist davon auszugehen, dass ihr Unternehmen nach Art oder Umfang einen in kaufmännischer Weise eingerichteten Geschäftsbetrieb erfordert. P ist daher trotz der fehlenden Eintragung im Handelsregister Kaufmann i. S. v. § 1 Abs. 1 HGB.

### b) Kaufvertrag zwischen P und F als Handelsgeschäft i. S. v. § 343 Abs. 1 HGB

**8**   § 377 Abs. 1 BGB erfordert weiterhin, dass der Kauf für beide Teile ein Handelsgeschäft ist. Hierfür ist nach § 343 Abs. 1 HGB Voraussetzung, dass das Rechtsgeschäft des Kaufmanns zum Betrieb seines Handelsgewerbes gehört. Der zwischen den Kaufleuten P und F geschlossene Kaufvertrag gehörte für beide zum Betrieb ihres Handelsgewerbes. Ein beiderseitiges Handelsgeschäft i. S. v. § 343 Abs. 1 HGB liegt mithin vor.

**Exkurs**

Im Einzelfall kann durchaus unklar sein, ob es sich bei dem abgeschlossenen Vertrag um ein Handelsgeschäft i. S. v. § 343 Abs. 1 HGB handelt. So hat grundsätzlich auch der Kaufmann eine Privatsphäre, die z. B. dann betroffen ist, wenn er für seine Ehefrau ein Geburtstagsgeschenk erwirbt, da es hier an der betrieblichen Veranlassung fehlt. Zu beachten ist insoweit § 344 Abs. 1 HGB, wonach die von einem Kaufmann vorgenommenen Geschäfte im Zweifel als zum Betrieb seines Handelsgewerbes gehörig gelten. § 344 Abs. 1 HGB stellt insoweit eine widerlegliche Vermutung auf (Baumbach/*Hopt* HGB, 36. Aufl. 2014, § 344 Rn. 3). Die Vermutung gilt nur, wenn Handeln für das Handelsgewerbe oder privates Handeln als Verbraucher (z. B. für den Haushalt des Kaufmanns) in Frage steht. § 344 Abs. 1 HGB ist demgegenüber gegenstandslos für Handelsgesellschaften aller Art, da ihre Geschäfte stets im Betrieb ihres Handelsgewerbes vorgenommen werden (BGH NJW 1960, 1852).

### 2. Nichterfüllung der Untersuchungs- und Rügeobliegenheit durch P

**9**   Zu prüfen ist weiterhin, ob P ihrer Untersuchungs- und Rügepflicht nach § 377 Abs. 1 HGB nachgekommen ist.[1] § 377 Abs. 1 HGB verpflichtet den Käufer, die Ware nach der Ablieferung unverzüglich, soweit dies nach ordnungsgemäßem Geschäftsgang tunlich ist, zu untersuchen und erkennbare Mängel anzuzeigen. P hat indes zeitnah nach der Anlieferung am 10.3.2014 überhaupt keine Überprüfung der Ware vorgenommen oder veranlasst, so dass ein Verstoß gegen ihre Pflicht aus § 377 Abs. 1 HGB gegeben ist.

**10**   Da zudem die Fehlerhaftigkeit des Peelings unschwer festzustellen war, liegt auch kein versteckter Mangel i. S. v. § 377 Abs. 3 HGB vor, der zu einer (unverzüglichen) Nachholung der Mängelrüge berechtigen würde. Die erst am 14.5.2014 durch Geltendmachung des Nacherfüllungsanspruchs erfolgte Mängelrüge der P ist daher verspätet.

Die von F gelieferte Ware gilt somit nach § 377 Abs. 2 HGB als genehmigt mit der Folge, dass P alle Gewährleistungsansprüche gegen F verliert.

**Exkurs**

Hat der Käufer den Mangel gerügt und erfüllt der Verkäufer dann nach (§ 439 BGB), so muss der Käufer gem. § 377 HGB unverzüglich erneut rügen, wenn auch die Nacherfüllung mangelhaft ist (Baumbach/*Hopt* HGB, 36. Aufl. 2014, § 377 Rn. 42 m. w. N.; ausf. *Mankowski* NJW 2006, 865 ff.).

---

[1] Rechtlich handelt es sich bei § 377 Abs. 1 HGB nicht um eine Verpflichtung des Käufers, sondern lediglich um eine Obliegenheit, vgl. Ebenroth/Boujong/Joost/Strohn/*Müller* HGB, 2. Aufl. 2009, § 377 Rn. 1.

## IV. Ergebnis

P hat daher gegen F keinen Anspruch auf Lieferung von 1000 neuen Tuben Ge- **11**
sichtspeeling aus §§ 437 Nr. 1, 439 Abs. 1 Fall 2 BGB.

## Abwandlung

P könnte gegen S einen Anspruch auf Lieferung der fehlenden zwei Kartons aus **12**
§§ 437 Nr. 1, 439 Abs. 1 Fall 1 BGB haben.

> **Systematischer Hinweis**
> Der kaufvertragliche Erfüllungsanspruch, der gem. § 433 Abs. 1 S. 2 BGB auf
> mangelfreie Lieferung gerichtet ist, wird durch die Ablieferung der Sache in
> einen Nacherfüllungsanspruch modifiziert (vgl. nur Bamberger/Roth/*Faust*
> § 437 Rn. 4 ff.). Nach Gefahrübergang ist bei Mängeln der Ware oder solchen
> gleichgestellten Leistungsstörungen (§ 434 Abs. 3 BGB) daher nur noch ein
> Nacherfüllungsanspruch aus §§ 437 Nr. 1, 439 Abs. 1 BGB zu erörtern.

## I. Wirksamer Kaufvertrag

Erforderlich ist zunächst ein wirksamer Kaufvertrag i. S. v. § 433 BGB zwischen **13**
P und S. Dieser ist durch die Bestellung der Sonnenschutzcreme am 12.2.2015 abgeschlossen worden.

## II. Vorliegen eines Sachmangels bei Gefahrübergang

Weiterhin müsste ein Sachmangel i. S. v. § 434 BGB bei Gefahrübergang vorgele- **14**
gen haben. Infolge der Zuweniglieferung kommt hier ein Mangel nach § 434 Abs. 3
Fall 2 BGB in Betracht. Nach dieser Vorschrift steht es einem Sachmangel gleich,
wenn der Verkäufer eine zu geringe Menge liefert. Dies ist vorliegend gegeben, da
anstelle der geschuldeten 50 Kartons Sonnenschutzcreme nur 48 Kartons geliefert
worden sind.

> **Systematischer Hinweis**
> Problematisch ist die Abgrenzung der Zuweniglieferung nach § 434 Abs. 3
> Fall 2 BGB von einer Teilleistung, zu der der Schuldner nach § 266 BGB
> grundsätzlich nicht berechtigt ist. § 434 Abs. 3 Fall 2 BGB kommt nur dort
> zur Anwendung, wo sich die Lieferung auf die vollständige Erfüllung des
> Kaufvertrages bezieht und nicht lediglich als Teilleistung bezeichnet wird

(Staudinger/*Matusche-Beckmann* [2014] § 434 Rn. 154). Sofern der Verkäufer demgegenüber eine offene Mankolieferung vornimmt, indem er auf die Unvollständigkeit der Lieferung gegenüber dem Käufer hinweist, handelt es sich um eine Teilleistung, für die allgemeines Leistungsstörungsrecht gilt.

**15**   Vorliegend sind sowohl M, der für P die Lieferung angenommen hat, als auch F davon ausgegangen, dass es sich um 50 Kartons Sonnenschutzcreme handelte. Hierfür spricht insbesondere auch der Lieferschein, den F sich von M hat unterschreiben lassen. Es handelte sich daher um eine Zuweniglieferung i. S. v. § 434 Abs. 3 Fall 2 BGB. Rechtsfolge ist, dass P im Grundsatz nach §§ 437 Nr. 1, 439 Abs. 1 BGB Nacherfüllung verlangen kann. Bei Mengenfehlern ist dieser Anspruch auf Lieferung des fehlenden Rests gerichtet, nach Wahl des Käufers auch auf eine komplette Neulieferung.[2] P macht lediglich einen Anspruch auf Lieferung der fehlenden zwei Kartons Sonnenschutzcreme und damit einen Nacherfüllungsanspruch nach § 439 Abs. 1 Fall 1 BGB geltend.

### III. Ausschluss der Gewährleistung

**16**   Möglicherweise ist der Nacherfüllungsanspruch der P aber nach § 377 Abs. 2 HGB ausgeschlossen.

### 1. Beiderseitiger Handelskauf zwischen P und S

**17**   Voraussetzung hierfür ist zunächst, dass es bei dem Kaufvertrag über die Sonnenschutzcreme sowohl für P als auch für S um ein Handelsgeschäft i. S. d. § 343 Abs. 1 HGB handelt.

Diese Voraussetzungen sind vorliegend erfüllt. P ist Kaufmann i. S. v. § 1 Abs. 1 HGB (vgl. oben Rn. 7), bei S ergibt sich die Kaufmannseigenschaft aus § 6 Abs. 1 HGB (Formkaufmann), da die OHG als Handelsgesellschaft zu qualifizieren ist.

Der Vertrag gehörte zudem, wie § 343 Abs. 1 HGB es fordert, sowohl für P als auch für S zum Betrieb ihres Handelsgewerbes.

### 2. Nichterfüllung der Untersuchungs- und Rügeobliegenheit durch P

**18**   Ein Gewährleistungsausschluss nach § 377 Abs. 2 HGB kommt indes nur dann in Betracht, wenn P gegen ihre Untersuchungs- und Rügeobliegenheit nach § 377 Abs. 1 HGB verstoßen hat.

P hat selbst keine Untersuchung der Ware vorgenommen; vielmehr war ihr Mitarbeiter M für die Wareneingangskontrolle verantwortlich. M hat indes eine entsprechende Überprüfung der gelieferten Ware auf Vollzähligkeit nicht vorgenommen, sondern lediglich den Lieferschein unterzeichnet. Dieses Versäumnis muss sich P zurechnen lassen.

---

[2] Palandt/*Weidenkaff* § 434 Rn. 55; Bamberger/Roth/*Faust* § 434 Rn. 111.

Da zudem die Unvollständigkeit der Lieferung unschwer festzustellen war, liegt **19**
auch kein versteckter Mangel i. S. v. § 377 Abs. 3 HGB vor, der P zu einer (unverzüglichen) Nachholung der Mängelrüge berechtigen würde. Die erst am 10.4.2015
durch P erfolgte Mängelrüge ist daher verspätet.

Die von S gelieferte Ware gilt somit nach § 377 Abs. 2 HGB als genehmigt mit
der Folge, dass P keine Gewährleistungsansprüche gegenüber S geltend machen
kann.

## IV. Ergebnis

P hat gegen S keinen Anspruch auf Lieferung der fehlenden zwei Kartons aus   **20**
§§ 437 Nr. 1, 439 Abs. 1 Fall 1 BGB.

# Fall 13

## Ausgangsfall

S betreibt in Köln einen Großhandel mit Fitnessgeräten, die er vom Zwischenhändler Z aus München bezieht. Am 23.7.2015 erwirbt K für seinen häuslichen Fitnesskeller bei S ein neues Laufband des Modells „Quinto Profi 2015" zum Preis von
1699 €. S hatte mehrere Exemplare des Laufbands am 20.7.2015 von Z geliefert
bekommen. Da es sich um ein neues Modell handelt, das gerade erst auf den Markt
gebracht worden ist, hatte S eines der Laufbänder in seinem Ausstellungsraum auf-
gestellt und einem eingehenden Funktionstest unterzogen, wobei sich keine Mängel
zeigten.

Im Prospekt des Herstellers H wird das von K erworbene Laufband u. a. damit beworben, dass die Steigung von 0–10 % elektronisch eingestellt werden kann.
K hatte sich nicht zuletzt deshalb zum Kauf entschieden, weil er sich durch das
Training auf dem Laufband für den Jungfrau-Marathon 2015 in der Schweiz vorbereiten will, bei dem mehr als 1800 Höhenmeter zu bewältigen sind. Nachdem K
das Gerät in seinem Fitnesskeller aufgebaut hat, muss er alsbald feststellen, dass
das von ihm beabsichtigte Training bei einer Steigung von 10 % nicht möglich ist.
Infolge eines Defekts in der elektronischen Steuerung stellt sich die Steigung nach
kurzer Zeit stets automatisch wieder auf 0 % zurück. Am 30.7.2015 unterrichtet K
den S von dem Defekt und fordert ihn zur Beseitigung auf. S versucht, nachdem
er seinen Lieferanten Z noch am 30.7.2015 über den Mangel in Kenntnis gesetzt
hat, am 10.8.2015 sowie am 31.8.2015 jeweils vergeblich, den Defekt zu reparieren. Es stellt sich heraus, dass der Defekt, der für S trotz eingehender Überprüfung
des Geräts nicht erkennbar war, auch bei sämtlichen anderen Modellen des Laufbands „Quinto Profi 2015" besteht. K erklärt mit Fax vom 2.10.2015 den Rücktritt
vom Vertrag und verlangt von S Rücknahme des Laufbands gegen Rückzahlung
des Kaufpreises. S kommt diesem Verlangen am 9.10.2015 nach. Er verlangt mit
Fax vom 12.10.2015 nunmehr von Z Rückzahlung des Kaufpreises von 999 €, den

© Springer-Verlag Berlin Heidelberg 2015
P. Balzer et al., *Die Schuldrechtsklausur I,* Tutorium Jura,
DOI 10.1007/978-3-662-45662-0_13

er im Einkauf für das an K weiterverkaufte Laufband aufgewendet hat. Z ist indes lediglich bereit, das dem S gelieferte Gerät zu reparieren.
Wie ist die Rechtslage?

## Abwandlung

Während die Steigung des von K am 23.7.2015 erworbenen Laufbands einwandfrei bis 10 % funktioniert, gibt es Schwierigkeiten mit der Geschwindigkeit, die ausweislich des Prospekts bis 16 km/h stufenlos einstellbar sein soll. K hatte sich infolge der Prospektangaben für das Laufband des Modells „Quinto Profi 2015" entschieden, da es ihm aufgrund seiner ambitionierten Laufziele unbedingt auf die hohe Geschwindigkeit ankam. Nachdem K am 29.7.2015 ein fast zweistündiges Training bei einer Geschwindigkeit von 16 km/h absolviert hat, stellt der Motor infolge Überhitzung seinen Dienst vorübergehend ein. K teilt den Defekt am 30.7.2015 dem S mit, der sogleich den Z entsprechend informiert. Es stellt sich heraus, dass der eingebaute Lüfter nicht richtig funktioniert und den Motor nicht ausreichend kühlt, so dass ein Dauerbetrieb bei einer Geschwindigkeit von 16 km/h nicht möglich ist. Dies war für S trotz des bei Anlieferung des Laufbands durchgeführten Funktionstests nicht erkennbar. K fordert den S auf, einen funktionierenden Lüfter einzubauen, um eine Geschwindigkeit von 16 km/h auf Dauer zu gewährleisten, da das Laufband ansonsten für sein beabsichtigtes Trainingsprogramm nicht geeignet sei. S nimmt daraufhin am 17.8.2015 bei K die erforderliche Reparatur vor, so dass der Motor aufgrund des neu eingebauten Lüfters fortan einen Dauerbetrieb bei einer Geschwindigkeit 16 km/h ermöglicht. Die hierfür anfallenden Kosten (Material und Arbeitslohn) von insgesamt 80 € stellt S dem Z mit Schreiben vom 26.8.2015 in Rechnung. Z verweist darauf, dass er vor Auslieferung des Laufbands „Quinto Profi 2015" an S einen umfassenden Funktionstest durchgeführt habe, bei dem der Mangel nicht aufgefallen sei.
Wie ist die Rechtslage?

## Lösung Fall 13

▶ Ausgangsfall und Abwandlung befassen sich mit dem in §§ 478, 479 BGB geregelten Unternehmerregress. Mit diesen Vorschriften soll sichergestellt werden, dass die wirtschaftlichen Folgen einer mangelhaften Leistung vom Verkäufer an seine Vorlieferanten weitergegeben werden können. Sämtliche Fälle weisen die Besonderheit auf, dass durchgängig nicht nach Mängelansprüchen des Letzterwerbers gegen seinen Vertragspartner (Letztverkäufer) gefragt wird, sondern unmittelbar auf einen möglichen Rückgriffsanspruch des Letztverkäufers gegen seinen Vorlieferanten abzustellen ist. Die Prüfung, ob ein Mangel im Verhältnis zwischen Letztverkäufer und Letzterwerber vorliegt, muss daher in die Prüfung des Rückgriffsanspruchs gegenüber dem Vorlieferanten integriert werden.

## Ausgangsfall

S könnte gegen Z einen Anspruch auf Rückzahlung des Kaufpreises von 999 € aus  1
§§ 346 Abs. 1, 437 Nr. 2, 323 BGB haben. Voraussetzung ist, dass S zum Rücktritt
berechtigt war und den Rücktritt erklärt hat.

> **Systematischer Hinweis**
>
> § 478 Abs. 1 BGB stellt keine eigenständige Anspruchsgrundlage des Letzt-
> verkäufers gegen seinen Lieferanten dar, sondern modifiziert nur die allgemei-
> nen Voraussetzungen für die Geltendmachung von Sachmängeln (Bamberger/
> Roth/*Faust* § 478 Rn. 14; vgl. dazu noch unten Rn. 8).

### I. Rücktrittsrecht

#### 1. Kaufvertrag

Zwischen S und Z müsste zunächst ein wirksamer Kaufvertrag i. S. v. § 433 BGB  2
zustande gekommen sein. Dies ist der Fall, da S das in der Folge an K verkaufte
Laufband zuvor bei Z gekauft hatte.

#### 2. Vorliegen eines Sachmangels bei Gefahrübergang

Es könnte ein Mangel des Laufbands nach § 434 Abs. 1 S. 2 Nr. 2 i. V. m. § 434  3
Abs. 1 S. 3 BGB vorliegen. Dann müsste das Laufband sich nicht für die gewöhnliche Verwendung eignen oder eine Beschaffenheit aufweisen, die bei Sachen der
gleichen Art unüblich ist, wobei insbesondere Herstellerangaben in Werbeprospekten zu berücksichtigen sind. Das Laufband wurde in den Prospekten des Herstellers
H mit einer Steigung von bis zu 10% beworben, die aber infolge des Defekts in
der elektronischen Steuerung dauerhaft nicht erreicht werden kann. Das Laufband
weist daher nicht die Beschaffenheit auf, die der Käufer S aufgrund der öffentlichen Äußerungen des H erwarten kann. Es ist auch davon auszugehen, dass gerade
der im Prospekt ausgewiesene Leistungsumfang des Laufbands maßgeblich für die
Entscheidung des S war, das Gerät bei Z zu erwerben.[1] Dies muss insbesondere
deshalb gelten, weil S als Großhändler ein Interesse daran hat, nur Geräte, deren
Leistungsumfang den Aussagen im Werbeprospekt entspricht, weiterzuverkaufen,
da er ansonsten dem Risiko von Gewährleistungsansprüchen seiner Abnehmer ausgesetzt ist. Ein Sachmangel i. S. v. § 434 Abs. 1 S. 2 Nr. 2 i. V. m. § 434 Abs. 1 S. 3
BGB liegt daher vor.

---

[1] Vgl. in diesem Zusammenhang aber auch Bamberger/Roth/*Faust* § 478 Rn. 11, der es beim Unternehmerregress als unbeachtlich ansieht, dass der Letztverkäufer sich von Werbeaussagen des
Herstellers hat beeinflussen lassen, und insoweit eine teleologische Reduktion des § 434 Abs. 1
S. 3 BGB vorschlägt, die dazu führt, dass die Ausnahme einer Nichtbeeinflussung der Kaufentscheidung insoweit nicht anwendbar ist.

Zu den Voraussetzungen eines Sachmangels nach § 434 Abs. 1 S. 2 Nr. 2
i. V. m. § 434 Abs. 1 S. 3 BGB vgl. bereits eingehend oben Fall 5 Rn. 8 ff.

4    Aus dem Umstand, dass alle Laufbänder des Modells „Quinto Profi 2015" den elektronischen Defekt aufweisen, ergibt sich, dass der Mangel bereits zum Zeitpunkt
     des Gefahrübergangs i. S. d. § 446 S. 1 BGB vorhanden war.

### 3. Kein Ausschluss der Gewährleistung

5    In Betracht zu ziehen ist aber, dass S nach § 377 Abs. 2 HGB, auf den § 478 Abs. 6
     BGB verweist, seine Gewährleistungsansprüche verloren hat. Dies setzt voraus,
     dass der Kauf sowohl für S wie auch für Z ein Handelsgeschäft war und S seiner
     Untersuchungs- und Rügepflicht nach § 377 Abs. 1 HGB nicht nachgekommen ist.
     Es kann indes offenbleiben, ob es sich für beide Parteien um ein Handelsgeschäft
     handelte, da es jedenfalls an einem Verstoß des S gegen seine Untersuchungs-
     und Rügepflicht nach § 377 Abs. 1 HGB fehlt. Der Mangel, der in der defekten
     elektrischen Steuerung lag, war für S trotz einer umfassenden Funktionsprüfung
     nicht erkennbar. Er hat sich auch am 30.7.2015 sofort an Z gewendet und ihn über
     den Defekt informiert, nachdem er durch K von dem Fehler erfahren hatte, so dass
     er jedenfalls seiner Anzeigepflicht nach § 377 Abs. 3 HGB nachgekommen ist.
     Die Gewährleistungsrechte des S sind somit nicht nach § 377 Abs. 2 HGB ausgeschlossen.

Zu den Besonderheiten des Gewährleistungsrechts beim beiderseitigen Handelskauf vgl. bereits oben Fall 12.

### 4. Nachfristsetzung bzw. Entbehrlichkeit

6    Wie sich aus § 323 Abs. 1 BGB ergibt, setzt ein Rücktritt grundsätzlich voraus,
     dass dem Schuldner zunächst eine angemessene Nachfrist eingeräumt wird, um die
     Pflichtverletzung, die in der Lieferung einer mangelhaften Sache (vgl. § 433 Abs. 1
     S. 2 BGB) besteht, zu beseitigen. Eine solche Frist hat S dem Z indes nicht gesetzt.

### a) Entbehrlichkeit nach § 478 BGB

7    Möglicherweise ist eine Fristsetzung aber nach § 478 Abs. 1 BGB entbehrlich.

#### aa) Verbrauchsgüterkauf i. S. v. § 474 Abs. 1 S. 1 BGB zwischen S und K

8    § 478 BGB kommt, wie sich aus seiner systematischen Stellung ergibt, nur zum
     Tragen, wenn ein Verbrauchsgüterkauf i. S. v. § 474 Abs. 1 S. 1 BGB vorliegt. Es
     muss also ein Kaufvertrag zwischen einem Unternehmer und einem Verbraucher
     über eine bewegliche Sache vorliegen. Diese Voraussetzungen sind vorliegend im
     Verhältnis zwischen S und K erfüllt. K ist Verbraucher i. S. v. § 13 BGB, da er
     den Kaufvertrag über das Laufband zu einem Zweck abgeschlossen hat, der weder

seiner gewerblichen noch seiner selbständigen beruflichen Tätigkeit zugerechnet werden kann. S ist, da er einen Großhandel mit Fitnessgeräten betreibt, Unternehmer i. S. v. § 14 BGB. Bei dem von K erworbenen Laufband handelt es sich auch um eine bewegliche Sache, so dass die Voraussetzungen des § 474 Abs. 1 S. 1 BGB erfüllt sind.

---

**Aufbauhinweis**

§ 478 Abs. 1 BGB hat im vorliegenden Fall allein die Bedeutung, dass die nach § 323 Abs. 1 BGB grundsätzlich erforderliche Fristsetzung entfällt. Es wäre daher aufbaumäßig verfehlt, eingangs der Fallbearbeitung zunächst abstrakt die Voraussetzungen des § 478 Abs. 1 BGB zu erörtern, da es auf die Vorschrift nur dann ankommt, wenn eine grundsätzlich erforderliche Fristsetzung nicht erfolgt ist.

bb) Verkauf einer neu hergestellten Sache
§ 478 Abs. 1 BGB setzt voraus, dass es sich bei der verkauften Ware um eine neu **9** hergestellte Sache handelt. Auch diese Voraussetzung ist bei dem von K erworbenen Laufband erfüllt.

cc) Rücknahme der Kaufsache durch S als Folge eines Sachmangels
S müsste weiterhin das von K erworbene Laufband als Folge eines Sachmangels **10** zurückgenommen haben.
K hat am 2.10.2015 gegenüber S den Rücktritt vom Vertrag i. S. v. § 349 BGB erklärt.
Fraglich ist aber, ob ihm auch ein Rücktrittsrecht zustand. Ein solches Recht **11** kann sich aus §§ 437 Nr. 2, 323 BGB ergeben, wenn das Laufband mangelhaft i. S. v. § 434 BGB war. Ein Sachmangel kann sich hier aus § 434 Abs. 1 S. 2 Nr. 2 i. V. m. § 434 Abs. 1 S. 3 BGB ergeben. K hat sich aufgrund der im Werbeprospekt geschilderten Möglichkeit, die Steigung bis zu 10 % einzustellen, zum Kauf des Laufbands entschlossen. Die Werbeäußerungen des H, die aufgrund des technischen Defekts nicht den tatsächlichen Möglichkeiten des Laufbands entsprachen, waren daher für die Kaufentscheidung des K ausschlaggebend. Ein Sachmangel nach § 434 Abs. 1 S. 2 Nr. 2 i. V. m. § 434 Abs. 1 S. 3 BGB, der auch bereits zum Zeitpunkt des Gefahrübergangs (§ 446 S. 1 BGB) vorhanden war, liegt daher vor.
Ein Rücktritt setzt aber nach § 323 Abs. 1 BGB grundsätzlich voraus, dass dem Schuldner eine angemessene Frist zur Nacherfüllung gesetzt wird, an der es vorliegend offenbar fehlt. Diese Fristsetzung könnte aber nach § 440 S. 1 u. 2 BGB entbehrlich gewesen sein. Eine Nachfristsetzung ist hiernach jedenfalls dann entbehrlich, wenn die geschuldete Nacherfüllung fehlgeschlagen ist, wovon nach einem erfolglosen zweiten Versuch ausgegangen werden kann. S hat am 10.8. und 31.8.2015 erfolglos versucht, den Mangel am Laufband zu beseitigen, ohne dass ihm dies aber gelungen ist. Die Nacherfüllung i. S. v. § 439 Abs. 1 Fall 1 BGB ist daher fehlgeschlagen. Eine Fristsetzung war daher nach § 440 S. 1 u. 2 BGB entbehrlich.

**12**     Die Pflichtverletzung des S war auch i. S. v. § 323 Abs. 5 S. 2 BGB erheblich, da
das Laufband für das von K beabsichtigte Training unbrauchbar war.

K ist somit am 2.10.2015 wirksam vom Vertrag zurückgetreten.

S hat daher, wie es § 478 Abs. 1 BGB fordert, die Kaufsache als Folge ihrer
Mangelhaftigkeit zurückgenommen.

---

**Systematischer Hinweis**

§ 478 Abs. 1 BGB kommt unstreitig zur Anwendung, wenn der Letztverkäufer die Kaufsache infolge Rücktritts des Verbrauchers zurücknehmen musste
oder wenn der Verbraucher den Kaufpreis gemindert hat. Entsprechendes gilt,
wenn der Verbraucher großen Schadensersatz verlangt und der Letztverkäufer
die Sache nach § 281 Abs. 5 BGB zurücknehmen muss.

Umstritten ist die Anwendung des § 478 Abs. 1 BGB in dem Fall, dass die
Rücknahmepflicht auf § 439 Abs. 4 BGB beruht, weil der Letztverkäufer statt
der mangelhaften eine Ersatzsache nachliefert. Nach einer Ansicht[2] soll dieser
Fall nach Sinn und Zweck nicht von § 478 Abs. 1 BGB erfasst sein. § 478
Abs. 1 BGB solle dem Letztverkäufer ermöglichen, die Sache an den Vorlieferanten zurückzugeben, ohne sich von diesem eine andere (mangelfreie)
aufdrängen zu lassen, für die er sonst einen neuen Käufer finden müsste. Verlange der Verbraucher hingegen Ersatzlieferung, könne der Letztverkäufer die
Sache an den Lieferanten mühelos weiterreichen, indem er seinerseits Nachlieferung verlange. Die Sache, die er erhalte, gebe er an den Verbraucher weiter. Nach h. M.[3] wird aber auch der Fall der Rücknahme infolge § 439 Abs. 4
BGB von § 478 Abs. 1 BGB erfasst, was mit dem Wortlaut der Norm und dem
Willen des Gesetzgebers[4] begründet wird.

Unstreitig kommt § 478 Abs. 1 BGB dort nicht zur Anwendung, wo der
Letztverkäufer dem Verbraucher infolge Kulanz entgegenkommt oder er die
Sache aufgrund eines vertraglich eingeräumten Rücktrittsrechts oder eines
Widerrufs nach § 355 BGB zurücknimmt.

---

**dd) Z als Unternehmer i. S. v. § 14 BGB**

**13**     § 478 BGB sieht nur dann eine Entbehrlichkeit der Fristsetzung vor, wenn Rückgriffsansprüche gegenüber einem Unternehmer i. S. v. § 14 BGB geltend gemacht
werden. Als Zwischenhändler ist Z Gewerbetreibender, so dass er als Unternehmer
i. S. v. § 14 BGB zu qualifizieren ist.

---

[2] NK/*Büdenbender* § 478 Rn. 30 ff.; *Tiedtke/Schmitt* ZIP 2005, 681, 682.

[3] Bamberger/Roth/*Faust* § 478 Rn. 17; Palandt/*Weidenkaff* § 478 Rn. 10; MünchKomm/*Lorenz*
§ 478 Rn. 18; Erman/*Grunewald* § 478 Rn. 5.

[4] Entwurfsbegr. BT-Drucks. 14/6040, S. 247.

## b) Zwischenergebnis

Eine Fristsetzung durch S gegenüber Z war daher nach § 478 Abs. 1 BGB entbehr-  **14**
lich.

### 5. Erheblichkeit der Pflichtverletzung

Bei Vorliegen der Voraussetzungen des § 478 Abs. 1 BGB ist nur die Setzung einer  **15**
Nachfrist entbehrlich, während die weiteren Voraussetzungen des § 323 BGB er-
füllt sein müssen. Erforderlich ist daher, dass die in der Lieferung des defekten
Laufbands liegende Pflichtverletzung des Z erheblich ist, § 323 Abs. 5 S. 2 BGB.
Hiervon ist auszugehen, da die Nutzbarkeit des Geräts z. B. für das Training von
Bergläufen aufgrund des elektrischen Defekts deutlich eingeschränkt wird und da-
mit auch die Absatzmöglichkeiten des S beeinträchtigt werden.

---

**Aufbauhinweis**

Da im Rahmen des § 478 Abs. 1 BGB inzident zu prüfen ist, ob im Verhältnis zwischen dem Letztverkäufer und dem Verbraucher die Voraussetzungen für
einen Rücktritt vorliegen, kann es zu Wiederholungen kommen, da diese Voraussetzungen auch im Rahmen der Vertragsbeziehung zwischen dem Letztverkäufer
und seinem Lieferanten zu erörtern sind. Zu berücksichtigen ist aber, dass die
Erheblichkeit der Pflichtverletzung stets im Rahmen des jeweiligen Vertragsverhältnisses (zum einen der Kaufvertrag zwischen K und S, zum anderen der
Vertrag zwischen S und Z) beurteilt werden muss. Es sind allerdings kaum Fälle
denkbar, bei denen zwar im Rahmen des einen Vertragsverhältnisses (z. B. zwischen Letztverkäufer und Verbraucher) die Pflichtverletzung erheblich ist, nicht
aber im Verhältnis zwischen dem Letztverkäufer und seinem Vorlieferanten.

## II. Rücktrittserklärung

Nach § 349 BGB muss der Rücktritt auch erklärt werden. S verlangt von Z die  **16**
Rückzahlung des Kaufpreises. Hierin liegt jedenfalls eine konkludente Rücktrittserklärung. S ist daher wirksam vom Vertrag mit Z zurückgetreten.

## III. Ergebnis

S hat daher gegen Z einen Anspruch auf Rückzahlung des Kaufpreises von 999 €  **17**
aus § 346 Abs. 1, 437 Nr. 2, 323 BGB. Der Anspruch besteht Zug um Zug gegen
Rückgewähr des Laufbands an Z, §§ 348, 320 BGB.

**Zum Verständnis**

Für die Lösung ist es unerheblich, dass Z gegenüber S lediglich zur Nacherfüllung bereit ist. Bei
Vorliegen der Voraussetzungen des § 478 Abs. 1 BGB kann der Letztverkäufer zurücktreten, ohne
dass er seinem Lieferanten die Möglichkeit der Nacherfüllung einräumen muss.

## Abwandlung

**18**  S könnte gegen Z einen Anspruch auf Erstattung der Kosten von 80 € für den Einbau eines neuen Lüfters aus § 478 Abs. 2 BGB haben.

> **Systematischer Hinweis**
> Bei § 478 Abs. 2 BGB handelt es sich um eine eigenständige Anspruchs-
> grundlage im Verhältnis zwischen Letztverkäufer und Vorlieferant (*Wester-*
> *mann* NJW 2002, 241, 252; Palandt/*Weidenkaff* § 478 Rn. 14). Sie gewährt
> einen verschuldensunabhängigen Aufwendungsersatzanspruch, der nicht mit
> einem Schadensersatzanspruch aus § 437 Nr. 3 Fall 1 BGB, der *daneben*
> bestehen kann, verwechselt werden darf.

### I. Verbrauchsgüterkauf zwischen S und K

**19**  Ein Anspruch aus § 478 Abs. 2 BGB setzt zunächst voraus, dass zwischen S und K ein Verbrauchsgüterkauf i. S. v. § 474 Abs. 1 S. 1 BGB zustande gekommen ist. Dies ist, wie bereits oben (Rn. 8) ausgeführt, der Fall.

§ 478 Abs. 2 BGB erfordert weiterhin, dass es sich um den Verkauf einer neu hergestellten Sache handelt. Auch diese Voraussetzung ist hinsichtlich des von K erworbenen Laufbands erfüllt.

### II. Vorliegen eines Sachmangels im Verhältnis zwischen S und K

**20**  Da der Aufwendungsersatzanspruch nach § 478 Abs. 2 BGB voraussetzt, dass der Unternehmer im Verhältnis zum Verbraucher Aufwendungen nach § 439 Abs. 2 BGB zu tragen hatte, muss die Kaufsache weiterhin mangelhaft i. S. d. § 434 BGB sein.

#### 1. Mangel nach § 434 Abs. 1 S. 2 Nr. 2 i. V. m. § 434 Abs. 1 S. 3 BGB
**21**  In Betracht kommt hier ein Mangel des Laufbands nach § 434 Abs. 1 S. 2 Nr. 2 i. V. m. § 434 Abs. 1 S. 3 BGB. Das erworbene Laufband wurde im Prospekt mit einer Geschwindigkeit von bis zu 16 km/h beworben, die aufgrund des nicht funktionierenden Lüfters aber im Dauerbetrieb nicht zu realisieren war. Da für K die im Prospekt ausgewiesene Geschwindigkeit von bis zu 16 km/h ein wesentlicher Grund für die Kaufentscheidung war, liegt somit ein Sachmangel nach § 434 Abs. 1 S. 2 Nr. 2 i. S. v. § 434 Abs. 1 S. 3 BGB vor.

#### 2. Gefahrübergang
**22**  Der Sachmangel lag bereits zum Zeitpunkt des Gefahrübergangs auf K vor, § 446 S. 1 BGB.

## III. Vorliegen eines Sachmangels im Verhältnis zwischen S und Z

Ein Anspruch des S aus § 478 Abs. 2 BGB kommt nur in Betracht, wenn auch im   **23**
Verhältnis zwischen ihm und Z ein Sachmangel besteht.

> **Systematischer Hinweis**
> Das Erfordernis eines Sachmangels zwischen Letztverkäufer und seinem
> Lieferanten ergibt sich daraus, dass §§ 478, 479 BGB lediglich die Rück-
> griffsmöglichkeiten des Letztverkäufers gegen seinen Vorlieferanten (bzw.
> über § 478 Abs. 5 BGB für die gesamte Lieferkette bis zum Produzenten)
> erleichtern sollen, aber kein in Verdrängung von § 437 BGB vollständig neues
> Regresssystem eröffnen (NK/*Büdenbender* § 478 Rn. 15).

### 1. Mangel nach § 434 Abs. 1 S. 2 Nr. 2 i. V. m. § 434 Abs. 1 S. 3 BGB

Auch im Verhältnis zwischen S und Z lag ein Mangel nach § 434 Abs. 1 S. 2 Nr. 2   **24**
i. V. m. Abs. 1 S. 3 BGB vor, da das Laufband im Dauerbetrieb nicht die im Prospekt
angegebene Geschwindigkeit von 16 km/h erreichen konnte. S hatte im Hinblick
darauf, dass er seinen Kunden nach § 434 Abs. 1 S. 2 Nr. 2 i. V. m. § 434 Abs. 1 S. 3
BGB für die Angaben in den Werbeprospekten haftet, ein Interesse daran, dass diese
Angaben auch zutreffend waren.

### 2. Gefahrübergang

Nach § 478 Abs. 2 a. E. BGB setzt ein Aufwendungsersatzanspruch des S gegen   **25**
Z weiterhin voraus, dass der vom Verbraucher K geltend gemachte Mangel bereits
beim Übergang der Gefahr auf den Unternehmer (S) vorhanden war. Der Mangel,
der in der für einen Dauerbetrieb von 16 km/h unzureichenden Kühlleistung des
Lüfters lag, bestand bereits am 20.7.2015, als S das Laufband von Z bezogen hat.

**Exkurs**
Zu beachten ist in diesem Zusammenhang, dass nach § 478 Abs. 3 BGB auch im Verhältnis zwischen Letztverkäufer und Lieferant die Beweislastumkehr des § 476 BGB eingreift. Die insoweit
maßgebliche Frist von sechs Monaten beginnt allerdings erst mit dem Übergang der Gefahr auf
den Verbraucher, nicht bereits mit dem Übergang der Gefahr auf den Letztverkäufer.

## IV. Kein Ausschluss der Gewährleistung

Zu prüfen ist, ob Gewährleistungsrechte des S nach § 377 Abs. 2 HGB, § 478 Abs. 6   **26**
BGB ausgeschlossen sind. Der in der unzureichenden Belüftung des Motors liegende Mangel war für S trotz eingehender Funktionsprüfung des Laufbands nicht
erkennbar. S hat zudem, nachdem K ihm den Mangel am 30.7.2015 mitgeteilt hat,
unmittelbar den Z hierüber in Kenntnis gesetzt, so dass er jedenfalls einer Anzeigepflicht nach § 377 Abs. 3 HGB nachgekommen ist.

Ein Ausschluss der Gewährleistungsrechte des S nach § 377 Abs. 2 HGB kommt somit nicht in Betracht.

## V. Umfang des Aufwendungsersatzanspruchs

**27**  Nach § 478 Abs. 2 BGB kann S Ersatz der Aufwendungen verlangen, die er nach § 439 Abs. 2 BGB gegenüber dem Verbraucher zu tragen hatte. Erfasst werden hierdurch sowohl Nachbesserungs- als auch Ersatzlieferungskosten.[5] S hat für den Einbau eines funktionierenden Lüfters insgesamt 80 € für Material und Arbeitslohn aufgewendet. Hierbei handelt es sich um typische Nacherfüllungskosten, die im Rahmen von § 478 Abs. 2 BGB zu ersetzen sind.[6]

## VI. Ergebnis

**28**  S hat daher gegen Z einen Anspruch auf Erstattung der Kosten von 80 € für den Einbau eines neuen Lüfters aus § 478 Abs. 2 BGB.

> Sofern der Letztverkäufer Aufwendungen für die Mangelbeseitigung gegenüber dem Verbraucher getätigt hat, ist grundsätzlich auch ein **Schadensersatzanspruch** nach §§ 437 Nr. 3, 280 Abs. 1 u. 3, 281 BGB gegen seinen Lieferanten in Betracht zu ziehen. Ein solcher Anspruch kommt – anders als der verschuldensunabhängige Anspruch aus § 478 Abs. 2 BGB – aber nur bei einem Verschulden des Lieferanten in Betracht. Hieran fehlt es vorliegend, da Z den Mangel bei dem umfassenden Funktionstest des Laufbands nicht hat feststellen können.

---

[5] MünchKomm/*Lorenz* § 478 Rn. 29; vgl. auch Bamberger/Roth/*Faust* § 478 Rn. 24.

[6] Ohne weiteres ersatzfähig sind insoweit insbesondere Transport-, Wege-, Arbeits- und Materialkosten, aber auch sämtliche weiteren durch die ordnungsgemäße Abwicklung des Gewährleistungsfalls entstehenden Kosten wie etwa Porto- und Telefonkosten, vgl. MünchKomm/*Lorenz* § 478 Rn. 29; *Tröger* ZGS 2003, 296, 297.

# Fall 14

## Ausgangsfall

K ist Inhaber des Unternehmens „Interfön" in Köln, das sich mit der Herstellung von Trockenhauben beschäftigt. Für die Modernisierung seines Büros bestellt er telefonisch bei dem Händler V in Hamburg einen Schreibtisch für 2000 €, einen Computertisch für 1000 € und mehrere Büroschränke für 5000 €. Der Händler V teilt ihm mit, dass er die Tische in Hamburg vorrätig habe, die Schränke jedoch direkt vom Lager in Leipzig geliefert und innerhalb der nächsten zwei Wochen bei K eintreffen würden. K ist mit der Lieferzeit und den Modalitäten einverstanden.

Als V die Waren ausliefern möchte, stellt er fest, dass er in Hamburg keine Computertische mehr vorrätig hat und er den Computertisch deshalb mit den Schränken von Leipzig ausliefern muss. Den Transport des Schreibtischs von Hamburg lässt er von eigenen Leuten durchführen, während der Transport aus Leipzig von einem Drittunternehmen durchgeführt wird, mit dem V einen Frachtvertrag nach § 407 HGB geschlossen hat.

Beide Transporte werden in Unfälle verwickelt, bei denen die Ware zerstört wird. K teilt dem V daraufhin mit, dass er auf der Lieferung der Möbel bestehe. V hingegen verlangt von K Bezahlung aller Möbel. Es ist geklärt, dass zumindest das Transportpersonal des V kein Verschulden an dem Unfall trifft. Ob das Personal des Frachtführers den Unfall hätte vermeiden können, lässt sich nachträglich nicht mehr feststellen.

Wie ist die Rechtslage?

## Abwandlung

Zwei Tage später bestellt K bei V noch zwei weitere Schreibtische. Einen davon will er für die von ihm neu zu gründende Versicherungsagentur nutzen, die er demnächst von zu Hause betreiben möchte. Den anderen soll sein Sohn privat nutzen.

© Springer-Verlag Berlin Heidelberg 2015
P. Balzer et al., *Die Schuldrechtsklausur I,* Tutorium Jura,
DOI 10.1007/978-3-662-45662-0_14

Während die sonstigen Möbel an seine Geschäftsadresse gingen, sollen die Schreibtische an die Privatadresse des K geliefert werden. Die Schreibtische werden am vereinbarten Versendeort einem Frachtführer übergeben, aber ebenfalls auf dem Transport zerstört.
Wie ist die Rechtslage?

## Lösung Fall 14

▸ Der Fall befasst sich mit den Gefahrtragungsregeln beim Versendungskauf, einem Klausurklassiker insbesondere vor der Neuregelung des Schuldrechts. Besondere Schwierigkeiten bereiten dabei Konstellationen, in denen die Ware von einem anderen Ort als dem Leistungsort versendet wird und der Verkäufer für den Transport auf eigenes Personal zurückgreift.

### Klausurtaktische Vorüberlegungen

Die detaillierte Sachverhaltsschilderung bezüglich des Transports der einzelnen Möbelstücke ist ein deutlicher Hinweis darauf, dass bei der Fallbearbeitung die unterschiedlichen Transportarten und der jeweilige Versendeort eine wichtige Rolle spielen und man insofern zwischen den einzelnen Möbelstücken unterscheiden muss. Unabhängig davon, ob die entsprechenden Meinungsstreitigkeiten in Literatur und Rechtsprechung bekannt sind, sollten daher die Fragen des Transports mit eigenen Leuten und der Versendung von einem anderen als dem vereinbarten Leistungsort problematisiert werden.

Der Hinweis auf den Frachtvertrag nach § 407 HGB zeigt, dass es eventuell auf die entsprechenden Vorschriften des Frachtrechts ankommt. Da insoweit keine Kenntnis vorausgesetzt werden kann, liegt es nahe, dass sich die Lösung direkt aus dem Gesetzestext entnehmen lässt. In solchen Fällen empfiehlt es sich, die Gesetzesüberschriften daraufhin zu überfliegen, welche Norm einschlägig sein könnte, oder im Stichwortverzeichnis des Gesetzestextes unter „Frachtvertrag" oder „Haftung" nach den relevanten Normen zu suchen.

## Ausgangsfall

### I. Anspruch des K gegen V auf Lieferung der Möbel

1  K könnte einen Anspruch gegen V auf Übergabe und Übereignung des Schreibtisches, der Büroschränke und des Computertisches aus dem Kaufvertrag gem. § 433 Abs. 1 S. 1 BGB haben.

## 1. Anspruch entstanden

Zwischen den Parteien ist durch die Bestellung des K und deren Annahme durch V 2 telefonisch ein wirksamer Kaufvertrag geschlossen worden. Dieser begründete zunächst einen Anspruch des K auf Übergabe und Übereignung der bestellten Möbel.

## 2. Anspruch untergegangen

Dieser Anspruch könnte jedoch gem. § 275 Abs. 1 BGB erloschen sein, da die von 3 V ausgewählten Möbelstücke bei Verkehrsunfällen zerstört wurden.

### a) Unmöglichkeit der Leistung

Voraussetzung dafür ist, dass dem V die Erfüllung seiner Leistungsverpflichtung 4 durch die Zerstörung der Möbel unmöglich geworden ist. Die Parteien hatten sich nicht auf den Kauf ganz konkreter Möbelstücke geeinigt, sondern K hatte bei V lediglich Möbel eines bestimmten Typus bestellt. Entsprechend handelt es sich hier um einen **Gattungskauf**. Bei diesem kommt eine Unmöglichkeit nur in Betracht, wenn entweder eine Lieferung aus der Gattung nicht mehr möglich ist (Untergang der gesamten Gattung) oder bereits eine **Konkretisierung** auf die zerstörten Möbelstücke eingetreten ist und die Gattungsschuld damit zur Stückschuld geworden ist. Letzteres ist nach § 243 Abs. 2 BGB der Fall, wenn der Schuldner das zur Leistung einer Sache von mittlerer Art und Güte seinerseits Erforderliche getan hat. Was dafür neben der Aussonderung der Waren erforderlich ist, hängt davon ab, um welche Art Schuld es sich handelt, d. h. ob die Parteien eine Hol-, Bring- oder Schickschuld vereinbart haben.

---

**Systematischer Hinweis**

Der Leistungsort (Erfüllungsort) ist in § 269 BGB geregelt. Es ist der Ort, an dem der Schuldner seine Leistungs*handlung* vornehmen muss. Er ist zu unterscheiden vom Erfolgsort, wo der Leistungs*erfolg* eintritt. Bei der **Holschuld** (gesetzlicher Regelfall) liegen sowohl Leistungs- als auch Erfolgsort beim Schuldner. Der Schuldner muss den Leistungsgegenstand bloß zur Abholung bereithalten, der Gläubiger muss sie abholen. Bei der **Bringschuld** liegen Leistungs- und Erfolgsort beim Gläubiger. Der Schuldner muss den Gegenstand zum Gläubiger bringen und ihm dort anbieten. Bei der **Schickschuld** fallen Leistungs- und Erfolgsort auseinander. Der Schuldner muss die Ware absenden, d. h. an eine geeignete Transportperson übergeben. Zum Ganzen vgl. *Bernhard* JuS 2011, 9 ff.

---

Im konkreten Fall könnte eine **Schickschuld** vereinbart worden sein. Beide Partei- 5 en gingen davon aus, dass entgegen der gesetzlichen Regelung in § 269 Abs. 1 BGB nicht K die Ware in Hamburg abholen würde, sondern sie ihm angeliefert würde, so dass eine Holschuld ausgeschlossen werden kann. Gegen die Vereinbarung einer Bringschuld spricht, dass K mitgeteilt wird, von welchem Lager die Auslieferung erfolgt. Das würde keinen Sinn ergeben, wenn der Leistungsort am Betriebs- oder

Wohnort des K läge. Ob der Verkäufer die Kosten für den Transport trägt, ist unerheblich, da gem. § 269 Abs. 3 BGB aus der Übernahme der Kosten für die Versendung keine Einigung auf eine Bringschuld abgeleitet werden kann. Hinzu kommt,
dass nach Ansicht des BGH zumindest im kaufmännischen Verkehr im Zweifel von
einer Schickschuld auszugehen ist,[1] bei der in Übereinstimmung mit dem gesetzlichen Regelfall der Leistungsort am Sitz des Schuldners (hier: Hamburg) liegt.
Insofern ist in Ermangelung einer Einigung auf eine Bringschuld im konkreten Fall
von einer Schickschuld auszugehen.

Bei der Schickschuld tritt eine Konkretisierung grundsätzlich mit der Übergabe
der Ware an den Spediteur, Frachtführer oder eine andere Transportperson am Leistungsort ein.

### aa) Konkretisierung hinsichtlich des Schreibtisches

**6** Bezüglich des Schreibtisches hat V mit dessen Übergabe an sein eigenes Transportpersonal in Hamburg die für eine Konkretisierung notwendigen Handlungen
vorgenommen. Gem. § 269 Abs. 1, 2 BGB liegt der Leistungsort am Ort der Niederlassung des V in Hamburg. Dass V den Schreibtisch an eigenes Transportpersonal übergeben hat und nicht an fremdes, ist für die Frage der Konkretisierung
unerheblich. Die für die Konkretisierung maßgebliche Leistungsverpflichtung
des Verkäufers erschöpft sich bei der Schickschuld allein in der Übergabe an eine
Transportperson. Die notwendige Aussonderung eines konkreten Möbelstücks aus
der Gattung und seine feste Zuordnung zu einer bestimmten Leistungsverpflichtung
sind unabhängig davon, ob die Ware zum Transport an Leute des Verkäufers oder
an Dritte übergeben wird.

### bb) Konkretisierung hinsichtlich der Schränke

**7** Hinsichtlich der Schränke ergeben sich insofern Besonderheiten, als die Übergabe
nicht am Leistungsort in Hamburg erfolgte, sondern in Leipzig. Zur Konkretisierung genügt aber die Übergabe an die Transportperson an dem Ort, an dem nach
den Abreden der Parteien die Versendung zu erfolgen hat.[2] Hier hat sich K mit der
Vornahme der relevanten Leistungshandlungen in Leipzig einverstanden erklärt. Insofern ist eine Konkretisierung eingetreten.[3]

### cc) Konkretisierung hinsichtlich des Computertischs

**8** Anders stellt sich die Rechtslage bezüglich des Computertisches dar. Diesen hat V
aus eigenem Antrieb von Leipzig aus liefern lassen. Ob dies für eine Konkretisierung ausreicht, ist umstritten. Zum Teil wird im Zusammenhang mit dem Versendungskauf vertreten, dass § 447 BGB, der die Gegenleistungsgefahr regelt, auch
in den Fällen Anwendung finde, in denen eine Versendung ohne Zustimmung des
Käufers von einem anderen Ort als dem Leistungsort stattfindet, sofern sich da-

---

[1]  BGHZ 113, 106, 111; vgl. auch MünchKomm/*Krüger* § 269 Rn. 36 a. E.

[2]  MünchKomm/*Emmerich* § 243 Rn. 29.

[3]  Alternativ wäre auch vertretbar, eine Einigung der Parteien auf Leipzig als Leistungsort für die
Schränke anzunehmen. Auch dann wäre Konkretisierung eingetreten.

durch das Transportrisiko nicht erhöht.[4] Diese Wertung muss konsequenterweise dann auch für die Frage der Tragung der Leistungsgefahr gelten, so dass eine Konkretisierung bereits mit der Übergabe der Kaufsache an diesem Ort eintritt.

Eine andere Ansicht geht jedoch davon aus, dass eine Konkretisierung bei der Schickschuld eine Übergabe am Leistungsort bzw. einem mit dem Käufer abgestimmten anderen Ort voraussetzt.[5] Nach dieser Ansicht würde es folglich an den für eine Konkretisierung erforderlichen Handlungen fehlen.

Betrachtet man die § 243 Abs. 2 BGB zugrundeliegenden Wertungen, erscheint **9** die erstgenannte Meinung vorzugswürdig. § 243 Abs. 2 BGB dient letztlich der Regelung der Leistungsgefahr. Hat der Verkäufer die versprochene Ware am Leistungsort durch eine Aussonderung konkretisiert und auf den Weg zum Käufer gebracht, geht auch bei der Gattungsschuld das Leistungsrisiko auf den Käufer über. Sofern der Verkäufer das Transportrisiko für den Käufer nicht erhöht, spricht einiges dafür, ihm nicht nur hinsichtlich der Auswahl der Ware, sondern auch hinsichtlich der Versendung der Ware einen gewissen Freiraum zuzugestehen, sofern es keine entgegenstehenden Belange des Käufers gibt. Es ist wirtschaftlich unsinnig, dass der Verkäufer, statt die Ware direkt von dem relevanten Lager an den Käufer zu senden, diese zum Zwecke der Konkretisierung zunächst einmal zum Leistungsort transportieren muss, um sie von dort aus zu versenden. Im Zeitpunkt des Vertragsschlusses kann der Verkäufer häufig noch gar nicht übersehen, von welchem seiner Lager sich der Transport am kostengünstigsten organisieren lässt, so dass eine Einigung über einen anderen Absendeort faktisch ausgeschlossen ist. Den Eintritt der Konkretisierung davon abhängig zu machen, dass er dann später die Genehmigung vom Käufer für einen bestimmten Transportweg einholt, würde den Geschäftsverkehr unnötig erschweren. Im konkreten Fall kommt hinzu, dass K hinsichtlich der Schränke einer Lieferung aus Leipzig zugestimmt hat. Darin kommt zum Ausdruck, dass K grundsätzlich kein spezielles Interesse an einer Lieferung aus Hamburg hat und Lieferungen aus Leipzig für ihn akzeptabel sind.

**Anmerkung**
Folgt man der zweitgenannten Meinung, wäre hinsichtlich der Computertische keine Konkretisierung eingetreten. Mangels einer Unmöglichkeit der Leistung wäre V weiterhin zur Leistung verpflichtet.

---

[4] LG Köln NJW-RR 1989, 1457, 1458; Erman/*Grunewald* § 447 Rn. 5; Soergel/*Huber* § 447 Rn. 20; *Medicus/Lorenz* SchuldR II, Rn. 55; *Wertenbruch* JuS 2003, 625, 627.

[5] Erman/*Westermann* § 243 Rn. 16; MünchKomm/*Emmerich* § 243 Rn. 29; für § 447 BGB *Looschelders* SchuldR BT Rn. 194; *Oetker/Maultzsch* Vertragliche Schuldverhältnisse, § 2 Rn. 395; im Grundsatz auch BGHZ 113, 106, 110.

### b) Zwischenergebnis: Unmöglichkeit

10    Durch die Übergabe der Möbel an das Transportpersonal hat sich für V die Leistungsverpflichtung auf die ausgewählten Möbel konkretisiert. Mit deren Zerstörung ist die Leistung daher i. S. v. § 275 Abs. 1 BGB unmöglich geworden.

### 3. Ergebnis

11    K hat keine Ansprüche gegen V aus dem Kaufvertrag gem. § 433 Abs. 1 S. 1 BGB auf Lieferung des Computertisches, des Schreibtisches und der Schränke.

## II. Anspruch des V gegen K auf Kaufpreiszahlung

12    V könnte einen Anspruch gegen K auf Zahlung von 8000 € aus dem Kaufvertrag gem. § 433 Abs. 2 BGB haben.

### 1. Anspruch entstanden

13    K und V haben einen wirksamen Kaufvertrag geschlossen, so dass der Anspruch des V gegen K auf Kaufpreiszahlung in der geforderten Höhe entstanden ist.

### 2. Anspruch untergegangen
### a) Befreiung von der Gegenleistungspflicht gem. § 326 Abs. 1 BGB

14    Dieser Anspruch könnte jedoch gem. § 326 Abs. 1 BGB untergegangen sein. Wie oben festgestellt, ist V durch die Zerstörung der Möbel von seiner Leistungspflicht gem. § 275 Abs. 1 BGB frei geworden, so dass die Voraussetzungen des § 326 Abs. 1 BGB grundsätzlich vorliegen.

> **Systematischer Hinweis**
>
> § 326 Abs. 1 BGB stellt den Grundsatz auf, dass der Schuldner der Leistung solange die Gegenleistungsgefahr (Preisgefahr) trägt, bis er seine Leistungspflicht vollständig erfüllt hat: Wenn die Leistung (z. B. Übergabe/Übereignung, Werkerstellung) vorher unmöglich wird, kann er die Gegenleistung (den Kaufpreis, die Vergütung) nicht verlangen. § 326 Abs. 2 und 3 BGB enthalten dazu allgemeine Ausnahmen. Weitere wichtige Ausnahmen finden sich im Besonderen Schuldrecht, nämlich in den §§ 446, 447 für den Kaufvertrag, in den §§ 615, 616 für den Dienstvertrag (s. Fall 21) sowie in den §§ 644, 645 für den Werkvertrag.
>
> Im Kaufrecht geht die Gefahr abweichend von der Grundregel des § 326 Abs. 1 BGB nicht erst auf den Käufer über, wenn er seine Verkäuferpflichten aus § 433 Abs. 1 BGB vollständig erfüllt hat, sondern gem. § 446 BGB bereits mit der bloßen Übergabe. Wichtig ist das vor allem beim Kauf unter Eigentumsvorbehalt: Hier wird die vom Verkäufer geschuldete Übereignung erst mit vollständiger Kaufpreiszahlung wirksam (§ 158 Abs. 1 BGB); gleichwohl trägt der Käufer, dem die Sache schon übergeben wurde, wegen § 446 BGB

die Preisgefahr, muss die Sache also auch dann bezahlen, wenn sie zwischen Übergabe und geplanter Übereignung untergeht. Zu § 446 S. 3 BGB vgl. Fall 7 Rn. 19 f. Im vorliegenden Fall ist die Ausnahmevorschrift des § 447 BGB einschlägig, die den Zeitpunkt des Übergangs noch weiter auf den Käufer vorverlagert, nämlich bereits auf die Auslieferung an die Transportperson.

### b) Ausschluss der Befreiung gem. § 326 Abs. 2 BGB

Gem. § 326 Abs. 2 BGB bleibt der Anspruch auf die Gegenleistung bestehen, wenn K entweder für die Unmöglichkeit allein oder weit überwiegend verantwortlich ist oder aber wenn die Unmöglichkeit während des Annahmeverzuges des K eingetreten ist. Im konkreten Fall ist keine der beiden Alternativen einschlägig. **15**

### c) Ausschluss der Befreiung gem. § 447 Abs. 1 BGB

Es ist jedoch zu prüfen, ob sich ein Ausschluss von § 326 Abs. 1 BGB aus § 447 BGB ergibt, der eine besondere Gefahrtragungsregel für den Versendungskauf enthält. § 447 Abs. 1 BGB setzt zunächst einmal voraus, dass die Ware an einen anderen Ort als den Erfüllungsort (= Leistungsort) versendet wird. Das ist bei allen Möbelstücken der Fall, da der Leistungsort am Sitz des V in Hamburg liegt (s. o. Rn. 5) und alle Waren nach Köln versendet wurden (Schickschuld). Hinsichtlich der weiteren Voraussetzungen von § 447 Abs. 1 BGB ist zwischen den einzelnen Möbelstücken zu differenzieren. **16**

### aa) bezüglich des Schreibtisches

Bei dem Schreibtisch erfolgt die Versendung direkt vom Leistungsort und wirft daher hinsichtlich des Absendeortes keine weiteren Probleme auf. Ferner muss die Versendung auf „Verlangen des Käufers" erfolgt sein. Zur Erfüllung dieses Merkmals ist es nicht erforderlich, dass die Versendung auf einer ausdrücklichen Initiative des Käufers beruht. Vielmehr dient das Merkmal „auf Verlangen des Käufers" allein dazu, die Fälle auszuschließen, in denen eine Versendung ohne Willen des Käufers erfolgt ist.[6] Der Verkäufer soll nicht bei einer Holschuld durch ein eigenmächtiges Versenden der Ware dem Käufer die Transportgefahr aufbürden können. Im konkreten Fall hatten sich die Parteien von Anfang an auf eine Versendung der Ware geeinigt. Entsprechend erfolgte die Versendung auf „Verlangen des Käufers" i. S. v. § 447 BGB. **17**

§ 447 BGB geht jedoch grundsätzlich davon aus, dass der Schuldner einen von ihm unabhängigen Dritten mit der Übersendung beauftragt. Im konkreten Fall hatte V die Sachen aber an **seine eigenen Mitarbeiter** übergeben, für deren Verschulden er grundsätzlich gem. § 278 BGB einzustehen hat. Ob auch in diesem Fall § 447 BGB Anwendung findet, ist umstritten. Zum Teil wird davon ausgegangen, dass § 447 BGB den Verkäufer nur von den von ihm nicht beherrschbaren Gefahren aus **18**

---

[6] *Looschelders* SchuldR BT, Rn. 193.

der Sphäre einer fremden Transportperson entlasten solle.[7] Entsprechend finde er keine Anwendung auf Fälle, in denen sich der Kaufgegenstand noch in der Sphäre des Verkäufers befinde. Im konkreten Fall wäre § 447 BGB somit nicht anwendbar.

**19**   Zu Recht wendet die herrschende Meinung[8] § 447 BGB auch auf die Fälle an, in denen der Verkäufer die Ware selbst oder durch sein eigenes Personal befördert. § 447 BGB beruht auf dem Gedanken, dass der Verkäufer, der die Sache auf Wunsch des Käufers versendet, nicht mit der Gefahr des zufälligen Untergangs der Sache auf dem Transport belastet werden soll. Das gilt unabhängig davon, ob er die Sachen an einen Dritten übergibt oder, was häufig auch im Interesse des Käufers sein dürfte, die Waren selber befördert. Nach der Interessenlage der Beteiligten kann es keinen Unterschied machen, wer den Transport übernimmt, sofern das Personal sorgfältig ausgewählt wurde. Die Gefährdung, der der Schuldner ausgesetzt wird, ist bei beiden Transportarten grundsätzlich dieselbe.

**20**   Schließlich muss der **Untergang der Kaufsache zufällig** erfolgt sein, darf also nicht vom Verkäufer zu vertreten sein.[9] Das ergibt sich daraus, dass § 447 BGB von der „Gefahr" spricht, was wie in § 446 S. 1 BGB die Gefahr des zufälligen Untergangs oder der zufälligen Verschlechterung bedeutet. Setzt der Verkäufer zum Transport eigene Leute ein, so wird ihm zwar gem. § 278 BGB deren Verschulden zugerechnet, um zu verhindern, dass der Käufer, der beim Fremdtransport nach §§ 421, 425 HGB gegen den Frachtführer (s. Rn. 26) vorgehen könnte, beim Transport durch eigene Leute des Verkäufers völlig rechtlos gestellt wird.[10] Hier traf das Transportpersonal des V aber an dem Unfall kein Verschulden, so dass der Untergang für V zufällig war und die Voraussetzungen des § 447 Abs. 1 BGB vorliegen.

### bb) bezüglich der Schränke

**21**   Hinsichtlich der Schränke erfolgte die Versendung von einem anderen Ort als dem Leistungsort. Allerdings hatten sich die Parteien zumindest konkludent auf diesen anderen Versendeort geeinigt, so dass dies der Anwendung von § 447 Abs. 1 BGB nicht entgegensteht.[11] Fraglich ist nur, ob der Untergang der Schränke zufällig er-

---

[7]   Palandt/*Weidenkaff* § 447 Rn. 12; Soergel/*Huber* § 447 Rn. 35 f.; *Wertenbruch* JuS 2003, 625, 628 f.

[8]   RGZ 96, 258, 259 f.; Bamberger/Roth/*Faust* § 447 Rn. 9; MünchKomm/*Westermann* § 447 Rn. 17; *Faust* DB 1991, 1556, 1558; *Looschelders* SchuldR BT Rn. 196 f.; *Oetker/Maultzsch* Vertragliche Schuldverhältnisse, § 2 Rn. 401 ff.

[9]   Palandt/*Grüneberg* § 447 Rn. 15.

[10]   Palandt/*Grüneberg* § 278 Rn. 15; *Reinicke/Tiedtke* Kaufrecht, Rn. 169; *Medicus/Lorenz* SchuldR II, Rn. 57; *Oetker/Maultzsch* Vertragliche Schuldverhältnisse, § 2 Rn. 406; MünchKomm/*Westermann* § 447 Rn. 16 f.; a. A. *Faust* DB 1991, 1556, 1557 ff.; Bamberger/Roth/*Faust* § 447 Rn. 26 und *Grunewald* KaufR, Rn. § 7 Rn. 47, die die Gleichstellung von Selbst- und Fremdtransport dadurch erreichen wollen, dass sie den selbst oder mit eigenen Leuten transportierenden Verkäufer der transportrechtlichen Haftung nach §§ 421 ff. HGB unterwerfen. Nach der Mindermeinung könnte K von V also auch bei fehlendem Verschulden des Personals des V Schadensersatz wie beim Fremdtransport entsprechend §§ 425, 428 HGB verlangen. Mit diesem Anspruch könnte K gegen den Zahlungsanspruch des V aufrechnen.

[11]   Vgl. BGHZ 113, 106, 110; *Looschelders* SchuldR BT Rn. 194; MünchKomm/*Westermann* § 447 Rn. 5.

folgte. Eine Zurechnung des Verschuldens des beauftragten Frachtführers nach
§ 278 BGB kommt nicht in Betracht, weil der Transport bei der hier vereinbarten
Schickschuld (s. o. Rn. 5) nicht mehr zum Pflichtenkreis des V gehörte, der Transporteur folglich nicht in Erfüllung einer Verbindlichkeit des V tätig wurde. Selbst
wenn der Unfall hier also durch das Personal des Frachtführers verschuldet worden
sein sollte, bleibt der Untergang der Schränke für V zufällig. Die Voraussetzungen
von § 447 Abs. 1 BGB liegen damit auch hinsichtlich der Schränke vor.

### cc) bezüglich des Computertisches

Hinsichtlich des Computertisches fehlt es an einer ausdrücklichen Einigung bezüg-    **22**
lich der Lieferung von einem anderen Ort als dem Leistungsort. Wenn man – wie
bei der Konkretisierung[12] – entsprechend einer teilweise vertretenen Ansicht das
Einverständnis des Käufers mit dem abweichenden Versendeort für zwingend erforderlich hält, müsste man hier die Anwendbarkeit des § 447 BGB bezüglich des
Computertisches verneinen.

Im konkreten Fall hat sich aber durch die Versendung des Computertisches aus     **23**
Leipzig das Risiko für K nicht erhöht. Aus den oben (Rn. 8 f.) näher dargelegten
Gründen ist auch hier der Auffassung[13] zu folgen, die in solchen Fällen § 447 BGB
für anwendbar hält, da die ihm zugrundeliegenden Wertungen bezüglich der Risikoverteilung einschlägig sind. Hinzu kommt, dass § 447 BGB seinem Wortlaut nach
auch nicht unbedingt eine Versendung vom Leistungsort aus voraussetzt.

Der Untergang des Computertisches war für V auch zufällig; insofern gilt das
Gleiche wie für die Schränke. Damit ist der Zahlungsanspruch des V auch hinsichtlich des Computertisches nicht untergegangen.

> **Anmerkung**
> Hätte man sich oben der anderen Ansicht angeschlossen und eine Unmög-
> lichkeit verneint, hätte es hinsichtlich des Computertisches bereits an der für
> die Anwendung des § 326 Abs. 1 BGB erforderlichen Unmöglichkeit gefehlt.
> Der Käufer hätte dem dann grundsätzlich fortbestehenden Anspruch auf Zah-
> lung des Computertisches jedoch bis zur Lieferung eines anderen Tisches die
> aus § 320 BGB resultierende Einrede des nicht erfüllten Vertrages entgegen-
> halten können.

### 3. Anspruch gehemmt
#### a) Zahlungsanspruch für die Büroschränke und den Computertisch

Der Anspruch auf Zahlung der 6000 € für die Büroschränke und den Computertisch    **24**
könnte gem. § 320 BGB gehemmt sein, bis V dem K eventuelle Ansprüche gegen
den Frachtführer abgetreten hat.

---

[12] S. o. bei Fn. 5.
[13] S. o. Fn. 4.

**Anmerkung**

Seit dem Jahr 2000 gewährt das Transportrecht dem Empfänger nach § 421 Abs. 1 S. 2 HGB einen eigenen Ersatzanspruch gegen den Frachtführer. Entsprechend ist das Interesse an einer Abtretung deutlich geringer als nach altem Transportrecht. Mit einer Abtretung etwaiger Ansprüche des Absenders wird der Empfänger jedoch der alleinige Forderungsberechtigte. Da im Rahmen des § 421 Abs. 1 S. 2 HGB Absender und Empfänger Gesamtgläubiger nach §§ 428 f. BGB sind (vgl. Baumbach/Hopt/*Merkt* HGB, 36. Aufl. 2014, § 421 Rn. 2), kann der Empfänger durch die Abtretung des Anspruchs des Absenders verhindern, dass der Transporteur mit befreiender Wirkung an den Absender zahlt (§ 428 S. 1 BGB). Daher besteht das Leistungsverweigerungsrecht nach § 320 BGB weiterhin.[14]

25    Zu klären ist, ob eine Gegenleistungsverpflichtung i. S. v. § 320 BGB besteht, die den K berechtigt, die Leistung bis zur Erfüllung dieser Verpflichtung zurückzuhalten. Da die Leistungsverpflichtung des Verkäufers wegen Unmöglichkeit entfallen ist, kommt als mögliche Gegenleistung nur ein Anspruch auf **Abtretung des stellvertretenden commodum nach § 285 BGB** in Betracht.[15] Voraussetzung dafür ist, dass V aufgrund des zur Unmöglichkeit führenden Umstandes einen Ersatzanspruch erlangt hat.

26    Ein solcher Anspruch könnte sich aus dem mit dem Transporteur geschlossenen Frachtvertrag gem. **§§ 425, 428 HGB** ergeben. Zwischen V und dem Transporteur ist ein Frachtvertrag zustande gekommen. Gründe für einen Haftungsausschluss nach §§ 426, 427 HGB sind nicht ersichtlich, so dass der Transporteur für die Beschädigung der transportierten Waren haftet.

Grundsätzlich setzt die Geltendmachung von Schadensersatzansprüchen jedoch voraus, dass dem Berechtigten ein Schaden entstanden ist. An einem solchen fehlt es hier in der Person des V, da V trotz des Untergangs der Möbel weiterhin den Kaufpreis von K fordern kann und somit selbst keine Vermögenseinbuße erlitten hat. V kann deshalb nur dann zur Abtretung eines Ersatzanspruches gegen den Frachtführer verpflichtet sein, wenn er berechtigt ist, einen Schaden des Empfängers (der den Verlust der Möbel wirtschaftlich tragen muss, weil er die Ware bezahlen muss, ohne sie zu erhalten) geltend zu machen. Zwar ermöglicht es § 421 Abs. 1 S. 2 Hs. 1 HGB insoweit dem Empfänger, Ansprüche aus dem Frachtvertrag in eigenem Namen geltend zu machen, auch wenn er nicht Vertragspartei ist. Zugleich

---

[14] Ähnlich *Bredemeyer* JA 2012, 102, 104 (der aber auf § 273 BGB abstellt; s. folgende Fn.).

[15] Die Einrede des nichterfüllten Vertrages setzt voraus, dass zwei Forderungen in einem synallagmatischen Verhältnis (Gegenseitigkeitsverhältnis) zueinander stehen. In Bezug auf die kaufvertraglichen Pflichten aus § 433 Abs. 1 (Verkäufer) und Abs. 2 BGB (Käufer) ist dies ohne weiteres zu bejahen. Da die Pflicht aus § 285 BGB an die Stelle der untergegangenen Pflicht aus § 433 Abs. 1 BGB tritt, besteht auch ein Gegenseitigkeitsverhältnis zwischen den Ansprüchen aus § 433 Abs. 2 BGB und § 285 BGB (vgl. Jauernig/*Stadler* § 320 Rn. 11; Bamberger/Roth/*Grothe* § 320 Rn. 10). Sieht man das anders, muss man § 273 Abs. 1 BGB anwenden.

bleibt aber gem. § 421 Abs. 1 S. 2 a. E. HGB der Absender zur Geltendmachung von Schadensersatzansprüchen befugt, wobei gem. S. 3 unerheblich ist, ob er einen eigenen Schaden geltend macht oder den des Empfängers. Es handelt sich insoweit um eine gesetzlich vorgesehene **Drittschadensliquidation**, bei der ein eigener Schaden des V für das Bestehen des Anspruchs gegen den Frachtführer gerade nicht erforderlich ist. Entsprechend sind die Voraussetzungen des § 285 BGB und damit auch von § 320 BGB gegeben. Der Zahlungsanspruch des V bezüglich der 6000 € besteht somit nur Zug-um-Zug gegen Abtretung des Ersatzanspruches gegen den Transporteur.

**Ergänzung**
Hingegen hat K gegen V keinen Schadensersatzanspruch aus §§ 280 Abs. 1 u. 3, 283 BGB, mit dem er gegen den Zahlungsanspruch aufrechnen könnte. Denn V muss die Unmöglichkeit der Leistung nicht vertreten, weil ihm ein etwaiges Verschulden des Frachtführers nicht zuzurechnen ist (s. Rn. 21). Die Anwendbarkeit von § 447 BGB, die einen zufälligen Untergang voraussetzt, schließt damit einen Schadensersatzanspruch, der Vertretenmüssen des Verkäufers erfordert, aus.

### b) Zahlungsanspruch für den Schreibtisch

Die Durchsetzbarkeit des Zahlungsanspruchs hinsichtlich des Schreibtisches könnte ebenfalls gem. § 320 BGB von der Abtretung etwaiger Ersatzansprüche gegen Dritte abhängen. Dem Sachverhalt lassen sich keine Indizien für das Bestehen entsprechender Ansprüche entnehmen. Es ist allein geklärt, dass das Transportpersonal des V kein Verschulden an der Zerstörung des Computertisches trifft. Insofern tritt keine Hemmung ein.                                                                          27

**Ergänzung**
K hat gegen V auch keinen Schadensersatzanspruch aus §§ 280 Abs. 1 u. 3, 283 BGB, mit dem er gegen den Zahlungsanspruch aufrechnen könnte. Weder V noch seine Angestellten trifft ein Verschulden an der Unmöglichkeit der Leistung. Anders wäre es hingegen nach h. M., wenn das Transportpersonal des V fahrlässig gehandelt hätte: Dieses Verschulden der eigenen Leute wäre nach h. M. dem Verkäufer trotz § 447 BGB gem. § 278 BGB zuzurechnen (s. o. Rn. 20).

### 4. Ergebnis

V hat einen Anspruch gegen K aus § 433 Abs. 2 BGB auf Zahlung von 8000 € Zug um Zug gegen Abtretung seiner Ersatzansprüche gegen den Transporteur.                              28

## Abwandlung

### I. Anspruch des K gegen V auf Lieferung der Schreibtische

29   K könnte einen Anspruch gegen V auf Übergabe und Übereignung der zwei Schreibtische aus dem zweiten Kaufvertrag gem. § 433 Abs. 1 S. 1 BGB haben.

Ein entsprechender Anspruch des K, der sich aus dem zwischen den Parteien geschlossenen Kaufvertrag ergab, ist aufgrund der Unmöglichkeit der Leistung gem. § 275 Abs. 1 BGB untergegangen. Mit der Übergabe der Schreibtische an den Frachtführer hat der V das bei einer Schickschuld für die Leistung seinerseits Erforderliche getan, so dass gem. § 243 Abs. 2 BGB eine Konkretisierung der Lieferverpflichtung auf die verladenen Schreibtische eingetreten ist. Mit der unfallbedingten Zerstörung der Schreibtische ist die Leistung daher unmöglich i. S. v. § 275 Abs. 1 BGB geworden.

### II. Anspruch des V gegen K auf Bezahlung der Schreibtische

30   V könnte einen Anspruch gegen K auf Zahlung von 4000 € für die zwei zerstörten Schreibtische aus dem zweiten Kaufvertrag gem. § 433 Abs. 2 BGB haben.

#### 1. Anspruch entstanden

31   Mit Abschluss des Kaufvertrags und der Übergabe an den Frachtführer ist ein entsprechender Anspruch auf den Kaufpreis zunächst einmal entstanden.

#### 2. Anspruch untergegangen
#### a) Befreiung von der Leistungspflicht gem. § 326 Abs. 1 BGB

32   Dieser Anspruch könnte jedoch gem. § 326 Abs. 1 BGB untergegangen sein. Die erforderliche Unmöglichkeit der Leistung liegt hier vor (§ 275 Abs. 1 BGB; s. o. Rn. 29).

#### b) Gefahrübergang nach § 447 BGB

33   Es stellt sich die Frage, ob einem Untergang des Anspruchs gem. § 326 Abs. 1 BGB § 447 Abs. 1 BGB entgegensteht. Nach dieser Vorschrift geht die Gegenleistungsgefahr beim Versendungskauf auf den Käufer über, sobald der Verkäufer die Sache an die Transportperson ausgeliefert hat. Allerdings hat § 447 Abs. 1 BGB gem. § 474 Abs. 4 BGB im Rahmen eines **Verbrauchsgüterkaufs** nur einen sehr beschränkten Anwendungsbereich; er gilt nämlich nur dann, wenn der Käufer die Beförderung der Sache selbst organisiert. Andernfalls bleibt es bei dem Grundsatz, dass eine Zahlungspflicht nur bei der Lieferung von Ware besteht (§ 446 BGB).

Ein Verbrauchsgüterkauf liegt gem. § 474 Abs. 1 BGB vor, wenn ein Verbraucher von einem Unternehmer eine bewegliche Sache kauft. Die Schreibtische sind bewegliche Sachen. V handelte bei Abschluss des Kaufvertrages in Ausübung seiner gewerblichen Tätigkeit und ist damit ohne Zweifel Unternehmer i. S. v. § 14 BGB. Fraglich ist, ob K Verbraucher i. S. d. § 13 BGB ist. Dazu müsste er mit dem

Kauf einen Zweck verfolgt haben, der nicht seiner gewerblichen oder selbständigen beruflichen Tätigkeit zuzurechnen war. Im konkreten Fall ist zu differenzieren.

aa) Schreibtisch für Versicherungsagentur

Der Erwerb des Schreibtischs für die Versicherungsagentur diente grundsätzlich **34** einem gewerblichen Zweck. Allerdings bestand die Versicherungsagentur zum maßgeblichen Zeitpunkt des Abschlusses des Kaufvertrages noch gar nicht und K war noch nicht in diesem Bereich tätig.

Damit stellt sich die Frage, ob unter Schutzbedürftigkeitsgesichtspunkten der Erwerb für ein noch zu gründendes Geschäft nicht dem für den privaten Gebrauch gleichzustellen ist. Zum Zeitpunkt des Kaufabschlusses ist K gerade noch nicht in dem betreffenden Gewerbe tätig und es fehlt ihm an der wirtschaftlichen Erfahrung. Allerdings stellt § 13 BGB nicht auf die konkret vorhandene Erfahrung ab, sondern allein auf die objektiv zu bestimmende Zweckrichtung des Geschäfts. Nur so lässt sich die für einen reibungslosen Wirtschaftsverkehr erforderliche Rechtssicherheit erreichen, da es dem Verkäufer in der Regel nicht möglich ist, die vorhandene wirtschaftliche Erfahrung seines Geschäftspartners zu beurteilen. Hinzu kommt, dass der Gesetzgeber an anderer Stelle beim Verbraucherdarlehen ausdrücklich die Existenzgründergeschäfte einbezieht (§ 512 BGB). Daraus ergibt sich im Umkehrschluss, dass ansonsten entsprechende Geschäfte nicht von § 13 BGB erfasst werden.[16] Entsprechend liegt hier kein Verbrauchsgüterkauf vor.

**Exkurs**

Schwierigkeiten, ob der Käufer als Verbraucher oder als Unternehmer einzuordnen ist, ergeben sich auch in sog. *dual use*-Fällen, in denen der Vertrag also sowohl zu unternehmerischen als auch zu privaten Zwecken abgeschlossen wird. Seit dem 13.6.2014 bestimmt § 13 BGB, dass es insoweit darauf ankommt, ob die private oder die berufliche Nutzung überwiegt. Dies entspricht der bisher h. M. im Schrifttum (vgl. Palandt/*Ellenberger* § 13 Rn. 1, 4). Bei etwa gleichgewichtiger privater und unternehmerischer Nutzung soll nach OLG Celle ZGS 2007, 354 auf den durch Auslegung zu ermittelnden Parteiwillen abzustellen sein; entscheidend sei, wie der Käufer gegenüber seinem Vertragspartner auftrete und wie dieses Auftreten vom Verkäufer unter Berücksichtigung der Lebens- und Berufssituation des Käufers objektiv verstanden werden könne.

Bei dem Kaufvertrag hatte der Verkäufer die Versendung der Ware übernommen, so **35** dass es sich um einen Versendungskauf i. S. v. § 447 Abs. 1 BGB handelt. Mit der Übergabe an den Frachtführer ging damit die Gefahr auf den Käufer über, so dass § 326 Abs. 1 BGB hier keine Anwendung findet.

---

[16] BGHZ 162, 253 = ZIP 2005, 622; Palandt/*Ellenberger* § 13 Rn. 3; a. A. *Schünemann/Blomeyer* JZ 2010, 1156 ff. m. w. N. – Von Rechtsgeschäften im Zuge der Existenzgründung sind aber Rechtsgeschäfte, die die Entscheidung, ob es überhaupt zu einer Existenzgründung kommen soll, erst vorbereiten sollen, zu unterscheiden. Geschäfte im Vorfeld der Existenzgründung sind dem privaten Bereich zuzuordnen (BGH NJW 2008, 435 für steuerliche Beratung).

**Ergebnis** V hat einen Anspruch gegen K auf Zahlung der 2000 € aus dem Kaufvertrag gem. § 433 Abs. 2 BGB für den zerstörten Schreibtisch, der für die Versicherungsagentur bestimmt war.

## bb) Schreibtisch für den Sohn

36 Der für den Sohn gedachte Schreibtisch sollte ausschließlich Zwecken dienen, die privater Natur waren. Insofern liegen die Voraussetzungen der §§ 13, 474 Abs. 1 BGB für einen Verbrauchsgüterkauf vor. Unerheblich ist, dass der K kurz zuvor denselben Schreibtisch schon einmal für gewerbliche Zwecke gekauft hatte und auch der zeitgleich bestellte Schreibtisch für die Versicherungsagentur gewerblichen Zwecken diente. § 13 BGB stellt allein auf den tatsächlichen Zweck im konkreten Geschäft ab. Ob der Käufer in sonstiger Hinsicht geschäftserfahren ist, ob er identische Waren bereits früher zu gewerblichen Zwecken gekauft hat, ist unerheblich. Hinzu kommt im konkreten Fall, dass ein eventueller Rechtsschein bezüglich der ersten Lieferung schon dadurch zerstört wurde, dass im Gegensatz zur ersten Lieferung der zweite Schreibtisch an die Privatadresse des Käufers geliefert werden sollte.

**Exkurs**

Im Übrigen schließt auch die Lieferung an eine Geschäftsadresse die Verbrauchereigenschaft des Empfängers nicht aus (BGH NJW 2009, 3780 Rn. 12: Rechtsanwältin ließ sich Lampen an Kanzleiadresse liefern).

37 K hat den Transport des für den Sohn gedachten Schreibtisches nicht organisiert. Damit ist die Gefahrtragungsregel des § 447 Abs. 1 BGB hinsichtlich dieses Schreibtischs gem. § 474 Abs. 4 BGB nicht anwendbar. Es bleibt somit bei der Regel des § 326 Abs. 1 BGB, wonach die Unmöglichkeit der Leistung zum Entfallen des Anspruchs auf Gegenleistung führt.

**Ergebnis** V hat keinen Anspruch gegen K auf Zahlung der 2000 € für den Schreibtisch, der für den Sohn bestimmt war.

**Exkurs**

Nach der Rspr. des BGH ist § 474 Abs. 4 BGB wegen § 475 Abs. 1 BGB zwingend, es kann also bei einem Verbrauchsgüterkauf nicht – auch nicht durch Individualvereinbarung – die Geltung von § 447 BGB vereinbart werden (BGH NJW 2003, 3341 zu § 474 Abs. 2 S. 2 BGB a. F.; BGH NJW 2014, 454 Rn. 12). Dagegen wird im Schrifttum vorgebracht, dass § 475 Abs. 1 BGB so auszulegen sei, dass nur die nachfolgenden Vorschriften, nicht aber § 474 Abs. 4 BGB, der nicht auf die Verbrauchsgüterkaufrichtlinie zurückzuführen ist, unabdingbar seien (*Oechsler* LMK 2003, 204; *Lettl* JuS 2004, 314, 318; MünchKomm/*Lorenz* § 474 Rn. 36).

# Fall 15

Fritz Frischmuth (F) stammt aus Gerolstein in der Eifel und studiert in Hamburg Jura. Er ist der Ansicht, er benötige in Hamburg ein eigenes Auto. Deshalb bittet er seinen Vater (V), ihm einen Wagen zur Verfügung zu stellen. Dieser ist von der Idee nicht begeistert, lenkt nach längerem Zureden aber doch ein. Er schickt seinem Sohn einen eingeschriebenen Brief, in dem es heißt: „Lieber Fritz! Hiermit schenke ich Dir unseren zehn Jahre alten Audi. Ich habe mir ein neues Auto gekauft. Einen Autoschlüssel lege ich bei. Hole den Wagen ab, wenn Du das nächste Mal nach Hause kommst. Gruß, Dein Vater."

1. Am nächsten Wochenende will F den Wagen in Gerolstein abholen. Der Audi steht in der verschlossenen Garage, zu der F keinen Schlüssel hat. Kann F von V verlangen, dass dieser ihm den Wagen gibt?
2. Angenommen, V übergibt den Wagen wie vereinbart. Schon auf der Rückfahrt bleibt F mit einem Motorschaden liegen, dessen Ursache bereits zuvor vorgelegen hat. F ruft einen Abschleppunternehmer an, der den Wagen bis zur nächsten Werkstatt bringen soll. Während des Wartens auf den Abschleppdienst hat F Durst. Im Kofferraum findet er eine ältere, halb volle Kunstoffwasserflasche. In der Annahme, dass es sich dabei um Wasser handele, trinkt F daraus einen großen Schluck. Tatsächlich handelt es sich allerdings um eine ätzende Scheibenreinigungsflüssigkeit, die V in die Wasserflasche gefüllt hat. Daraufhin muss nicht nur der Wagen abgeschleppt werden, sondern F auch ins Krankenhaus gebracht werden, damit sein Magen ausgespült wird. Kann F von V verlangen, dass dieser für die Reparatur des Wagens sorgt oder diese zumindest bezahlt? Kann F von V außerdem die Kosten für das Abschleppen sowie für die ärztliche Behandlung ersetzt verlangen?
3. Nachdem sich V nicht zu einer Übernahme der Kosten bereit erklärt hat, beschimpft ihn F am Telefon als „üblen Geizkragen" und „altes Schwein". V verlangt den Wagen daraufhin wieder zurück. Zu Recht?

© Springer-Verlag Berlin Heidelberg 2015
P. Balzer et al., *Die Schuldrechtsklausur I,* Tutorium Jura,
DOI 10.1007/978-3-662-45662-0_15

## Lösung Fall 15

▶ Dieser recht einfach gehaltene Fall dient der Besprechung einiger Besonderheiten des Schenkungsrechts. Zu weiteren Problemen im Schenkungsrecht siehe die eingerahmten Kästen in dieser Lösung. Frage 1
setzt Grundkenntnisse im Sachenrecht voraus.

## Frage 1

### I. Anspruch auf Herausgabe aus § 985 BGB

1    F könnte gegen V einen Anspruch auf Herausgabe des Wagens aus § 985 BGB
haben. Dann müsste F Eigentümer des Audi und V Besitzer ohne Recht zum Besitz
sein.
    Ursprünglich war V **Eigentümer** des Wagens (vgl. die Vermutung des § 1006
Abs. 1 S. 1 BGB). V könnte sein Eigentum aber durch **Übereignung** an F gem.
§ 929 S. 1 BGB verloren haben. Das erfordert eine Einigung über den Eigentumsübergang und eine Übergabe. Ob eine dingliche Einigung stattgefunden hat, kann
offenbleiben, wenn es jedenfalls an einer Übergabe fehlt. Eine Übergabe setzt
voraus, dass der Veräußerer seinen Besitz vollständig aufgibt, dass der Erwerber
Besitz erlangt und dass dies auf Veranlassung des bisherigen Eigentümers erfolgt.
Die Übergabe könnte hier bereits durch das Zuschicken des Schlüssels erfolgt sein.
Zwar kann die Schlüsselübergabe u. U. zum Erwerb der tatsächlichen Herrschaft
über die Sache und damit zum Besitzerwerb führen.[1] Hier ist aber zu beachten, dass
der Wagen in einer verschlossenen Garage im Haus der Eltern steht, zu der F keinen
Zutritt hat. Nach der Verkehrsanschauung ist die tatsächliche Sachherrschaft damit
weiter dem V zuzuordnen, der jedenfalls nicht vollständig den Besitz am Wagen
aufgegeben hat (selbst wenn er keinen Zweitschlüssel zurückbehalten haben sollte),
und nicht dem F, der, obwohl im Besitz des Schlüssels, keine Möglichkeit hat, auf
den Audi zuzugreifen. Es fehlt also an einer Übergabe. V hat den Wagen demnach
noch nicht an F nach § 929 S. 1 BGB übereignet. Auch für die Übereignung des Wagens von V an F nach §§ 929 S. 1, 930 BGB, die die Vereinbarung eines konkreten
Besitzmittlungsverhältnisses i. S. v. § 868 BGB voraussetzt, ist nichts ersichtlich.

2    **Ergebnis** F kann von V mangels Eigentums nicht Herausgabe des Audi aus § 985
BGB verlangen.

---

[1] Vgl. Palandt/*Bassenge* § 854 Rn. 5.

**Wichtig**

Beachte auch bei der Schenkung das Trennungsprinzip! Eigentum kann F allein durch Übereignung, nicht durch Schenkung erworben haben. Die Schenkung kann nur einen Anspruch auf Übereignung begründen (dazu Rn. 3 f.). Die Trennung zwischen Verpflichtungs- und Erfüllungsgeschäft gilt auch bei der Handschenkung (§ 516 Abs. 1 BGB; dazu sogleich), wobei hier Schenkung und Übereignung zeitgleich erfolgen. Die Handschenkung führt aber nicht zum Eigentumsübergang, sondern bildet nur den Rechtsgrund dafür, dass der Beschenkte das Geschenk behalten darf. Freilich kann in der Erklärung, etwas zu schenken, auch die Übereignungserklärung konkludent enthalten sein, weil die Kenntnis des Trennungs- und Abstraktionsprinzips bei rechtlich nicht geschulten Parteien nicht erwartet werden kann (so BGH NJW 2007, 2844 Rn. 8). Zum Trennungsprinzip bei der Schenkung und Übereignung von Tieren *Scholl/Claeßens* JA 2010, 765.

## II. Anspruch auf Übereignung aus §§ 518, 516 BGB

**Systematischer Hinweis**

Zu unterscheiden sind zwei Formen des Schenkungsvertrages: die formfrei gültige Handschenkung (§ 516 Abs. 1 BGB) und das formbedürftige Schenkungsversprechen (§ 518 Abs. 1 BGB). Letzteres ist ein einseitig verpflichtender Vertrag, durch den sich der Schenker zu einer unentgeltlichen Leistung verpflichtet. Bei der Handschenkung (z. B. typische Gelegenheitsgeschenke) führt die Einigung der Parteien über die Unentgeltlichkeit der bereits vollzogenen oder zur gleichen Zeit bewirkten Zuwendung dazu, dass ein Rechtsgrund i. S. v. § 812 BGB besteht und der Beschenkte die Sache nicht zurückgeben muss.

Möglicherweise hat F aber einen Anspruch auf Übereignung des Wagens aufgrund einer Schenkung durch seinen Vater, §§ 518, 516 BGB. Das setzt das Bestehen eines wirksamen Schenkungsvertrages zwischen V und F voraus. Das dahingehende Angebot durch V könnte in dem Brief an F liegen. F könnte das Angebot jedenfalls durch die Fahrt nach Gerolstein angenommen haben.     **3**

Für die Annahmeerklärung des Beschenkten gilt kraft entsprechender Verkehrssitte § 151 S. 1 BGB. Es ist nicht erforderlich, dass die Annahmeerklärung dem Schenker **zugeht**. Notwendig ist aber auch im Falle des § 151 BGB die Annahme als solche (also irgendeine nach außen hervortretende eindeutige Betätigung des Annahmewillens, z. B. Gebrauch der Sache).

**4**  Zur Gültigkeit einer Versprechensschenkung, also eines (einseitig verpflichtenden) Vertrages, durch den sich der Schenker zu einer unentgeltlichen Leistung verpflichtet, ist aber gem. § 518 Abs. 1 S. 1 BGB die **notarielle Beurkundung** der Willenserklärung des Schenkers erforderlich. Der Brief des V genügt dieser Anforderung demnach nicht, so dass das Schenkungsversprechen gem. § 125 S. 1 BGB formnichtig ist. F hat gegen V keinen Anspruch auf Übereignung des Wagens.

> Das formnichtige Schenkungsversprechen wird gem. § 518 Abs. 2 BGB durch Vollzug, also durch freiwilliges Bewirken der versprochenen Leistung, geheilt. Hier ist die Schenkung noch nicht vollzogen worden (oben Rn. 1; zur Heilung siehe aber Rn. 5). Ein Schenkungsversprechen, dessen Formmangel nach § 518 Abs. 2 BGB geheilt ist, kann keinen Anspruch auf Übereignung begründen, da die Heilung ja nur insoweit eintritt, als die Übereignung schon stattgefunden hat.

## Frage 2

### I. Anspruch auf Reparatur bzw. Übernahme der Reparaturkosten

**5**  Fraglich ist, ob F von V aus dem Schenkungsvertrag, dessen Formmangel gem. § 518 Abs. 2 BGB inzwischen durch Vollzug (hier durch Übereignung nach § 929 S. 1 BGB) geheilt worden ist, Reparatur des Wagens oder zumindest die Übernahme der Kosten für die Reparatur verlangen kann. Zwar hat der Wagen bereits bei Übergabe einen Sachmangel[2] aufgewiesen, so dass F schon bei der ersten Fahrt mit dem Wagen liegengeblieben ist. Aufgrund der fehlenden Gegenleistung ist eine Mängelhaftung des Schenkers aber grundsätzlich ausgeschlossen. Ein Nacherfüllungsanspruch ist lediglich für die Schenkung einer nur der Gattung nach bestimmten Sache vorgesehen (§ 524 Abs. 2 BGB), kommt hier also nicht in Betracht. Auch ein auf Ersatz der Reparaturkosten gerichteter Schadensersatzanspruch (Schadensersatz statt der Leistung in Gestalt des kleinen Schadensersatzes) existiert bei der Schenkung nicht. § 524 Abs. 1 BGB (der zudem arglistiges Verschweigen voraussetzt, dazu Rn. 6) ist lediglich auf Ersatz des Vertrauensschadens gerichtet.[3] F kann also von V weder Reparatur noch Übernahme der Reparaturkosten verlangen.

---

[2] I. S. d. § 434 BGB; im Schenkungsrecht ist in § 524 BGB nach wie vor von einem „Fehler" die Rede (Terminologie vor der Schuldrechtsreform).

[3] Palandt/*Weidenkaff* § 524 Rn. 6; Jauernig/*Mansel* § 524 Rn. 2; *Medicus/Lorenz* SchuldR II, Rn. 394.

## II. Anspruch auf Ersatz der Abschleppkosten

Fraglich ist, ob F gegen V einen Anspruch auf Ersatz der Abschleppkosten aus    **6**
§ 524 Abs. 1 BGB hat. Bei den Abschleppkosten handelt es sich um einen aus dem
Mangel des Autos folgenden Mangelfolgeschaden, auf den § 524 Abs. 1 BGB anwendbar ist.[4] Voraussetzung für die Haftung ist jedoch, dass der Schenker den Fehler arglistig, also vorsätzlich, verschwiegen hat. Dafür ist hier nichts ersichtlich. Damit scheidet auch ein Anspruch des F gegen V auf Ersatz der Abschleppkosten aus.

> Soweit ein Sachmangel vorliegt, ist § 524 BGB abschließend. Ein Rückgriff
> auf den Anspruch aus §§ 280 Abs. 1, 241 Abs. 2 BGB ist ausgeschlossen.

## III. Anspruch auf Ersatz der Heilbehandlungskosten

### 1. Anspruch aus § 524 Abs. 1 BGB
Ein Anspruch des F gegen V aus § 524 Abs. 1 BGB scheidet schon deshalb aus, weil    **7**
die Heilbehandlungskosten nicht auf einen Mangel am Auto zurückzuführen sind.

### 2. Anspruch aus §§ 280 Abs. 1, 241 Abs. 2 BGB
Fraglich ist, ob F gegen V einen Anspruch auf Ersatz der Heilbehandlungskosten    **8**
aus §§ 280 Abs. 1, 241 Abs. 2 BGB hat. Wie geprüft, beruht der Schaden nicht
auf einem Mangel, so dass der allgemeine Schadensersatzanspruch wegen Schutzpflichtverletzung anwendbar ist. Zwischen F und V besteht ein Schuldverhältnis in
Form eines Schenkungsvertrages.

Weiterhin müsste V eine Schutzpflicht verletzt haben. Hier hat er im Kofferraum    **9**
des geschenkten Autos eine Wasserflasche deponiert, die tatsächlich kein Wasser,
sondern Reinigungsflüssigkeit beinhaltete. Gem. § 241 Abs. 2 BGB hätte V die
Pflicht gehabt, diese Flasche vor der Übergabe zu entfernen oder den F auf den vom
Etikett abweichenden Inhalt der Flasche – mündlich oder durch Aufschrift auf die
Flasche – hinzuweisen. Insofern hat V eine Schutzpflicht verletzt.

Schließlich müsste V die Pflichtverletzung zu vertreten haben. Abweichend vom    **10**
allgemeinen Haftungsmaßstab des § 276 BGB ist die Haftung des Schenkers gem.
§ 521 BGB auf Vorsatz und grobe Fahrlässigkeit beschränkt. Fraglich ist, ob diese Haftungsbeschränkung nur für Verletzungen der Leistungspflicht[5] oder auch für

---

[4] Palandt/*Weidenkaff* § 524 Rn. 6; Jauernig/*Mansel* § 524 Rn. 2; Staudinger/*Chiusi* (2013) § 524
Rn. 4; *Medicus/Lorenz* SchuldR II, Rn. 395; a. A. MünchKomm/*Koch* § 521 Rn. 7, der insoweit
die §§ 280 Abs. 1, 241 Abs. 2 BGB mit der Haftungsprivilegierung des § 521 BGB anwenden
will. Gegen die a. A. spricht, dass § 524 BGB die Haftung für Sachmängel umfassend regeln soll.
[5] Denkbar nur beim Schenkungsversprechen, weil bei der Handschenkung keine Leistungspflichten bestehen. *Beispiel*: A verspricht dem B wirksam (§ 518 Abs. 1 S. 1 BGB) am 1.2. die unentgeltliche Übereignung seines Autos zum 1.3. Wenn das Auto in der Zwischenzeit durch A infolge

Schutzpflichtverletzungen gilt. § 521 BGB bezweckt es, den altruistischen Schenker, der einen Vermögenswert hingibt, ohne dafür eine Gegenleistung zu erhalten, zu privilegieren. Insofern erscheint es gerechtfertigt, bei Schutzpflichtverletzungen danach zu differenzieren, ob es sich um einen Schaden handelt, der mit den Eigenschaften des geschenkten Gegenstandes in einem Sachzusammenhang steht, oder ob ein solcher Sachzusammenhang nicht besteht.[6] Hier beruht der Schaden auf einem Gegenstand, der sich in der geschenkten Sache befand. Insofern besteht zwischen der Schutzpflichtverletzung und dem Schenkungsgegenstand ein Zusammenhang.[7] Demnach ist die Haftungsprivilegierung hier anzuwenden.

**11**    Fraglich ist, ob V grob fahrlässig gehandelt hat. Dazu müsste er die im Verkehr erforderliche Sorgfalt in einem besonders schweren Maße außer Acht gelassen haben, also das unbeachtet gelassen haben, was unter den gegebenen Umständen jedem einleuchten musste. V hätte vor der Übergabe des Autos die Flasche entfernen oder auf den vom Etikett abweichenden Inhalt hinweisen müssen. Insofern ist ein Sorgfaltsverstoß anzunehmen. Jedoch erscheint es nicht als besonders gravierender Sorgfaltsverstoß, dass V vor der Übergabe nicht den Inhalt des Kofferraums genauestens kontrolliert hat. Zudem konnte V nicht davon ausgehen, dass F aus der Flasche, die nur halb voll und damit jedenfalls als nicht mehr frische Flasche erkennbar war, trinken würde. Insofern ist ein grob fahrlässiges Verhalten des V zu verneinen. V hat die Pflichtverletzung daher nicht zu vertreten.

> Andere Ansichten vertretbar. So könnte mit der Mindermeinung vertreten werden, dass einfache Fahrlässigkeit ausreicht. Zudem könnte mit entsprechender Begründung auch grobe Fahrlässigkeit bejaht werden. Dann müsste aber ein hohes Mitverschulden des F gem. § 254 BGB angenommen werden.

### 3. Anspruch aus § 823 Abs. 1 BGB

**12**    Fraglich ist, ob sich der Anspruch auf Ersatz der Heilbehandlungskosten aus § 823 Abs. 1 BGB ergibt.

**13**    Eine Verletzung des Körpers und der Gesundheit des F liegt aufgrund des Eindringens der Reinigungsflüssigkeit in den Magen vor. Die Verletzungshandlung des V liegt darin, dass er es unterlassen hat, auf den Inhalt der Flasche hinzuweisen bzw. die Flasche aus dem Kofferraum zu entfernen. Fraglich ist, ob dieses Unterlassen

---

einfacher Fahrlässigkeit beschädigt oder zerstört wird, scheidet eine Haftung des A auf Schadensersatz wegen § 521 BGB aus.

[6] H.M.; BGHZ 93, 23, 28 f. („Kartoffelpülpe-Fall"); *Medicus/Lorenz* SchuldR II, Rn. 395; Palandt/*Weidenkaff* § 521 Rn. 5; MünchKomm/*Koch* § 521 Rn. 5; a. A. aber Jauernig/*Mansel* § 521 Rn. 1, wonach bei Schutzpflichtverletzungen die allgemeinen Grundsätze gelten sollen.

[7] *Beispiel* für einen Fall, in dem dieser Zusammenhang nicht besteht: Wenn F den Wagen in der Garage des V abgeholt hätte und in der Garage des V auf einem Ölfleck ausgerutscht wäre, weil V auf diesen nicht hingewiesen hätte, gälte der allgemeine Haftungsmaßstab.

kausal für die Rechtsgutsverletzung war. Wenn V auf den Inhalt der Flasche hingewiesen hätte (oder erst recht wenn er die Flasche entfernt hätte), hätte F aus der Flasche nicht getrunken. Da die Verletzungshandlung in einem Unterlassen liegt, ist für die Zurechnung aber erforderlich, dass V eine Verkehrssicherungspflicht verletzt hat. Diese ergibt sich hier aus dem Vertrag zwischen F und V. V hätte F auf den Inhalt der Flasche hinweisen müssen.

V handelte rechtswidrig, weil er die Verkehrssicherungspflicht missachtet hat. **14**

Fraglich ist, ob V schuldhaft handelte. Dies hängt davon ab, ob insoweit der **15** allgemeine Verschuldensmaßstab gilt oder der Maßstab des § 521 BGB auf das Deliktsrecht zu übertragen ist. Für die Geltung des allgemeinen Verschuldensmaßstabs spricht, dass Vertrags- und Deliktsrecht grundsätzlich eigenständig nebeneinander stehen. Jedoch würde andererseits die vertragliche Haftungsbeschränkung leerlaufen, wenn sie nicht auch für die deliktische Haftung gälte. Durch den Gleichlauf von vertraglicher und deliktischer Haftung wird ein ausreichendes Schutzniveau erreicht. Daher ist auch die Haftung des Schenkers aus § 823 Abs. 1 BGB auf Vorsatz und grobe Fahrlässigkeit beschränkt.[8] Da V nur leicht fahrlässig gehandelt hat, scheidet auch eine Haftung aus § 823 Abs. 1 BGB aus.

Das Gleiche gilt auch für eine Haftung gem. § 823 Abs. 2 BGB i. V. m. § 229 StGB. F hat also wegen der Vorfälle keine Ansprüche gegen V.

## Frage 3

V könnte gegen F einen Anspruch auf Rückgabe und Rückübereignung des Wagens **16** aus §§ 531 Abs. 2, 812 Abs. 1 S. 2 Fall 1 BGB haben.

## I. Widerruf der Schenkung

Das setzt zunächst voraus, dass V die Schenkung wirksam widerrufen hat. Gem. **17** § 530 Abs. 1 BGB besteht ein **Widerrufsrecht**, wenn sich der Beschenkte durch eine schwere Verfehlung gegen den Schenker groben Undanks schuldig macht. Objektiv setzt das Widerrufsrecht eine Verfehlung des Beschenkten von gewisser Schwere voraus; zudem ist erforderlich, dass die Verfehlung auch in subjektiver Hinsicht Ausdruck einer Gesinnung des Beschenkten ist, die in erheblichem Maße die Dankbarkeit vermissen lässt, die der Schenker erwarten kann.[9] Diese Voraussetzungen können bei einer groben Beleidigung erfüllt sein. Diese wird man hier bereits in der Bezeichnung als „übler Geizkragen" annehmen können, da V dem

---

[8] H.M.; BGHZ 93, 23, 29; MünchKomm/*Koch* § 521 Rn. 6; Staudinger/*Chiusi* (2013) § 521 Rn. 11; *Medicus/Lorenz* SchuldR II, Rn. 395; a. A. Jauernig/*Mansel* § 521 Rn. 1.

[9] BGH ZEV 2014, 429 Rn. 18 m. w. N. = MDR 2014, 578.

F immerhin ein Auto geschenkt hat. In jedem Fall stellt aber die Bezeichnung als „altes Schwein" eine schwere Verfehlung dar, der grober Undank zu entnehmen ist. V ist demnach zum Widerruf der Schenkung berechtigt.

Dadurch, dass er den Wagen von F herausverlangt hat, hat er den Widerruf gem. § 531 Abs. 1 BGB gegenüber F **erklärt**.

## II. Voraussetzungen des § 812 Abs. 1 S. 2 Fall 1 BGB

18   Der Verweis in § 531 Abs. 2 BGB auf das Bereicherungsrecht ist ein Rechtsgrundverweis, so dass auch die Tatbestandsvoraussetzungen des § 812 Abs. 1 BGB zu prüfen sind.

---

**Systematischer Hinweis**

Das BGB verweist an verschiedenen Stellen auf die „Vorschriften über die Herausgabe einer ungerechtfertigten Bereicherung". Dann ist immer problematisch, ob auch auf den Tatbestand des § 812 BGB verwiesen wird („Rechtsgrundverweisung") oder nur auf die Rechtsfolgen der §§ 818 ff. BGB, in denen Inhalt und Umfang des Anspruchs geregelt werden („Rechtsfolgenverweisung"). Eine Rechtsfolgenverweisung liegt vor, wenn die Voraussetzungen des Anspruchs bereits in der verweisenden Norm selbst speziell geregelt sind. Dagegen stellt § 531 Abs. 2 BGB nach h. M.[10] nur klar, dass durch den Widerruf der Rechtsgrund für die Zuwendung entfällt, während die Tatbestandsvoraussetzungen für den Bereicherungsanspruch in § 812 BGB geregelt sind (daher Rechtsgrundverweisung).

---

19   Erlangt hat F Eigentum und Besitz am Fahrzeug. Dies geschah durch Leistung des V, also durch bewusste, zweckgerichtete Mehrung fremden Vermögens, weil V durch die Übereignung das Schenkungsversprechen erfüllen wollte. Durch den Widerruf der Schenkung ist der Rechtsgrund für das Eigentum und den Besitz des F am Fahrzeug mit Wirkung *ex nunc* weggefallen, so dass F nach **§ 812 Abs. 1 S. 2 Fall 1 BGB** (*condictio ob causam finitam*) zur Herausgabe des Erlangten verpflichtet ist. Er muss demnach Eigentum und Besitz am (beschädigten) Auto zurückgewähren.[11]

## III. Ergebnis

20   V kann von F gem. §§ 531 Abs. 2, 812 Abs. 1 S. 2 Fall 1 BGB verlangen, dass dieser ihm den Wagen zurückgibt und zurückübereignet.

---

[10] MünchKomm/*Koch* § 531 Rn. 4; Staudinger/*Chiusi* (2014) § 531 Rn. 1.

[11] Eine Verpflichtung zum Wertersatz wegen der Beschädigung des Wagens besteht wegen Entreicherung des F (§ 818 Abs. 3 BGB) nicht.

## Annex

### Weitere Gründe für eine Rückforderung des Geschenks durch den Schenker

Nach **§ 527 Abs.** 1 **BGB** kann der Schenker bei einer Schenkung unter Auflage (§ 525 BGB) das Geschenk, soweit es zur Vollziehung der Auflage hätte verwendet werden müssen, herausverlangen, wenn die Auflage nicht vollzogen wird. Dazu müssen die Voraussetzungen des Rücktrittsrechts bei gegenseitigen Verträgen (also insbes. § 323 BGB) erfüllt sein. Der Umfang der Herausgabepflicht richtet sich dann nicht nach §§ 346 ff. BGB, sondern nach §§ 818 f. BGB (Rechtsfolgenverweisung auf das Bereicherungsrecht). Die Schenkung unter Auflage ist abzugrenzen von der bloßen Zweckschenkung. Bei letzterer besteht kein Anspruch auf Vollziehung, u. U. aber ein Anspruch aus Zweckverfehlungskondiktion (§ 812 Abs. 1 S. 2 Fall 2 BGB).

Ein Rückforderungsrecht besteht auch bei Verarmung des Schenkers, **§ 528 BGB** (Ausschlussgrund: § 529 BGB). § 528 Abs. 1 S. 1 BGB enthält eine Rechtsfolgenverweisung auf §§ 818 f. BGB. Relevant wird der Anspruch aus § 528 BGB vor allem, wenn der Schenker Sozialhilfe in Anspruch nimmt; dann kann der Sozialhilfeträger den Anspruch gem. § 93 SGB XII auf sich überleiten; für die Jugendhilfe vgl. § 95 SGB VIII und BGH NJW 2007, 60.

# Fall 16

## Ausgangsfall

Den Eheleuten Müller (M) ist nach der Geburt des zweiten Kindes ihre bisherige Wohnung zu klein geworden. Deshalb beschließen sie, ein Haus mit Garten zu mieten. Mit Herrn Vietz (V) werden sie sich einig und schließen mit Wirkung zum 1.3.2015 einen schriftlichen Vertrag über die Miete des Hauses des V für monatlich 1000 €. Der Mietvertrag sieht vor, dass die Miete jeweils zum Monatsersten auf ein Bankkonto des V zu zahlen ist.

Bei einem sommerlichen Gewitter regnet es am 5.7.2015 heftig. Dabei dringt Wasser durch das Dachfenster in das Haus ein. Das Fenster war vor einem Jahr bei einer Reparatur, die V von einem Fachbetrieb Fischer (F) hatte durchführen lassen, nicht richtig abgedichtet worden. Im Treppenhaus wird ein von den Eheleuten M aufgestellter Schrank aus Edelholz durch die Nässe beschädigt (Wertverlust 200 €).

1. – Können die Eheleute M von V verlangen, dass dieser das Dachfenster abdichtet?
   – Wie können sie vorgehen, wenn V dazu nicht bereit sein sollte?
   – Können sie das Fenster auch selbst reparieren lassen, wenn sie die Undichtigkeit dem V zwar angezeigt, ihn aber nicht zur Reparatur aufgefordert haben, und dann von V Ersatz der Kosten verlangen, wenn weitere Wasserschäden in der nächsten Zeit nicht zu erwarten sind, weil die Eheleute M den Schrank beiseitegeschoben haben und Regen für die nächsten Tage nicht vorhergesagt ist?
2. Nehmen Sie an, dass V das Dachfenster am 11.7.2015 ordnungsgemäß reparieren lässt, nachdem die Eheleute M unverzüglich darum gebeten hatten. Die Eheleute M meinen, sie könnten wegen der Gebrauchsbeeinträchtigung (Notwendigkeit der Nässebeseitigung bei Regen; Umstellen von Möbeln) in der Zeit vom 5. bis 11.7. einen Teil der Juli-Miete, nämlich 50 €, von V zurückverlangen. Außerdem meinen sie, sie hätten Anspruch auf Ersatz des Schadens am Schrank. Haben die Eheleute M recht? Unterstellen Sie die Angemessenheit der Herabsetzung der Miete wegen der Gebrauchsbeeinträchtigung!

© Springer-Verlag Berlin Heidelberg 2015
P. Balzer et al., *Die Schuldrechtsklausur I,* Tutorium Jura,
DOI 10.1007/978-3-662-45662-0_16

3. Nachdem V bis Ende Juli 2015 weder die 50 € zurückgezahlt noch den Schaden am Schrank ersetzt hat, überweisen die Eheleute M unter Verweis auf ihre angeblichen Ansprüche statt der vollen Augustmiete nur 750 €. Hat V für den Monat August noch Mietansprüche gegen die Eheleute M?

## 1. Abwandlung

Am 5.7.2015 ist auf dem durch die eingedrungene Nässe glatten Fußboden die sechsjährige Tochter Nina Müller (N) ausgerutscht und die Treppe heruntergefallen. Dadurch muss sie ambulant im Krankenhaus behandelt werden. Es fallen Arztkosten von 500 € an, die N von V ersetzt bekommen will; außerdem verlangt sie ein der Höhe nach angemessenes Schmerzensgeld von 200 €. Zu Recht?

## 2. Abwandlung (zum Ausgangsfall)

Wie wäre die Rechtslage, wenn V das Haus am 15.6.2015 an Werner Wißmann (W) verkauft und übereignet hätte?

## Lösung Fall 16

▶   Anhand dieses recht einfachen Falles wird das mietrechtliche Gewähr-
    leistungsrecht dargestellt. Außerdem werden aus dem allgemeinen
    Schuldrecht die Voraussetzungen des Vertrags mit Schutzwirkung für
    Dritte wiederholt. Vgl. auch *Löhnig/Gietl*, Grundfälle zum Mietrecht, JuS
    2011, 107 ff. u. 202 ff.

## Ausgangsfall

### Frage 1

### I. Pflicht des V zur Abdichtung des Dachfensters

1   Fraglich ist, ob die Eheleute M von V verlangen können, dass dieser das undichte Dachfenster repariert. Ein solcher Anspruch könnte sich aus § 535 Abs. 1 S. 2 BGB ergeben. Danach ist der Vermieter verpflichtet, dem Mieter die Mietsache in einem zum vertragsgemäßen Gebrauch geeigneten Zustand zu überlassen und sie während der Mietzeit in diesem Zustand zu erhalten. V und die Eheleute M haben einen Mietvertrag gem. § 535 BGB über das Grundstück des V geschlossen. Da das Dachfenster des gemieteten Hauses zur Zeit undicht ist und Niederschlag in das Haus

eindringt, eignet sich das Haus nicht zum vertragsgemäßen Gebrauch. Deshalb ist V gem. § 535 Abs. 1 S. 2 BGB zur Reparatur des Fensters verpflichtet.

## II. Anspruch der M gegen V auf Ersatz der Mängelbeseitigungskosten

Sollte V dieser Pflicht nicht nachkommen, können die Eheleute M das Dachfenster 2 selbst reparieren oder reparieren lassen und dann Ersatz ihrer Aufwendungen gem. § 536a Abs. 2 Nr. 1 BGB verlangen. Dazu ist aber erforderlich, dass V mit der Beseitigung des Mangels in Verzug ist (§ 286 BGB). Notwendig ist also eine Mahnung der Eheleute M, sofern diese nicht wegen ernsthafter und endgültiger Leistungsverweigerung durch V gem. § 286 Abs. 2 Nr. 3 BGB entbehrlich sein sollte.

Solange V das Dachfenster nicht repariert hat, brauchen die Eheleute M nur eine geminderte Miete zu zahlen (§ 536 Abs. 1 S. 2 BGB). Darüber hinaus können sie einen weiteren Teil der Miete (monatlich den drei- bis fünffachen Minderungsbetrag[1]) bis zur Reparatur einbehalten (§ 320 BGB), wenn sie das Fenster nicht selbst reparieren und V durch die Einbehaltung zum Handeln motivieren wollen.

## III. Ansprüche der M gegen V bei eigenmächtiger Mängelbeseitigung

Fraglich ist, ob die Eheleute M von V die Mängelbeseitigungskosten auch dann 3 ersetzt verlangen können, wenn sie den Mangel selbst beseitigen, ohne dass sie M vorher in Verzug gesetzt haben. Dies sieht das Gesetz in § 536a Abs. 2 Nr. 2 BGB ausdrücklich für den Fall vor, dass die umgehende Beseitigung des Mangels zur Erhaltung oder Wiederherstellung des Bestands der Mietsache notwendig ist. Zwar kann diese Voraussetzung im Einzelfall bei einem undichten Dach erfüllt sein, hier drohte der Mietsache allerdings nach den Informationen im Sachverhalt kein weiterer Schaden, so dass eine keinen Aufschub duldende Notmaßnahme nicht vorlag.

Möglicherweise können die Eheleute M von V die Mängelbeseitigungskosten 4 bei eigenmächtiger Mängelbeseitigung auch als Schadensersatz nach § 536a Abs. 1 Fall 1 BGB (zu den Anspruchsvoraussetzungen im Einzelnen unten Rn. 15) ersetzt verlangen. Dagegen spricht, dass das Gesetz in § 536a Abs. 2 BGB die Ersatzfähigkeit des Mängelbeseitigungsaufwandes von speziellen Voraussetzungen abhängig macht. Der Vermieter soll nicht vor „vollendete Tatsachen" gestellt werden, sondern grundsätzlich selbst die Möglichkeit haben, die Mietsache daraufhin zu überprüfen, ob der Mangel besteht, auf welcher Ursache er beruht sowie ob und auf welche Weise er beseitigt werden kann. Deshalb stellt § 536a Abs. 2 BGB insoweit eine *lex specialis* gegenüber § 536a Abs. 1 BGB dar, so dass über den Schadens-

---

[1] Palandt/*Weidenkaff* § 536 Rn. 6.

ersatzanspruch nach § 536a Abs. 1 Fall 1 u. 2 BGB Mängelbeseitigungskosten nicht erstattungsfähig sind.[2]

5    Die Eheleute M könnten gegen V aber einen Anspruch auf Aufwendungsersatz nach § 539 Abs. 1 i. V. m. §§ 677 ff. BGB (Rechtsgrundverweisung auf die Vorschriften der GoA) haben. Geht man davon aus, dass die eigenmächtige Mängelbeseitigung nicht dem Willen und Interesse des V entsprach, wäre nach §§ 539 Abs. 1, 684 S. 1, 818 Abs. 2 BGB (unberechtigte GoA) zumindest ein Anspruch auf Ersatz derjenigen Aufwendungen denkbar, die dem V erspart worden sind. Allerdings fallen unter § 539 Abs. 1 BGB nur solche (sonstigen) Aufwendungen, die nicht bereits von § 536a Abs. 2 BGB erfasst werden, so dass § 539 Abs. 1 BGB keine Rechtsgrundlage für einen Anspruch des Mieters auf Aufwendungsersatz nach Selbstbeseitigung des Mangels der Wohnung bietet.[3] Deshalb haben die Eheleute M nach der Rechtsprechung des BGH außerhalb der Voraussetzungen des § 536a Abs. 2 BGB keinen Anspruch auf Kostenersatz gegen V, wenn sie den Mangel eigenmächtig beseitigen.[4]

## Frage 2

### I. Anspruch der M gegen V auf Rückzahlung von 50 €

6    **1. Anspruch analog §§ 441 Abs. 4, 638 Abs. 4, 346 Abs. 1 BGB**
Die Eheleute M könnten gegen V zunächst einen Anspruch auf Rückzahlung von möglicherweise zuviel gezahlter Miete für den Monat Juli analog §§ 441 Abs. 4, 638 Abs. 4, 346 Abs. 1 BGB haben. Während im Kauf- und Werkvertragsrecht die §§ 441 Abs. 4, 638 Abs. 4 BGB dem Käufer bzw. Besteller hinsichtlich des über den geminderten Kaufpreis/Werklohn hinausgehenden Betrages einen entsprechend den Rücktrittsregeln ausgestalteten Rückgewähranspruch gewähren, fehlt im Mietrecht eine entsprechende Norm. Vereinzelt wird deshalb eine Analogie zu den §§ 441 Abs. 4, 638 Abs. 4 BGB erwogen.[5] Eine Analogie ist aber nur zulässig, wenn das Gesetz eine planwidrige Regelungslücke enthält und der zu beurteilende Sachverhalt in rechtlicher Hinsicht so weit mit dem Tatbestand vergleichbar ist, den der Gesetzgeber geregelt hat, dass angenommen werden kann, der Gesetzgeber wäre

---

[2] BGH NJW 2008, 1216 Rn. 25; NK/*Klein-Blenkers* § 536a Rn. 19; MünchKomm/*Häublein* § 536a Rn. 16; krit. Staudinger/*Emmerich* (2011) § 536a Rn. 41 a. E.

[3] BGH NJW 2008, 1216, 1217; NK/*Klein-Blenkers* § 536a Rn. 19, § 539 Rn. 2; Bamberger/Roth/*Ehlert* § 539 Rn. 4; PWW/*Riecke* § 539 Rn. 1 f.; *Lange* ZGS 2009, 442 ff.; *Langenberg* in Schmidt-Futterer, Mietrecht, 11. Aufl. 2013, § 539 Rn. 3 (anders noch 9. Aufl. 2007); krit. Staudinger/*Emmerich* (2011) § 536a Rn. 41, 43; a. A. *Herresthal/Riehm* NJW 2005, 1457, 1460 f.; *Gsell* NZM 2010, 71, 74 f. Nach *Langenberg* in Schmidt-Futterer, § 539 Rn. 51 soll aber ein Anspruch des Mieters auf Ersatz der vom Vermieter ersparten Aufwendungen aus §§ 812, 818 Abs. 2 BGB in Betracht kommen. Dagegen spricht der Vorrang des Vertragsrechts, der einen Rückgriff auf das Bereicherungsrecht ausschließt (wie Fall 9 Rn. 37 f.).

[4] Zur vergleichbaren Lage im Kaufrecht s. o. Fall 9.

[5] Jauernig/*Teichmann* § 536 Rn. 10.

bei einer Interessenabwägung, bei der er sich von den gleichen Grundsätzen hätte leiten lassen wie bei dem Erlass der herangezogenen Gesetzesvorschrift, zu dem gleichen Abwägungsergebnis gekommen.[6] Eine planwidrige Regelungslücke kann jedenfalls nach der Mietrechtsreform 2001 nicht mehr angenommen werden. Der Gesetzgeber hat bei der umfassenden Neustrukturierung des Mietrechts in Kenntnis der früheren Rechtsprechung, die einen Rückzahlungsanspruch nur nach Bereicherungsrecht gewährte, in § 536 BGB auf einen eigenständigen Rückforderungsanspruch des Mieters bzw. einen Verweis auf das Rücktrittsrecht verzichtet. Daraus ist zu folgern, dass sich die Rückforderung des aufgrund einer Mietminderung zuviel gezahlten Betrages allein nach Bereicherungsrecht richten soll.[7]

**Exkurs**
Der praktisch wichtigste Unterschied zwischen den §§ 346 ff. BGB und den §§ 812 ff. BGB besteht darin, dass letztere grds. nur das noch beim Empfänger der Leistung noch Vorhandene abschöpfen wollen, während nach Rücktrittsrecht grds. auch dann Wertersatz zu leisten ist, wenn das Empfangene nicht mehr vorhanden ist. Der Vermieter kann sich also, wenn er nicht verschärft haftet (§ 819 Abs. 1 i. V. m. § 818 Abs. 4 BGB), in Bezug auf die zuviel empfangene Miete u. U. auf § 818 Abs. 3 BGB berufen (wofür hier aber nichts ersichtlich ist).

## 2. Anspruch aus § 812 Abs. 1 S. 2 Fall 1 BGB
Der Anspruch der M gegen V auf Rückzahlung von 50 € der Miete für den Monat   **7**
Juli könnte sich aber aus § 812 Abs. 1 S. 2 Fall 1 BGB (*condictio ob causam finitam*) ergeben. Dann müsste V durch Leistung der M etwas erlangt haben, und der Rechtsgrund für diese Leistung müsste nachträglich weggefallen sein.

### a) Etwas erlangt
Zunächst müsste V „etwas", also irgendeinen Vermögensvorteil, erlangt haben.   **8**
Durch die Überweisung der Julimiete hat V einen Auszahlungsanspruch gegen seine Bank und damit einen Vermögenswert i. S. v. § 812 Abs. 1 S. 1 BGB erlangt.

### b) Durch Leistung
Fraglich ist, ob dies auch durch Leistung geschah. Leistung ist die bewusste, zweck-   **9**
gerichtete Mehrung fremden Vermögens. Hier haben die Eheleute M die Miete bewusst überwiesen, um ihrer Zahlungsverpflichtung aus dem Mietvertrag (§ 535 Abs. 2 BGB) nachzukommen. Mithin liegt eine Leistung ihrerseits vor.

### c) Wegfall des Rechtsgrundes: Minderung der Miete
Problematisch ist allein, ob der – bei Überweisung am 1.7.2015 noch vorhandene[8]   **10**
– Rechtsgrund für die Leistung weggefallen ist. Das wäre dann der Fall, wenn sich

---

[6] BGHZ 155, 380, 389 m. w. N.
[7] Ganz h.M.; BGH NJW-RR 1993, 519, 520; MünchKomm/*Häublein* § 536 Rn. 28; Palandt/*Weidenkaff* § 536 Rn. 36 a. E.; *Oechsler* Vertragliche Schuldverhältnisse, Rn. 836.
[8] Bei Zahlung war die Miete noch nicht gemindert. Daher ist hier der Grundfall der Leistungskondiktion, die *condictio indebiti*, nicht einschlägig (*Lögering* NZM 2010, 113, 115).

nachträglich ergeben hätte, dass die Eheleute M den verfolgten Leistungszweck verfehlt haben, weil sie den überwiesenen Betrag nicht mehr schuldeten.

Hier könnte sich aus **§ 536 Abs. 1 S. 2 BGB** ergeben, dass die Eheleute M für die Zeit vom 5. bis zum 11.7.2015 nur eine herabgesetzte Miete schuldeten.

> **Beachte** folgenden wichtigen Unterschied zum Kauf- und Werkvertragsrecht: Die mietrechtliche (wie auch die reisevertragliche; vgl. Fall 27) Minderung ist kein Gestaltungsrecht, das erst durch Erklärung des Berechtigten zur Herabsetzung des Entgeltes führt (vgl. § 441 Abs. 1, 638 Abs. 1 BGB). Vielmehr treten die Wirkungen der Minderung *ipso iure*, also kraft Gesetzes ein (lies § 536 Abs. 1 S. 1 BGB: „... so *ist* der Mieter ... von der Entrichtung der Miete *befreit*").

### aa) Erheblicher Sachmangel der Mietsache

11   Dies setzt zunächst voraus, dass das gemietete Haus während dieser Zeit einen **Sachmangel** aufwies, durch den seine Tauglichkeit zu dem vertraglich vorausgesetzten Gebrauch nicht unerheblich (§ 536 Abs. 1 S. 3 BGB) gemindert war. Hier war das Dachfenster des Hauses zwischen dem 5. und 11.7. undicht. Die Eheleute M mussten eingedrungenes Regenwasser im Haus beseitigen und Möbel umstellen, damit diese nicht in Mitleidenschaft gezogen wurden. Damit eignete sich das Mietshaus nicht zum vertraglich vorausgesetzten Gebrauch und war somit mangelhaft. Der Mangel ist als erheblich i. S. v. § 536 Abs. 1 S. 3 BGB anzusehen.

### bb) Kein Ausschluss der Minderung

12   Zu prüfen ist, ob die Minderung nach §§ 536b oder 536c BGB ausgeschlossen ist. Die Eheleute M hatten weder bei Vertragsschluss noch bei Annahme der Mietsache Kenntnis von dem Mangel. Ihnen ist der Mangel auch nicht bei Vertragsschluss grob fahrlässig unbekannt geblieben. Ein Ausschluss nach § 536b BGB kommt daher nicht in Betracht. Außerdem haben die Eheleute M unverzüglich um eine Reparatur gebeten, also den Mangel angezeigt (§ 536c Abs. 1 S. 1 BGB), so dass auch der Ausschlussgrund des § 536c Abs. 2 S. 2 Nr. 1 BGB nicht einschlägig ist.

**Exkurs**

Auch wenn eine Minderung gem. § 536b BGB wegen Kenntnis des Mieters vom Mangel ausgeschlossen ist, hat er den Erfüllungsanspruch aus § 535 Abs. 1 S. 2 BGB. Dieser ist nur dann ausgeschlossen, wenn die Parteien den bei Überlassung vorhandenen (schlechten) Zustand der Mietsache konkret als vertragsgemäß vereinbart haben. Ist das nicht der Fall, kann der Mieter, auch wenn eine Minderung der Miete nicht in Betracht kommt, immer noch die Miete gem. § 320 BGB (zumindest teilweise) bis zur Mängelbeseitigung zurückbehalten (BGH NJW-RR 2007, 1021). Aber auch dafür ist eine vorherige Mängelanzeige erforderlich (BGH NJW-RR 2011, 447).

### cc) Zwischenergebnis

13   Damit wurde die für die Zeit vom 5. bis zum 11.7. geschuldete Miete kraft Gesetzes auf einen angemessenen Betrag reduziert. Hier ist laut Sachverhalt ein Minde-

rungsbetrag für Juli von 50 € als angemessen zu unterstellen. In dieser Höhe ist der Rechtsgrund für die Leistung der Eheleute M nachträglich weggefallen.

### d) Ergebnis

Deshalb haben die Eheleute M gegen V einen Anspruch aus §§ 812 Abs. 1 S. 2 Fall **14** 1, 818 Abs. 2 BGB auf Rückzahlung von 50 € zuviel gezahlter Miete.

## II. Anspruch der M gegen V auf Schadensersatz

### 1. Anspruch aus § 536a Abs. 1 Fall 1 BGB

Die Eheleute M könnten gegen V einen Anspruch auf Schadensersatz für den be- **15** schädigten Edelholzschrank aus § 536a Abs. 1 Fall 1 BGB haben.

---

**Hinweise**

1. Während der Vermieter für einen **nach Vertragsschluss** auftretenden Mangel nur verschuldensabhängig haftet (§ 536a Abs. 1 Fall 2 BGB), besteht für bereits **bei Vertragsschluss** vorhandene Mängel eine (verschuldensunabhängige) **Garantiehaftung**. Der historische Gesetzgeber des BGB ging davon aus, es entspreche dem Wesen des Mietvertrages, dass der Vermieter die Tauglichkeit der Mietsache bei Vertragsabschluss stillschweigend garantiere. Im reformierten Schuldrecht ist die verschuldensunabhängige Haftung zu einem Fremdkörper geworden. Der Reformgesetzgeber hat an der verschuldensunabhängigen Haftung aber im Interesse eines umfassenden Mieterschutzes festgehalten.

2. Der mietrechtliche Schadensersatzanspruch aus § 536a Abs. 1 BGB verdrängt, sofern es um Schadensersatz wegen eines Mangels an der Mietsache geht, die allgemeine Haftung aus §§ 280 ff. BGB **ab der Überlassung der Mietsache** völlig (zum Anspruchsumfang auch Rn. 17). § 280 Abs. 1 BGB ist aber außerhalb der Mängelhaftung anwendbar, insbes. bei einer Schutzpflichtverletzung des Vermieters (§ 241 Abs. 2 BGB). Anstelle des Schadensersatzes nach § 536a Abs. 1 BGB kann der Mieter Aufwendungsersatz nach § 284 BGB verlangen (*Blank*/Börstinghaus, Miete, 4. Aufl. 2014, § 536a Rn. 39).

3. Ob in der Zeit zwischen Vertragsschluss und Überlassung allgemeines Leistungsstörungsrecht oder mietrechtliches Gewährleistungsrecht gilt, ist streitig. Für die Anwendung der allgemeinen Regeln spricht, dass § 536 Abs. 1 S. 1 BGB, auf den § 536a Abs. 1 BGB verweist, ausdrücklich die Überlassung der Mietsache voraussetzt.[9]

---

[9] BGHZ 136, 102, 106 ff.; Palandt/*Weidenkaff* § 536 Rn. 7 u. § 536a Rn. 3 m. w. N. zur Gegenansicht.

### a) Anspruchsvoraussetzungen

**16** Der Anspruch setzt einen anfänglichen Mangel der übergebenen Mietsache voraus. Wie oben (Rn. 11) gezeigt, war das Haus zwischen dem 5. und 11.7.2015 mangelhaft. Fraglich ist allein, ob der Mangel hier bereits bei Vertragsschluss vorlag oder erst nachträglich aufgetreten ist. Zwar war das Dachfenster bei Vertragsschluss noch dicht. Die Ursache für die Undichtigkeit, nämlich die nicht fachmännische Abdichtung des Daches im Sommer 2015, lag aber bereits damals vor. Dass sich der Schaden zu diesem Zeitpunkt noch nicht verwirklicht hatte, ist unbeachtlich.[10] Der Mangel liegt vielmehr in der Gefahr des Schadenseintrittes. Schadensersatzansprüche sind nicht nach §§ 536b, 536c Abs. 2 S. 2 Nr. 2 BGB ausgeschlossen (s. Rn. 12). Wegen des anfänglichen Mangels der Mietsache können die Eheleute M von V Schadensersatz verlangen, ohne dass es auf dessen Verschulden ankäme.

### b) Anspruchsumfang

**17** Der Schadensersatzanspruch gem. § 536a Abs. 1 BGB umfasst nicht nur (als Schadensersatz statt der Leistung) etwa im Minderwert der Mietsache liegende Mangelschäden, sondern auch Schäden an Rechten und Rechtsgütern des Mieters außerhalb der Mietsache, die aufgrund des Mangels eintreten (**Mangelfolgeschäden**).[11] In letztere Kategorie fallen insbesondere Schäden an den vom Mieter eingebrachten Sachen. Hier haben die Eheleute an dem in ihrem Eigentum stehenden Schrank einen Schaden in Höhe von 200 € erlitten. Diesen Betrag können sie gem. § 536a Abs. 1 Fall 1 BGB von V als Schadensersatz ersetzt verlangen.

### 2. Deliktische Ansprüche

**18** Fraglich ist, ob die Eheleute M den Schaden am Edelholzschrank auch aus Delikt von V ersetzt verlangen können. Für eine Haftung aus § 823 Abs. 1 BGB dürfte es bereits an einer Verletzungshandlung des V fehlen, weil die Undichtigkeit und damit auch die Eigentumsverletzung durch die Arbeiten des F und nicht durch eine Handlung des V verursacht wurde. Jedenfalls hat allein F sorgfaltswidrig gehandelt, so dass es zumindest am Verschulden des V fehlt. Auch eine Haftung aus § 831 Abs. 1 BGB besteht nicht, weil F selbständiger Unternehmer und damit kein Verrichtungsgehilfe des V i. S. § 831 Abs. 1 S. 1 BGB ist. Deliktische Ansprüche scheiden demnach aus.

## Frage 3: Anspruch des V gegen M auf Zahlung der Augustmiete 2015

**19** V könnte gegen die Eheleute M einen Anspruch auf Zahlung der Augustmiete in Höhe von 1000 € aus § 535 Abs. 2 BGB haben.

---

[10] BGH NJW 2010, 3152 Rn. 14; Palandt/*Weidenkaff* § 536a Rn. 9.

[11] Ganz h.M.; RGZ 169, 84, 92; BGH NJW 1962, 908; 1971, 424 (alle zu § 538 a. F.); Palandt/*Weidenkaff* § 536a Rn. 14. Die früher gegen den Ersatz von Mangelfolgeschäden im Rahmen des § 538 BGB a.f. geäußerte Kritik ist nach der Mietrechtsreform 2001 nicht mehr stichhaltig, weil die Wörter „wegen Nichterfüllung" hinter „Schadensersatz" gestrichen worden sind.

## I. Anspruch entstanden

V und die Eheleute M haben, wie geprüft (Rn. 1), einen wirksamen Mietvertrag ge-    **20**
schlossen. Aus diesem Vertrag ist die Verpflichtung der Eheleute M zur Zahlung der
vereinbarten Miete in Höhe von 1000 € entstanden.

## II. Anspruch nicht erloschen

Weiterhin dürfte der Anspruch nicht erloschen sein. Hinsichtlich des überwiesenen    **21**
Betrages von 750 € ist die Mietforderung durch **Erfüllung** gem. § 362 Abs. 1 BGB
erloschen. Fraglich ist allein, ob der Anspruch auch in Höhe der verbleibenden
250 € erloschen ist.

### 1. Mietminderung gem. § 536 Abs. 1 S. 2 BGB

Zunächst wäre denkbar, dass der Anspruch auf die Augustmiete wegen eines Man-    **22**
gels der Mietsache gem. § 536 Abs. 1 S. 2 BGB kraft Gesetzes gemindert ist. Doch
setzt eine Minderung der Miete für den Monat August voraus, dass das Haus auch
in diesem Monat mangelhaft ist. Das Dachfenster ist aber bereits am 11.7. repariert
worden. Die Mietsache ist also im August voll tauglich; ein teilweises Erlöschen
des Mietanspruchs gem. § 536 Abs. 1 S. 2 BGB kommt deshalb nicht in Betracht.

### 2. Aufrechnung mit Schadensersatz- und Rückzahlungsansprüchen

Der Anspruch könnte jedoch gem. §§ 389, 387 BGB durch Aufrechnung der Ehe-    **23**
leute M in Höhe der verbleibenden 250 € erloschen sein. Voraussetzung dafür ist,
dass eine Aufrechnungslage besteht, dass die Eheleute M die Aufrechnung erklären
und dass die Aufrechnung nicht ausgeschlossen ist.

#### a) Aufrechnungslage

Eine Aufrechnungslage setzt gem. §§ 387, 390 BGB voraus, dass zwei Personen    **24**
gegeneinander gleichartige Ansprüche haben, wobei der Gegenanspruch[12] fällig
und durchsetzbar, der Hauptanspruch[13] erfüllbar sein muss.

Zunächst müssen also zwischen den Parteien **wechselseitig Ansprüche** be-    **25**
stehen, d. h. der Schuldner des Hauptanspruchs muss zugleich Gläubiger des
Gegenanspruchs sein und umgekehrt. Hauptanspruch ist hier der Anspruch des V
gegen die Eheleute M auf Zahlung der Augustmiete. Die Gegenansprüche liegen in
den oben geprüften (Frage 2) Ansprüchen der Eheleute M gegen V auf Rückzahlung
von 50 € zuviel gezahlter Julimiete und auf Schadensersatz wegen des beschädigten
Schrankes.

---

[12] = Aktivanspruch, also Anspruch des die Aufrechnung Erklärenden.
[13] = Passivanspruch, also Anspruch des Aufrechnungsgegners.

In einem komplexer aufgebauten Fall müssten die Gegenansprüche der Eheleute M gegen V, die hier aus Vereinfachungsgründen bereits in Frage 2 behandelt wurden, an dieser Stelle inzident im Rahmen der Aufrechnung geprüft werden.

26    Sowohl die Hauptforderung (Mietforderung des V) als auch die Gegenforderung (Ansprüche der M) sind Geldansprüche. Sie sind damit **gleichartig**. Die Forderungen der Eheleute M gegen V sind fällig (§ 271 Abs. 1 BGB) und einredefrei, mithin **durchsetzbar**. Die Mietforderung des V ist auch **erfüllbar** (§ 271 Abs. 1 BGB). Damit liegt eine Aufrechnungslage vor.

**b) Aufrechnungserklärung; kein Ausschluss der Aufrechnung**

27    Erforderlich ist gem. § 388 BGB weiterhin eine Aufrechnungserklärung. Dazu genügt, dass sich aus den Umständen der Aufrechnungswille deutlich entnehmen lässt. Hier haben die Eheleute M nur einen Teilbetrag der Miete überwiesen und im Übrigen auf ihre Gegenansprüche verwiesen. Dies reicht für eine Aufrechnungserklärung aus.

Darüber hinaus sind keine Gründe ersichtlich, die eine Aufrechnung ausschließen könnten.

**c) Zwischenergebnis**

28    Durch die wirksame Aufrechnung ist der Mietanspruch des V gegen die Eheleute M gem. § 389 BGB auch in Höhe der verbliebenen 250 € erloschen.

## III. Ergebnis

29    V hat damit für den Monat August keine Mietansprüche (§ 535 Abs. 2 BGB) mehr gegen die Eheleute M.

## 1. Abwandlung

## I. Anspruch der N gegen V aus § 536a Abs. 1 BGB

30    Möglicherweise hat N gegen V einen Anspruch auf Ersatz der Arztkosten und auf Schmerzensgeld unmittelbar aus § 536a Abs. 1 Fall 1 BGB. Dazu müsste sie allerdings Partei des Mietvertrages sein. Den Mietvertrag haben aber nur ihre Eltern abgeschlossen. Deshalb kommt ein Anspruch der N unmittelbar aus § 536a Abs. 1 Fall 1 BGB nicht in Betracht.

## II. Anspruch aus § 536a Abs. 1 BGB i. V. m. den Grundsätzen über den Vertrag mit Schutzwirkung für Dritte

Vielmehr kommt als Grundlage für einen Anspruch der N gegen V auf Ersatz der    31
angefallenen Arztkosten in Höhe von 500 € und auf Schmerzensgeld in Höhe von
200 € nur § 536a Abs. 1 Fall 1 BGB i. V. m. den Grundsätzen über den Vertrag mit
Schutzwirkung für Dritte in Betracht.[14]

### 1. Einbeziehung der N in den Schutzbereich des Mietvertrages

Das setzt zunächst voraus, dass N durch die Grundsätze des Vertrages mit Schutz-    32
wirkung für Dritte in den Schutzbereich des von ihren Eltern abgeschlossenen Mietvertrages einbezogen ist.

### a) Rechtsgrundlage

Das Rechtsinstitut des Vertrages mit Schutzwirkung für Dritte ist jedenfalls nicht    33
ausdrücklich gesetzlich geregelt. Die Rechtsprechung leitet das Bestehen von
Schutzpflichten zugunsten Dritter aus einer durch das Prinzip von Treu und Glauben (§ 242 BGB) geprägten ergänzenden Auslegung des Hauptvertrages (§§ 133,
157 BGB) her.[15] Dieser vertraglichen Konzeption steht die gesetzliche Konzeption
der herrschenden Lehre gegenüber, nach der der Vertrag mit Schutzwirkung zugunsten Dritter auf einer rechtsfortbildenden gesetzlichen Ausgestaltung des Vertragsverhältnisses nach Treu und Glauben beruht.[16] Seit der Schuldrechtsreform
2002 wird der Vertrag mit Schutzwirkung für Dritte teilweise auch aus § 311 Abs. 3
S. 1 BGB hergeleitet.[17] Dagegen spricht zwar, dass die Norm nur die Eigenhaftung
des Vertreters im Rahmen der c. i. c. (Sachwalterhaftung) erfassen soll; andererseits
lässt § 311 Abs. 3 S. 1 BGB aber allgemein den Schluss zu, dass ein Schuldverhältnis beschränkt auf Schutz- und Rücksichtspflichten auch zu Nichtvertragsparteien
entstehen kann. Letztlich kann die Herleitung des Vertrags mit Schutzwirkung für
Dritte offenbleiben, da inzwischen allgemein anerkannt ist, dass Dritte dergestalt in
die vertraglichen Sorgfalts- und Obhutspflichten einbezogen sein können, dass sie
bei deren Verletzung vertragliche Schadensersatzansprüche geltend machen können.

---

[14] Dazu, dass der Vertrag mit Schutzwirkung zugunsten Dritter nicht nur Schutzpflichten (§ 241
Abs. 2 BGB) des Schuldners auf Dritte ausdehnt, sondern sich bei Mangelfolgeschäden auch auf
Gewährleistungsrechte beziehen kann, s. BGH NJW 1968, 885, 887 (zu § 538 BGB a. F., der dem
heutigen § 536a BGB entspricht).

[15] RGZ 127, 218, 221 f. (noch unter Annahme eines Vertrages zugunsten Dritter); BGHZ 56, 269,
273; 159, 1, 4. BGH ZIP 2011, 719 Rn. 9 spricht von einem Anspruch aus § 280 Abs. 1, § 328
BGB analog.

[16] Jauernig/*Stadler* § 328 Rn. 21; *Larenz* SchuldR I § 17 II (insbes. S. 227); MünchKomm/*Gottwald*
§ 328 Rn. 167; differenzierend *Zenner* NJW 2009, 1030 ff.

[17] NK/*Krebs* § 311 Rn. 139; NK/*Preuß* Vor §§ 328 ff. Rn. 9; *Brox/Walker* SchuldR AT, § 33 Rn. 6;
*Eckebrecht* MDR 2002, 427; *Hübner/Sagan* JA 2013, 741, 742 f.

## b) Anspruchsvoraussetzungen

### aa) Leistungsnähe

**34** Die Einbeziehung eines Dritten nach den Grundsätzen des Vertrages mit Schutzwirkung für Dritte setzt zunächst voraus, dass der Dritte bestimmungsgemäß genauso mit der Leistung des Schuldners in Berührung kommt wie der Gläubiger selbst.[18] N bewohnt das von V vermietete Haus gemeinsam mit ihren Eltern. Sie kommt mit der Vermietungsleistung des V daher bestimmungsgemäß genauso in Kontakt wie ihre Eltern, die Vertragsparteien sind.

### bb) Schutzinteresse (Gläubigernähe)

**35** Weiterhin muss der Gläubiger, hier also als Mieter die Eheleute M, ein schutzwürdiges Interesse an der Einbeziehung des Dritten in den Schutzbereich des Vertrages haben. Ursprünglich hat der BGH dies nur bejaht, wenn der Vertragspartner gegenüber dem Dritten eine Schutz- und Fürsorgepflicht hatte (Verantwortung für das „Wohl und Wehe" des Dritten).[19] Nach neuerer Rechtsprechung reicht dagegen irgendein vertragliches Einbeziehungsinteresse des Gläubigers aus, wenn Inhalt und Zweck des Vertrages erkennen lassen, dass diesen Interessen Rechnung getragen werden solle, und die Parteien den Willen haben, zugunsten dieses Dritten eine Schutzpflicht des Schuldners zu begründen.[20] Hier sind die Mieter M als Eltern der N familienrechtlich dazu verpflichtet, für N zu sorgen (§§ 1626, 1631 BGB). Somit haben sie selbst nach der früheren, restriktiven Rechtsprechung ein Interesse daran, dass ihre Tochter in den Schutzbereich des Mietvertrages mit V einbezogen wird.

### cc) Erkennbarkeit

**36** Außerdem müssen für den Schuldner die Leistungsnähe des Dritten und das Schutzinteresse des Gläubigers erkennbar sein.[21] Hier wusste V bei Vertragsschluss, dass die Eheleute M das Haus mit ihren Kindern bezogen. Damit waren ihm sowohl die Leistungsnähe der N als auch das Schutzinteresse der Eheleute M erkennbar.

### dd) Schutzbedürftigkeit

**37** Schließlich scheidet eine Einbeziehung des Dritten in den Schutzbereich des Vertrages mangels Schutzbedürftigkeit aus, wenn dem Dritten eigene, gleichwertige vertragliche Ansprüche – gleich gegen wen – zustehen.[22] Hier hat N weder eigene vertragliche Schadensersatzansprüche gegen V noch gegen ihre Eltern. Sie ist also schutzwürdig.

---

[18] BGHZ 49, 350, 354; 70, 327, 329; 129, 136, 168; NJW 2010, 3152 Rn. 19 f.; Palandt/*Grüneberg* § 328 Rn. 17.

[19] BGHZ 51, 91, 96; 56, 269, 273; 66, 51, 57; NJW 2010, 3152 Rn. 19.

[20] BGH ZIP 2009, 1166 Rn. 17; s. auch BGH NJW 1984, 355; BGHZ 127, 378, 380; 138, 257 ff. (sogar bei gegenläufigen Interessen).

[21] BGH NJW 2010, 3152 Rn. 19; Palandt/*Grüneberg* § 328 Rn. 18.

[22] BGH ZIP 2011, 719 Rn. 11; Palandt/*Grüneberg* § 328 Rn. 18.

ee) Zwischenergebnis

Damit ist N in den Schutzbereich des Mietvertrages ihrer Eltern mit V einbezogen.   **38**

**Exkurs**

Neben Familienangehörigen sind in den Schutzbereich des Mietvertrages einbezogen Hausangestellte und Lebensgefährten, nicht dagegen (mangels hinreichender Leistungsnähe) kurzfristige Besucher, Gäste und Lieferanten sowie (mangels Schutzbedürftigkeit, da sie eigene Ansprüche gegen den Hauptmieter als ihren Vermieter haben) Untermieter.

### 2. Sonstige Anspruchsvoraussetzungen

Wie geprüft (Rn. 11 f.), war das gemietete Haus zwischen dem 5. und 11.7. mit   **39**
einem anfänglichen Sachmangel behaftet. Auf dem mangelbedingt nassen Fußboden ist N ausgerutscht und die Treppe heruntergefallen. Dadurch sind die Rechtsgüter Körper und Gesundheit der N beschädigt worden. Aufgrund dieses Mangelfolgeschadens sind der N ärztliche Behandlungskosten in Höhe von 500 € entstanden. Diese kann N gem. § 536a Abs. 1 Fall 1 BGB i. V. m. den Grundsätzen des Vertrages mit Schutzwirkung für Dritte von V (unabhängig von dessen Verschulden) ersetzt verlangen. Nach **§ 253 Abs. 2 BGB** schuldet V darüber hinaus wegen der Verletzung des Körpers und der Gesundheit der N ein angemessenes Schmerzensgeld in Höhe von 200 €.

### II. Deliktische Ansprüche der N gegen V

Deliktische Ansprüche der N gegen V aus § 823 Abs. 1 oder § 831 Abs. 1 BGB   **40**
scheiden, analog zu den Ansprüchen der M gegen V (Rn. 18), aus.

**Exkurs**

Wie wäre die Rechtslage, wenn die Behandlungskosten bereits durch eine private oder gesetzliche Krankenversicherung bezahlt worden wären? In diesem Falle ginge der Schadensersatzanspruch durch gesetzlichen Forderungsübergang (*cessio legis*) auf den Versicherer über (§ 86 Abs. 1 VVG; § 116 SGB X).

## 2. Abwandlung

Wenn die Mietsache veräußert wird, tritt gem. **§ 566 Abs. 1 BGB** der Erwerber   **41**
anstelle des Vermieters in die sich aus dem Mietverhältnis ergebenden Rechte und Pflichten ein („Veräußerung bricht nicht Miete"). An den geprüften Ansprüchen ändert sich also nur insofern etwas, als sie nun solche des W sind bzw. gegen W gerichtet sind.

Auch im Rahmen der Garantiehaftung des Vermieters gem. § 536a Abs. 1 Fall 1 BGB ändert sich gegenüber dem Ausgangsfall über das soeben Gesagte hinaus nichts. Denn für die Frage, ob es sich um einen anfänglichen Mangel handelt, ist allein darauf abzustellen, ob der Mangel bereits bei Vertragsschluss mit dem Veräußerer vorhanden war; nicht entscheidend ist insoweit der Zeitpunkt des Eigentums-übergangs auf den Erwerber.[23]

**42**     Wenn W als nach § 566 Abs. 1 BGB eingetretener neuer Vermieter seine Pflich-ten nicht erfüllt, haftet V als Veräußerer gem. § 566 Abs. 2 BGB auch nach seinem Ausscheiden aus dem Mietvertrag für neue Ansprüche des Mieters wie ein Bürge, der auf die Einrede der Vorausklage verzichtet hat (vgl. §§ 765, 771, 773 Abs. 1 Nr. 1 BGB). Die Haftung endet, wenn V die M über die Veräußerung informiert und die M dann nicht kündigen (§ 566 Abs. 2 S. 2 BGB).

---

[23] Vgl. BGHZ 49, 350 ff.

# Fall 17

## Ausgangsfall

Frau Vogel (V) ist Eigentümerin eines Mehrfamilienhauses in Köln. Seit dem
1.1.2012 hat sie eine Vierzimmerwohnung an den Künstler Moosrammer (M) vermietet. Dieser nutzt die zwei größeren Zimmer der Wohnung als Atelier, wobei ein
Zugang nur über den Wohnbereich erfolgen kann. Der Mietvertrag ist zunächst auf
zwei Jahre befristet, soll sich aber jeweils um ein Jahr verlängern, falls er nicht bis
zum 1.10. von einer Seite gekündigt wird. Die Miete beträgt monatlich 600 €.

Von Beginn an zahlt M die Miete nur sehr schleppend und häufig erst nach mehrfacher Zahlungsaufforderung und der Drohung mit Klage und Kündigung. Nicht
selten erhält V die Miete erst mit zweimonatiger Verspätung. Da sich während der
ganzen Zeit an dem Zahlungsverhalten von M nichts ändert, kündigt ihm V mit
Schreiben vom 3.11.2014 „fristlos" und verlangt Räumung bis zum 31.12.2014. In
dem Kündigungsschreiben weist V den M darauf hin, dass sie sich aufgrund seines
anhaltend säumigen Zahlungsverhaltens und seines aktuellen Mietrückstandes mit
einer Monatsmiete nicht an die Einhaltung der vereinbarten Kündigungsfrist gebunden fühle. Zudem sei aufgrund der Nutzung der Wohnung als Atelier ohnehin der
Kündigungsschutz für Wohnräume nicht einschlägig.

M weigert sich auszuziehen und beruft sich auf Kündigungsschutz. Da er zum
Zeitpunkt der Kündigung nur mit einer Monatsmiete im Rückstand ist, sieht er keinen Grund für eine außerordentliche Kündigung. Der Gesetzgeber habe eine außerordentliche Kündigung wegen Zahlungsverzugs nur für die explizit in § 543 Abs. 2
S. 1 Nr. 3 BGB geregelten Fälle vorgesehen. Darüber hinaus ist er der Auffassung,
dass er eine für seine Zwecke so gut geeignete Wohnung, die er auch als Atelier
nutzen kann, nicht wieder bekommen wird, und sieht daher die Kündigung generell,
selbst wenn sich nicht fristlos erfolgt wäre, als unzumutbare Härte an.

Nachdem M trotz mehrmaliger Aufforderung auch bis September 2015 nicht
ausgezogen ist, wendet sich V an Sie und will wissen, ob eine zulässige Klage gegen M auf Herausgabe der Wohnung Aussicht auf Erfolg hat.

© Springer-Verlag Berlin Heidelberg 2015
P. Balzer et al., *Die Schuldrechtsklausur I,* Tutorium Jura,
DOI 10.1007/978-3-662-45662-0_17

Zudem will sie wissen, wie sich die Rechtslage darstellen würde, sollte sich das Gericht der Ansicht des M anschließen, dass dessen Zahlungsverhalten eine fristlose Kündigung nicht rechtfertigt.

## Abwandlung

Der von V verwendete Standardmietvertrag enthält folgende Klauseln:

**§ 8 Instandhaltung und Instandsetzung der Mieträume**
[...]
(2) Der Mieter hat insbesondere die Verpflichtung, auf seine Kosten alle Schönheitsreparaturen in den Mieträumen fachmännisch auszuführen bzw. ausführen zu lassen. Diese Arbeiten sind *in der Regel* in **a)** Küchen, Bädern und Toiletten nach drei Jahren, in **b)** Wohnräumen und Schlafräumen spätestens nach fünf Jahren und **c)** in sonstigen Räumlichkeiten spätestens nach sieben Jahren zu tätigen.

**§ 12 Beendigung der Mietzeit**
(1) Die Mieträume sind zum Vertragsablauf geräumt, sauber und in dem Zustand zurückzugeben, in dem sie sich bei regelmäßiger Vornahme von Schönheitsreparaturen nach § 8 (2) befinden müssen, wobei angelaufene Renovierungsintervalle vom Mieter zeitanteilig zu entschädigen sind, und zwar nach Wahl des Mieters in Geld auf der Basis eines Kostenvoranschlages oder durch fachgerechte Renovierung durch den Mieter.[1]
Die anteilige Abgeltung auf Basis eines Kostenvoranschlages erfolgt nach folgender Fristentabelle:[2]

| Räume gemäß | § 8 (2) a | § 8 (2) b | § 8 (2) c |
|---|---|---|---|
| nach einer Nutzungsdauer von mehr als | | | |
| sechs Monaten | 17% | 10% | 7,14% |
| zwölf Monaten | 33% | 20% | 14,28% |
| 24 Monaten | 66% | 40% | 28,50% |
| 36 Monaten | | 60% | 42,85% |
| 48 Monaten | | 80% | 57,00% |
| 60 Monaten | | | 71,40% |

Trotz dieser Verpflichtung weigert sich M bei seinem Auszug im Juni 2014, die Schönheitsreparaturen durchzuführen, da er die Klausel für unwirksam hält. In Abweichung von der gesetzlichen Regelung, dass der Vermieter während der Mietzeit für die Instandhaltung der Mietsache zu sorgen habe, finde eine Überwälzung typischer Vermieterpflichten auf den Mieter statt. Die Abnutzung der Wohnung sei mit der Zahlung des Mietzinses abgegolten. Selbst wenn die Schönheitsreparaturklausel in § 8 als solche wirksam sei, sei jedenfalls die Abgeltungsklausel in § 12 wegen ihrer starren Fristenregelung unwirksam oder zumindest in seinem Fall nicht einschlägig. Der BGH habe mehrfach entschieden, dass Schönheitsreparaturklauseln

---

[1] Die Klausel war Gegenstand der Entscheidung des BGH NJW 2004, 3042.
[2] Nach BGH NJW 2006, 3778.

mit starren Fristen den Mieter unangemessen benachteiligten, da sie den tatsächlichen Renovierungsbedarf nicht berücksichtigten. Aufgrund seines schonenden Umgangs mit der Wohnung sei diese deutlich weniger renovierungsbedürftig, als das bei einem normalen Gebrauch der Fall sei. Nachdem die von V gesetzte dreiwöchige Frist zur Durchführung der Schönheitsreparaturen ergebnislos verstrichen ist, lässt V die Reparaturen selbst durchführen. Sie will wissen, ob sie die dadurch entstandenen Kosten von M ersetzt bekommen kann.

## Lösung Fall 17

▶ Der Fall behandelt das Kündigungsrecht des Vermieters wegen unregelmäßiger Entrichtung der Miete bei Wohnraummietverträgen. Die Abwandlung beschäftigt sich mit Fragen der Wirksamkeit der Übertragung von Schönheitsreparaturen auf den Mieter in vom Vermieter verwendeten AGB (dazu auch *Beyer* NJW 2008, 2065 ff.; *ders.* ZGS 2009, 353 ff.; zu Hinweisen für die Fallbearbeitung vgl. *Schrader* Jura 2010, 241 ff.). Von Studenten kann vernünftigerweise nicht erwartet werden, dass sie die Rechtsprechung des BGH in diesem Bereich im Detail kennen. Entsprechend geht es bei der Falllösung nicht um das i. S. d. der BGH-Rechtsprechung „richtige" Ergebnis, sondern primär um das Erkennen und die argumentative Aufarbeitung der relevanten Problemstellungen, die zumindest teilweise keineswegs auf das Mietrecht beschränkt sind. Insofern finden sich in den im Sachverhalt mitgeteilten Rechtsansichten des Mieters eindeutige Hinweise, deren angemessene Verarbeitung in der Falllösung erwartet werden kann.

## Ausgangsfall

Die zulässige Klage der V wird Erfolg haben, wenn sie begründet ist. Das ist dann    1
der Fall, wenn V einen Räumungsanspruch gegen M hat. In Betracht kommen Ansprüche aus § 546 Abs. 1, aus § 985 und aus § 812 Abs. 1 S. 2 Fall 1 BGB.

### I. Mietrechtlicher Räumungsanspruch von V

V könnte einen Anspruch gegen M auf die Rückgabe der Wohnung aus § 546 Abs. 1    2
BGB haben.

#### 1. Beendigung eines Mietverhältnisses

Voraussetzung dafür ist, dass das durch den Abschluss des Mietvertrages zwischen    3
V und M begründete Mietverhältnis für die Wohnung beendet ist.

## a) Fristlose Kündigung

**4**  Eine solche Beendigung könnte durch die „fristlose" Kündigung von V am 3.11.2014 eingetreten sein. Voraussetzung dafür ist, dass diese „fristlose" Kündigung wirksam war, d. h. ein Kündigungsgrund bestand und die Kündigungserklärung etwaigen Formvorschriften genügt hat.

### aa) Kündigungsgrund

**5**  Gem. § 543 Abs. 1 BGB ist die fristlose Kündigung eines Mietvertrages dann möglich, wenn ein wichtiger Grund vorliegt, d. h. dem Vermieter unter Berücksichtigung aller Umstände des Einzelfalls und der betroffen Interessen eine Fortsetzung des Mietverhältnisses nicht zuzumuten ist. Das ist insbesondere dann der Fall, wenn einer der in Abs. 2 genannten Sachverhalte vorliegt.

#### α) Zahlungsverzug an zwei aufeinanderfolgenden Terminen

**6**  In Betracht kommt ein Kündigungsgrund gem. § 543 Abs. 2 S. 1 Nr. 3 lit. a BGB. M müsste am 3.11.2014 für zwei aufeinanderfolgende Zahlungstermine mit der Miete ganz oder zu einem erheblichen Teil in Verzug gewesen sein. Da die Fälligkeit der Miete nach dem Kalender bestimmt war, ist dies gem. § 286 Abs. 1, 2 Nr. 1 BGB der Fall, wenn M an zwei Zahlungsterminen hintereinander den geschuldeten Mietzins ganz oder zu einem erheblichen Teil nicht gezahlt hat. V hat seit Beginn des Mietverhältnisses nicht selten die Miete mit zweimonatiger Verspätung erhalten. Dies wäre für eine Kündigung zum jeweiligen Zeitpunkt ausreichend gewesen. Im Zeitpunkt der Kündigung selber war M jedoch nur mit einer Monatsmiete im Rückstand. Dem Sachverhalt lässt sich nicht entnehmen, dass sich dieser rückständige Betrag auf zwei aufeinanderfolgende Termine erstreckt. Hinzu kommt, dass bei Wohnraum der Mietrückstand gem. § 569 Abs. 3 Nr. 1 BGB nur dann als nicht unerheblich anzusehen gewesen wäre, wenn er eine Monatsmiete überstiegen hätte. Ein Kündigungsgrund gem. § 543 Abs. 2 S. 1 lit. a BGB liegt daher nicht vor.[3]

---

**Aufbauhinweis**

Da für die Miete von Wohnraum die Kündigungsgründe für den Vermieter durch § 569 Abs. 3 BGB eingeschränkt werden, hätte man hier bereits die Frage klären können, ob es sich um eine Wohnraummiete handelt. Da hier aber nur zur „Ergänzung" der Argumentation auf § 569 Abs. 3 BGB zurückgegriffen wird, ist das nicht zwingend.

---

[3] Exkurs: Wenn ein Kündigungsgrund nach § 543 Abs. 2 S. 1 Nr. 3 BGB vorliegt, ist zu beachten, dass die Kündigung nach § 569 Abs. 3 Nr. 2 BGB auch dann nachträglich unwirksam wird, wenn der Mieter bis zum Ablauf von zwei Monaten nach Zustellung der Räumungsklage den Mietrückstand begleicht.

β) Verzug mit einem Betrag, der die Höhe von zwei Monatsmieten erreicht

Ebenfalls nicht einschlägig ist der Kündigungsgrund des § 543 Abs. 2 S. 1 Nr. 3 **7**
lit. b BGB. Zum Zeitpunkt der Kündigung betrug die rückständige Miete nur einen
Monatsbetrag und nicht die erforderlichen zwei Monatsmieten.

γ) Sonstiger wichtiger Grund

**Exkurs**

Die in § 543 BGB verwendete Regelungstechnik ist typisch für das BGB. Sie findet sich u. a. bei
§ 138 und § 307 BGB. Während im ersten Absatz unter Verwendung unbestimmter Rechtsbegriffe
die allgemeine Regel normiert wird, wird diese im zweiten Absatz durch gesetzlich normierte
Beispiele konkretisiert. In der Fallprüfung ist grundsätzlich mit den speziell geregelten Beispielen
anzufangen und erst bei deren Nichterfüllung zu prüfen, ob die Voraussetzungen für die allgemeine Regelung vorliegen. Dabei stellt sich immer wieder die Frage, ob bei einer Nichterfüllung der
gesetzlichen Beispiele die dort normierten Gesichtspunkte (z. B. im konkreten Fall der Verzug mit
Mietzinszahlungen) trotzdem bei der Frage nach der Erfüllung der Grundregel berücksichtigt werden können. Da insofern die Gefahr besteht, dass die Spezialtatbestände umgangen werden und
Fälle unterhalb der gesetzlich speziell normierten Erheblichkeitsgrenze unter die allgemeine Regel
subsumiert werden, sollte diese Problematik immer beachtet und i. d. R. auch diskutiert werden.
Häufig wird sich ein Unterscheidungskriterium finden lassen, das es rechtfertigt, den Sachverhalt
trotz der Nichterfüllung der speziellen Regelung unter die allgemeine Regel zu subsumieren.

Damit stellt sich die Frage, ob V das Mietverhältnis aus einem sonstigen wichti- **8**
gen Grund nach § 543 Abs. 1 BGB kündigen kann. Ein wichtiger Grund i. S. v.
§ 543 Abs. 1 BGB liegt gem. S. 2 dann vor, wenn der V unter Berücksichtigung der
konkreten Umstände, insbesondere des Verschuldens des M, und unter Abwägung
der beiderseitigen Interessen eine Fortführung des Mietverhältnisses bis zum Ablauf der normalen Kündigungsfrist nicht zugemutet werden kann. Grund für eine
solche Unzumutbarkeit könnte hier die seit Mietbeginn bestehende schleppende
Zahlungsweise des M sein, der regelmäßig erst auf Androhung einer Klage zahlte.
Die Zahlungspflicht stellt als Entgeltleistung für die Überlassung der Mietsache die
Hauptleistungspflicht des Mieters dar. M nimmt die Wohnung zwar in Anspruch,
kommt aber von Anfang an seinen eigenen Vertragspflichten nicht oder nur schleppend nach. Trotz mehrfacher Aufforderung durch V hat er sein Verhalten auch nicht
geändert. Gründe, die die schleppende Zahlungsweise des M rechtfertigen könnten,
sind nicht ersichtlich, so dass man im Rahmen der Interessenabwägung von einem
Verschulden des M ausgehen kann.

M stellt sich jedoch auf den Standpunkt, dass sein Zahlungsrückstand die Tat- **9**
bestände des § 543 Abs. 2 BGB nicht erfüllt und daher nicht als wichtiger Grund
i. S. v. § 543 Abs. 1 BGB in Frage kommt. Insofern ist jedoch zu unterscheiden.
Anknüpfungspunkt für § 543 Abs. 2 S. 1 Nr. 3 BGB ist der Zahlungsrückstand als
solcher, d. h. der dem Vermieter fehlende Geldbetrag. Das zeigt sich daran, dass
gem. § 543 Abs. 2 S. 2 BGB eine Befriedigung des Vermieters eine Kündigung
gem. S. 1 Nr. 3 ausschließt. Im konkreten Fall ergibt sich die Unzumutbarkeit der
Fortführung des Vertragsverhältnisses und damit der Kündigungsgrund nach § 543
Abs. 1 BGB jedoch nicht aus dem Zahlungsrückstand als solchem, sondern aus dem
Gesamtverhalten des M. Das begründet berechtigte Zweifel, dass sich M in Zukunft

vertragstreu verhalten wird. Vor diesem Hintergrund überwiegt das Interesse der V an der sofortigen Beendigung des Mietverhältnisses.[4] Daraus ergibt sich für V die Möglichkeit einer Neuvermietung an einen Mieter, der gewillt ist, seine vertraglichen Hauptleistungspflichten zu erfüllen. In Anbetracht der fehlenden Vertragstreue des M überwiegt das Interesse der V an einer Kündigung das zweifelsfrei bestehende Interesse des M an einer Fortführung des Mietverhältnisses. Ein wichtiger Grund im Sinne des § 543 Abs. 1 BGB liegt daher vor.[5]

### bb) Abmahnungs- oder Fristsetzungsverpflichtung nach § 543 Abs. 3 BGB

**10** Im konkreten Fall stützt V ihre Kündigung darauf, dass M seine vertraglichen Pflichten verletzt hat. Gem. § 543 Abs. 3 S. 1 BGB bedarf es für solche Fälle einer fristlosen Kündigung wegen einer Vertragsverletzung grundsätzlich einer erfolglosen Abmahnung oder Fristsetzung zur Vertragserfüllung. Dem Sachverhalt lässt sich nicht entnehmen, ob der Kündigung eine konkrete Abmahnung oder Fristsetzung vorausging. Allerdings hatte V den M bereits zu anderen Gelegenheiten zur Zahlung aufgefordert oder ihm mit Kündigung gedroht, ohne dass dieses längerfristig etwas an dem Zahlungsverhalten des M geändert hätte. Selbst wenn es an einer direkt auf die Kündigung bezogenen Abmahnung oder Fristsetzung fehlen sollte, dürfte eine solche gem. § 543 Abs. 3 S. 2 Nr. 1 BGB im konkreten Fall entbehrlich gewesen sein. Das Verhalten des M zeigt, dass er trotz wiederholter Zahlungsaufforderungen und Fristsetzungen nicht gewillt ist, sich dauerhaft vertragstreu zu verhalten.[6]

### cc) Form und Inhalt der Kündigungserklärung

**11** Die Form und der Inhalt der Kündigungserklärung hängen zunächst einmal davon ab, ob der Mietvertrag sich auf Wohnraum, Geschäftsräume oder eine sonstige Mietsache bezieht. Während bei letzterer eine Kündigung grundsätzlich formlos zulässig ist, unterliegen die Kündigungen des Vermieters von Wohnungen oder Geschäftsräumen bestimmten Form- und Inhaltserfordernissen. Im konkreten Fall wird die Vierzimmerwohnung sowohl als Wohnung als auch als Atelier genutzt. Aufgrund des einheitlichen Mietvertrages und des Zugangs zu den Atelierräumen über den Wohnbereich ist hier eine Unterteilung des Mietverhältnisses in zwei unterschiedlichen Kündigungsregimen unterliegende Vertragsteile ausgeschlossen. Bei einer wirksamen Kündigung des Mietverhältnisses über die Atelierräume könnten diese aufgrund des fehlenden eigenen Zugangs nicht separat vermietet werden. Auch wenn von der reinen Quadratmeterzahl die geschäftliche Nutzung überwiegt, sprechen die besseren Gründe dafür, auf dieses Mischmietverhältnis die den Mieter stärker schützenden Normen des Wohnraummietrechts zur Anwendung zu bringen. Ansonsten wäre M in seinem trotz der geringeren Quadratmeterzahl wohl vorherr-

---

[4] Zur laxen Zahlungsmoral als fristlosem Kündigungsgrund s. BGH NJW 2006, 1585, 1586; Staudinger/*Emmerich* (2011) § 543 Rn. 68 ff.; Schmidt-Futterer/*Blank* MietR, 11. Aufl. 2013, § 543 Rn. 171 ff.

[5] A.A. mit entsprechender Begründung vertretbar.

[6] A.A. mit entsprechender Begründung vertretbar.

schenden Interesse an dem Erhalt seiner Wohnung als Lebensmittelpunkt nicht hinreichend geschützt. Hinzu kommt, dass in solchen Fällen in der Regel trotz der Nutzung als Atelier für M die Wohnnutzung überwiegt. Insofern muss die Kündigung den Anforderungen für die Kündigung von vermietetem Wohnraum genügen.[7]

Die Kündigung seitens V ist schriftlich erfolgt und genügt somit den Formanforderungen des § 568 Abs. 1 BGB. Da es sich um eine fristlose Kündigung handelt, bedurfte es gem. § 574 Abs. 1 S. 2 BGB des ansonsten in § 568 Abs. 2 BGB geforderten Hinweises auf die Widerspruchsmöglichkeit nicht. **12**

Unabhängig davon war gem. § 569 Abs. 4 BGB der Kündigungsgrund im Kündigungsschreiben anzugeben. Laut Sachverhalt ist das im konkreten Fall geschehen.

**Ergebnis** V hat den Mietvertrag wirksam fristlos gekündigt, so dass M gem. § 546 Abs. 1 BGB verpflichtet ist, die Wohnung an V zurückzugeben.

## II. Sachenrechtlicher Räumungsanspruch

Ferner kommt § 985 BGB als Anspruchsgrundlage in Betracht. V ist Eigentümerin des Wohnhauses, in dem sich die Wohnungen befinden, und damit gem. §§ 93, 94 BGB auch der streitgegenständlichen Wohnung. M müsste Besitzer der Wohnung sein. Da er in der Wohnung wohnt, übt er gem. § 854 Abs. 1 BGB die tatsächliche Gewalt über sie aus. Er ist also Besitzer. M dürfte kein Recht zum Besitz i. S. v. § 986 Abs. 1 BGB haben. Ein Recht zum Besitz könnte sich gem. § 535 Abs. 1 S. 1 BGB aus dem Mietvertrag ergeben. Dieser wurde aber durch die Kündigung von V beendet, womit das Recht zum Besitz von M erlosch. V hat also einen Anspruch gegen M auf Räumung der Wohnung aus § 985 BGB. **13**

## III. Bereicherungsrechtlicher Räumungsanspruch

Zudem könnte V gegen M einen Anspruch auf Herausgabe der Wohnung aus § 812 Abs. 1 S. 2 Fall 1 BGB haben.[8] M hat durch die Leistung der V, d. h. die bewusste und zweckgerichtete Überlassung der Wohnung zu Mietzwecken, den Besitz an der Wohnung erlangt. Mit der Beendigung des Mietvertrages ist der zunächst bestehende rechtliche Grund für diesen Besitz entfallen. Entsprechend ist M zur Herausgabe des Besitzes an der Wohnung, d. h. zur Räumung der Wohnung verpflichtet. **14**

---

[7] Zu Mischmietverhältnissen vgl. BGH NJW 2014, 2864; Palandt/*Weidenkaff* Einf v § 535 Rn. 100 f.

[8] Zur Anwendbarkeit von § 812 neben § 546 BGB Bamberger/Roth/*Wendehorst* § 812 Rn. 81; *Lorenz/Cziupka* JuS 2012, 777, 778 (zu § 314 BGB).

## IV. Ergebnis

15  V kann gegen M gerichtlich sowohl aus ihrem mietvertraglichen Rückgabeanspruch als auch aus ihren sachenrechtlichen und bereicherungsrechtlichen Rück-
gabeansprüchen mit Aussicht auf Erfolg vorgehen.

## V. Rechtslage, wenn das Gericht die Existenz eines Grundes für eine fristlose Kündigung verneint

16  Fraglich ist, ob V auch dann von M Räumung der Wohnung gem. § 546 Abs. 1 BGB
verlangen kann, wenn das Gericht die Existenz eines Grundes für eine fristlose
Kündigung verneint. Möglicherweise kann die Kündigung dann gem. § 140 BGB
in eine ordentliche Kündigung nach § 573 Abs. 2 Nr. 1 BGB **umgedeutet** werden.
Erforderlich dafür ist, dass die Kündigung den Erfordernissen einer ordentlichen
Kündigung entspricht und V in Kenntnis der Unwirksamkeit ihrer fristlosen Kündigung diese als ordentliche Kündigung gewollt hätte.

### 1. Erfordernisse einer ordentlichen Kündigung

> **Systematischer Hinweis**
> Grundsätzlich kann jedes auf unbestimmte Zeit abgeschlossene Dauerschuld-
> verhältnis unter Einhaltung einer bestimmten Frist ordentlich gekündigt wer-
> den, ohne dass es dazu eines Kündigungsgrundes bedürfte. Das ergibt sich im
> Umkehrschluss aus § 314 Abs. 1 BGB, der für eine fristlose, außerordentliche
> Kündigung die Existenz eines Kündigungsgrundes verlangt. Dieser auf der
> Parteiautonomie fußende Grundsatz der freien Kündbarkeit bei Einhaltung ei-
> ner angemessenen Frist gilt im („sozialen") Wohnungsmietrecht (und auch im
> Arbeitsrecht bei Geltung des KSchG) nicht. Hier sind die Möglichkeiten des
> Vermieters (Arbeitgebers) zur ordentlichen Kündigung stark eingeschränkt.
> Eine ordentliche Kündigung ist nur möglich, wenn sie durch gesetzlich nor-
> mierte Kündigungsgründe gerechtfertigt ist.

17  Welche Erfordernisse an eine ordentliche Kündigung zu stellen sind, hängt davon
ab, ob sich der Mietvertrag auf Wohnraum, Geschäftsräume oder eine sonstige
Mietsache bezieht. Während bei letzterer eine Kündigung grundsätzlich formlos
und ohne besonderen Grund unter Berücksichtigung gesetzlicher Fristen zulässig
ist, gelten für die Kündigung von Wohn- und Geschäftsräumen zusätzliche Voraussetzungen. Diese sind hier maßgeblich, da es sich bei dem Mietvertrag zwischen V
und M um eine Wohnraummiete handelt, wie oben (Rn. 11) näher ausgeführt.

## a) Bedeutung der Befristung mit Verlängerungsklausel

Fraglich ist zunächst, ob sich die Voraussetzungen einer ordentlichen Kündigung **18** allein nach den gesetzlichen Vorschriften richten oder ob hier die abweichende vertragliche Abrede zwischen V und M zu beachten ist. V und M haben vereinbart, dass der Vertrag bis zum 31.12.2013 befristet ist und sich, wenn keine der Parteien bis zum 1.10. kündigt, jeweils um ein Jahr verlängert. Dies stellt eine Befristung mit Verlängerungsklausel dar. Fraglich ist, ob eine solche Gestaltung mit § 575 Abs. 1 BGB vereinbar ist, wonach Zeitmietverträge im Grundsatz unzulässig sind und das Mietverhältnis dann als auf unbestimmte Zeit abgeschlossen gilt. Allerdings endet der Mietvertrag bei der vorliegenden Gestaltung nicht durch bloßen Zeitablauf, sondern es bedarf dazu einer Erklärung seitens einer der Parteien. Daher handelt es sich nicht um einen Zeitmietvertrag i. S. d. § 575 Abs. 1 S. 1 BGB.[9] Auf die Frage, ob eine solche Vereinbarung gegen § 573c Abs. 1 und 4 BGB verstößt, weil sie die Kündigungsfrist auch für den Mieter verlängert,[10] kommt es hier nicht an. Jedenfalls bleibt der Vermieter, der hier gekündigt hat, an die gegenüber der gesetzlichen Regelung in § 573c Abs. 1 S. 1 BGB längere vertragliche Kündigungsfrist gebunden.[11] Demnach kann eine am 3.11.2014 erklärte ordentliche Kündigung der V den Mietvertrag erst zum 31.12.2015 beenden. Zudem kann V nur bei Vorliegen eines Kündigungsgrundes nach § 573 BGB kündigen. Da diese Regelung gem. § 573 Abs. 4 BGB zwingend ist, kann der Mietvertrag nicht so ausgelegt werden, dass er eine Kündigung von Seiten des V zum 31.12.2015 auch ohne Vorliegen eines Kündigungsgrundes ermöglicht.

## b) Kündigungsgrund: Nicht unerhebliche schuldhafte Verletzung vertraglicher Pflichten

Als Kündigungsgrund könnte hier eine nicht unerhebliche schuldhafte Verletzung **19** von vertraglichen Pflichten i. S. v. § 573 Abs. 2 Nr. 1 BGB in Frage kommen, da M permanent seine Miete verspätet gezahlt hat.

### aa) Nicht unerhebliche Verletzung vertraglicher Pflichten

Zu den vertraglichen Pflichten des Mieters gehört gem. § 535 Abs. 2 BGB in erster **20** Linie die Zahlung des Mietzinses. Diese Pflicht hat Herr M über mehr als zwei Jahre hinweg nur sehr schleppend erfüllt; V erhielt die Miete häufig erst mit zweimonatiger Verspätung. Eine Pflichtverletzung liegt also vor. Fraglich ist, ob die Pflichtverletzung als nicht unerheblich anzusehen ist. Eine ordentliche Kündigung wegen Zahlungsverzugs ist auch unterhalb der für die fristlose Kündigung geltenden Grenze des § 543 Abs. 2 S. 1 Nr. 3 BGB möglich. Eine nicht unerhebliche Pflichtverletzung liegt jedoch nach der Rechtsprechung des BGH nicht vor, wenn der Mietrückstand eine Monatsmiete nicht übersteigt und die Verzugsdauer weni-

---

[9] Vgl. Schmidt-Futterer/*Blank* Mietrecht, 11. Aufl. 2013, § 575 Rn. 76; MünchKomm/*Häublein* § 575 Rn. 11.

[10] Vgl. BGH NZM 2005, 417; Schmidt-Futterer/*Blank* Mietrecht, 11. Aufl. 2013, § 575 Rn. 76.

[11] Schmidt-Futterer/*Blank* Mietrecht, 11. Aufl. 2013, § 573c Rn. 23.

ger als einen Monat beträgt.[12] Hier betrug der Mietrückstand zwar bei Kündigung nur eine Monatsmiete. Angesichts der Beharrlichkeit der Zahlungsverzögerungen des M während der ganzen Vertragsdauer und des Umstands, dass die Zahlungen häufig erst nach Androhung der Kündigung erfolgten, ist die Pflichtverletzung aber dennoch als nicht unerheblich anzusehen. Wie bereits ausgeführt (Rn. 9), liegt die Pflichtverletzung des M in erster Linie nicht in dem Zahlungsrückstand, sondern in seiner unpünktlichen Zahlungsweise.[13]

### bb) Verschulden

21    Herr M müsste die Zahlungspflicht schuldhaft verletzt haben.[14] Verschulden bedeutet gem. § 276 Abs. 1 S. 1 BGB Vorsatz und Fahrlässigkeit. Auf welchen Gründen die fehlende Mietzinszahlung beruht, ist nicht ersichtlich. Grundsätzlich ist V als Kündigende verpflichtet, darzulegen und zu beweisen, dass die Voraussetzungen für eine Kündigung vorliegen, d. h. M schuldhaft handelte.

22    Eine Beweislastumkehr könnte sich jedoch aufgrund der Natur der Schuld als Geldschuld ergeben. Es ist gewohnheitsrechtlich anerkannt, dass jedermann für seine finanzielle Leistungsfähigkeit verschuldensunabhängig einzustehen hat. Dies ergibt sich aus § 276 Abs. 1 S. 1 BGB a. E., wo für den Fall der Übernahme eines Beschaffungsrisikos eine verschuldensunabhängige Haftung angeordnet wird.[15] Nach Ansicht der Gesetzesverfasser soll die Geldschuld regelmäßig unter die Fallgruppe der Übernahme des Beschaffungsrisikos fallen.[16] Die fehlende finanzielle Leistungsfähigkeit hat der Schuldner daher stets gem. § 276 Abs. 1 S. 1 BGB zu vertreten, selbst wenn ihm kein Vorsatz und keine Fahrlässigkeit zur Last gelegt werden kann. In § 573 Abs. 2 Nr. 1 BGB geht es jedoch nicht um Vertretenmüssen, das in der Person des M zu bejahen wäre, sondern um Verschulden. Die dargestellte Regelung des § 276 Abs. 1 S. 1 BGB a. E. greift also nicht unmittelbar. Die ihr zugrundeliegende Risikoverteilung zu Lasten des Geldschuldners ist aber, da es sich um einen gewohnheitsrechtlich anerkannten Rechtsgrundsatz handelt, bei der Beweislastverteilung zu berücksichtigen. Hinzu kommt, dass der Gläubiger in aller Regel keinen Einblick in die finanziellen Verhältnisse des Schuldners haben kann. Auch dies spricht dafür, dass es bei Geldschulden dem Schuldner obliegen muss, die Gründe für seine Nichtzahlung darzulegen und gegebenenfalls zu beweisen.

---

[12] BGHZ 195, 64 Rn. 20 = NJW 2013, 159.

[13] Vgl. dazu *Blank*/Börstinghaus, Miete, 4. Aufl. 2014, § 573 Rn. 33.

[14] An dieser Stelle ist das „Verschulden" des M als anspruchsbegründendes Tatbestandsmerkmal umfassend zu prüfen. Im Rahmen der Interessenabwägung für die Bejahung der Unzumutbarkeit der Fortführung des Mietverhältnisses (Rn. 8) war eine solche detaillierte Prüfung nicht zwingend notwendig, da das Verschulden nicht die Qualität eines Tatbestandsmerkmals hatte, von dessen Erfüllung die Existenz des Anspruchs abhing, sondern lediglich eines der Abwägungskriterien war.

[15] Vgl. etwa Palandt/*Grüneberg* § 276 Rn. 28; zur Geltung des Grundsatzes der unbeschränkten Vermögenshaftung („Geld hat man zu haben") für Mietschulden BGH, Urt. v. 4.2.2015 – VIII ZR 175/14.

[16] Entwurfsbegr. zum SMG, BT-Drucks. 14/6040, S. 132.

Nach allem trifft daher den Schuldner die Beweislast.[17] Anhaltspunkte, warum hier ein Verschulden von M ausgeschlossen sein könnte, sind nicht ersichtlich.

### cc) Ergebnis

Die Verletzung der Zahlungspflicht durch M ist schuldhaft, so dass ein Kündigungs- 23 grund nach § 573 Abs. 2 Nr. 1 BGB vorliegt.[18]

### b) Form

Die Schriftform gem. § 568 Abs. 1 BGB ist gewahrt; das Schreiben von V enthält 24 die gem. § 573 Abs. 3 BGB erforderliche Angabe des Kündigungsgrundes.

### c) Kein wirksamer Widerspruch von M

M könnte der Kündigung gem. § 574 Abs. 2 BGB wirksam widersprochen und die 25 Fortsetzung des Mietverhältnisses verlangt haben. Das ist der Fall, wenn die Beendigung des Mietverhältnisses eine Härte bedeutet, die auch unter Würdigung der berechtigten Interessen des Vermieters nicht zu rechtfertigen ist. Eine Härte könnte sich aus dem Vorbringen von M ergeben, er könne keinen ähnlich geeigneten Ersatzwohnraum bekommen. Insoweit ist jedoch nur auf die Existenz geeigneten Wohnraums abzustellen, ohne dass zwangsläufig eine Verbindung mit dem Atelier möglich sein muss. § 574 BGB soll Härten verhindern, nicht jedoch dem Mieter eine bisher bestehende bequeme Verbindung von Wohnen und Arbeiten sichern. Die Beweislast für eine solche besondere Härte liegt bei M. Sonstige Härtegesichtspunkte sind nicht ersichtlich. Der Widerspruch und das Fortsetzungsverlangen von M sind daher unerheblich.

### d) Frist/Zwischenergebnis

Die Kündigung von V vom 3.11.2014 entspricht den Erfordernissen einer ordent- 26 lichen Kündigung. Wie unter a) geprüft, wirkt eine ordentliche Kündigung wegen der verlängerten Kündigungsfrist aber erst zum 31.12.2015.

## 2. Geltungswille bezüglich ordentlicher Kündigung

Zu prüfen ist, ob eine ordentliche Kündigung von V gewollt gewesen wäre, wenn 27 ihr die (unterstellte) Unwirksamkeit einer fristlosen Kündigung bekannt gewesen wäre. V kam es darauf an, den bezüglich der Mietzahlung unzuverlässigen M so schnell wie möglich loszuwerden. Zu diesem Zweck war zwar primär eine fristlose Kündigung gewollt. Wenn V gewusst hätte, dass die fristlose Kündigung unwirksam ist, hätte sie aber die Geltung einer ordentlichen Kündigung gewollt.

---

[17] Vgl. auch MünchKomm/*Häublein* § 573 Rn. 65 (entsprechende Anwendung von §§ 280 Abs. 1 S. 2, 286 Abs. 4 BGB).

[18] Eine Abmahnung ist im Rahmen des § 573 Abs. 1, Abs. 2 Nr. 1 BGB nach BGH NJW 2008, 508 nicht erforderlich.

### 3. Ergebnis

**28** Sollte das Gericht die Kündigung der V als fristlose Kündigung für unwirksam halten, wäre sie gem. § 140 BGB in eine ordentliche Kündigung mit Wirkung zum 31.12.2015 umzudeuten. V hätte dann erst ab dem 1.1.2016 gegen M einen Anspruch auf Räumung der Wohnung aus § 546 Abs. 1 BGB und zusätzlich auch die bei der fristlosen Kündigung bejahten sachen- und bereicherungsrechtlichen Herausgabeansprüche.

## Abwandlung

### I. Anspruch der V gegen M aus §§ 280 Abs. 1 u. 3, 281 BGB

**29** V könnte gegen M einen Anspruch auf Erstattung der Kosten für die Schönheitsreparaturen aus §§ 280 Abs. 1 u. 3, 281 BGB haben. Voraussetzung dafür ist gem. § 280 Abs. 1 BGB, dass M eine ihm obliegende Verpflichtung aus dem Mietvertrag schuldhaft verletzt hat und V dadurch ein Schaden entstanden ist.

### 1. Verpflichtung von M zur Durchführung von Schönheitsreparaturen

**30** Zwischen den Parteien bestand ein wirksamer Mietvertrag. Dieser sah in § 8 vor, dass M zur Durchführung von Schönheitsreparaturen[19] verpflichtet ist.

> Zur AGB-Prüfung vgl. Fall 24 Rn. 46.

Zu prüfen ist, ob die entsprechende Vertragsklausel **wirksam** ist. Es handelt sich bei der Klausel um eine Allgemeine Geschäftsbedingung i. S. v. § 305 Abs. 1 S. 1 BGB, die daher den Anforderungen des AGB-Rechts genügen muss. Mit der Unterschrift der beiden Parteien unter den die Klausel enthaltenden Mietvertrag ist sie gem. § 305 Abs. 2 BGB wirksam einbezogen worden, da sie aufgrund ihrer Üblichkeit auch nicht überraschend i. S. v. § 305c Abs. 1 BGB war.

**31** Es stellt sich jedoch die Frage, ob eine Überwälzung der Verpflichtung zur Erledigung von Schönheitsreparaturen den Mieter unangemessen i. S. v. § 307 Abs. 1 BGB benachteiligt. Eine unangemessene Benachteiligung ist gem. § 307 Abs. 2 Nr. 1 BGB im Zweifel anzunehmen, wenn die Bestimmung mit wesentlichen Grundgedanken der gesetzlichen Regelung, von der abgewichen wird, unvereinbar ist. Grundsätzlich gehört es zu den Hauptleistungspflichten des Vermieters, das Mietobjekt während der Mietzeit in einem für den vertragsgemäßen Gebrauch geeigneten Zustand zu halten (§ 535 Abs. 1 S. 2 BGB). Entsprechend ist er nach dem

---

[19] Zum Begriff vgl. § 28 Abs. 4 S. 3 II. BV: „Schönheitsreparaturen umfassen nur das Tapezieren, Anstreichen oder Kalken der Wände und Decken, das Streichen der Fußböden, Heizkörper einschließlich Heizrohre, der Innentüren sowie der Fenster und Außentüren von innen."

dispositiven Gesetzesrecht auch zur Durchführung von Schönheitsreparaturen verpflichtet.

### a) Wirksamkeit der Schönheitsreparaturklausel als solcher

Die Übertragung der Verpflichtung auf den Mieter wäre dann eine unangemesse- **32** ne Benachteiligung, wenn ihr keine gleichwertigen Vorteile auf Seiten des Mieters entgegenstünden. Letztlich wird die Übertragung der Schönheitsreparaturen in der Regel jedoch bei der Berechnung der Miete berücksichtigt. Wäre der Vermieter auch zur Durchführung von Schönheitsreparaturen verpflichtet, würde er in der Regel eine höhere Miete fordern, so dass man die Verpflichtung quasi als Bestandteil des Mietzinses ansehen kann.[20] Gerade wenn der Mieter die Mietsache jedoch weiter nutzt, entspricht es üblicherweise den Interessen der Parteien, den Mieter mit der Durchführung von Schönheitsreparaturen zu betrauen, statt ihm einen höheren Mietzins aufzuerlegen. Zum einen kann der Mieter bei der Durchführung der Schönheitsreparaturen in der Regel eigene Wünsche hinsichtlich Farbgebung, Qualität der Ausführung etc. in größerem Maße einbringen, als wenn der Vermieter die Renovierung durchführen müsste. Zum anderen entfallen die ansonsten notwendigen Abstimmungen zwischen Mieter und Vermieter. Letzterer muss nicht Termine zwischen Handwerkern und dem Mieter koordinieren.

Hinzu kommt, dass inzwischen die Übertragung der Schönheitsreparaturverpflichtung praktisch bereits den Status einer Verkehrssitte hat.[21]

Daraus folgt, dass eine Überwälzung der Verpflichtung zu Schönheitsreparaturen **33** auf den Mieter der AGB-rechtlichen Generalklausel des § 307 Abs. 1 und 2 BGB grundsätzlich standhält,[22] solange der Mieter nicht mit Renovierungsverpflichtungen belastet wird, die über den tatsächlichen, nach der gesetzlichen Regelung vom Vermieter geschuldeten Renovierungsbedarf hinausgehen. Insofern stellt sich hier die Frage, ob die konkret vorgeschlagene Fristenregelung den M übermäßig benachteiligt, da die Renovierungsintervalle zu kurz sind. Die vorgesehenen Fristen entsprechen denen im Mustermietvertrag des Bundesjustizministeriums von 1976. Trotz kritischer Stimmen in der Literatur, die in Anbetracht der zwischenzeitlichen Entwicklung der Bausubstanz und der Materialien längere Fristen für angemessen halten,[23] dürfte zur Zeit noch von einer Angemessenheit der Fristen auszugehen sein.[24]

---

[20] BGHZ 92, 363, 368, 371; BGHZ 181, 188 = NJW 2009, 2590 Rn. 20.

[21] BGHZ 92, 363, 368; 101, 253, 263.

[22] BGHZ 92, 363, 367 ff.; 101, 253, 261 ff.; BGH NJW 2006, 2115 Rn. 11; Palandt/*Weidenkaff* § 535 Rn. 43 m. w. N.

[23] Palandt/*Weidenkaff* § 535 Rn. 47; *Langenberg* WuM 2006, 122; vgl. auch *Artz* NZM 2007, 265, 274; *Kappus* ZMR 2007, 31, 32; *Beyer* NJW 2008, 2065, 2066 f.; *ders.* ZGS 2009, 353, 357.

[24] So die bisherige Rspr. des BGH, z. B. BGH NJW 2004, 2586, 2587 (unter II 2 b); *Schrader* Jura 2010, 241, 245. In der Entscheidung BGH NJW 2007, 3632 (Rn. 13) hat der BGH jedenfalls für Altverträge an seiner bisherigen Rspr. festgehalten und offengelassen, ob es für Neuverträge einer Anpassung der Fristen bedarf.

**34**     Im konkreten Fall ist die Schönheitsreparatur auch nicht an starre Fristen gebunden. Entsprechende Klauseln, die eine Verpflichtung des Wohnraummieters enthalten, innerhalb einer vorgegebenen Frist zwingend Renovierungsarbeiten durchzuführen, hat der BGH wegen Verstoßes gegen § 307 Abs. 1 S. 1, Abs. 2 Nr. 1 BGB
für unwirksam erklärt.[25] Nach der vorliegenden Klausel hat M „in der Regel" in den
dort angegebenen Intervallen zu renovieren. Sollte sich aufgrund einer unterhalb
des Normalwerts liegenden Abnutzung der Wohnung noch kein Renovierungsbedarf nach Ablauf des Renovierungsintervalls ergeben, bestand nach dem Wortlaut
der Klausel keine Renovierungsverpflichtung, die ja auf den Regelfall beschränkt
war. Solche Klauseln sind nach der Rechtsprechung des BGH zulässig.

### b) Wirksamkeit in Verbindung mit der Abgeltungsklausel

**35**     Fraglich ist, ob sich die Unwirksamkeit der Schönheitsreparaturklausel aus dem Zusammenhang mit der Abgeltungsklausel in § 12 ergibt. Abgeltungsklauseln tragen
grundsätzlich der Tatsache Rechnung, dass der Mietvertrag unter Umständen vor
Fälligwerden der Renovierungsverpflichtung als solcher endet. Sieht man die Renovierungsverpflichtung als einen Bestandteil des Mietzinses an, so ergibt sich daraus
zwangsläufig, dass der Mieter anteilig mit dem Kosten für den bereits „abgewohn-
ten" Teil des Renovierungsintervalls belastet werden muss. Die Einräumung eines
Wahlrechts für den Schuldner, entweder die Renovierung zu bezahlen oder aber
sie selber vorzunehmen, ist nicht beanstandungswürdig. Sie ermöglicht es insbesondere handwerklich versierten Mietern, ihre grundsätzlich bestehende Zahlungsverpflichtung durch eine entsprechende Eigenleistung zu ersetzen. Insofern führt
grundsätzlich auch die Verbindung der Schönheitsreparaturklausel in Zusammenhang mit der Abgeltungsklausel nicht zu deren Unwirksamkeit.[26]

**36**     Im konkreten Fall könnte die Abgeltungsklausel jedoch wegen einer starren
Fristenlösung unwirksam sein. Allerdings würde das nur dann zur Unwirksamkeit
der Schönheitsreparaturklausel führen, wenn beide Klauseln untrennbar miteinander verbunden wären und es sich nicht um selbständige Teilregelungen handelte.
Für letzteres spricht bereits ihre formale Ausgestaltung in zwei separaten Paragra-
phen der AGB. Hinzu kommt, dass sich die Klauseln auch inhaltlich ohne weiteres trennen lassen. Zwar stellt die Abgeltungsklausel eine sinnvolle Ergänzung der
Schönheitsreparaturklausel für die Fälle des Auszugs vor Fälligkeit der Reparatur-
verpflichtung dar, ist aber keineswegs ein notwendiger Bestandteil von dieser. Vielmehr kann die Verpflichtung zur Durchführung von Schönheitsreparaturen völlig
unabhängig von einer Abgeltungsklausel bestehen bleiben. Insofern kann an dieser
Stelle dahingestellt bleiben, ob die Abgeltungsklausel wirksam ist, da ihre Unwirksamkeit keinen Einfluss auf die Wirksamkeit der Schönheitsreparaturklausel hätte.

### 2. Fälligkeit der Schönheitsreparaturen

**37**     Grundsätzlich entstand die Verpflichtung zur Durchführung von Schönheitsreparaturen erst nach drei Jahren. Aus dem Sachverhalt lässt sich nicht entnehmen, dass

---

[25] BGH NJW 2004, 2586; für Gewerberaummietvertrag BGH ZIP 2009, 275.
[26] Vgl. BGHZ 105, 71, 79 ff. = NJW 1988, 2790; BGH NJW 2007, 3632 Rn. 15.

aufgrund einer erhöhten Abnutzung bereits eine frühere Fälligkeit der Verpflichtung eingetreten ist. Entsprechend war die Verpflichtung zur Durchführung von Schönheitsreparaturen nach § 8 des Mietvertrages noch nicht fällig, so dass M keine Pflichtverletzung i. S. v. § 280 Abs. 1 S. 1 BGB begangen hat.

Aus § 12 des Mietvertrages ergibt sich keine direkte Verpflichtung zur Durchführung von Schönheitsreparaturen. Vielmehr hat M allein das Recht, seine vertraglich vorgesehene Abgeltungsverpflichtung durch die Durchführung von Schönheitsreparaturen zu ersetzen. Da er von seinem Wahlrecht keinen Gebrauch gemacht hat, bleibt es bei der Abgeltungsverpflichtung.

### 3. Ergebnis

V hat keinen Anspruch auf Ersatz der Kosten für die Schönheitsreparaturen aus   **38**
§§ 280 Abs. 1, 3, 281 BGB.

**Exkurs**

Hätte M die mietvertragliche Pflicht zur Durchführung von Schönheitsreparaturen verletzt, setzte ein Schadensersatzanspruch der V gem. § 281 Abs. 1 S. 1 grds. den Ablauf einer Frist zur Nacherfüllung voraus. Der Auszug des Mieters ohne Ausführung der Schönheitsreparaturen kann aber eine endgültige Erfüllungsverweigerung i. S. v. § 281 Abs. 2 BGB darstellen, so dass die Fristsetzung entbehrlich sein kann (BGHZ 49, 56, 59 f.; BGH NJW 1991, 2416, 2417; 1998, 1303 f.; 2014, 1521 Rn. 27 f.; Palandt/*Grüneberg* § 281 Rn. 14).

## II. Anspruch auf anteilige Abgeltung der Schönheitsreparaturen

V könnte einen Anspruch auf Zahlung eines anteiligen Beitrags zu den Schönheits-   **39**
reparaturen aus der Abgeltungsklausel in § 12 des Mietvertrages gegen M haben. Wie oben ausgeführt (Rn. 35), sind Abgeltungsklauseln bei entsprechender Ausgestaltung weder für sich genommen noch in Kombination mit der Schönheitsreparaturklausel nach § 307 BGB unwirksam.

Im konkreten Fall beruft sich M jedoch auf eine Unwirksamkeit der Klausel we-   **40**
gen einer starren Fristenregelung. Diese stehe im Konflikt zu der Rechtsprechung des BGH zu starren Fristen in Schönheitsreparaturklauseln.[27] Hält man starre Fristenregelungen für die Verpflichtung zur Schönheitsreparatur für eine unangemessene Benachteiligung des Mieters, muss das prinzipiell auch für entsprechende Abgeltungsklauseln gelten. Es wäre in sich widersprüchlich, bei der Verpflichtung zur Schönheitsreparatur den tatsächlichen Abnutzungsgrad zu berücksichtigen, die anteilige Abgeltung von Reparaturverpflichtungen im Falle eines Auszugs vor Fälligkeit aber völlig losgelöst von der tatsächlichen Abnutzung zu berechnen. Das kann im Einzelfall dazu führen, dass ein Mieter eine übermäßig hohe Abgeltungsquote zu tragen hat, wenn der von ihm verursachte Abnutzungsgrad unterhalb des normalen Abnutzungsgrades liegt, was insbesondere Folge einer geringen Nutzung der Wohnung sein kann. Entsprechend hat auch der BGH Abgeltungsklauseln mit starrem

---

[27] Vgl. nur BGH NJW 2004, 2586; 2004, 3775, 3776.

Fristenplan gem. § 307 Abs. 1 S. 1, Abs. 2 Nr. 1 BGB für unwirksam erklärt, weil
sie mit dem Grundgedanken des § 535 Abs. 1 S. 2 BGB nicht zu vereinbaren ist.[28]

41    Es stellt sich die Frage, ob die Fristenregelung von der sonstigen Abgeltungsklausel trennbar ist und damit zumindest letztere wirksam bleibt. Bereits von ihrer
äußeren Aufmachung und ihrer sprachlichen Gestaltung stellen sich beide Bestand-
teile der Abgeltungsklausel als eine einheitliche Regelung dar. Ohne die genannte
Quotelung lässt sich der Umfang der Abgeltungspflicht kaum errechnen. Denkbar
wäre insofern allein ein Rückgriff auf die flexiblen Fristen der Schönheitsreparaturklausel. Durch die davon abweichende starre Fristenregelung der Abgeltungsklausel
haben die Parteien jedoch zum Ausdruck gebracht, dass für letztere andere Fristen
gelten sollten. Entsprechend scheidet auch eine ergänzende Vertragsauslegung aus.

42    **Ergebnis** Die Abgeltungsklausel ist daher unwirksam, so dass V von M keine
anteilige Zahlung der Kosten für die Schönheitsreparatur verlangen kann.

### Zusatzproblem

Welche Ansprüche hat M gegen V, wenn M trotz einer unwirksamen Schönheitsreparaturklausel
die Wohnung renoviert hat (vgl. BGHZ 181, 188 = NJW 2009, 2590, dazu *Blank* NZM 2010, 97)?
    Denkbar ist zunächst ein Anspruch auf Schadensersatz aus §§ 280 Abs. 1, 311 Abs. 2, 241
Abs. 2 BGB. In der Verwendung unwirksamer AGB liegt die Verletzung einer vorvertraglichen
Pflicht zur Rücksichtnahme. Ob dies zu einem Schadensersatzanspruch führt, hängt davon ab,
ob dem Verwender ein Verschuldensvorwurf zu machen ist. Dies hängt vom Einzelfall ab und ist
jedenfalls dann zu verneinen, wenn V eine Klausel verwendet hat, die zum Zeitpunkt des Vertragsschlusses von der Rspr. noch nicht beanstandet worden war.
    In Betracht kommt weiter ein Anspruch des M gegen V auf Aufwendungsersatz aus § 539
Abs. 1 i. V. m. §§ 670, 683 S. 1, 677 BGB nach den Regeln der Geschäftsführung ohne Auftrag.
Hier könnte in der Renovierung ein für M „auch fremdes" Geschäft liegen. Der BGH hat aber
argumentiert, die Übernahme der Schönheitsreparaturen sei bei wirtschaftlicher Betrachtung Teil
des Entgelts, also der Gegenleistung, die der Mieter für die Gebrauchsüberlassung zahle. Damit
werde er ausschließlich im eigenen Rechts- und Interessenkreis tätig. Genauso wenig wie der
Mieter zuviel gezahlte Miete über die Regeln der GoA zurückverlangen könne, seien die Renovie-
rungsaufwendungen im Rahmen der GoA ersatzfähig.[29]
    M könnte gegen V aber einen Anspruch auf Wertersatz aus § 812 Abs. 1 S. 1 Fall 1 BGB haben.
V hat durch Leistung des M eine Werkleistung erlangt. Wegen der Unwirksamkeit der AGB geschah dies ohne Rechtsgrund. Hierfür muss V nach § 818 Abs. 2 BGB Wertersatz leisten, da eine
Herausgabe *in natura* nicht möglich ist. Der Wertersatz soll üblicherweise danach zu bemessen
sein, was der Mieter billigerweise neben einem Einsatz an freier Zeit als Kosten für das notwendige Material sowie als Vergütung für die Arbeitsleistung seiner Helfer aus dem Verwandten- und
Bekanntenkreis aufgewendet hat oder hätte aufwenden müssen.[30] Bei Beauftragung eines Hand-
werkers sollen die tatsächlich angefallenen Aufwendungen ersatzfähig sein.[31]

---

[28] BGH NJW 2006, 3778, 3780 f.

[29] Vgl. BGHZ 181, 188 Rn. 20 f.; *Lorenz* NJW 2009, 2576; *Lange* ZGS 2009, 442, 445 ff. (der
maßgeblich auf den fehlenden Fremdgeschäftsführungswillen abstellt).

[30] BGHZ 181, 188 Leitsatz 2 und Rn. 24; *Beyer* ZGS 2009, 353, 364 f.

[31] Krit. *Lorenz* NJW 2009, 2576, 2577, der die Unterscheidung für einen Verstoß gegen das Grund-
axiom, dass es allein auf die Bereicherung des Bereicherungsschuldners ankomme, hält und bei
fachmännischer Reparatur stets den üblichen Handwerkerlohn für ersatzfähig hält.

# Fall 18

Völler (V) ist Eigentümer eines Hausgrundstücks, in dessen Erdgeschoss er seit Jahren eine Gaststätte betreibt. Da er vor kurzem 65 Jahre alt geworden ist und sich zur Ruhe setzen will, sucht er einen Nachfolger, der das Geschäft übernimmt. Nach Prüfung der Geschäftszahlen entschließt sich Meitzner (M) zur Übernahme der Gaststätte. Am 1.3.2012 schließen die beiden einen schriftlichen Vertrag, der vorsieht, dass V dem M die vollständig ausgestattete Gaststätte ab sofort zunächst befristetet bis zum 28.2.2017 für monatlich 2500 € überlässt. Nach einigen Monaten muss M feststellen, dass der Umsatz weit hinter dem zurückbleibt, was er sich bei Vertragsschluss vorgestellt hat, und dass er deshalb kaum kostendeckend arbeiten kann. Als zum 1.1.2013 durch Landesgesetz zum Zwecke des Schutzes der Bevölkerung vor den gesundheitlichen Gefahren des Passivrauchens ein allgemeines Rauchverbot in Gaststätten eingeführt wird, verschlechtert sich die Umsatzsituation weiter, weil viele rauchende Gäste nicht mehr kommen. Mit der Einführung des Rauchverbots hatte bei Vertragsschluss weder V noch M gerechnet. Im März 2013 kündigt M den Vertrag mit V daher zum nächstmöglichen Termin. Er beruft sich darauf, dass das Pachtobjekt mangelhaft sei oder jedenfalls die Geschäftsgrundlage des Vertrages weggefallen sei. V meint dagegen, M müsse ihm bis zum vereinbarten Ende des Vertrages im Februar 2017 monatlich 2500 € zahlen.

Hat V recht?

© Springer-Verlag Berlin Heidelberg 2015
P. Balzer et al., *Die Schuldrechtsklausur I,* Tutorium Jura,
DOI 10.1007/978-3-662-45662-0_18

## Lösung Fall 18

▶   In diesem kurzen Fall wird zunächst die Abgrenzung zwischen Miete und
     Pacht thematisiert. Anschließend geht es um die Frage, ob der Pächter
     (für den gewerblichen Mieter gilt nichts wesentlich anderes) sich vom
     Vertrag lösen kann, wenn im Laufe der Pachtzeit unerwartete wirtschaft-
     liche Probleme auftreten.

1   Zu prüfen ist, ob V von M bis Februar 2017 **Zahlung von Pachtzinsen** i. H. v.
    2500 € monatlich aus dem Pachtvertrag gem. § 581 Abs. 1 S. 2 BGB verlangen
    kann. Dann müsste der am 1.3.2012 von V und M geschlossene Vertrag ein Pacht-
    vertrag sein, und dieser dürfte durch die Kündigung des M nicht vorzeitig beendet
    worden sein.

### I. Abschluss eines Pachtvertrages

2   Fraglich ist zunächst, ob V und M tatsächlich einen Pachtvertrag geschlossen
    haben. Denkbar wäre auch ein Mietvertrag i. S. v. § 535 BGB. Der Pachtvertrag
    unterscheidet sich vom Mietvertrag dadurch, dass er nicht nur zum Gebrauch der
    Sache berechtigt, sondern auch zur Fruchtziehung (§ 99 BGB). Bei der Überlas-
    sung von Geschäftsräumen gilt Folgendes:[1] Es handelt sich um einen Mietvertrag,
    wenn der angestrebte wirtschaftliche Erfolg primär aufgrund der eigenen Leistung
    der Vertragspartei, der die Geschäftsräume überlassen werden, eintreten soll, wenn
    die Räume also bloß der örtliche Mittelpunkt der unternehmerischen Tätigkeit sein
    sollen. Ist der angestrebte wirtschaftliche Erfolg dagegen bereits in der Sache an-
    gelegt und kann grundsätzlich von jeder geeigneten Person erzielt werden, die die
    Sache ihrem Zweck entsprechend einsetzt, handelt es sich um einen Pachtvertrag.
    Letzteres ist regelmäßig dann der Fall, wenn die Räume bereits so eingerichtet und
    ausgestattet sind, dass sie sich für einen bestimmten Betrieb eignen.
        Hier waren die dem M überlassenen Räume voll eingerichtet und ausgestattet, so
    dass sie ohne weitere Anstrengungen durch M für den Betrieb der Gaststätte genutzt
    werden konnten. Die überlassenen Räume sollten daher die Quelle des angestrebten
    wirtschaftlichen Erfolgs sein. Folglich liegt ein Pachtvertrag vor.
3       Gem. §§ 581 Abs. 2, 578 Abs. 2 i. V. m. 1, 550, 126 BGB bedarf ein Pachtvertrag
    über Geschäftsräume für die Dauer von mehr als einem Jahr der Schriftform. Diese
    ist hier eingehalten. Im Übrigen hätte die Nichteinhaltung der Schriftform nicht
    gem. § 125 S. 1 BGB die Nichtigkeit des Vertrages, sondern lediglich die Geltung
    des Vertrages für unbestimmte Zeit zur Folge (§ 550 BGB).

---

[1] Vgl. RGZ 81, 23, 24 f.; 122, 274, 276; BGH NJW 1979, 2351, 2352; MünchKomm/*Harke* § 581
Rn. 11; Palandt/*Weidenkaff* Einf v § 535 Rn. 16; Staudinger/*Schaub* (2013) Vor § 581 Rn. 35 f.

## II. Kündigung des Pachtvertrages

Möglicherweise ist der Pachtvertrag aber durch Kündigung des M beendet worden. **4**
Voraussetzung dafür sind eine Kündigungserklärung und – für eine außerordentliche Kündigung – ein Kündigungsgrund (vgl. Fall 17 vor Rn. 17).

### 1. Kündigungserklärung
Hier hat M den Pachtvertrag zum nächstmöglichen Zeitpunkt gekündigt. Eine der- **5**
artige Erklärung ist als außerordentliche, hilfsweise ordentliche Kündigung auszulegen (§§ 133, 157 BGB).

### 2. Mögliche Kündigungsgründe für eine außerordentliche Kündigung
**a) §§ 543 Abs. 1, 581 Abs. 2 BGB**
Fraglich ist zunächst, ob M gem. §§ 543 Abs. 1, 581 Abs. 2 BGB aus wichtigem **6**
Grund außerordentlich fristlos kündigen konnte.

Nach **§ 543 Abs. 2 S. 1 Nr. 1 BGB** liegt ein wichtiger Grund vor, wenn dem Pächter der vertragsgemäße Gebrauch der Pachtsache (oder der vertragsgemäße Fruchtgenuss[2]) nicht gewährt worden ist, wobei gem. § 543 Abs. 3 BGB vor einer Kündigung grundsätzlich zunächst eine Frist zur Abhilfe gesetzt werden muss. Der Verpächter gewährt dem Pächter nicht den vertragsgemäßen Gebrauch der Sache, wenn diese einen Sachmangel i. S. v. § 536 BGB aufweist.[3] Darunter fällt sowohl ein Mangel i. S. v. § 536 Abs. 1 BGB als auch das Fehlen einer zugesicherten Eigenschaft i. S. v. § 536 Abs. 2 BGB. Letzteres kommt hier offensichtlich nicht in Betracht: Zwar kann auch die Ertragsfähigkeit eines Unternehmens und der zu erreichende Umsatz Eigenschaft der Pachtsache sein. Es ist aber nichts dafür ersichtlich, dass V für die Ertragsfähigkeit der Gaststätte einstehen wollte; es fehlt also an einer Zusicherung.

Fraglich ist daher allein, ob die Pachtsache mit einem Sachmangel nach §§ 536 **7**
Abs. 1, 581 Abs. 2 BGB behaftet ist. Ein Mangel in diesem Sinne ist eine für den Pächter nachteilige Abweichung des tatsächlichen Zustands der Pachtsache vom vertraglich vorausgesetzten.[4] Ein Mangel könnte hier zum einen allgemein in der mangelnden Ertragsfähigkeit der Gaststätte und zum anderen in der Gebrauchsbeeinträchtigung durch die Einführung des Rauchverbots liegen.

Bei der Frage, ob ein unter den Erwartungen des Pächters liegender Umsatz **8**
einen Mangel begründet, ist zu berücksichtigen, dass der Verpächter grundsätzlich nicht dafür einzustehen hat, dass die Erwartungen eintreten, die der Pächter mit dem Geschäftsbereich verbindet. Das Gewinnrisiko liegt beim Pächter.[5] Ein Mangel kann deshalb nur angenommen werden, wenn der Grund für das Verfehlen der wirtschaftlichen Ziele des Pächters in einer erheblichen Beeinträchtigung der Nut-

---

[2] Zur Ergänzung des § 543 BGB bei Anwendung auf den Pachtvertrag Staudinger/*Schaub* (2013) § 581 Rn. 445.

[3] Mot. II, S. 418 ff.; BGH WM 1983, 660; Palandt/*Weidenkaff* § 543 Rn. 18.

[4] BGH NJW 2011, 3151 Rn. 8; Palandt/*Weidenkaff* § 536 Rn. 16.

[5] BGH NJW 2011, 3151 Rn. 9; 1982, 2062, 2063 m. w. N.; vgl. auch OLG Düsseldorf MDR 2010, 1244, 1245.

zungsmöglichkeit der Pachtsache liegt. Hier ist – jedenfalls für die Zeit vor Einführung des Rauchverbots – nichts dafür ersichtlich, dass der Grund für den mangelnden Umsatz in der Pachtsache selbst (also etwa in den Räumen und der Ausstattung)
liegt. Auch ist dem Sachverhalt nicht zu entnehmen, dass die Ertragsfähigkeit der
Gaststätte durch äußere Einflüsse unmittelbar beeinträchtigt wird. Vielmehr ist davon auszugehen, dass M aufgrund von Umständen, die seinem unternehmerischen
Risiko zuzuordnen sind, nicht den Umsatz erzielt, den er sich vorgestellt hat. Deshalb ist jedenfalls für die Zeit vor Einführung des Rauchverbots ein Mangel der
Pachtsache zu verneinen.

9      Fraglich ist, ob sich daran am 1.1.2013 durch die gesetzliche Einführung des
Rauchverbots etwas geändert hat. Wenn sich aufgrund gesetzgeberischer Maßnahmen während eines laufenden Pachtverhältnisses Beeinträchtigungen des vertragsgemäßen Gebrauchs eines gewerblichen Pachtobjekts ergeben, kann dies einen
nachträglichen Sachmangel begründen.[6] Allerdings muss die von der gesetzgeberischen Maßnahme bewirkte Gebrauchsbeschränkung dazu unmittelbar mit der konkreten Beschaffenheit, dem Zustand oder der Lage des Pachtobjekts im Zusammenhang stehen; nicht ausreichend ist, dass sie bloß an die betrieblichen Verhältnisse
des Pächters anknüpft und dadurch dessen geschäftlichen Erfolg beeinträchtigt.[7]
Denn das Verwendungsrisiko trägt, wie bereits ausgeführt, der Pächter. Das Rauchverbot knüpft nicht unmittelbar an die bauliche Beschaffenheit des Pachtobjekts
an, sondern an seine Nutzung als Gaststätte. Es bezieht sich folglich auf die Art
und Weise der Betriebsführung des Pächters, betrifft also nur dessen betriebliche
Verhältnisse.[8] Insofern ist das Rauchverbot dem Risikobereich des Pächters zuzuordnen. Es begründet keinen Mangel des Pachtobjekts. Folglich sind die Voraussetzungen des § 543 Abs. 2 S. 1 Nr. 1 BGB auch nach Einführung des Rauchverbots
nicht erfüllt.

10     Denkbar wäre noch, dass den M hier ein wichtiger Grund nach der Generalklausel des **§ 543 Abs. 1 S. 2 i. V. m. § 581 Abs. 2 BGB** zur außerordentlichen
Kündigung berechtigt. Dann müsste ihm die Fortsetzung des Pachtverhältnisses
unter Abwägung der beiderseitigen Interessen nicht zumutbar sein. Wie bereits gezeigt, trägt der Pächter das Verwendungs- und Gewinnrisiko, das sich hier in dem
geringen Umsatz realisiert. Angesichts dieser Risikoverteilung ist dem M eine Fortsetzung des Pachtvertrages bis zum Ablauf der Kündigungsfrist nicht unzumutbar.
M ist nach allem nicht zur außerordentlichen Kündigung gem. §§ 543 Abs. 1, 581
Abs. 2 BGB berechtigt.

### b) § 314 BGB

11     Möglicherweise steht dem M jedoch ein Recht zur außerordentlichen Kündigung
aus § 314 BGB zu. § 314 BGB ist zum 1.1.2002 in das BGB eingefügt worden,

---

[6] BGH NJW 2011, 3151 Rn. 9. Öffentlich-rechtliche Beschränkungen, die sich auf die Benutzbar-
keit der Sache beziehen, können einen Sachmangel begründen, keinen Rechtsmangel. Ein Rechtsmangel i. S. d. § 536 Abs. 3 BGB ist nur bei entgegenstehenden Rechten Privater anzunehmen
(Palandt/*Weidenkaff* § 536 Rn. 18, 27).
[7] BGH NJW 2011, 3151 Rn. 9.
[8] BGH NJW 2011, 3151 Rn. 12 f.

um das von Rechtsprechung und Lehre für Dauerschuldverhältnisse entwickelte Kündigungsrecht aus wichtigem Grund zu kodifizieren. Dabei sollten die im Besonderen Teil des Schuldrechts geregelten speziellen Kündigungsrechte jedoch als *leges speciales* Vorrang vor der allgemeinen Norm des § 314 BGB haben. Für Miete und Pacht ist die außerordentliche Kündigung gem. §§ 543, 569 BGB daher eine abschließende, gegenüber § 314 BGB vorrangige Sonderregelung. M kann somit aus § 314 BGB kein Recht zur außerordentlichen Kündigung haben.

### c) § 313 BGB
Ein Kündigungsrecht des M könnte sich weiterhin aus § 313 Abs. 3 S. 2 BGB wegen einer Störung der Geschäftsgrundlage des Pachtvertrages gem. § 313 Abs. 1 u. 2 BGB ergeben. **12**

### aa) Anwendbarkeit
Dann müssten die Vorschriften über die Störung der Geschäftsgrundlage zunächst anwendbar sein. Dies wäre nicht der Fall, wenn das Recht zur außerordentlichen Kündigung gem. §§ 543, 581 Abs. 2 BGB gegenüber § 313 BGB *lex specialis* wäre. Hier ist zu differenzieren:[9] Soweit sich die Vertragsstörung auf einen Mangel oder eine zugesicherte Eigenschaft der Pachtsache bezieht, bildet die pachtvertragliche Gewährleistung eine abschließende Sonderregelung. Im Übrigen ist § 313 BGB aber anwendbar. Hier wurde bereits oben gezeigt, dass es sich weder bei der mangelnden Ertragsfähigkeit noch bei dem Rauchverbot um einen Umstand handelt, der einen Mangel begründen kann. Folglich ist § 313 BGB im Grundsatz anwendbar. **13**

### bb) Voraussetzungen des § 313 BGB
Für eine Störung der Geschäftsgrundlage ist erforderlich, dass ein Umstand, in dem Vorstellung oder Erwartung bei Vertragsschluss und Wirklichkeit auseinanderfallen, zur Geschäftsgrundlage geworden ist und dass diese Abweichung so schwer wiegt, dass der benachteiligten Partei die Erfüllung des Vertrages zu den vereinbarten Konditionen unzumutbar geworden ist. Ein Rücktritt bzw. eine Kündigung kommt darüber hinaus erst dann in Betracht, wenn die vorrangige Anpassung des Vertrages unmöglich oder unzumutbar ist (§ 313 Abs. 3 BGB). **14**

Damit ein Umstand zur Geschäftsgrundlage wird, ist erforderlich, dass der Umstand zumindest von einer Partei für die andere Partei erkennbar bei Vertragsschluss vorausgesetzt worden ist (reales Element), dass dieser Umstand für die erstgenannte Partei so wichtig ist, dass sie den Vertrag ansonsten nicht oder nicht so abgeschlossen hätte (hypothetisches Element) und dass sich schließlich die andere Partei auf die Berücksichtigung des Umstands redlicherweise hätte einlassen müssen (normatives Element).[10] **15**

---

[9] BGHZ 98, 100, 103; BGH NJW-RR 1992, 267; NJW 2000, 1714; OLG Koblenz NZM 1999, 1100; zum Kaufrecht BGHZ 191, 139 = NJW 2012, 373 Rn. 12 f.; MünchKomm/*Finkenauer* § 313 Rn. 166 f.; Palandt/*Weidenkaff* § 536 Rn. 13.

[10] *Medicus/Petersen* Bürgerliches Recht, Rn. 165; *Riesenhuber/Domröse* JuS 2006, 208, 210. Der BGH definiert die (subjektive) Geschäftsgrundlage als „die nicht zum eigentlichen Vertragsinhalt

Hier hat zumindest M bei Abschluss des Pachtvertrages die Vorstellung zugrunde gelegt, er werde die Gaststätte gewinnbringend betreiben. Dass M sich von dem Vertrag wirtschaftliche Vorteile erhoffte, war auch seinem Vertragspartner V erkennbar. Hätte M gewusst, dass das Geschäft keinen Gewinn abwerfen würde, hätte er den Vertrag jedenfalls nicht zu den vereinbarten Bedingungen abgeschlossen. Reales und hypothetisches Element sind also gegeben. Auch haben beide Parteien bei Vertragsschluss nicht mit der Einführung des Rauchverbots gerechnet. Hätte M gewusst, dass der Umsatz durch ein Rauchverbot sinken würde, hätte er den Vertrag nicht zu den vereinbarten Bedingungen geschlossen.

**16**  Fraglich ist jedoch, ob das normative Element erfüllt ist. Die andere Partei muss sich nicht auf die Berücksichtigung solcher Umstände einlassen, die eine Partei nach der vertraglichen oder gesetzlichen Risikoverteilung zu tragen hat. Wie bereits gezeigt (oben Rn. 7), liegt beim Pachtvertrag das Verwendungs- und Gewinnrisiko beim Pächter. Es gehört zu seinem unternehmerischen Risiko, Einnahmen zu erzielen, die den Pachtzins decken. Verwirklicht sich die Erwartung, in den gepachteten Räumen als Unternehmer Gewinn zu erzielen, nicht, so fällt dies allein in seinen Risikobereich und kann daher nicht zum Wegfall der Geschäftsgrundlage führen.[11] Das gilt auch für die Einführung des Rauchverbots, das ebenfalls dem Verwendungsrisiko des Pächters unterfällt.[12] Ausnahmen könnten sich aus § 242 BGB allenfalls ergeben, wenn eine andauernde, die wirtschaftliche Existenz nachhaltig gefährdende Verlustsituation auf billigerweise nicht vorherzusehende Umstände zurückzuführen ist[13] oder wenn der Verpächter nach dem Vertrag das Unternehmerrisiko übernommen hat.[14] Dafür ist hier nichts ersichtlich. Deshalb bleibt es hier bei dem oben genannten Grundsatz. Wie der Verpächter, wenn der Pächter außergewöhnlich hohe Gewinne erzielt, keine Erhöhung der Pacht verlangen kann, kommt auch bei einer in das unternehmerische Risiko des Pächters fallenden Umsatz- oder Gewinnschmälerung eine Anpassung des Vertrages und erst recht eine Kündigung nach § 313 Abs. 3 S. 2 BGB nicht in Betracht.

> In Bezug auf die Einführung des Rauchverbots ließe sich auch die gegenteilige Ansicht vertreten (vgl. *Leo/Ghassemi-Tabar* NJW 2011, 3152 f.).

---

erhobenen, aber bei Vertragsschluss zutage getretenen gemeinschaftlichen Vorstellungen beider Vertragsparteien oder die dem Geschäftsgegner erkennbaren und von ihm nicht beanstandeten Vorstellungen der einen Vertragspartei von dem Vorhandensein oder dem künftigen Eintritt gewisser Umstände, auf denen der Geschäftswille der Parteien sich aufbaut" (BGHZ 84, 1, 8 f.; 88, 185, 191; 128, 230, 236; 129, 236, 252).

[11] BGH NZM 2006, 54 Rn. 30; NZM 2010, 364 Rn. 17; OLG Düsseldorf BB 1991, 159; NJWE-MietR 1996, 154; OLG München NJWE-MietR 1996, 154 f. und 156; Staudinger/*Rolfs* (2011) § 542 Rn. 190.

[12] S.o. Rn. 9; BGH NJW 2011, 3151 Rn. 14.

[13] BGH NJW 1977, 2262, 2263; 1978, 2390, 2391; 1981, 2405, 2406.

[14] BGH NJW 2000, 1714; NJW-RR 2000, 1535; Staudinger/*Rolfs* (2011) § 542 Rn. 190.

### 3. Ausschluss der ordentlichen Kündigung bei befristeten Verträgen

Da es sich bei dem vorliegenden Pachtverhältnis um einen wirksam, nämlich **17**
schriftlich (§§ 550, 578 Abs. 2, 581 Abs. 2 BGB) bis Februar 2017 befristeten Vertrag handelt, ist eine ordentliche Kündigung, die zu einem früheren Ende des Vertrages führte, nicht möglich (vgl. § 542 Abs. 2 i. V. m. § 581 Abs. 2 BGB).

## III. Ergebnis

Dem M steht weder ein Recht zur außerordentlichen noch zur ordentlichen Kündi- **18**
gung zu. Die Kündigungserklärung geht damit ins Leere. Da auch eine Vertragsanpassung nach § 313 BGB nicht in Betracht kommt (Rn. 16), kann V von M gem.
§ 581 Abs. 1 S. 2 BGB monatliche Zahlung des Pachtzinses zu den vereinbarten Bedingungen bis Februar 2017 verlangen. Fällig wird die Pacht gem. §§ 556b Abs. 1,
579 Abs. 2, 581 Abs. 2 BGB jeweils zu Beginn eines Monats; sie ist spätestens am
dritten Werktag zu entrichten.

# Fall 19

## Ausgangsfall

Der Grundschullehrer Karl König (K) ist an dem Erwerb eines gebrauchten Audi A 4 interessiert, den ihm die Audi Alt GmbH (A) für 20.000 € zum Verkauf angeboten hat. Da ihm derzeit jedoch die nötige Liquidität fehlt, wendet er sich an die Leasingbank AG (L). Es wird vereinbart, dass L das Fahrzeug bei A erwirbt und sodann für monatlich 400 € an K verleast. Gesetzlich vorgeschriebene Formalitäten werden eingehalten. Der Wagen wird am 8.1.2014 direkt von A dem K übergeben. Nach einer Laufzeit von fünf Jahren soll L das Recht haben, von K die Übernahme des Audi zu einem Preis von 2000 € zu verlangen.

Die Allgemeinen Geschäftsbedingungen der L, die dem Leasingvertrag zwischen L und K zugrunde liegen, beinhalten folgende Klausel:

> „Dem Leasingnehmer stehen keine Ansprüche und Rechte gegen den Leasinggeber wegen Mängeln an dem Fahrzeug zu. Die Haftungsbeschränkung gilt nicht für Schäden wegen vorsätzlichen oder grob fahrlässigen Verhaltens des Leasinggebers oder seiner Erfüllungsgehilfen sowie für Schäden aus der Verletzung des Lebens, des Körpers oder der Gesundheit. Stattdessen tritt der Leasinggeber sämtliche Ansprüche und Rechte bei Mängeln des dem Leasingvertrag zugrundeliegenden Kaufvertrags über das Fahrzeug sowie etwaige zusätzliche Garantieansprüche gegen den liefernden Händler oder sonstige Dritte an den Leasingnehmer ab. Die Ausübung der Gewährleistungsansprüche hat durch den Leasingnehmer mit der Maßgabe zu erfolgen, dass beim Rücktritt oder bei der Minderung etwaige Zahlungen des Lieferanten an den Leasinggeber zu leisten sind."

Der Kaufvertrag zwischen L und A sieht einen Ausschluss der Mängelhaftung des Verkäufers vor, wobei etwaige sich aus dem AGB-Recht ergebende Erfordernisse beachtet sind.

Wenige Wochen nach Übergabe stellt sich heraus, dass die Einspritzanlage defekt ist. K will wissen, ob er sich wegen der nötigen Reparatur an A oder an L wenden soll. Er meint, bei wirtschaftlicher Betrachtungsweise entspreche die Vertragskonstruktion einem Kauf zwischen ihm und A, so dass ihm gegenüber

© Springer-Verlag Berlin Heidelberg 2015
P. Balzer et al., *Die Schuldrechtsklausur I,* Tutorium Jura,
DOI 10.1007/978-3-662-45662-0_19

A auch Mängelrechte zustünden, selbst wenn die Mängelhaftung im Verhältnis zwischen L und A abbedungen sei. Letztlich wollten L und A ihm doch nur die Rechte nehmen, die ihm als Verbraucher zuständen. Wenn dies nicht der Fall sei, sei jedenfalls der Haftungsausschluss der L unwirksam.

## 1. Abwandlung

Abweichend vom Ausgangsfall enthält der Kaufvertrag zwischen A und L keinen generellen Haftungsausschluss, sondern beschränkt die Haftung – wiederum unter Beachtung von sich möglicherweise aus dem AGB-Recht ergebenden Erfordernissen – auf ein Jahr nach Übergabe. Im Dezember 2014 fällt K auf, dass der Wagen beim Bremsen ein Geräusch macht und erhöhter Kraftaufwand beim Durchtreten des Bremspedals erforderlich ist. Da er bei A in der Vorweihnachtszeit niemanden erreicht, fordert K die A mit Schreiben vom 20.12.2014 auf, den Mangel bis zum 4.1.2015 zu beheben. Als A nicht reagiert, erklärt K am 5.1.2015 gegenüber A den Rücktritt. Am 10.1.2015 verklagt K den A auf Kaufpreisrückzahlung an L. Zugleich erklärt A gegenüber L den Rücktritt vom Leasingvertrag, hilfsweise die Kündigung. A beruft sich darauf, mit dem Rücktritt vom Kaufvertrag sei eine wichtige Grundlage für den Leasingvertrag entfallen.

L will jetzt wissen, welche Ansprüche ihm aus dem Kaufvertrag gegen A und aus dem Leasingvertrag gegen K zustehen, wenn dem Geräusch tatsächlich ein bereits bei Übergabe des Wagens vorhandener Fehler zugrunde lag. A meint, sämtliche Ansprüche wegen möglicher Mängel seien inzwischen verjährt.

## 2. Abwandlung

Anders als im Ausgangsfall und in der 1. Abwandlung schließt K keinen Leasingvertrag, sondern kauft den Wagen bei A. Zum Zwecke der Finanzierung schlägt der Geschäftsführer von A, Heinrich Alt, vor, die Audi-Bank AG (B) einzuschalten, da diese besonders günstige Konditionen biete. B soll den Darlehensbetrag direkt an A auszahlen. A hat Kreditformulare der B vorrätig und ist außerdem befugt, Darlehensverträge im Namen der B abzuschließen. Herr Alt und K werden sich darüber einig, dass der Darlehensbetrag dem Kaufpreis entsprechen soll und die Laufzeit fünf Jahre beträgt. Die von K zu erbringenden monatlichen Zahlungen an B sollen 400 € betragen. Alle gesetzlich vorgeschriebenen Pflichtangaben und Belehrungen erfolgen ordnungsgemäß. K sowie Herr Alt für B unterschreiben den Vertrag am 8.1.2014. An diesem Tag wird der Wagen auch übergeben.

Im Mai 2014 kommt es zu den gleichen Problemen wie in der 1. Abwandlung: K fällt auf, dass der Wagen beim Bremsen ein Geräusch macht und erhöhter Kraftaufwand beim Durchtreten des Bremspedals erforderlich ist. Da er bei A niemanden erreicht, fordert K die A mit Schreiben vom 10.5.2014 auf, den Mangel bis zum 30.5.2014 zu beheben. Als A nicht reagiert, erklärt K am 31.5.2014 gegenüber A den Rücktritt.

Ist K ab Juni 2014 weiterhin zur Ratenzahlung an B verpflichtet?

## Lösung Fall 19

▶ Der Fall, der sich nur an Fortgeschrittene wendet, weil sich die aufge-
worfenen Rechtsfragen durch bloße Gesetzeslektüre nicht lösen lassen,
beschäftigt sich mit dem Leasing (engl. *lease* mieten). Die Konstruktion
wird von Gewerbetreibenden oft aus steuerlichen und bilanziellen Gründen gewählt. Dabei werden die Verträge i. d. r. so ausgestaltet, dass das
Leasinggut auch im wirtschaftlichen Eigentum des Leasinggebers (§ 39
Abs. 2 Nr. 1 AO; § 246 Abs. 1 S. 2 HGB n. F.) verbleibt, so dass dieser und
nicht der Leasingnehmer das Leasinggut in der Bilanz aktiviert. Ein auto-
matischer Eigentumsübergang zum Ende des Leasingvertrages wird daher i. d. R. nicht vereinbart. Steuerlich hat ein Kaufgeschäft für den Käufer den Nachteil, dass er zwar sogleich den Kaufpreis aufbringen muss,
aber diesen nicht direkt steuermindernd geltend machen kann. Vielmehr
muss er den Vermögenswert aktivieren und kann den Kaufpreis nur verteilt über die Nutzungsdauer durch jährliche Abschreibungen steuerlich
geltend machen. Für den Leasingnehmer stellen die Leasingraten hingegen Aufwand dar, den er als Betriebsausgaben sofort geltend machen
kann (§ 4 Abs. 4 EStG).
Der Ausgangsfall ist der Entscheidung BGH NJW 2006, 1066 nachgebil-
det. Die 1. Abwandlung behandelt die schwierigen und umstrittenen
Fragen der Rückabwicklung des Leasingvertrages bei Mangelhaftigkeit
des Leasingguts. Hier gilt wie in vielen Fällen, dass der Student in einer
Klausur die verschiedenen Ansichten nicht kennen muss und in allen Einzelheiten auch nicht kennen kann, sondern nur einen vertretbaren und
begründeten Lösungsweg finden muss. Die 2. Abwandlung behandelt
den verwandten Bereich des Einwendungsdurchgriffs bei verbundenen
Verträgen (hierzu auch *Grunewald* JuS 2010, 93 ff.). Die Exkurse in Rn. 29
und 37 sind nur für Examenskandidaten gedacht.

## Ausgangsfall

### I. Anspruch gegen A aus §§ 437 Nr. 1, 439 BGB

K könnte gegen A einen Anspruch auf Nachbesserung der Einspritzanlage aus       1
§§ 437 Nr. 1, 439 Abs. 1 Fall 1 BGB haben.

#### 1. Eigene bzw. abgetretene Gewährleistungsrechte

Dies setzt im Grundsatz voraus, dass zwischen K und A ein Kaufvertrag gem. § 433       2
BGB zustande gekommen ist. Dies ist hier jedoch nicht der Fall. K hat den Wagen
von L geleast; der Kaufvertrag ist zwischen A und L zustande gekommen. Allerdings könnte dem K der Nacherfüllungsanspruch gegen A deshalb zustehen, weil
die dem Leasingvertrag zwischen K und L zugrundeliegenden AGB der L vorsehen,
dass L dem K sämtliche Mängelrechte aus dem mit A geschlossenen Kaufvertrag

abtritt. Diese Abtretung geht jedoch ins Leere, wenn der L aus dem Kaufvertrag mit A überhaupt keine Mängelrechte zustanden. Hier ist die Mängelhaftung im Kaufvertrag zwischen A und L ausgeschlossen. Dies ist bei einem Vertrag zwischen Unternehmern (§ 14 BGB), wie A und L es sind, möglich, was sich auch aus § 444 BGB ergibt. Folglich ergibt sich ein Nachbesserungsanspruch des K gegen A grundsätzlich weder aus eigenem noch aus abgetretenem Recht.

### 2. Leasingvertrag als Umgehungsgeschäft i. S. § 475 Abs. 1 S. 2 BGB?

3    Möglicherweise ergeben sich Mängelrechte des K gegen A aber daraus, dass die gewählte Konstruktion, wonach A den Wagen zunächst an L verkauft und diese den Wagen an K verleast, anstatt dass K den Wagen direkt bei A kauft, ein Umgehungsgeschäft i. S. d. § 475 Abs. 1 S. 2 BGB darstellt. A ist Unternehmer (§ 14 BGB), und K ist gegenüber A als Verbraucher (§ 13 BGB) aufgetreten. Nähme man ein Umgehungsgeschäft an, wäre es der A nach § 475 Abs. 1 S. 1 BGB versagt, sich auf den Ausschluss der Mängelrechte zu berufen.[1] Ein Umgehungsgeschäft setzt voraus, dass die Gestaltung objektiv den Zweck hat, den Eintritt einer Rechtsfolge zu verhindern, die das Gesetz für derartige Geschäfte vorsieht, wobei eine Umgehungsabsicht nicht erforderlich ist.[2] Der Leasingnehmer schließt den Leasingvertrag, um die Leasingsache nutzen zu können, obwohl er aus wirtschaftlichen oder steuerlichen Gründen keinen Kaufvertrag schließen kann oder will. Der Leasinggeber strebt durch das Geschäft mit dem Leasingnehmer einen Gewinn an. Auch der Lieferant kann aus dem Umsatzgeschäft mit dem Leasinggeber, zu dem es ohne das Leasinggeschäft nicht gekommen wäre, einen Gewinn realisieren. Mithin ist der Abschluss eines Leasingvertrages nicht darauf gerichtet, dem Lieferanten zu Lasten des Verbrauchers einen Ausschluss der Mängelhaftung zu ermöglichen. Ein Umgehungsgeschäft i. S. d. § 475 Abs. 1 S. 2 BGB liegt nicht vor.

4    **Ergebnis** K hat gegen A keinen Anspruch auf Reparatur der Einspritzanlage aus §§ 437 Nr. 1, 439 Abs. 1 Fall 1 BGB.

### II. Anspruch gegen L aus § 535 Abs. 1 S. 2 BGB

5    Möglicherweise kann K aber von L gem. § 535 Abs. 1 S. 2 BGB Reparatur der Einspritzanlage verlangen. Das setzt voraus, dass die mietvertragliche Gewährleistung auf den vorliegenden Vertrag anwendbar ist.

---

**Hinweis**
Die folgenden Ausführungen dienen primär der Darstellung der verschiedenen Leasingtypen. Für eine Klausur wären die Ausführungen zu lehrbuchartig.

---

[1] Zu der umstrittenen dogmatischen Konstruktion siehe Fall 11 Rn. 47.
[2] BGH NJW 2006, 1066 Rn. 13.

## 1. Einordnung des Leasingvertrages

Fraglich ist zunächst, wie der hier geschlossene Leasingvertrag[3] rechtlich einzu- **6** ordnen ist. Ausdrücklich ist der Leasingvertrag nicht gesetzlich geregelt.[4] Man unterscheidet grob zwischen zwei Formen, nämlich Operating Leasing und Finanzierungsleasing. Beim **Operating Leasing** werden Investitionsgüter zum kurzfristigen und jederzeit kündbaren Gebrauch überlassen. Typisch sind Vertragslaufzeiten unter zwei Jahren. Rechtlich liegt eindeutig ein Mietvertrag vor. Beim **Finanzierungsleasing** beschafft und finanziert der Leasinggeber die Leasingsache und überlässt sie anschließend dem Leasingnehmer zum Gebrauch. Gefahrtragung und Unterhaltspflicht werden durch AGB auf den Leasingnehmer überwälzt, so dass er in dieser Hinsicht einem Käufer nahesteht. Die vom Leasingnehmer geschuldeten Leasingraten sind nicht bloß Entgelt für die Gebrauchsüberlassung, sondern dienen der vollen Amortisation des für den Erwerb der Leasingsache eingesetzten Kapitals einschließlich des kalkulierten Gewinns.[5] *Canaris* stellt daher die Finanzierungsfunktion des Leasings in den Vordergrund und sieht den Finanzierungsleasingvertrag als einen aus Elementen des Darlehens- (vgl. § 506 Abs. 1 u. 2 BGB) und Geschäftsbesorgungsrechts bestehenden gemischten Vertrag an.[6] Rechtsprechung und h. M. betonen hingegen die Gebrauchsüberlassungsfunktion und ordnen den Finanzierungsleasingvertrag daher als **atypischen Mietvertrag** ein.[7] Das überzeugt, weil der Finanzierungsleasingvertrag zwar Elemente verschiedener Vertragstypen enthält, die Gebrauchsüberlassungskomponente aber im Vordergrund steht.

**Exkurs**

Sonderformen des Finanzierungsleasing sind einmal das Herstellerleasing, bei dem der Lieferant (Hersteller oder Händler) selbst Leasinggeber ist, und zum anderen das Sale and Lease back. Bei letzterem verkauft der ursprüngliche Eigentümer die Sache an den Leasinggeber, um sie dann von diesem zurückzuleasen.

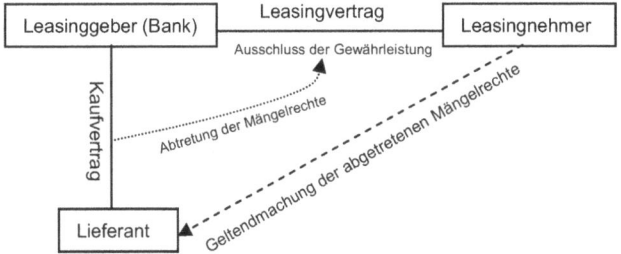

*Graphische Darstellung der Vertragsverhältnisse beim Finanzierungsleasing*

---

[3] Formvorschriften (insbes. §§ 506 Abs. 2 u. Abs. 1 i. V. m. § 492 Abs. 2 BGB i. V. m. Art. 247 §§ 6, 3 EGBGB) wurden laut Sachverhalt beachtet.

[4] Lediglich in § 506 Abs. 2 BGB finden sich Regelungen.

[5] BGH NJW 2006, 1066 Rn. 14; vgl. BGH WM 1996, 1146, 1148.

[6] *Canaris* AcP 190 (1990), 410, 450 ff.; *Larenz/Canaris* SchuldR II/2, § 66 II 2, S. 106; für Vertrag *sui generis Greiner* NJW 2012, 961 m. w. N.; *Oechsler* Vertragl. Schuldv., Rn. 717.

[7] BGHZ 158, 19, 25; vgl. BGH NJW 1990, 1113; *Baumbach/Hopt* HGB, 36. Aufl. 2014, (7) Bank-Gesch Rn. P/3; *Löhnig/Gietl* JuS 2009, 491, 493; differenzierend Jauernig/*Teichmann* Vor § 535 Rn. 7.

7    Hier liegt ein Finanzierungsleasingvertrag vor. Dies ergibt sich aus der langen,
     fünfjährigen Vertragslaufzeit. Die während dieser Laufzeit zu zahlenden Leasing-
     raten sowie der bei Ausübung des Andienungsrechts zu zahlende Restwert decken
     die Aufwendungen der L einschließlich Zinsen und eines Gewinnaufschlags
     vollständig. Auf den Finanzierungsleasingvertrag sind damit die §§ 535 ff. BGB
     grundsätzlich anwendbar.

## 2. Ausschluss der Gewährleistung

8    Allerdings könnte die Gewährleistung hier durch die (mangels entgegenstehender
     Anhaltspunkte im Sachverhalt wirksam gem. § 305 Abs. 2 BGB einbezogenen)
     AGB der L ausgeschlossen sein. Diese sehen eine Freizeichnung der L von ihrer
     mietrechtlichen Gewährleistung bei gleichzeitiger Abtretung ihrer kaufrechtlichen
     Gewährleistungsrechte gegen den Lieferanten der Leasingsache vor.

     Zur AGB-Prüfung vgl. Fall 24 Rn. 46.

9    Diese Konstruktion ist für Finanzierungsleasingverträge typisch und daher keine
     überraschende Klausel (§ 305c Abs. 1 BGB). Fraglich ist allein, ob sie der
     Inhaltskontrolle nach §§ 307 ff. BGB standhält. Zunächst könnte ein Verstoß gegen
     § 309 Nr. 8 lit. b aa) BGB vorliegen, wonach u. a. eine Bestimmung, durch die bei
     Verträgen über Lieferungen neu hergestellter Sachen und über Werkleistungen die
     Ansprüche gegen den Verwender wegen eines Mangels auf die Einräumung von
     Ansprüchen gegen Dritte beschränkt werden, unwirksam ist. Der Leasingvertrag ist
     aber weder auf die Lieferung einer Sache (die vorliegend außerdem nicht neu wäre)
     noch auf eine Werkleistung, sondern v. a. auf Gebrauchsüberlassung gerichtet.[8]
     Darüber hinaus wählt der Leasingnehmer typischerweise den Lieferanten, gegen
     den ihm die Mängelrechte eingeräumt werden, selbst aus, so dass die Norm auch
     von ihrem Zweck her nicht anwendbar ist. Hält man § 309 Nr. 7 BGB für auf den
     Leasingvertrag anwendbar,[9] sind dessen Anforderungen jedenfalls beachtet.

10   Demnach ist die Klausel allein anhand der Generalklausel des § 307 Abs. 1, 2
     BGB zu prüfen. Da der Leasingnehmer anstelle der mietrechtlichen Gewährleistung
     kaufrechtliche Mängelrechte gegen den Lieferanten erhält, liegt im Grundsatz keine
     unangemessene Benachteiligung des Leasingnehmers vor.[10] Allerdings hält der
     Gewährleistungsausschluss der Inhaltskontrolle nach § 307 Abs. 1 S. 1 BGB nur
     stand, wenn die Abtretung endgültig, vorbehaltlos und unbedingt erfolgt.[11]

---

[8] Anders noch § 11 Nr. 10 AGBG, der generell Leistungen umfasste; vgl. BGHZ 94, 180, 186 ff.

[9] *Arnold* DStR 2002, 1049 f.; *Harriehausen* NJW 2013, 3393, 3397; MünchKomm/*Koch* Leasing
Rn. 104 a. E.; Staudinger/*Stoffels* (2014) Leasing Rn. 218. Der BGH hat bislang die leasingtypische Freizeichnungs- und Abtretungskonstruktion auch ohne Ausnahme der in § 309 Nr. 7 BGB
genannten Fälle gebilligt, vgl. *Stoffels* aaO Rn. 216.

[10] BGHZ 81, 298, 301 ff. für den kaufmännischen Verkehr; BGH WM 1984, 1089, 1091 für den
nichtkaufmännischen Verkehr; BGHZ 94, 180, 186 ff.; 97, 135, 140.

[11] BGH NJW 2006, 1066 Rn. 17; 2014, 1583 Rn. 13; vgl. auch BGHZ 109, 139, 143; WM 1987,
349, 351; 1992, 1609, 1611.

Andernfalls wird der Leasingnehmer unangemessen benachteiligt, so dass es nach § 306 Abs. 2 BGB bei der mietrechtlichen Gewährleistung verbleibt. Hier war die Abtretung der kaufrechtlichen Mängelrechte der L gegenüber A nicht nur eingeschränkt, sondern die Abtretung lief vollständig leer, weil diese Ansprüche im Kaufvertrag zwischen L und A wirksam[12] ausgeschlossen waren. Demnach ist der Gewährleistungsausschluss hier unwirksam.

**Ergebnis** Deshalb kann K von L im Rahmen der mietrechtlichen Gewährleistung     **11**
gem. § 535 Abs. 1 S. 2 BGB Reparatur verlangen.

**Exkurse**
Zur mietrechtlichen Gewährleistung siehe Fall 16. Der Leasingnehmer kann bei Unwirksamkeit des leasingtypischen Gewährleistungsausschlusses vom Leasinggeber nicht nur Mängelbeseitigung verlangen, sondern auch mindern (§ 536 BGB), Schadensersatz (§ 536a Abs. 1 BGB) und Aufwendungsersatz (§ 536a Abs. 2 BGB) verlangen oder den Vertrag wegen Vorenthaltung des vertragsmäßigen Gebrauchs fristlos kündigen (§ 543 Abs. 1 u. 2 S. 1 Nr. 1 BGB). Anders als ein Verkäufer schuldet der Leasinggeber dann nicht nur Mangelfreiheit bei Übergabe (§ 446 S. 1 BGB; ggf. modifiziert durch die Beweislastumkehr nach § 476 BGB), sondern auch Mangelfreiheit während der gesamten Vertragslaufzeit (§ 535 Abs. 1 S. 2 BGB).
Umstritten ist, ob dem Verbraucher-Leasingnehmer als Ersatz für die mietrechtlichen Gewährleistungsansprüche sämtliche kaufrechtlichen Mängelrechte verschafft werden müssen, die ihm nach den §§ 474 ff. BGB zustünden (wobei insbes. §§ 475 Abs. 1 u. 2, 476 BGB zu beachten wären), oder ob es ausreicht, dass der Leasinggeber die ihm als Unternehmer zustehenden Mängelrechte überträgt. Der BGH hat diese Frage offengelassen (NJW 2006, 1066, 1068 Rn. 17 m. w. N.); nach wohl h. L.[13] reicht letzteres aus.

---

# 1. Abwandlung

## I. Anspruch gegen A aus § 346 Abs. 1 i. V. m. §§ 437 Nr. 2, 323 BGB

L könnte gegen A einen Anspruch auf Rückzahlung des Kaufpreises in Höhe von     **12**
20.000 € aus §§ 346 Abs. 1 i. V. m. §§ 437 Nr. 2, 323 BGB haben.

### 1. Anspruch entstanden

### a) Anspruchsinhaberschaft

Zunächst müsste L noch Inhaberin dieses Anspruchs sein. L hat dem K im Leasing-     **13**
vertrag alle Ansprüche und Rechte aus dem Kaufvertrag wegen Mängeln abgetreten.

---

[12] Insbes. verstößt der Haftungsausschluss nicht gegen § 309 Nr. 8 lit. b aa BGB. Zwar werden dessen Grundsätze nach h. M. (Palandt/*Grüneberg* § 309 Rn. 67 m. w. N.) über §§ 310 Abs. 1 S. 2, 307 Abs. 1 u. 2 BGB auch im unternehmerischen Verkehr angewandt. Jedoch handelt es sich hier um eine gebrauchte Sache, keine neu hergestellte.

[13] Vgl. MünchKomm/*Koch* Leasing Rn. 69 m. w. N., wonach die dem Leasingnehmer einzuräumenden Rechte lediglich dem Standard des § 309 Nr. 8 lit. b BGB entsprechen müssen; *Looschelders* SchuldR BT, Rn. 514, wonach der Leasingnehmer trotzdem gegenüber einem „gewöhnlichen" Mieter nicht schlechter gestellt wird; MünchKomm/*Lorenz* § 475 Rn. 30a; *Lorenz* NJW 2007, 1, 7; *Tiedtke/Möllmann* DB 2004, 583, 586; a. A. v. *Westphalen* ZIP 2006, 1653 ff. u. BB 2008, 2, 6 f.; *Omlor* JuS 2011, 305, 310.

Diese Abtretung umfasst nach ihrem Wortlaut auch das Rücktrittsrecht. Hält man mit der h. M. die Übertragung des Rücktrittsrechts als eines Gestaltungsrechts gem. §§ 413, 398 BGB (jedenfalls gemeinsam mit dem Nacherfüllungsanspruch) für zulässig,[14] ist K Inhaber des Rücktrittsrechts geworden. Das ändert jedoch nichts daran, dass die Rückabwicklung des Vertrages infolge Rücktritts zwischen den Parteien des Kaufvertrages zu erfolgen hat, also zwischen dem Lieferanten und dem Leasinggeber.[15] L bleibt also Inhaberin eines möglichen Rückgewähranspruchs.

### Exkurs

Der Leasingnehmer ist nach den AGB des Leasinggebers typischerweise verpflichtet, den Rückgewähranspruch gegenüber dem Lieferanten geltend zu machen. An eine gerichtliche Entscheidung ist der Leasinggeber gebunden. Der Leasingnehmer kann nicht Rückzahlung an sich selbst, sondern nur an den Leasinggeber verlangen, weil dieser Anspruchsinhaber bleibt.

### b) Rücktrittsrecht

14    Der Rückgewähranspruch setzt zunächst das Bestehen eines Rücktrittsrechtes voraus. Zwischen L und A liegt ein wirksamer Kaufvertrag gem. § 433 BGB vor (s. o. Rn. 2). Laut Aufgabenstellung ist auch davon auszugehen, dass das Geräusch und das erschwerte Durchtreten des Bremspedals auf einem bereits bei Übergabe am 8.1.2014 vorhandenen Fehler beruhen, so dass ein Mangel bei Gefahrübergang i. S. d. § 434 Abs. 1 S. 2 Nr. 1 (oder Nr. 2) BGB zu bejahen ist. Gem. § 323 BGB ist der Käufer grundsätzlich nur zum Rücktritt berechtigt, wenn eine angemessene Frist zur Nacherfüllung erfolglos abgelaufen ist. Hier hat K der A am 20.12.2014 eine zweiwöchige und damit – trotz des Jahreswechsels – angemessene Frist zur Reparatur gesetzt. K konnte der A diese Frist setzen, weil L dem K sämtliche Mängelrechte aus dem Kaufvertrag und damit auch den Nacherfüllungsanspruch abgetreten hatte (s. o. Rn. 2). Der Mangel ist auch nicht unerheblich, § 323 Abs. 5 S. 2 BGB. Damit bestand ein Rücktrittsrecht.

### c) Rücktrittserklärung

15    K hat mit Schreiben vom 5.1.2015 den Rücktritt gegenüber A erklärt, § 349 BGB.

**Zwischenergebnis** Der Rückgewähranspruch der L gegen A ist entstanden.

### 2. Anspruch durchsetzbar

16    Da Gründe für ein Erlöschen des Anspruchs derzeit nicht ersichtlich sind, ist allein zu prüfen, ob dem Anspruch Einreden der A entgegenstehen.

---

[14] *Arnold* DStR 2002, 1049, 1050; MünchKomm/*Koch* Leasing Rn. 101; Palandt/*Grüneberg* § 413 Rn. 5; PWW/*H.F. Müller* § 413 Rn. 8; *Greiner* NJW 2012, 961, 962. *Graf von Westphalen* hat seine abweichende Ansicht, wonach das Rücktrittsrecht unübertragbar sei, der Leasinggeber aber den Leasingnehmer ermächtige, das Rücktrittsrecht auszuüben (*Graf v. Westphalen* ZIP 2001, 2258, 2263), aufgegeben (*Graf v. Westphalen*, Leasingvertrag, 6. Aufl. 2008, Rn. H 16).

[15] Vgl. nur *Oetker/Maultzsch* Vertragliche Schuldverhältnisse, § 16 Rn. 54; Staudinger/*Stoffels* (2014), Leasing Rn. 252.

## a) Verjährung, §§ 214 Abs. 1, 218 Abs. 1 BGB

A beruft sich zunächst auf die Einrede der Verjährung, §§ 214 Abs. 1, 218 Abs.　**17**
1 BGB. Der zwischen A und L geschlossene Kaufvertrag sieht eine Verkürzung der
gesetzlichen Verjährungsfrist des § 438 Abs. 1 Nr. 3, Abs. 4 S. 1 BGB von zwei
Jahren auf ein Jahr vor. An der Wirksamkeit dieser zwischen A und L im unternehmerischen Verkehr getroffenen Haftungsbeschränkung bestehen keine Zweifel.
Hier hat K den Rücktritt am 5.1.2015 und damit vor dem Ablauf der am 8.1.2015
endenden Frist erklärt. Allerdings hat er den durch den Rücktritt entstandenen
Rückgewähranspruch erst nach Ablauf dieser Frist gerichtlich geltend gemacht.[16] In
der Literatur wird die Ansicht vertreten, aus einer ergänzenden Auslegung der
§§ 218, 438 Abs. 4 BGB folge, dass der Schuldner den Konsequenzen des Rücktritts nicht länger ausgesetzt sein solle als denen des Nacherfüllungsanspruchs, so
dass auch der Rückgewähranspruch innerhalb der Frist, in der das Rücktrittsrecht
auszuüben ist, geltend gemacht werden müsse.[17] Dem ist der BGH[18] zu Recht nicht
gefolgt. § 218 BGB setzt nur eine Frist für die Ausübung des Rücktritts*rechts*.
Dieser Rücktritt setzt dann eine eigene dreijährige Frist (§§ 195, 199 Abs. 1 BGB)
in Gang, während deren der Anspruch *aus* Rücktritt geltend gemacht werden kann.
§ 438 BGB findet insoweit keine Anwendung. Diese Frist wird hier erst Ende 2018
ablaufen. Der Rückgewähranspruch ist damit nicht verjährt.

## b) Gegenansprüche, § 348 BGB

Nach § 348 i. V. m. § 320 BGB sind Rückgewährverpflichtungen Zug um Zug zu　**18**
erfüllen. Damit kann A die Rückzahlung des Kaufpreises davon abhängig machen,
dass sie von L auch den Wagen zurückerhält (§ 346 Abs. 1 BGB) und ihr außerdem
für das knappe Jahr, in dem K mit dem Wagen gefahren ist, von L eine
Nutzungsentschädigung gezahlt wird (§ 346 Abs. 2 S. 1 Nr. 1 BGB). In Bezug auf
die Nutzungsentschädigung können beide Parteien die Aufrechnung erklären
(§§ 387, 389 BGB) (dazu ausführlich Fall 11 Rn. 15 ff.).

## II. Anspruch gegen K aus § 535 Abs. 2 BGB

L könnte gegen K einen Anspruch auf weitere Bezahlung der Leasingraten i. H. v.　**19**
monatlich 400 € aus § 535 Abs. 2 BGB haben.

---

[16] Durch die Erhebung der Klage wird gem. § 204 Abs. 1 Nr. 1 BGB die Verjährung gehemmt. Die
Erhebung der Klage erfolgt dabei gem. § 253 ZPO durch Zustellung der Klageschrift. Diese wirkt
gem. § 167 ZPO auf den Zeitpunkt der Klageeinreichung zurück, sofern die Zustellung demnächst
erfolgt. Die Klage am 10.1.2008 kam in jedem Fall zu spät, wenn es auf sie ankommen sollte.
[17] Etwa *Wagner* ZIP 2002, 789, 790 ff.; NK/*Mansel/Stürner* § 218 Rn. 16 f.; *Peters* NJW 2008,
119 f.
[18] BGHZ 170, 31 Rn. 37 m.zahlr.w.N. zum Schrifttum=NJW 2007, 674; vgl. auch BGHZ 168, 64
Rn. 26=NJW 2006, 2839.

## 1. Anspruch entstanden

**20**  L und K haben einen Leasingvertrag geschlossen, der als atypischer Mietvertrag einzuordnen ist (oben Rn. 6). Deswegen folgt der Zahlungsanspruch aus § 535 Abs. 2 BGB (i. V. m. dem Leasingvertrag).

## 2. Kein (teilweises) Erlöschen des Anspruchs gem. § 536 BGB

**21**  Denkbar wäre, dass der Anspruch wegen eines Mangels der Leasingsache gem. § 536 BGB zumindest teilweise automatisch entfallen ist. Jedoch ist nach dem Leasingvertrag die mietrechtliche Gewährleistung ausgeschlossen. Anders als im Ausgangsfall begegnet dieser leasingtypische Haftungsausschluss hier keinen Bedenken (s. o. Rn. 8 ff.).[19]

## 3. Leistungsverweigerungsrecht nach Rücktritt vom Kaufvertrag

**22**  Möglicherweise ist K nach seinem Rücktritt vom dem Leasingvertrag zugrundeliegenden Kaufvertrag sowie nach der Kündigung des Leasingvertrages durch K berechtigt, die weitere Zahlung der Leasingraten zu verweigern. Dabei ist aber umstritten, welche Auswirkungen der Rücktritt vom Kaufvertrag auf den Leasingvertrag hat und welche Anforderungen an ein Leistungsverweigerungsrecht des Leasingnehmers zu stellen sind.

### a) Dogmatische Konstruktion

**23**  **(1)** Nach der **Rechtsprechung des BGH**[20] führt der Rücktritt vom Kaufvertrag dazu, dass dem Leasingvertrag von vornherein die **Geschäftsgrundlage fehlt** (§ 313 BGB).[21] Danach gehört der Fortbestand des Kaufvertrags bis zum Ende des Leasingvertrages zur Geschäftsgrundlage des Leasingvertrages: Beide Parteien sind beim Abschluss des Leasingvertrages davon ausgegangen, dass der Kaufvertrag bis zum Ende des Leasingvertrages fortbestehen werde. Anderenfalls hätte der Leasingnehmer den Leasingvertrag nicht abgeschlossen. Darauf hätte sich der Leasinggeber auch einlassen müssen. Durch den Rücktritt soll die Geschäftsgrundlage rückwirkend (*ex tunc*) entfallen und der Leasingnehmer von seiner Verpflichtung zur Zahlung der Leasingraten frei werden.[22] Unter Geltung des alten Schuldrechts (bis 2001) erfolgte eine Rückabwicklung nach Bereicherungsrecht.[23] Zur dogmatischen

---

[19] Problematisieren könnte man allenfalls, ob die die abgetretenen Mängelrechte ein adäquater Ersatz für die mietrechtliche Gewährleistung darstellen, obwohl die kaufrechtliche Mängelhaftung zwischen A und L auf ein Jahr beschränkt wurde. Selbst wenn man entgegen der h. M. verlangt, dass der Leasingnehmer die Rechte eines Käufers beim Verbrauchsgüterkauf erhält (s. Exkurs Rn. 11), war die abgekürzte Verjährung nach § 475 Abs. 2 a. E. BGB zulässig. Dass dem Leasingnehmer die Beweislastumkehr des § 476 BGB nicht zugutekommt, dürfte unschädlich sein (s. o. Fn. 13).

[20] BGH NJW 2014, 1583 Rn. 15; 2010, 2798 Rn. 21, 24, 28. Zum alten Schuldrecht, in dem der Käufer kein Rücktrittsrecht, sondern einen Anspruch auf Wandelung hatte, BGHZ 68, 118, 126; 81, 298, 306 ff.

[21] Zu den Voraussetzungen im Einzelnen Fall 18 Rn. 14 ff.

[22] BGH NJW 2014, 1583 Rn. 15; 2010, 2798 Rn. 21 a. E.; zum alten Schuldrecht BGH NJW 1990, 314, 315; 1991, 1746, 1747.

[23] BGH NJW 1990, 314, 315; 1991, 1746, 1747.

Konstruktion im Rahmen des seit dem Jahr 2002 bestehenden § 313 BGB hat sich der BGH noch nicht geäußert. Eine bereicherungsrechtliche Rückabwicklung ist mit § 313 BGB nicht vereinbar.[24] Passt man die alte Rechtsprechung an das System des § 313 BGB an, so müsste der Rücktritt vom Kaufvertrag, da eine Anpassung nach § 313 Abs. 1 BGB nicht möglich ist, dazu führen, dass der Leasingnehmer nach § 313 Abs. 3 S. 1 BGB auch vom Leasingvertrag zurücktreten kann.[25] Hier ist K auch vom Leasingvertrag zurückgetreten. Folgt man dieser Lösung, entfällt der Anspruch auf Zahlung der Leasingraten.

(2) Im Schrifttum wird hingegen teilweise vertreten, der Leasingnehmer habe im **24** Falle des Rücktritts vom Kaufvertrag ein Recht zur **außerordentlichen Kündigung** des Leasingvertrages entsprechend § 543 BGB.[26] Dadurch würden die Vertragsrisiken interessengerecht verteilt, weil dem Leasingnehmer eine Vertragsbeendigung für die Zukunft ermöglicht werde, in der Vergangenheit erbrachte Leistungen dagegen nicht rückabgewickelt würden. Folgt man dem, so hat K den Leasingvertrag (hilfsweise) wirksam außerordentlich gekündigt und schuldet für die Zukunft keine Leasingraten mehr.

(3) Nach einer bislang in der Literatur verbreiteten Ansicht[27] soll sich bei **25** Leasingverträgen mit Verbrauchern aus **§§ 358, 359, 506 Abs. 2** (hier: S. 1 Nr. 2) **i. V. m. Abs. 1 BGB** ergeben, dass der Leasingnehmer als Verbraucher sich gegenüber dem Leasinggeber als Unternehmer auf Mängel des Leasinggegenstandes berufen kann. Zwar liege §§ 358, 359 BGB die Konstellation zugrunde, dass der Verbraucher zwei Verträge, nämlich typischerweise Liefer- und Darlehensvertrag, schließt, während er beim Leasingvertrag nur einen Vertrag schließt und allein der Leasinggeber (als Unternehmer) zwei Verträge schließt. Aufgrund des Verweises in § 506 Abs. 2 i. V. m. Abs. 1 BGB sei § 359 BGB aber anwendbar, sofern die sachlichen Kriterien des § 358 Abs. 3 BGB erfüllt seien, also der Leasingvertrag ganz

---

[24] Für ein Festhalten an der bereicherungsrechtlichen Rückabwicklung hingegen OLG Düsseldorf NJOZ 2008, 3407, 3408; Palandt/*Weidenkaff* Einf v § 535 Rn. 58; *Gebler/Müller* ZBB 2002, 107, 114. Zum Problem *Loyal* NJW 2013, 417 ff.

[25] OLG Frankfurt a. M. NJOZ 2009, 1826, 1828; MünchKomm/*Koch* Leasing Rn. 112; NK/*Reinking* Anh. II zu §§ 535–580a: Leasing Rn. 182 ff.; *Reinking/Eggert* Der Autokauf, 12. Aufl. 2014, Rn. L464 ff.; *Looschelders* SchuldR BT, Rn. 516; *Tiedtke/Möllmann* DB 2004, 583, 588. Denkbar wäre auch, ein Recht zur Kündigung nach § 313 Abs. 3 S. 2 BGB anzunehmen, das dem Charakter des Leasingvertrags als Dauerschuldverhältnis eher entspräche, jedoch mit dem vom BGH angenommenen rückwirkenden Wegfall der Geschäftsgrundlage nicht im Einklang steht.

[26] *Arnold* DStR 2002, 1049, 1053; ähnl. Staudinger/*Stoffels* (2014), Leasing Rn. 247, 251 ff.

[27] *Looschelders* SchuldR BT, Rn. 515; *Medicus/Petersen* Bürgerliches Recht, Rn. 323; *Oetker/Maultzsch* Vertragliche Schuldverhältnisse, § 16 Rn. 70 ff.; *Reiner/Kaune* WM 2002, 2314, 2322; Staudinger/*Stoffels* (2014) Leasing Rn. 263 ff.; *Finkenauer/Brand* JZ 2013, 273, 276 f.; *Greiner* NJW 2012, 961, 962; *Grunewald* JuS 2010, 93, 97; *Löhnig/Gietl* JuS 2009, 491, 495 (wenn Leasinggeber und Lieferant schon vor Vertragsschluss zusammengearbeitet haben); *Weber* NJW 2009, 3296; a. A. MünchKomm/*Habersack* § 359 Rn. 10 ff.; *Wolf/Eckert/Ball* Hdb. des gewerblichen Miet-, Pacht- und Leasingrechts, 10. Aufl. 2009, Rn. 1799; *Omlor* NJW 2010, 2694, 2699 f.; *ders.*, JuS 2011, 305, 309; *Tavakoli* NJW 2010, 2768, 2769; *Tiedtke/Möllmann* DB 2004, 583, 585; *Beckmann* FLF 2005, 261, 262 (Begründung: Der Leasingnehmer ist nur Vertragspartner des Leasingvertrages).

oder teilweise der Finanzierung des Kaufvertrages diene und beide Verträge eine wirtschaftliche Einheit bildeten. Da diese Voraussetzungen hier erfüllt sind, könnte K nach diesem Ansatz die weitere Zahlung der Leasingraten verweigern. Auf diese Einrede hat er sich konkludent durch den Rücktritt berufen. Der BGH hat eine Anwendung der §§ 358, 359, 506 BGB allerdings jüngst verneint und darauf verwiesen, dass der Verbraucher gerade nicht an zwei Verträge gebunden sei. Der Leasingvertrag diene nicht der Finanzierung des Kaufvertrages, sondern dem Leasinggeber zur Beschaffung des Leasinggegenstandes.[28]

**26**     Letztlich kommt es auf diese Streitfrage aber nicht an. Alle vertretenen Meinungen kommen zu dem Ergebnis, dass der Rücktritt vom Kaufvertrag den Leasingnehmer dazu berechtigt, die Zahlung der Leasingraten zu verweigern. Welcher Ansicht zu folgen ist, kann insoweit offenbleiben.

**b) Anforderungen an das Leistungsverweigerungsrecht**

**27**     Weiterhin ist allerdings umstritten, ob bereits die bloße berechtigte Ausübung des Rücktrittsrechts, also der Zugang der Rücktrittserklärung beim Lieferanten, den Leasingnehmer dazu berechtigt, (ggf. nach Rücktritt bzw. Kündigung des Leasingvertrages) die Zahlung der Leasingraten zu verweigern, oder ob der Leasingnehmer zusätzlich den Rückgewähranspruch gegenüber dem Lieferanten gerichtlich geltend gemacht haben muss. Da das Rücktrittsrecht ein Gestaltungsrecht ist, das mit seiner Ausübung wirksam wird, vertritt ein Teil der Literatur die Ansicht, bereits die berechtigte Erklärung des Rücktritts vom Kaufvertrag lasse das Leistungsverweigerungsrecht gegenüber dem Leasinggeber entstehen.[29] Der BGH und die h. M. folgen dem nicht und verlangen – in Übereinstimmung mit der Rechtsprechung zum alten Schuldrecht[30] –, dass der Leasingnehmer zumindest Klage auf Rückzahlung erhoben haben muss, wenn er sich nicht außergerichtlich mit dem Lieferanten geeinigt hat.[31] Das wird damit begründet, dass nur durch die Erhebung der Klage aus Sicht des Leasinggebers die Ernsthaftigkeit der Mängelbehauptung des Leasingnehmers ausreichend unter Beweis gestellt werde.

Hier hat K nicht nur den Rücktritt vom Kaufvertrag erklärt, sondern – entspre-     **28** chend der Vereinbarung im Leasingvertrag – die A auch auf Rückzahlung des Kauf-

---

[28] BGH NJW 2014, 1519 Rn. 18 (sogar für das Eintrittsmodell, bei dem der Kaufvertrag zunächst zwischen Verkäufer und späterem Leasingnehmer geschlossen wird); zust. *Sittmann-Haury* JZ 2014, 798; abl. *Harriehausen* NJW 2014, 1521.

[29] *v. Westphalen* ZIP 2001, 2258, 2261 u. ZIP 2006, 1653, 1660 f.

[30] Nach altem Schuldrecht bestand kein Gestaltungsrecht zum Rücktritt, sondern ein Anspruch des Käufers gegen den Verkäufer auf Wandelung des Kaufvertrages. Der BGH nahm daher an, dass dem Leasingvertrag die Grundlage nur bei Vollziehung der Wandelung entzogen werde. Daher müsse der Leasingnehmer bei verweigerter Zustimmung des Leasinggebers zur Wandelung Wandelungsklage erheben (BGHZ 97, 135, 144 f.). Dieses Argument ist auf den Rücktritt als Gestaltungsrecht nicht übertragbar.

[31] BGH NJW 2010, 2798 Rn. 24; 2014, 1583 Rn. 16; ebenso MünchKomm/*Koch* Leasing Rn. 114; Palandt/*Weidenkaff* Einf v § 535 Rn. 58; *Martinek/Oechsler* in Schimansky/Bunte/Lwowski, Bankrechts-Handbuch, 4. Aufl. 2011, § 101 Rn. 82b a. E.; Staudinger/*Stoffels* (2014) Leasing Rn. 244; *Omlor* JuS 2011, 305, 306; *Tavakoli* NJW 2010, 2768, 2770; *Weber* NJW 2009, 2927, 2930.

preises an L verklagt. Damit ist K den Anforderungen beider Ansichten gerecht geworden und zur Leistungsverweigerung berechtigt.

**Ergebnis** L hat gegen K keinen durchsetzbaren Anspruch auf weitere Zahlung der **29** Leasingraten aus § 535 Abs. 2 BGB.

**Exkurs**
Noch schwieriger ist die Frage zu beantworten, ob der Leasingnehmer die bereits gezahlten Leasingraten vom Leasinggeber zurückverlangen kann. Hierüber herrscht auch im Ergebnis keine Einigkeit. Teilweise wird angenommen, der Leasingvertrag sei vollständig rückabzuwickeln, während nach anderer Ansicht der Leasingvertrag für die beanstandungsfrei gebliebene Laufzeit bestehen bleiben soll.

Nach der Rechtsprechung des BGH (s. o. Rn. 23) soll dem Leasingvertrag von Anfang an die Geschäftsgrundlage fehlen. Deshalb muss der Leasinggeber auch die gezahlten Raten zurückgewähren, während der Leasingnehmer im Gegenzug die von ihm gezogenen Nutzungen ersetzen muss (BGHZ 109, 139, 144; NJW 1985, 796, 797). Die Rückabwicklung dürfte sich – entgegen der Rspr. zum alten Schuldrecht – jetzt nicht mehr nach Bereicherungs-, sondern nach Rücktrittsrecht richten.

Wenn man dem Leasingnehmer ein außerordentliches Kündigungsrecht entsprechend § 543 BGB einräumt, ist damit hingegen keine Rückabwicklung des Leasingvertrages verbunden. Vielmehr soll der Leasinggeber die bereits gezahlten Raten grundsätzlich behalten können. Da diese Raten aber auch dem Ersatz der Aufwendungen für den Erwerb der Leasingsache dienten, soll der Leasinggeber, wenn er einen werthaltigen Anspruch gegen den Lieferanten auf Rückzahlung des Kaufpreises erhalten hat, den seinen Erwerbsaufwendungen entsprechenden Teil der Leasingraten zurückgewähren müssen, so dass ihm nur der Gewinnanteil verbleibt (*Arnold* DStR 2002, 1049, 1053 f.).

Zur Lösung bei Anwendung der §§ 358, 359 BGB siehe unten Rn. 37 und *Finkenauer/Brand* JZ 2013, 273, 279 f., die einen Anspruch des Leasingnehmers gegen dem Leasinggeber auf Rückzahlung der bereits geleisteten Raten aus §§ 812 Abs. 1 S. 1 Fall 1, 813 Abs. 1 S. 1 BGB (analog) bejahen, und zwar nach dem Rechtsgedanken des § 536 BGB in Höhe des Betrages, den der Leasingnehmer bei Minderung der Leasingraten gegenüber dem Leasinggeber erspart hätte.

## 2. Abwandlung

### I. Anspruch der B gegen K aus § 488 Abs. 1 S. 2 BGB

Fraglich ist, ob K gegenüber B weiterhin zur Zahlung der Darlehensraten gem. § 488 Abs. 1 S. 2 BGB verpflichtet ist.

**30**

### 1. Anspruch entstanden
Die Zahlungspflicht ist entstanden, wenn K und B einen wirksamen Darlehensvertrag **31** nach § 488 BGB geschlossen haben. Das setzt zunächst Angebot und Annahme voraus. Hier hat die B nicht selbst gehandelt, könnte aber vertreten worden sein. Heinrich Alt hat für die B gegenüber K ein Darlehensangebot abgegeben. B hatte der A-GmbH gem. §§ 164 Abs. 1, 167 BGB Vollmacht zum Abschluss von Darlehensverträgen erteilt. Die A-GmbH wurde wiederum gem. § 35 GmbHG von ihrem Geschäftsführer, Heinrich Alt, wirksam vertreten. Das damit vorliegende Darlehensangebot der B (§ 145 BGB) hat K angenommen (§ 147 BGB).

**32**     Fraglich ist, ob der Darlehensvertrag wirksam ist. Wenn es sich um einen Verbraucherdarlehensvertrag i. S. d. § 491 Abs. 1 BGB handelt, müssen die Voraussetzungen der §§ 491 ff. BGB eingehalten worden sein. B hat das Darlehen in Ausübung ihrer gewerblichen Tätigkeit und damit als Unternehmer (§ 14 BGB) gewährt, während K das Darlehen zur Finanzierung eines privaten Autokaufs und damit als Verbraucher (§ 13 BGB) aufgenommen hat. Einer der Ausschlusstatbestände des § 491 Abs. 2 BGB liegt nicht vor. Damit liegt ein Verbraucherdarlehensvertrag vor. Die deshalb nach § 492 Abs. 1 BGB erforderliche Schriftform ist eingehalten worden. Auch sind die Pflichtangaben nach § 492 Abs. 2 BGB i. V. m. Art. 247 §§ 6–13 EGBGB laut Sachverhalt erfolgt. Damit ist der Vertrag wirksam.

**33**     Begriffsnotwendige Voraussetzung für die Entstehung des Rückzahlungsanspruchs der B, der als Tilgungsanteil neben dem Zinsanteil die Darlehensraten ausmacht, ist weiterhin die Auszahlung der Darlehensvaluta. Hier hat B den Darlehensbetrag unmittelbar an den Verkäufer A ausgezahlt. Diese Leistung an einen Dritten hat hier aufgrund der Einwilligung des K gem. §§ 362 Abs. 2, 185 BGB Erfüllungswirkung, so dass der Rückzahlungsanspruch entstanden ist.

## 2. Anspruch durchsetzbar

**34**     Da Anhaltspunkte für ein Erlöschen des Anspruchs nicht bestehen, ist allein fraglich, ob der Anspruch durchsetzbar ist. Möglicherweise kann K der B gem. § 359 Abs. 1 S. 1 BGB Einwendungen aus dem zugrundeliegenden Kaufvertrag zwischen K und A entgegenhalten. Dieser sog. **Einwendungsdurchgriff** setzt zunächst voraus, dass es sich bei dem Verbraucherdarlehensvertrag und dem Kfz-Kaufvertrag um verbundene Verträge i. S. d. § 358 Abs. 3 BGB handelt. Dann müssten das Darlehen ganz oder teilweise der Finanzierung des anderen Vertrags dienen und beide Verträge eine wirtschaftliche Einheit bilden. Nach § 358 Abs. 3 S. 2 Fall 2 BGB wird eine wirtschaftliche Einheit unwiderleglich vermutet, wenn sich der Darlehensgeber bei der Vorbereitung oder dem Abschluss des Verbraucherdarlehensvertrags der Mitwirkung des Unternehmers bedient. Hier diente das aufgenommene Darlehen der Finanzierung des Fahrzeugkaufs. A hatte Darlehensformulare vorrätig und außerdem Vertretungsmacht zum Abschluss von Darlehensverträgen für B. Daher bediente B sich der A für die Vorbereitung und den Abschluss des Darlehensvertrages. Darlehens- und Kaufvertrag bilden damit auch eine wirtschaftliche Einheit und sind folglich verbundene Geschäfte.

**35**     Weiterhin muss dem Verbraucher aus dem mit dem Darlehensvertrag verbundenen Geschäft eine Einwendung zustehen, die ihn zur Verweigerung seiner Leistung berechtigen würde. Darunter fallen alle Einreden im weiteren Sinne, und zwar auch ausgeübte Gestaltungsrechte.[32] Hier stand dem K ein Rücktrittsrecht nach §§ 437 Nr. 2, 323 BGB zu, das er wirksam ausgeübt hat.[33] Dadurch ist der Kaufvertrag in ein Rückgewährschuldverhältnis umgewandelt worden.

    Möglicherweise ist der Einwendungsdurchgriff aber nach § 359 Abs. 1 S. 3 BGB **36** ausgeschlossen. Danach kann der Verbraucher, wenn er Nacherfüllung verlangen

---

[32] MünchKomm/*Habersack* § 359 Rn. 37.

[33] Wie oben Rn. 14 f. Auf die Verjährungsproblematik kam es hier nicht an.

kann, die Darlehensrückzahlung erst verweigern, wenn die Nacherfüllung fehlgeschlagen ist. Hier ist die Nacherfüllung nicht i. S. d. § 440 BGB fehlgeschlagen,
sondern A hat innerhalb der von K gesetzten Frist nicht nacherfüllt. Ob dies dem
Fehlschlag gleichzusetzen ist,[34] kann offenbleiben, weil § 359 Abs. 1 S. 3 BGB
nach seinem Wortlaut voraussetzt, dass der Verbraucher noch Nacherfüllung verlangen kann.[35] Dies ist aber nach wirksamer Erklärung des Rücktritts nicht mehr der
Fall.[36]

**Ergebnis** Damit kann K die Einrede des § 359 BGB erheben und ist dann nicht zur          37
weiteren Zahlung der Darlehensraten verpflichtet.

### Exkurs

Auch hier ist umstritten, ob K die bereits gezahlten Raten von B zurückverlangen kann. Diese
Frage ist gesetzlich nicht ausdrücklich geregelt. § 359 BGB gewährt dem Darlehensnehmer nur
ein Leistungsverweigerungsrecht, nicht aber ein Rückforderungsrecht.
     Geregelt ist in § 358 Abs. 4 S. 5 BGB hingegen der Fall, dass der Verbraucher den Kaufvertrag
*widerruft*. Danach tritt die Bank in die Stellung des Verkäufers ein. Der Verbraucher muss dann
der Bank (und nicht dem Verkäufer) die Ware (evtl. zuzüglich einer Nutzungsvergütung) herausgeben und kann von der Bank die Zins- und Tilgungsraten sowie auch eine evtl. an den Verkäufer
geleistete Anzahlung zurückverlangen. Dadurch wird das Risiko einer Insolvenz des Verkäufers
vom Verbraucher auf die Bank verlagert.
     Ist der finanzierte Vertrag (nicht auch der Darlehensvertrag) von Anfang an nichtig (etwa gem.
§§ 105, 134, 138 BGB; str. bei Anfechtung), tritt die Bank nicht in die Stellung des Verkäufers ein,
so dass die Kaufsache an den Verkäufer zurückzugeben ist und eine eventuelle Anzahlung auch nur
vom Verkäufer zurückverlangt werden kann. Der Verbraucher soll aber gegen die Bank gem. § 813
Abs. 1 S. 1 i. V. m. § 812 Abs. 1 S. 1 Fall 1 BGB einen Anspruch auf Rückerstattung bereits ge-
leisteter Zins- und Tilgungsraten haben. Denn das Leistungsverweigerungsrecht nach § 359 BGB
stelle im Falle der Nichtigkeit des Vertrags eine dauernde Einrede i. S. d. § 813 BGB dar, weil dem
Zahlungsanspruch des Kreditgebers von Anfang an, also bereits bei der Leistung, die Einrede des
§ 359 Abs. 1 S. 1 BGB entgegengestanden habe.[37]
     Beim Rücktritt ist § 813 Abs. 1 S. 1 BGB hingegen hinsichtlich der bis dahin bereits gezahlten
Raten unanwendbar, weil das Leistungsverweigerungsrecht hier erst mit Ausübung des Rücktrittsrechts *ex nunc* entsteht und es an einem Leistungsverweigerungsrecht im Zeitpunkt der
Leistung fehlt.[38] Auch eine analoge Anwendung des § 358 Abs. 4 S. 5 BGB kommt mangels
planwidriger Regelungslücke und vergleichbarer Interessenlage nicht in Betracht.[39] Nach Wort-

---

[34] Dafür MünchKomm/*Habersack* § 359 Rn. 52 a. E.

[35] Damit soll verhindert werden, dass der Verbraucher dem Darlehensgeber schon während der
Nacherfüllungsphase die Einrede des § 320 BGB entgegenhalten kann.

[36] Vgl. allg. *Kleine/Scholl* NJW 2006, 3462 (unter I).

[37] BGHZ 174, 334, 341 ff.; 183, 112 Rn. 48; MünchKomm/*Habersack* § 359 Rn. 66; NK/*Ring*
§ 359 Rn. 26; Palandt/*Grüneberg* § 359 Rn. 7.

[38] NK/*Ring* § 359 Rn. 39; Palandt/*Grüneberg* § 359 Rn. 8; MünchKomm/*Habersack* § 359 Rn. 75;
*Grunewald* JuS 2010, 93, 96.

[39] BGHZ 183, 112 Rn. 50 ff. (XI. Zivilsenat); vgl. *Oetker/Maultzsch* Vertragliche Schuldverhältnisse, § 3 Rn. 99; NK/*Ring* § 359 Rn. 39 ff.; MünchKomm/*Habersack* § 359 Rn. 75. Der II. Zivilsenat (BGHZ 156, 46, 54 ff.; 159, 280, 292 f.; BGH NJW-RR 2005, 1073, 1074) hat hingegen
für den Fall des kreditfinanzierten Erwerbs eines Anteils an einer Fondsgesellschaft eine analoge
Anwendung des § 358 Abs. 4 S. 3 BGB bejaht, wenn die Voraussetzungen für einen Einwendungsdurchgriff vorliegen; nach BGHZ 183, 112 Rn. 58 hält er hieran aber nicht fest.

laut und Gesetzgeberwille soll dem Verbraucher allein ein Leistungsverweigerungsrecht zustehen; dem Schutzzweck des § 359 BGB, zu verhindern, dass der Verbraucher den Kredit in voller Höhe zurückzahlen muss, wenn er dem Verkäufer zugeflossen ist und dieser keine (vertragsgemäße) Leistung erbracht hat, ist bereits Genüge getan, wenn der Verbraucher keine weiteren Raten mehr zahlen muss.[40] Der Verbraucher muss demnach im Rücktrittsfall die Kaufsache an den Verkäufer zurückgeben (und außerdem Wertersatz für gezogene Nutzungen leisten, s. Fall 11 Rn. 18) und kann von diesem sowohl eine eventuelle Anzahlung als auch geleistete Nettodarlehensraten (Raten ohne Zins- und Kostenanteil) zurückverlangen (§ 346 Abs. 1 BGB); der Zins- und Kostenanteil der Raten kann ggf. als vergebliche Aufwendung (§§ 437 Nr. 3, 284 BGB) ersatzfähig sein.[41] Ein Rückforderungsdurchgriff gegen die Bank findet nicht statt; nach § 813 Abs. 1 S. 1 BGB kann der Käufer nur die Raten von der Bank zurückfordern, die er nach Ausübung des Rücktrittsrechts in Unkenntnis des Leistungsverweigerungsrechts an die Bank gezahlt hat.[42]

---

[40] BGHZ 183, 112 Rn. 56.

[41] Zum Ganzen OLG Hamm NZV 2006, 421, 423; OLG Hamm, Urt. v. 5.8.2010 – 28 U 22/10, BeckRS 2010, 28631; *Reinking/Eggert* Der Autokauf, 12. Aufl. 2014, Rn. 1709; Palandt/*Grüneberg* § 359 Rn. 8.

[42] Einzelheiten str., vgl. OLG Naumburg NJW 2013, 3455; MünchKomm/*Habersack* § 359 Rn. 76; *Reinking/Eggert* (Fn. 41), Rn. 1719.

# Fall 20

## Ausgangsfall

Architekt A benötigt einen Kredit für die Einrichtung seines neuen Bürogebäudes. Dazu wendet er sich an seine Hausbank B. A und B einigen sich am 1.10.2012 auf den Abschluss eines Darlehensvertrages über 120.000 € zu einem effektiven Jahreszinssatz von 18% pro Jahr (nominal: 16,67%). Das Darlehen hat eine Laufzeit von fünf Jahren. Es handelt sich um ein Annuitätendarlehen. A hat monatliche Raten von 2960,81 € zu zahlen. Ein Annuitätendarlehen ist dadurch gekennzeichnet, dass sich jede Rate aus einem Zins- und einem Tilgungsanteil zusammensetzt, wobei der Zinsanteil im Verlauf der Laufzeit sinkt und der Tilgungsanteil steigt. Eine Sicherheit stellt A nicht.

Das zunächst florierende Geschäft des A gerät etwa anderthalb Jahre später in den Strudel einer Baukrise. Seine privaten Gläubiger bedient er schon seit langem nicht mehr, so dass der besonders hartnäckige Gläubiger G, nachdem er ein rechtskräftiges Urteil auf Zahlung von 50.000 € erwirkt hat, nunmehr die Zwangsvollstreckung gegen A betreibt. Größere Vermögenswerte hat A nicht, weil sein ausschweifender Lebensstil die Bildung von Rücklagen verhindert hat. Eine Besserung der geschäftlichen Situation ist nicht absehbar.

Als B die Lage des A zu Ohren kommt, kündigt sie den Darlehensvertrag nach exakt zwei Jahren, also am 1.10.2014, fristlos und stellt das Darlehen fällig. Der Schuldenstand beträgt zu diesem Zeitpunkt 83.434,07 €. B verlangt Zahlung dieses Betrages. Außerdem fordert sie eine Vorfälligkeitsentschädigung in Höhe des wegen der vorzeitigen Kündigung entgangenen Zinsgewinns.

A hält die Kündigung für unwirksam, da er bisher alle Raten pünktlich gezahlt habe. B habe damit überhaupt keinen Grund zur Kündigung. Außerdem sei der Darlehensvertrag wegen völlig überhöhter Zinsen nichtig. Daher sei er ohnehin

Der Sachverhalt und die Lösung wurden erstellt von *Ines Biesenack* und *Bernd Scholl*.

© Springer-Verlag Berlin Heidelberg 2015
P. Balzer et al., *Die Schuldrechtsklausur I,* Tutorium Jura,
DOI 10.1007/978-3-662-45662-0_20

nicht zur Zinszahlung verpflichtet, sondern könne das Darlehen während der Laufzeit zinsfrei nutzen. Er habe in den zwei Jahren schon 71.059,44 € gezahlt und schulde daher allenfalls noch Rückzahlung von 48.940,56 € (also der Differenz zwischen 120.000 € und 71.059,44 €).

Stehen der B die geltend gemachten Ansprüche zu? Bei der Lösung ist davon auszugehen, dass am Markt ein ungesichertes Darlehen über einen Betrag von 120.000 € jedenfalls nicht zu einem niedrigeren Zinssatz als 10% erhältlich gewesen wäre.

## Abwandlung

Abweichend vom Ausgangsfall nimmt A das Darlehen direkt nach Abschluss seines Architekturstudiums auf, um erstmals ein Architekturbüro zu eröffnen. Die Darlehenssumme beträgt abweichend vom Ausgangsfall nur 75.000 €; Laufzeit und Zinsen entsprechen denen im Ausgangsfall. Der schriftliche Vertrag enthält Angaben nach Art. 247 § 6 Abs. 1 und 3 EGBGB und den Hinweis, dass ein Widerrufsrecht nicht bestehe, da es sich um einen geschäftlichen Kredit handele.

Nach gut sechs Monaten berichtet A seiner Freundin, die BWL studiert hat, von dem Vertrag. Diese ist schockiert und sagt, er werde nie im Leben die vorgesehenen monatlichen Ratenzahlungen von 1850,51 € aus seinem Einkommen leisten können. Entweder solle er sich von dem Darlehensvertrag oder von ihr trennen. Daraufhin kommt A auf Sie zu und bittet um Rechtsrat.

**Hinweis zur Bearbeitung**
Unabhängig von den im Sachverhalt angegebenen Daten ist die aktuell geltende Rechtslage zugrunde zu legen.

## Lösung Fall 20

▶ Der Fall beschäftigt sich mit einigen Problemen des allgemeinen Darlehensrechts und des Verbraucherdarlehensrechts. Detailkenntnisse können auf diesem Gebiet nicht erwartet werden.

## Ausgangsfall

### I. Anspruch auf Rückzahlung des Darlehens in Höhe von 83.434,07 € aus § 488 Abs. 1 S. 2 BGB

B könnte gegen A einen Anspruch auf Rückzahlung des Darlehens in Höhe von 83.434,07 € aus § 488 Abs. 1 S. 2 BGB haben.   **1**

#### 1. Abschluss eines Darlehensvertrags

Dazu müssten B und A einen Darlehensvertrag i. S. d. § 488 BGB geschlossen haben. A und B haben sich über alle *essentialia negotii* geeinigt, insbesondere über die Darlehenssumme, die Laufzeit und den Zinssatz. Damit liegt eine vertragliche Einigung vor.[1]   **2**

#### 2. Wirksamkeit des Darlehensvertrags

Fraglich ist allerdings, ob der Darlehensvertrag gem. § 138 BGB nichtig ist. Zunächst kommt eine Nichtigkeit wegen Wuchers gem. § 138 Abs. 2 BGB in Betracht. Dafür ist neben einem auffälligen Missverhältnis zwischen Leistung und Gegenleistung die bewusste Ausnutzung einer der in § 138 Abs. 2 BGB genannten Schwächesituationen erforderlich. Dafür ist hier nichts ersichtlich.   **3**

Der Vertrag könnte allerdings als wucherähnliches Geschäft nach § 138 Abs. 1 BGB nichtig sein. Das ist dann der Fall, wenn Leistung und Gegenleistung in einem auffälligen Missverhältnis zueinander stehen und weitere sittenwidrige Umstände hinzutreten, beispielsweise eine verwerfliche Gesinnung des durch den Vertrag objektiv Begünstigten.[2] Ein auffälliges Missverhältnis zwischen Vertragszins und marktüblichem Vergleichszins bejaht die Rechtsprechung regelmäßig dann, wenn der effektive Vertragszins den effektiven Vergleichszins relativ um 100 % oder absolut um 12 Prozentpunkte übersteigt.[3] Laut den Angaben im Sachverhalt liegt der marktübliche Vergleichszins für ein Darlehen ohne jede Sicherheit jedenfalls nicht unter 10 %. Insofern übersteigt der Vertragszins von effektiv 18 % den Marktzins weder um 100 % noch um 12 Prozentpunkte. Somit liegt kein auffälliges Missverhältnis zwischen Leistung und Gegenleistung vor. Der Vertrag ist folglich nicht nach § 138 Abs. 1 BGB nichtig.   **4**

Mithin liegt ein wirksamer Darlehensvertrag vor.

---

[1] Für den Vertragsschluss ist die Auszahlung der Darlehenssumme – entgegen der früher vertretenen Realvertragstheorie – nach der im Wortlaut des § 488 Abs. 1 S. 1 BGB verankerten Konsensualvertragstheorie nicht erforderlich.

[2] BGH NJW 2002, 55, 56; s. auch MünchKomm/*K. P. Berger* § 488 Rn. 106.

[3] BGHZ 104, 102, 105; 110, 336, 340; MünchKomm/*K. P. Berger* § 488 Rn. 113.

## 3. Fälligkeit des Anspruchs

5    Mit Auszahlung des Darlehens ist der Rückzahlungsanspruch entstanden. Der Rückzahlungsanspruch müsste weiterhin fällig sein, § 488 Abs. 1 S. 2 BGB.

6    Die Fälligkeit tritt bei Bestimmung einer Laufzeit grundsätzlich am Ende der Laufzeit ein. Hier besteht die Besonderheit, dass ein Annuitätendarlehen vereinbart wurde. Bei diesem leistet der Darlehensnehmer stets gleiche Raten, die einen Zins- und einen Tilgungsanteil enthalten. Der Zinsanteil sinkt im Verlauf der Laufzeit, während der Tilgungsanteil steigt. Mit Fälligkeit jeder Rate wird auch ein Teil des Rückzahlungsanspruchs fällig und bei Zahlung erfüllt. Die von B hier geltend gemachte Restschuld von 83.434,07 €, die sich dadurch ergibt, dass A von den als Darlehen gewährten 120.000 € bereits 36.565,93 € getilgt hat, war somit im Grundsatz noch nicht fällig, sondern wäre im Laufe der folgenden drei Jahre sukzessive fällig geworden.

7    Allerdings könnte B die Fälligkeit durch fristlose Kündigung herbeigeführt haben. B hat die Kündigung des Darlehensvertrags erklärt. Weiter bedarf es eines Grundes zur fristlosen Kündigung. Dieser könnte sich hier aus § 490 Abs. 1 BGB ergeben. Dazu müsste zum Zeitpunkt der Kündigung in den Vermögensverhältnissen des Darlehensnehmers eine wesentliche Verschlechterung eingetreten sein oder einzutreten gedroht haben, durch die die Rückzahlung des Darlehens gefährdet worden ist.

8    Fraglich ist zunächst, ob hier eine wesentliche Verschlechterung in den Vermögensverhältnissen des A eingetreten ist oder eine solche Entwicklung gedroht hat. Bislang hat A zwar das Darlehen stets rechtzeitig bedient. Jedoch hat er schon seit längerer Zeit private Gläubiger nicht mehr befriedigt, so dass inzwischen sogar von einem Gläubiger die Zwangsvollstreckung wegen eines Betrags in Höhe von 50.000 € betrieben wird. Das Betreiben der Zwangsvollstreckung gegen den Schuldner stellt bereits ein Indiz für eine Vermögensverschlechterung dar.[4] Dass die Zahlungsrückstände lediglich auf Zahlungsunwilligkeit des A zurückzuführen sind, kann nicht angenommen werden. Vielmehr befindet sich das bei Abschluss des Darlehensvertrags noch florierende Geschäft des A in einer Krise. Somit ist verglichen mit der Situation im Jahr 2012 eine wesentliche Verschlechterung der Vermögenslage eingetreten.

9    Zudem müsste dadurch die Rückzahlung des Darlehens gefährdet sein. Im Zeitpunkt des Vertragsschlusses sind A und B davon ausgegangen, dass A die Ratenzahlungen aus seinem geschäftlichen Einkommen würde zahlen können. Größere Vermögenswerte hat A nicht. Durch das Einbrechen der Einnahmen ist die Rückzahlung des Darlehens nun gefährdet.

10   Eine fristlose Kündigung nach Auszahlung kann gem. § 490 Abs. 1 BGB nur „in der Regel" erfolgen. Beispielsweise kann eine fristlose Kündigung bei einer bloß vorübergehenden Vermögensverschlechterung ausgeschlossen sein.[5] Hier sind laut

---

[4] Staudinger/*Mülbert* (2011) § 490 Rn. 15 m. w. N.
[5] Vgl. MünchKomm/*K. P. Berger* § 490 Rn. 17.

Sachverhalt keine Anzeichen für eine Besserung der Vermögenslage des A ersichtlich. Somit sind die Voraussetzungen von § 490 Abs. 1 BGB erfüllt, und B war zur fristlosen Kündigung berechtigt.
Somit ist der Rückzahlungsanspruch fällig.

### 4. Ergebnis
B hat gegen A einen Anspruch auf Rückzahlung der restlichen Darlehenssumme in **11** Höhe von 83.434,07 € aus § 488 Abs. 1 S. 2 BGB.

## II. Anspruch auf Zahlung einer Vorfälligkeitsentschädigung

B könnte gegen A einen Anspruch auf Ersatz des ihr durch die vorzeitige Kündi- **12** gung entgehenden Zinsgewinns haben.

### 1. Anspruch aus § 502 BGB
Ein solcher Anspruch auf Zahlung einer Vorfälligkeitsentschädigung könnte sich **13** aus § 502 BGB ergeben. Jedoch gilt diese Norm nur für Verbraucherdarlehensverträge i. S. d. § 491 BGB. Außerdem betrifft § 502 BGB lediglich die vorzeitige Rückzahlung durch den Darlehnsnehmer (vgl. § 500 Abs. 2 BGB) und nicht die Zahlung aufgrund einer Kündigung des Darlehensgebers.[6]

### 2. Anspruch aus § 490 Abs. 2 S. 3 BGB
Auch § 490 Abs. 2 S. 3 BGB ist hier mangels einer Kündigung durch den Darle- **14** hensnehmer nicht anwendbar.

### 3. Anspruch aus §§ 280 Abs. 1 u. 3, 281 BGB
Möglicherweise ergibt sich der Anspruch aber im Wege des Schadensersatzes statt **15** der Leistung gem. §§ 280 Abs. 1 u. 3, 281 BGB. Zwischen A und B besteht in Form des Darlehensvertrags ein Schuldverhältnis. Problematisch ist, ob A eine vertragliche Pflicht verletzt hat. Dies wäre insbesondere dann der Fall, wenn er seinen Ratenzahlungsverpflichtungen nicht nachgekommen wäre. A hat allerdings das Darlehen stets rechtzeitig bedient. Zur Erhaltung der eigenen Vermögenssituation ist ein Darlehensnehmer gegenüber dem Darlehensgeber nicht verpflichtet. Somit hat A keine Pflicht verletzt. Der Anspruch gem. §§ 280 Abs. 1 u. 3, 281 BGB scheidet folglich aus.

### 4. Ergebnis
B hat gegen A keinen Anspruch auf Zahlung des ihr durch die vorzeitige Kündigung **16** entgehenden Zinsgewinns.

---

[6] Vgl. MünchKomm/*Schürnbrand* § 502 Rn. 1.

## Abwandlung

**17** A könnte sich möglicherweise durch **Widerruf gem. § 495 i. V. m. § 355 BGB** von dem geschlossenen Darlehensvertrag lösen.

### I. Bestehen eines Darlehensvertrags

**18** Der schriftliche Darlehensvertrag, der möglicherweise Formerfordernissen nach § 492 Abs. 2 BGB (i. V. m. § 512 BGB), Art. 247 § 6 EGBGB nicht entspricht, ist jedenfalls durch Auszahlung des Darlehens gem. § 494 Abs. 2 BGB wirksam geworden.[7]

### II. Bestehen eines Widerrufsrechts

**19** Fraglich ist, ob A ein Widerrufsrecht nach § 495 BGB zusteht. Dieses gilt für Verbraucherdarlehensverträge i. S. d. § 491 BGB, also für Darlehensverträge zwischen einem Unternehmer als Darlehensgeber und einem Verbraucher als Darlehensnehmer. B ist Unternehmer i. S. d. § 14 BGB. Fraglich ist, ob A Verbraucher ist. Verbraucher i. S. d. § 13 BGB ist jede natürliche Person, die ein Rechtsgeschäft zu einem Zwecke abschließt, der weder ihrer gewerblichen noch ihrer selbständigen beruflichen Tätigkeit zugerechnet werden kann. Als Architekt ist A Freiberufler und damit zwar nicht Gewerbetreibender, aber der Darlehensvertrag dient seiner selbständigen beruflichen Tätigkeit als Architekt. Somit ist A nicht Verbraucher i. S. d. § 13 BGB.

**20** Gem. § 512 BGB gelten die §§ 491–511 BGB aber auch für natürliche Personen, die sich ein Darlehen für die Aufnahme einer gewerblichen oder selbständigen beruflichen Tätigkeit gewähren lassen, es sei denn, der Nettodarlehensbetrag übersteigt 75.000 €. Das Darlehen sollte der Aufnahme der selbständigen beruflichen Tätigkeit des A als Architekt dienen. A ist somit Existenzgründer im Sinne der Vorschrift. Das Darlehen übersteigt den Betrag von 75.000 € nicht. Folglich kommt dem A das Widerrufsrecht gem. §§ 495, 355 BGB zugute. Die Information im Vertrag, dass dem A kein Widerrufsrecht zustehe, kann angesichts des zwingenden Charakters der §§ 491 ff. BGB (§ 511 BGB) nicht als vertraglicher Ausschluss des Widerrufsrechts ausgelegt werden. Es handelt sich lediglich um einen falschen Hinweis auf die Rechtslage.

---

[7] Es fehlt hier die Belehrung über das Widerrufsrecht nach Art. 247 § 6 Abs. 2 EGBGB (s. u. Rn. 21). Ein Widerrufsrecht stünde dem Verbraucher aber auch dann zu, wenn der Darlehensvertrag nichtig gewesen wäre (sog. Kippsche Lehre von der Doppelnichtigkeit; vgl. BGH NJW 2010, 610 zum fernabsatzrechtlichen Widerrufsrecht).

### III. Widerrufsfrist

A müsste den Widerruf fristgerecht erklären. Die Frist zum Widerruf des Darlehens- **21** vertrags beträgt im Grundsatz 14 Tage, § 355 Abs. 2 S. 1 BGB. Dies gilt aber gem. § 356b Abs. 2 BGB nur dann, wenn der Darlehensvertrag die Pflichtangaben nach § 492 Abs. 2 BGB, Art. 247 § 6 Abs. 2 EGBGB zu Einzelheiten des Widerrufs- rechts enthält. Da B davon ausging, ein Widerrufsrecht bestehe nicht, fehlen diese Pflichtangaben im Vertrag. Die Widerrufsfrist beginnt bei fehlender oder fehlerhaf- ter Belehrung erst mit Nachholung der Information und dauert dann einen Monat (§ 492 Abs. 6, § 356b Abs. 2 BGB). Hier hat die Widerrufsfrist damit nicht zu laufen begonnen.

### IV. Ergebnis und Widerrufsfolgen

A kann also seine auf Abschluss des Darlehensvertrags gerichtete Willenserklärung **22** immer noch gem. §§ 495, 355 BGB widerrufen und ist in der Folge nicht mehr daran gebunden.

Durch den Widerruf entsteht gem. § 357a BGB ein Rückgewährschuldverhält- **23** nis, im Rahmen dessen die erbrachten Leistungen rückabzuwickeln sind. Gem. § 357a Abs. 1 BGB muss A die Restvaluta[8] innerhalb von 30 Tagen zurückgewäh- ren. Für den Zeitraum zwischen Auszahlung und Rückzahlung des Darlehens bleibt es bei dem vereinbarten Sollzins (§ 357a Abs. 3 S. 1 BGB).[9]

---

[8] Nach sechs gezahlten Monatsraten beträgt die Restschuld 69.975,07 €. Diese Information stand nicht im Sachverhalt und kann auch nicht ohne Computerhilfe ermittelt werden.

[9] Nur bei grundpfandrechtlich gesicherten Darlehen hat der Verbraucher die Möglichkeit nach- zuweisen, dass der Wert des Gebrauchsvorteils niedriger war als der vereinbarte Sollzins, § 357a Abs. 3 S. 2 u. 3 BGB. Da das Darlehen hier ungesichert war, hat A trotz des hohen Zinssatzes keine Möglichkeit, einen Teil der bereits gezahlten Zinsen zurückzubekommen.

# Fall 21

## Ausgangsfall

Jurastudent Stefan (S) erteilt der 18-jährigen Oberstufenschülerin Tanja (T) jeden Mittwochnachmittag im Aufenthaltsraum der Schule eine Stunde Nachhilfeunterricht in Mathematik. Am Mittwoch, dem 14.10.2015, vergisst S die Nachhilfestunde. T meldet sich umgehend und will unbedingt, dass die Nachhilfestunde am nächsten Samstag nachgeholt wird. S hätte dann zwar Zeit, lehnt eine Nachholung aber ab, weil er sich am Wochenende erholen will. Er meint, T solle damit zufrieden sein, dass sie die ausgefallene Stunde nicht bezahlen müsse.

Kann T Nachholung verlangen?

## 1. Abwandlung

S soll die T mit den Nachhilfestunden gezielt auf die nächste Klausur zur Differentialrechnung vorbereiten. Da S selbst Probleme beim Lösen von Extremwertaufgaben hat, versäumt er es, mit T solche Aufgaben zu rechnen. Deshalb kann T die entsprechende Aufgabe in der Klausur nicht lösen und erzielt nur eine „vier plus". T meint nach der Klausur, S habe nur halbe Arbeit geleistet und habe daher auch nur Anspruch auf den halben Lohn. Sie fordert deshalb die Hälfte der für sechs Stunden gezahlten Vergütung, insgesamt 30 €, zurück.

Zu Recht?

## 2. Abwandlung

Am 11.11.2015, an dem S der T eigentlich Nachhilfe erteilen soll, wird T unerwartet krank. Sie ruft S kurz vorher an, um ihm mitzuteilen, dass sie die Stunde nicht in Anspruch nehmen kann. S drückt sein Bedauern darüber aus, dass er jetzt nicht wie

© Springer-Verlag Berlin Heidelberg 2015
P. Balzer et al., *Die Schuldrechtsklausur I*, Tutorium Jura,
DOI 10.1007/978-3-662-45662-0_21

geplant Aufgaben zur partiellen Integration mit T rechnen könne, und wünscht ihr gute Besserung. Dennoch verlangt er seine Vergütung von 10 €.
Zu Recht?

## 3. Abwandlung

In einer Woche hat S keine Zeit. Er schickt seine Freundin Friederike (F), die ebenfalls Ahnung von Mathematik hat, an seiner Stelle zu T. T lehnt aber eine Nachhilfe von F ab. Daraufhin geht F wieder nach Hause. F und S meinen, sie könnten von T trotzdem eine Vergütung von 10 € verlangen.
Zu Recht?

## 4. Abwandlung

Eine Woche später ist S krank. Er hat Erkältungssymptome (Schnupfen, Husten, leichtes Fieber) und fühlt sich nicht gut. Daher will S zu Hause bleiben und die Krankheit in den nächsten Tagen auskurieren. T meint hingegen, S solle sich nicht so anstellen, wegen der nahenden Mathematik-Klausur könne sie auf die Nachhilfe zum vereinbarten Termin nicht verzichten. S erwidert, er müsse nicht erscheinen und könne sogar trotzdem die vereinbarte Vergütung verlangen.
Wer hat recht?

## 5. Abwandlung

Vereinbart ist, dass S der T bis zu der Abiturprüfung weiter Nachhilfe erteilen soll. Fünf Wochen vor der Prüfung kommt es aber zu einem Zwischenfall: Als T wieder einmal das Integral der Funktion $\frac{1}{x}$ vergessen hat, bezeichnet S sie in großer Erregung als „dumme Kuh". T ist empört über diese Beleidigung und will daraufhin nichts mehr mit S zu tun haben. Kurz vor ihrer Abiturprüfung möchte sie jedoch auf Nachhilfe nicht verzichten und sucht sich als Ersatz einen Mathematik-Studenten, der aber für die letzten vier notwendigen Stunden jeweils 12 € (statt 10 € wie S) verlangt. Den Differenzbetrag, also viermal 2 €, insgesamt 8 €, verlangt sie von S ersetzt.
Zu Recht?

## Lösung Fall 21

▶ Die kleinen Teilfälle befassen sich mit einzelnen Grundproblemen des Dienstvertragsrechts. Zu Einzelheiten des Leistungsstörungsrechts beim Dienst- und Arbeitsvertrag sei auf Lehr- und Fallbücher des Arbeitsrechts verwiesen.

## Ausgangsfall

T könnte gegen S einen **Anspruch auf Nachholung der vereinbarten Nachhilfe-** 1 **stunde aus § 611 BGB** haben.

### I. Anspruch entstanden

Voraussetzung für die Entstehung dieses Anspruchs ist zunächst, dass S und T einen 2 Vertrag geschlossen haben, der als Dienstvertrag gem. § 611 BGB zu qualifizieren ist. Beim Dienstvertrag verpflichtet sich der Dienstverpflichtete – anders als beim Werkvertrag (§ 631 BGB) der Werkunternehmer – zum bloßen Tätigwerden, nicht aber zu einem darüber hinausgehenden Erfolg. Hier haben S und T vereinbart, dass S der T wöchentlich eine Stunde Nachhilfe erteilt. Einen darüber hinausgehenden Erfolg (Noten der T) wollte und konnte S nicht versprechen. Damit liegt ein Dienstvertrag vor.

Weiterhin ist fraglich, ob dieser Dienstvertrag als freier Dienstvertrag oder als 3 Arbeitsvertrag einzuordnen ist. Der Arbeitnehmer ist zur unselbständigen, abhängigen Arbeit verpflichtet: Arbeitsort und -zeit sind ihm im Wesentlichen vorgeschrieben, und er muss für die Einzelheiten seiner Arbeit Anweisungen befolgen (§ 315 BGB; jetzt spezialgesetzlich geregelt in § 106 GewO). Beim freien Dienstvertrag werden die Dienste in Selbständigkeit und Unabhängigkeit geleistet. Hier haben S und T Zeit und Ort der Dienstleistung einvernehmlich vereinbart, sie sind nicht von T einseitig vorgeschrieben. S ist auch nicht gegenüber T weisungsgebunden, vielmehr liegt es in der Natur der Nachhilfe, dass der Nachhilfelehrer – in den Grenzen des in der Schule behandelten Unterrichtsstoffes – selbst bestimmt, welche Inhalte er mit dem Schüler behandelt. Ein Nachhilfelehrer wird also selbständig tätig. Zwischen S und T liegt damit ein freier Dienstvertrag vor. Aufgrund dieses Dienstvertrages ist S verpflichtet, der T jeden Mittwochnachmittag, also auch am 14.10., Nachhilfe in Mathematik zu erteilen.

### II. Anspruch nicht erloschen

Dieser Anspruch auf Erteilung von Nachhilfe am 14.10.2015 ist bislang nicht durch 4 Erfüllung (§ 362 Abs. 1 BGB) erloschen, weil S zu dem vereinbarten Termin nicht erschienen ist. Der Anspruch der T könnte jedoch wegen **Unmöglichkeit** gem. **§ 275 Abs. 1 BGB** erloschen sein.

**Systematischer Hinweis:**
Unmöglichkeit liegt vor, wenn die geschuldete Leistung endgültig nicht erbracht werden kann. Durch die bloße Leistungsverzögerung tritt in aller Regel keine Unmöglichkeit ein. Das gilt auch, wenn die Parteien einen bestimmten Termin für die Leistung vereinbaren. Will der Vertragspartner Schadensersatz statt der Leistung verlangen oder zurücktreten, muss er zunächst eine Nachfrist setzen, die erfolglos ablaufen muss (§§ 281 Abs. 1 S. 1, 323 Abs. 1). Selbst wenn der Vertrag mit der Leistungszeit „stehen und fallen" soll, worauf Klauseln wie „fix", „genau", „spätestens" i. V. m. einer bestimmten Leistungszeit hindeuten, führt das regelmäßig nicht zur Unmöglichkeit durch Zeitablauf. Bei derartigen **relativen Fixgeschäften** entfallen die Leistungspflichten nicht von selbst, der Gläubiger kann lediglich von einem Vertrag, der auf einmaligen Leistungsaustausch gerichtet ist (nicht bei Dauerschuldverhältnissen wie dem Dienstvertrag), ohne Nachfristsetzung zurücktreten (§ 323 Abs. 2 Nr. 2 BGB; für Schadensersatz statt der Leistung gilt das nur beim Handelskauf, § 376 HGB). Unmöglichkeit durch Zeitablauf tritt allein ein, wenn es sich um ein **absolutes Fixgeschäft** handelt. Dieser Ausnahmefall liegt vor, wenn die Leistungszeit so wesentlich ist, dass bei Fristversäumung die geschuldete Leistung überhaupt nicht mehr erbracht werden kann (Beispiele: Kauf eines Weihnachtsbaums; Bereitstellung eines Hochzeitsessens).

Abweichend von diesem allgemeinen Grundsatz führt im Dienstvertrags- und insbes. im Arbeitsrecht die Nichtarbeit des Dienstverpflichteten i. d. R. zur Unmöglichkeit. Dienstverpflichtungen sind meist an einen bestimmten (fixen) Zeitpunkt gebunden und können bei Überschreitung dieses Zeitpunktes nicht mehr nachgeholt werden. Sie sind daher regelmäßig als absolute Fixschulden zu qualifizieren. Das gilt jedenfalls im Rahmen eines Vollzeitarbeits- und sonstigen-dienstverhältnisses. Der Vollzeitarbeitnehmer ist i. d. R. so in den Betriebsablauf eingebunden, dass er die Arbeitsleistung nicht außerhalb der Betriebszeiten nachholen kann. Eine Nachholung ist aber denkbar, wenn der Dienstverpflichtete nur einen Teil der ihm zur Verfügung stehenden Zeit für das Dienstverhältnis aufwendet (im Arbeitsrecht etwa bei der Teilzeit- und Gleitzeitarbeit) und auch auf Seiten des Dienstberechtigten keine Hindernisse an einer Nachholung bestehen.

5    Die Erteilung der Nachhilfestunde durch S ist nur dann durch Zeitablauf unmöglich geworden, wenn es sich hierbei um eine absolute Fixschuld handelt. Das hängt davon ab, ob die Verpflichtung nach Verstreichen des vereinbarten Termins noch nachgeholt werden kann. Gegenstand der Leistungsverpflichtung des S ist nur eine Unterrichtsstunde in der Woche. S ist Student, T ist Schülerin, so dass beide auch außerhalb der vereinbarten Termine Zeit für einen Nachholtermin haben. Es ist nichts dafür ersichtlich, dass die vereinbarte Leistungszeit am Mittwochnachmittag so wichtig war, dass eine Nachholung einige Tage später völlig ausgeschlossen war. Die Schuld des S ist daher nur als relative Fixschuld zu qualifizieren (vgl. § 323 Abs. 2 Nr. 2 BGB). An dem von T vorgeschlagenen Termin am Samstag besteht

eine Möglichkeit zur Nachholung. Dass S sich am Samstag, der Werktag ist, ausruhen will, ist unbeachtlich.

**Ergebnis** T kann also gem. § 611 BGB von S Nachholung verlangen.

## 1. Abwandlung

### I. Anspruch auf Rückzahlung von 30 € aus §§ 346 Abs. 1, 326 Abs. 4 BGB

T könnte gegen S einen Anspruch auf Rückzahlung von 30 € aus §§ 346 Abs. 1, 326  **6** Abs. 4 BGB haben. Danach kann die bereits erbrachte Gegenleistung nach Rücktrittsrecht zurückgefordert werden, wenn die Leistungspflicht des Vertragspartners gem. § 275 BGB und deshalb auch die Gegenleistungspflicht gem. § 326 Abs. 1 BGB entfallen ist. Hier hat S wichtige klausurrelevante Themen nicht mit T behandelt. Damit hat er den Dienstvertrag mit T schlecht erfüllt. Eine (etwa geschuldete) Nacherfüllung durch Zusatzunterricht ist jedenfalls seit dem Schreiben der Klausur unmöglich (§ 275 Abs. 1 BGB). Insofern könnte man mit einem Teil der Literatur[1] argumentieren, dass deshalb auch die Vergütungspflicht der T gem. §§ 326 Abs. 1 S. 1 Hs. 2, 441 Abs. 3 BGB gemindert ist und T den zuviel geleisteten Betrag gem. §§ 326 Abs. 4, 346 Abs. 1 BGB zurückverlangen kann.

Gegen diese Lösung spricht jedoch, dass das Dienstvertragsrecht abweichend  **7** vom Kauf-, Miet-, Werk- und Reiserecht keine Gewährleistung im Falle der Schlechterfüllung kennt. § 326 Abs. 1 S. 2 BGB schließt die Anwendung der Regeln über die Teilunmöglichkeit auf die Schlechtleistung ausdrücklich aus. Daraus folgt, dass eine Minderung der Vergütung beim Dienstvertrag nicht möglich ist.[2]

**Ergebnis** T kann somit nicht von S Rückzahlung von 30 € aus §§ 346 Abs. 1, 326 Abs. 4 BGB verlangen.

> Der Dienstberechtigte schuldet also auch bei fehlerhafter Arbeit des Dienstverpflichteten grundsätzlich die volle Vergütung. Die Vergütungspflicht entfällt erst gem. § 326 Abs. 1 S. 1 BGB (dann in voller Höhe), wenn eine nicht nachholbare Dienstleistung so unbrauchbar erbracht wurde, dass sie nicht

---

[1] *Oetker/Maultzsch* Vertragliche Schuldverhältnisse, § 7 Rn. 67; *Schlechtriem* SchuldR BT, Rn. 377; Erman/*Edenfeld* § 611 Rn. 408.

[2] Ganz h. M.; BGH NJW 2004, 2817 m. w. N.; NJW 2010, 1364 Rn. 55; BAG NJW 1971, 111; BB 2007, 1903 f.; OLG Koblenz MDR 2011, 1278; Staudinger/*Richardi* (2011) § 611 Rn. 718; Jauernig/*Mansel* § 611 Rn. 16; ErfK/*Preis* 15. Aufl. 2015, § 611 BGB Rn. 683; *Thüsing* in Henssler/Willemsen/Kalb, ArbeitsR-Komm., 6. Aufl. 2014, § 611 Rn. 412; *Looschelders* SchuldR BT, Rn. 582; *Dütz/Thüsing* Arbeitsrecht, 18. Aufl. 2013, § 5 Rn. 199; *Preis* Individualarbeitsrecht, 4. Aufl. 2012, § 54 I 1; Schaub/*Linck*, Arbeitsrechts-Hdb., 15. Aufl. 2013, § 52 Rn. 5; *Canaris* FS K. Schmidt, 2009, S. 177, 178 ff.

mehr als bloße Schlechterfüllung, sondern als Nichterfüllung zu qualifizieren ist.

*Canaris* (FS K. Schmidt, 2009, S. 177, 181 ff.) hat einen neuen Ansatz entwickelt, der sich auf eine Analogie zu § 628 Abs. 1 S. 2 BGB stützt. Danach soll der Vergütungsanspruch entfallen, wenn zwar keine Nichtleistung vorliegt, aber die Fehlleistung des Dienstverpflichteten einen solchen Grad erreicht hat, dass die Tätigkeit für den Dienstberechtigten völlig ohne Wert ist. In diesem Fall des Interessefortfalls könne der Dienstberechtigte analog § 628 Abs. 1 S. 3 i. V. m. § 346 Abs. 1 BGB die bereits gezahlte Vergütung zurückverlangen (ohne dass eine Kündigung nötig wäre). Als Beispiel nennt *Canaris* die durch gravierendes Fehlverhalten zustande gekommene Fehldiagnose eines Arztes. Bei bloß schlechtem Unterricht soll dem Dienstverpflichteten hingegen der volle Vergütungsanspruch erhalten bleiben. Im vorliegenden Fall war der Unterricht durch S für T nicht völlig wertlos. Auch auf Basis des Ansatzes von *Canaris* lässt sich also ein Rückzahlungsanspruch nicht begründen.

## II. Anspruch auf Schadensersatz aus §§ 280 Abs. 1 u. 3, 283 BGB

**8**  Möglicherweise hat T gegen S aber in Höhe des Minderwertes der erbrachten Leistung (30 €) einen Anspruch auf Schadensersatz statt der Leistung gem. §§ 280 Abs. 1 u. 3, 283 BGB. Wie bereits gezeigt, hat S hier die Leistung nicht wie geschuldet erbracht, und eine denkbare Nacherfüllung ist jedenfalls nach der Klausur nicht mehr möglich. Zum Teil wird vertreten, dass die zu zahlende Vergütung Teil des durch die Schlechterfüllung entstandenen Schadens sei, so dass ein Anspruch auf Schadensersatz statt der Leistung in Höhe des Minderwertes der Dienstleistung bestehe, der sich bei fehlender Nachholbarkeit aus §§ 280 Abs. 1 u. 3, 283 BGB ergebe.[3]

**9**  Gegen diese Lösung spricht allerdings, dass die Regelung des § 281 Abs. 1 S. 1 Fall 2 BGB (Schadensersatz statt der Leistung wegen Schlechtleistung – Gleiches gilt für § 283 BGB, wenn eine Nacherfüllung unmöglich ist) auf die kauf- und werkvertragliche Mängelhaftung zugeschnitten ist. Wenn die Nacherfüllung scheitert, soll der Gläubiger stattdessen Schadensersatz verlangen können. Im Dienstvertragsrecht ist hingegen eine Nacherfüllung nicht vorgesehen. Der Dienstverpflichtete schuldet gerade keinen Erfolg, sondern nur die Tätigkeit als solche. Im Falle fehlerhafter Arbeit kann der Dienstberechtigte daher im Grundsatz nicht unentgeltliche Nacharbeit verlangen.[4] Gegen die Zulassung eines Anspruchs auf Schadens-

---

[3] Palandt/*Weidenkaff* § 611 Rn. 16 (unter bb); vgl. Jauernig/*Mansel* § 611 Rn. 16.

[4] Staudinger/*Richardi/Fischinger* (2011) § 611 Rn. 718; BeckOK-ArbeitsR/*Joussen* § 611 BGB Rn. 364; ErfK/*Preis* (Fn. 2), § 611 BGB Rn. 683; a. A. (grds. Nacherfüllungspflicht bejahend) Jauernig/*Mansel* § 611 Rn. 16. Ausnahmsweise ist eine Nacherfüllung denkbar, wenn eine Pflicht betroffen ist, die auf Herbeiführung eines Erfolgs gerichtet ist. Dies kann bei der fehlerhaften Erstellung einer Steuererklärung durch einen Steuerberater der Fall sein (*Looschelders* SchuldR BT,

ersatz statt der Leistung in Höhe des Minderwertes der erbrachten Dienstleistung spricht auch, dass es dadurch im Ergebnis doch zu der nach § 326 Abs. 1 S. 2 BGB gesperrten Minderung käme und dass zudem der Minderwert schwer zu ermitteln ist. Die besseren Argumente sprechen daher dafür, einen Schadensersatzanspruch wegen der Minderwertigkeit der Arbeitsleistung als solcher abzulehnen.[5]

**Ergebnis** T hat gegen S auch keinen Anspruch auf Zahlung von 30 € aus §§ 280    **10**
Abs. 1 u. 3, 283 BGB.

Im Falle der Schlechtleistung hat der Dienstberechtigte – abgesehen von der Kündigung – aber die Möglichkeit, von seinem Vertragspartner **Schadensersatz neben der Leistung** für Folgeschäden gem. § 280 Abs. 1 BGB zu verlangen. Voraussetzung ist, dass der Dienstverpflichtete einen konkreten, messbaren Schaden verursacht hat. Hat der Dienstberechtigte die Vergütung noch nicht gezahlt, kann er mit diesem Anspruch gegen den Vergütungsanspruch des Dienstverpflichteten aufrechnen (§§ 387 ff. BGB). Beispiele: Durch die unsorgfältige Arbeit vergeudet der Arbeitnehmer Material; der Anwalt versäumt eine Frist, so dass der Prozess verloren geht. Im vorliegenden Fall hat T zwar durch die Schlechtleistung des S insofern einen Schaden erlitten, als sie eine schlechte Klausur geschrieben hat. Es ist aber zum einen nicht möglich, zu ermitteln, welches Ergebnis sie erreicht hätte, wenn S mit ihr auch Extremwertaufgaben gelöst hätte, und zum anderen lässt sich ihr Schaden auch nicht in Geld beziffern. T hat also auch nicht die Möglichkeit, von S Schadensersatz neben der Leistung gem. § 280 Abs. 1 BGB zu verlangen.

## 2. Abwandlung

S könnte gegen T einen **Anspruch auf Zahlung der vereinbarten Vergütung in**    **11**
**Höhe von 10 € aus §§ 611, 615 BGB** haben. Durch den Abschluss eines Dienstvertrages zwischen S und T (oben Rn. 2) ist der Anspruch auf die Vergütung aus § 611 BGB entstanden. Dieser Anspruch ist nicht gem. § 326 Abs. 1 BGB erloschen, weil die Nachhilfestunde grundsätzlich nachgeholt werden kann, so dass die Leistung nicht i. S. v. § 275 Abs. 1 BGB unmöglich ist (oben Rn. 4 f.). Die Vergütung wird aber gem. § 614 BGB erst fällig, wenn die Leistung erbracht worden ist. Hier ist

---

Rn. 580; anders für Sonderfall BGH NJW-RR 2006, 1490). In diesem Fall kommt ausnahmsweise auch ein Anspruch auf Schadensersatz statt der Leistung nach Nachfristsetzung in Betracht.

[5] So auch BAG v. 6.6.1972, AP Nr. 71 zu § 611 BGB Haftung des Arbeitnehmers; *Preis*, Individualarbeitsrecht (Fn. 2), § 54 I 2; *Looschelders* SchuldR BT, Rn. 579; *Canaris*, FS K. Schmidt, S. 177, 185 f.

die Unterrichtsstunde wegen der Krankheit der T ausgefallen. Damit ist der Vergütungsanspruch im Grundsatz noch nicht fällig.

12    Etwas anderes könnte sich aber aus § 615 S. 1 BGB ergeben.[6] Danach kann der Dienstverpflichtete bei **Annahmeverzug** des Dienstberechtigten i. S. d. §§ 293 ff. BGB die vereinbarte Vergütung verlangen, ohne zur Nachholung verpflichtet zu sein. Voraussetzung für Annahmeverzug ist zunächst, dass ein erfüllbares Dienstverhältnis besteht. Dies ist, wie geprüft (Rn. 2, 11), der Fall. Annahmeverzug setzt weiter voraus, dass der Gläubiger die ihm angebotene Leistung nicht annimmt (§ 293 BGB). Erforderlich ist also zunächst ein Angebot durch den Schuldner. Grundsätzlich muss der Schuldner die Leistung nach § 294 BGB tatsächlich anbieten. Das hat S hier nicht getan. Nach § 295 S. 1 Fall 1 BGB genügt aber ein wörtliches Angebot, wenn der Gläubiger dem Schuldner erklärt hat, dass er die Leistung nicht annehmen werde. Hier hat T den S angerufen und mitgeteilt, sie könne die Stunde wegen Krankheit nicht in Anspruch nehmen. Damit hat sie erklärt, sie werde die Leistung nicht annehmen. Folglich genügte ein wörtliches Angebot des S. Das wörtliche Angebot des S ist hier konkludent dadurch erfolgt, dass er der T am Telefon erklärt hat, was er mit T in der Stunde durchnehmen wollte. Im Übrigen wäre auch dieses wörtliche Angebot gem. § 296 S. 1 BGB entbehrlich gewesen, weil T ihre kalendermäßig bestimmte Mitwirkungshandlung (Erscheinen zur Nachhilfe zum vereinbarten Termin) nicht vorgenommen hat.[7] Annahmeverzug kann nach § 297 BGB schließlich nur eintreten, wenn der Schuldner zur Erbringung der Leistung willens und imstande ist. Auf Seiten des S bestanden am 11.11.2015 keine Leistungshindernisse. Deshalb ist T dadurch, dass sie die Nachhilfestunde nicht angenommen hat, in Annahmeverzug geraten. Verschulden des Gläubigers ist dafür nicht erforderlich. Es kommt also nicht darauf an, dass T die Stunde allein wegen ihrer Krankheit abgesagt hat.

13    Nach § 615 S. 1 BGB kann S die vereinbarten 10 € als Vergütung verlangen, ohne zur Nachleistung verpflichtet zu sein. Eine Anrechnung nach § 615 S. 2 BGB erfolgt nicht, weil S aufgrund des Ausfallens der Nachhilfestunde weder anderen Verdienst erworben noch böswillig zu erwerben unterlassen hat.

**Ergebnis** Demnach hat S gegen T einen Anspruch aus §§ 611, 615 BGB auf Zahlung von 10 €.

---

## 3. Abwandlung

### I. Anspruch der F gegen T auf Zahlung von 10 €

14    Ein Anspruch der F gegen T auf Zahlung von 10 € kommt nicht in Betracht, weil zwischen ihnen kein Dienstvertrag besteht.

---

[6] § 615 BGB ist nach h. M. keine eigene Anspruchsgrundlage, sondern erhält bloß den Anspruch aus § 611 BGB (BAG NJW 2001, 1666; ErfK/*Preis* [Fn. 2] § 615 BGB Rn. 1).

[7] Vgl. Staudinger/*Feldmann* (2014) § 296 Rn. 3 (Unterrichtsstunde).

## II. Anspruch des S gegen T aus §§ 611, 615 BGB

Denkbar ist also nur ein Anspruch des S gegen T. Durch den Abschluss des Dienst- **15** vertrages ist der Anspruch des S gegen T auf Zahlung von 10 € gem. § 611 BGB entstanden. Allerdings ist er im Grundsatz wegen § 614 BGB nicht fällig, weil S die Nachhilfestunde nicht erbracht hat (s. Rn. 11).

Etwas anderes könnte sich allein aus § 615 S. 1 BGB ergeben. Voraussetzung **16** dafür ist wiederum, dass T in Annahmeverzug geraten ist (§ 293 BGB). Nach § 294 BGB muss der Schuldner (S) dem Gläubiger (T) die Leistung so, wie sie zu bewirken ist, tatsächlich anbieten. Dienstleistungspflichten sind gem. § 613 S. 1 BGB grundsätzlich persönlich zu erbringen. Für eine abweichende Parteivereinbarung ist hier nichts ersichtlich. Hier ist S nicht selbst erschienen, sondern hat statt seiner F geschickt. Damit hat S der T die geschuldeten Dienste nicht so, wie sie zu bewirken waren, tatsächlich angeboten. Es fehlt folglich an einem Angebot des S, das einen Annahmeverzug der T auslösen könnte.

**Ergebnis** S hat gegen T also keinen Anspruch auf Zahlung von 10 € aus §§ 611, 615 BGB.

## 4. Abwandlung

### I. Anspruch der T gegen S auf die Dienstleistung aus § 611 BGB

T könnte gegen S einen Anspruch auf Erbringung der vereinbarten Nachhilfestunde **17** aus § 611 BGB haben. Wie bereits geprüft, besteht zwischen T und S ein wirksamer Dienstvertrag, aus dem der Anspruch entstanden ist. Der Anspruch könnte jedoch gem. § 275 Abs. 1 BGB ausgeschlossen sein. In welchen Fällen Krankheit zur Unmöglichkeit der Dienstleistung führt, ist umstritten. Nach traditioneller, auch heute noch verbreiteter Ansicht führt die krankheitsbedingte Arbeitsunfähigkeit zur Unmöglichkeit gem. § 275 Abs. 1 BGB.[8] Wer krank sei, könne die geschuldete Arbeitsleistung nicht erbringen und werde unmittelbar von seiner Leistungspflicht befreit. Nachteil dieser Lösung ist jedoch, dass der Dienstverpflichtete, der arbeitsunfähig krank ist, aber trotzdem zum Dienst erscheint, wegen § 326 Abs. 1 BGB (vorbehaltlich § 242 BGB) keinen vertraglichen Anspruch auf die Vergütung hätte, sondern auf einen bereicherungsrechtlichen Wertersatzanspruch angewiesen wäre.[9] Daher setzt sich immer mehr die flexiblere Ansicht[10] durch, dass in Krankheitsfällen zu differenzieren ist: Krankheit führt nur zur Unmöglichkeit nach § 275 Abs. 1

---

[8] Palandt/*Grüneberg* § 275 Rn. 30; Jauernig/*Stadler* § 275 Rn. 19, 30; *Canaris* JZ 2001, 499, 501 Fn. 33, 504; *Däubler* NZA 2001, 1329, 1332; *Westermann/Bydlinski/Weber* SchuldR AT, Rn. 7/27.

[9] Vgl. *Scholl* Jura 2006, 283, 286.

[10] Staudinger/*Caspers* (2014) § 275 Rn. 113; ErfK/*Preis* (Fn. 2) § 611 BGB Rn. 685; *Gotthardt/ Greiner* DB 2002, 2106, 2107; *Scholl* Jura 2006, 283, 286; *Brox/Rüthers/Henssler* Arbeitsrecht, 18. Aufl. 2011, Rn. 368.

BGB, wenn der Dienstverpflichtete völlig dienstunfähig, also beim besten Willen nicht in der Lage ist, eine vertragsgemäße Leistung zu erbringen.[11] Wenn er dagegen trotz seiner Krankheit potentiell dienstfähig ist, erscheint es sachgerechter, ein automatisches Erlöschen der Leistungspflicht nach § 275 Abs. 1 BGB abzulehnen und dem Dienstverpflichteten stattdessen unter den Voraussetzungen von § 275 Abs. 3 BGB ein Leistungsverweigerungsrecht einzuräumen, so dass er selbst entscheiden kann, ob er zum Dienst erscheint oder nicht. Folgt man dem, so waren die Krankheitssymptome des S hier nicht so schwer, dass er die Nachhilfestunde in keinem Falle hätte erbringen können. Deshalb ist der Anspruch nicht nach § 275 Abs. 1 BGB ausgeschlossen.

**18**    Vielmehr könnte S ein Leistungsverweigerungsrecht nach § 275 Abs. 3 BGB zustehen. Dann müsste S zunächst die Leistung persönlich zu erbringen haben. Dies ist wegen § 613 S. 1 BGB der Fall. Weiterhin müsste ihm die Leistung nach einer Interessenabwägung nicht zugemutet werden können. Jede ernsthafte Erkrankung führt zur Unzumutbarkeit der Dienstleistung, wenn durch die Tätigkeit eine Verschlechterung des Gesundheitszustandes oder eine Verlangsamung des Genesungsprozesses droht. Bei Erkältungen führen Anstrengungen häufig zur Krankheitsvertiefung. S durfte die Nachhilfestunde daher absagen, um die Krankheit auszukurieren. Er brauchte nicht in krankem Zustand zu unterrichten. S hat sich zu Recht auf die Einrede des § 275 Abs. 3 BGB berufen.

**Ergebnis** S ist daher, solange er krank ist, nicht gegenüber T zur Erbringung der Nachhilfestunde verpflichtet.

## II. Anspruch des S gegen T auf Zahlung von 10 € aus §§ 611, 616 BGB

**19**    S könnte gegen T einen Anspruch auf Zahlung der vereinbarten Vergütung von 10 € aus §§ 611, 616 BGB haben. Der notwendige Dienstvertrag gem. § 611 BGB liegt vor. Allerdings führt die Berufung des S auf sein Leistungsverweigerungsrecht nach § 275 Abs. 3 BGB im Grundsatz dazu, dass nach § 326 Abs. 1 BGB auch der Vergütungsanspruch erlischt („ohne Arbeit kein Lohn"). Etwas anderes könnte sich allein aus § 616 S. 1 BGB ergeben, der für alle, nicht nur für dauernde, Dienstverhältnisse gilt.[12] Danach behält der Dienstverpflichtete den Vergütungsanspruch, ohne zur Nachleistung verpflichtet zu sein, wenn er für eine verhältnismäßig nicht erhebliche Zeit durch einen in seiner Person liegenden Grund ohne sein Verschulden an der Dienstleistung verhindert wird. Die krankheitsbedingte Arbeitsunfähigkeit stellt einen persönlichen Grund dar, an dem S mangels entgegenstehender Anhaltspunkte kein Verschulden trifft. Allerdings stellt sich die Frage, ob die Verhinderung

---

[11] Beispiel: Zahnarzt mit gebrochenen Händen. Im Arbeitsrecht liegt rechtliche Unmöglichkeit auch vor, wenn die Krankheit zu einem Beschäftigungsverbot führt, z. B. nach §§ 42 Abs. 1, 31 Infektionsschutzgesetz.

[12] Palandt/*Weidenkaff* § 616 Rn. 1/2.

des S nur eine verhältnismäßig nicht erhebliche Zeit andauerte. Im Arbeitsrecht wird – abhängig von der Beschäftigungsdauer – ein Zeitraum von drei Tagen bis zu zwei Wochen für nicht erheblich gehalten.[13] Ein solcher Zeitraum ist für freie Dienstverträge aber jedenfalls dann unangemessen lang, wenn sie nur eine stundenweise Dienstverpflichtung beinhalten. Denn der hinter § 616 BGB stehende Alimentationsgedanke passt hier nur bedingt. Nur ein persönliches Leistungshindernis, das zu einer kurzen Verspätung des Dienstverpflichteten führt, betrifft einen verhältnismäßig nicht erheblichen Zeitraum; fällt die ganze Unterrichtsstunde aus, ist der Zeitraum schon so lang, dass eine Vergütungspflicht nach § 616 S. 1 BGB ausscheidet.[14] Gegen die Anwendung von § 616 S. 1 BGB spricht auch, dass bei stundenweisen Dienstverpflichtungen die Leistung häufig nach der Genesung des Dienstverpflichteten nachgeholt werden kann.[15]

**Ergebnis** Es bleibt damit beim Grundsatz des § 326 Abs. 1 BGB, so dass S von T nicht Zahlung von 10 € verlangen kann.

> A. A. vertretbar. Denkbar erscheint auch eine konkludente Abbedingung von § 616 BGB, wobei die h. M. hieran aber strenge Anforderungen stellt (Palandt/*Weidenkaff* § 616 Rn. 3). – Im Arbeitsrecht gilt § 616 BGB nicht für den Fall der Krankheit des Arbeitnehmers, weil das Entgeltfortzahlungsgesetz Spezialregelungen enthält.

## 5. Abwandlung

Fraglich ist, ob T gegen S einen **Anspruch auf Schadensersatz** in Höhe von 8 € aus **§ 628 Abs. 2 BGB** hat. Danach kann im Falle einer außerordentlichen Kündigung (§ 626 BGB) der Kündigende von seinem Vertragspartner Ersatz des durch die Aufhebung des Dienstverhältnisses entstehenden Schadens verlangen, wenn die Kündigung durch dessen vertragswidriges Verhalten veranlasst worden ist. **20**

### I. Kündigung gem. § 626 BGB

Um Schadensersatz nach § 628 Abs. 2 BGB verlangen zu können, müsste T das Dienstverhältnis zu S zunächst wirksam durch außerordentliche, fristlose Kündigung gem. § 626 BGB beendet haben. **21**

---

[13] So *Brox/Rüthers/Henssler* (Fn. 10), Rn. 366; vgl. auch ErfK/*Preis* (Fn. 2) § 616 BGB Rn. 10a.
[14] Erman/*Belling* § 616 Rn. 51; NK/*Franzen* § 616 Rn. 14; *Medicus* SchuldR II, 14. Aufl. 2007, § 97 Rn. 331; a. A. möglicherweise BAG NZA 2007, 1072 = AP BGB § 611 Abhängigkeit Nr. 118/121: Bei sechs vorgesehenen Aufführungen eines Bühnenkünstlers erscheine die Verhinderung an einer Aufführung als eine verhältnismäßig nicht erhebliche Zeit.
[15] *Oetker/Maultzsch* Vertragliche Schuldverhältnisse, § 7 Rn. 89.

## 1. Kündigungsgrund

22 Eine außerordentliche Kündigung kommt insbesondere bei einer schwerwiegenden Vertragsverletzung durch eine Vertragspartei in Betracht. Dabei ist zunächst zu prüfen, ob „an sich" ein wichtiger Grund zur Kündigung vorliegt; anschließend erfolgt eine umfassende Interessenabwägung unter Berücksichtigung der Umstände des Einzelfalls.

23 Ein wichtiger Grund zur Kündigung liegt „an sich" jedenfalls bei einer strafbaren Handlung gegenüber der anderen Vertragspartei vor. Hier hat S die T aus nichtigem Anlass in großer Erregung als „dumme Kuh" bezeichnet. Dies ist eine gem. § 185 StGB strafbare Beleidigung. Ein „an sich" wichtiger Grund liegt damit vor. Im Rahmen der Interessenabwägung könnte man zugunsten des S anführen, dass nicht immer ganz höfliche Umgangsformen unter jungen Leuten üblich geworden sind und in der Regel keine rechtlichen Konsequenzen hervorrufen. Andererseits gilt das nicht für das Verhältnis zwischen Nachhilfelehrer und -schüler. Hier muss, damit der Unterricht Erfolg haben kann, ein Verhältnis gegenseitigen Respekts bestehen. Daran fehlt es, wenn der Nachhilfelehrer den Schüler schlechtmacht und durch sein unausgeglichenes Verhalten zeigt, dass er an den Erfolg seines Unterrichts letztlich doch nicht glaubt. S hat durch die völlig unangemessene Beleidigung gezeigt, dass er als Nachhilfelehrer ungeeignet ist, und die notwendige Vertrauensgrundlage zu T zerstört. Es ist der T, die kurz vor dem Abitur steht, nicht zumutbar, bis zum vereinbarten Ende des Dienstverhältnisses mit S zusammenzuarbeiten.[16] Deshalb kommt als gegenüber der Kündigung milderes Mittel auch keine Abmahnung in Betracht (vgl. § 314 Abs. 2 i. V. m. § 323 Abs. 2 Nr. 3 BGB). Nach allem war T zur außerordentlichen Kündigung berechtigt.

## 2. Kündigungserklärung und Erklärungsfrist

24 T hat die Kündigung dem S gegenüber konkludent dadurch erklärt, dass sie ihm gesagt hat, sie wolle nichts mehr mit ihm zu tun haben. Schriftform ist nur für die Beendigung von Arbeitsverhältnissen, nicht aber freien Dienstverträgen erforderlich (§ 623 BGB). Die zweiwöchige Kündigungserklärungsfrist des § 626 Abs. 2 BGB hat T dadurch eingehalten, dass sie die Kündigung unmittelbar nach dem Vorfall erklärt hat. Damit hat T dem S wirksam außerordentlich gekündigt.

## II. Veranlassung der Kündigung durch vertragswidriges Verhalten

25 Ferner müsste die Kündigung durch das vertragswidrige Verhalten des S veranlasst worden sein. T hat die Kündigung allein wegen der groben Beleidigung des S erklärt. S hat die Kündigung damit durch seine Vertragsverletzung veranlasst.

---

[16] Wegen der Befristung des Dienstverhältnisses bis zur Abiturprüfung scheidet eine ordentliche Kündigung als gegenüber der außerordentlichen Kündigung milderes Mittel von vornherein aus (vgl. § 620 Abs. 1 u. 2 BGB).

## III. Rechtsfolge: Schadensersatz

T kann damit von S den durch die Kündigung entstandenen Schaden ersetzt ver-  **26**
langen. Hier hat sie sich eine Ersatzkraft gesucht, die jedoch Zusatzkosten von insgesamt 8 € verursacht. Dass die Zusatzkosten möglicherweise darauf beruhen, dass
der neue Nachhilfelehrer als Mathematik-Student gegenüber S höher qualifiziert ist,
ist unbeachtlich, weil nichts dafür ersichtlich ist, dass T in der Kürze der Zeit einen
anderen billigeren Nachhilfelehrer hätte finden können.

**Ergebnis** T kann von S also gem. § 628 Abs. 2 BGB Zahlung von 8 € verlangen.

# Fall 22

## Ausgangsfall

Die Berti GmbH (B) ist Eigentümerin des Neubaugebiets „Familienglück" in Korschenbroich, das sie als Bauträger entwickelt und bebaut. Die auf den verschiedenen Grundstücken erstellten Rohbauten werden nach Veräußerung den Wünschen der Erwerber entsprechend individuell ausgebaut. Grundlage für den Erwerb des Grundstücks und des Hauses ist ein mit B abzuschließender „Bauträgervertrag". Der auf den Ausbau entfallende Anteil beträgt dabei 40 % des Gesamtpreises und lässt den Erwerbern weitgehend freie Hand bei der Gestaltung des Hauses.

Der mit Herrn Meier (M) abgeschlossene „Bauträgervertrag" sieht unter anderem vor, dass das Haus am 30.7. fertiggestellt sein soll, da M seinen 50. Geburtstag am 2.8. bereits im neuen Haus feiern möchte. Als Sonderwünsche sieht der Vertrag eine Ausstattung des Bades mit den Kacheln „Marmoria Edelprotz" vor sowie die Anbringung eines Eckwaschtischs im Gäste-WC. Der für den 30.7. vorgesehene Termin für die Bauabnahme muss kurzfristig wegen einer Erkrankung des Vertreters der B ausfallen. Als Familie M am 1.8. in das fertiggestellte Haus einzieht, ohne dass ein neuer Abnahmetermin vereinbart worden wäre, stellt sie fest, dass der Eckwaschtisch in der Gästetoilette mitten auf der Wand angebracht worden ist. Ansonsten gefällt es ihr im neuen Haus gut. Der handwerklich begabte Familienvater, der der ständigen Diskussion mit dem seiner Meinung nach inkompetenten Bauleiter überdrüssig ist, versetzt daher noch am Vormittag des 2.8. selbständig den Eckwaschtisch. Die dafür notwendigen Handwerkszeuge und Materialien kauft er für 217 € im nahegelegenen Baumarkt. Diese 217 € verlangt er von B. Diese verweigert jede Zahlung, da M ihr keine Möglichkeit gegeben habe, den Fehler zu beseitigen.

B fordert vielmehr ihrerseits von M Zahlung von weiteren 50.000 € für im ursprünglichen Vertrag nicht vorgesehene Mehrleistungen. Diese hatte B in Folge nachträglicher Änderungswünsche des M erbracht, ohne dass sich die Parteien

© Springer-Verlag Berlin Heidelberg 2015
P. Balzer et al., *Die Schuldrechtsklausur I,* Tutorium Jura,
DOI 10.1007/978-3-662-45662-0_22

auf einen Preis geeinigt hatten. Der Wert der Mehrleistungen beträgt tatsächlich 50.000 €.
Bestehen die geltend gemachten Ansprüche?

## Abwandlung

Beim Einzug stellt M fest, dass die zusätzlich eingebaute Fußbodenheizung nicht ordnungsgemäß angeschlossen ist. Bei der Abnahme zeigt er diesen Mangel nicht an, da er ihn selbst beheben will in der Hoffnung, dadurch später den Preis mindern zu können. Als sich der Anschluss der Fußbodenheizung jedoch als schwerer als erwartet erweist, fordert M die B zur Beseitigung der Mängel auf oder zur Erstattung der dafür erforderlichen 3000 €. B hält dem entgegen, aufgrund der Kenntnis des M seien Mängelansprüche ausgeschlossen bzw. verwirkt. Eine Mängelbeseitigung schließe sie daher kategorisch aus und werde auch nicht Schadensersatz leisten.

Zudem fordert M die B auf, die Einfachverglasung im Kinderzimmer entsprechend der vertraglichen Vereinbarung durch Doppelglasfenster zu ersetzen. B verweigert die Nacherfüllung, da M das Haus ohne Beanstandung abgenommen habe und er die fehlende Doppelverglasung bei der Abnahme hätte erkennen können.
Bestehen die von M geltend gemachten Ansprüche?

## Lösung Fall 22

▶  Der Fall behandelt, neben der Frage der rechtlichen Einordnung des Erwerbs von Häusern vom Bauträger, die Voraussetzungen für das wirksame Zustandekommen eines Werkvertrags sowie Grundprobleme des werkvertraglichen Gewährleistungsrechts, insbesondere des Rechts zur Selbstvornahme und des Gewährleistungsausschlusses.

## Ausgangsfall

### I. Ansprüche von M gegen B (hinsichtlich des Eckwaschtisches)

#### 1. Anspruch auf Aufwendungsersatz gem. §§ 634 Nr. 2, 637 BGB

1   M könnte einen Anspruch gegen B auf Zahlung von 217 € aus §§ 634 Nr. 2, 637 BGB haben.

#### a) Bestehen eines Werkvertrags zwischen den Parteien

2   Das setzt voraus, dass zwischen B und M ein Werkvertrag über den Einbau des Eckwaschtischs besteht. Die Verpflichtung zum Einbau des Eckwaschtischs ist Bestandteil der Ausbauverpflichtung des zwischen B und M geschlossenen Vertrags über den Hauserwerb. Ob bei dem Erwerb neuer Häuser vom Bauträger zumindest

hinsichtlich des Gebäudes Werkvertragsrecht zur Anwendung kommen kann, ist umstritten.

Der BGH hat dies vor der Schuldrechtsreform in ständiger Rechtsprechung be- **3** jaht.[1] Der Bauträgervertrag sei als zusammengesetzter Vertrag insbesondere mit Elementen des Kaufvertrags und Werkvertrags, aber auch des Geschäftsbesorgungsvertrags anzusehen. Während für den Grundstückserwerb Kaufrecht anwendbar sei, gelte für die Bauwerkserrichtung, insbes. was deren Mängel anbelange, Werkvertragsrecht, und zwar auch dann, wenn das Bauwerk im Zeitpunkt des Erwerbs bereits fertiggestellt gewesen sei. Damit wurde vor allem sichergestellt, dass die fünfjährige Verjährungsfrist des § 638 BGB a. F. und nicht nur die einjährige des § 477 BGB a. F. (für Grundstücke) galt. Außerdem sah nur das Werkvertragsrecht den sachgerechten Nachbesserungsanspruch vor. Da im Zuge der Schuldrechtsreform die Verjährungsfristen des Kauf- und Werkvertragsrechts angeglichen worden sind (vgl. §§ 438, 634a BGB) und nunmehr sowohl im Kauf- als auch im Werkvertragsrecht ein (vorrangiger) Nacherfüllungsanspruch existiert, wird nach der Schuldrechtsreform im Schrifttum überwiegend die Ansicht vertreten, dass die Legitimation für die bisherige Entscheidungspraxis weggefallen sei.[2] Der die Bauwerkserstellung betreffende Teil des Vertrages müsse jedenfalls dann Kaufrecht unterliegen, wenn das zu errichtende Bauwerk im Zeitpunkt des Erwerbs bereits fertiggestellt sei. Dafür spricht, dass charakteristisch für einen Werkvertrag ist, dass der Unternehmer ein Werk herstellen muss, wovon aber keine Rede sein kann, wenn das Bauwerk bereits vollständig fertiggestellt ist. Außerdem widerspricht es dem Willen der (notariell beratenen) Vertragsparteien, einen Vertrag über den Erwerb eines bereits fertiggestellten Bauwerks als Werkvertrag zu qualifizieren.

**Systematischer Hinweis**

Einige wichtige Unterschiede zwischen kauf- und werkrechtlicher Mängelhaftung:

- Beim Werkvertrag kann der Unternehmer die Art der Nacherfüllung wählen (§ 635 Abs. 1 BGB), beim Kaufvertrag der Käufer (§ 439 Abs. 1 BGB)
- Nur beim Werkvertrag gibt es die Möglichkeit der Selbstvornahme nach §§ 634 Nr. 2, 637 BGB
- Gefahrübergang ist beim Kaufvertrag grds. die bloße Übergabe (§ 446 BGB), beim Werkvertrag hingegen die Abnahme (§ 640 BGB), die über die bloße Entgegennahme des Werkes dessen Anerkennung als in der Hauptsache vertragsgemäß voraussetzt.

---

[1] BGHZ 68, 372, 373 ff.; 74, 204; 74, 258, 267 ff.; 96, 275, 277 f.; 108, 164, 167; a. A. für fertiggestellte Bauwerke bereits nach altem Recht *Peters* NJW 1979, 1820 f.; *Köhler* NJW 1984, 1321 f.

[2] MünchKomm/*Busche* § 631 Rn. 227; Palandt/*Sprau* Vorb v § 633 Rn. 3 a. E.; Staudinger/*Peters/Jacoby* (2013) Vorbem. § 631 Rn. 152; *Brambring* DNotZ 2001, 904, 906; *Ott* NZBau 2003, 233, 238; für die Beibehaltung der bisherigen Rspr. dagegen Bamberger/Roth/*Voit* § 631 Rn. 17; *Derleder* NZBau 2004, 237 ff. Der BGH tendiert ebenfalls dazu, seine bisherige Rspr. beizubehalten, auch wenn er die Frage noch offengelassen hat, vgl. BGH NZBau 2007, 507 Rn. 18 f.

**Exkurs**

Zur Abgrenzung zwischen Werkvertrag und Kaufvertrag (mit Montageverpflichtung) bei einem Vertrag, der auf Lieferung und Errichtung eines Fertighauses gerichtet ist, BGHZ 165, 325 = NJW 2006, 904. Danach steht die Herstellungspflicht im Vordergrund, so dass allein Werkvertragsrecht Anwendung findet.

4    Im vorliegenden Fall ging es aber nicht um den Erwerb eines bereits bestehenden Objekts. Der Ausbauanteil betrug 40 % des gezahlten Preises, und die Erwerber waren weitgehend frei bei der Ausgestaltung des Ausbaus. Es war also in erheblichem Maße ein nach den Wünschen von M zu erstellendes Werk geschuldet. Sieht der Bauträgervertrag noch die (zumindest teilweise) Errichtung des Bauwerks nach den Vorgaben des Erwerbers vor, ist auf den Vertrag insoweit auch nach der Schuldrechtsreform in Übereinstimmung mit der Rechtsprechung zum alten Recht Werkvertragsrecht anzuwenden.[3] Soweit es um die Erstellung des Hauses geht, ist der Vertrag zwischen B und M daher als Werkvertrag zu qualifizieren.

**Exkurs**

Ist nicht eindeutig erkennbar, auf welchen Vertragstyp sich die Parteien im konkreten Fall geeinigt haben, so sind ihre Erklärungen auszulegen. Dabei ist auf den

*   Inhalt der Erklärungen,
*   den mit dem Vertrag verfolgten Zweck,
*   seine wirtschaftliche Bedeutung und
*   die Interessenlage der Parteien abzustellen.

Für letztere sind insbesondere die zwischen den einzelnen Vertragstypen bestehenden Unterschiede hinsichtlich Gewährleistungsrechten und Zahlungsverpflichtungen von Bedeutung. Die dabei von den Parteien verwendete Vertragsbezeichnung stellt den Ausgangspunkt der Auslegung dar, ist aber nicht allein maßgeblich (*falsa demonstratio non nocet*).

### b) Mangelhaftigkeit des Werks

5    Die Anbringung des Eckwaschtischs müsste ferner mangelhaft gewesen sein. Dabei liegt ein Mangel gem. § 633 Abs. 2 BGB vor, wenn das Werk entweder nicht die vereinbarte Beschaffenheit hat oder, in Ermangelung einer solchen Beschaffenheitsvereinbarung, sich nicht für die nach dem Vertrag vorausgesetzte oder gewöhnliche Verwendung eignet. Hier könnte dem Werk die vereinbarte Beschaffenheit fehlen, § 633 Abs. 2 S. 1 BGB. B sollte nach dem mit M geschlossenen Vertrag einen „Eckwaschtisch" anbringen. Dieser muss sich notwendigerweise in der Ecke

---

[3] MünchKomm/*Busche* § 631 Rn. 227; Palandt/*Sprau* Vorb v § 633 Rn. 3; *Ott* NZBau 2003, 233, 235 ff.

befinden. Damit fehlt dem von B mitten auf der Wand angebrachten Tisch die vereinbarte Beschaffenheit.[4] Ein Mangel nach § 633 Abs. 2 BGB ist somit gegeben.

### c) Abnahme des Werks

Voraussetzung für die Anwendbarkeit der speziellen werkvertraglichen Sachmängelvorschriften und damit auch für § 637 BGB ist die Abnahme des Werkes, mit der die Gefahr auf den Besteller übergeht (§§ 640, 644 BGB). Bis zu diesem Zeitpunkt richten sich die Rechte des Bestellers nach den allgemeinen Vorschriften über Leistungsstörungen. Unter Abnahme der Sache versteht man dabei die Übernahme der Sache, verbunden mit ihrer Anerkennung als im Wesentlichen vertragsgemäße Leistung. Mit dem Einzug der Familie M liegt eine Übernahme der Sache vor. Eine ausdrückliche Anerkennung der erbrachten Arbeiten als vertragsgemäße Leistung ist allerdings noch nicht erfolgt. Der geplante Abnahmetermin kam wegen der Krankheit des Vertreters der B nicht zustande.

6

Die Abnahme könnte jedoch konkludent erfolgt sein. Grundsätzlich ist eine solche konkludente Abnahme möglich, wenn sich aus dem Verhalten des Bestellers eine entsprechende Anerkennung als vertragsgemäße Leistung ablesen lässt.[5] Familie M hat zwar das fertiggestellte Haus bezogen, aber bereits am nächsten Tag den Eckwaschtisch anders angebracht. In Anbetracht des geringen Umfangs des Mangels und im Lichte von § 640 Abs. 1 S. 2 BGB kann das nicht als Verweigerung der Abnahme gewertet werden. Vielmehr spricht die Selbstvornahme eher dafür, dass M das Haus grundsätzlich als vertragsgemäße Leistung anerkennen wollte und es lediglich um die Beseitigung einzelner Mängel ging.[6] Aus Sicht der B, die für die Annahme einer Abnahme maßgeblich ist, stellt die Nutzung des Hauses ohne eine sofortige Rüge der generellen Vertragswidrigkeit eine konkludente Abnahme der Leistung dar.

7

Mit entsprechender Begründung lässt sich durchaus das gegenteilige Ergebnis vertreten, dass hier keine Abnahme stattgefunden hat. Dafür spricht, dass ein ausdrücklicher Abnahmetermin vereinbart wurde und eine Ersetzung durch eine konkludente Abnahme wohl erst nach Ablauf einer gewissen Zeit in Betracht kommt.[7] Hier wohnte die Familie M erst einen Tag in dem Haus. Dagegen, die Selbstvornahme als konkludente Abnahme anzusehen, kann man anführen, dass der Besteller damit gerade zum Ausdruck bringt, dass das Werk noch nicht den vertraglichen Anforderungen genügt, sondern der Nachbesserung bedarf (so NK-BGB/*Raab* § 640 Rn. 16).

---

[4] Gut vertretbar erscheint auch ein Rückgriff auf § 633 Abs. 2 S. 2 Nr. 1 oder 2 BGB.

[5] Vgl. nur BGH NJW 2013, 3513 Rn. 18; MDR 2014, 458 Rn. 15.

[6] Zur Frage, ob eine Selbstbeseitigung von Mängeln eine konkludente Abnahme darstellt, Bamberger/Roth/*Voit* § 640 Rn. 10.

[7] Für die konkludente Abnahme einer Architektenleistung hält BGH NJW 2013, 3513 eine Prüffrist von sechs Monaten für angemessen.

Lehnt man hier eine Abnahme ab, sind die werkvertraglichen Gewährleistungsrechte im Grundsatz nicht anwendbar. Vielmehr gilt noch allgemeines Schuldrecht (vgl. nur Palandt/*Sprau* Vor § 633 Rn. 7; OLG Köln NJW 2013, 1104 f.). Der Besteller hat also den Erfüllungsanspruch und ggf. die Rechte wegen Leistungsstörungen nach allgemeinem Schuldrecht. Allerdings stellt sich die Frage, ob dem Besteller zumindest in bestimmten Konstellationen ein Selbstvornahmerecht auch schon vor Gefahrübergang eingeräumt werden sollte. Wenn der Besteller die Abnahme wegen eines Mangels verweigert, der Unternehmer den Mangel aber trotz Fristsetzung nicht beseitigt, erscheint es angemessen, dem Besteller das Selbstvornahmerecht auch ohne Abnahme zuzubilligen (Bamberger/Roth/*Voit* § 634 Rn. 23; NK-BGB/*Raab* § 634 Rn. 32; sehr weitgehend OLG Brandenburg NJW-RR 2011, 630). Andernfalls müsste man den Besteller, der den Mangel selbst beseitigen will, zur Abnahme zwingen, obwohl er dazu nicht verpflichtet ist. Letztlich kommt es auf diese Frage hier jedoch nicht an, weil dazu die Voraussetzungen der §§ 634 Nr. 2, 637 BGB vorliegen müssten. M hat hier die B aber nicht einmal zur Mängelbeseitigung aufgefordert, geschweige denn eine Frist gesetzt. Ein Anspruch aus §§ 634 Nr. 2, 637 BGB kommt demnach nicht in Betracht. – Verneint man eine Abnahme, sind noch Schadensersatzansprüche aus §§ 280 Abs. 1 u. 3, 281 bzw. 283 BGB (d. h. ohne die Verweisungsnorm des § 634 Nr. 4 BGB) zu prüfen und mit gleichen Argumenten wie unten 2 zu verneinen. Eine Minderung (unten 3) käme vor Abnahme grds. nicht in Betracht. Auch die Anwendung des § 326 Abs. 2 S. 2 BGB, die in der Literatur vereinzelt für den Fall der unberechtigten Selbstvornahme vor Abnahme bejaht wird (Bamberger/Roth/*Voit* § 634 Rn. 25) dürfte von der h.M. mit den gleichen Argumenten verneint werden, die unter 4 ausgehend von der Annahme, dass eine Abnahme stattgefunden hat, genannt werden.

## d) Voraussetzungen für eine Selbstvornahme nach § 637 BGB

**8**　Gem. § 637 Abs. 1 BGB ist der Besteller zur Selbstvornahme grundsätzlich nur dann berechtigt, wenn er dem Unternehmer eine Frist zur Nacherfüllung gesetzt hat und diese erfolglos verstrichen ist. M hat den Mangel jedoch sofort selber behoben, ohne B die Möglichkeit zur Nacherfüllung zu geben. Es fehlt somit an der erforderlichen Fristsetzung.

---

### Klausurhinweis

Ist eine gesetzlich vorgeschriebene Fristsetzung unterlassen worden, ist immer zu erwägen, ob die Fristsetzung ausnahmsweise entbehrlich war. In der Regel sind entsprechende Ausnahmen gesetzlich vorgesehen. Diese beruhen entweder darauf, dass die hinter den Fristsetzungsvorschriften stehenden Wertungen (Möglichkeit zur Nachbesserung für den Schuldner) nicht eingreifen (z. B. Unmöglichkeit der Nachbesserung, Weigerung) oder dem Gläubiger nicht zumutbar sind. Kommt es in einem Fall auf eine Fristsetzung an, sollte der Sachverhalt daraufhin untersucht werden, ob er Ansatzpunkte für eine entsprechende Argumentation enthält.

Zu prüfen ist jedoch, ob die Fristsetzung im vorliegenden Fall ausnahmsweise gem. **9** § 637 Abs. 2 BGB **entbehrlich** war. In Frage könnte hier ein Fall des § 323 Abs. 2 Nr. 2 BGB kommen, auf den § 637 Abs. 2 S. 1 BGB verweist. Die Parteien hatten ausdrücklich den 30.7. als Termin für die Fertigstellung vereinbart, damit M seinen 50. Geburtstag noch in dem Haus feiern konnte. § 323 Abs. 2 Nr. 2 BGB stellt jedoch auf das relative Fixgeschäft ab, bei dem der Vertrag mit dem zeitgerechten Erbringen der Leistung steht und fällt.[8] Im konkreten Fall kann man das allerhöchstens für die generelle Fertigstellung des Hauses behaupten, nicht aber für die korrekte Anbringung des Eckwaschtischs. Die Nutzbarkeit des Hauses für die Geburtstagsfeier hing nicht von der zeitgerechten Versetzung des Eckwaschtischs ab. Entsprechend liegen die Voraussetzungen des § 323 Abs. 2 Nr. 2 BGB nicht vor.

Zu prüfen ist ferner, ob eine Fristsetzung gem. § 637 Abs. 2 S. 2 BGB entbehr- **10** lich war, weil die Nacherfüllung dem M nicht zumutbar war. Grund für die sofortige Selbstvornahme der Reparatur war, dass M den Bauleiter für inkompetent hielt und anscheinend davon ausging, dass dieser den Mangel nicht zeitnah würde beheben können. Allerdings ist bei der Frage der Zumutbarkeit zu beachten, dass für den Unternehmer die Möglichkeit, vorhandene Mängel selber nachzubessern, ein wichtiger Bestandteil bei der Kalkulation seiner Preise ist und ihm daher nicht leichtfertig genommen werden sollte. Insofern können die subjektiven Zweifel des M an der Kompetenz des Bauleiters nicht zur Unzumutbarkeit der Nacherfüllung führen. Das gilt umso mehr, als das Versetzen des Eckwaschtischs im Zweifel nicht besonderer Kompetenz bedarf. Auch die am Tag nach dem Einzug stattfindende Geburtstagsfeier macht eine Fristsetzung noch nicht wegen Unzumutbarkeit entbehrlich. Aus dem Sachverhalt lässt sich nicht entnehmen, dass die Gästetoilette durch den fehlerhaft angebrachten Eckwaschtisch unbenutzbar geworden ist, was bei einer größeren Feier eventuell zu einer Unzumutbarkeit hätte führen können.

B hat auch keinerlei Anlass gegeben, an ihrer Bereitschaft zur Nacherfüllung **11** zu zweifeln. Vielmehr hat sie die Zahlung mit dem Hinweis abgelehnt, dass sie zur Nacherfüllung bereit gewesen wäre und ihr diese Möglichkeit genommen wurde.

Entsprechend war die Fristsetzung nicht nach § 637 Abs. 2 BGB entbehrlich, so dass die Voraussetzungen für einen Kostenerstattungsanspruch nach § 637 BGB nicht vorliegen.

### e) Ergebnis
M hat keinen Anspruch gegen B auf Ersatz der mit der Nachbesserung verbundenen **12** Kosten aus §§ 634 Nr. 2, 637 BGB.

---

[8] Vgl. dazu Fall 21 Rn. 4.

Neben den speziellen Vorschriften über eine Kostenerstattung bei einer Selbstvornahme ist immer auch noch das Bestehen eventueller Schadensersatzansprüche, Minderungsrechte und sonstiger Erstattungsansprüche zu prüfen, die wirtschaftlich einer Kostenerstattung gleichkommen. Allerdings werden in der Regel bei einem Nichteingreifen der speziellen Erstattungsansprüche auch die Voraussetzungen für die sonstigen Ansprüche nicht gegeben sein. Entsprechend können die Ausführungen überwiegend vergleichsweise kurz gehalten werden, sollten in einer Fallbearbeitung aber nicht gänzlich fehlen. Ausführlicher sollte man allein den Anspruch aus § 326 Abs. 2 S. 2 BGB analog diskutieren, der auf ein etwas anderes rechtliches Ziel gerichtet ist. Da die Rechtslage im Rahmen des Kaufrechts (Fall 9) ausführlich dargestellt worden ist, erfolgt die Prüfung hier sehr knapp; auf die dortigen Ausführungen wird verwiesen.

### 2. Ansprüche auf Schadensersatz aus §§ 634 Nr. 4, 280 Abs. 1 u. 3, 281 bzw. 283 BGB

13    M könnte einen Anspruch gegen B auf Ersatz des ihm durch Zahlung der 217 € entstandenen Schadens aus §§ 634 Nr. 4, 280 Abs. 1 u. 3, 281 bzw. 283 BGB haben.

Die hinsichtlich der Anbringung des Eckwaschtischs fehlerhafte Bauausführung stellte eine Pflichtverletzung i. S. v. § 280 Abs. 1 BGB dar, da die B gem. § 633 Abs. 1 BGB zur mangelfreien Erbringung der Werkleistungen verpflichtet ist.

Für einen Schadensersatzanspruch nach § 281 BGB bedarf es jedoch der Setzung einer angemessenen Frist, an der es im konkreten Fall fehlt.

14    Stellt man darauf ab, dass der B durch die Mängelbeseitigung durch M die Erfüllung ihrer Verpflichtung zur mangelfreien Erbringung des Werks unmöglich geworden ist, also Schadensersatz nach § 283 BGB in Frage kommt, so fehlt es an dem für den Schadensersatzanspruch gem. §§ 280 Abs. 1 S. 2, 276 BGB notwendigen Verschulden der B.[9] Dadurch, dass M die notwendige Versetzung des Eckwaschtischs sofort selber vorgenommen hat, hat er der B jede Möglichkeit einer Nachbesserung genommen.

**Ergebnis** M hat keine Schadensersatzansprüche gegen B aus den §§ 634 Nr. 4, 280 Abs. 1 u. 3, 281 bzw. 283 BGB.

### 3. Anspruch auf Rückzahlung von 217 € nach Minderung

15    M könnte gegen B einen Anspruch auf Rückzahlung von 217 € aus § 638 Abs. 4 i. V. m. §§ 634 Nr. 3, 638 Abs. 1 u. 3 BGB haben. Zwar erscheint eine Minderung des Werklohns um den Betrag, der für eine Mängelbeseitigung notwendig ist, möglich. Allerdings besteht ein Minderungsrecht nur unter den Voraussetzungen des Rücktritts. Dazu ist gem. § 323 Abs. 1 S. 1 BGB eine Nachfristsetzung erforderlich.

---

[9] Auch wenn man es mit einer Mindermeinung ausreichen lässt, dass der Verkäufer die mangelhafte Lieferung zu vertreten hat, scheidet ein Schadensersatzanspruch nach dem Rechtsgedanken der §§ 323 Abs. 6, 326 Abs. 5 BGB aus. Siehe ausführlich Fall 9 Rn. 20 f.

Daran fehlt es hier. Auch ein Rücktritt nach § 326 Abs. 5 BGB wegen Unmöglichkeit der Mängelbeseitigung infolge der Selbstvornahme scheitert an § 323 Abs. 6 BGB, auf den § 326 Abs. 5 BGB verweist, weil M die Unmöglichkeit selbst herbeigeführt hat. M hat gegen B keinen Anspruch auf Rückzahlung von 217 € aus § 638 Abs. 4 i. V. m. §§ 634 Nr. 3, 638 Abs. 1 u. 3 BGB.

### 4. Erstattungsanspruch aus § 326 Abs. 2 S. 2 analog i.V.m. §§ 326 Abs. 4, 346 Abs. 1 BGB

M könnte gegen B aus § 326 Abs. 2 S. 2 analog i.V.m. §§ 326 Abs. 4, 346 Abs. 1 BGB einen Anspruch auf Zahlung desjenigen Betrages haben, den B dadurch erspart hat, dass sie die Mängelbeseitigung nach der Selbstvornahme durch M nicht mehr vornehmen muss.   **16**

Im Sachverhalt sind nicht die Kosten genannt, die B für eine Mängelbeseitigung hätte aufwenden müssen. Es ist aber davon auszugehen, dass die Kosten niedriger sind als die, die M aufgewandt hat, da B das entsprechende Werkzeug zur Verfügung gestanden haben dürfte.

Wie man eine Analogie zu § 326 Abs. 2 S. 2 BGB begründen kann, wurde bereits in Fall 9 Rn. 27 ff ausführlich gezeigt. Die Gründe, die für und gegen die Analogie sprechen, wurden mit zahlreichen Zitaten zur Rspr. und Lit. dort bereits erörtert. Darauf wird hier verwiesen.[10]

Eine Analogie setzt allerdings eine planwidrige Regelungslücke im Gesetz voraus. Im Werkvertragsrecht besteht mit dem Anspruch aus §§ 634 Nr. 2, 637 BGB ein gesetzlich geregelter Aufwendungsersatzanspruch bei Mängelbeseitigung durch den Käufer. Dieser setzt den Ablauf einer Frist zur Nacherfüllung voraus. Diese spezielle Voraussetzung darf nicht durch den Rückgriff auf das allgemeine Leistungsstörungsrecht unterlaufen werden. Vielmehr stellt der werkvertragsrechtliche Aufwendungsersatzanspruch eine abschließende Sonderregelung dar. Ein Anspruch des M gegen B analog §§ 326 Abs. 2 S. 2, Abs. 4, 346 Abs. 1 BGB besteht nicht.   **17**

A. A. gut vertretbar, wenn man betont, dass der Aufwendungsersatzanspruch nach §§ 634 Nr. 2, 637 BGB viel weitreichender ist als der nur auf Ersatz ersparter Aufwendungen gerichtete Anspruch analog § 326 Abs. 2 S. 2 BGB. Außerdem kann man anführen, dass eine Bereicherung des Unternehmers dadurch, dass er den von ihm verursachten Mangel nicht beseitigen muss, nicht gerechtfertigt erscheint (siehe Fall 9 Rn. 33).

---

[10] Für eine analoge Anwendung des § 326 Abs. 2 S. 2 BGB im Werkvertragsrecht Bamberger/Roth/*Voit* § 637 Rn. 17.

**5. Ansprüche aus §§ 684 S. 1, 818 Abs. 2 BGB und § 812 Abs. 1 S. 1 Fall 2 BGB**

18  Ansprüche des M gegen B auf Ersatz ersparter Aufwendungen aus §§ 684 S. 1, 818 Abs. 2 BGB wegen unberechtigter Geschäftsführung ohne Auftrag oder wegen Verwendungskondiktion gem. § 812 Abs. 1 S. 1 Fall 2 BGB bestehen nicht, weil die Vorschriften über die werkvertragliche Mängelhaftung vorrangig sind und Ansprüche aus GoA und Bereicherungsrecht ausschließen (ausführlich Fall 9 Rn. 24, 37, 38; a. A. vertretbar).

## II. Ansprüche der B gegen M (hinsichtlich der Mehrarbeiten)

19  B könnte einen Anspruch gegen M auf Zahlung der 50.000 € für die Mehrarbeiten aus einem Werkvertrag gem. § 631 Abs. 1 BGB haben.

**1. Zustandekommen eines Werkvertrags zwischen den Parteien**

20  Das setzt voraus, dass zwischen B und M ein wirksamer Werkvertrag über die zusätzlichen Arbeiten abgeschlossen wurde.

Die außerhalb des ursprünglichen Bauträgervertrags erbrachten Zusatzleistungen haben eindeutig werkvertraglichen Charakter. Grundsätzlich bedarf es für einen wirksamen Vertragsschluss einer Einigung über die wesentlichen Vertragsbestandteile, die *essentialia negotii*. Zu diesen gehören beim Werkvertrag die Verpflichtung des Unternehmers zur Herstellung eines bestimmten Werks sowie die Verpflichtung des Bestellers zur Zahlung einer Vergütung. Im konkreten Fall haben sich die Parteien zwar über die Ausführung der gewünschten Arbeiten geeinigt, nicht hingegen auf das dafür zu zahlende Entgelt. Aus § 632 BGB lässt sich ableiten, dass eine ausdrückliche Einigung über den Preis unter Umständen nicht nötig ist, sofern die Parteien gemeinsam von einem wirksamen Vertragsschluss ausgehen und sie sich nicht in einem offenen Dissens über den Preis befinden. Die Ausführung der Arbeiten durch B, die von M nicht grundsätzlich moniert wurden, zeigt, dass die Parteien von einem entsprechenden Vertragsschluss ausgingen. Da kein offener Dissens über den Preis vorliegt, kann der Vertrag grundsätzlich auch ohne Einigung auf einen Preis zustande kommen.

**2. Höhe der Vergütung**

21  Es ist zu klären, ob sich aus diesem Vertrag ein Anspruch auf Zahlung von 50.000 € ergibt. Gem. § 632 Abs. 1 BGB gilt eine Vergütung als stillschweigend vereinbart, wenn die ausgeführten Arbeiten den Umständen nach nur gegen eine Vergütung zu erwarten waren. Bauträgerverträge zeichnen sich dadurch aus, dass der Bauträger die Häuser mit einer gewissen Mindestausstattung anbietet und der Erwerber für alle Sonderwünsche zahlen muss. Entsprechend kann hier eine stillschweigende Einigung auf eine Vergütung unterstellt werden. In Ermangelung einer speziellen Taxe bestimmt sich deren Höhe gem. § 632 Abs. 2 BGB nach dem allgemein Üblichen. Im konkreten Fall sind die Leistungen 50.000 € wert, so dass man von einer Üblichkeit dieser Summe ausgehen kann.

### 3. Fälligkeit der Vergütung

Gem. § 641 Abs. 1 BGB wird dieser Vergütungsanspruch erst mit Abnahme fäl- **22**
lig. Zwar ist auch hinsichtlich der Zusatzleistungen keine ausdrückliche Abnahme
erfolgt. Ihre rügelose Nutzung lässt sich aus Sicht der B als konkludente Anerkennung der Zusatzleistungen als vertragsgemäße Leistung verstehen. Insofern liegt
eine konkludente Abnahme vor.

> Entsprechend den Ausführungen in Rn. 7 lässt sich auch gut vertreten, dass
> eine Abnahme nicht stattgefunden hat. Dann bestünde kein fälliger Zahlungs-
> anspruch. Vielmehr hätte B gegen M einen Anspruch auf Abnahme aus § 640
> Abs. 1 BGB, der aber nicht zu prüfen war.

### 4. Ergebnis

B hat gegen M einen Anspruch auf Zahlung der 50.000 € für die ausgeführten Son- **23**
derarbeiten aus dem Werkvertrag gem. § 631 Abs. 1 BGB.

## Abwandlung

### I. Ansprüche des M gegen B hinsichtlich der Fußbodenheizung

### 1. Anspruch auf Nacherfüllung aus §§ 634 Nr. 1, 635 BGB

M könnte einen Anspruch gegen B auf ordnungsgemäßen Anschluss der Fußboden- **24**
heizung aus §§ 634 Nr. 1, 635 BGB haben.

### a) Werkvertrag

Zwischen M und B besteht ein wirksamer Werkvertrag, § 631 BGB. **25**

### b) Mangelhaftigkeit des Werks

Voraussetzung für einen Anspruch auf Nacherfüllung gem. § 635 BGB ist, dass der **26**
fehlerhafte Anschluss der Fußbodenheizung einen Mangel i. S. v. § 633 Abs. 2 BGB
darstellt.

Eine Abnahme des Hauses durch M ist erfolgt (§ 640 Abs. 1 BGB), so dass die
werkvertraglichen Gewährleistungsvorschriften grundsätzlich Anwendung finden.

Ein Sachmangel i. S. v. § 633 Abs. 2 BGB ist dann gegeben, wenn die tatsäch- **27**
liche Bauausführung, die Istbeschaffenheit, von der vertraglich geschuldeten Ausführung, der Sollbeschaffenheit, abweicht. Die Fußbodenheizung dient nach der im
Vertrag vorausgesetzten Verwendung zur Heizung der Wohnung. Der fehlerhafte
Anschluss der Heizung verhindert, dass sie diesen Zweck erfüllen kann, und stellt
daher einen Sachmangel i. S. v. § 633 Abs. 2 S. 2 Nr. 1 BGB dar.

### c) Durchsetzbarkeit des Nacherfüllungsanspruchs

Weiterhin darf B die von M geforderte Nacherfüllung nicht verweigern können. An **28**
einem Recht zur Verweigerung der Nacherfüllung nach § 635 Abs. 3 BGB fehlt es.

Aus dem Sachverhalt ergibt sich nicht, dass die Leistung für B mit unverhältnismäßigen Kosten verbunden ist.

**29**     Möglicherweise steht M ein Nacherfüllungsanspruch jedoch nach § 640 Abs. 2
BGB nicht zu. Dogmatisch ist § 640 Abs. 2 BGB nicht als Erlöschensgrund für den
Nacherfüllungsanspruch, sondern als Einrede des Unternehmers einzuordnen.[11] Die
Einrede setzt voraus, dass M das Werk in Kenntnis des Mangels **vorbehaltlos abge-
nommen** hat. Fraglich ist also, ob M im Zeitpunkt der Abnahme Kenntnis von der
Mangelhaftigkeit des Werks gehabt hat. M wusste, dass die Fußbodenheizung nicht
ordnungsgemäß installiert worden war, so dass insoweit die erforderliche Kenntnis
vorliegt.

**30**     Damit B die Nacherfüllung hinsichtlich der Fußbodenheizung verweigern könnte, wäre weiter erforderlich, dass sich M seine Mängelrechte nicht bei Abnahme
vorbehalten hat. M wollte wegen der nicht ordnungsgemäßen Installation der Fußbodenheizung später Minderungsansprüche geltend machen. Allerdings hat er dies
gegenüber B nicht erklärt. Zwar reicht grundsätzlich auch ein konkludenter Vor-
behalt von Mängelrechten aus, dieser jedoch nicht erfolgt. Maßgeblich für die
Auslegung des Verhaltens von M ist insofern der Empfängerhorizont der B. Diese
konnte aus dem Verhalten von M, der das Haus drei Monate ohne irgendwelche
Beanstandungen nutzte, in keiner Weise schließen, dass er sich Mängelrechte vorbehalten wollte. Es fehlte vielmehr an einer nach außen erkenntlichen Betätigung
des entsprechenden Willens von M.

### d) Ergebnis

**31**     Da B demnach die Nacherfüllung nach § 640 Abs. 2 BGB verweigern kann, steht M
bezüglich der Fußbodenheizung kein durchsetzbarer Anspruch auf Nacherfüllung
aus §§ 634 Nr. 1, 635 BGB zu.

> **Wichtig**
> § 640 Abs. 2 BGB erfasst die in § 634 Nr. 1–3 BGB bezeichneten Rechte, also
> auch den Aufwendungsersatzanspruch nach Mängelbeseitigung gem. §§ 634
> Nr. 2, 637 BGB. Hingegen steht § 640 Abs. 2 BGB der Geltendmachung des
> Schadensersatzanspruches nicht im Wege, weil dort § 634 Nr. 4 BGB nicht
> genannt ist. Dies wird in Klausuren immer wieder übersehen. Anders als die
> in § 634 Nr. 1–3 BGB genannten Rechte setzen die Ansprüche nach Nr. 4 ein
> Verschulden des Unternehmers voraus. Der Gesetzgeber wollte den Unter-
> nehmer mit der Abnahme nicht auch von den verschuldensabhängigen Män-
> gelansprüchen befreien. Da der Werkunternehmer nach § 633 Abs. 1 BGB
> zur sachmängelfreien Erstellung des Werks verpflichtet ist, begründet die
> mangelhafte Ausführung immer zugleich eine Pflichtverletzung i. S. v. § 280
> Abs. 1 BGB.

---

[11] H.M.; Staudinger/*Peters/Jacoby* (2013) § 640 Rn. 64; MünchKomm/*Busche* § 640 Rn. 35;
Bamberger/Roth/*Voit* § 640 Rn. 40; NK/*Raab* § 640 Rn. 43.

## 2. Schadensersatzanspruch aus §§ 634 Nr. 4, 280 Abs. 1 u. 3, 281 BGB

M könnte einen Anspruch auf Schadensersatz wegen des fehlerhaften Anschlusses **32** der Fußbodenheizung gegen B in Höhe von 3000 € gem. §§ 634 Nr. 4, 280 Abs. 1 und 3, 281 BGB haben.

### a) Anspruchsvoraussetzungen
#### aa) Mangelhafte Leistung als Pflichtverletzung
Der nicht ordnungsgemäße Anschluss der Fußbodenheizung stellt einen **Mangel** **33** i. S. v. § 633 Abs. 2 BGB dar. Da B nach § 633 Abs. 1 BGB zur sachmängelfreien Erstellung des Werks verpflichtet ist, begründet die mangelhafte Ausführung zugleich eine **Pflichtverletzung** i. S. v. § 280 Abs. 1 BGB.

#### bb) Nachfristsetzung bzw. Entbehrlichkeit
Für einen Schadensersatzanspruch nach § 281 BGB ist grundsätzlich eine **Frist- 34 setzung** für die Nacherfüllung erforderlich. M hat die B zwar zur Beseitigung der Mängel aufgefordert, eine Frist dafür hat er aber nicht gesetzt.

Fraglich ist allerdings, ob hier eine Nachfristsetzung entbehrlich war, weil der Nacherfüllungsanspruch wegen § 640 Abs. 2 BGB nicht durchsetzbar war (oben Rn. 29 f.). Die Einrede des § 640 Abs. 2 BGB berechtigt den Unternehmer aber bloß, die Nacherfüllung zu verweigern. Sein Recht, den nicht gerügten Mangel von sich aus zu beseitigen, bleibt hingegen erhalten.[12] Daher muss der Besteller vor der Geltendmachung des Schadensersatzanspruchs im Grundsatz auch dann eine Nachfrist setzen, wenn der Nacherfüllung § 640 Abs. 2 BGB entgegensteht.

Hier könnte die Fristsetzung jedoch gem. § 281 Abs. 2 BGB entbehrlich sein, da **35** B einen Anschluss der Fußbodenheizung und damit eine Nacherfüllung kategorisch verweigert hat. Im konkreten Fall erfolgte die Verweigerung der Nacherfüllung unter Berufung auf das angebliche Nichtbestehen von Rechten. Entsprechend stellt sich die Frage, ob die Weigerung der B nicht dahingehend auszulegen war, dass sie in Kenntnis der Rechtslage eventuell lieber doch selber die Heizung repariert hätte, als dafür zu bezahlen. Ungewissheiten dieser Art gehen jedoch zu Lasten der B und können den Anspruch von M nicht verhindern. Eine Nachfristsetzung war entbehrlich.

#### cc) Vertretenmüssen
Die Pflichtverletzung müsste B zu vertreten haben. Zwar kann sich das Vertreten- **36** müssen grundsätzlich sowohl auf den Mangel als auch auf das Unterlassen der Nacherfüllung beziehen.[13] Da B aber die Nacherfüllung wegen § 640 Abs. 2 BGB verweigern durfte, kann Anknüpfungspunkt hier lediglich der Mangel sein. Dabei ist die Beweislast für das Vertretenmüssen gem. § 280 Abs. 1 S. 2 BGB umgekehrt. Es sind hier keine Gründe ersichtlich, die dagegen sprechen könnten, dass B hinsichtlich des fehlerhaften Anschlusses der Fußbodenheizung Fahrlässigkeit zur Last fällt. B muss den Mangel also vertreten.

---

[12] Staudinger/*Peters/Jacoby* (2013) § 640 Rn. 65.

[13] Herrschende Meinung; siehe dazu Fall 10 (Nachweise dort in Fn. 7).

**dd) Kein Ausschluss durch § 640 Abs. 2 BGB; keine Verwirkung**

37    Die rügelose Abnahme des Hauses stellt keinen Ausschlussgrund nach § 640 Abs. 2 BGB dar, da Schadensersatzansprüche nach § 634 Nr. 4 BGB nicht erfasst werden.

38    Eine Verwirkung des Schadensersatzanspruchs ist nicht eingetreten. Eine Verwirkung setzt grundsätzlich die Schaffung eines besonderen Vertrauenstatbestands durch den Anspruchsgläubiger voraus.[14] Daran fehlt es hier jedoch. Die bloße rügelose Abnahme des Werks ist dafür nicht ausreichend. Wie sich aus der Wertung des § 640 Abs. 2 BGB ergibt, soll sie für sich genommen gerade nicht zu einem Ausschluss der verschuldensabhängigen Schadensersatzansprüche führen.

**b) Umfang des Anspruchs**

39    Der Schadensersatzanspruch nach § 281 Abs. 1 BGB in der Gestalt des „kleinen Schadensersatzes" erfasst die Differenz zwischen dem Wert des ordnungsgemäß ausgeführten Werks und des mangelhaft ausgeführten Werks. Damit erstreckt er sich auf die von M geltend gemachten Mängelbeseitigungskosten in Höhe von 3000 €.

**c) Ergebnis**

40    M hat einen Anspruch gegen B aus §§ 634 Nr. 4, 280 Abs. 1 u. 3, 281 BGB auf Erstattung der 3000 € für den ordnungsgemäßen Anschluss der Fußbodenheizung.

## II. Anspruch des M gegen B auf Nacherfüllung hinsichtlich der Doppelglasfenster aus §§ 634 Nr. 1, 635 BGB

41    M könnte gegen B einen Anspruch aus §§ 634 Nr. 1, 635 BGB darauf haben, dass B die Einfachglasfenster im Kinderzimmer durch Doppelglasfenster ersetzt.

**1. Werkvertrag**

42    Zwischen M und B besteht ein wirksamer Werkvertrag, § 631 BGB.

**2. Mangelhaftigkeit des Werks**

43    Fraglich ist, ob die Fenster im Kinderzimmer mangelhaft i. S. v. § 633 Abs. 2 BGB sind. Die Parteien haben sich im Vertrag auf eine Doppelverglasung geeinigt, so dass insofern die Einfachverglasung einen Sachmangel i. S. v. § 633 Abs. 2 S. 1 BGB darstellt. Sieht man in der Einfachverglasung ein *aliud*, ergibt sich die Mangelhaftigkeit aus § 633 Abs. 2 S. 3 BGB. Der Sachmangel lag bei Abnahme vor.

**3. Durchsetzbarkeit des Nacherfüllungsanspruchs**

44    Fraglich ist, ob der Durchsetzbarkeit des Nacherfüllungsanspruchs entgegensteht, dass M die fehlende Doppelverglasung bei sorgfältiger Prüfung hätte erkennen können. § 640 Abs. 2 BGB fordert hierzu jedoch positive Kenntnis. Der Verlust von Gewährleistungsrechten ist nur dann gerechtfertigt, wenn dem Besteller die Män-

---

[14] Zu den Voraussetzungen der Verwirkung s. BGH NJW 2014, 1230 Rn. 13.

gel tatsächlich bekannt waren, nicht hingegen bei fahrlässiger Unkenntnis. Insofern steht § 640 Abs. 2 BGB dem Nacherfüllungsanspruch hinsichtlich der Einfachverglasung nicht im Wege.

**Beachte** insofern den Unterschied zu § 442 Abs. 1 S. 2 BGB: Im Kaufrecht sind die Mängelrechte bereits bei grob fahrlässiger Unkenntnis des Käufers ausgeschlossen.

## 4. Ergebnis

M hat gegen B einen Anspruch auf Austausch der Einfachglasfenster durch Doppel-   **45**
glasfenster gem. §§ 634 Nr. 1, 635 BGB.

# Fall 23

## Ausgangsfall

G betreibt in Düsseldorf einen Großhandel für Schützenbedarf. Bereits 2011 hatte er für 4000 € einen Stickautomaten erworben, den er vorrangig dazu einsetzt, die Logos der örtlichen Schützenzüge u. a. auf Krawatten zu sticken. G hatte sich für den Stickautomaten Modell „Stickfix Pro" entschieden, da dieser auch mittels Computer angesteuert werden kann. Da die vom Hersteller seinerzeit angebotene Steuerungssoftware aber noch sehr teuer war, hatte sich G entschlossen, das Gerät zunächst im stand-alone-Betrieb und damit unabhängig vom Computer einzusetzen. Infolge der ständig steigenden Nachfrage nach bestickten Schützen-Krawatten entschließt sich G im März 2014, den Stickautomaten für die Steuerung mittels Computer aufzurüsten. G beauftragt daher am 15.3.2014 den EDV-Fachmann E mit der Erstellung eines Steuerungsprogramms für den Stickautomaten. E programmiert dem G für 800 € ein auf seine individuellen Bedürfnisse zugeschnittenes Programm. Am 4.4.2014 installiert E die Software auf dem Computer des G und nimmt auch eine Einweisung in das Programm vor. G ist von den vielfältigen Möglichkeiten des Steuerungsprogramms beeindruckt und unterzeichnet nach der Einweisung eine von E als „Abnahmeprotokoll" überschriebene Erklärung, in der er den Erhalt der Software bestätigt. Am 8.4.2014 setzt G den mittels Computer gesteuerten Stickautomaten erstmals ein, um für den Schützenzug „De Nussknacker" dessen Logo auf 20 Krawatten zu übertragen. Bereits beim Besticken der ersten Krawatte muss G aber feststellen, dass infolge eines Programmierfehlers des E das Logo von der Datei-Vorlage nicht maßstabsgerecht auf die Krawatten übertragen wird. Um den Auftrag des Schützenzuges noch fristgerecht vor dem örtlichen Schützenfest am kommenden Wochenende ausführen zu können, lässt G die Krawatten noch am gleichen Tag manuell besticken, wodurch ihm Mehrkosten von 200 € entstehen. Diese verlangt er von E ersetzt.

Zu Recht?

© Springer-Verlag Berlin Heidelberg 2015

P. Balzer et al., *Die Schuldrechtsklausur I*, Tutorium Jura,

DOI 10.1007/978-3-662-45662-0_23

## 1. Abwandlung

G erwirbt beim EDV-Fachmann E das Standardsoftwareprogramm „QuickStick"
zum Ansteuern des Stickautomaten als DVD zum Preis von 299 €. Da sich G mit
Computern nicht auskennt, beauftragt er den E auch mit der Installation des Pro-
gramms. E lässt die Installation am 4.4.2014 durch seinen Mitarbeiter M ausführen.
Hierbei unterläuft M, der in der Vergangenheit stets sorgfältig gearbeitet hat, ein
Fehler, da er bei der Installation versehentlich den Treiber für den Stickautomaten
Modell „Stickfix Standard" aufspielt. Dies führt – wie im Ausgangsfall – dazu,
dass das Logo des Schützenzuges „De Nussknacker" nicht maßstabsgerecht auf die
Krawatten übertragen werden kann. M hatte G nach der Installation am 4.4.2014 in
die Benutzung des Programms eingewiesen und ihm die verschiedenen Funktionen
eingehend erklärt; der Installationsfehler war hierbei aber nicht erkennbar. G be-
nachrichtigt den E sogleich, nachdem am 8.4.2014 der Fehler bei der erstmaligen
Benutzung des computergesteuerten Stickautomaten auffällt. Wie im Ausgangsfall
entstehen G für das manuelle Besticken der Krawatten Mehrkosten von 200 €, deren Erstattung er von E verlangt.

Zu Recht?

## 2. Abwandlung

G hat das Softwareprogramm „QuickStick" zum Preis von 279 € über den Versand-
händler V erworben, der in München sitzt. Da V die Installation wegen der örtlichen
Entfernung nicht selbst vornehmen kann, beauftragt G hiermit gegen ein Honorar
von 120 € den EDV-Fachmann E aus Köln. Bei der Installation der Software am
4.4.2014 unterläuft dem E – wie in der 1. Abwandlung seinem Mitarbeiter M – ein
Installationsfehler. Dieser führt – wie im Ausgangsfall – zu Mehraufwendungen des
G in Höhe von 200 €, die er von E ersetzt verlangt.

Zu Recht?

## Lösung Fall 23

▶ Im Mittelpunkt des Falles steht die Problematik der Abgrenzung von
Kauf- und Werkvertrag beim Erwerb von Software, wobei zwischen Standardsoftware und Verträgen über die Herstellung individueller Software
zu unterscheiden ist. Weiterhin befasst sich der Fall mit der rechtlichen
Einordnung der Installation von Software, die als Pflicht aus dem Kaufvertrag oder als eigenständige Werkleistung geschuldet sein kann.

## Ausgangsfall

G könnte gegen E einen Anspruch auf Schadensersatz aus §§ 634 Nr. 4, 280 Abs. 1    **1**
BGB haben.

---

**Aufbauhinweis**

§ 634 Nr. 4 BGB ist in der Anspruchsgrundlage aufzuführen, da es nicht isoliert
um die Frage geht, ob E eine (Vertrags-)Pflicht verletzt hat, sondern eine Pflichtverletzung in Betracht kommt, die in der Erbringung eines mangelhaften Werkes
besteht.

## I. Wirksamer Werkvertrag

Voraussetzung für einen Schadensersatzanspruch des G aus §§ 634 Nr. 4, 280    **2**
Abs. 1 BGB ist zunächst, dass zwischen ihm und E ein wirksamer Werkvertrag
i. S. v. § 631 BGB abgeschlossen worden ist.

    Ein Werkvertrag i. S. v. § 631 BGB setzt voraus, dass sich E als Unternehmer    **3**
gegenüber G verpflichtet hat, die Herstellung und Verschaffung eines individuellen
Werkes gegen Entgelt vorzunehmen. Bei Software-Verträgen ist nach allgemeiner
Ansicht jedenfalls dann, wenn sich der Vertrag auf eine erst noch herzustellende
Individualsoftware (Software-Entwicklungsvertrag) bezieht, Werkvertragsrecht anwendbar.[1] Dieser Einordnung könnte aber § 651 BGB entgegenstehen, der vorsieht,
dass auf einen Vertrag, der die Lieferung herzustellender oder zu erzeugender beweglicher Sachen zum Gegenstand hat, die Vorschriften über den Kauf Anwendung
finden. Zwar ist auch bei der Herstellung von Individualsoftware das Werk regelmäßig, soweit es nicht über Datenfernübertragung bezogen wird, in einer beweglichen Sache (Datenträger) verkörpert. Die eigentliche Leistung des Unternehmers
besteht jedoch in der geistigen Schöpfung des Programms.[2] Dem Auftraggeber

---

[1] Bamberger/Roth/*Voit* § 631 Rn. 13; MünchKomm/*Busche* § 631 Rn. 254; Palandt/*Sprau* Einf v
§ 631 Rn. 22.
[2] MünchKomm/*Busche* § 631 Rn. 254; Staudinger/*Peters/Jacoby* (2013) Vor § 631 Rn. 79; *Hoe-
ren/Spittka* MMR 2009, 583, 584.

kommt es auf die Verschaffung der in dem Programm enthaltenen Informationen an, nicht aber darauf, dass die Information in bestimmter Weise verkörpert ist. Da der Schwerpunkt des Vertrages nicht auf der Verschaffung des Datenträgers, sondern in dieser unkörperlichen Leistung liegt, ist daher Werkvertragsrecht anwendbar.[3]

> A. A. (Anwendung von Kaufrecht über § 651 BGB) vertretbar.[4] Das gleiche Abgrenzungsproblem stellt sich auch etwa bei einem Portrait, bei dem zwar auch ein Bild geliefert wird, der Schwerpunkt aber auf der geistigen/künstlerischen Leistung liegt (dazu Palandt/*Sprau* § 651 Rn. 5 a. E.).

**Exkurs**

Durch § 651 BGB wird der Anwendungsbereich des Werkvertragsrechts erheblich eingeschränkt. Es bleibt bei der Anwendung des Werkvertragsrechts im Wesentlichen in folgenden Fällen (vgl. BGHZ 182, 140, 148 Rn. 21 = NJW 2009, 2877):

- Herstellung von Bauwerken
- Reine Reparaturarbeiten
- Herstellung nicht-körperlicher Werke (dort lag u. E. im Fall der Schwerpunkt).

**4**     Der zwischen G und E abgeschlossene Vertrag sah vor, dass E ein speziell auf den Einsatz der Stickmaschine „Stickfix Pro" zugeschnittenes Softwareprogramm entwickeln sollte. Der Vertrag ist daher als Werkvertrag i. S. v. § 631 BGB zu bewerten.

## II. Vorliegen eines Sachmangels

**5**     Weiterhin müsste die von E gelieferte Software mangelhaft i. S. v. § 633 Abs. 2 BGB sein.

### 1. Mangel nach § 633 Abs. 2 S. 1 BGB

**6**     In Betracht kommt hier ein Sachmangel nach § 633 Abs. 2 S. 1 BGB, der dann vorliegt, wenn das Werk nicht die vereinbarte Beschaffenheit hat. Bei Software-Entwicklungsverträgen wird ein Mangel nach § 633 Abs. 2 S. 1 BGB indes nur dann angenommen, wenn die individuellen Anforderungen an die Software durch Vereinbarung zwischen Besteller und Werkunternehmer konkretisiert worden sind.[5] Im vorliegenden Fall erscheint indes zweifelhaft, ob eine solche konkrete Vereinbarung

---

[3] OLG München NJW-RR 2010, 789, 790; MünchKomm/*Busche* § 631 Rn. 254; Bamberger/Roth/*Voit* § 651 Rn. 4; *Hoeren/Spittka* MMR 2009, 583, 584; offenlassend Palandt/*Sprau* Einf v § 631 Rn. 22.

[4] Aus der Entscheidung BGHZ 182, 140 wird teilweise gefolgt, dass auch auf Verträge über die Lieferung verkörperter Individualsoftware über § 651 S. 1 BGB Kaufrecht anwendbar sei (*Taeger* NJW 2010, 25, 28 f.). Für die Anwendung von § 651 BGB auch *Kotthoff* K&R 2002, 105. In BGHZ 184, 345 Rn. 21 = NJW 2010, 1449 lässt der BGH die Frage offen; die Passage, ein *obiter dictum*, spricht aber dafür, dass im Grundsatz Werkvertragsrecht anwendbar ist, vgl. *Fritzemeyer* NJW 2011, 2918, 2920, 2922

[5] Vgl. MünchKomm/*Busche* § 633 Rn. 36 m. w. N.

zwischen den Parteien gegeben ist, in der einzelne Leistungsmerkmale der herzu-
stellenden Software festgelegt worden sind. Ein Sachmangel nach § 633 Abs. 2 S. 1
BGB liegt daher nicht vor.

## 2. Mangel nach § 633 Abs. 2 S. 2 Nr. 1 BGB

Es könnte aber ein Sachmangel nach § 633 Abs. 2 S. 2 Nr. 1 BGB vorliegen. Dies    7
ist der Fall, wenn die gelieferte Software sich nicht für den nach dem Vertrag
vorausgesetzten Verwendungszweck eignet. Ein Sachmangel nach § 633 Abs. 2
S. 2 Nr. 1 BGB wird bei der Lieferung von Software dann angenommen, wenn sie
für den Besteller nicht für den vertraglich vorgesehenen Gebrauch funktionstauglich ist.[6] Die von E zu erstellende Software sollte dazu dienen, die Ansteuerung des
Stickautomaten „Stickfix Pro" mittels Computer zu ermöglichen. Diese Ansteuerung kann mit der gelieferten Software zwar vorgenommen werden, jedoch erfolgt
die Übertragung der Vorlagen nicht maßstabsgerecht. Die von E erstellte Software
war daher nicht funktionstauglich, so dass ein Sachmangel i. S. v. § 633 Abs. 2 S. 2
Nr. 1 BGB vorliegt.

---

**Aufbauhinweis**

Hinsichtlich der Bestimmung des Sachmangels im Werkvertragsrecht bestehen
die gleichen Schwierigkeiten, die auch im Kaufrecht hinsichtlich der einzelnen
Tatbestände des § 434 BGB anzutreffen sind (siehe Fall 1 Rn. 4). Soweit keine
Zweifel bestehen, dass das Werk mangelhaft ist, sollten keine langen Ausführungen zu den einzelnen Tatbeständen des § 633 Abs. 2 BGB erfolgen, sondern mit
kurzer Begründung die Variante herangezogen werden, aus der sich ein Sachmangel unschwer ableiten lässt.

---

## III. Abnahme der Werkleistung

G müsste weiterhin die Werkleistung des E i. S. v. § 640 BGB abgenommen haben.    8

---

**Systematischer Hinweis**

Nach allgemeiner Ansicht (Palandt/*Sprau* Vorb v § 633 Rn. 6 ff.; NK/*Raab*
§ 634 Rn. 27 f.) kann der Besteller Gewährleistungsrechte nach §§ 634 ff.
BGB, die bei Mängeln des Werkes eine abschließende Sonderregelung darstellen (vgl. BGHZ 62, 83, 86 f.; BGH NJW 1999, 2046, 2047), erst nach
Abnahme des Werkes i. S. v. § 640 BGB geltend machen. Bis zu diesem
Zeitpunkt stehen dem Besteller die allgemeinen Rechte (insbesondere auch
der Erfüllungsanspruch nach §§ 631 Abs. 1, 633 Abs. 1 BGB) zu, danach
nur noch die Mängelrechte aus §§ 634 ff. BGB (Bamberger/Roth/*Voit* § 634

---

[6] Palandt/*Sprau* § 633 Rn. 12; zum früheren Recht OLG Köln NJW-RR 1999, 51, 52; OLG Köln
NJW 1996, 1067, 1068.

Rn. 2; Staudinger/*Peters/Jacoby* [2013] § 634 Rn. 11). In der Fallbearbeitung ist es nicht erforderlich, dieses Verhältnis zwischen den Mängelrechten und dem allgemeinen Leistungsstörungsrecht zu problematisieren, vielmehr genügt der Hinweis, dass Voraussetzung für die Geltendmachung von Mängelrechten die Abnahme durch den Besteller ist.

**9**   Eine Abnahme i. S. v. § 640 BGB setzt voraus, dass der Besteller das Werk körperlich entgegennimmt und gleichzeitig zum Ausdruck bringt, dass er das Werk als in der Hauptsache vertragsgemäße Leistung gelten lassen will.[7] Nicht ausreichend ist, dass der Besteller lediglich die Verfügungsgewalt über das Werk erlangt; vielmehr muss stets die Billigung des Werkes hinzutreten.

E hat die für G angefertigte Software am 4.4.2014 installiert und G zugleich eine Einweisung in das Programm erteilt. Hierin liegt zunächst eine Verschaffung der Verfügungsgewalt über das hergestellte Werk. G war auch von den Möglichkeiten des Programms beeindruckt und hat zudem den Erhalt der Software durch die Unterzeichnung der als „Abnahmeprotokoll" unterschriebenen Erklärung bestätigt. Dieses Verhalten des G ist als Billigung der Werkleistung zu interpretieren. Eine Abnahme i. S. v. § 640 BGB liegt mithin vor.

## IV. Voraussetzungen des § 280 Abs. 1 BGB

**10**   Für einen Schadensersatzanspruch des G müssen weiterhin die Voraussetzungen des § 280 Abs. 1 BGB vorliegen.

### 1. Pflichtverletzung

**11**   Da E nach § 633 Abs. 1 BGB verpflichtet war, das Werk frei von (Sach- und Rechts-) Mängeln zu erstellen, liegt in der Lieferung der mangelhaften Software zugleich eine Pflichtverletzung i. S. v. § 280 Abs. 1 BGB.

### 2. Vertretenmüssen

**12**   E müsste die Pflichtverletzung zudem i. S. d. §§ 276, 278 BGB zu vertreten haben, § 280 Abs. 1 S. 2 BGB. Das Verschulden wird dabei grundsätzlich vermutet, sofern sich der Schuldner nicht entlasten kann. Es ist nicht ersichtlich, dass sich E hinsichtlich des Programmierfehlers exkulpieren kann. Das erforderliche Verschulden des E liegt daher vor.

---

[7] RGZ 110, 404, 406 f.; BGHZ 48, 257, 262; BGHZ 50, 160, 162; BGH NJW 1996, 1749; Erman/*Schwenker* § 640 Rn. 4; MünchKomm/*Busche* § 640 Rn. 2; Soergel/*Teichmann* § 640 Rn. 6.

## V. Umfang des ersatzfähigen Schadens

Infolge der schuldhaften Pflichtverletzung hat E den G so zu stellen, wie dieser ste-  **13**
hen würde, wenn der zum Schadensersatz verpflichtende Umstand nicht eingetreten
wäre (vgl. § 249 Abs. 1 BGB). Fraglich ist allerdings, ob die hier von G geltend
gemachten Mehrkosten i. H. v. 200 € für die manuelle Bestickung der Krawatten
im Rahmen des Schadensersatzes neben der Leistung ersatzfähig sind. Es handelt
sich um einen sog. **Nutzungsausfallschaden** (Betriebsausfallschaden), der dadurch
entstanden ist, dass E nicht mangelfrei geliefert hat und der angeschaffte Gegenstand daher nicht wie geplant genutzt werden konnte. Teilweise wird angenommen,
der Betriebsausfallschaden sei nur unter den Voraussetzungen des Verzuges nach
§§ 634 Nr. 4, 280 Abs. 1 u. 2, 286 BGB ersatzfähig. Die überwiegende Meinung bejaht dagegen seine Ersatzfähigkeit als einfacher Schadensersatz neben der Leistung
nach §§ 634 Nr. 4, 280 Abs. 1 BGB.

> Dieser Meinungsstreit wurde im Kaufrecht (Fall 10 Rn. 31 ff.) ausführlich
> erörtert. Hierauf wird hier verwiesen.

Der h. M. ist aus Gründen des Gesetzeswortlautes (§ 634 Nr. 4 BGB verweist nicht  **14**
auf § 286 BGB), aufgrund des in den Gesetzesmaterialien zum Ausdruck gebrachten Willens des Gesetzgebers und aus systematischen Gründen, weil der Schaden in
erster Linie auf der Schlechtleistung und nicht auf einer Verzögerung der Leistung
beruht, zu folgen. Beim Betriebsausfallschaden handelt es sich um einfachen Schadensersatz neben der Leistung, weil der Schaden endgültig eingetreten und auch
durch Nacherfüllung (zum spätestmöglichen Zeitpunkt) nicht mehr zu beseitigen
ist. Er ist daher ohne weitere Voraussetzungen nach § 280 Abs. 1 BGB ersatzfähig.

## VI. Ergebnis

G hat daher gegen E einen Schadensersatzanspruch aus §§ 634 Nr. 4, 280 Abs. 1  **15**
BGB in Höhe von 200 €.

### Exkurs

Da es zumindest nicht fernliegend ist, dass sowohl G als auch E Kaufleute i. S. v. § 1 HGB sind,
könnte daran gedacht werden, die Untersuchungs- und Rügepflichten nach § 377 Abs. 1 HGB
in die Bearbeitung einfließen zu lassen, die (was den meisten Studenten nicht bekannt ist) über
§ 381 Abs. 2 HGB auch für Werklieferungsverträge i. S. v. § 651 BGB gelten. Vor diesem Hintergrund spielt die rechtliche Einordnung des Software-Entwicklungsvertrags eine erhebliche Rolle,
da § 381 Abs. 2 HGB nach h. M. nicht bei reinen Werkverträgen nach § 631 BGB zur Anwendung
kommt (Koller/*Roth*/Morck, HGB, 7. Aufl. 2011, § 381 Rn. 2). Da nach hier vertretener Ansicht
der zwischen E und G geschlossene Vertrag als Werkvertrag zu qualifizieren ist, erübrigt sich ein
Eingehen auf § 377 Abs. 1 HGB, so dass letztlich auch offenbleiben kann, ob G und E als Kaufleute zu qualifizieren sind, da nur dann ein beiderseitiges Handelsgeschäft i. S. v. § 343 HGB in
Betracht kommt.

# 1. Abwandlung

## I. Anspruch des G aus §§ 634 Nr. 4, 280 Abs. 1 BGB

**16**  G könnte gegen E einen Anspruch auf Schadensersatz aus §§ 634 Nr. 4, 280 Abs. 1 BGB in Höhe von 200 € haben.

### 1. Wirksamer Werkvertrag

**17**  Hierfür müsste zunächst ein wirksamer Werkvertrag i. S. v. § 631 BGB zwischen G und E abgeschlossen worden sein. Beim Erwerb von Standardsoftware liegt – im Gegensatz zur Entwicklung eines speziell auf den Besteller zugeschnittenen Programms (oben Rn. 3) – nach allgemeiner Auffassung kein Werkvertrag i. S. v. § 631 BGB, sondern ein Kaufvertrag vor.[8] Die auf einem Datenträger (hier: DVD) verkörperte Standardsoftware stellt eine bewegliche Sache dar,[9] so dass die Regelungen über den Sachkauf nach § 433 BGB Anwendung finden.[10] Hieran ändert auch der Umstand nichts, dass E die Installation der Software übernommen hat. Wie sich aus § 434 Abs. 2 S. 1 BGB ergibt, liegt ein (einheitlicher) Kaufvertrag auch dann vor, wenn der Verkäufer die Montage der Kaufsache, hier also die Installation der Software, übernommen hat. Zwischen G und E ist daher kein Werkvertrag i. S. v. § 631 BGB zustande gekommen.

### 2. Ergebnis

**18**  G hat daher gegen E keinen Anspruch auf Schadensersatz aus §§ 634 Nr. 4, 280 Abs. 1 BGB in Höhe von 200 €.

---

**Aufbauhinweis**

Natürlich spricht nichts dagegen, direkt mit der Prüfung des Anspruchs aus §§ 437 Nr. 3, 280 Abs. 1 BGB zu beginnen und die Abgrenzung zwischen Werk- und Kaufvertrag dort vorzunehmen.

## II. Anspruch des G aus §§ 437 Nr. 3, 280 Abs. 1 BGB

**19**  G könnte gegen E einen Anspruch auf Schadensersatz aus §§ 437 Nr. 3, 280 Abs. 1 BGB in Höhe von 200 € haben.

---

[8] BGHZ 102, 135, 141; NK/*Roth* Vor §§ 631 ff. Rn. 35; Bamberger/Roth/*Voit* § 631 Rn. 13.

[9] BGH NJW 2007, 2394 Rn. 15 m. w. N.

[10] Bei unverkörperter, insbes. aus dem Internet heruntergeladener Software wäre hingegen ein Rechtskauf i. S. v. § 453 BGB anzunehmen (auf den dann gleichfalls Kaufrecht Anwendung findet); streitig; vgl. zum Problem Staudinger/*Beckmann* (2014) § 453 Rn. 57 a. E.; Palandt/*Weidenkaff* § 453 Rn. 8.

## 1. Wirksamer Kaufvertrag

Dann müsste zunächst ein wirksamer Kaufvertrag i. S. v. § 433 BGB zwischen G    **20**
und E zustande gekommen sein. Dies ist, da Gegenstand des Vertrages die Lieferung der Standardsoftware „QuickStick" war, der Fall (oben Rn. 17).

## 2. Vorliegen eines Sachmangels

Weiterhin müsste nach § 434 BGB ein Sachmangel gegeben sein. Da weder die    **21**
Vereinbarung einer bestimmten Beschaffenheit noch eine im Vertrag vorausgesetzte
Verwendung (§ 434 Abs. 1 S. 1 bzw. § 434 Abs. 1 S. 2 Nr. 1 BGB) ersichtlich ist, ist
nach § 434 Abs. 1 S. 2 Nr. 2 BGB darauf abzustellen, ob sich die Software für die
gewöhnliche Verwendung eignet und die für vergleichbare Ware übliche Beschaffenheit aufweist. Da die Software funktionsfähig und fehlerfrei ist, liegt insoweit
kein Fehler nach § 434 Abs. 1 S. 2 Nr. 2 BGB vor.

Nach § 434 Abs. 2 S. 1 BGB liegt ein Sachmangel aber auch dann vor, wenn die    **22**
vereinbarte Montage durch den Verkäufer oder dessen Erfüllungsgehilfen nicht ordnungsgemäß durchgeführt worden ist. Zwischen G und E war vereinbart worden,
dass E die gekaufte Software installiert. Diese Installation ist durch den Mitarbeiter
M erfolgt, der mit Wissen und Wollen des E bei der Erfüllung seiner Pflichten aus
dem mit G geschlossenen Kaufvertrag tätig geworden und somit als Erfüllungsgehilfe zu qualifizieren ist. Die Installation durch den Erfüllungsgehilfen M ist fehlerhaft erfolgt, da er den falschen Treiber aufgespielt hat, so dass der Stickautomat
nicht einwandfrei funktionierte. Ein Sachmangel nach § 434 Abs. 2 S. 1 BGB liegt
daher vor.

**Systematischer Hinweis**
Soweit der Verkäufer bei der Montage Mitarbeiter einschaltet und der Käufer Schadensersatzansprüche wegen fehlerhafter Montage geltend macht, ist
die Eigenschaft des Mitarbeiters als Erfüllungsgehilfe an zwei verschiedenen
Stellen zu erörtern. Zum einen geht es bei der Frage, ob ein Sachmangel i. S. v.
§ 434 Abs. 2 S. 1 BGB vorliegt, um die Qualifizierung der eingeschalteten
Person als Erfüllungsgehilfe des Verkäufers, wobei es aber nicht auf § 278
S. 1 BGB ankommt, da das Bestehen eines Sachmangels verschuldensunabhängig ist und daher keine Verschuldenszurechnung erfolgt. § 278 S. 1 BGB
ist deshalb erst bei der Frage des Vertretenmüssens (unten Rn. 26) zu erörtern.

## 3. Gefahrübergang

Der Sachmangel müsste auch bereits zum Zeitpunkt des Gefahrübergangs vorgele-    **23**
gen haben. Nach § 446 S. 1 BGB ist hierbei auf die Übergabe, d. h. die Verschaffung
des unmittelbaren Besitzes abzustellen. Bei einem Kauf mit Montageverpflichtung,
wie er vorliegend gegeben ist, kann insoweit aber nicht auf die Aushändigung der
Software abgestellt werden, sondern auf den Zeitpunkt des Abschlusses der Installation, da auch diese vertraglich geschuldet ist. Da jedenfalls zu diesem Zeitpunkt

die Software nicht einwandfrei funktionierte, lag der Sachmangel zum Zeitpunkt des Gefahrübergangs vor.

### 4. Voraussetzungen des § 280 Abs. 1 BGB

24 Für einen Schadensersatzanspruch des G müssen weiterhin die Voraussetzungen des § 280 Abs. 1 BGB erfüllt sein.

### a) Pflichtverletzung

25 Die für einen Schadensersatzanspruch nach § 280 Abs. 1 BGB erforderliche Pflichtverletzung besteht in der mangelhaften Lieferung der Standardsoftware, da E nach § 433 Abs. 1 S. 2 BGB zur mangelfreien Leistung verpflichtet war.

### b) Vertretenmüssen

26 Eine Schadensersatzhaftung des E kommt nur in Betracht, wenn er die Pflichtverletzung auch zu vertreten hat, § 280 Abs. 1 S. 2 BGB. Da E die Installation nicht selbst vorgenommen hat, liegt ein Verschulden nur dann vor, wenn M als sein Erfüllungsgehilfe zu qualifizieren ist, da eine Verschuldenszurechnung nach § 278 S. 1 BGB jedenfalls dann erfolgt, wenn die Pflichtverletzung in Erfüllung der übertragenen Tätigkeit erfolgt ist.[11] M ist, wie bereits im Zusammenhang mit der Erörterung des Sachmangels (oben Rn. 22) ausgeführt, als Erfüllungsgehilfe des E tätig geworden. M hat auch schuldhaft gehandelt, da er bei der Installation die Treiber verwechselt hat, so dass jedenfalls Fahrlässigkeit i. S. v. § 276 Abs. 2 BGB vorliegt. E muss daher über § 278 S. 1 BGB für die schuldhafte Pflichtverletzung des M einstehen.

> Unerheblich ist in diesem Zusammenhang, dass M ansonsten stets sorgfältig gearbeitet hat. Im Rahmen des § 278 S. 1 BGB ist – anders als bei der Verrichtungsgehilfenhaftung nach § 831 Abs. 1 BGB – eine Exkulpation des Geschäftsherrn nicht möglich.

### 5. Schaden

27 Rechtsfolge der schuldhaften Pflichtverletzung des E ist, dass er zum Ersatz des daraus resultierenden Schadens verpflichtet ist. Wie bereits (oben Rn. 13) ausgeführt, muss E den G so stellen, als hätte er seine Pflichten vertragsgemäß erfüllt. Der ersatzfähige Schaden besteht daher in Höhe der Mehraufwendungen des G von 200 €.

### 6. Ergebnis

28 G hat gegen E einen Anspruch auf Schadensersatz in Höhe von 200 € aus §§ 437 Nr. 3, 280 Abs. 1 BGB.

---

[11] Vgl. zu diesem erforderlichen inneren Zusammenhang zwischen übertragener Aufgabe und schuldhafter Gehilfenhandlung RGZ 61, 341, 343 f.; BGHZ 23, 319, 321; BGH NJW 1997, 1233, 1234 f.; BGH NJW 2001, 3190, 3191.

Bei einem Kauf mit Montageverpflichtung sind, wenn es sich für beide Seiten um ein Handelsgeschäft (§ 343 HGB) handelt, die Untersuchungs- und Rügepflichten nach § 377 Abs. 1 HGB grundsätzlich in die Prüfung einzubeziehen. Im vorliegenden Fall ist jedoch unklar, ob G und E Kaufleute sind. Selbst wenn dies der Fall sein sollte, ist ein Schadensersatzanspruch des G nicht nach § 377 Abs. 2 HGB ausgeschlossen, da der Installationsfehler für ihn bei der Einweisung durch M nicht erkennbar war und er sofort nach Erkennen des Mangels den E hierüber informiert hat, so dass er seiner Pflicht aus § 377 Abs. 1 u. 3 HGB nachgekommen ist. Zu den Untersuchungs- und Rügepflichten beim Handelskauf vgl. auch oben Fall 12.

## 2. Abwandlung

G könnte gegen E einen Anspruch auf Schadensersatz in Höhe von 200 € aus §§ 634 Nr. 4, 280 Abs. 1 BGB haben.

**29**

### I. Wirksamer Werkvertrag

Zwischen G und E müsste zunächst ein Werkvertrag i. S. v. § 631 BGB zustande gekommen sein. G hat E gegen ein Honorar von 120 € damit betraut, die Software „Quickstick" auf seinem Computer zu installieren. E schuldete somit die Herbeiführung eines Erfolges, so dass ein Werkvertrag i. S. v. § 631 BGB vorliegt.

**30**

### II. Vorliegen eines Sachmangels

Ein Schadensersatzanspruch des G kommt nur in Betracht, wenn ein Sachmangel i. S. v. § 633 Abs. 2 BGB vorliegt.

Durch die fachgerechte Installation der Software sollte sichergestellt werden, dass der Stickautomat des G mittels Computer angesteuert werden kann. E schuldete eine Installation, als deren Ergebnis G die Software einsetzen konnte, ohne dass es zu Fehlern beim Besticken u. a. von Krawatten kam. Dieser vertraglich vorausgesetzte Verwendungszweck kann durch die Installation des falschen Treibers nicht erreicht werden, so dass die Voraussetzungen des § 633 Abs. 2 S. 2 Nr. 1 BGB erfüllt sind. Ein Sachmangel liegt daher vor.

**31**

## III. Abnahme der Werkleistung

**32**  G müsste weiterhin die Werkleistung des E i. S. v. § 640 BGB abgenommen haben.[12] Mangels näherer Angaben im Sachverhalt kann davon ausgegangen werden, dass G die in der Installation liegende Werkleistung des E durch die einige Tage später erfolgte Nutzung des computergesteuerten Stickautomaten jedenfalls stillschweigend genehmigt hat, so dass eine Abnahme nach § 640 BGB erfolgt und damit der Anwendungsbereich der Sachmängelhaftung nach §§ 634 ff. BGB eröffnet ist.

## IV. Pflichtverletzung; Vertretenmüssen; Schaden

**33**  Die für einen Anspruch aus § 280 Abs. 1 BGB erforderliche Pflichtverletzung des E liegt in der mangelhaften Erbringung der geschuldeten Werkleistung (vgl. § 633 Abs. 1 BGB).

Das nach § 280 Abs. 1 S. 2 BGB erforderliche Verschulden des E, der sich auch nicht entlastet hat, wird vermutet.

Hinsichtlich des Umfangs des Schadensersatzanspruchs kann auf die Ausführungen oben Rn. 13 verwiesen werden.

## V. Ergebnis

**34**  G hat daher gegen E einen Schadensersatzanspruch in Höhe von 200 € aus §§ 634 Nr. 4, 280 Abs. 1 BGB.

---

[12] Vgl. zu diesem Erfordernis bereits oben Rn. 8 f.

# Fall 24

## Ausgangsfall

Meyer (M), stolzer Besitzer eines großen Mercedes, beauftragt die Reparaturwerk-statt Werner (W) mit der Durchführung einer Motorinspektion sowie einer Neula-ckierung des Wagens. Die Arbeiten werden durch den bei W arbeitenden Gesellen Gustav (G) durchgeführt. Als M den Wagen ein paar Tage später wieder abholt und die Rechnung über 3500 € (2750 € für die Neulackierung und 750 € für die Motor-inspektion) bezahlt, fällt ihm zunächst nichts auf. Auf der Rückfahrt bleibt M aber auf der Autobahn mit einem Motorschaden liegen und muss vom herbeigerufenen Abschleppdienst abgeschleppt werden, wofür M 210 € zahlt. Bei der Untersuchung des Wagens stellt sich heraus, dass Grund für den Motorschaden ein Kühlwasser-verlust ist. G hatte, nachdem er Kühlwasser nachgefüllt hatte, den Deckel des Kühl-wassereinfüllstutzens nicht richtig verschlossen, so dass bei laufendem Motor in erheblichen Mengen Kühlwasser austrat. Der Motor (Wert: 6000 €) ist irreparabel zerstört. Die erbrachte Inspektionsleistung ist aufgrund des Motorschadens wertlos.

Außerdem muss M, nachdem er sich den Wagen genauer angesehen hat, fest-stellen, dass G im Bereich des Kofferraumdeckels nicht sauber gearbeitet hat. Hier haben sich sog. Tropfnasen gebildet, also unschöne, nasenartige Vorsprünge, die durch nach unten gelaufene Lacktropfen entstehen. Die Lackierung kann durch Ent-fernen dieser Vorsprünge, Schleifen und Polieren ausgebessert werden.

M, der seinen Wagen trotz des Schadens weiter nutzen will, will wissen, welche Ansprüche er gegen W hat. W meint, den Motorschaden habe sich M selbst zuzu-schreiben, weil dieser die Überhitzung des Motors auf der Kontrollleuchte hätte erkennen und sofort anhalten müssen. Daher schulde er (W) weder Schadensersatz noch Rückzahlung der Vergütung.

© Springer-Verlag Berlin Heidelberg 2015
P. Balzer et al., *Die Schuldrechtsklausur I,* Tutorium Jura,
DOI 10.1007/978-3-662-45662-0_24

## Abwandlung

Abweichend vom Ausgangsfall hatte M zunächst keinen Grund zur Klage. Nach anderthalb Jahren zeigen sich jedoch unter der Neulackierung Blasen, die darauf beruhen, dass der Rost vor der Lackierung nicht richtig abgeschliffen worden ist. Die auf der Rückseite des Reparaturauftrags abgedruckten AGB des W beinhalten folgende Klausel:

> **§ 7 Gewährleistungsrechte.** [...] (4) Die Gewährleistungsrechte des Bestellers verjähren innerhalb von zwölf Monaten nach Abnahme.

Auf der Vorderseite, die M unterschrieben hat, wird auf die AGB hingewiesen. Kann M noch Nacherfüllung verlangen?

## Lösung Fall 24

▶ Der Fall beschäftigt sich mit der werkvertraglichen Mängelhaftung, der Abgrenzung zwischen Schadensersatz statt und neben der Leistung, dem Konkurrenzverhältnis zwischen Mängelhaftung und Deliktsrecht sowie der Wirksamkeit von Allgemeinen Geschäftsbedingungen.

## Ausgangsfall

### I. Anspruch auf Nacherfüllung aus §§ 634 Nr. 1, 635 BGB hinsichtlich der Lackierung

1    M könnte gegen W einen Anspruch auf Nacherfüllung – nach Wahl des W durch Ausbesserung der von M bemängelten Lackstelle oder durch Neulackierung des ganzen Wagens – aus §§ 634 Nr. 1, 635 BGB haben.

#### 1. Werkvertrag

2    W und M haben einen Vertrag über eine Inspektion und eine Neulackierung des Mercedes des M gegen Entgelt geschlossen. Beide Leistungen des W betreffen erfolgsbezogene Reparatur- und Überprüfungsarbeiten an einer bestehenden Sache, so dass der geschlossene Vertrag als Werkvertrag i. S. d. § 631 BGB zu qualifizieren ist.

#### 2. Mangel des Werks

3    Weiterhin müsste W die geschuldete Werkleistung mangelhaft i. S. d. § 633 BGB erbracht haben. Hier haben sich durch unsauberes Arbeiten „Tropfnasen" gebildet, die unschön aussehen. Wer einen Wagen komplett neu lackieren lässt, kann erwarten, dass solche Vorsprünge nicht vorhanden sind. Damit eignet sich das Werk nicht

für die gewöhnliche Verwendung und weist nicht die Beschaffenheit auf, die M als Besteller hätte erwarten können. Mithin liegt ein Sachmangel nach § 633 Abs. 2 S. 2 Nr. 2 BGB vor.[1]

### 3. Abnahme des Werkes

Voraussetzung für das Eingreifen der werkvertragsrechtlichen Mängelhaftung ist weiterhin, dass M das Werk gem. § 640 BGB abgenommen hat. Der Zeitpunkt der Abnahme ist gem. § 644 BGB zugleich der Zeitpunkt des Gefahrüberganges, zu dem der Mangel bestanden haben muss. Hier hat M die Lackierung konkludent durch Zahlung der Vergütung abgenommen.[2] Zu diesem Zeitpunkt bestanden die „Tropfnasen" bereits.    4

### 4. Ergebnis

Damit kann M von W gem. §§ 634 Nr. 1, 635 BGB Nacherfüllung verlangen. W kann entscheiden, ob er die schadhaften Stellen ausbessert (Mängelbeseitigung) oder den Wagen komplett neu lackiert (Neuherstellung). Vernünftigerweise wird er sich für die erste Möglichkeit entscheiden.    5

**Beachte**, dass (anders als im Kaufrecht, wo der Käufer die Nacherfüllungsvariante wählen kann) das Wahlrecht dem Unternehmer zusteht.

**Sonstige Ansprüche des M gegen W** wegen der fehlerhaften Lackierung bestehen derzeit nicht. Die Sekundärrechte des Bestellers, also ein Aufwendungsersatzanspruch nach Selbstvornahme (§§ 634 Nr. 2, 637 BGB), ein Rücktritt (§§ 634 Nr. 3, 323 BGB), eine Minderung (§§ 634 Nr. 3, 638 BGB) oder ein Schadensersatzanspruch (§§ 634 Nr. 4, 280 Abs. 1 u. 3, 281 BGB), setzen den erfolglosen Ablauf einer Frist zur Nacherfüllung voraus, woran es bislang fehlt.

## II. Anspruch auf Ersatz des Motorschadens und der Abschleppkosten

### 1. Anspruch aus §§ 634 Nr. 4, 280 Abs. 1 BGB

#### a) Werkvertrag

Wie bereits geprüft, haben W und M einen Werkvertrag gem. § 631 BGB geschlossen.    6

#### b) Mangel als Pflichtverletzung

Weiterhin müsste die Inspektion mangelhaft sein. Hier wurde der Deckel des Kühlwassereinfüllstutzens nicht richtig verschlossen mit der Folge, dass bei laufendem    7

---

[1] Die Annahme eines Mangels nach § 633 Abs. 2 S. 2 Nr. 1 BGB ist ebenso gut vertretbar, s. Fall 1 Rn. 4.

[2] Vgl. MünchKomm/*Busche* § 640 Rn. 17.

Motor Kühlwasser austrat. M hätte aber erwarten können, dass der Deckel wieder richtig verschlossen wurde. Damit liegt auch insofern ein Sachmangel i. S. d. § 633 Abs. 2 S. 2 Nr. 2 BGB vor.[3] Durch die mangelhafte Leistung hat W seine Pflicht aus § 633 Abs. 1 BGB verletzt.

### c) Abnahme des Werks

**8** Wie schon geprüft, hat M die Werkleistung abgenommen (§ 640 Abs. 1 BGB). Zu diesem Zeitpunkt des Gefahrübergangs lag der Mangel bereits vor.

### d) Vertretenmüssen

**9** Die Schadensersatzpflicht des W ist gem. § 280 Abs. 1 S. 2 BGB ausgeschlossen, wenn er die Pflichtverletzung, also den Mangel, nicht zu vertreten hat. W hat die Inspektion nicht selbst vorgenommen, so dass er die Pflichtverletzung nur zu vertreten hat, wenn G schuldhaft gehandelt hat und dem W dessen Verschulden gem. § 278 BGB zuzurechnen ist. G wurde hier mit Wissen und Wollen des W in dessen Pflichtenkreis tätig, als er das Kühlwasser nachfüllte. Mithin ist G Erfüllungsgehilfe des W. Indem G den Verschluss des Kühlwassereinfüllstutzens nicht richtig verschloss, missachtete er die im Verkehr erforderliche Sorgfalt und handelte damit fahrlässig i. S. d. § 276 Abs. 2 BGB. Folglich ist dem W das Verschulden des G gem. § 278 BGB zurechenbar.

### e) Schaden; Ersatzfähigkeit im Rahmen von § 280 Abs. 1 BGB

**10** Aufgrund der mangelhaften Leistung des W ist der Motor des Wagens des M zerstört worden. Außerdem hatte M Kosten für das Abschleppen des Wagens zu tragen. Fraglich ist, ob diese Schadenspositionen im Rahmen des Schadensersatzes neben der Leistung ersatzfähig sind. Dieser setzt in Abgrenzung zum Schadensersatz statt der Leistung voraus, dass eine hypothetische Nacherfüllung durch W den eingetretenen Schaden nicht entfallen ließe (s. Fall 3 Rn. 19). W schuldete aufgrund des Werkvertrags lediglich eine Inspektion. Eine Nacherfüllung bezöge sich damit auch nur auf Tätigkeiten, die im Rahmen dieser Inspektion geschuldet waren. Durch ein nochmaliges Nachfüllen des Kühlwassers entfiele der Schaden aber nicht. Insbesondere ist ein Austausch des Motors nicht im Rahmen der Nacherfüllung geschuldet. Vielmehr liegt insoweit eine Verletzung des Integritätsinteresses des M vor (Mangelfolgeschaden). Auch die Abschleppkosten sind Vermögensschäden, die endgültig eingetreten sind und durch eine Nacherfüllung nicht verhindert werden können. Damit sind beide Schadenspositionen im Rahmen des Schadensersatzes neben der Leistung – ohne Nachfristsetzung – ersatzfähig.

**11** Der Wert des Motors (6000 €) ist dabei nach § 249 Abs. 2 BGB (der Motor ist zwar irreparabel, kann aber im Rahmen der Naturalrestitution auch durch einen

---

[3] Auch hier könnte ein Sachmangel nach § 633 Abs. 1 S. 2 Nr. 1 BGB angenommen werden, s. Fn. 1.

Austauschmotor ersetzt werden[4]), die Abschleppkosten (210 €) sind nach § 249 bzw. § 251 Abs. 1 BGB[5] ersatzfähig.

### f) Mitverschulden (§ 254 BGB)

Möglicherweise ist der Anspruch aber wegen Mitverschuldens des M gem. § 254 **12** Abs. 1 BGB zu mindern. Insofern trägt W zu Recht vor, dass M, als er auf der Autobahn mit dem Wagen fuhr, auf der Kontrollleuchte hätte erkennen müssen, dass die Motortemperatur in den „roten" Bereich angestiegen war, und dann hätte anhalten müssen. Hätte M dies getan, wäre jedenfalls der Motorschaden nicht eingetreten. Auch ein Abschleppen wäre wohl nicht nötig gewesen, weil M einfach Kühlwasser hätte nachfüllen und dann weiterfahren können. Andererseits musste M nicht damit rechnen, dass er mit einem Wagen, den er gerade von der Inspektion abgeholt hatte und der damit technisch einwandfrei sein sollte, liegenbleiben würde. Der Fehler von W bzw. G, der den Deckel des Kühlwassereinfüllstutzens nicht richtig verschlossen hat, wiegt insofern schwerer als die Nichtbeachtung der Temperaturanzeige durch M. Angemessen erscheint es daher, ein Mitverschulden des M von einem Drittel anzunehmen.

> Hier sind sicherlich auch andere Haftungsquoten vertretbar. Vertretbar erscheint auch, dem M die Abschleppkosten voll zuzusprechen, wenn man argumentiert, dass diese auch angefallen wären, wenn M angehalten hätte.

### g) Ergebnis

Damit kann M von W jeweils zwei Drittel des Motorschadens (also 4000 €) und der **13** gezahlten Abschleppkosten (140 €) ersetzt verlangen. M hat gegen W also einen Anspruch auf Zahlung von 4140 € aus §§ 634 Nr. 4, 280 Abs. 1 BGB.

### 2. Anspruch aus § 831 Abs. 1 BGB

Ein auf Ersatz des Motorschadens und der Abschleppkosten gerichteter Schadens- **14** ersatzanspruch des M gegen W könnte sich auch aus § 831 Abs. 1 BGB ergeben. Danach ist der Geschäftsherr einem Dritten zum Ersatz desjenigen Schadens ver-

---

[4] Vgl. BGH NJW 2009, 3713 Rn. 7; Palandt/*Grüneberg* § 249 Rn. 11; Bamberger/Roth/*Schubert* § 251 Rn. 6. Eines Rückgriffs auf § 251 Abs. 1 BGB bedarf es also insoweit nicht; a. A. Münch-Komm/*Oetker* § 251 Rn. 11; *Medicus/Petersen* Bürgerliches Recht, Rn. 818. Aber auch über § 251 Abs. 1 BGB käme man zum selben Ergebnis. Der Streit betrifft vor allem die Ersatzbeschaffung eines ganzen gebrauchten Kraftfahrzeugs, für die Ersatzbeschaffung eines Motors kann aber nichts anderes gelten.

[5] Ursprünglich war die Haftung des W auf Befreiung von der Verbindlichkeit gerichtet (Naturalrestitution nach § 249 Abs. 1 BGB). Nach der Zahlung durch M hat sich der Freistellungs- in einen Zahlungsanspruch umgewandelt (Staudinger/*Schiemann* [2005] § 249 Rn. 202). Ob man diesen aus § 249 Abs. 1, Abs. 2 oder § 251 Abs. 1 BGB herleitet, ist irrelevant, weil die §§ 249, 251 BGB sich insofern decken (Staudinger/*Schiemann* § 249 Rn. 190).

pflichtet, den ein Verrichtungsgehilfe in Ausführung der Verrichtung dem Dritten zufügt.

### a) M als Verrichtungsgehilfe

15    Dann müsste G Verrichtungsgehilfe des W sein. Verrichtungsgehilfe ist, wer mit Wissen und Wollen des Geschäftsherrn in dessen Interesse tätig wird und von den Weisungen des Geschäftsherrn abhängig ist. Als Arbeitgeber kann W ständig über Art, Inhalt und Umfang der Tätigkeit des G als bei ihm angestellten Gesellen bestimmen. G ist von den Weisungen des W abhängig und daher dessen Verrichtungsgehilfe.

### b) Unerlaubte Handlung des Verrichtungsgehilfen

16    Weiterhin müsste G widerrechtlich den Tatbestand einer unerlaubten Handlung i. S. d. §§ 823 ff. BGB verwirklicht haben. Hier könnte eine unerlaubte Handlung gem. § 823 Abs. 1 BGB vorliegen.

### aa) Rechtsverletzung

17    In der Zerstörung des Motors des Mercedes des M könnte eine Eigentumsverletzung liegen. Problematisch ist jedoch, dass der Motor Teil des Leistungssubstrates, also der von M bereitgestellten Sache ist, an der die vertraglich geschuldete Reparaturleistung vorzunehmen war.

---

#### Klausurhinweis

Die Kenntnis der im Folgenden unter aa) und bb) wiedergegebenen Meinungen kann in einer Klausur nicht erwartet werden. Wer ohne vertiefte Argumentation eine Eigentumsverletzung bejaht, macht also keinen Fehler.

---

18    In diesem Fall kann nach Auffassung der Rechtsprechung die Eigentumsverletzung nicht einfach mit der Begründung bejaht werden, dass vor der Reparatur unbeschädigtes Eigentum vorhanden gewesen sei.[6] Ein deliktischer Anspruch bestehe nur, soweit das Integritätsinteresse des Bestellers verletzt sei. Entsprechend der Rechtsprechung zum Weiterfresserschaden im Kaufrecht[7] sei dies nicht der Fall, wenn sich der Mangelunwert der mangelhaften Werkleistung mit dem erlittenen Schaden am Eigentum decke, also Stoffgleichheit vorliege.[8] Wenn aufgrund einer mangelhaften Reparatur Schäden an anderen Teilen des Kraftfahrzeugs entstehen, ist eine Eigentumsverletzung nach dieser Auffassung zu bejahen.[9] Hier hat die fehlerhaf-

---

[6] BGHZ 162, 86, 94; zu Weiterfresserschäden bei Baumängeln OLG Jena NZBau 2012, 704.

[7] Dazu in Kürze „Die Schuldrechtsklausur Band II" (gesetzliche Schuldverhältnisse) oder bis dahin Fall 11 der 3. Aufl. 2011 dieses Bandes.

[8] BGHZ 162, 86, 94; NJW 2011, 594 Rn. 26; so auch Staudinger/*Peters/Jacoby* (2013) § 634 Rn. 168.

[9] BGHZ 162, 86, 96 m. w. N.; so auch Staudinger/*Peters/Jacoby* (2013) § 634 Rn. 167. Keine Eigentumsverletzung hingegen in dem Fall, dass eine defekte Einspritzpumpe zu reparieren ist und der Schaden auf die Einspritzpumpe beschränkt bleibt: BGH NJW 2011, 596 Rn. 27.

te Auffüllung des Kühlwassers (d. h. das Nichtverschließen des Einfüllstutzens) dazu geführt, dass der ganze Motor einen Schaden erlitten hat. Der Schaden deckt sich also nicht mit dem Mangelunwert. Folglich liegt nach dieser Auffassung eine Eigentumsverletzung vor.

In der Literatur wird die Übertragung der Weiterfresserschadens-Thematik auf **19** den Werkvertrag z. T. kritisiert und jede Beschädigung der Sache, an der die Werkleistung vorgenommen wird, als Verletzung des ursprünglich einwandfreien Eigentums angesehen.[10]

Entgegengesetzt dazu wird vereinzelt in der Literatur bei Beschädigung des be- **20** stellereigenen Stoffes durch mangelhafte Werkherstellung das Deliktsrecht generell für unanwendbar gehalten.[11] Danach läge hier wohl keine Eigentumsverletzung vor. Diese Auffassung überzeugt jedoch nicht. Sie verkennt, dass auch die im Eigentum des Bestellers stehende Sache, an der die Werkleistung vorgenommen wird, deliktsrechtlichen Schutz verdient. Jedenfalls wenn ein Schaden – wie hier (s. o. Rn. 10) – vertragsrechtlich im Wege des Schadensersatzes neben der Leistung ohne Nachfristsetzung ersatzfähig ist, bereitet die Konkurrenz zum Mängelhaftungsrecht keine Probleme. Die gleichzeitige Anwendung des Deliktsrechts auf Beschädigungen des bestellereigenen Stoffes ist viel weniger problematisch als die Weiterfresserschadensproblematik im Kaufrecht, da der Besteller bereits vor der Erbringung der Werkleistung Eigentümer der Sache war, während der Käufer tatsächlich niemals mangelfreies Eigentum innehatte.

Demnach ist hier im Einklang mit der Ansicht der Rechtsprechung und der erst- **21** genannten Literaturansicht eine Eigentumsverletzung anzunehmen.

### bb) Verletzungshandlung und haftungsbegründende Kausalität

Als Verletzungshandlung kommt hier in Betracht, dass G es versäumt hat, den De- **22** ckel des Kühlwassereinfüllstutzens nach dem Einfüllen richtig zu verschließen. Sieht man den Schwerpunkt der Vorwerfbarkeit daher in einem Unterlassen, so setzt die haftungsbegründende Kausalität voraus, dass die Rechtsverletzung mit an Sicherheit grenzender Wahrscheinlichkeit nicht eingetreten wäre, wenn die erforderliche Handlung vorgenommen worden wäre.[12] Hätte G den Deckel richtig verschlossen, dann wäre der Motor nicht beschädigt worden.

Allerdings kann ein Unterlassen nur dann zugerechnet werden, wenn der Unter- **23** lassende zum Handeln verpflichtet war.[13] Eine solche Garantenpflicht kann sich aus Vertrag, Gesetz, tatsächlicher Übernahme, Ingerenz (gefährlichem Vorverhalten) sowie aus einer Verkehrssicherungspflicht ergeben.[14] Hier kann man nicht unmit-

---

[10] *Gsell* JZ 2005, 1171, 1172; zust. MünchKomm/*Busche* § 634 Rn. 10; NK/*Raab* § 634 Rn. 38 Fn. 61.

[11] *Oetker/Maultzsch* Vertragliche Schuldverhältnisse, § 8 Rn. 173.

[12] Vgl. BGH NJW 2000, 2754, 2757 (zum Strafrecht); Hk-BGB/*Staudinger* § 823 Rn. 59.

[13] Vgl. *Medicus/Petersen* Bürgerliches Recht, Rn. 646 f. Selbst wenn man hier ein positives Tun annähme („fehlerhafte Inspektion"), wäre eine Garantenpflicht erforderlich, weil dann eine bloß mittelbare Verletzungshandlung vorläge.

[14] Hk-BGB/*Schulze* § 823 Rn. 57 f.

telbar auf den Werkvertrag zwischen M und W zurückgreifen, weil dieser den G nicht bindet. Auch auf den Arbeitsvertrag zwischen W und G kann nicht abgestellt werden, weil dieser keine Pflichten zugunsten des M enthält. Zur Begründung einer Pflicht zum Handeln des G bieten sich vielmehr zwei Wege an: Auch wenn der Arbeitnehmer nicht deliktisch allgemein für die ordnungsgemäße Erbringung der eigentlichen Arbeitsleistung haftet, treffen ihn in begrenztem Umfang auch eigene Verkehrssicherungspflichten.[15] Wenn er durch vorangegangenes Tun eine gefährliche Situation geschaffen hat, ist er verpflichtet, Schädigungen Dritter daraus zu verhindern. So musste G, nachdem er den Deckel des Kühlwassereinfüllstutzens geöffnet hatte, diesen auch wieder schließen, um eine Beschädigung des Motors des M zu verhindern. Außerdem kann man erwägen, dass G durch die weitgehend eigenständige Durchführung der Inspektion die dem W obliegenden Sorgfaltspflichten partiell übernommen hat.[16] Der Arbeitnehmer ist dann ausreichend dadurch geschützt, dass er ggf. im Innenverhältnis nach den Grundsätzen des innerbetrieblichen Schadensausgleichs beim Arbeitgeber Regress nehmen kann.[17] Dies muss jedenfalls dann gelten, wenn es um Ansprüche gegen den Geschäftsherrn aus § 831 Abs. 1 BGB geht und dafür nur inzident eine unerlaubte Handlung des Arbeitnehmers erforderlich ist.[18] Für die deliktische Haftung des Arbeitgebers erscheint das Vorliegen einer eigenen Verkehrssicherungspflicht des Arbeitnehmers sogar entbehrlich.

### cc) Rechtswidrigkeit und Zwischenergebnis

24  Die Rechtswidrigkeit ist indiziert. Damit liegt eine rechtswidrige unerlaubte Handlung des G gem. § 823 Abs. 1 BGB vor.

### c) In Ausführung der Verrichtung

25  Ferner müsste die unerlaubte Handlung in Ausführung, nicht bloß bei Gelegenheit der Verrichtung verursacht worden sein. Das Nachfüllen des Kühlwassers war Teil der dem G übertragenen Aufgaben, so dass der erforderliche innere Zusammenhang zwischen Verrichtung und unerlaubter Handlung besteht.

### d) Keine Exkulpation gem. § 831 Abs. 1 S. 2 BGB

26  Das eigene Auswahl- oder Überwachungsverschulden des Geschäftsherrn wird im Rahmen von § 831 Abs. 1 S. 2 BGB vermutet. Hier hat W nichts zu seiner Entlastung vorgetragen. Damit kann er sich nicht gem. § 831 Abs. 1 S. 2 BGB exkulpieren.

---

[15] *Schwarze* in *Otto/Schwarze/Krause* Die Haftung des Arbeitnehmers, 4. Aufl. 2014, § 16 Rn. 10 ff.; BGH NJW-RR 1988, 471; restriktiv hingegen BGH NJW 1987, 2510 f.

[16] Vgl. MünchKomm/*Wagner* § 823 Rn. 118; *Schwarze* (Fn. 15), § 16 Rn. 14 ff.

[17] Vgl. Palandt/*Weidenkaff* § 611 Rn. 159; ErfK/*Preis* 15. Aufl. 2015, § 619a Rn. 23 ff.; *Brox/Rüthers/Henssler* Arbeitsrecht, 18. Aufl. 2011, Rn. 259 ff.

[18] Vgl. *Larenz/Canaris* Schuldrecht II/2, § 76 III 4 d (am Anfang; S. 421).

### e) Schaden, haftungsausfüllende Kausalität, Ersatzfähigkeit, Mitverschulden, Ergebnis

Durch die Eigentumsverletzung ist dem G ein Schaden in Höhe des Wertes des 27 Motors entstanden (6000 €). Außerdem wären auch die Abschleppkosten nicht angefallen, wenn der Motor nicht zerstört worden wäre. Damit wurden auch sie adäquat durch die Eigentumsverletzung verursacht. Hinsichtlich der Ersatzfähigkeit des Schadens sowie des mit einem Drittel zu bewertenden Mitverschuldens gilt das Gleiche wie für den vertraglichen Schadensersatzanspruch. M kann von W auch aus § 831 Abs. 1 BGB Zahlung von insgesamt 4140 € verlangen.

## III. Anspruch auf Rückzahlung der Vergütung für die Motorinspektion

### 1. Anspruch aus §§ 634 Nr. 4, 280 Abs. 1 u. 3, 283 BGB

Fraglich ist, ob M gegen W einen Anspruch auf Rückzahlung der Vergütung für die 28 Motorinspektion in Höhe von 750 € aus §§ 634 Nr. 4, 280 Abs. 1 und 3, 283 BGB hat.

### a) Werkvertrag; Mangel bei Abnahme

Das Bestehen eines Werkvertrages (§ 631 BGB) und eines Mangels der Inspektion 29 bei Abnahme gem. § 633 Abs. 2 S. 2 Nr. 2 BGB wurde bereits bejaht.

### b) Unmöglichkeit der Nacherfüllung

Für einen Schadensersatzanspruch nach § 283 BGB muss außerdem die Nacherfül- 30 lung nachträglich unmöglich geworden sein. Beide Formen der Nacherfüllung müssen unmöglich sein, also ein unbehebbarer Mangel der Inspektion vorliegen. Nach der Zerstörung des Motors hat ein Auffüllen des Kühlwassers mit anschließendem ordnungsgemäßem Verschließen des Einfüllstutzens (als Mangelbeseitigung i. S. d. § 635 Abs. 1 Fall 1 BGB) ebenso wie eine Neuvornahme der Motorinspektion (Herstellung eines neuen Werkes i. S. d. § 635 Abs. 1 Fall 2 BGB) keinen Sinn mehr. Dies beruht darauf, dass nach der Zerstörung des Motors das wesentliche Leistungssubstrat der Inspektion nicht mehr vorhanden ist. Dieser Fall ist einer Unmöglichkeit der Leistung gleichzustellen.[19] Insofern ist aufgrund des Motorschadens eine Nacherfüllung in Bezug auf die fehlerhafte Inspektion unmöglich geworden.

### c) Vertretenmüssen

Fraglich ist, ob W das Unmöglichwerden der Nacherfüllung zu vertreten hat (§§ 280 31 Abs. 1 S. 2, 276 BGB). Hierbei ist zu berücksichtigen, dass die Nacherfüllung mangelbedingt unmöglich geworden ist. Den Mangel wiederum hatte W, wie bereits geprüft, nach § 278 BGB zu vertreten (s. o. Rn. 9). Somit hat er die Unmöglichkeit der Nacherfüllung zu vertreten. Dass M auch eine Ursache für das Unmöglichwerden der Nacherfüllung gesetzt hat, indem er die Kontrollleuchte nicht beachtet hat, ändert daran nichts (siehe aber Rn. 33).

---

[19] Vgl. Palandt/*Grüneberg* § 275 Rn. 19; Staudinger/*Caspers* (2014) § 275 Rn. 28.

#### d) Schaden

32 Da die Inspektionsleistung aufgrund des Motorschadens wertlos geworden ist, kann M grundsätzlich im Wege des (kleinen wie großen) Schadensersatzes statt der Leistung die gezahlte Vergütung von 750 € zurückverlangen.

#### e) Mitverschulden

33 Allerdings könnte der Anspruch wegen Mitverschuldens des M gem. § 254 BGB gemindert sein. Hätte M die Kontrollleuchte beachtet, hätte der Mangel der Inspektion noch behoben werden können. Insofern hat nicht nur W, sondern auch M die Unmöglichkeit der Nacherfüllung verschuldet. Es liegt eine vom Schuldner und Gläubiger beiderseits zu vertretende Unmöglichkeit der Nacherfüllung vor. Daher ist der auf Rückzahlung der Vergütung gerichtete Schadensersatzanspruch des Gläubigers um den Mitverschuldensanteil zu reduzieren.[20]

#### f) Ergebnis

34 M kann also nur Rückzahlung von zwei Dritteln der Vergütung, also von 500 €, von W verlangen.

### 2. Anspruch aus §§ 346 Abs. 1 i. V. m. §§ 634 Nr. 3, 326 Abs. 5, 323 BGB

35 Der Anspruch des M gegen W auf Rückzahlung der für die Inspektion gezahlten Vergütung könnte sich auch aus § 346 Abs. 1 i. V. m. §§ 634 Nr. 3, 326 Abs. 5, 323 BGB ergeben.

#### a) Rücktrittsrecht

36 Dazu müsste M zunächst zum Rücktritt berechtigt sein. Wie bereits geprüft, liegen ein Werkvertrag und ein Mangel vor. Außerdem ist die Nacherfüllung unmöglich, so dass der Rücktritt keiner Nachfristsetzung bedarf.

37 Der Rücktritt setzt weiter voraus, dass der Mangel nicht unerheblich ist (§ 326 Abs. 5 i. V. m. § 323 Abs. 5 S. 2 BGB). Dies ist anhand einer umfassenden Interessenabwägung zu beurteilen. Gegen die Erheblichkeit des Mangels spricht zwar zunächst, dass der Mangel ursprünglich durch Verschließen des Kühlwassereinfüllstutzens sehr leicht hätte behoben werden können. Andererseits ist aber zu berücksichtigen, dass dieser Mangel dazu geeignet war, große Schäden am Motor zu verursachen, und diese Gefahr sich auch verwirklicht hat. Ein Festhalten am Vertrag erscheint dem M unter diesen Umständen nicht zumutbar, und der Mangel ist als erheblich anzusehen.

---

[20] Staudinger/*Otto* (2009) § 326 Rn. C 99; in der Konstruktion anders, im Ergebnis gleich *Stoppel* Jura 2003, 224, 229, der einen vollen Schadensersatzanspruch des Gläubigers annimmt, dem Schuldner aber einen (um sein Mitverschulden geminderten) Ausgleichsanspruch aus §§ 280 Abs. 1, 241 Abs. 2 BGB zuspricht, so dass nach Saldierung ein reduzierter Anspruch des Gläubigers besteht. Das Problem der beiderseits zu vertretenden Unmöglichkeit der Nacherfüllung ist bislang kaum diskutiert worden. Insofern lassen sich hier verschiedene Lösungen vertreten. Denkbar wäre auch, in die Berechnung des Schadensersatzes noch den ursprünglichen Minderwert der Inspektionsleistung einfließen zu lassen. Schätzt man diesen z. B. auf 100 €, könnte man das Mitverschulden lediglich auf die geminderte Vergütung wirken lassen (also 1/3 von 650 €) und so zu einem höheren Schadensersatz (533,33 €) gelangen.

Fraglich ist, ob der Rücktritt nach § 326 Abs. 5 i. V. m. § 323 Abs. 6 BGB ausge- **38** schlossen ist. Dann müsste M für die Unmöglichkeit der Nacherfüllung allein oder weit überwiegend verantwortlich sein. Zwar trifft M, wie geprüft, eine Mitschuld an der Zerstörung des Motors. Die überwiegende Verantwortlichkeit für die Zerstörung des Motors trifft aber W, so dass § 323 Abs. 6 BGB nicht einschlägig ist. Damit ist M zum Rücktritt vom Vertrag berechtigt.

### b) Rücktrittserklärung
Gem. § 349 BGB muss M den Rücktritt in Bezug auf die Inspektion noch erklären. **39**

### c) Minderung des Rückzahlungsanspruchs um Verantwortungsanteil des M
Danach kann M von W gem. § 346 Abs. 1 BGB im Grundsatz die für die Inspek- **40** tion gezahlte Vergütung in Höhe von 750 € zurückverlangen. Allerdings muss das Mitverschulden des M an dem Motorschaden auch bei dem Rückzahlungsanspruch nach Rücktritt berücksichtigt werden. Es wäre unbillig, wenn M die volle Vergütung zurückverlangen könnte, obwohl er für die Unmöglichkeit der Nacherfüllung mitverantwortlich ist. Hier muss das Gleiche wie beim Anspruch auf Schadensersatz statt der Leistung (oben Rn. 33) gelten. Konstruktiv kann dieses Ergebnis so hergestellt werden, dass der Rücktritt im Umfang des Verantwortungsanteils des Gläubigers nach den Rechtsgedanken der §§ 326 Abs. 5 i. V. m. § 323 Abs. 6 BGB und § 254 BGB ungeeignet ist, den Vergütungsanspruch zum Erlöschen zu bringen.[21] M kann also auch nach Rücktritt nur Rückzahlung von 500 € verlangen.

### 3. Anspruch aus § 638 Abs. 4 i. V. m. §§ 634 Nr. 3, 638 Abs. 1, 3 BGB
M könnte weiterhin die Vergütung nach §§ 634 Nr. 3, 638 BGB mindern und dann **41** von W nach § 638 Abs. 4 BGB Rückzahlung des zuviel gezahlten Teils der Vergütung verlangen. Die Voraussetzungen des Minderungsrechts entsprechen denen des Rücktrittsrechts, die bereits bejaht worden sind. Demnach ist M auch zur Minderung der Vergütung berechtigt. Da die Inspektionsleistung nach dem Motorschaden wertlos ist, ist M grundsätzlich zur Minderung auf Null berechtigt. Jedoch kann sich nach den Ausführungen zum Rücktritt auch die Minderung nur auf den Verursachungsbeitrag des W richten,[22] so dass M auch im Rahmen der Minderung nur Rückzahlung von 500 € von W verlangen kann.

---

## Abwandlung

### Anspruch des M gegen W auf Nacherfüllung aus §§ 634 Nr. 1, 635 BGB

Fraglich ist, ob M gegen W auch in der Abwandlung einen Anspruch auf Nacherfül- **42** lung – nach Wahl des W durch Ausbesserung der von M bemängelten Lackstellen oder durch Neulackierung des ganzen Wagens – aus §§ 634 Nr. 1, 635 BGB hat.

---

[21] Soergel/*Gsell* § 326 Rn. 129. Anders *Stoppel* Jura 2003, 224, 229, der den Rückgewähranspruch in voller Höhe bejaht, dem Schuldner aber einen (um sein Mitverschulden geminderten) Ausgleichsanspruch aus §§ 280 Abs. 1, 241 Abs. 2 BGB zuspricht, s. vorige Fn.

[22] Vgl. *Stoppel* Jura 2003, 224, 229.

## 1. Werkvertrag, Mangel des Werks, Abnahme

**43**  Wie bereits geprüft, haben W und M einen Werkvertrag geschlossen. Der Umstand, dass die alten Roststellen nicht richtig abgeschliffen worden sind und sich daher unter der Neulackierung Blasen gebildet haben, stellt einen Mangel des Werks nach § 633 Abs. 2 S. 2 Nr. 2 BGB dar.[23] Wie im Ausgangsfall hat M das Werk abgenommen. Damit hat M gegen W einen Anspruch auf Nacherfüllung.

## 2. Verjährung des Anspruchs

**44**  Fraglich ist aber, ob der Anspruch durchsetzbar oder gem. § 214 BGB verjährt ist.

### a) Gesetzliche Verjährungsfrist

**45**  Grundsätzlich verjährt der Nacherfüllungsanspruch bei Wartungs- und Reparaturarbeiten gem. § 634a Abs. 1 Nr. 1 BGB innerhalb von zwei Jahren. Die Frist beginnt gem. § 634a Abs. 2 BGB bei Abnahme. Nach der gesetzlichen Verjährungsfrist wäre der Anspruch demnach anderthalb Jahre nach Abnahme noch nicht verjährt.

**Verjährungsfristen beim Werkvertrag**

Bei Werkleistungen, deren geschuldeter Erfolg in der Herstellung, Wartung oder Veränderung einer Sache (so wie im vorliegenden Fall) oder in der Erbringung einer Planungs- oder Überwachungsleistung dafür besteht, verjähren die Mängelansprüche des Bestellers in zwei Jahren ab Abnahme (§ 634a Abs. 1 Nr. 1, Abs. 2 BGB). Eine deutlich längere Frist von fünf Jahren ab Abnahme ist für Arbeiten an einem Bauwerk oder dafür erforderliche Planungs- oder Überwachungsleistungen (z. B. des Architekten) vorgesehen (§ 634a Abs. 1 Nr. 2 BGB). Darunter fällt nicht nur die Erstellung eines Bauwerks, sondern auch Reparatur- und Umbauarbeiten daran, sofern sie für das Gebäude von wesentlicher Bedeutung sind und die Teile mit dem Gebäude fest verbunden werden (z. B. Dachreparatur, Verlegung von Fliesen, Einbau einer Heizung). Kleinere Reparaturarbeiten fallen hingegen unter Nr. 1. § 634a Abs. 1 Nr. 3 BGB erfasst sonstige Werkleistungen, insbes. unkörperliche Werke (z. B. Herstellung von Individualsoftware, Gutachten), soweit es sich nicht um unter Nr. 1 und 2 fallende Planungs- und Überwachungsleistungen handelt. Hier gilt die allgemeine dreijährige Verjährungsfrist nach § 195 BGB; der Fristbeginn richtet sich nach § 199 BGB und nicht nach § 634a Abs. 2 BGB. Da bei geistigen Leistungen Mängel oft erst spät sichtbar werden, soll damit verhindert werden, dass Mängelansprüche schon verjährt sind, bevor der Besteller Kenntnis von dem Mangel erlangt hat.

### b) Abweichende Bestimmung durch AGB des W

**46**  Etwas anderes könnte sich jedoch aus der im Sachverhalt genannten Allgemeinen Geschäftsbedingung (§ 305 Abs. 1 BGB) des W ergeben, die eine Verkürzung der Verjährungsfrist auf ein Jahr vorsieht.

**Prüfung Allgemeiner Geschäftsbedingungen gem. §§ 305 ff. BGB[24]**

Das Vertragsverständnis des BGB fußt auf der Überlegung, dass bei Individualvereinbarungen die Parteien im Wege des Aushandelns eine ihren Interessen entsprechende Regelung erzielen. Die inhärente „Richtigkeitsgewähr" macht eine richterliche Kontrolle grundsätzlich überflüssig, soweit die Parteien sich innerhalb des durch §§ 134, 138 BGB gesteckten Rahmens halten. Eine

---

[23] Es ist wiederum vertretbar, einen Mangel nach § 633 Abs. 2 S. 2 Nr. 1 BGB anzunehmen.

[24] Überblick bei *Lorenz/Gärtner* JuS 2013, 199 ff.

entsprechende „Richtigkeitsgewähr" besteht für Allgemeine Geschäftsbedingungen nicht, die überwiegend allein die Interessen ihres Verwenders berücksichtigen. Entsprechend ist der dem Verwender zustehende Gestaltungsspielraum deutlich enger als bei Individualvereinbarungen, und die §§ 305 ff. BGB ermöglichen eine umfangreiche richterliche Kontrolle. Die Kontrolle der AGB vollzieht sich auf zwei Ebenen. Auf der ersten Ebene wird die Einbeziehung der AGB in den Vertrag überprüft und an besondere Voraussetzungen geknüpft (Nr. 3–5 Prüfungsschema). Auf der zweiten Ebene wird dann die inhaltliche Angemessenheit der Regelungen kontrolliert (Nr. 6 Prüfungsschema). Die Kontrolldichte ist dabei unter anderem davon abhängig, ob es sich um Verbraucherverträge handelt oder die AGB im unternehmerischen Geschäftsverkehr verwendet werden. Entsprechend der unterschiedlichen Kontrollintensität ist im Rahmen der Prüfung daher zunächst einmal das Vorliegen von AGB (Nr. 1 Prüfungsschema) und die Art des Geschäftsverkehrs (Nr. 2 Prüfungsschema) zu klären, bevor die konkrete Regelung auf ihre Einbeziehung und ihre Wirksamkeit hin überprüft wird. Bei letzterem ist immer auch zu beachten, ob eine konkrete Klausel, die für sich genommen wirksam ist, im Zusammenspiel mit einer anderen Klausel unwirksam wird. Kommt man zu dem Ergebnis, dass eine Klausel inhaltlich unwirksam ist, ist zu klären, ob sich die Unwirksamkeit möglicherweise nur auf einen abtrennbaren Teil bezieht. Dabei ist allerdings das Verbot einer geltungserhaltenden Reduktion zu beachten, das verhindern soll, dass dem Verwender der Klausel jedes Risiko genommen wird, da schlechtestenfalls die Klausel mit dem gerade noch zulässigen Inhalt aufrechterhalten wird.

---

Daraus ergibt sich für AGB grundsätzlich folgendes **Prüfungsschema**:
1. Vorliegen von AGB (§ 305 I)
2. Persönlicher und sachlicher Anwendungsbereich (§ 310)
3. Einbeziehung der AGB in den Vertrag (§§ 305 II, III, 305a)
4. Vorrang der Individualabrede (§ 305b)
5. Keine überraschende Klausel (§ 305c I)
6. Inhaltskontrolle gem. §§ 307–309 (sofern Überprüfung möglich ist, § 307 III 1)
   – zunächst § 309, dann § 308, zuletzt § 307 prüfen
   – Zweifel bei der Auslegung gehen zu Lasten des Verwenders (§ 305c II)
*Rechtsfolge unwirksamer AGB*: Klausel wird nicht Vertragsbestandteil, Vertrag im Übrigen wirksam; es gelten die gesetzlichen Vorschriften (§ 306 I, II).

---

### aa) Einbeziehung in den Vertrag

Dies erfordert zunächst, dass die AGB des W (§ 305 Abs. 1 S. 1 BGB) in den Werkvertrag zwischen M und W einbezogen worden sind. Gem. § 305 Abs. 2 BGB setzt das voraus 1) einen ausdrücklichen oder zumindest deutlich sichtbaren Hinweis des Verwenders auf die AGB, 2) die Möglichkeit der Kenntnisnahme durch den Vertragspartner und 3) dessen Einverständnis mit der Geltung der AGB. Hier sind die AGB auf der Rückseite des Reparaturauftrages abgedruckt. Auf der Vorderseite des Auftrages befindet sich ein ausdrücklicher Hinweis auf ihre Geltung. Durch den Abdruck auf der Rückseite des Formulars hatte M die Möglichkeit, vom Inhalt der AGB Kenntnis zu nehmen. Dadurch, dass M den Reparaturauftrag unterschrieben hat, hat er sich mit der Geltung der AGB des W einverstanden erklärt. Demnach sind die AGB des W in den Werkvertrag einbezogen worden. Die Voraussetzungen des § 305 Abs. 2 BGB sind damit erfüllt. Es handelt sich bei der Verkürzung der **47**

Verjährungsfrist nicht um eine überraschende Klausel gem. § 305c Abs. 1 BGB. Damit ist die AGB Vertragsbestandteil geworden.

#### bb) Inhaltskontrolle

48 Fraglich ist jedoch, ob die Klausel der Inhaltskontrolle nach den §§ 307–309 BGB standhält. Vorrangig zu prüfen sind die Klauselverbote ohne Wertungsmöglichkeit nach § 309 BGB. Gem. § 309 Nr. 8 lit. b ff) kann die Verjährung im Falle des § 634a Abs. 1 Nr. 1 BGB auf ein Jahr begrenzt werden. Insofern verstößt die Klausel nicht gegen AGB-Recht.

49 Jedoch ist nach § 309 Nr. 7 BGB ein Ausschluss der Schadensersatzhaftung bei der Verletzung von Leben, Körper und Gesundheit (lit. a) sowie bei grobem Verschulden (lit. b) nicht zulässig. Die Klausel des W führte dazu, dass der Besteller nach Ablauf von zwölf Monaten keine durchsetzbaren Mängelrechte gegenüber W hätte, auch soweit die vom Klauselverbot des § 309 Nr. 7 BGB erfassten Schadensersatzansprüche betroffen wären. Daher ist die hier vorgenommene zeitliche Begrenzung sämtlicher Mängelhaftungsrechte durch AGB nicht mit § 309 Nr. 7 BGB vereinbar.[25]

50 Allerdings geht es hier gar nicht um einen Schadensersatzanspruch, sondern um einen Nacherfüllungsanspruch. Zudem liegt keine Verletzung von Leben, Körper und Gesundheit vor; außerdem kann W wohl auch keine grobe Fahrlässigkeit vorgeworfen werden. Insofern fragt es sich, ob man die Klausel auf ihren zulässigen Inhalt **geltungserhaltend reduzieren** kann, so dass jedenfalls der Nacherfüllungsanspruch wirksam auf ein Jahr begrenzt wurde. Eine geltungserhaltende Reduktion wird aber im AGB-Recht grundsätzlich abgelehnt, um zu verhindern, dass der Verwender gefahrlos weitgefasste, gesetzeswidrige Klauseln in seine AGB aufnehmen und abwarten kann, dass die Gerichte im Wege der Auslegung den zulässigen Inhalt bestimmen.[26] Eine geltungserhaltende Reduktion auf den zulässigen Teil ist daher nur in dem Ausnahmefall zulässig, dass sich die Klausel in einen inhaltlich zulässigen und einen unzulässigen Teil zerlegen lässt.[27] Dies ist hier nicht der Fall, vielmehr müsste die Klausel um eine Ausnahmeregelung für die in § 309 Nr. 7 BGB genannten Schadensersatzansprüche ergänzt werden, um die Verjährungsfrist wirksam zu verkürzen. Daher scheidet eine geltungserhaltende Reduktion aus. Die Klausel ist insgesamt unwirksam.

Gem. § 306 Abs. 2 BGB gilt das dispositive Gesetzesrecht. Danach ist der Anspruch nicht verjährt.

#### 3. Ergebnis

51 M hat gegen W einen durchsetzbaren Nacherfüllungsanspruch aus §§ 634 Nr. 1, 635 BGB.

---

[25] Vgl. BGHZ 170, 31, 37 Rn. 19; BGH NJW 2013, 2584 Rn. 15.

[26] Vgl. nur BGHZ 143, 103, 119 m. w. N.; Palandt/*Grüneberg* § 306 Rn. 6.

[27] Sog. *blue pencil test*, s. BGHZ 170, 31 Rn. 21; BGH NJW 1997, 3437, 3439; 1998, 2284, 2286 jeweils m. w. N.

# Fall 25

## Ausgangsfall

Meyer (M), stolzer Besitzer eines großen Mercedes, muss seinem ausschweifenden Lebensstil Tribut zollen und hat seinen Wagen zur Sicherung eines größeren Darlehens an die Bank B übereignet. Danach beauftragt er die Reparaturwerkstatt Werner (W) mit der Durchführung einer Motorinspektion sowie einer Neulackierung des Wagens für insgesamt 3500 €. Bei Auftragserteilung legt er den Kraftfahrzeugbrief (Zulassungsbescheinigung Teil II) nicht vor. W führt die Arbeiten einwandfrei aus. Den Rechnungsbetrag von 3500 € bezahlt M nicht, obwohl W ihn unter Fristsetzung aufgefordert hat, die Reparaturarbeiten endlich abzunehmen und zu bezahlen. Später verschwindet M unauffindbar. W möchte den PKW nun zur Befriedigung seiner Forderung in Höhe von 3500 € unter Berufung auf sein Werkunternehmerpfandrecht verwerten.

Zu Recht?

## Abwandlung

Wie ist die Rechtslage, wenn die auf der Rückseite des Reparaturauftrags abgedruckten AGB des W folgende Klausel beinhalten:

§ 5 Werkunternehmerpfandrecht. (1) Dem Auftragnehmer steht wegen seiner Forderungen aus dem Auftrag ein vertragliches Pfandrecht an den aufgrund des Auftrages in seinen Besitz gelangten Gegenständen zu.

(2) [...]

Auf der Vorderseite, die M unterschrieben hat, wird auf die AGB hingewiesen.

© Springer-Verlag Berlin Heidelberg 2015
P. Balzer et al., *Die Schuldrechtsklausur I*, Tutorium Jura,
DOI 10.1007/978-3-662-45662-0_25

## Lösung Fall 25

▶   Der Fall hat das Werkunternehmerpfandrecht nach § 647 BGB zum
    Gegenstand (vgl. die Entscheidung BGHZ 68, 323). Insbes. die Abwand-
    lung ist von hohem Schwierigkeitsgrad und setzt vertiefte Kenntnisse im
    Sachenrecht voraus.

## Ausgangsfall

1   Eine Befriedigung des W aus dem Mercedes durch Pfandverkauf (§§ 1228 Abs. 1,
    1233 ff. BGB) ist rechtmäßig, wenn W Inhaber eines Pfandrechts an dem Mercedes
    ist und Pfandreife eingetreten ist (§ 1228 Abs. 2 S. 1 BGB).

### I. Werkunternehmerpfandrecht gem. § 647 BGB

2   Nach § 647 BGB erwirbt der Werkunternehmer ein gesetzliches Pfandrecht an den
    beweglichen Sachen des Bestellers, an denen der Unternehmer zum Zwecke der
    Herstellung oder Ausbesserung mindestens mittelbaren Besitz erlangt hat. Hier ha-
    ben W und M einen Werkvertrag (§ 631 BGB) geschlossen (s. Fall 24 Rn. 2). Das
    Pfandrecht erstreckt sich aber nur auf Sachen *des Bestellers*. Besteller M hat den
    Mercedes gem. §§ 929 S. 1, 930 BGB zur Sicherung an die Bank B übereignet.
    Damit ist er nicht mehr Eigentümer des Mercedes. Folglich hat W kein Unterneh-
    merpfandrecht gem. § 647 BGB erworben.

### II. Erwerb eines Werkunternehmerpfandrechts gem. § 647 i. V. m. § 185 Abs. 1 BGB analog

3   Teilweise wird vertreten, der Werkunternehmer erwerbe, wenn der in Reparatur ge-
    gebene Wagen im Sicherungseigentum eines Dritten stehe, ein Pfandrecht über eine
    analoge Anwendung des § 185 Abs. 1 BGB.[1] Dies wird damit begründet, es entspre-
    che regelmäßig dem Willen des Sicherungseigentümers, dass der Sicherungsgeber
    das Fahrzeug reparieren lasse und so im Wert erhalte. Andererseits kann man daraus
    noch nicht auf das Einverständnis des Sicherungseigentümers damit schließen, dass
    sein Fahrzeug für die Vergütungsforderung des Unternehmers haftet. Ebenso we-
    nig wie aus der Befugnis des Sicherungsgebers, im eigenen Namen und auf eigene
    Rechnung Reparaturen an dem Fahrzeug vornehmen zu lassen, die Berechtigung
    i. S. v. § 185 Abs. 1 BGB folgt, mit dem Werkunternehmer ein rechtsgeschäftliches
    Pfandrecht an der Sache zu Lasten des Sicherungseigentümers zu vereinbaren, er-
    gibt sich aus ihr die Zustimmung zur Entstehung eines gesetzlichen Pfandrechts.
    Hinzu kommt, dass das Pfandrecht nach § 647 BGB kraft Gesetzes und damit unab-

---

[1] *Medicus/Petersen* Bürgerliches Recht, Rn. 594.

hängig vom Willen des Bestellers entsteht. Deshalb kann man die bloße Übergabe zu Reparaturzwecken nicht mit einer auf die Begründung des Pfandrechts gerichteten Verfügung gleichsetzen. W hat also auch kein Pfandrecht gem. § 647 i. V m. § 185 Abs. 1 BGB analog erworben.

### III. Gutgläubiger Erwerb des Werkunternehmerpfandrechts gem. §§ 647, 1257, 1207, 932 BGB

Fraglich ist, ob W gutgläubig ein Werkunternehmerpfandrecht erworben hat. Dann 4 müsste der Erwerb eines Pfandrechts an Sachen, die Dritten gehören und die der Besteller dem Unternehmer übergeben hat, möglich sein. Das ist umstritten.

Die Rechtsprechung[2] lehnt den gutgläubigen Erwerb gesetzlicher Pfandrechte ganz grundsätzlich ab. Aus dem Wortlaut des Gesetzes und den Gesetzesmaterialien ergebe sich, dass nur der gutgläubige Erwerb rechtsgeschäftlicher Pfandrechte möglich sei. So sei in § 647 BGB nur von Sachen des Bestellers, in § 562 BGB nur von Sachen des Mieters die Rede. Zwar verweise § 1257 BGB für das gesetzliche Pfandrecht auf die Vorschriften des rechtsgeschäftlich bestellten Pfandrechts; dies gelte aber nach dem eindeutigen Wortlaut nur für kraft Gesetzes *entstandene* Pfandrechte, nicht aber für die Entstehung des Pfandrechtes selbst.

Nach einer im Schrifttum verbreiteten Auffassung[3] ist dagegen ein gutgläubiger 5 Erwerb des Werkunternehmerpfandrechtes als Besitzpfandrechtes[4] möglich. Die dispositive Vorschrift des § 647 BGB trage nur den Parteiinteressen Rechnung, um die ausdrückliche Bestellung eines rechtsgeschäftlichen Pfandrechts entbehrlich zu machen. § 1257 BGB sage über die Möglichkeiten des Erwerbs vom Nichtberechtigten nichts aus. Vielmehr ergebe sich aus § 366 Abs. 3 HGB, dass der Gesetzgeber vom Erwerb gesetzlicher Besitzpfandrechte bei gutem Glauben an das Eigentum des Vertragspartners wie selbstverständlich ausgegangen sei: Nach dieser Norm reicht für den gutgläubigen Erwerb der handelsrechtlichen Besitzpfandrechte der gute Glaube an die Verfügungsmacht aus. Daraus könne man schließen, dass bereits nach allgemeinem Zivilrecht der Erwerb von Besitzpfandrechten vom Nichtberechtigten bei gutem Glauben an das Eigentum des Vertragspartners möglich sei.

In der Tat spricht der Wortlaut des § 366 Abs. 3 HGB zunächst für die Möglichkeit 6 gutgläubigen Erwerbs an gesetzlichen Besitzpfandrechten. Andererseits beschränkt sich die Norm nur auf die dort genannten handelsrechtlichen Pfandrechte. Diese setzen – anders als die Pfandrechte nach BGB – nicht ausdrücklich das Eigentum des Vertragspartners an dem übergebenen Gut voraus (vgl. §§ 397, 441, 464, 475b HGB). Es ginge deshalb zu weit, aus der Sondervorschrift des § 366 Abs. 3 HGB

---

[2] BGHZ 34, 153 ff.; 100, 95, 101; zust. Palandt/*Sprau* § 647 Rn. 3; *Westermann/Gursky/Eickmann* Sachenrecht, 8. Aufl. 2011, § 132 Rn. 2.

[3] Z. B. *Baur/Stürner* Sachenrecht, 18. Aufl. 2009, § 55 Rn. 40; *Canaris* Handelsrecht, 24. Aufl. 2006, § 27 Rn. 37; *K. Schmidt* NJW 2014, 1, 2, 5.

[4] Anderes gilt auch nach dieser Auffassung für besitzlose Pfandrechte wie das Vermieterpfandrecht (§ 562 BGB), weil es hier an jeder Entsprechung zu den §§ 1207, 932 ff. BGB fehlt.

Rückschlüsse auf die allgemeinen gesetzlichen Pfandrechte des BGB zu ziehen, die nach ihrem klaren Wortlaut Eigentum des Vertragspartners verlangen. Deshalb ist der Rechtsprechung zu folgen, nach der die Vorschriften über das rechtsgeschäftliche Pfandrecht gem. § 1257 BGB für gesetzliche Pfandrechte erst anwendbar sind, wenn diese (nach besonderen Vorschriften) bereits entstanden sind.

Der gutgläubige Erwerb eines Unternehmerpfandrechts durch W an dem der B gehörenden Mercedes ist damit nicht möglich.

> A. A. mit entsprechender Begründung vertretbar. Wenn man der Literaturansicht folgt, ist die Wirksamkeit der AGB-Klausel in der Abwandlung unproblematisch. Gleichwohl ist die Klausel zu prüfen, da § 647 BGB dispositiv ist und eine Parteivereinbarung Vorrang hat.

## IV. Ergebnis

7  Demnach hat W kein Pfandrecht an dem im Eigentum der B stehenden Mercedes erworben. W darf den Wagen daher nicht im Wege des Pfandverkaufs nach §§ 1228, 1233 ff. BGB verwerten.

## Abwandlung

8  Fraglich ist, ob die Verwertung des PKW in der Abwandlung rechtmäßig ist. Das wäre dann der Fall, wenn W aufgrund seiner AGB ein vertragliches Pfandrecht erworben hätte und wenn Pfandreife eingetreten wäre.

## I. Erwerb eines vertraglichen Pfandrechts, §§ 1207, 932 BGB

9  Da M nicht Eigentümer des zur Reparatur gegebenen Mercedes war, kann W kein vertragliches Pfandrecht vom Berechtigten gem. § 1205 Abs. 1 S. 1 BGB erworben haben. Vielmehr kommt allein der gutgläubige Erwerb eines Vertragspfandrechts gem. §§ 1207, 932 BGB in Betracht.

### 1. Dingliche Einigung

10  Erforderlich ist dazu zunächst eine dingliche Einigung zwischen M und W über die Bestellung eines Pfandrechts an dem Mercedes (§ 1205 Abs. 1 S. 1 BGB). Eine entsprechende individualvertragliche Abrede haben M und W nicht getroffen. Die dingliche Einigung könnte aber dadurch zustande gekommen sein, dass § 5 der AGB des W wegen seiner Forderungen aus dem „Auftrag" (also insbes. der Werklohnforderung aus § 631 Abs. 1 BGB) die Bestellung eines Pfandrechts an den aufgrund des Vertrages in seinen Besitz gelangten Gegenständen vorsieht.

### a) Einbeziehung der AGB; keine überraschende Klausel

Dazu müssten zunächst die Voraussetzungen für die Einbeziehung der AGB des W **11** gem. § 305 Abs. 2 BGB erfüllt sein. Dies ist der Fall; insofern wird auf die Prüfung in Fall 24 Rn. 47 verwiesen.

Nicht Vertragsbestandteil werden gem. § 305c Abs. 1 BGB überraschende Klau- **12** seln. Eine AGB-Regelung ist überraschend, wenn sie von den Erwartungen des Vertragspartners deutlich abweicht (Ungewöhnlichkeit) und der Vertragspartner mit der Klausel den Umständen nach vernünftigerweise nicht zu rechnen brauchte (Überraschungsmoment). Eine Klausel kann insbes. dann ungewöhnlich sein, wenn sie erheblich vom dispositiven Recht abweicht. § 5 der AGB des W weicht insofern von § 647 BGB ab, als die Klausel sich auch auf bestellerfremde Sachen erstreckt. Entscheidend gegen die Ungewöhnlichkeit der Klausel spricht aber, dass § 1207 BGB den gutgläubigen Erwerb eines Pfandrechts ausdrücklich zulässt und die Bestellung eines AGB-Pfandrechts zugunsten der Kfz-Werkstatt branchenüblich ist. Angesichts dessen kann man auch nicht davon ausgehen, dass die Vertragspartner des W mit der Klausel nicht rechnen mussten. In formaler Hinsicht ist zu berücksichtigen, dass dem Werkunternehmerpfandrecht in den AGB des W ein eigener, klar strukturierter und ohne weiteres verständlicher Paragraph gewidmet ist. Nach alledem kann die Klausel nicht als für den Vertragspartner des Verwenders (auf den es nach dem klaren Gesetzeswortlaut ausschließlich ankommt) überraschend bezeichnet werden.[5]

### b) Inhaltskontrolle

Indem § 5 der AGB des W eine Pfandrechtsbestellung nicht nur an Sachen des Be- **13** stellers, sondern auch an im Dritteigentum stehenden Sachen vorsieht, weicht die Klausel von der gesetzlichen Vorschrift des § 647 BGB ab. Deshalb unterliegt sie gem. § 307 Abs. 3 S. 1 BGB der Inhaltskontrolle nach den §§ 307 Abs. 1 u. 2, 308, 309 BGB. Sie verstößt nicht gegen eines der in den §§ 308, 309 BGB geregelten speziellen Klauselverbote. Folglich ist nur zu prüfen, ob die Klausel der Inhaltskontrolle nach der Generalklausel des § 307 Abs. 1 u. 2 BGB standhält. Nach § 307 Abs. 1 S. 1 BGB ist eine Bestimmung unwirksam, wenn sie den Vertragspartner des Verwenders entgegen den Geboten von Treu und Glauben unangemessen benachteiligt. Eine unangemessene Benachteiligung ist nach § 307 Abs. 2 Nr. 1 BGB im Zweifel anzunehmen, wenn die Bestimmung mit wesentlichen Grundgedanken der gesetzlichen Regelung, von der abgewichen wird, nicht zu vereinbaren ist. Danach müsste es also zu den wesentlichen Grundgedanken des § 647 BGB gehören, dass der gutgläubige Erwerb eines Pfandrechts durch den Werkunternehmer nicht möglich ist. Dagegen spricht bereits, dass § 1207 BGB ausdrücklich einen gutgläubigen Erwerb von Vertragspfandrechten ermöglicht. Das müsste grundsätzlich auch für AGB-Pfandrechte gelten. Entscheidendes Argument gegen die Unwirksamkeit nach § 307 Abs. 1 u. 2 Nr. 1 BGB ist, dass die Klausel lediglich den Eigentümer, nicht aber den Vertragspartner des Verwenders beeinträchtigt. Nach dem klaren Wortlaut des § 307 Abs. 1 S. 1 BGB wäre aber eine Beeinträchtigung des Vertrags-

---

[5] A.A. Jauernig/*C. Berger* § 1257 Rn. 2.

partners des Verwenders erforderlich. Die bloße Benachteiligung Dritter erfüllt die Voraussetzungen des § 307 Abs. 1 u. 2 BGB nicht.[6] Deshalb hält § 5 der AGB des W der Inhaltskontrolle nach § 307 Abs. 1 u. 2 BGB stand. Die Anforderungen der §§ 305 ff. BGB sind gewahrt.

### c) Verstoß gegen § 138 Abs. 1 BGB

14   Die Verpfändung könnte jedoch sittenwidrig und damit gem. § 138 Abs. 1 BGB nichtig sein. Ein Rechtsgeschäft ist sittenwidrig, wenn es gegen das Anstandsgefühl aller billig und gerecht Denkenden verstößt. Anerkannt ist, dass die bewusste Schädigung Dritter den Vorwurf der Sittenwidrigkeit begründen kann. Die Sittenwidrigkeit könnte sich hier daraus ergeben, dass § 5 der AGB des W den Besteller, der nicht Eigentümer der zu reparierenden Sache ist, möglicherweise dazu verleiten soll, ein Pfandrecht an einer ihm nicht gehörenden Sache zu bestellen und damit eine Verfügung zu treffen, zu der er nicht berechtigt ist. Außerdem könnte sich die Sittenwidrigkeit daraus ergeben, dass die Klausel nur darauf gerichtet ist, die Rechtsprechung des BGH, der zufolge ein gutgläubiger Erwerb des gesetzlichen Unternehmerpfandrechts nicht möglich ist, zu unterlaufen.[7] Andererseits muss aber auch hier berücksichtigt werden, dass der gutgläubige Erwerb eines vertraglichen Pfandrechts nach § 1207 BGB möglich ist. Bei Massengeschäften wie Kfz-Reparaturen besteht ein erhebliches praktisches Bedürfnis dafür, dass dies auch durch AGB geschehen kann. Die Klausel wäre allenfalls dann als sittenwidrig anzusehen, wenn sie sich explizit auf Sachen bezöge, die nicht dem Verpfänder gehören. Eine allgemeine Klausel wie die vorliegende, die grundsätzlich voraussetzt, dass die Gegenstände, an denen das Pfandrecht entstehen soll, im Eigentum des Bestellers stehen, verleitet den nichtberechtigten Verpfänder dagegen nicht zu einer bewussten Schädigung des Eigentümers, sondern nutzt nur die Freiheit aus, die die §§ 1204 ff. BGB den Parteien gewähren. Deshalb ist die AGB-mäßige Bestellung eines vertraglichen Pfandrechts zugunsten des Werkunternehmers mit der h. M.[8] auch dann als wirksam anzusehen, wenn das Pfandrecht bestellerfremde Sachen umfasst.

### d) Zwischenergebnis

15   Es liegt damit eine wirksame dingliche Einigung zwischen M und W darüber vor, dass W ein Pfandrecht an dem Mercedes zustehen soll.

### 2. Übergabe

16   Weiterhin ist erforderlich, dass die Sache dem Gläubiger übergeben wird (§ 1205 Abs. 1 S. 1 BGB). Hier hat M dem W zum Zwecke der Reparatur den unmittelbaren Besitz an dem Mercedes überlassen, so dass diese Voraussetzung erfüllt ist.

---

[6] Ganz h. M.; BGH NJW 1982, 178, 180; Palandt/*Grüneberg* § 307 Rn. 11.

[7] Für die Sittenwidrigkeit der Klausel daher *Picker* NJW 1978, 1417 f.; Staudinger/*Peters/Jacoby* (2013) § 647 Rn. 14; *Westermann/Gursky/Eickmann* (Fn. 2), § 127 Rn. 22.

[8] BGHZ 68, 323 ff.; BGH NJW 1981, 226 f.; 2006, 3488 Rn. 17; *Dammann* in Wolf/Lindacher/ Pfeiffer, AGB-Recht, 6. Aufl. 2013, Anh. § 310 (Klauseln) Rn. P 18.

### 3. Guter Glaube des W an das Eigentum des M

Der Erwerb eines rechtsgeschäftlichen Pfandrechts vom Nichtberechtigten ist nach **17** § 1207 i. V. m. § 932 BGB nur möglich, wenn der Pfandgläubiger in Bezug auf das Eigentum des Verpfänders gutgläubig ist. Gem. § 932 Abs. 2 BGB ist er nicht in gutem Glauben, wenn ihm bekannt oder infolge grober Fahrlässigkeit unbekannt ist, dass die Sache nicht dem Verpfänder gehört. Positive Kenntnis bezüglich des fehlenden Eigentums des M hatte W nicht. Möglicherweise hielt er den M aber grob fahrlässig für den Eigentümer des Mercedes. Dafür spricht, dass W sich den Kraftfahrzeugbrief nicht hat vorlegen lassen. Nach ständiger Rechtsprechung begründet der *Erwerb* eines Gebrauchtwagens vom Nichtberechtigten ohne Vorlage des Kfz-Briefes regelmäßig grobe Fahrlässigkeit.[9]

> **Hinweis**
> Seit dem 1.10.2005 werden Kraftfahrzeugbriefe und -scheine nicht mehr neu ausgestellt. Sie heißen aufgrund einer EG-Richtlinie jetzt Zulassungsbescheinigung Teil II bzw. Teil I. An den rechtlichen Folgen der Nichtvorlage für den gutgläubigen Erwerb ändert sich dadurch nichts.

Fraglich ist, ob sich dieser Grundsatz auf die *Verpfändung* eines Kraftfahrzeugs **18** übertragen lässt. Dafür könnte sprechen, dass, gerade wenn man es zulässt, dass der Werkunternehmer durch AGB auch ein Pfandrecht an bestellerfremden Sachen erwerben kann, hohe Anforderungen an die Gutgläubigkeit des Unternehmers zu stellen sind. Sicherungseigentümer lassen sich den Kfz-Brief regelmäßig übergeben und wären deshalb hinreichend vor der Belastung der Sache mit einem Pfandrecht geschützt, wenn diese nur bei Vorlage des Kfz-Briefs möglich wäre.

Allerdings besteht im Hinblick auf die Folgen des guten Glaubens ein wesent- **19** licher Unterschied zwischen der Veräußerung eines Kraftfahrzeuges und einem bloßen Auftrag zur Reparatur: Im ersteren Falle verlöre der Eigentümer sein Eigentum, wenn ein gutgläubiger Erwerb möglich wäre; im letzteren Falle wird das Eigentum lediglich durch ein Pfandrecht belastet. Mit dieser Belastung korrespondiert darüber hinaus regelmäßig eine Werterhöhung des Fahrzeuges durch die Reparatur, die auch dem Eigentümer zugutekommt. Hinzu kommt, dass es in der Praxis völlig unüblich ist, den Kfz-Brief bei jedem Reparaturauftrag vorzulegen. Dieser soll vielmehr an einem sicheren Ort aufbewahrt und gerade nicht für den Fall, dass eine Reparatur notwendig sein sollte, ständig mitgeführt werden.

Deshalb lassen sich die für den Erwerb von Kraftfahrzeugen entwickelten An- **20** forderungen an die Gutgläubigkeit des Erwerbers nicht auf die mit einer Reparatur einhergehende Verpfändung übertragen.[10] Der Unternehmer erwirbt das vertragliche Pfandrecht auch ohne Vorlage des Kfz-Briefes gutgläubig, es sei denn, er hätte

---

[9] BGH NJW 1965, 687; 1996, 2226, 2227. Für den Neuwagenkauf gilt diese Regel nur ganz ausnahmsweise, vgl. BGH NJW 2005, 1365, 1366.
[10] BGHZ 68, 323, 326 ff.

Anlass zur Annahme, dass der Auftraggeber nicht Eigentümer des Fahrzeuges ist, etwa wenn dieser nicht mit der im Kfz-Schein (der bei einem Reparaturauftrag regelmäßig vorgelegt wird) genannten Person identisch ist. Dafür ist hier aber nichts ersichtlich. Deshalb war W gutgläubig.

### 4. Bestehen einer zu sichernden Forderung

21 Aus der Akzessorietät des Pfandrechts zu der zu sichernden Forderung folgt, dass ohne diese ein Pfandrecht nicht entstehen kann (vgl. § 1204 Abs. 1 BGB).[11] Als zu sichernde Forderungen kommen hier Ansprüche des W gegen M auf Bezahlung der Lackierung sowie des Austauschmotors in Betracht (insgesamt 3500 €). Diese Ansprüche ergeben sich aus §§ 631 Abs. 1, 632 BGB.

Damit sie durch das Pfandrecht gesichert sind, müssen sie von der Einigung der Parteien über die Pfandrechtsbestellung in einer dem Bestimmtheitsgrundsatz genügenden Weise erfasst sein. Nach § 5 Abs. 1 der AGB sollte das Pfandrecht Ansprüche des W gegen M aus dem geschlossenen (untechnisch als Auftrag bezeichneten) Werkvertrag sichern. Damit zielt das Pfandrecht insbes. auf die bereits mit Vertragsschluss entstandenen (wenn auch noch nicht fälligen, vgl. § 641 BGB) Vergütungsansprüche des W ab.[12] Die Ansprüche des W gegen M sind also durch das Pfandrecht gesichert.

### 5. Zwischenergebnis

22 Nach allem hat W ein Pfandrecht an dem im Eigentum der B stehenden Mercedes erworben, das werkvertragliche Ansprüche des W gegen M in einer Gesamthöhe von 3500 € sichert.

## II. Eintritt der Pfandreife und Ergebnis

23 Gem. § 1228 Abs. 2 S. 1 BGB ist der Pfandgläubiger zum Verkauf berechtigt, sobald seine Forderung ganz oder zum Teil fällig ist. Der Vergütungsanspruch aus § 631 Abs. 1 BGB ist mit Ablauf der von W dem M gesetzten Frist zur Abnahme des Werkes fällig geworden (§§ 641 Abs. 1, 640 Abs. 1 S. 3 BGB). Pfandreife ist also eingetreten.

In der Abwandlung ist eine Verwertung des Mercedes durch Pfandverkauf damit rechtmäßig. Gem. § 1234 BGB muss W der B den Verkauf unter Bezeichnung des Geldbetrages, dessentwegen der Verkauf stattfinden soll, androhen.

---

[11] Vgl. nur Palandt/*Bassenge* § 1204 Rn. 10.

[12] Eines Rückgriffs auf § 1204 Abs. 2 BGB (Pfandrechtsbestellung für künftige, also noch nicht entstandene Forderungen) bedarf es also nicht.

# Fall 26

Dr. Matthias Medicus (M) betreibt in Hannover eine gut laufende radiologische Praxis. Im Januar 2015 will er einen Monat lang mit seiner Familie in Winterurlaub nach Bayern fahren und dazu die Praxis ganz schließen. Daher fragt er den benachbarten Apotheker Aristoteles Asklepios (A), ob er in dieser Zeit nach der Praxis und insbesondere nach der ankommenden Post schauen könne. M macht deutlich, dass ihm das besonders wichtig sei und er sich auf A verlassen können müsse. Da M sich während des letzten Griechenland-Urlaubs des A auch ohne Bezahlung um die Apotheke des A gekümmert hat, ist A gerne dazu bereit.

M übergibt dem A am 30.12.2014 den Praxisschlüssel. Außerdem erklärt er dem A, dass er jeden Tag die Post durchsehen solle. Werbung könne er in der Praxis lassen, wichtige Post solle er einmal in der Woche an die Urlaubsadresse in Bayern weiterleiten. Ganz besonders wichtig sei, dass A auf einen Brief des Medizingeräteherstellers Mitatschi achte. M habe nämlich vor zwei Wochen eine neue Magnetresonanztomographie (MRT)-Anlage für 800.000 € gekauft. Der zu erwartende Brief enthalte die Rechnung für das Gerät. Die Rechnung müsse unbedingt innerhalb von einer Woche nach Erhalt bezahlt werden, weil er dann 2 % Skonto erhalte. Zugleich solle die Frist möglichst ausgeschöpft werden. A sagt, das sei kein Problem. Damit während des Urlaubs auch Pakete ankommen, hängt M an seine Praxistür ein Schild, wonach Pakete in der Apotheke des A abgegeben werden sollen.

Im Januar 2015 kümmert sich A wie verabredet um die Praxis des M. Als er am 7.1.2015 das erste Mal Post weiterleiten will, geht er zum Briefkasten und kommt auf dem schneeglatten Gehweg zu Fall. Dabei zerbricht die Brille des A, die einen Zeitwert von 400 € hat. Am 15.1.2015 kommt die Rechnung über die MRT-Anlage per Einwurf-Einschreiben. Sie gerät allerdings im Briefkasten so in einen Katalog, dass A sie übersieht. Den Katalog und die Rechnung legt A auf den Stapel mit der Werbepost, die er nicht weiterleitet. Als bei den nächsten Post-Weiterleitungen die Rechnung immer noch nicht dabei ist, ruft M den A an, woraufhin A sagt, die Rechnung sei noch nicht da.

Am 31.1.2015 kommt M aus dem Urlaub zurück. Er sieht die Post durch und findet sofort in dem Stapel mit der Werbung die Rechnung. Nunmehr ist es für

P. Balzer et al., *Die Schuldrechtsklausur I,* Tutorium Jura,
DOI 10.1007/978-3-662-45662-0_26

die Inanspruchnahme des Skontos zu spät; M muss die vollen 800.000 € zahlen. M stellt daraufhin den A zur Rede und verlangt von ihm Zahlung von 16.000 € Schadensersatz. Zudem verlangt er den Praxisschlüssel zurück und Herausgabe von mehreren Paketen, die noch in der Apotheke des A lagern.

A weist dieses Ansinnen zurück. Zwar tue ihm leid, dass er die Rechnung nicht gesehen habe. Er habe aber dem M aus reiner Nettigkeit als Nachbar und Kollege geholfen und werde ganz sicher nicht wegen eines einzigen übersehenen Briefes 16.000 € zahlen. Den Schlüssel und die Pakete werde er nicht herausgeben, solange M ihm nicht Schadensersatz in Höhe von 400 € für die Brille gezahlt habe.[1] Diese sei nur zerstört worden, weil er für M zum Briefkasten gegangen sei. Zudem verlangt A von M 12 €, die er für Porto und Briefumschläge ausgegeben hat. Schließlich meint A, wenn M so komme und von ihm Schadensersatz verlange, könne er für zehn Stunden für M geleistete Arbeit auch ein Entgelt verlangen, das er auf 300 € beziffert. M lehnt die Gegenforderungen des A ab. Selbstverständlich sei vereinbart gewesen, dass A unentgeltlich tätig werde. Was die Brille angehe, sei es das Problem des A, dass er nicht aufgepasst habe.

Bestehen die von M und A geltend gemachten Ansprüche?

## Lösung Fall 26

▶ Der Fall behandelt wichtige Ansprüche aus dem Auftragsvertrag (§ 662 BGB), nämlich den Herausgabeanspruch des Auftraggebers (§ 667 BGB), den Aufwendungsersatzanspruch des Beauftragten (§ 670 BGB) sowie Schadensersatzansprüche bei fehlerhafter Auftragsdurchführung. Da unentgeltliches Tätigwerden für andere selten ist, erlangen die §§ 663 ff. BGB im Wirtschaftsleben vor allem Bedeutung aufgrund der Verweise aus dem Geschäftsbesorgungsrecht (§ 675 Abs. 1 BGB) und der Geschäftsführung ohne Auftrag (§§ 681 S. 2, 683 BGB). Der Geschäftsbesorgungsvertrag wird hier nicht behandelt, so dass insoweit die ergänzende Lektüre eines Lehrbuchs zu empfehlen ist.

## I. Ansprüche des M gegen A

### 1. Anspruch auf Schadensersatz
#### a) Anspruch aus §§ 280 Abs. 1, 662 BGB

1  M könnte gegen A einen Anspruch auf Schadensersatz in Höhe von 16.000 € aus §§ 280 Abs. 1, 662 BGB haben.

#### aa) Schuldverhältnis: Auftragsvertrag

2  Das setzt zunächst das Bestehen eines Auftragsvertrages zwischen M und A voraus. Gem. § 662 BGB kommt ein Auftrag zustande, wenn der Beauftragte sich durch

---

[1] Es ist davon auszugehen, dass im Hinblick auf die zerstörte Brille Ansprüche gegen Dritte nicht bestehen.

Vertrag mit dem Auftraggeber verpflichtet, für diesen unentgeltlich ein Geschäft zu besorgen. Hier sind M und A übereingekommen, dass A während des Urlaubs des M auf dessen Praxis aufpassen und die Post kontrollieren soll. In Abgrenzung zum Dienst- und Werkvertrag muss die Tätigkeit unentgeltlich erfolgen. Die Auslegung ergibt, dass A im Rahmen einer Nachbarschaftshilfe ohne Bezahlung tätig werden sollte, zumal zuvor bereits M für A in dessen Urlaub unentgeltlich tätig geworden war. Insofern kommt ein Auftragsverhältnis zwischen M und A in Betracht.

Für das Zustandekommen eines Auftrags ist allerdings in Abgrenzung zum blo-  **3**
ßen Gefälligkeitsverhältnis erforderlich, dass die Beteiligten rechtlich verbindliche Willenserklärungen abgeben. Beim potentiell Beauftragten (hier: A) kann ein **Rechtsbindungswille** nicht ohne weiteres unterstellt werden, weil der Beauftragte bei sorgfaltswidrigem Handeln für jedes Verschulden (*omnis culpa*) haftet, obwohl er keine Gegenleistung erhält. Ob das Verhalten des potentiellen Beauftragten nach dem objektiven Empfängerhorizont als rechtlich verbindliche Erklärung aufzufassen ist, hängt von den Umständen des Einzelfalls ab. Zu berücksichtigen sind die Art der Gefälligkeit, ihr Grund und Zweck, ihre wirtschaftliche und rechtliche Bedeutung, insbesondere für den Empfänger, die Umstände, unter denen sie erwiesen wird, und die dabei bestehende Interessenlage der Parteien.[2] Hier hat M deutlich gemacht, wie wichtig ihm die Beaufsichtigung der Praxis und die Kontrolle der Post während seiner Anwesenheit waren. Jedenfalls als M am 30.12.2014 auf die Rechnung über 800.000 € hinwies, mussten dem A die wirtschaftliche Bedeutung der Angelegenheit und das Interesse des M an einer sorgfältigen Ausführung bekannt sein. Indem A sich trotzdem mit der Bemerkung, das sei kein Problem, zur Ausführung bereit erklärt hat, hat er seinen Rechtsbindungswillen unzweifelhaft zum Ausdruck gebracht.

Damit liegt hier ein Auftragsvertrag zwischen M und A vor.

### bb) Pflichtverletzung

Fraglich ist, ob A eine Pflicht aus dem Auftragsverhältnis verletzt hat. Eine Pflicht-  **4**
verletzung liegt vor, wenn die Leistung des A objektiv hinter dem geschuldeten Pflichtenprogramm zurückbleibt. Aus dem Auftrag folgte die Pflicht, die Post des M sorgfältig zu kontrollieren. Insbesondere sollte A auf eine Rechnung über die MRT-Anlage achten. Indem A die Rechnung übersehen hat, hat er diese Pflicht verletzt.

### cc) Vertretenmüssen

Fraglich ist, ob A die Pflichtverletzung zu vertreten hat, was gem. § 280 Abs. 1 S. 2  **5**
BGB vermutet wird. Insofern stellt sich zunächst die Frage nach dem Haftungsmaßstab. Grundsätzlich hat der Schuldner gem. § 276 Abs. 1 S. 1 BGB Vorsatz und (jede) Fahrlässigkeit zu vertreten. Bei verschiedenen Gefälligkeitsverträgen sieht das Gesetz allerdings eine Haftungsreduktion für unentgeltliches Handeln vor (§§ 521, 599, 690 BGB). Obwohl auch der Auftrag ein Gefälligkeitsvertrag ist, ist

---

[2] BGHZ 21, 102, 106 f. = NJW 1956, 1313 f.; Palandt/*Sprau* Einf v § 662 Rn. 4; Staudinger/*Martinek* (2006) § 662 Rn. 42.

für ihn **keine gesetzliche Haftungsbeschränkung** vorgesehen. Die Geltung des allgemeinen Verschuldensmaßstabs beruht auf dem besonderen Vertrauensverhältnis zwischen den Parteien des Auftragsvertrags. Daraus ergibt sich zugleich, dass die genannten Vorschriften nicht analogiefähig sind.[3]

6  Wenn die Parteien die Haftung des Beauftragten beschränken wollen, müssen sie daher eine Haftungsbeschränkung vereinbaren. Dies ist im vorliegenden Fall jedenfalls nicht ausdrücklich geschehen. Auch für einen stillschweigenden Haftungsverzicht ist grundsätzlich kein Raum, wenn – wie hier – kein Anhaltspunkt dafür besteht, dass die Parteien bei Abschluss des Auftrags die Frage der Haftung bedacht haben.[4] Im Rahmen ergänzender Vertragsauslegung kann eine Haftungsbeschränkung allenfalls dann angenommen werden, wenn sich der Geschädigte dem ausdrücklichen Ansinnen einer solchen Haftungsfreistellungsvereinbarung billigerweise nicht hätte versagen können.[5] Dafür könnte zwar sprechen, dass ein so hohes Haftungsrisiko im Hinblick auf die unentgeltliche Tätigkeit des A unbillig erscheint. Jedoch hatte M ausdrücklich auf die wirtschaftliche Bedeutung der Tätigkeit hingewiesen, und in Kenntnis dessen hatte sich A dazu bereit erklärt. Daher kann eine Haftungsbeschränkung auch nicht im Wege ergänzender Vertragsauslegung angenommen werden.

> Mit guter Begründung erscheint auch eine andere Auffassung vertretbar.

7  Damit bleibt es dabei, dass A für Vorsatz und jede Fahrlässigkeit haftet. Fahrlässig handelt gem. § 276 Abs. 2 BGB, wer die im Verkehr erforderliche Sorgfalt missachtet. Hier hat A die Rechnung übersehen. Hätte er die Post sorgfältig durchgesehen, hätte er den Brief entdeckt. Das wird auch daran deutlich, dass M den Brief nach seiner Wiederkehr sogleich gesehen hat. Damit hat A fahrlässig gehandelt. Er muss die Pflichtverletzung vertreten.

### dd) Kausaler Schaden/Mitverschulden

8  Fraglich ist, ob M aufgrund der Pflichtverletzung des A einen Schaden erlitten hat. Da er die Rechnung erst am 31.1.2015 bei seiner Rückkehr entdeckte, konnte er den zweiprozentigen Skonto nicht mehr in Anspruch nehmen. Dadurch muss er für die MRT-Anlage 16.000 € mehr zahlen. Dies ist der durch die Pflichtverletzung entstandene Schaden.[6] Im Rahmen des Schadensersatzes neben der Leistung ist dieser Schaden ersatzfähig (§ 251 Abs. 1 BGB).

9  Fraglich ist, ob M ein Mitverschulden an dem Schaden trifft, § 254 BGB. Hierbei ist zu berücksichtigen, dass er den A vor dem Urlaub ausführlich auf die Bedeutung der Rechnung hingewiesen hat. Zudem hat er sich noch einmal aus dem Urlaub

---

[3] BGH WM 1963, 1229 f.; näher Erman/*K. P. Berger* § 662 Rn. 24; Palandt/*Sprau* § 662 Rn. 11.

[4] BGHZ 152, 391 = NJW 2003, 578, 579; Erman/*K. P. Berger* § 662 Rn. 25.

[5] Erman/*K. P. Berger* § 662 Rn. 25.

[6] Abzuziehen wären etwaige Zinsgewinne oder ersparter Zinsaufwand dadurch, dass M erst später zahlt. Dazu äußert sich der Sachverhalt aber nicht.

heraus erkundigt, ob die Rechnung inzwischen angekommen sei. Mehr kann man von ihm nicht verlangen. Damit trifft den M kein Mitverschulden.

### ee) Ergebnis
M kann von A im Wege des Schadensersatzes gem. §§ 280 Abs. 1, 662 BGB Zahlung von 16.000 € verlangen.　**10**

### b) Deliktische Ansprüche
Fraglich ist, ob M diesen Anspruch auch auf deliktische Anspruchsgrundlagen stützen kann. § 823 Abs. 1 BGB ist mangels Verletzung eines absolut geschützten Rechtsguts nicht erfüllt. Vielmehr liegt ein nicht ersatzfähiger reiner Vermögensschaden vor. Auch sonstige deliktische Ansprüche bestehen nicht.　**11**

## 2. Anspruch auf Herausgabe des Schlüssels
### a) Anspruch aus § 667 Fall 1 BGB
Fraglich ist, ob M gegen A einen Anspruch auf Herausgabe des Praxisschlüssels hat. Ein Auftragsverhältnis liegt, wie geprüft, vor. Nach § 667 Fall 1 BGB ist der Beauftragte verpflichtet, dem Auftraggeber alles, was er zur Ausführung des Auftrags erhält, herauszugeben. Dazu gehört auch der Praxisschlüssel, den M dem A gegeben hat. M hat gegen A also einen Anspruch auf Herausgabe des Praxisschlüssels.　**12**

> An dieser Stelle kann geprüft werden, ob A die Herausgabe des Schlüssels wegen eigener Gegenansprüche verweigern kann (Einrede nach § 273 BGB). Um eine Inzidentprüfung der Ansprüche des A gegen M zu vermeiden, wird darauf hier erst ganz am Ende nach der Prüfung der Gegenansprüche eingegangen (Rn. 23).

### b) Anspruch aus § 985 BGB
Der Anspruch auf Herausgabe des Schlüssels könnte sich auch aus § 985 BGB ergeben. M ist Eigentümer des Schlüssels, A Besitzer. Nach Beendigung des Auftrags ist A nicht mehr zum Besitz berechtigt, § 986 BGB. Damit besteht der Herausgabeanspruch.　**13**

### c) Anspruch aus § 812 Abs. 1 S. 2 Fall 1 BGB
Der Anspruch könnte sich auch aus § 812 Abs. 1 S. 2 Fall 1 BGB (*condictio ob causam finitam*) ergeben. A hat durch Leistung des M den Besitz am Schlüssel erlangt. Nach Beendigung des Auftrags ist der Rechtsgrund dafür weggefallen, so dass er auch aus § 812 Abs. 1 S. 2 Fall 1 BGB Herausgabe schuldet.　**14**

> Der bereicherungsrechtliche Herausgabeanspruch besteht neben dem vertragsrechtlichen und dem dinglichen (Staudinger/*Martinek* [2006] § 667 Rn. 3 a. E.). In einer Klausur müsste er aber nicht notwendigerweise gesehen werden.

### 3. Anspruch auf Herausgabe der Pakete
#### a) Anspruch aus § 667 Fall 2 BGB

15    Fraglich ist, ob M von A Herausgabe der bei A abgegebenen Pakete verlangen kann. Nach § 667 Fall 2 BGB ist der Beauftragte verpflichtet, dem Auftraggeber alles, was er aus der Geschäftsbesorgung erlangt, herauszugeben. Hier sind bei A für M bestimmte Pakete abgegeben worden. Aus § 667 Fall 2 BGB ist A verpflichtet, diese dem M zu übergeben.

#### b) Anspruch aus § 985 BGB

16    Der Anspruch auf Herausgabe der Pakete könnte sich auch aus § 985 BGB ergeben. Dazu müsste M Eigentümer der Pakete sein. Mangels anderer Anhaltspunkte im Sachverhalt ist davon auszugehen, dass die Pakete unter Einschaltung von A als Empfangsboten und Besitzmittler nach § 929 S. 1 BGB an M übereignet wurden.[7] Damit ist M Eigentümer der Pakete. A ist Besitzer ohne Recht zum Besitz und schuldet daher Herausgabe.

#### c) Anspruch aus § 812 Abs. 1 S. 2 Fall 1 BGB

17    Der Herausgabeanspruch des M gegen A könnte schließlich auch aus § 812 Abs. 1 S. 2 Fall 1 BGB folgen. A hat Besitz an den Paketen erlangt. Dem müsste eine Leistung des M zugrunde liegen. Zwar hat A die Pakete tatsächlich vom Paketboten erlangt. Dem lag aber keine Leistung des Boten bzw. des Paketabsenders an A zugrunde, weil der Bote an M leisten wollte. Der Besitz des A beruht vielmehr auf dem Auftrag zwischen M und A als Besitzmittlungsverhältnis und daher auf einer Leistung des A. Nach Beendigung des Auftrags ist der Rechtsgrund dafür weggefallen, so dass A dem M auch aus § 812 Abs. 1 S. 2 Fall 1 BGB Herausgabe der Pakete schuldet.

## II. Ansprüche des A gegen M

### 1. Anspruch auf Aufwendungsersatz (Porto, Versand) aus § 670 BGB

18    A könnte gegen M aus § 670 BGB einen Anspruch auf Zahlung von 12 € haben, die er für Porto und Briefumschläge aufgewendet hat, um die Post an M weiterzuleiten. Wie geprüft, besteht zwischen A und M ein Auftragsvertrag.

19    Nach § 670 BGB kann der Beauftragte Aufwendungen, also freiwillige Vermögensopfer zum Zwecke der Ausführung des Auftrags, die er den Umständen nach für erforderlich halten darf, vom Auftraggeber ersetzt verlangen. Hier hat A, um die Briefe des M weisungsgemäß an die Urlaubsanschrift weiterzuleiten, 12 € für Brief-

---

[7] Die dingliche Einigung im Rahmen des § 929 S. 1 BGB ist so zu konstruieren, dass der Absender durch den Paketdienst als Erklärungsboten die Übereignung dem M anbietet, wobei A aufgrund des an der Praxistür hängenden Schildes als Empfangsbote des M anzusehen ist, und M durch A als Erklärungsboten annimmt. Die Übergabe erfolgt an A als Besitzmittler des M. Das Besitzmittlungsverhältnis liegt im Auftrag, aus dem gem. § 667 BGB ein Herausgabeanspruch folgt. Vgl. *Westermann/Gursky/Eickmann* Sachenrecht, 8. Aufl. 2011, § 42 Rn. 4.

marken und Briefumschläge ausgegeben. Diese Aufwendungen waren zur Ausführung des Auftrags erforderlich.

**Ergebnis** A kann daher von M Zahlung von 12 € aus § 670 BGB verlangen.

## 2. Anspruch auf Schadensersatz (Brille) analog § 670 BGB

Fraglich ist, ob A von M auch Zahlung von 400 € Schadensersatz für die zerstörte    **20**
Brille verlangen kann. Ein Schadensersatzanspruch des Beauftragten für Schäden, die er bei Ausführung des Auftrages ohne Verschulden des Auftraggebers erleidet, ist im Gesetz nicht vorgesehen. Insbesondere ist dieser nicht unmittelbar von § 670 BGB erfasst, der lediglich für Aufwendungen, also freiwillige Vermögensopfer, einen Ersatzanspruch vorsieht, nicht dagegen für Schäden, also unfreiwillig erlittene Vermögensopfer. Allerdings kommt insoweit eine **Analogie zu § 670 BGB** in Betracht. Dazu müssten außer der planwidrigen Regelungslücke vergleichbare Sachverhalte vorliegen. Schäden, die der Beauftragte in Ausführung des Auftrags erleidet, müssten also einem freiwilligen Vermögensopfer gleichzustellen sein. Dies ist mit der h. M.[8] für sog. **risikotypische Begleitschäden** zu bejahen: § 670 BGB soll sicherstellen, dass der Beauftragte durch die Auftragsausführung zwar keinen Vorteil erlangt, aber auch keinen Nachteil an seinen Rechtsgütern und Vermögenswerten. Daher sind ihm nicht bloß freiwillig erbrachte Vermögensopfer, sondern auch von keiner der Parteien verschuldete Schäden zu ersetzen, die auf einer spezifischen mit der Auftragsdurchführung verbundenen Gefahr beruhen. Ersatzfähig sind demnach Schäden, deren Eintrittswahrscheinlichkeit – für die Parteien erkennbar – typischerweise durch die Erledigung des Auftrags erhöht wird. Dies entspricht auch dem von Teilen der Literatur herangezogenen **Rechtsgedanken des § 110 Abs. 1 HGB**, der für Schäden, die der Gesellschafter aus mit der Geschäftsführung untrennbar verbundenen Gefahren erleidet, einen Ersatzanspruch anordnet und damit dem Grundsatz der **Risikozurechnung bei schadensgeneigter Tätigkeit im fremden Interesse** Rechnung trägt.[9]

### Exkurs für Fortgeschrittene

Die analoge Anwendung des § 670 BGB auf Schäden spielt auch im Arbeitsrecht eine große Rolle. Erleidet der Arbeitnehmer einen arbeitsbedingten Eigenschaden, der dem Betätigungsbereich des Arbeitgebers zuzurechnen ist, und wird das Schadensrisiko nicht durch eine besondere Vergütung abgegolten, so kann der Arbeitnehmer gegen den Arbeitgeber einen verschuldensunabhängigen Schadensersatzanspruch in doppelt[10] analoger Anwendung des § 670 BGB haben. Beispiel: Verkehrsunfall mit Privatwagen, der für den Arbeitgeber eingesetzt wird (BAG NZA 2011, 406; NJW 2007, 1486). Entgegen der früheren Rechtsprechung (BAG NJW 1962, 411) verlangt das BAG jetzt nicht mehr, dass der Schaden im Rahmen einer gefahrgeneigten Arbeit eingetreten ist.

---

[8] RGZ 98, 195, 200; BGHZ 33, 251, 257; 38, 270, 277; 89, 153, 157; BAG NJW 1962, 411, 414; Staudinger/*Martinek* (2006) § 670 Rn. 23 ff.; MünchKomm/*Seiler* § 670 Rn. 14; NK/*Schwab* § 670 Rn. 11.

[9] Palandt/*Sprau* § 670 Rn. 12; Erman/*K. P. Berger* § 670 Rn. 18 f.; Jauernig/*Mansel* § 670 Rn. 9.

[10] Die erste Analogie liegt in der Anwendung einer auftragsrechtlichen Vorschrift auf den Arbeitsvertrag, die zweite Analogie in der Anwendung des § 670 BGB auf Schäden.

**21**  Fraglich ist, ob hier ein solcher risikotypischer Begleitschaden vorliegt. A ist nur deshalb im Schnee gestürzt und hat nur deshalb einen Schaden an seiner Brille erlitten, weil er in Ausführung des Auftrags bei Schneeglätte zum Briefkasten gegangen ist. Diese Kausalität genügt aber nicht. Vielmehr gehört es zum **allgemeinen Lebensrisiko**, im Winter bei Schnee zu fallen. A hätte genauso gut fallen können, wenn er in eigenen Angelegenheiten unterwegs gewesen wäre. Der Sturz war nicht Folge eines spezifischen Risikos aus dem Auftragsverhältnis. Die Durchführung des Auftrags war nicht für die Parteien erkennbar mit dem besonderen Risiko eines Sturzes verbunden. Daher liegt hier kein risikotypischer Begleitschaden vor.

**Ergebnis** A hat daher keinen Anspruch analog § 670 BGB gegen M auf Zahlung von 400 € Schadensersatz im Hinblick auf die zerstörte Brille.

### 3. Anspruch auf Vergütung für Tätigwerden?

**22**  A hat keinen Anspruch gegen M auf eine Vergütung für seine Tätigkeit. Der Auftrag ist unentgeltlich (s. o. Rn. 2). Die eigene Arbeitsleistung ist insbesondere nicht vom Aufwendungsbegriff des § 670 BGB erfasst.

**Exkurs**

Aus dem Rechtsgedanken des § 1835 Abs. 3 BGB folgert man im Rahmen der Geschäftsführung ohne Auftrag (§§ 683 S. 1, 670 BGB), dass der Geschäftsführer für Leistungen, die zu seinem Beruf oder Gewerbe gehören, die übliche Vergütung verlangen kann. Diese Ausnahme gilt aber nicht für den Auftrag; sie wäre mit seiner Unentgeltlichkeit unvereinbar.

## III. Endergebnis

**23**  A schuldet dem M Zahlung von 16.000 € sowie Herausgabe des Schlüssels und der Pakete. M schuldet dem A Zahlung von 12 €. Beide Parteien können die Aufrechnung erklären, so dass A dem M „nur" noch 15.988 € schuldet (§§ 387 ff. BGB). A kann die Herausgabe des Schlüssels und der Pakete nicht gem. § 273 BGB im Hinblick auf eine Schadensersatzforderung wegen der zerstörten Brille verweigern, weil er insofern keinen Schadensersatzanspruch hat. In Bezug auf die nach § 670 BGB ersatzfähigen Aufwendungen für Porto und Briefumschläge (12 €) kann er bereits gegen die Schadensersatzforderung des M (16.000 €) aufrechnen, so dass es auch insofern keines Zurückbehaltungsrechtes bedarf.[11]

---

[11] Zum Vorrang der Aufrechnung gegenüber dem Zurückbehaltungsrecht s. Staudinger/*Bittner* (2014) § 273 Rn. 104 ff.

# Fall 27

---

## Vorbemerkungen zum Reiserecht

Der Reisevertrag als Vertrag über eine Gesamtheit von Reiseleistungen wird in der Literatur zum Teil als speziell geregelter Unterfall des Werkvertrags angesehen, zum Teil als völlig eigenständiger Vertragstyp. Das Reisevertragsrecht enthält unter Verbraucherschutzaspekten eine Vielzahl von Spezialregelungen, die in so wichtigen Punkten wie dem jederzeitigen Rücktrittsrecht (§ 651i BGB) und dem Ersatz immaterieller Schäden (§ 651f Abs. 2 BGB) von den allgemeinen Regelungen des Vertragsrechts bzw. der sonstigen Vertragstypen abweichen. Daraus ergibt sich für die Fallbearbeitung, dass zunächst immer festgestellt werden muss, dass tatsächlich ein Reisevertrag zwischen den Parteien abgeschlossen wurde. Nur dann finden die §§ 651a ff. BGB Anwendung, während ansonsten die Buchung einzelner Reiseleistungen wie z. B. eines Fluges oder eines Hotels Werk-, Dienst- oder Mietvertragsrecht unterliegt. Zudem ist aufgrund der Beteiligung Dritter beim Vertragsschluss und der Vertragsdurchführung genau darauf zu achten, wer tatsächlich als Reiseveranstalter und wer als Reisender anzusehen ist. Insofern spielt die Darstellung des Buchungsvorgangs im Sachverhalt eine wichtige Rolle, wobei eine ausführliche Darstellung auf eventuelle Probleme in diesem Bereich hindeuten kann.

Das Reisevertragsrecht enthält neben der Definition des Reisevertrags und der Regelung der Pflichten der Parteien (des Reisenden und des Reiseveranstalters) in § 651a BGB primär besondere Vorschriften über die Mängelgewährleistung (§§ 651c–g BGB), die das allgemeine Leistungsstörungsrecht nach Vertragsabschluss weitgehend verdrängen. Darüber hinaus gewähren §§ 651i, j BGB besondere Kündigungsrechte jenseits des Gewährleistungsrechts. § 651m BGB untersagt ausdrücklich vertragliche Abweichungen von den §§ 651a ff. BGB zu Lasten des Reisenden.

Besondere Bedeutung erlangt in der Fallbearbeitung regelmäßig die Feststellung eines Mangels. Entsprechend sollte dieser unter Rückgriff auf die Informationen aus dem Sachverhalt ausführlich begründet werden, sofern ein Mangel nicht offensichtlich vorliegt. Dabei sind neben der Beschreibung im Katalog und den Vorgaben der BGB-InformationspflichtenVO auch immer der Reisepreis sowie die eventuell anderen Lebensformen und Hygienestandards im Ausland zu beachten und für die Argumentation heranzuziehen. Zu beachten ist, dass für einige Ansprüche qualifizierte Mängel oder Beeinträchtigungen erforderlich sind, wobei die Qualifizierung am besten als separates Merkmal geprüft werden sollte.

Zu beachten sind ebenfalls die unterschiedlichen Anzeige- und Rügepflichten, deren Beachtung Voraussetzung für die Anspruchsentstehung ist. Dabei ist für die Argumentation im Zusammenhang mit ihrer angeblichen oder tatsächlichen Nichterfüllung immer wieder auf den wirtschaftlichen Hintergrund der Regelungen einzugehen. Dem Reiseveranstalter soll die Möglichkeit gegeben werden, Abhilfe zu schaffen, so dass bei einer fehlenden Abhilfemöglichkeit oder einem fehlenden Abhilfewillen die entsprechenden Verpflichtungen entfallen können. Wichtig ist inso

© Springer-Verlag Berlin Heidelberg 2015
P. Balzer et al., *Die Schuldrechtsklausur I,* Tutorium Jura,
DOI 10.1007/978-3-662-45662-0_27

weit auch, dass nicht nur die Leistungsträger informiert werden, sondern tatsächlich das Personal des Reiseveranstalters und die entsprechenden Mängel genau benannt werden. Sollten dabei zugleich eventuelle Ansprüche geltend gemacht werden, können solche Erklärungen im Rahmen von § 651g BGB relevant werden.

Siehe auch *Lettmaier/Fischinger*, Grundfälle zum Reisevertragsrecht, JuS 2010, 14 ff.; 99 ff.

## Ausgangsfall

Herr Fast (F) bucht für sich und seine Nachbarin Frau Quick (Q) im Reisebüro Travel (T) eine All-Inclusive-Reise in die Türkei vom 29.8.2014–10.9.2014. Die Reise ist im Katalog des Reiseveranstalters Raintours (R) unter der Überschrift angepriesen „Erholsame Urlaubstage in ruhiger Umgebung in einem Tophotel". Der Reisepreis beträgt 2500 € pro Person und wird sofort von F beglichen. In der Türkei angekommen, erhalten die Reisenden von der Hotelleitung ein nicht abnehmbares und hässliches 2 cm breites Plastikarmband mit dem Hinweis, dass sie nur in den Genuss der kostenlosen Leistungen kommen, wenn sie das Plastikarmband tragen. F beschwert sich daraufhin bei der Hotelleitung, da der Katalog keinen Hinweis auf die Pflicht zum Tragen eines Armbandes enthielt. Da sich die Hotelleitung nicht kompromissbereit zeigt, wendet er sich schriftlich an die örtliche Reiseleitung. Er weist sie darauf hin, dass er es entwürdigend finde, im Urlaub mit einem so breiten Plastikarmband durch das Hotel gehen zu müssen, und er sich die Geltendmachung von Schadensersatzansprüchen vorbehalte. Zudem rügt er, dass bis spät abends durch das Nachtleben eine erhebliche Lärmbelästigung bestehe. Die örtliche Reiseleitung zeigt sich von der Beschwerde unbeeindruckt. Der von F anstelle des Plastikarmbandes vorgeschlagene Ausweis mit Foto sei zu aufwendig zu realisieren und auch in keinem anderen Hotel in Gebrauch. Das Nachtleben stehe außerhalb des Einflussbereichs des Veranstalters und sei zudem in der Türkei ortsüblich. In Anbetracht des Verhaltens der örtlichen Reiseleitung verzichtet Q ihrerseits auf eine weitere Beschwerde.

Am 7.10.2014 schreibt Q an den Veranstalter und verlangt Rückzahlung von 20% des Reisepreises. Es sei menschenunwürdig, den ganzen Tag mit dem hässlichen breiten Plastikband durch das Hotel laufen zu müssen, um in den Genuss der gebuchten Leistungen zu kommen. In dem Katalog sei nicht auf eine derartige Verpflichtung hingewiesen worden. Zudem widerspreche die Lärmbeeinträchtigung durch das Nachtleben der Beschreibung des Hotels im Katalog. Das Schreiben geht am 10.10.2014 mit der Post bei R ein. F meldet sich erst Anfang November bei R und will ebenfalls 20% erstattet bekommen. Dabei verweist er auf seine schriftliche Beschwerde bei der örtlichen Reiseleistung sowie das Rückzahlungsbegehren seiner Mitreisenden Q. Diese hatte in ihrem Schreiben vom 7.10.2014 ausdrücklich auf die schriftliche Beschwerde von F in der Türkei Bezug genommen und mitgeteilt, dass, wie dort bereits angekündigt, auch F noch Ansprüche geltend machen werde.

R verweigert jede Rückzahlung.

Wie ist die Rechtslage?

## Abwandlung

Auf dem Rückflug am 10.9.2014 muss die erkennbar schlecht gewartete und alte Maschine dreimal wegen technischer Mängel zwischenlanden. Die Reisenden werden über die Ursachen der Zwischenlandungen nur ganz allgemein mit dem Hinweis auf einen technischen Defekt informiert. Bei dem dritten Stop beschließt Q, die Maschine zu verlassen und mit einer anderen Maschine nach München zurückzufliegen. Für diesen Flug zahlt Q 1200 €. Sie kommt 30 min vor der inzwischen reparierten ursprünglichen Maschine in München an. In ihrem Schreiben vom 7.10.2014 fordert sie die 1200 € zurück, da es ihr nicht zumutbar gewesen sei, mit der defekten Maschine zurückzufliegen. Da ihr das Personal des R keinen anderen Flug besorgt habe, habe sie den Reisevertrag gekündigt und selbst Abhilfe geschaffen. Bei der Bearbeitung des Falls fällt R auf, dass der Reisepreis wegen einer falschen Kontoangabe noch gar nicht bezahlt worden ist. R weigert sich, die 1200 € zu zahlen, da er mit der Reparatur der Maschine selber Abhilfe geschaffen habe, und verlangt seinerseits Zahlung des Reisepreises.

Wie ist die Rechtslage?

## Lösung Fall 27

▶ Der Fall behandelt Grundfragen des reisevertraglichen Gewährleistungsrechts, wie das Vorliegen eines Mangels, die Anforderungen an ein Abhilfeverlangen und die Rechtzeitigkeit der Geltendmachung von Ansprüchen. Die Abwandlung beschäftigt sich mit dem Recht zur Kündigung der Reise wegen erheblicher Mängel und den sich aus einer solchen Kündigung ergebenden Rechtsfolgen.

### Klausurtaktische Vorüberlegungen

Handelt eine Person für eine andere, ist dieses grundsätzlich zu problematisieren bzw. muss wenigstens ausdrücklich erwähnt werden, da eine Zurechnung immer nur unter bestimmten Voraussetzungen (z. B. Stellvertretung) möglich ist. Um Inzidentprüfungen so weit wie möglich zu vermeiden, sollte im Gutachten mit der handelnden Person angefangen werden, deren Verhalten der anderen ggf. nachher zugerechnet werden kann.

Da die §§ 651a ff. BGB nur beim Vorliegen eines Reisevertrages anwendbar sind, sollte dessen Bestehen zwischen den Parteien zumindest einmal kurz festgehalten werden.

Wörtliche Zitate aus dem Katalog deuten darauf hin, dass diese bei der Frage nach der Mangelhaftigkeit der Reise eine erhebliche Rolle spielen.

Die Vielzahl von Daten legt nahe, dass hier Fristen eine Rolle spielen können. Insofern spricht einiges dafür, dass der Fall nicht bereits auf der Ebene des Mangels scheitern soll, sondern die Fristproblematik des § 651g BGB ebenfalls erörtert werden soll.

Sieht der Sachverhalt Hinweise einer Partei auf ein mögliches Alternativverhalten vor, sollte dieses in der Argumentation verwendet werden.

## Ausgangsfall

### I. Anspruch des F auf Rückzahlung von 20 % des Reisepreises

1    F könnte einen Anspruch gegen R auf Rückzahlung von 20 % des Reisepreises aus §§ 651d Abs. 1, 638 Abs. 4 BGB haben.

> **Beachte**
>
> § 651d Abs. 1 BGB bestimmt nur, dass sich bei Vorliegen eines Mangels der Reisepreis automatisch mindert. Da die Reise in der Regel im Voraus bezahlt wird, verlangt der Kunde meistens Rückerstattung des zuviel gezahlten Betrags. Insofern ist als Anspruchsgrundlage zusätzlich § 638 Abs. 4 BGB zu nennen.

#### 1. Reisevertrag zwischen F und R

2    Das setzt zunächst voraus, dass zwischen F und R ein Reisevertrag i. S. v. § 651a Abs. 1 BGB besteht. Die gebuchte All-inclusive-Reise umfasst mit der Beförderung und der Unterbringung mehrere Einzelleistungen, die zu einer einzigen Leistung gebündelt wurden, und stellt somit einen Reisevertrag i. S. v. § 651a Abs. 1 BGB dar. Vertragspartner dieses Vertrags sind F als Reisender und R als Reiseveranstalter, auch wenn die Buchung über das Reisebüro erfolgte. Dieses handelte lediglich als Vertreter oder Bote für R.

#### 2. Vorliegen eines Mangels nach § 651c Abs. 1 BGB

3    Weiterhin ist erforderlich, dass die Reise mangelbehaftet i. S. v. § 651c Abs. 1 BGB ist. Ein Mangel i. S. d. § 651c Abs. 1 BGB ist dann gegeben, wenn die Reiseleistung Fehler aufweist, die den Wert oder die Tauglichkeit der Reise mindern. Dabei ist von einem Fehler immer dann auszugehen, wenn die Reise von der vereinbarten Beschaffenheit abweicht. Als mögliche Mängel kommen hier das Plastikarmband sowie die nächtliche Lärmbelästigung in Betracht.

#### a) Das Plastikarmband als Mangel nach § 651c Abs. 1 BGB

4    Die Armbandpflicht beeinträchtigt die Hotelgäste insofern, als sie das wenig ansehnliche und breite Armband während des ganzen Urlaubs nicht ausziehen können. Insbesondere kann es am Ende des Urlaubs zu einem hässlichen weißen Streifen am Handgelenk führen. Zudem macht das Armband seinen Träger außerhalb des Hotels als Pauschaltouristen kenntlich, der einem bestimmten Hotel zugeordnet werden kann. Ob diese Beeinträchtigung jedoch bereits einen Mangel i. S. v. § 651c

Abs. 1 BGB darstellt oder lediglich eine hinzunehmende Unannehmlichkeit, ist in der Rechtsprechung umstritten.

Überwiegend wird die Mangel- oder Fehlereigenschaft einer solchen Armband-   5
pflicht verneint.[1] Im konkreten Fall handelte es sich jedoch um ein hässliches und breites Plastikarmband, auf das im Katalog nicht hingewiesen worden war. Auch wenn vergleichbare Fälle in den letzten Jahren häufiger die Gerichte beschäftigt haben, musste der Reisende ohne weitere Hinweise im Katalog nicht von einer entsprechenden Tragepflicht ausgehen. Vielmehr wäre es in Anbetracht der in der Reisebranche bekannten Problematik, des Reisepreises von 2500 € sowie der Anpreisung des Hotels als „Tophotel" Aufgabe des R gewesen, einen entsprechenden Hinweis auf die Armbandpflicht in den Katalog aufzunehmen.[2] Bei einem Reisepreis von 2500 € für einen Türkeiurlaub und der Anpreisung des Hotels kann der Kunde von einer gehobenen Reiseleistung mit dazugehörigem Service ausgehen. Entsprechend hätte das Hotel seinem durchaus berechtigten Interesse, bei einem All-inclusive-Angebot die dazu berechtigten Gäste kenntlich zu machen, in anderer Weise nachkommen können. Denkbar wären z. B. mit Photos versehene Ausweise gewesen, die von den Gästen bei einer Inanspruchnahme von Leistungen vorgelegt werden müssen.

> Sieht man die Armbandpflicht nicht als Mangel i. S. v. § 651c Abs. 1 BGB an, besteht insoweit kein Anspruch auf Rückzahlung. Im Rahmen der Abwägung spielen Aspekte wie der Reisepreis, die Üblichkeit solcher Armbänder in dem jeweiligen Reiseland, die Möglichkeit anderer Kontrollmaßnahmen sowie das Aussehen der Bänder eine Rolle.

### b) Lärmbelästigung als Mangel

Damit die Lärmbelästigung einen Mangel darstellt, müsste aufgrund des Lärms ent-   6
weder eine zugesicherte Eigenschaft der Reise fehlen, oder aber es müsste sich um einen Fehler handeln, der den Wert der Reise zu dem vertraglich vorausgesetzten Nutzen aufhebt oder mindert. Maßgeblich für den Zuschnitt der konkreten Reise ist dabei neben Einzelzusagen des Reiseveranstalters primär der Katalog. Dieser pries die Reise als „Erholsame Urlaubstage in ruhiger Umgebung in einem Tophotel" an. Unabhängig davon, ob es sich bei dieser Formulierung bereits um eine Zusicherung i. S. v. § 651c Abs. 1 Fall 1 BGB handelt oder lediglich um eine Beschreibung der Reiseleistungen, beeinflusst sie die geschuldete Reiseleistung. Der Kunde kann erwarten, dass er in dem gebuchten Hotel von Lärmbelästigungen weitgehend verschont bleibt, insbesondere zu Nachtzeiten. Insofern ist es unerheblich, ob es sich dabei um für südländische Urlaubsziele typische Belästigungen handelt oder nicht.

---

[1] LG Hamburg NJW-RR 2000, 131; LG Köln NJW-RR 2000, 132; AG Charlottenburg RRa 1999, 139; AG Hannover NJW-RR 1998, 1356; AG München, Urt. v. 9.10.2009 – 222 C 13094/09 (juris); einen Mangel annehmend hingegen AG München NJW-RR 1999, 1146 f.; AG Baden-Baden NJW-RR 1999, 1340; siehe zu dieser Problematik auch *Humberg* RRa 2002, 201; *Lammich* RRa 2002, 203.

[2] Ähnlich AG Baden-Baden NJW-RR 1999, 1340.

Durch den ausdrücklichen Hinweis auf die „ruhige Lage" und die „erholsamen Tage" war eine Reise geschuldet, die auch ansonsten ortstypische Lärmbelästigungen ausschließt. Dass R keinen Einfluss auf die Lärmbelästigung hatte, ist unerheblich. Das Vorliegen eines die Minderung begründenden Mangels i. S. v. § 651c BGB ist nicht verschuldensabhängig, so dass es nicht darauf ankommt, ob die Lärmbelästigung dem R zuzurechnen ist. Die Lärmbelästigung stellt somit einen Mangel i. S. v. § 651c Abs. 1 BGB dar.[3]

### 3. Mängelanzeige gem. § 651d Abs. 2 BGB

7    Die Minderung setzt gem. § 651d Abs. 2 BGB weiterhin voraus, dass F dem R die Mängel angezeigt hat. Er hat sich zunächst beim Hotel beschwert, dann aber auch noch schriftlich die örtliche Reiseleitung über die seiner Meinung nach unzulässige Tragepflicht informiert. In beiden Fällen wurde eine Abhilfe verweigert. Insofern liegt die erforderliche Mängelanzeige vor.

### 4. Rechtzeitige Geltendmachung gem. § 651 g Abs. 1 BGB

8    Fraglich ist jedoch, ob F seine Ansprüche innerhalb der in § 651g Abs. 1 BGB vorgesehenen Frist geltend gemacht hat. Gem. § 651g Abs. 1 BGB endete die Frist einen Monat nach Ende der Reise. Maßgeblich für die Berechnung der Frist sind die §§ 186 ff. BGB. Der Fristbeginn ist nach § 187 Abs. 1 BGB zu bestimmen, so dass der Rückkehrtag nicht mitgerechnet wird.[4] Die Frist zur Geltendmachung begann also am 11.9.2014 zu laufen und endete am 10.10.2014. Die Anzeige bei R im November erfolgte somit außerhalb der vorgeschriebenen Frist.

---

**Anmerkung**

Geht es um die Einhaltung von Fristen durch ein bestimmtes Verhalten, ist immer nach dem Sinn der Fristregelung zu fragen, die häufig durch die zugrundeliegenden wirtschaftlichen Gegebenheiten bestimmt wird. Beim Reisevertrag ist zu beachten, dass es sich für den Reiseveranstalter um ein Massengeschäft handelt, bei dem es aufgrund unterschiedlicher Erwartungshaltungen und der Unkenntnis örtlicher Besonderheiten bei vielen Reisenden zu zahlreichen Streitigkeiten kommt. Ob tatsächlich Mängel vorlagen, wird sich aufgrund der besonderen Gegebenheiten der Pauschalreiseindustrie (Massengeschäft, wechselndes Hotelpersonal etc.) regelmäßig nur in zeitlicher Nähe zu der Reise feststellen lassen. Insofern müssen die Rügen auch genau spezifiziert werden.

---

9    Eine fristwahrende Geltendmachung von Minderungsansprüchen könnte jedoch in der **Beschwerde bei der örtlichen Reiseleitung** liegen. Nach h. M. kann die Geltendmachung von Ansprüchen nach § 651g Abs. 1 BGB unter Umständen ge-

---

[3] Vgl. *Führich* Reiserecht, 6. Aufl. 2010, Rn. 322; *Rodrega* NJW 2014, 661 ff.

[4] MünchKomm/*Tonner* § 651g Rn. 7; *Tempel* RRa 1998, 29 m. w. N.; a. A. AG Hamburg RRa 1999, 141.

meinsam mit der Mängelanzeige nach § 651d Abs. 2 BGB erfolgen und muss nicht
Gegenstand einer eigenen nach Reiseabschluss erfolgenden Erklärung sein.[5] Erforderlich dafür ist jedoch, dass die Erklärung den inhaltlichen Anforderungen des
§ 651g Abs. 1 BGB entspricht. Die kurze Frist des § 651g Abs. 1 BGB für die
Geltendmachung von Ansprüchen dient dazu, dass der Reiseveranstalter innerhalb
kurzer Zeit über die Art und den Umfang möglicher Ersatzansprüche informiert ist.
Entsprechend setzt die Geltendmachung i. S. v. § 651g Abs. 1 BGB voraus, dass R
der Umfang seiner möglichen Haftung verdeutlicht wird und er entscheiden kann,
ob er die Ansprüche für berechtigt hält oder nicht. Das war bei dem pauschalen
„Vorbehalten der Geltendmachung von Schadensersatzansprüchen" nicht der Fall.
Es ist noch nicht einmal sicher, ob tatsächlich Ansprüche geltend gemacht werden,
geschweige denn der Umfang der Ansprüche. Aus diesem Grund reicht die Beschwerde von F nicht aus, um die Frist des § 651g BGB zu wahren.

Es stellt sich weiterhin die Frage, ob sich F auf das **Schreiben von Q** vom      10
7.10.2014 berufen kann. Dann müsste Q als Stellvertreterin von F[6] gehandelt haben
und eine hinreichend spezifische Anzeige erstattet haben. An letzterem fehlt es jedoch. Q hat in ihrem Schreiben vom 7.10.2014 keine konkreten Ansprüche von F
geltend gemacht, sondern lediglich die zukünftige Geltendmachung durch F angekündigt und dabei noch nicht einmal spezifiziert, um welche konkreten Ansprüche
es geht. Insofern kann sich R kein genaues Bild davon machen, mit welcher Form
der Inanspruchnahme er rechnen muss. Die Anzeige genügt damit nicht den inhaltlichen Anforderungen des § 651g Abs. 1 BGB.

## 5. Ergebnis
F hat keinen Anspruch gegen R auf Erstattung von 20% des Reisepreises aus        11
§§ 651d, 638 Abs. 4 BGB.

## II. Anspruch von Q auf Rückzahlung von 20% des Reisepreises

Q könnte einen Anspruch gegen R auf Rückzahlung von 20% des Reisepreises aus     12
§§ 651d Abs. 1, 638 Abs. 4 BGB haben.

## 1. Reisevertrag
Voraussetzung für einen Rückzahlungsanspruch nach §§ 651d Abs. 1, 638 Abs. 4     13
BGB ist die Existenz eines Reisevertrags zwischen R und Q. Die Buchung erfolg-
te jedoch nicht durch Q, sondern durch F, der auch die Reisen direkt bezahlt hat.
Allerdings hat F bei der Buchung mit der Angabe des Namens von Q klargemacht,

---

[5] Vgl. BGHZ 102, 80; 145, 343; MünchKomm/*Tonner* § 651g Rn. 16 ff.; Staudinger/*Staudinger*
(2011) § 651g Rn. 19; aber str.; a. A. z. B. Staudinger/*Eckert* (2003) § 651g Rn. 12, der zwingend
eine Geltendmachung nach Reiseende fordert; da hier die Erklärung ohnehin nicht den inhaltlichen
Anforderungen des § 651g Abs. 1 BGB genügt, brauchte der Meinungsstreit nicht entschieden
werden.
[6] Sollte es an der Vertretungsmacht von Q gefehlt haben, wäre eine Genehmigung durch F auch
noch nach Ende der Ausschussfrist möglich (§ 184 Abs. 1 BGB; BGH NJW 2010, 2950).

dass er die eine Reise für Q erwerben will und als deren Stellvertreter auftritt (§ 164 Abs. 1 S. 1 BGB). Da auch keinerlei Anhaltspunkte für das Fehlen von Vertretungsmacht vorliegen, ist Q Vertragspartner des Reisevertrages geworden. Bei Buchungen für Nichtfamilienmitglieder wird allgemein davon ausgegangen, dass die namentlich benannten Mitreisenden selber Vertragspartner des Reisevertrages werden und damit Reisende i. S. d. §§ 651a ff. BGB sind.[7]
Zwischen Q und R besteht damit ein Reisevertrag.

### 2. Mangel gem. § 651c Abs. 1 BGB

14 Das Plastikarmband und die Lärmbelästigungen stellen, wie oben erörtert (Rn. 4 ff.), einen Mangel i. S. v. § 651c Abs. 1 BGB dar. Dabei ist es hinsichtlich der Lärmbelästigung unerheblich, ob Q, die bei der Buchung nicht zugegen war, den Katalog tatsächlich gelesen hat. Es kommt für den Zuschnitt der Reise allein auf die objektiven Angaben im Katalog an.

### 3. Mängelanzeige von Q gem. § 651d Abs. 2 BGB

15 Voraussetzung für die Minderung ist gem. § 651d Abs. 2 BGB ferner, dass Q es nicht schuldhaft unterlassen hat, dem R den Mangel anzuzeigen. An einer solchen Mängelanzeige durch Q fehlt es jedoch, da sie sich vor Ort nicht selber beschwert hat. In Anbetracht der gemeinsamen Buchung der Reise und der ablehnenden Haltung der Hotelleitung und der örtlichen Reiseleistung war eine eigene Beschwerde von Q hier aber nicht erforderlich. Vielmehr ist es ausreichend, dass sich mit F eines der Mitglieder der Reisegruppe beschwert hat und das Hotel sich geweigert hat, Abhilfe zu schaffen. Die Anzeigepflicht soll primär dem Reiseveranstalter die Möglichkeit geben, den Mangel zu beseitigen. Verweigert er die Mängelbeseitigung und ist nicht damit zu rechnen, dass zusätzliche Mängelrügen zu einer Änderung dieser Haltung führen, sind sie entbehrlich.[8] Jedenfalls war das Unterlassen einer Beschwerde nicht schuldhaft.[9]

### 4. Einhaltung der Ausschlussfrist des § 651g Abs. 1 BGB

16 Weiterhin müsste Q ihre Ansprüche im Rahmen der in § 651g BGB vorgesehenen Ausschlussfrist geltend gemacht haben. Wie bereits für F geprüft (Rn. 8), endete die Frist am 10.10.2014. Maßgeblich ist gem. § 130 Abs. 1 BGB der Zugang der Willenserklärung Somit hat Q ihre Ansprüche mit ihrem dem R am 10.10.2014 zugegangenen Schreiben rechtzeitig geltend gemacht.

---

[7] Vgl. nur MünchKomm/*Tonner* § 651a Rn. 87 m. w. N. Bei einer Familienreise ist hingegen der Wille des anmeldenden Familienangehörigen anzunehmen, für die gesamte Familie Vertragspartner zu werden; der Reisevertrag wird dann zugunsten Dritter geschlossen (§ 328 BGB; BGH NJW 2010, 2950, 2951 Rn. 14; MünchKomm/*Tonner* § 651a Rn. 84 f.). Beim Vertrag zugunsten Dritter hat der mitreisende Dritte einen eigenen Anspruch auf die Reiseleistung; im Zweifel hat zugleich der Vertragspartner einen Anspruch auf Leistung an den Dritten (§ 335 BGB). Das gilt auch für Sekundäransprüche (BGH aaO Rn. 14 f.).

[8] *Führich* (Fn. 3), Rn. 297 a. E.; Bamberger/Roth/*Geib* § 651d Rn. 5; Staudinger/*Staudinger* (2011) § 651d Rn. 30; a. A. Staudinger/*Eckert* (2003) § 651d Rn. 26.

[9] A.A. vertretbar. Dann stünde auch Q kein Rückzahlungsanspruch zu.

## 5. Anspruchshöhe

Der Umfang der Minderung berechnet sich gem. § 651d Abs. 1 BGB nach Maßgabe **17** von § 638 Abs. 3 BGB. Danach mindert sich der Reisepreis, wenn dieser dem Wert der Reise ohne Mangel entspricht, um den Minderwert der Reise. Dabei kann die Summe geschätzt werden.[10]

Die Verpflichtung, ein Armband zu tragen, stellt zwar eine Beeinträchtigung dar, die jedoch nicht so gravierend ist, dass sie den Urlaub erheblich beeinflusst. Q kann alle gebuchten Leistungen in Anspruch nehmen und bis auf das Armband ihren Urlaub uneingeschränkt genießen. Entsprechend kommt hier eine Preisminderung von 5 % in Betracht. Stärker ist die Beeinträchtigung durch die nächtliche Lärmbelästigung. Da laut Katalog „erholsame Tage" versprochen waren und diese in der Regel eine ungestörte Nachtruhe voraussetzen, erscheint hier eine Minderung um 15 % als angemessen.

---

### Klausurhinweis

Die Diskussion der Höhe einer Minderung wird in Arbeiten häufig vergessen. Insbesondere beim Reisevertragsrecht kann von den Studenten nicht erwartet werden, dass sie etwaige in der Rechtsprechung vertretene Minderungsquoten kennen. Erwartet wird jedoch eine Auseinandersetzung mit den verschiedenen minderungsrelevanten Punkten, wobei das Ergebnis, sofern vertretbar, weitgehend unbedeutend ist.

## 6. Vorauszahlung

Die nach § 638 Abs. 4 BGB erforderliche Zahlung des Minderungsbetrags liegt vor, **18** da F auch für Q den vollen Reisepreis bezahlt hat.

## 7. Ergebnis

Q hat einen Anspruch gegen R auf Rückzahlung von 20 % des Reisepreises, also auf **19** Rückzahlung von 500 €, aus §§ 651d Abs. 1, 638 Abs. 4 BGB.

---

## Abwandlung

## I. Ansprüche von Q

### 1. Anspruch aus § 651e Abs. 4 BGB

Q könnte einen Anspruch gegen R auf Erstattung der zusätzlich entstandenen Flug- **20** kosten in Höhe von 1200 € aus § 651e Abs. 4 S. 2 BGB haben.

---

[10] Ausgegangen wurde von der Angemessenheit des Reisepreises. Zur genauen Berechnung der Minderungsquote siehe Fall 10 Rn. 22.

### a) Kündigungsrecht nach § 651e Abs. 1 BGB

**21** Voraussetzung dafür ist, dass Q den zwischen ihr und R bestehenden Reisevertrag wirksam nach § 651e Abs. 1 BGB gekündigt hat.

Erforderlich für ein Kündigungsrecht nach § 651e Abs. 1 BGB ist, dass die technischen Mängel an dem Flugzeug einen erheblichen Mangel i. S. v. § 651e Abs. 1, § 651c Abs. 1 BGB darstellen. Nach dem Reisevertrag ist R grundsätzlich zum Transport der Reisenden zum und vom Urlaubsort verpflichtet. Zwar hat R seine Beförderungsverpflichtung grundsätzlich erfüllt, da die Maschine mit den anderen Gästen letztlich auch in München landete. Es stellt sich allerdings die Frage, ob die Art und Weise der Rückbeförderung mit der dreimaligen Zwischenlandung aufgrund eines Defekts an der Maschine einen erheblichen Mangel darstellt. Einerseits stellt das Flugzeug aufgrund der generell eingehaltenen hohen Sicherheitsstandards mit das sicherste Verkehrsmittel dar. Das beinhaltet, dass schon bei kleinen, die tatsächliche Flugfähigkeit nicht beeinträchtigenden Fehlern Flugzeuge umkehren und gewartet werden. Andererseits haben tatsächliche Beeinträchtigungen der Flugfähigkeit in der Regel gravierende Folgen, auf die der einzelne Reisende keinerlei Einfluss hat. Im konkreten Fall handelte es sich bei dem Flugzeug um eine alte Maschine, die zudem nach ihrem äußeren Eindruck schlecht gewartet wurde. Hinzu kommt, dass die Maschine auf dem kurzen Flug von der Türkei nach München dreimal zwischenlanden musste und es den Mechanikern anscheinend nicht gelang, die Mängel bei den ersten beiden Zwischenstopps zu beheben, was für gravierendere Mängel spricht. Außerdem hatte der Flugkapitän die Passagiere nicht näher über die Probleme aufgeklärt, was dazu beiträgt, die Unsicherheit noch zu erhöhen. Vor diesem Hintergrund liegt ein die Reise beeinträchtigender erheblicher Mangel vor, der zur Kündigung berechtigt. Diese kann grundsätzlich bis zum Ende der Reise ausgesprochen werden.

> In der Rechtsprechung werden einzelne Zwischenlandungen wegen defekter Flugzeuge regelmäßig nicht als zur Kündigung berechtigender Mangel angesehen.[11] Die Besonderheit hier liegt in dem wenig vertrauenserweckenden Gesamteindruck des Flugzeugs und der dreimaligen Zwischenlandung ohne nähere Angaben. Allerdings lässt sich bei einer entsprechenden Begründung in Anbetracht der Rechtsprechung auch das gegenteilige Ergebnis gut vertreten.

### b) Fristsetzung gem. § 651e Abs. 2 BGB

**22** Weiterhin ist erforderlich, dass Q dem R eine Frist für die Abhilfe gesetzt hat. Im konkreten Fall fehlt es zwar an einer solchen Fristsetzung. Aufgrund der Weigerung des R, Q einen anderen Flug zu besorgen, war eine solche Fristsetzung jedoch gem. § 651e Abs. 2 S. 2 Fall 2 BGB entbehrlich. Nach dem oben Gesagten stellt die tatsächlich erfolgte Reparatur der ursprünglichen Maschine keine Abhilfe i. S. v. § 651e Abs. 2 BGB dar, da Q ein Weiterflug in der ursprünglichen Maschine nicht zumutbar war.

---

[11] AG Charlottenburg RRa 1999, 139; AG Düsseldorf RRa 1998, 82, 83; 1999, 119.

### c) Kündigungserklärung und Rechtsfolgen

Entsprechend ist die Kündigung, die Q auf dem Flughafen erklärt hat, nach § 651e **23** BGB wirksam. Als Folge der Kündigung erlischt der Reisevertrag und es entsteht ein Anspruch gegen R auf Rückbeförderung nach § 651e Abs. 4 S. 1 BGB. Zudem ist R gem. § 651e Abs. 4 S. 2 BGB verpflichtet, die Mehrkosten dieser Rückbeförderung zu tragen. § 651e Abs. 4 S. 2 BGB ist seinem Wortlaut nach eigentlich auf den Fall zugeschnitten, dass der Reiseveranstalter die Rückbeförderung selber organisiert und lediglich die Kostentragung geklärt werden muss, nicht aber ein Anspruch auf Erstattung geltend gemacht wird. Er muss aber *a fortiori* gelten, wenn der Reiseveranstalter seinen Verpflichtungen zur Rückbeförderung nicht nachgekommen ist und sich der Reisende selbst um die Rückbeförderung gekümmert hat.[12]

In der Literatur wird der Anspruch auf Erstattung von Kosten zum Teil aus den Grundsätzen der GoA gem. §§ 683 Abs. 1, 670 BGB hergeleitet,[13] zum Teil auf eine analoge Anwendung von § 651e Abs. 4 S. 2 BGB zurückgegriffen. Alle Ansätze sind gut vertretbar.

### d) Ergebnis

Q hat einen Anspruch gegen R auf Erstattung der zusätzlich entstandenen Flugkos- **24** ten in Höhe von 1200 € aus § 651e Abs. 4 S. 2 BGB.

## 2. Schadensersatzanspruch nach § 651f Abs. 1 BGB

Q könnte einen Anspruch gegen R auf Erstattung der zusätzlich entstandenen Flug- **25** kosten auch aus § 651f Abs. 1 BGB haben.

### a) Mangel und Mangelanzeige

Wie oben erörtert (Rn. 21), stellt die mehrfache Zwischenlandung einen Mangel **26** i. S. v. § 651c BGB dar, der R auch bekannt war, so dass es keiner ausdrücklichen Mangelanzeige bedurfte.

### b) Verschulden des Reiseveranstalters

Weiterhin müsste R den Mangel zu vertreten haben. Dabei wird ein Vertretenmüs- **27** sen des Reiseveranstalters grundsätzlich vermutet. Im konkreten Fall sind keine Gesichtspunkte ersichtlich, die für eine Exkulpation des R sprechen. Gem. § 278 S. 1 BGB hat er grundsätzlich für seine Leistungsträger einzustehen. Es ist nicht ersichtlich, dass der mangelverursachende Schaden am Flugzeug nicht auf einem Verschulden der Fluggesellschaft beruhte. Vielmehr spricht der beschriebene Gesamtzustand der Maschine eher für eine unzureichende Wartung. Die genaue Ursache kann hier dahinstehen, da R zumindest keine Exkulpationsgründe vorgebracht hat.

---

[12] Vgl. Staudinger/*Staudinger* (2011) § 651e Rn. 71.
[13] Vgl. MünchKomm/*Tonner* § 651e Rn. 25.

### c) Schaden und Ergebnis

**28**   Der durch den Mangel entstandene Schaden besteht in den Kosten für den neuen Flug in Höhe von 1200 €. Q hat gegen R einen Schadensersatzanspruch in Höhe von 1200 € aus § 651f Abs. 1 BGB.

**Exkurs**

§ 651f Abs. 1 BGB gewährt wie im Mietrecht § 536a Abs. 1 BGB einen umfassenden Schadensersatzanspruch, der trotz des Zusatzes „wegen Nichterfüllung" auch Mangelfolgeschäden (z. B. Körperschäden) erfasst (BGHZ 92, 177, 180; Palandt/*Sprau* § 651f Rn. 5). Eines Rückgriffs auf § 280 Abs. 1 BGB bedarf es daher, soweit es um einen Reisemangel geht, nicht.


## 3. Ersatzanspruch aus § 651c Abs. 3 BGB

**29**   Q könnte einen Anspruch gegen R auf Erstattung der zusätzlich entstandenen Flugkosten in Höhe von 1200 € aus § 651c Abs. 3 BGB haben.

Dafür müsste zwischen Q und R zum Zeitpunkt der Selbsthilfe ein Reisevertrag bestanden haben, aus dem R zur Mängelbeseitigung verpflichtet war. Mit der Kündigung von Q ist der Reisevertrag jedoch bis auf die in § 651e BGB geregelten Pflichten beendet worden. Insofern ist § 651c Abs. 3 BGB nicht mehr einschlägig. Ein Anspruch aus § 651c Abs. 3 BGB besteht somit nicht.


## II. Ansprüche des R auf Zahlung

### 1. Anspruch auf Zahlung des Reisepreises

**30**   R könnte einen Anspruch gegen Q auf Zahlung des Reisepreises i. H. v. 2500 € aus § 651a Abs. 1 S. 2 BGB haben.

Ursprünglich bestand ein Reisevertrag zwischen Q und R, aufgrund dessen Q zur Zahlung des Reisepreises verpflichtet gewesen wäre. Durch die Kündigung hat R gem. § 651e Abs. 3 S. 1 BGB seinen Anspruch auf den Reisepreis verloren. Ein Anspruch des R auf den Reisepreis nach § 651a Abs. 1 S. 2 BGB besteht nicht.


### 2. Anspruch auf angemessene Entschädigung für erbrachte Leistungen

**31**   R könnte einen Anspruch auf eine angemessene Entschädigung für erbrachte Leistungen gem. § 651e Abs. 3 S. 2 BGB gegen Q haben.

#### a) Anspruchsvoraussetzungen

**32**   Die Voraussetzungen für einen Anspruch nach § 651e Abs. 3 S. 2 BGB sind gegeben. Die erbrachten Leistungen haben auch einen entsprechenden Wert für Q gehabt. Das gilt auch für den Rückflug. Nach Zahlung der 1200 € für den Ersatzflug hat R wirtschaftlich letztlich auch den Rückflug erbracht.

## b) Anspruchsumfang

Die Höhe des Anspruchs bemisst sich dabei nach § 638 Abs. 3 BGB. Entsprechend **33** ist die Entschädigung wegen des Plastikarmbands und der Lärmbelästigungen um 20 % im Vergleich zum ursprünglichen Reisepreis zu mindern. Zudem kann man daran denken, anteilig den Wert des Rückreisetags zu mindern, der durch den Mangel am Flugzeug beeinträchtigt worden ist. Der Minderungsbetrag dürfte aber nicht höher als 5 % liegen.

## c) Ergebnis

R hat gegen Q einen Entschädigungsanspruch aus § 651e Abs. 3 S. 2 BGB in Höhe **34** von 75 % des Reisepreises, also 1875 €.

Insofern bietet sich eine Aufrechnung der beiden Zahlungsansprüche an, so dass Q dem R noch 675 € für die erbrachten Reiseleistungen zahlen müsste (§§ 387, 389 BGB).

# Fall 28

## Ausgangsfall

Das Ehepaar Tauch (T) bucht beim Reisebüro Next (N) im Januar 2014 aus dem Katalog des Reiseveranstalters Scuba (S) eine zweiwöchige Tauch- und Schnorchelreise auf die Malediven. Die Unterbringung soll im Fünfsterne-Hotel „Divers' Paradise" erfolgen, das über ein eigenes vom Strand aus zugängliches Tauchriff verfügt. Als Reisebeginn ist der 1.10.2014 vorgesehen, und der Reisepreis beträgt pro Person 4500 €.

Die den Vertragsunterlagen beigefügten AGB des Reiseveranstalters sehen vor, dass dieser im Falle der Erhöhung der Beförderungskosten einseitig den Reisepreis erhöhen kann. Aufgrund mehrerer Kundenbeschwerden in der Vergangenheit, die entsprechende Preiserhöhungen für unzulässig und überraschend hielten, hatte das Reisebüro den Eheleuten T die AGB vor Vertragsschluss vorgelegt und ausdrücklich auf die Preisänderungsklausel hingewiesen, die inhaltlich den Anforderungen der § 651a Abs. 4, §§ 307 ff. BGB genügt.

23 Tage vor Abreise teilt der Absender unter Verweis auf seine AGB mit, dass aufgrund der seit dem Vertragsabschluss permanent gestiegenen Weltmarktpreise für Kerosin eine nachträgliche Preiserhöhung um 5 % erforderlich sei.

Die Eheleute T wollen wissen, ob sie die zusätzlichen 5 % bezahlen müssen. Da sie ohnehin kein großes Interesse an der gebuchten Reise mehr haben, sind sie zudem daran interessiert, welche Kündigungs- oder Rücktrittsmöglichkeiten für sie bestehen und wie sich diese finanziell auswirken.

## Abwandlung

Eine Woche vor der Abreise informiert der Veranstalter die Eheleute T, dass das gebuchte Hotel „Divers' Paradise" überbucht ist. Man werde sie daher auf einer anderen Insel im „Visitors' Pleasure" unterbringen, einem Hotel der gleichen Kategorie.

© Springer-Verlag Berlin Heidelberg 2015
P. Balzer et al., *Die Schuldrechtsklausur I,* Tutorium Jura,
DOI 10.1007/978-3-662-45662-0_28

Da die Insel kein eigenes Tauchriff hat, sondern die Gäste jeweils um 10.00 Uhr und um 14.00 Uhr mit einem Boot zu dem Riff einer benachbarten Insel gebracht werden, bietet S zudem eine Preisreduktion von 20% an.

Für die Eheleute T stellt das angebotene Hotel jedoch mangels eigenen Tauchriffs keine akzeptable Alternative zum gebuchten Hotel dar. Entsprechend möchten sie von der Reise zurücktreten und gegebenenfalls auch Schadensersatz wegen entgangener Urlaubsfreude verlangen. Der Reiseveranstalter hat ihnen bereits mitgeteilt, dass er in Anbetracht der angebotenen Ersatzunterbringung Ansprüche wegen entgangener Urlaubsfreude für treuwidrig hält und auch bei Kündigungen eine mindestens 20%ige Bearbeitungsgebühr einbehalten wird. Da den Eheleuten T bekannt ist, dass eine Kündigung nach § 651e BGB nur bei Mängeln erlaubt ist, die eine Minderung um mehr als 50% rechtfertigen, wollen sie von Ihnen wissen,

a) ob eine kostenneutrale Rücktritts- oder Kündigungsmöglichkeit besteht und was sie dafür zu tun haben,

b) ob Schadensersatzansprüche wegen entgangener Urlaubsfreude bestehen, selbst wenn sich Herr T kurzfristig einer von Freunden gebuchten Tauchreise nach Australien anschließen würde, während Frau T in ihrer Arztpraxis eine erkrankte Kollegin vertreten würde.

## Lösung Fall 28

▶  Der Fall behandelt das Recht des Reiseveranstalters zur einseitigen Preis-
    anpassung und die Möglichkeiten des Reisenden, darauf zu reagieren
    (zur Vereinbarkeit der verwendeten Kerosinklausel mit den §§ 651 Abs. 4,
    307 ff. BGB: BGH NJW 2003, 507 und 746 mit Anmerkung *Schmid* NJW
    2003, 947). In der Examensniveau entsprechenden Abwandlung geht
    es um Rücktrittsrechte und Schadensersatzansprüche bei der Überbu-
    chung des Hotels (vgl. BGHZ 161, 389 = NJW 2005, 1047).

### Vorüberlegungen

Die Fallfrage zielt nicht direkt auf den klassischen Anspruchsaufbau, sondern eher auf eine Beratung durch den Anwalt. Letztlich liegt aber auch dieser Beratung die Frage zugrunde, ob Ansprüche des Reiseveranstalters bzw. von Familie T bestehen. Insoweit ist die Prüfung nach einem etwas anderen Einstieg identisch. Gedanken muss man sich allein darüber machen, worauf sich der Anspruch auf den erhöhten Reisepreis stützen kann.

Das Fehlen einer wörtlichen Wiedergabe der Allgemeinen Geschäftsbedingung ist regelmäßig ein Indiz dafür, dass man sich zumindest inhaltlich keine Gedanken über die Wirksamkeit der AGB machen muss oder es sonst auf ihren Inhalt ankommt.

Aufgrund der detaillierten Angaben im Gesetz zur Preisanpassung lässt sich dieser Fall vergleichsweise einfach mit dem Gesetzestext lösen, sofern dieser sorgfältig verarbeitet wird.

Bei den Rücktritts- und Kündigungsmöglichkeiten empfiehlt es sich bei einer Anwaltsklausur, diese nach ihrer Günstigkeit für den rechtsuchenden Mandanten durchzuprüfen oder aber, wenn sich aus anderen Aspekten eine abweichende Prüfungsreihenfolge aufdrängt, eine abschließende Bewertung der verschiedenen Optionen vorzunehmen.

## Ausgangsfall

### I. Zahlungsverpflichtung der Eheleute T gem. § 651a Abs. 1 S. 2 BGB

Eine Zahlungsverpflichtung der Eheleute T hinsichtlich der 5 % Kerosinzuschlag 1 könnte sich gem. § 651a Abs. 1 S. 2 BGB aus dem Reisevertrag mit S ergeben. Das setzt voraus, dass dem Reiseveranstalter ein Recht zur einseitigen Erhöhung des Reisepreises zusteht und die Voraussetzungen für eine Erhöhung vorliegen.

#### 1. Bestehen eines Reisevertrags

Zwischen den Eheleuten T und S ist ein Reisevertrag i. S. v. § 651a Abs. 1 S. 1 BGB 2 geschlossen worden. Das Reisebüro ist insofern erkennbar lediglich als Stellvertreter oder Übermittlungsbote des Reiseveranstalters aufgetreten. Da die Eheleute T gemeinsam gebucht haben, sind auch beide Vertragspartner geworden.

#### 2. Existenz eines einseitigen Preisanpassungsrechts

Ein Anpassungsrecht des Reiseveranstalters könnte sich aus der Preisänderungs- 3 klausel in den AGB des Reiseveranstalters ergeben, sofern diese wirksam in den Vertrag einbezogen wurden.

Das Reisebüro hatte die Eheleute T vor Vertragsschluss ausdrücklich auf die Geltung der AGB hingewiesen (§ 305 Abs. 2 Nr. 1 BGB) und ihnen durch die Aushändigung die Möglichkeit zur Kenntnisnahme gegeben (§ 305 Abs. 2 Nr. 2 BGB). Entsprechend sind die AGB des Reiseveranstalters gem. § 305 Abs. 2 BGB Bestandteil des Vertrags geworden. Durch den ausdrücklichen Hinweis auf die Preisänderungsklausel ist diese nicht überraschend i. S. v. § 305c Abs. 1 BGB. Da die Preisänderungsklausel auch inhaltlich den Anforderungen der §§ 651a Abs. 4, 307 ff. BGB genügt, ist sie wirksam Bestandteil des Vertrages geworden.

#### 3. Voraussetzungen des § 651a Abs. 4 BGB

Gem. § 651a Abs. 4 BGB sind einseitige Preiserhöhungen nur unter den dort ge- 4 regelten engen Voraussetzungen zulässig.

##### a) Preisänderungsvorbehalt

Wie bereits ausgeführt, sieht der Vertrag ein entsprechendes Preisänderungsrecht 5 des Reiseveranstalters vor, das hinsichtlich der Angaben zur Berechnung des Umfangs der Preiserhöhung den Anforderungen des § 651a Abs. 4 BGB genügt.

### b) Zulässige Erhöhungsfaktoren

**6**  Gem. § 651a Abs. 4 BGB darf die Preiserhöhung nur zum Ausgleich bestimmter ausdrücklich genannter Kostenfaktoren geschehen. Im vorliegenden Fall erhöhte S den Reisepreis, um den gestiegenen Kerosinkosten Rechnung zu tragen. Diese sind Bestandteil der Beförderungskosten und rechtfertigen damit grundsätzlich eine Preiserhöhung.

### c) Fristen für die Preiserhöhung

**7**  Die Preiserhöhung erfolgte 23 Tage vor Antritt der Reise und daher außerhalb der in § 651a Abs. 4 S. 2 BGB vorgesehenen Frist von 20 Tagen vor Reiseantritt, innerhalb derer eine Preisanpassung nicht mehr zulässig ist. Zudem lagen zwischen der Buchung der Reise und dem Reiseantritt mehr als vier Monate, so dass den Anforderungen des in § 651a Abs. 4 S. 3 BGB in Bezug genommenen § 309 Nr. 1 BGB Genüge getan ist.

### d) Voraussetzungen des § 651a Abs. 5 BGB

**8**  Gem. § 651a Abs. 5 BGB muss der Reiseveranstalter dem Reisenden die Preiserhöhung unverzüglich nach Kenntnis von den Änderungsgründen erklären. Im vorliegenden Fall handelt es sich um einen permanenten Anstieg der Kerosingebühren, der bereits kurz nach Vertragsschluss im Januar begann. Die Erklärung erfolgte jedoch erst 23 Tage vor Reiseantritt, d. h. im September. In der Regel wird der Reiseveranstalter Preiserhöhungen erst nach dem Erreichen einer gewissen Erheblichkeitsschwelle weitergeben, deren Überschreiten er entsprechend abwarten kann. Hinzu kommt, dass der Reiseveranstalter bei einer engen Auslegung des Unverzüglichkeitskriteriums gezwungen wäre, dem Reisenden bei gleichmäßig steigenden Preisen in gewissen Abständen mehrere kleinere Preiserhöhungsverlangen zukommen zu lassen. Insofern spricht hier einiges dafür, trotz der bereits seit Januar 2014 erfolgenden Preiserhöhung noch von einer unverzüglichen Benachrichtigung auszugehen.

### 4. Ergebnis

**9**  Der Reiseveranstalter hat somit wirksam den Reisepreis erhöht. Entsprechend sind die Eheleute T aufgrund des Reisevertrags gem. § 651a Abs. 1 S. 2 BGB zunächst verpflichtet, den Kerosinaufschlag von 5 % als Bestandteil des Reisepreises zu zahlen.

## II. Bestehen von Rücktritts- und Kündigungsrechten

### 1. Rücktrittsrecht nach § 651a Abs. 5 S. 2 BGB

**10**  Gem. § 651a Abs. 5 S. 2 BGB kann der Reisende bei einer Preiserhöhung von mehr als fünf Prozent vom Reisevertrag zurücktreten. Im konkreten Fall betrug die Erhöhung jedoch nur genau fünf Prozent, so dass ein Rücktrittsrecht nach § 651a Abs. 5 S. 2 BGB nicht besteht.

## 2. Kündigungsrecht nach § 651e Abs. 1 BGB

Ein Kündigungsrecht nach § 651e Abs. 1 BGB setzt die Existenz eines Mangels **11** voraus, der zu einer erheblichen Beeinträchtigung der Reise führt. Die zulässige Erhöhung des Reisepreises stellt jedoch keinen Mangel i. S. d. § 651c BGB dar, sondern geschieht in Ausübung vertraglich eingeräumter Rechte.

Ein Kündigungsrecht nach § 651e Abs. 1 BGB besteht nicht.

---

**Systematischer Hinweis**

Das Kündigungsrecht des § 651e BGB ist zwar grundsätzlich auf die bereits angetretene mangelhafte Reise zugeschnitten, kann jedoch bereits vor Reiseantritt eingreifen, wenn klar ist, dass es sich um einen nichtbehebbaren erheblichen Mangel handelt. In solchen Fällen wäre es widersinnig, den Reisenden zum Antritt der Reise zu zwingen, damit er sich auf das Kündigungsrecht berufen kann. Der Reiseantritt gehört insofern auch nicht zu den Tatbestandsmerkmalen für ein Kündigungsrecht nach § 651e BGB.

---

## 3. Rücktrittsrecht nach § 651i Abs. 1 BGB

Eine Rücktrittsmöglichkeit könnte jedoch nach § 651i Abs. 1 BGB bestehen. Das **12** Rücktrittsrecht nach § 651i Abs. 1 BGB ist für den Reisenden an keinerlei Voraussetzungen gebunden und besteht bis zum Antritt der Reise. Entsprechend können die Eheleute T gem. § 651i BGB vom Reisevertrag zurücktreten.

## 4. Finanzielle Auswirkungen des Rücktritts nach § 651i Abs. 1 BGB

Konsequenz des Rücktritts vom Reisevertrag gem. § 651i Abs. 1 BGB ist gem. **13** Abs. 2, dass der Reiseveranstalter seinen Anspruch auf Zahlung des Reisepreises verliert. Gem. § 651i Abs. 2 S. 2 BGB kann er stattdessen jedoch eine angemessene Entschädigung verlangen. Die Höhe der Entschädigung berechnet sich gem. S. 3 nach dem Reisepreis unter Abzug der Aufwendungen, die der Reiseveranstalter wegen des Rücktritts erspart hat, sowie der Erlöse durch eine anderweitige Verwendung der Reiseleistungen. Statt der konkreten Berechnung des Schadens kann der Vertrag den Anteil des Reisepreises, den der Reisende bei Rücktritt zahlen muss, jedoch auch pauschal festlegen. Allerdings muss diese Festlegung den Belastungen entsprechen, die in solchen Fällen üblicherweise für den Reiseveranstalter anfallen.

---

# Abwandlung

## I. Rücktrittsmöglichkeit gem. § 651a Abs. 5 S. 2 Fall 2 BGB

Die Eheleute T könnten aufgrund der Überbuchung des gewünschten Hotels und **14** der angebotenen Einquartierung in einem anderen Hotel ein Rücktrittsrecht gem. § 651a Abs. 5 S. 2 Fall 2 BGB haben.

## 1. Bestehen eines Reisevertrags

15 Zwischen dem Reiseveranstalter und den Eheleuten T besteht ein Reisevertrag i. S. v. § 651a Abs. 1 S. 1 BGB.

## 2. Vorliegen der Voraussetzungen des § 651a Abs. 5 BGB

16 Ein Rücktrittsrecht der Eheleute T nach § 651a Abs. 5 S. 2 Fall 2 BGB setzt dem Wortlaut des Abs. 5 S. 1 u. 2 nach voraus, dass es sich bei dem Austausch des Hotels um eine zulässige erhebliche Änderung einer wesentlichen Reiseleistung handelt.

### a) Änderung einer wesentlichen Reiseleistung

17 Wesentlich ist eine Reiseleistung dann, wenn sie einen wichtigen Bestandteil der gebuchten Reise darstellt. Im konkreten Fall hatten die Eheleute T eine Tauch- und Schnorchelreise gebucht. Bei solchen Spezialreisen stehen die entsprechenden Unterwasseraktivitäten im Vordergrund, so dass es sich bei ihnen um wesentliche Reiseleistungen handelt.

Die vom Reiseveranstalter vorgenommene Einquartierung in einem anderen Hotel führte zugleich zu einer Änderung der Tauch- und Schnorchelmöglichkeiten. Diese sind durch das jeweilige Riff geprägt, das sich in Form, vorhandener Fisch- und Korallenpopulation regelmäßig von anderen Riffen unterscheidet. Folglich ist mit der Verlegung der Tauch- und Schnorchelaktivitäten auf ein anderes Riff zugleich die Änderung einer wesentlichen Reiseleistung verbunden.

### b) Erheblichkeit der Änderung

18 Ein Rücktrittsrecht der Eheleute T nach § 651a Abs. 5 S. 2 BGB besteht jedoch nur, wenn es sich bei dem mit der Umbuchung verbundenen Tausch der Riffe um eine erhebliche Änderung handelt. Erheblich i. S. v. § 651a Abs. 5 BGB ist eine Änderung zumindest dann, wenn sie den Zuschnitt der Reise verändert und die Reisenden in ihrer individuellen Urlaubsplanung beeinträchtigt.

19 Im konkreten Fall unterscheiden sich die beiden Riffe dadurch, dass eines vom Strand aus zugänglich ist, während das andere nur per Boot erreicht werden kann. Das ist bereits für sich genommen mit gewissen Unannehmlichkeiten verbunden. Jeder Tauch- oder Schnorchelgang setzt zunächst einmal einen gewissen Transport und damit die Inanspruchnahme Dritter voraus. Entsprechend wird zumindest für kurze Schnorchelgänge eine deutlich höhere Hemmschwelle bestehen, als wenn man selber direkt vom Strand aus ohne weiteren Aufwand schwimmen gehen kann. Hinzu kommt, dass bei dem vorgeschlagenen Hotel die Tauch- und Schnorchelgänge zeitgebunden sind, da die Boote nur zu zwei Terminen fahren. Verpasst man ein Boot oder will man zu einem anderen Zeitpunkt tauchen oder schnorcheln gehen, ist das nicht möglich. Das bedeutet auch, dass bei unterschiedlicher Tauch- oder Schnorcheldauer der eine Partner nicht allein in das Hotel zurückkehren kann, sondern auf die Rückkehr des Bootes warten muss. Zudem muss die Ausrüstung zum Zeitpunkt der Abfahrt des Bootes bereitstehen, und sofern Teile vergessen wurden, ist es nicht einfach möglich, diese aus dem Hotelzimmer zu holen. Die mit dem Fehlen eines Hausriffs verbundenen Einschränkungen der Flexibilität und der erhöhte Organisationsaufwand führen dazu, dass es sich um eine erhebliche Änderung einer wesentlichen Reiseleistung handelt.

## c) Zulässigkeit der Änderung

Ferner muss es sich nach dem Wortlaut von § 651a Abs. 5 S. 2 u. 1 BGB um eine **20** zulässige Änderung handeln. Unter welchen Umständen eine Änderung zulässig ist, ist in § 651a Abs. 5 BGB nicht speziell geregelt. Vielmehr beurteilt sich die Zulässigkeit der Änderung nach allgemeinen Prinzipien. Danach sind die Parteien grundsätzlich an die vertraglich getroffenen Vereinbarungen gebunden und können diese nicht einseitig ändern. Etwas anderes gilt nur, wenn der Vertrag einen einseitigen Änderungsvorbehalt vorsieht. Ein solcher ist zumindest individualvertraglich nicht vereinbart worden und könnte sich höchstens aus den AGB des Reiseveranstalters ergeben. Diese verstießen dann aber ihrerseits gegen § 308 Nr. 4 BGB, da jede wesentliche Leistungsänderung der anderen Partei unzumutbar ist. Insofern fehlt es an einer zulässigen Änderung einer wesentlichen Vertragsleistung.

Damit stellt sich die Frage, ob unter Wertungsgesichtspunkten eine teleologische **21** Reduktion des Wortlauts von § 651a Abs. 5 S. 2 BGB dahingehend geboten ist, dass ein Rücktrittsrecht auch bei einer unzulässigen erheblichen Änderung besteht. Dafür spricht, dass es widersprüchlich wäre, dem Reisenden bei einer zulässigen Änderung ein Rücktrittsrecht zuzugestehen, es ihm aber bei einer unzulässigen Änderung zu verweigern, wenn der Reiseveranstalter die Reiseleistung wie im Fall der Überbuchung objektiv nicht mehr in der vertraglich geschuldeten Form erbringen kann. Vielmehr muss § 651a Abs. 5 BGB bei unzulässigen erheblichen Änderungen wesentlicher Reiseleistungen erst recht greifen.[1]

---

A.A. vertretbar. Der Reisende hat (vorbehaltlich § 275 BGB) das Recht, auf der vertragsgemäßen (unveränderten) Reiseleistung zu bestehen.

---

**Exkurs**

In der Literatur wird zu Recht darauf hingewiesen, dass es dogmatisch die in § 651a Abs. 5 BGB vorgesehene „zulässige, erhebliche Änderung einer wesentlichen Reiseleistung" zumindest in AGB nicht geben kann, da nach § 308 Nr. 4 BGB grundsätzlich jede erhebliche Änderung unzumutbar und damit nicht zulässig ist.[2] Damit würde bei einer Unwirksamkeit der Änderung der Vertrag unverändert fortbestehen. In Frage käme dann ein Rücktritt wegen des durch die unberechtigte Änderung erschütterten Vertrauens oder wegen subjektiver Unmöglichkeit aufgrund der Überbuchung. Zudem könnte der Vertrag auch noch nach § 651e Abs. 1 BGB gekündigt werden, da die Unterbringung in dem neuen Hotel aufgrund der Unzulässigkeit der Änderung einen Mangel darstellt, der zu einer erheblichen Beeinträchtigung der Reise führen würde.

---

## 3. Ergebnis

Die Eheleute T haben ein Rücktrittsrecht nach § 651a Abs. 5 S. 2 Fall 2 BGB. **22** Dieses müssen sie unverzüglich nach Kenntnis von der Änderung gegenüber dem Reiseveranstalter ausüben.

---

[1] *Führich* Reiserecht, 6. Aufl. 2010, Rn. 171; jurisPK-BGB/*Keller* § 651a Rn. 86; a. A. wohl MünchKomm/*Tonner* § 651a Rn. 123 (Anwendung der allgemeinen Regeln).

[2] MünchKomm/*Tonner* § 651a Rn. 122; Staudinger/*Staudinger* (2011) § 651a Rn. 179 f.

## II. Rücktrittsrecht nach § 651i Abs. 1 BGB

**23**  Zusätzlich können die Eheleute T vor Reisebeginn noch nach § 651i Abs. 1 BGB ohne Angabe von Gründen zurücktreten, müssen dann aber die Entschädigung nach § 651i Abs. 2 BGB bezahlen. Entsprechend kommt diese Alternative aus wirtschaftlichen Gründen nicht in Frage.

## III. Kündigungsrecht nach § 651e Abs. 1 BGB

**24**  Die Eheleute T könnten ein Recht zur Kündigung ihres Reisevertrags nach § 651e Abs. 1 BGB haben. Voraussetzung dafür ist, dass die Reise mit Mängeln i. S. v. § 651c BGB behaftet ist und dies zu einer erheblichen Beeinträchtigung der Reise führt.

### 1. Mangel der Reise

**25**  Der Reiseveranstalter war nach dem Reisevertrag verpflichtet, die Eheleute T im Hotel „Divers' Paradise" unterzubringen. Eine Unterbringung in einem anderen Hotel war ohne Zustimmung der Eheleute T nicht möglich. Insofern stellt das Angebot eines anderen Hotels seitens des Reiseveranstalters zunächst einmal eine Nichterfüllung seiner reisevertraglichen Verpflichtungen dar und keinen typischen Mangel im werkvertraglichen Sinne. Die davon ausgehende Beeinträchtigung ist aus der Sicht des Reisenden in der Regel noch deutlich größer als die von einer bloß mangelhaften Leistung. Statt einer fehlerhaften Leistung erhält er überhaupt keine Leistung. Im Reisevertragsrecht wird jedoch ein weiter Mangelbegriff vertreten, der jede nicht allein in der Person des Reisenden begründete Beeinträchtigung der Reise erfasst, die mehr als eine bloße Unannehmlichkeit ist. Insofern ist auch die Nichterbringung oder Unmöglichkeit einzelner Reiseleistungen wie auch der Gesamtreise als Mangel i. S. v. § 651c BGB zu werten.[3]

**26**  Zudem lässt sich die angebotene Leistung, die Unterbringung in dem Hotel ohne Tauchriff, durchaus auch als fehlerhafte Unterbringung in einem Hotel mit Tauchriff werten. Insofern liegt hier ein Mangel i. S. v. § 651c BGB vor.

**Systematischer Hinweis**

Dieser weite Mangelbegriff in Verbindung mit dem Charakter der §§ 651c ff. BGB als reisevertraglicher Spezialnormen, die dem allgemeinen Leistungsstörungsrecht vorgehen, führt dazu, dass beim Reisevertrag ab Vertragsabschluss die §§ 275 ff. BGB weitgehend durch die §§ 651c ff. BGB verdrängt werden. Das ist insbesondere von Bedeutung, wenn bei einer „Unmöglichkeit" einer Reiseleistung wie z. B. der Überbuchung die Fristen des § 651g BGB versäumt werden. Der Reisende kann sich in der Regel dann nicht auf die nicht fristgebundenen Ansprüche nach §§ 275, 280, 283 BGB stützen.[4]

---

[3]  Ganz h. M.; BGHZ 97, 255 = NJW 1986, 1748; ausf. Staudinger/*Staudinger* (2011) Vor §§ 651c–g Rn. 17 ff. m. w. N.

[4]  BGHZ 97, 255; MünchKomm/*Tonner* § 651c Rn. 130 m. w. N.

## 2. Erheblichkeit des Mangels

Weiterhin ist für die Kündigung erforderlich, dass der Mangel zu einer erheblichen **27** Beeinträchtigung der Reise führt. Dieses wird zum Teil erst dann angenommen, wenn der Mangel zu einer Minderung von 50 % berechtigen würde, zum Teil werden auch geringere Quoten für ausreichend gehalten.[5]

Im konkreten Fall hatte der Reiseveranstalter lediglich eine Minderung von 20 % angeboten. Allerdings ist die Einschätzung des Reiseveranstalters insofern nicht maßgeblich. Er hat ein Interesse daran, dem Reisenden möglichst wenig Nachlass zu gewähren. Nach den obigen Ausführungen stellt das Fehlen eines Strandriffs eine erhebliche Beeinträchtigung der Reise dar, die durch die Tauch- und Schnorchelgänge geprägt ist. Stellt man in Rechnung, dass es sich bei den 50 % nur um einen Anhaltspunkt handelt, kann man im vorliegenden Fall durchaus zu einem erheblichen Mangel i. S. v. § 651e BGB kommen.

Ebenso gut ist das gegenteilige Ergebnis vertretbar. Da eine Kündigungsmöglichkeit nach § 651a Abs. 5 BGB besteht und § 651f BGB nach der Rspr. des BGH nicht eine Kündigung wegen eines erheblichen Mangels nach § 651e BGB voraussetzt, hätte dieses jedoch keine Auswirkungen auf den Schadensersatzanspruch nach § 651f BGB.

Ein Abhilfeverlangen i. S. v. § 651e Abs. 2 BGB war entbehrlich, da dem Reise- **28** veranstalter wegen der Überbuchung des Hotels „Divers' Paradise" eine Abhilfe, d. h. eine Unterbringung in dem ursprünglichen Hotel, ohnehin unmöglich gewesen wäre (S. 2 Fall 1).

Die Eheleute T können somit die Reise nach § 651e Abs. 1 BGB kündigen.

Neben diesen speziellen reisevertraglichen Rücktritts- und Kündigungsrechten ist noch, wenn man die Überbuchung entweder als objektive oder subjektive Unmöglichkeit wertet, an ein Rücktrittsrecht nach § 326 Abs. 5 BGB oder einen Schadensersatzanspruch aus §§ 280 Abs. 1 u. 3, 283 BGB zu denken. Allerdings werden entsprechende Ansprüche nach allgemeinen Normen nach h. M. durch die speziellen Regeln des Reisevertragsrechts verdrängt.[6]

## IV. Schadensersatzanspruch nach § 651f Abs. 2 BGB

Ein Schadensersatzanspruch der Eheleute T wegen entgangener Urlaubsfreude **29** könnte nach § 651f Abs. 2 BGB bestehen.

---

[5] Umstritten: zu den verschiedenen Quoten siehe Erman/*Schmid* § 651e Rn. 6; MünchKomm/*Tonner* § 651e Rn. 8 f.; *Führich* (Fn. 1), Rn. 364 (30 %).

[6] BGHZ 97, 255, 259; MünchKomm/*Tonner* § 651c Rn. 124 ff.; Staudinger/*Staudinger* (2011) Vor §§ 651c–g Rn. 12 ff., 22 ff.; *Führich* (Fn. 1), Rn. 201 ff.

Für das Entstehen eines solchen Anspruchs ist erforderlich, dass die Voraussetzungen für einen Schadensersatzanspruch nach § 651f Abs. 1 BGB vorliegen. Abs. 2 stellt insofern lediglich eine Erweiterung des Anspruchsumfangs dar, wenn der vorliegende Mangel zu einer Vereitelung oder Beeinträchtigung der Reise geführt hat.

### 1. Mangelhafte Reiseleistung

30 Wie oben dargelegt, stellt die Überbuchung und die daraus resultierende Einquartierung in einem anderen Hotel einen Mangel i. S. v. § 651c BGB dar.

### 2. Verschulden des Reiseveranstalters

31 Diesen Mangel müsste der Reiseveranstalter zu vertreten haben. Wie sich aus dem Wortlaut von § 651f Abs. 1 BGB ergibt, wird insoweit ein Verschulden des Reiseveranstalters (§ 276 BGB) vermutet. Exkulpationsgründe für den Reiseveranstalter sind nicht ersichtlich. Auch wenn die Überbuchung in der Praxis immer wieder mit den daraus resultierenden geringeren Kosten für die Kunden gerechtfertigt wird, stellt dieses keinen rechtlich relevanten Exkulpationsgrund dar.

### 3. Vereitelung der Reise

32 Der Mangel müsste ferner zu einer Vereitelung der Reise geführt haben. Kann oder will der Reiseveranstalter den Reisevertrag aufgrund von Überbuchungen nicht ordnungsgemäß erfüllen und tritt der Kunde die Reise daher berechtigt nicht an, so stellt dies eine Vereitelung der Reise i. S. v. § 651f Abs. 2 BGB dar.

### 4. Unzulässige Rechtsausübung

33 Im konkreten Fall beruft sich der Reiseveranstalter darauf, dass die Ablehnung der angebotenen Ersatzreise bei einer gleichzeitigen Geltendmachung von Schadensersatzansprüchen wegen entgangener Urlaubszeit gegen Treu und Glauben (§ 242 BGB) verstoße und eine unzulässige Rechtsausübung darstelle. Das kann nur dann der Fall sein, wenn sich aus den Umständen ergibt, dass nicht die Unterschiede zwischen der gebuchten Reise und dem Ersatzangebot der Hauptbeweggrund für die Ablehnung der Ersatzleistung waren, sondern andere im Verhältnis zum Reiseveranstalter nicht schutzwürdige Motive. Die Beweislast dafür trägt der Reiseveranstalter.

Im konkreten Fall liegen solche Gründe nicht vor. Unabhängig von den sonstigen Beweggründen war letztlich der Hotelwechsel mit dem fehlenden Hausriff ausschlaggebend für die Absage der Eheleute T. So hat auch der Reiseveranstalter sein Ersatzangebot nicht für völlig gleichwertig gehalten, wie die angebotene Minderung des Reisepreises zeigt.

### 5. Höhe der Ansprüche

34 Damit bestehen grundsätzlich Ansprüche der Eheleute T auf Schadensersatz wegen entgangener Urlaubsfreude. Hinsichtlich der Höhe der Ansprüche ist insbesondere zu klären, wie sich die geplante Ersatzreise von Herrn T und die Arbeit von Frau T auf den Anspruch wegen entgangener Urlaubsfreude auswirken.

Das war in Literatur und Rechtsprechung umstritten. Zum Teil wurde § 651f Abs. 2 BGB als Anspruch auf Ausgleich eines entstandenen Vermögensschadens angesehen mit der Folge, dass nur tatsächlich verwendete Urlaubszeit ausgleichspflichtig ist und diese auch nur, sofern sie nicht anderweitig in gleichwertiger Form zur Erholung genutzt wird.[7] Nach dieser Auffassung bestünde kein Anspruch der Eheleute T, wenn Herr T anderweitig und gleichwertig verreist und insofern keine Nutzungsbeeinträchtigung vorliegt, während Frau T arbeitet und damit keine Urlaubszeit aufwendet.

Nach einer BGH-Entscheidung aus dem Jahr 2005[8] ist heute aber anerkannt, **35** dass § 651f Abs. 2 BGB ein Anspruch auf Ersatz immaterieller Schäden ist, bei dem mit Vereitelung der Reise zugleich der haftungsausfüllende Tatbestand der vertanen Urlaubszeit feststeht.[9] Danach stehen sonstige Aktivitäten des Reisenden einem Anspruch auf Schadensersatz nicht im Wege.

Für diese Ansicht sprechen Sinn und Zweck des § 651f Abs. 2 BGB. Er soll den Reisenden dafür entschädigen, dass er die gebuchte Reise aus Umständen, die der Reiseveranstalter zu vertreten hat, nicht wie gewünscht genießen konnte. Der mit der konkreten Reise intendierte Erholungseffekt wird nicht erreicht. Unter diesem Gesichtspunkt erscheint ein Anspruch von Herrn T, der seine Urlaubszeit durch eine andere Tauchreise nutzen würde, auf den ersten Blick ausgeschlossen. Letztlich geht es nach der gesetzgeberischen Intention des § 651f Abs. 2 BGB aber nicht um den Verlust von Urlaubszeit als solcher, sondern um eine verschuldensabhängige Haftung des Reiseveranstalters. Soweit der Reiseveranstalter selber nicht für eine adäquate andere Reise sorgt, soll er für entgangene Urlaubszeit haften. Aktivitäten des Reisenden sollen ihm nicht zugutekommen. Ansonsten würde der nichtaktive Reisende für immaterielle Schäden in größerem Maße entschädigt als der Reisende, der sich um Ersatz kümmert. Daher ist auch die Tatsache, dass Frau T die geplante Urlaubszeit durch Arbeit ausfüllen will, nicht von Belang.

Hinsichtlich der Höhe des Anspruchs ist primär der Reisepreis maßgeblich, nicht **36** aber das Einkommen der Reisenden. Der durch den Anspruch abzudeckende immaterielle Schaden für den Reisenden ist unabhängig davon, ob er viel verdient oder nicht. Er muss aber im Verhältnis zum Reisepreis stehen. Insofern hat die neuere BGH-Rechtsprechung für solche Fälle einen Schaden von 50 % des Reisepreises für angemessen gehalten.[10]

## 6. Ergebnis

Folgt man dem, haben die Eheleute T einen Anspruch gegen S aus § 651f Abs. 2 **37** BGB auf Schadensersatz in Höhe von jeweils 2250 €.

---

[7] Erman/*Seiler*, 12. Aufl. 2008, § 651f Rn. 6, 8; Staudinger/*Eckert* (2003) § 651f Rn. 68, 69.

[8] BGHZ 161, 389, 394 ff. = NJW 2005, 1047, 1049.

[9] Erman/*Schmid* § 651f Rn. 15 f.; MünchKomm/*Tonner* § 651f Rn. 54; Staudinger/*Staudinger* (2011) § 651f Rn. 78 a. E.; *Führich* (Fn. 1), Rn. 413 ff.

[10] BGHZ 161, 389, 399.

# Fall 29

## Ausgangsfall

Herr Adam (A) betreibt eine große Opel-Niederlassung in Osnabrück. Um den Vorgaben des Mutterkonzerns nachzukommen, muss er größere Umbauarbeiten in seinem Ausstellungsraum vornehmen, die etwa 250.000 € kosten werden. Die B-Bank ist grundsätzlich gewillt, ihm einen Kredit über 200.000 € zu 5 % Zinsen einzuräumen, verlangt dafür jedoch Sicherheiten der Ehefrau (F). Diese hatte nach einer Lehre als Bürogehilfin bis zu der Geburt der Kinder in dem Betrieb des A gearbeitet und zum Schluss als für das Rechnungswesen zuständige Prokuristin umgerechnet 1500 € verdient. Danach hatte sie sich um die Erziehung der Kinder gekümmert, während der Lebensunterhalt allein aus den Einnahmen des Mannes aus dem Autohaus bestritten wurde. Sonstiges Vermögen der inzwischen 52 Jahre alten F besteht nicht. Bei den Kreditverhandlungen erklärt ihr der zuständige Bankmitarbeiter, dass es sich bei der Unterzeichnung des als Bürgschaft bezeichneten Vertrages um eine bloße Formalie handele und die Erklärung primär dazu diene, zu verhindern, dass A eigenes Vermögen auf sie verschiebe. Ein entsprechender Hinweis darauf, dass die Haftung der F auf von A übertragenes Vermögen beschränkt ist, wird auch in die Haftungserklärung aufgenommen, die F unterzeichnet. Nach der Unterzeichnung des Kreditvertrags durch A wird ein Teil der Darlehenssumme vereinbarungsgemäß auf das gemeinsame Konto der Familie Adam überwiesen, der Rest auf das Geschäftskonto.

Nach der Scheidung von ihrem Mann kommt F zu Ihnen und will wissen, ob sie im Falle der Fälligstellung des Kredits mit einer Inanspruchnahme durch B rechnen muss oder ob die Möglichkeit besteht, sich von der eingegangenen Verpflichtung zu lösen.

© Springer-Verlag Berlin Heidelberg 2015                                               371
P. Balzer et al., *Die Schuldrechtsklausur I,* Tutorium Jura,
DOI 10.1007/978-3-662-45662-0_29

## Abwandlung

Aufgrund der Absatzschwierigkeiten von Opel und der angespannten wirtschaftlichen Lage von A verlangt B kurz darauf weitere Sicherheiten. Der in Göttingen
BWL studierende Sohn Siegfried Adam (S), der den Betrieb später übernehmen
soll, teilt daraufhin der B per E-Mail mit, dass er bereit sei, für alle Verbindlichkeiten seines Vaters aufzukommen. Da der zuständige Bankmitarbeiter Zweifel an
der Wirksamkeit der E-Mail hat, bittet er S, die Haftungsübernahme noch einmal
schriftlich zu bestätigen. Daraufhin faxt ihm S die handschriftlich unterschriebene
Erklärung noch einmal zu.

Nachdem der Kredit fällig gestellt wurde und B erfolglos versucht hat, A in Anspruch zu nehmen, möchte sie aus der Haftungsübernahme gegen S vorgehen. Kann
sie das?

## Lösung Fall 29

▶   Der Fall behandelt neben Fragen der Abgrenzung der Bürgschaft von
    sonstigen Vertragstypen die Sittenwidrigkeit von „Angehörigenbürg-
    schaften" sowie etwaige Kündigungsrechte wegen des Wegfalls der Ge-
    schäftsgrundlage. In der Abwandlung geht es um schwierige Fragen des
    Formerfordernisses bei Bürgschaften. Siehe auch *Schmolke*, Grundfälle
    zum Bürgschaftsrecht, JuS 2009, 585 ff., 679 ff., 784 ff.

## Ausgangsfall

1    F muss gem. § 765 Abs. 1 BGB mit einer Inanspruchnahme durch B rechnen, wenn
     zwischen ihr und der B ein wirksamer Bürgschaftsvertrag im Zeitpunkt der Inan-
     spruchnahme besteht.

### I. Einigung auf die Bürgschaft

2    Dafür ist zunächst erforderlich, dass sich F gegenüber B verpflichtet hat, für die
     Erfüllung der Darlehensverbindlichkeiten (§ 488 BGB) ihres Mannes einzuste-
     hen, und nicht selbst gemeinsam mit ihrem Mann Kreditnehmer geworden ist. Für
     letzteres könnte sprechen, dass ein Teil der Darlehenssumme auf das gemeinsame
     Konto der Eheleute überwiesen wurde. Hinzu kommt, dass der Lebensunterhalt
     der Familie aus den Einnahmen aus dem Autohaus bestritten wird, so dass F von
     dem mit dem Kredit finanzierten Umbau des Ausstellungsraums zumindest indirekt
     profitiert. Laut Sachverhalt ging es jedoch um eine Kreditvergabe allein an A, der
     das Unternehmen leitete. Dafür spricht auch, dass A den Kreditvertrag allein unter-
     zeichnete, während die von F unterzeichnete Urkunde ausdrücklich als Bürgschaft
     bezeichnet worden war. In Ermangelung eines direkten Vorteils aus dem Kredit und
     wegen des eindeutigen Wortlauts der unterschriebenen Urkunde stellt sich die von

F abgegebene Erklärung als Angebot der Übernahme einer Bürgschaft dar. Dieses hat B mit der Entgegennahme der Bürgschaftsurkunde und der Auszahlung des Darlehens angenommen, so dass ein Bürgschaftsvertrag zwischen F und B zustande gekommen ist.

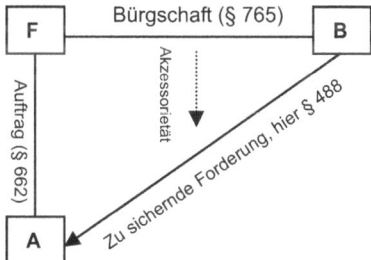

*Graphische Darstellung der Rechtsbeziehungen zwischen Bürge (F), Gläubiger (B) und Hauptschuldner (A)*

**Exkurs**

Insbesondere bei Krediten, die zur Bestreitung des erweiterten Lebensunterhaltes dienen, ist deutlich zwischen der Übernahme einer Bürgschaft und der Stellung als Mitdarlehensnehmer zu unterscheiden. Für letzteren gelten die Grundsätze über die Sittenwidrigkeit von Bürgschaften vermögensloser Familienangehöriger nicht. Die Abgrenzung zwischen Mithaftendem und Bürgen erfolgt regelmäßig danach, ob der Familienangehörige einen direkten Einfluss auf die Verwendung des Darlehens hat oder nicht. Die bloße Bezeichnung als Mitdarlehensnehmer im Vertrag ist für die rechtliche Bewertung unerheblich.

## II. Sittenwidrigkeit der Bürgschaft

Es ist jedoch zu prüfen, ob diese Bürgschaftsübernahme der F nicht wegen eines **3** Verstoßes gegen die guten Sitten gem. § 138 Abs. 1 BGB nichtig ist. Das setzt neben einer krassen finanziellen Überforderung voraus, dass die Bürgschaft allein aus emotionaler Verbundenheit mit dem Hauptschuldner übernommen wurde und der Kreditgeber dies in sittlich anstößiger Weise ausgenutzt hat.[1]

### 1. Erhebliche finanzielle Überforderung des Bürgen

Eine erhebliche finanzielle Überforderung des Bürgen liegt in der Regel vor, wenn **4** ein krasses Missverhältnis zwischen der übernommenen Haftungsverpflichtung und der wirtschaftlichen Leistungsfähigkeit des Bürgen besteht. Ein solches Missverhältnis ist insbesondere dann anzunehmen, wenn bei Vertragsschluss davon auszugehen ist, dass der Bürge zum Zeitpunkt der Inanspruchnahme nicht in der Lage sein wird, aus seinem nach § 850c ZPO pfändbaren Einkommen bis zum Ende des Darlehensvertrags die vertraglich vereinbarten Zinsen zu zahlen oder gar nennenswerte Tilgungsleistungen zu erbringen.

---

[1] Vgl. nur aus der ständigen Rechtsprechung BGHZ 156, 302, 307; 120, 272, 277; 125, 206, 217; BGH ZIP 2005, 432, 433; ausf. Staudinger/*Horn* (2013) § 765 Rn. 177 ff.

5    Im konkreten Fall ging es um eine Bürgschaft zur Absicherung eines Kredits
     über 200.000 € mit einer jährlichen Zinsbelastung von 10.000 €. Im Zeitpunkt
     der Bürgschaftsübernahme hatte F weder ein eigenes Einkommen noch irgend-
     welches Vermögen. Allerdings ist hinsichtlich der Leistungsfähigkeit des Bürgen
     nicht auf den Zeitpunkt der Übernahme der Bürgschaft abzustellen, sondern auf
     den Zeitpunkt der möglichen Inanspruchnahme. Dabei sind bezüglich der Pro-
     gnose der wahrscheinlichen Leistungsfähigkeit grundsätzlich alle erwerbsrelevan-
     ten Gesichtspunkte zu berücksichtigen. Dazu zählen insbesondere die Ausbildung,
     die Berufserfahrung und das Alter von F sowie die allgemeine Lage am Arbeits-
     markt. In Anbetracht der Ausbildung als Bürogehilfin und ihres Alters war im Zeit-
     punkt des Vertragsschlusses nicht davon auszugehen, dass F im Zeitpunkt der In-
     anspruchnahme in der Lage sein würde, auch nur die laufenden Zinsen aus dem
     pfändbaren Teil ihres Einkommens zu erbringen.

> Die Fälle sittenwidriger Bürgschaften von Angehörigen lassen sich in der
> Fallbearbeitung nur dann korrekt erfassen, wenn man die zwei maßgeblichen
> Zeitpunkte klar voneinander trennt. Für die Frage, ob die Bürgschaft sitten-
> widrig ist, ist grundsätzlich allein auf den Zeitpunkt der Bürgschaftsüber-
> nahme abzustellen. Zwar ist dann für die Frage der finanziellen Überforderung
> der Zeitpunkt der wahrscheinlichen Inanspruchnahme maßgeblich. Die dafür
> erforderliche Prognose kann sich allein auf die bei Bürgschaftsübernahme
> vorhandenen Informationen stützen. Stellt sie sich nachher als falsch heraus,
> führt dies nicht zur Wirksamkeit der bei ihrer Eingehung sittenwidrigen Bürg-
> schaft. Hätte z. B. F völlig überraschend nach ihrer Scheidung eine sehr gut
> bezahlte Anstellung gefunden, wäre das für die Frage der krassen Überforde-
> rung irrelevant gewesen, da es in dem für das Sittenwidrigkeitsurteil maßgeb-
> lichen Zeitpunkt der Bürgschaftsübernahme nicht vorhersehbar war.[2]

## 2. Unerträgliches Ungleichgewicht zwischen den Parteien

6    Eine Sittenwidrigkeit der Bürgschaft kommt auch bei einer erheblichen finanziellen
     Überforderung des Bürgen nur dann in Betracht, wenn zusätzlich Umstände vor-
     gelegen haben, die den Bürgen in seiner Entscheidungsfreiheit bei der Übernahme
     der Bürgschaft erheblich beeinträchtigt haben.[3]

### a) Täuschung über die Gefahren der Bürgschaft

7    In Betracht könnte hier eine Täuschung gegenüber F über die mit der Bürgschaft
     verbundenen Gefahren kommen. Der Bankangestellte hatte gegenüber F geäußert,
     dass er die Bürgschaftserklärung allein für seine Akten brauche. Das ist bei einem
     geschäftlich unerfahrenen Bürgen grundsätzlich ausreichend, um bei ihm Fehlvor-
     stellungen über die mit der übernommenen Haftung verbundenen Gefahren her-

---

[2] Vgl. BGH ZIP 2003, 796, 797.
[3] Vgl. nur BGHZ 136, 347, 350 f. m. w. N.; Jauernig/*Stadler* § 765 Rn. 6.

vorzurufen.[4] F hingegen hatte als Prokuristin das Rechnungswesen des Autohauses geleitet, so dass man bei ihr eine gewisse Vertrautheit mit finanziellen Dingen vermuten kann. Insoweit müsste F beweisen, dass durch die Äußerung bei ihr eine Fehlvorstellung hinsichtlich der mit der Bürgschaft verbundenen Gefährdung hervorgerufen worden ist.

Spezielle Aufklärungspflichten über die Risiken einer Bürgschaftsübernahme bestehen nach der ständigen Rechtsprechung des BGH grundsätzlich nicht.[5]

### b) Besondere emotionale Verbundenheit

Eine unerträgliche Ungleichgewichtslage beim Abschluss des Bürgschaftsvertrags **8** kann sich auch aus einer besonderen emotionalen Verbundenheit zwischen Schuldner und Bürgen ergeben, die letzterem die Ablehnung einer Bürgschaftsübernahme praktisch unmöglich macht. Nach der Rechtsprechung wird widerleglich vermutet, „daß ein kraß finanziell überforderter, dem Hauptschuldner persönlich nahestehender Bürge die Bürgschaft nur aus einer durch die emotionale Verbundenheit mit dem Hauptschuldner bedingten unterlegenen Position heraus übernommen und der Gläubiger dies in verwerflicher Weise ausgenutzt habe".[6] Vorliegend kann die Weigerung, für einen Betriebsmittelkredit zu bürgen, wenn der Ehemann das Unternehmen führt, leicht als Zweifel an den geschäftlichen Fähigkeiten des Ehemannes gewertet werden. Das gilt umso mehr, wenn aus den Erträgen des Unternehmens der gemeinsame Lebensunterhalt der Familie bestritten wird und man deshalb „seinen Beitrag" zum Familienunterhalt schlecht verweigern kann. Insofern kann B die Vermutung der besonderen emotionalen Verbundenheit der Bürgin mit dem Schuldner nicht widerlegen.

### Exkurs

In der Rechtsprechung haben sich seit den einschlägigen Entscheidungen des BVerfG (BVerfGE 89, 214 = NJW 1994, 36; ZIP 1994, 1516; ZIP 1996, 956) zu der verfassungsrechtlich gebotenen Berücksichtigung der Beeinträchtigung der wirtschaftlichen Entscheidungsfreiheit in strukturellen Ungleichgewichtslagen folgende Fallgruppen herausgebildet, in denen typischerweise eine solche Beeinträchtigung vorliegt:
1. tatsächliche Beeinträchtigung der Entscheidungsfreiheit des Bürgen durch den Gläubiger oder Schuldner der Hauptschuld (falsche Informationen, Drohung etc.);
2. Vorliegen einer besonderen emotionalen Verbundenheit zwischen Schuldner und Bürgen;
3. kein erkennbares Eigeninteresse des Bürgen an der Kreditgewährung an den Schuldner.

### 3. Ausschluss der Sittenwidrigkeit durch besondere Umstände

Im konkreten Fall könnte die Vermutung, dass F die sie deutlich überfordernde **9** Bürgschaft nur aus emotionaler Verbundenheit übernommen hat und B dieses sittenwidrig ausgenutzt hat, jedoch dadurch widerlegt sein, dass sie von dem zugrundeliegenden Kredit profitiert. Zwar kann wirtschaftliches Eigeninteresse des Bür-

---

[4] Vgl. BVerfGE 89, 214 = NJW 1994, 36.
[5] Vgl. nur BGHZ 107, 92, 101; *Riehm* JuS 2000, 241, 242.
[6] So BGHZ 156, 302, 307; s. auch BGHZ 146, 37, 45; *Schmolke* JuS 2009, 585, 588 m. w. N.

gen an der Kreditaufnahme oder -verwendung die Sittenwidrigkeit der Bürgschaft ausschließen. Dafür ist aber erforderlich, dass dem Bürgen aus der Darlehensverwendung unmittelbare und ins Gewicht fallende geldwerte Vorteile erwachsen.[7] Aufgrund der Gefährlichkeit von Unternehmenskrediten reicht es zur Entkräftung der Vermutung hingegen nicht aus, dass der Bürge – wie hier – bloß einen mittelbaren geldwerten Vorteil erlangt.[8] Die gegenteilige Wertung würde zudem zu einer nicht gerechtfertigten Benachteiligung der Lebenspartner selbständiger Unternehmer führen.[9]

**10** Der Vorwurf der Sittenwidrigkeit könnte im konkreten Fall allerdings durch überwiegende und anerkennenswerte Interessen des Gläubigers an der Übernahme der Bürgschaft ausgeschlossen werden. Der B war die mangelnde wirtschaftliche Leistungsfähigkeit von F bekannt. Entsprechend hat der Bankmitarbeiter bei der Bürgschaftsübernahme ausdrücklich darauf hingewiesen, dass die Bürgschaft primär der **Verhinderung einer Vermögensverschiebung** dienen soll. Der B muss es möglich sein, der Verschiebung haftungsfähigen Vermögens des Schuldners an nahe Familienangehörige dadurch vorzubeugen, dass diese als Bürgen mit diesem Vermögen haften. Voraussetzung hierfür ist aber, dass die Haftung vertraglich auf das dem Bürgen vom Hauptschuldner übertragene Vermögen beschränkt wird und die Bank damit auch dem Bürgen Gewissheit hinsichtlich des Umfangs seiner Haftung verschafft.[10] Im konkreten Fall ist eine entsprechende Abrede in die Bürgschaftsurkunde aufgenommen worden, so dass ein etwaiges Schriftformerfordernis erfüllt wäre. Insoweit ist hier die Sittenwidrigkeit der Bürgschaft durch besondere Interessen der B ausgeschlossen, die andererseits aber auch nur in der Lage ist, den Bürgen im Rahmen der vereinbarten Zwecke in Anspruch zu nehmen.

### III. Erlöschen des Bürgschaftsanspruchs nach § 313 Abs. 3 BGB

**11** Der Bürgschaftsanspruch könnte dadurch erloschen sein, dass F den Bürgschaftsvertrag mit B nach der Scheidung von A wegen Wegfalls der Geschäftsgrundlage[11] gem. § 313 Abs. 3 S. 2 BGB gekündigt hat.

---

[7] BGHZ 146, 37, 45; Staudinger/*Horn* (2013) § 765 Rn. 194 ff.

[8] BGHZ 120, 272, 278; NJW 2005, 971; *Schmolke* JuS 2009, 585, 588.

[9] BGH ZIP 2003, 796, 798.

[10] Hierzu BGHZ 151, 34 (Leits. 2), 39 ff.; MünchKomm/*Habersack* § 765 Rn. 28.

[11] Vgl. dazu BGHZ 128, 230, 236 ff.; Staudinger/*Horn* (2013) § 765 Rn. 230. Im Grundsatz ist für die Anwendung von § 313 BGB bei Bürgschaften mittelloser Angehöriger kein Raum mehr, auch wenn sie der Verhinderung von Vermögensverschiebungen dienen sollen, da die Bürgschaft in diesem Fall nach § 138 Abs. 1 BGB nichtig ist. Das gilt jedoch dann nicht, wenn – wie hier – der Verpflichtungswille auf der Annahme künftiger Vermögensverschiebungen aufbaut (Staudinger/*Horn* aaO) und § 138 Abs. 1 BGB daher nicht einschlägig ist.

## 1. Gefahr der Vermögensverlagerung als Geschäftsgrundlage des Bürgschaftsvertrags

Voraussetzung dafür ist, dass für die Parteien die Gefahr einer Vermögensverschie- **12** bung zur Grundlage des Vertrages geworden ist. In Anbetracht der fehlenden Erwerbstätigkeit und der sonstigen Vermögenslosigkeit von F sind beide Parteien davon ausgegangen, dass die Bürgschaftsübernahme primär für diesen Fall gedacht war. Fraglich ist jedoch, ob dieser Aspekt nicht sogar Vertragsbestandteil geworden ist. Zwar ist die entsprechende Erwägung explizit in den Vertrag aufgenommen worden. Das Entstehen des Bürgschaftsanspruchs ist jedoch nicht in Form einer Bedingung (§ 158 Abs. 1 BGB) mit einer möglichen Vermögensverschiebung verbunden worden.

Insofern handelt es sich bei der beabsichtigten Verhinderung einer Vermögensverlagerung nur um die Vertragsgrundlage, nicht eine Wirksamkeitsbedingung.

## 2. Schwerwiegende Änderung der Geschäftsgrundlage

Die Gefahr einer Vermögensverschiebung ergab sich primär durch die Ehe der **13** Adams. So bestand für Herrn Adam die Möglichkeit, auf seine Frau übertragenes Vermögen auch bei eigener Vermögenslosigkeit weiter nutzen zu können. Mit der Scheidung des Ehepaares fiel dieser Anreiz weg, und es war nicht mehr damit zu rechnen, dass A eigenes Vermögen auf seine Ex-Frau übertragen würde, um es dem Zugriff seiner Gläubiger zu entziehen.

## 3. Nichtabschluss des Bürgschaftsvertrags

Hätten die Parteien bereits bei Vertragsschluss gewusst, dass aufgrund der Schei- **14** dung des Ehepaars Adam die Gefahr einer Vermögensverlagerung wegfällt, hätten sie den Bürgschaftsvertrag nicht abgeschlossen. Ohne die Gefahr einer Vermögensverschiebung wäre die Bürgschaftsübernahme durch ein vermögensloses Familienmitglied bereits als solche sittenwidrig gewesen. Man kann davon ausgehen, dass den Mitarbeitern der Kreditabteilung der B, deren Wissen der Bank gem. § 166 Abs. 1 BGB zugerechnet wird, die entsprechende ständige Rechtsprechung des BGH bekannt war.

## 4. Unzumutbarkeit des Festhaltens am Bürgschaftsvertrag

In Anbetracht der Vermögenslosigkeit von F und der vertraglich intendierten be- **15** grenzten Risikoübernahme ist es F unzumutbar, an dem Bürgschaftsvertrag in seiner ursprünglichen Form festgehalten zu werden. Da F bei einer Inanspruchnahme aus der Bürgschaft kaum in der Lage sein dürfte, die Zinsen zu zahlen, würde sie praktisch bis an ihr Lebensende durch den Bürgschaftsvertrag in ihrer finanziellen Selbstbestimmung beschränkt bzw. in die Privatinsolvenz gedrängt.

## 5. Rechtsfolge

Als Rechtsfolge sieht § 313 Abs. 1 BGB primär die Anpassung des Vertrages vor. **16** Diese könnte insbesondere in einer Reduzierung der Bürgschaftssumme auf einen Betrag liegen, den F wirtschaftlich erbringen könnte. Allerdings war im vorliegenden Fall die Bürgschaft gerade auf die Fälle einer Vermögensverschiebung beschränkt, die jedoch nicht eingetreten ist. Insofern kommt hier nach der intendierten Risikoverteilung der Parteien allein eine Vertragsbeendigung in Betracht. Dafür müsste F gem. § 313 Abs. 3 S. 2 BGB die Bürgschaft kündigen.

> **Systematischer Hinweis**
> Bei auf unbestimmte Zeit übernommenen Bürgschaften wird von einem Kündigungsrecht ausgegangen, auch wenn sie nicht als Dauerschuldverhältnisse i. e. S. zu qualifizieren sind. Zwar führt die Übernahme der Bürgschaft zu einer für die gesamte Zeit andauernden Sicherung, was für ein Dauerschuldverhältnis spricht. Geschuldet wird aus dem Bürgschaftsvertrag aber nur das „einmalige" Einstehen für eine Verbindlichkeit. Im Hinblick darauf wäre auch ein Rücktritt nach § 313 Abs. 3 S. 1 BGB denkbar gewesen.

## IV. Ergebnis

**17**  F kann die ansonsten wirksame Bürgschaft wegen eines Wegfalls der Geschäftsgrundlage kündigen und braucht dann nicht mehr mit einer Inanspruchnahme durch B zu rechnen. Ein Anspruch der B gegen F aus § 765 Abs. 1 BGB besteht dann nicht.

## Abwandlung

**18**  B könnte einen Anspruch gegen S aus einem zwischen ihnen bestehenden Bürgschaftsvertrag gem. § 765 Abs. 1 BGB haben.

## I. Einigung auf eine Bürgschaft

**19**  Das setzt voraus, dass zwischen B und S ein wirksamer Bürgschaftsvertrag zustande gekommen ist. S hat gegenüber B erklärt, dass er für die Verbindlichkeiten seines Vaters aufkommen werde, d. h. persönlich für die Forderungen der B gegen seinen Vater haften möchte. Eine solche persönliche Sicherung von Forderungen kann sowohl durch eine formbedürftige Bürgschaft als auch einen formlosen Schuldbeitritt oder eine Garantie erreicht werden. Welche Form der Sicherheit S übernommen hat, ist dabei durch Auslegung seiner Erklärung zu ermitteln.

**20**      Charakteristisch für die **Garantie** ist die Übernahme eines von dem Bestehen der gesicherten Forderung unabhängigen, d. h. nicht akzessorischen Versprechens auf Schadloshaltung, sollte B den gewünschten Geldbetrag nicht erhalten. Der Garant will damit schlechthin für den Eintritt eines zukünftigen Erfolgs haften und dem Begünstigten den mit dem Nichteintritt verbundenen Schaden ersetzen. Im konkreten Fall wollte S erkennbar nur für eine bestehende Schuld seines Vaters einstehen, nicht aber eine Garantie dafür übernehmen, dass B den Geldbetrag auf jeden Fall erhält. Insofern lässt sich die Erklärung nicht als Garantieübernahme werten.

Bei dem **Schuldbeitritt** tritt der Beitretende als Gesamtschuldner neben den **21** bisherigen alleinigen Schuldner, d. h. beide haften ab dem Zeitpunkt des Beitritts gleichrangig auf Zahlung der bestehenden Schuld. Gem. § 425 BGB wirken andere als die in den §§ 422–424 BGB behandelten Tatsachen nur für und gegen den Gesamtschuldner, in dessen Person sie vorliegen. Ein solcher formfreier Schuldbeitritt kann nur dann bejaht werden, wenn besondere Umstände dies rechtfertigen, da der Gesetzgeber die formbedürftige Bürgschaft als regelmäßiges Mittel zur Forderungssicherung vorgesehen hat. Entsprechend kann eine eigene, nicht nur an die Hauptverbindlichkeit angelehnte Haftungsübernahme nur in den Fällen angenommen werden, in denen der Übernehmende ein eigenes wirtschaftliches oder rechtliches Interesse an der Tilgung der Forderung hat.[12] Für ein solches Interesse könnte im konkreten Fall sprechen, dass S zum Zeitpunkt der Haftungserklärung das Unternehmen später einmal übernehmen sollte und daher an dessen grundsätzlichem Fortbestand interessiert war. Allerdings war die Kreditforderung bisher allein durch Bürgschaften abgesichert worden, so dass für einen Wechsel des Sicherungsmittels besondere Anzeichen vorliegen müssten. Diese sind jedoch nicht ersichtlich. Zudem ist im Zweifel ohnehin von einer den Bürgen geringer belastenden Bürgschaft auszugehen. Entsprechend ist die von S abgegebene Haftungserklärung als Angebot auf den Abschluss eines Bürgschaftsvertrags zu werten. Dieses hat B durch die Nichtfälligstellung des Kredits nach § 151 BGB angenommen.

## II. Formwirksamkeit der Bürgschaft (§§ 125 S. 1, 766 BGB)

Für die Gültigkeit der Bürgschaft ist weiter erforderlich, dass sie dem Schriftform- **22** erfordernis des § 766 S. 1 BGB genügt, da es sich für S nicht um ein Handelsgeschäft i. S. v. § 350 HGB handelte. Die zunächst von S geschickte E-Mail reicht nicht für die Erfüllung des Formerfordernisses aus, unabhängig davon, ob sie ansonsten den Anforderungen des § 126a BGB genügte. § 766 S. 2 BGB schließt insoweit die elektronische Form ausdrücklich aus.

Damit stellt sich die Frage, ob das Fax den Formerfordernissen des § 766 S. 1 BGB genügt. Danach ist für die Gültigkeit des Bürgschaftsvertrags die „schriftliche Erteilung der Bürgschaftserklärung" erforderlich.

### 1. Wahrung der Schriftform durch das Fax

Für die Erfüllung der gesetzlichen Schriftform ist gem. § 126 Abs. 1 BGB – anders **23** als im Zweifel bei der vertraglichen Schriftform (§ 127 Abs. 2 S. 1 BGB) – die eigenhändige Unterzeichnung der Urkunde erforderlich. Daran fehlt es jedoch bei der vom Faxgerät der Empfängerbank erstellten Telekopie der gesendeten Erklärung. Sie enthält lediglich eine Kopie der Originalunterschrift, nicht aber die Originalunterschrift selber.

---

[12] BGH NJW 1981, 47; *Looschelders*, Schuldrecht AT, Rn. 1257.

**24**  Im Hinblick auf die Warnfunktion des Formerfordernisses in § 766 S. 1 BGB stellt sich allerdings die Frage, ob nicht insoweit eine teleologische Reduktion des Wortlauts des § 126 BGB dahingehend möglich ist, dass die Übersendung einer unterschriebenen Urschrift per Fax ausreichend sei. Die Warnfunktion wird ohne weiteres dadurch erfüllt, dass der Bürge das Original unterzeichnen muss. Insofern macht es keinen Unterschied, ob der Bürge die Urschrift dann per Fax oder per Brief an den Gläubiger schickt. Allerdings dient das Formerfordernis des § 766 S. 1 BGB über die Warnfunktion hinaus auch noch der Rechtssicherheit und der Sicherstellung der Authentizität der Urkunde. Der Gedanke der Rechtssicherheit spricht gegen jede Form einer einzelfallbezogenen teleologischen Reduktion. Zudem lässt sich die Authentizität der Bürgschaftsurkunde nur schwer gewährleisten, wenn man das besonders fälschungsanfällige Telefax für zulässig hält.[13]

### 2. Originalhaftungserklärung als formgültige Bürgschaftserklärung

**25**  Das für die Schriftform nach § 126 Abs. 1 BGB notwendige Erfordernis einer handschriftlichen Unterschrift wird jedoch von der Telefaxvorlage erfüllt. Insofern stellt sich die Frage, ob diese durch die Übersendung als Fax i. S. v. § 766 S. 1 BGB „erteilt" worden ist. Für ein „Erteilen" i. S. v. § 766 BGB ist erforderlich, dass dem Bürgschaftsgläubiger die schriftliche Bürgschaftserklärung zumindest vorübergehend zur Verfügung gestellt wird, d. h. sich der Bürge ihrer willentlich entäußert.[14] Insoweit wird zum Teil die Auffassung vertreten, dass dem Bürgen auch mit der Übersendung einer Abschrift das Wirksamwerden der Bürgschaft deutlich werde. Die Warnfunktion wird jedoch in einem deutlich stärkeren Maße erfüllt, wenn der Bürge tatsächlich das Original der Bürgschaftserklärung an den Bürgschaftsgläubiger übersenden muss. Auch heute noch wird im Geschäftsverkehr überwiegend dem Original eine höhere Bedeutung zugemessen als einem Fax. Häufig wird dem zur Fristwahrung abgesendeten Fax noch das Original hinterhergeschickt. Insofern reicht die „Erteilung" einer Abschrift nicht aus. Das Original der Erklärung hat S der B jedoch nicht i. S. v. § 766 S. 1 BGB erteilt.[15]

### 3. Verbot der Berufung auf den Formfehler nach Treu und Glauben

**26**  Es ist noch zu klären, ob dem S evtl. unter dem Gesichtspunkt von Treu und Glauben (§ 242 BGB) eine Berufung auf den Formfehler zu untersagen ist. Er selber hat den Formfehler herbeigeführt, indem er nach Absendung des Faxes nicht auch das Original der Bürgschaftserklärung übersandt hat. Aufgrund der Bürgschaft hat B dann den Kredit nicht gekündigt. Wegen des zwingenden Schutzcharakters von § 766 BGB sind Ausnahmen unter Berufung auf § 242 BGB jedoch auf ein absolutes Minimum zu beschränken, in denen die Unwirksamkeit des Geschäfts für die andere Partei zu unzumutbaren Härten führen würde.[16] Das Kredit- und Bürgschaftsgeschäft gehört zu den Kernbereichen des Bankgeschäfts, so dass die Bank

---

[13] Vgl. BGHZ 121, 224 = ZIP 1993, 424, 426; *Riehm* JuS 2000, 241, 244.

[14] *Cordes* NJW 1993, 2427, 2428; Staudinger/*Horn* (2013) § 766 Rn. 33.

[15] Vgl. BGHZ 121, 224 = ZIP 1993, 424, 426; *Riehm* JuS 2000, 241, 244.

[16] Vgl. MünchKomm/*Habersack* § 766 Rn. 30 m. w. N.; Staudinger/*Horn* (2013) § 766 Rn. 50 ff.

die entsprechende Rechtslage kennen muss. Akzeptiert sie dennoch formnichtige Bürgschaften, ist sie insoweit nicht schutzwürdig. Hinzu kommt, dass der Vorteil der Kreditgewährung nicht dem S selber direkt zugutegekommen ist, sondern seinem Vater.

Die als Fax übersandte Erklärung des S ist demnach gem. § 125 S. 1 BGB formnichtig, und S ist auch nicht nach Treu und Glauben daran gehindert, sich auf den Formfehler zu berufen.

## III. Ergebnis

B kann S nicht nach § 765 Abs. 1 BGB aus der Bürgschaft auf Zahlung in Anspruch nehmen.

**27**

# Fall 30

## Ausgangsfall

Der ambitionierte Jungunternehmer Traumtanz (T) will in München einen „Seniorenwohnpark" der Oberklasse eröffnen. Für die Erstellung und Finanzierung des Objekts wendet er sich an den Bauunternehmer Grab (G), der ihm gegen entsprechende Sicherheiten die Stundung aller Werklohnansprüche bis zum Verkauf der ersten zehn Wohnungen zusagt. Die Baukosten für die geplanten 15 Wohneinheiten sollen 1,5 Mio. € betragen. T überzeugt seinen besten Freund, den begüterten Blau (B), eine Bürgschaft für den gewährten Kredit zu übernehmen. Die anfänglichen Bedenken von B an der Rentabilität des Projekts zerstreut er durch die Vorlage eines geschönten Geschäftsmodells. Zudem behauptet er gegenüber B, dass er das Geld nur für eine Zwischenfinanzierung brauche, bis er den kurz vor dem Abschluss stehenden Verkauf eines seiner Unternehmen realisiert habe. Mit dem Verkaufserlös, der um die 3 Mio. € liege, werde er die Rechnungen sofort begleichen bzw. das Geld dem G als Sicherheit anbieten, damit dieser B aus seiner Bürgenstellung entlasse. In Anbetracht der angeblich soliden finanziellen Lage von T übernimmt B die Bürgschaft und unterschreibt das von G standardmäßig verwendete Bürgschaftsformular. Tatsächlich stehen die Unternehmen von T kurz vor der Insolvenz und der Kaufinteressent war lange vorher abgesprungen. G, der von der Täuschung gegenüber B nichts wusste, war die finanzielle Lage von T bekannt. In dem von G vorgelegten Bürgschaftsformular heißt es, dass B eine selbstschuldnerische Bürgschaft für alle Forderungen aus dem Projekt „Seniorenwohnpark" übernehme.

Nach der Fertigstellung des Wohnparks und dem Verkauf der ersten zehn Wohnungen kann T nicht zahlen. Daraufhin nimmt G den B auf Zahlung von 1,5 Mio. € in Anspruch. B beruft sich darauf, dass er die Bürgschaft anfechte, da ihn T über seine finanzielle Lage arglistig getäuscht habe. Entsprechend habe er sich in einem Irrtum über die wirtschaftliche Leistungsfähigkeit von T befunden. G habe insofern auch eine Aufklärungspflicht getroffen, deren Verletzung ursächlich für die Übernahme der Bürgschaft gewesen sei. Die anfängliche Leistungsfähigkeit von T

© Springer-Verlag Berlin Heidelberg 2015
P. Balzer et al., *Die Schuldrechtsklausur I,* Tutorium Jura,
DOI 10.1007/978-3-662-45662-0_30

sei die Geschäftsgrundlage für die Übernahme der Bürgschaft gewesen. Außerdem erhebt er die Einrede der Vorausklage, da G bisher nicht ernsthaft versucht habe, bei T zu vollstrecken. Zudem stünden T wegen der mangelhaften Ausführung der Bauarbeiten Minderungsansprüche in Höhe von 150.000 € zu, die auch zu einer Minderung der Bürgschaftsverpflichtung führten bzw. ein Zurückbehaltungsrecht gäben. Ein Gutachten hat ergeben, dass die von G bestrittenen und daher trotz mehrfacher Aufforderung nebst Fristsetzung nicht beseitigten Mängel bestehen und ihre Beseitigung Kosten in Höhe von 150.000 € verursachen würde bzw. sie eine Minderung in entsprechender Höhe rechtfertigen würden.

Hat G Ansprüche gegen B auf Zahlung der 1,5 Mio. €?

## Abwandlung

Nachdem innerhalb kürzester Zeit sieben Wohnungen verkauft worden sind, beschließen T und G, das Projekt auf 20 Wohnungen zu erweitern. Die Kosten für diese Erweiterung betragen 500.000 €. Zusätzliche Sicherheiten werden nicht verlangt, da die von G vorgelegte Bürgschaftserklärung vorsieht, dass sich B für „alle gegenwärtigen und zukünftigen Forderungen aus den Geschäftsbeziehungen zwischen G und T" verbürge. Während der Verhandlungen weist G den B ausdrücklich darauf hin, dass die Bürgschaft „eine weite Zweckerklärung" enthalte.

Der Wohnpark wird im Juni 2011 fertiggestellt, und am 25.12.2011 verkauft T die zehnte Wohnung. Aufgrund von Fehlern in seiner Buchhaltung realisiert G erst Anfang 2015, dass keine Zahlung durch T erfolgt ist. Nach Klageerhebung im Januar 2015 erwirkt G im Juni 2015 ein Versäumnisurteil in Höhe von 2,23 Mio. € gegen T. Dieser hat sich inzwischen jedoch ins Ausland abgesetzt. Unter Berufung auf das Urteil und die Bürgschaftserklärung verlangt G die 2,23 Mio. € von B. Dieser beruft sich darauf, dass von der Gesamtsumme nur 1,5 Mio. auf das Seniorenwohnheim zurückzuführen seien, wie es ursprünglich geplant worden sei. Für die nachträgliche Erweiterung des Projekts um weitere Einheiten habe er ebenso wenig haften wollen wie für die 30.000 € Verzugszinsen, die inzwischen auf die 1,5 Mio. € für das Ursprungsobjekt angefallen seien. Insbesondere habe er keine Haftung für die bereits bei der Bürgschaftsübernahme bestehenden Werklohnforderungen aus anderen Projekten übernehmen wollen, die ihm überhaupt nicht bekannt waren, wie z. B. die von G geforderten 200.000 € für das Projekt „Wohnen im Park". Diese sei ihm durch die von G weit formulierte Zweckerklärung der Bürgschaft „untergejubelt" worden; den ausdrücklichen Hinweis von G habe er damals nicht verstanden.

Hinzu komme, dass alle Forderungen gegen T zum Zeitpunkt der Klageerhebung bereits verjährt gewesen seien, was tatsächlich der Rechtslage entspricht. G beruft sich insoweit jedoch auf das erstrittene Versäumnisurteil.

Hat G gegen B einen Anspruch auf Zahlung der Bürgschaftssumme?

# Lösung Fall 30

▶ Der Sachverhalt ist insbes. in der Abwandlung komplex und hat Examensniveau. Er behandelt Fragen der Anfechtung von Bürgschaften und die dem Bürgen zustehenden Einwendungen und Einreden gegen eine Inanspruchnahme (vgl. dazu auch *C. Schreiber* Jura 2007, 730 ff.; *Schmolke* JuS 2009, 679 ff.). In der Abwandlung geht es um Fragen der Wirksamkeit weiter Zweckerklärungen im Bürgschaftsrecht.

---

### Vorüberlegungen

Wie bei allen Dreipersonenverhältnissen empfiehlt es sich, die verschiedenen Vertragsbeziehungen graphisch darzustellen, um einen besseren Überblick zu bekommen. Die Aufsplittung der Bürgschaftssumme in viele Einzelposten deutet darauf hin, dass diese Einzelposten in der Fallbearbeitung auch unterschiedliche Probleme aufwerfen und daher sauber zwischen den einzelnen Positionen zu trennen ist.

---

## Ausgangsfall

G könnte einen Anspruch auf Zahlung von 1,5 Mio. € gegen B aus der Bürgschaft gem. § 765 Abs. 1 BGB haben.  **1**

### I. Wirksamer Bürgschaftsvertrag

#### 1. Abschluss eines formwirksamen Bürgschaftsvertrags
Voraussetzung dafür ist, dass zwischen G und B ein wirksamer Bürgschaftsvertrag  **2** besteht. B hat das von G vorgelegte Bürgschaftsformular unterschrieben und damit entweder ein bestehendes Angebot von G angenommen oder selber ein Angebot auf Abschluss einer Bürgschaft abgegeben, das G dann angenommen hat. Der Bürgschaftsvertrag erfüllt die Formerfordernisse des § 766 S. 1 BGB.

#### 2. Anfechtung der Bürgschaftserklärung
B hat bei seiner Inanspruchnahme jedoch seine Bürgschaftserklärung angefochten,  **3** was bei einer Wirksamkeit der Anfechtung gem. § 142 Abs. 1 BGB zur Nichtigkeit der Bürgschaft führen würde.

Zu prüfen ist, ob dem B Anfechtungsgründe nach den §§ 119, 123 BGB zustanden.

#### a) Anfechtung gem. § 123 BGB wegen der Täuschung durch T
In Frage könnte hier eine Anfechtung der Bürgschaft wegen arglistiger Täuschung  **4** nach § 123 Abs. 1 BGB kommen. § 123 Abs. 1 BGB setzt voraus, dass G entweder den B selbst getäuscht hat oder aber ihm die Erklärungen des T zuzurechnen sind.

Letzteres ist nur dann der Fall, wenn T entweder als Vertreter von G oder als dessen Verhandlungsgehilfe gehandelt hat oder aber aus sonstigen Gründen eine die Zurechnung rechtfertigende enge Beziehung bestand („Lagertheorie"). Im konkreten Fall wurde der Kontakt zu B über T hergestellt. Dabei handelt es sich jedoch nur um die für jede Gestellung einer Bürgschaft erforderliche Kontaktaufnahme durch den Hauptschuldner. Anhaltspunkte dafür, dass T darüber hinaus von G auch noch mit der Verhandlungsführung hinsichtlich der Bürgschaft betraut worden war oder sonst in die konkrete Ausgestaltung des Bürgschaftstexts eingebunden war, lassen sich dem Sachverhalt nicht entnehmen. Insofern handelt es sich bei T um einen Dritten i. S. v. § 123 Abs. 2 BGB.[1] G wusste zwar von der finanziell schlechten Situation des T, nicht aber, dass dieser B getäuscht hatte. Insofern liegt auch kein Kennenmüssen i. S. v. § 123 Abs. 2 BGB vor. Dass jemand für einen finanziell schwachen Schuldner eine Bürgschaft übernimmt, ist für sich genommen noch kein Indiz dafür, dass der Bürge über die wahre finanzielle Lage des Hauptschuldners getäuscht wurde. Vielmehr dient die Bürgschaft gerade dazu, Zweifeln des Gläubigers an der Bonität des Hauptschuldners dadurch Rechnung zu tragen, dass das Risiko einer Zahlungsunfähigkeit auf den Bürgen verlagert wird. Eine Anfechtung nach § 123 Abs. 1 BGB wegen der Täuschung durch T scheidet somit aus.

### b) Anfechtung gem. § 119 Abs. 1 und 2 BGB

5  Ein Erklärungs- oder Inhaltsirrtum i. S. v. § 119 Abs. 1 BGB ist nicht gegeben, da B sich nicht über den Inhalt seiner Erklärung geirrt hat. Ihm war klar, dass er eine Bürgschaft übernehmen würde, und er wollte das auch. Der Irrtum bezog sich allein auf die wirtschaftliche Leistungsfähigkeit des Hauptschuldners. Diese stellt ohne weiteres eine für den Verkehr wesentliche Eigenschaft des Hauptschuldners i. S. v. § 119 Abs. 2 BGB dar, da die Gefahr der Inanspruchnahme in erheblichem Maße von der Bonität des Hauptschuldners abhängt. Allerdings dient die Bürgschaft gerade dazu, die wirtschaftliche Leistungsfähigkeit des Hauptschuldners abzusichern, sie gehört also zum vom Bürgen übernommenen Risiko. Würde man dem Bürgen in allen Fällen, in denen die wirtschaftliche Lage des Hauptschuldners schlechter ist als vom Hauptschuldner angenommen, die Möglichkeit einer Anfechtung einräumen, wäre die Bürgschaft als Sicherungsmittel weitgehend ungeeignet. Insofern scheidet auch eine Anfechtung wegen Eigenschaftsirrtums aus.[2]

**Zwischenergebnis** Der Bürgschaftsvertrag ist damit wirksam.

## II. Fällige Hauptforderung

6  Voraussetzung für den Zahlungsanspruch aus der Bürgschaft ist ferner das Bestehen einer fälligen Forderung gegen den Hauptschuldner. Mit der Fertigstellung des Wohnparks und dem Verkauf der zehnten Wohnung bestand ein fälliger Anspruch des G auf den Werklohn in Höhe von 1,5 Mio. € (§ 631 Abs. 1 BGB).

---

[1] Vgl. BGH NJW-RR 1992, 1005, 1006. Siehe auch Fall 2 Rn. 22.
[2] Vgl. Staudinger/*Horn* (2013) § 765 Rn. 168 m. w. N.

**Aufbauhinweis**

Aufbautechnisch sind an dieser Stelle die rechtshindernden und rechtsvernichtenden Einwendungen des Hauptschuldners zu prüfen sowie von diesem bereits ausgeübte Gestaltungsrechte, sofern sie sich auf den Bestand der Hauptforderung auswirken. Insofern geht es nicht um Fragen der Durchsetzbarkeit des Bürgschaftsanspruchs, sondern um Fragen seines Bestehens. Deshalb sind einige der unten aus Gründen der Übersichtlichkeit zusammenfassend dargestellten „Einreden" des Bürgen eigentlich hier zu prüfen.

## III. Durchsetzbarkeit des Anspruchs: Einreden des Bürgen

Zu klären ist, ob B gegen den Bürgschaftsanspruch des G Einreden oder Leistungs-   **7** verweigerungsrechte zustehen. Dabei kann es sich sowohl um eigene Einwendungen des Bürgen aus dem Bürgschaftsvertrag handeln als auch um Einwendungen, die dem Hauptschuldner gegen die Forderung des Gläubigers zustehen.

### Exkurs: Einreden des Bürgen

Die möglichen Einreden des Bürgen lassen sich unterteilen in solche, die dem Bürgen selber aus dem Bürgschaftsvertrag zustehen, und solche, die dem Hauptschuldner zustehen, vom Bürgen aber aufgrund der §§ 768, 770 BGB geltend gemacht werden können. § 768 BGB bezieht sich dabei nicht nur auf die Einreden gegen die Forderung selber, sondern auch gegen die Verpflichtung des Hauptschuldners gegenüber dem Gläubiger, überhaupt eine Bürgschaft stellen zu müssen (Sicherungsabrede; ausf. *Schmolke* JuS 2009, 679, 681). Bei Gestaltungsrechten ist zu unterscheiden: Ficht der Hauptschuldner das seiner Verbindlichkeit gegenüber dem Gläubiger zugrundeliegende Rechtsgeschäft an oder rechnet dem Hauptschuldner mit eigenen Forderungen auf, erlischt insoweit nach § 767 Abs. 1 BGB auch die Bürgenschuld. Solange der Hauptschuldner diese Gestaltungsrechte noch nicht ausgeübt hat, kann der Bürge trotzdem nach § 770 Abs. 1 und 2 BGB die Leistung verweigern (wobei § 770 Abs. 2 BGB aber auf die Aufrechnungsbefugnis des Gläubigers, nicht des Schuldners abstellt). Danach ergibt sich folgendes Bild hinsichtlich der Einreden:

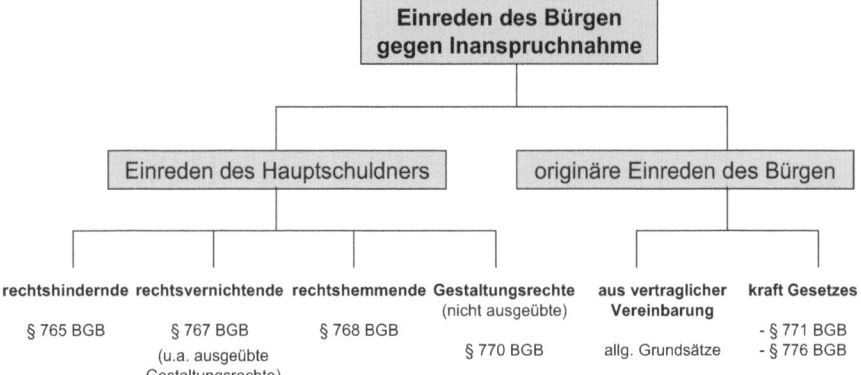

In der Regel empfiehlt es sich, aufbautechnisch mit den eigenen Einreden des Schuldners anzufangen und erst dann auf die abgeleiteten Einreden einzugehen. Im Rahmen der Prüfung von Bürgschaftsansprüchen kann sich unter Umständen eine andere Vorgehensweise aufdrängen, insbesondere wenn der Bürge hilfsweise die Aufrechnung mit eigenen Forderungen erklärt. Diese sollte immer zum Schluss geprüft werden, da sie nicht nur zum Erlöschen des Bürgschaftsanspruchs führt, sondern der Bürge zugleich auch seinen eigenen Gegenanspruch verliert. Die hilfsweise Erklärung einer Aufrechnung zeigt, dass der Bürge nur in den Fällen, in denen eine andere Verteidigungsmöglichkeit nicht existiert, mit seiner Forderung aufrechnen möchte.

## 1. Einrede der fehlenden Aufklärung über das Risiko

**8**    Zu prüfen ist, ob sich aus der von B behaupteten Verletzung einer vorvertraglichen Aufklärungspflicht ein Schadensersatzanspruch von B nach §§ 280 Abs. 1, 311 Abs. 2, 241 Abs. 2 BGB ergibt, der zu einer Aufhebung der Bürgschaft berechtigt.[3]

Voraussetzung dafür wäre jedoch, dass für G tatsächlich eine Aufklärungspflicht hinsichtlich der prekären finanziellen Lage des Hauptschuldners bestand. Das ist in der Regel nicht der Fall. Es obliegt grundsätzlich dem Bürgen, sich über die Bonität des Hauptschuldners und damit über das mit der Bürgschaft verbundene Risiko zu informieren. Der Bürgschaftsgläubiger ist nicht dazu verpflichtet, den Bürgen vor der unüberlegten Übernahme von Risiken zu warnen. Eine vorvertragliche Aufklärungspflicht über mit dem Vertrag verbundene Risiken besteht im kaufmännischen Geschäftsverkehr nur dann, wenn eine solche Aufklärung über entscheidungserhebliche Tatsachen redlicherweise nach Treu und Glauben erwartet werden konnte.[4] Grundsätzlich ist jede Partei in einer auf Privatautonomie gegründeten Wirtschaftsordnung für ihr wirtschaftliches Handeln selbst verantwortlich und kann ihre eigenen Interessen verfolgen. Eine Aufklärungspflicht für den Bürgschaftsgläubiger besteht nur, wenn er selber den Irrtum über das übernommene Risiko mit verursacht hat oder ihm der Irrtum zumindest bekannt war. Das ist hier nicht der Fall. Die bloße Kenntnis von der wirtschaftlich prekären Lage des Hauptschuldners begründet eine solche Aufklärungspflicht nicht. Vielmehr konnte G davon ausgehen, dass sich B selber über die finanzielle Lage des T informiert hat. Ihm war gerade nicht bekannt, dass B von einer deutlich höheren Bonität des Hauptschuldners ausging. Bei einer solchen Konstellation ist der Bürgschaftsgläubiger nicht verpflichtet, unter Hintanstellung der eigenen Interessen an dem Erhalt einer Sicherheit den Bürgen über die mit der Bürgschaft verbundenen Risiken aufzuklären oder ihn gar vor der Übernahme der Bürgschaft zu warnen.

### Exkurs

Ist dem Gläubiger die Fehlvorstellung des Bürgen bekannt, da er bei der Täuschung durch den Dritten anwesend war, so kann sein Schweigen bei der Erzeugung der Fehlvorstellung unter Umständen auch als eine arglistige Täuschung durch unterlassene Aufklärung i. S. v. § 123 Abs. 1 BGB zu werten sein (vgl. BGH ZIP 2001, 1678=NJW 2001, 3331).

---

[3] Vgl. allg. Fall 2 Rn. 41.
[4] Vgl. nur BGH ZIP 1997, 1058, 1060.

## 2. Störung der Geschäftsgrundlage gem. § 313 BGB

B beruft sich weiterhin darauf, dass die Leistungsfähigkeit des T Geschäftsgrundla- **9** ge für die Übernahme der Bürgschaft gewesen sei, und diese weggefallen sei. Diese Erklärung ist dahin auszulegen, dass B von der Bürgschaft nach § 313 Abs. 3 BGB zurücktreten möchte bzw. sie kündigen möchte, was jedoch nur dann möglich ist, wenn tatsächlich eine Störung der Geschäftsgrundlage i. S. v. § 313 BGB vorliegt. Geschäftsgrundlage sind die bei Vertragsschluss bestehenden Vorstellungen beider Partner oder die dem Geschäftsgegner erkennbaren und von ihm nicht beanstandeten Vorstellungen eines Partners von dem Vorhandensein bestimmter Umstände, auf denen der Geschäftswille der Parteien aufbaut. Im konkreten Fall übernahm B die Bürgschaft in dem Glauben an die wirtschaftliche Leistungsfähigkeit des T. Bei G hingegen fehlte es schon an dieser Vorstellung, da ihm die wirtschaftliche Lage von T bekannt war. Zudem war ihm die Fehlvorstellung von B nicht bekannt oder erkennbar. Insofern erscheint bereits unter diesem Gesichtspunkt eine Berufung auf den Wegfall der Geschäftsgrundlage ausgeschlossen. Hinzu kommt, dass die Bürgschaft gerade dazu dient, das Risiko der negativen Entwicklung der Bonität des Hauptschuldners auf den Bürgen zu übertragen. Entsprechend kann dieses für sich genommen nicht zum Wegfall der Geschäftsgrundlage bei der Bürgschaft führen, sondern ist Bestandteil der vertraglichen Risikoverteilung.[5]

## 3. Einrede der Vorausklage

B beruft sich darauf, dass gem. § 771 BGB die Zahlung so lange verweigert werden **10** kann, bis ein erfolgloser Vollstreckungsversuch beim Hauptschuldner unternommen wurde. Der Bürge haftet subsidiär zum Hauptschuldner, den die primäre Leistungspflicht trifft. An einem solchen Vollstreckungsversuch fehlt es im konkreten Fall.

Eine Berufung auf die Einrede der Vorausklage ist gem. § 773 Abs. 1 Nr. 1 BGB jedoch ausgeschlossen, wenn der Bürge eine selbstschuldnerische Bürgschaft übernommen hat. Da B eine solche Erklärung abgegeben hat, kann er die Einrede der Vorausklage nicht erheben.

## 4. Einreden des Hauptschuldners gem. § 768 BGB

Gem. § 768 Abs. 1 BGB kann sich B auf T gegen die Hauptforderung zustehende **11** Einreden berufen.

T und G hatten vereinbart, dass letzterer die mit Erbringung der Werkleistung fällige Vergütung bis zum Verkauf der zehnten Wohnung stunden würde. Da dieses inzwischen geschehen ist, besteht keine Stundungseinrede mehr. Anhaltspunkte für eine eventuelle Verjährung der Werklohnforderung sind nicht ersichtlich.

In Frage könnte jedoch eine Einrede aus §§ 320, 641 Abs. 3 BGB wegen der **12** Mangelhaftigkeit des Werkes kommen. Aufgrund der Mängel der Bauausführung hat T gegen G einen Anspruch auf Nacherfüllung gem. §§ 634 Nr. 1, 635 BGB, der auch durch die Weigerung des G nicht erloschen ist. Dieser Anspruch tritt nach der Abnahme an die Stelle des Erfüllungsanspruchs und könnte daher von T der Zahlungsaufforderung des G gem. §§ 320, 641 Abs. 3 BGB entgegengehalten werden.

---

[5] Vgl. BGH ZIP 1994, 861, 862; Staudinger/*Horn* (2013) § 765 Rn. 227.

Entsprechend kann sich auch B auf das Zurückbehaltungsrecht berufen. Angemessen ist gem. § 641 Abs. 3 BGB in der Regel der Einbehalt des doppelten Betrags, der für die Mängelbeseitigung erforderlich ist. Es sind keine Gründe ersichtlich, die eine höhere Summe rechtfertigen könnten. Entsprechend besteht ein Leistungsverweigerungsrecht in Höhe von 300.000 €.

13    Ferner beruft sich B auf die T wegen der Mängel zustehende Möglichkeit, den Werklohn zu mindern. Da T bisher noch nicht entschieden hat, wie er in Anbetracht der Weigerung von G, die Mängel zu beseitigen, weiter vorgehen möchte, d. h. noch keinen Gebrauch von den ihm nach § 634 BGB zustehenden Wahlrechten gemacht hat, handelt es sich insofern jedoch nicht um eine unter § 768 BGB zu prüfende Einrede, sondern um ein „Gestaltungsrecht", das unter § 770 BGB fällt.

### 5. Gestaltungsrechte des Hauptschuldners gem. § 770 BGB

14    Nach dem Wortlaut des § 770 BGB kann B die Zahlung auch insoweit verweigern, wie T den Werkvertrag anfechten oder die Aufrechnung mit eigenen Forderungen erklären kann. Der Sachverhalt enthält keine Anhaltspunkte für entsprechende Anfechtungs- oder Aufrechnungsbefugnisse von T. Allerdings beruft sich B auf ein T zustehendes Minderungsrecht nach §§ 634 Nr. 3, 638 BGB. Auch wenn sich der Wortlaut des § 770 BGB nur auf die Anfechtung und die Aufrechnung beschränkt, ist allgemein anerkannt, dass er alle dem Hauptschuldner zustehenden Gestaltungsrechte erfasst und damit auch das Recht zur Minderung. Insofern kann B die Zahlung in Höhe von 150.000 € verweigern. Da es jedoch um dieselben Mängel geht wie bei dem Zurückbehaltungsrecht nach § 320 BGB, kann insoweit keine Addition der beiden Summen erfolgen.

### IV. Ergebnis

15    G hat einen durchsetzbaren Anspruch gegen B auf Zahlung aus dem Bürgschaftsvertrag gem. § 765 Abs. 1 BGB in Höhe von 1,2 Mio. €. Hinsichtlich weiterer 300.000 € steht B wegen der Mängel der Werkerbringung die Einrede des §§ 320, 641 Abs. 3 BGB zu, die er nach § 768 BGB dem Zahlungsanspruch entgegenhalten kann.

---

### Abwandlung

16    G könnte einen Anspruch gegen B auf Zahlung von 2,23 Mio. € aus dem Bürgschaftsvertrag gem. § 765 Abs. 1 BGB haben.

### I. Bestehen eines wirksamen Bürgschaftsvertrags

#### 1. Einigung auf die Übernahme einer Bürgschaft

17    Mit der Unterzeichnung des von G vorgelegten Bürgschaftsformulars haben sich G und B auf die Übernahme einer Bürgschaft durch B geeinigt.

## 2. Bestimmtheit der gesicherten Forderung

Vor dem Hintergrund der Akzessorietät der Bürgschaft ist für die Wirksamkeit des **18** Bürgschaftsvertrags ferner erforderlich, dass die gesicherte Forderung bestimmt oder zumindest bestimmbar ist. Diese Verbindung zwischen der Bürgschaft und der gesicherten Forderung erfolgt über die zwischen den Parteien vereinbarte Zweckerklärung. Im vorliegenden Fall sah diese vor, dass die Bürgschaft zur Sicherung für „alle gegenwärtigen und zukünftigen Forderungen aus den Geschäftsbeziehungen zwischen G und T" diente. Auch wenn der Bürge damit wirtschaftlich den Umfang der übernommenen Verpflichtung im Zeitpunkt der Bürgschaftsübernahme nicht abschätzen kann, ist jedoch klar, dass die Bürgschaft alle Forderungen aus den bestehenden Geschäftsbeziehungen zwischen G und T sichern sollte. Insofern ist rein rechtlich die Bürgschaft hinreichend bestimmt.[6]

## 3. Wirksamkeit der Zweckerklärung

Die Bürgschaft inklusive der Zweckerklärung beruht jedoch auf einem von G auch **19** in sonstigen Verträgen genutzten Formular. Insofern stellt die weite Zweckerklärung eine allgemeine Geschäftsbedingung i. S. v. § 305 Abs. 1 BGB dar, die hinsichtlich ihrer Einbeziehung und ihrer Wirksamkeit den in §§ 305 ff. BGB normierten Anforderungen genügen muss.

Zur AGB-Prüfung vgl. Fall 24 Rn. 46.

### a) Wirksame Einbeziehung

Die generelle Einbeziehung der Bürgschaftsbedingungen gem. § 305 Abs. 2 BGB **20** ist erfolgt, da B die Bürgschaftsurkunde zur Unterschrift vorgelegt worden war und er damit Kenntnis von den AGB hatte. Fraglich ist jedoch, ob auch die weite Zweckerklärung Vertragsbestandteil geworden ist oder es sich bei ihr um eine überraschende Klausel i. S. v. § 305c Abs. 1 BGB handelt, die nicht einbezogen wird.

Überraschend ist eine Klausel in AGB dann, wenn sie von den Erwartungen des **21** Vertragspartners deutlich abweicht und dieser mit ihr nach den Umständen vernünftigerweise nicht zu rechnen brauchte. Die Bürgschaft wurde anlässlich des Abschlusses eines Werkvertrags zur Erstellung des Seniorenwohnparks übernommen. Laut der Zweckerklärung sollte sie jedoch nicht nur die aus diesem Werkvertrag resultierenden Forderungen betreffen, sondern zusätzlich auch aktuelle und zukünftige Forderungen aus sonstigen Geschäftsbeziehungen zwischen G und T. Wie sich aus dem Vorbringen von B ergibt, der sich ausdrücklich darauf beruft, dass ihm die über das Projekt „Seniorenwohnpark" hinausgehende Haftung „untergejubelt" wurde, weicht die entsprechende Ausweitung der Haftung von seinen Vorstellungen bei Vertragsschluss ab. Er brauchte grundsätzlich auch bei einer im Zusammenhang mit einem konkreten Geschäft übernommenen Bürgschaft nicht damit zu rechnen, dass zugleich auch die Haftung für sonstige Risiken mitübernommen wurde. Wie die

---

[6] So ausdrücklich BGHZ 130, 19, 21 f.=NJW 1995, 2553; s. auch *Krafka* JA 2004, 668, 671.

gesetzliche Ausgestaltung der Bürgschaft in § 767 Abs. 1 S. 3 BGB zeigt, geht der
Bürge grundsätzlich davon aus, im Zeitpunkt der Bürgschaftsübernahme die Höhe
der übernommenen Verpflichtung bestimmen zu können. Wird eine Bürgschaft im
Rahmen eines konkreten Geschäftes übernommen, bedeutet das, dass der Bürge in
der Regel berechtigterweise davon ausgehen kann, dass er auch nur für die Risiken
aus diesem Geschäft haftet. Allerdings hatte hier G den B bei der Bürgschaftsübernahme auf „die weite Zweckerklärung" hingewiesen, was der Klausel ihren Über-
raschungscharakter nehmen könnte.[7] Ob allein ein mündlicher Hinweis auf eine
„weite Zweckerklärung" ausreicht, um die Anwendbarkeit des § 305c Abs. 1 BGB
auszuschließen, erscheint fraglich. Wie das Beispiel von B zeigt, kann der Bürge
die rechtlichen Konsequenzen einer weiten Zweckerklärung oftmals gar nicht ein-
schätzen. Hinzu kommt, dass grundsätzlich alle den Umfang der Bürgenhaftung
betreffenden Erklärungen der Schriftform genügen müssen. Das gilt auch für den
Hinweis auf weite Zweckerklärungen, ohne den diese wegen ihres Überraschungs-
charakters nicht Bestandteil des Bürgschaftsvertrages würden.

Letztlich kann die Frage einer wirksamen Einbeziehung hier jedoch dahingestellt bleiben, wenn die weite Zweckerklärung ohnehin nicht wirksam ist.

### b) Inhaltskontrolle

22  Die Unwirksamkeit der weiten Zweckerklärung könnte sich aus einem Verstoß
gegen § 307 BGB ergeben.

### aa) Überprüfbarkeit

23  Das setzt zunächst einmal voraus, dass es sich bei der Zweckerklärung überhaupt
um eine der AGB-Kontrolle unterliegende Nebenbestimmung handelt. Gem. § 307
Abs. 3 S. 1 BGB unterliegen Klauseln, die den Hauptgegenstand des Vertragsverhältnisses bestimmen, nicht der Inhaltskontrolle. Diese bezieht sich nur auf die von
den gesetzlichen Regelungen abweichenden Nebenabreden. Da die Zweckerklärung den Gegenstand der Bürgenhaftung festlegt, scheint es sich bei ihr auf den
ersten Blick um eine kontrollfreie Festlegung der Hauptleistungspflicht zu handeln.
Nach ständiger Rechtsprechung ist bei Bürgschaften, die aus Anlass eines konkreten Geschäfts übernommen werden, jedoch allein der Teil der Zweckerklärung Bestimmung der vertraglichen Hauptpflicht, mit dem die Haftung für die Risiken aus
diesem konkreten Geschäft übernommen wird. Jede Erweiterung der Haftung stellt
sich somit als Nebenabrede dar und kann kontrolliert werden.[8] Insofern ist zwischen
der Bürgschaftsübernahme für die bestehenden Forderungen und der für künftige
Forderungen zu differenzieren.

---

[7] Vgl. allg. MünchKomm/*Habersack* § 765 Rn. 72.
[8] Siehe dazu BGHZ 130, 19, 31 f. = NJW 1995, 2553; *Riehm* JuS 2000, 343, 346; MünchKomm/
*Habersack* § 765 Rn. 73 ff.; umfassend zu den verschiedenen Fragen weiter Sicherungszweck-
erklärungen *Nobbe* BKR 2002, 747.

### bb) Zukünftige Forderungen

Die Zweckerklärung könnte hinsichtlich der Übernahme für alle künftigen Forde- **24** rungen gegen § 307 Abs. 1 und 2 BGB verstoßen, da sie zu einer im Zeitpunkt der Bürgschaftsübernahme nicht mehr kalkulierbaren Haftungsübernahme führt. Gem. § 307 Abs. 2 Nr. 1 BGB liegt eine unangemessene Benachteiligung i. S. v. § 307 Abs. 1 BGB regelmäßig dann vor, wenn eine Regelung mit wesentlichen Grundgedanken der gesetzlichen Regelung nicht zu vereinbaren ist. Nach dem gesetzlichen Leitbild der Bürgschaft in § 767 Abs. 1 S. 3 BGB soll der Bürge zum Zeitpunkt seiner Haftungsübernahme den Haftungsumfang abschätzen können. Ihm muss bekannt sein, für welche Forderungen er die Haftung übernimmt, oder aber er muss zumindest einen Einfluss auf deren Auswahl haben. Der Bürge soll nach dem gesetzlichen Leitbild mit der Bürgschaft nur ein für ihn kalkulier- und beherrschbares Risiko übernehmen. Das ist bei B jedoch nicht der Fall. Weder sind ihm die gesamten Geschäftsbeziehungen zwischen T und G bekannt, noch hat er einen Einfluss auf die Aufnahme weiterer Geschäftsbeziehungen, deren Risiken durch die Bürgschaft abgesichert werden. Insofern verstößt die weite Zweckerklärung gegen das in § 767 Abs. 1 S. 3 BGB angelegte Verbot der Fremddisposition.[9]

Das beinhaltet zugleich einen Verstoß gegen § 307 Abs. 2 Nr. 2 BGB.[10] Der man- **25** gelnde Einfluss des Bürgen auf den Umfang der übernommenen Haftung stellt eine den Vertragszweck gefährdende Einschränkung des Rechts des Bürgen dar, über den Umfang seiner Verpflichtung informiert zu sein.

Damit ist die weite Zweckerklärung auch nach § 307 Abs. 1 i. V. m. Abs. 2 Nr. 1 und Nr. 2 BGB unwirksam.

### cc) Bestehende Forderungen

Sofern die Zweckerklärung die Haftung auf zur Zeit der Bürgschaftsübernahme **26** bestehende Forderungen aus anderen Projekten ausdehnt, fehlt es an einem Verstoß gegen § 307 Abs. 2 BGB. Der Umfang der vom Bürgen übernommenen Haftung ist zum Zeitpunkt des Vertragsschlusses objektiv bestimmbar. Das Risiko ist insoweit zumindest theoretisch kalkulierbar, da es sich aus der Addition der bestehenden Verbindlichkeiten ergibt.

Es könnte jedoch dennoch ein Verstoß gegen § 307 Abs. 1 BGB vorliegen, wenn **27** der Bürge durch die weite Zweckerklärung unangemessen benachteiligt wird. Der Bürge hat ein schutzwürdiges Interesse daran, den Umfang des übernommenen Risikos aus der Bürgschaftsurkunde ersehen zu können. Sofern diese über das Risiko hinausgeht, das mit der den Anlass der Bürgschaftsübernahme bildenden Forderung verbunden ist, lässt sich dem Formular das Risiko nicht mehr entnehmen. Im konkreten Fall waren B die zwischen T und G bestehenden weiteren Geschäftsbeziehungen nicht bekannt. B wusste somit nicht, dass zusätzlich zu den Forderungen aus dem Projekt „Seniorenwohnpark" noch weitere Forderungen in Höhe von 200.000 € aus dem Projekt „Wohnen im Park" bestanden, für die er ebenfalls bürgen

---

[9] BGHZ 130, 19, 32 f.; 142, 213, 215 f.; MünchKomm/*Habersack* § 765 Rn. 73; *Schmolke* JuS 2009, 585, 589.

[10] BGHZ 130, 19, 32 f.; MünchKomm/*Habersack* § 765 Rn. 73; *Schmolke* JuS 2009, 585, 589.

sollte. Da G den B über die entsprechenden Forderungen auch nicht näher aufgeklärt hat, verstößt die Zweckerklärung hinsichtlich der bestehenden Forderungen
gegen das in § 307 Abs. 1 S. 2 BGB verankerte Transparenzgebot und ist ebenfalls
unwirksam.

### c) Rechtsfolgen der Unwirksamkeit der Zweckerklärung

28    Damit stellt sich die Frage nach der Rechtsfolge der etwaigen Nichteinbeziehung
und Unwirksamkeit der weiten Zweckerklärung. Grundsätzlich gilt bei AGB das
Verbot einer geltungserhaltenden Reduktion, d. h. einer Rückführung einer unwirksamen Klausel auf ihren gesetzlich noch zulässigen Inhalt.[11] Entsprechend ist die
Zweckerklärung insgesamt als unwirksam anzusehen, sofern nicht einzelne Teile
abtrennbar sind. Daran fehlt es jedoch im konkreten Fall, da die den Anlass der
Bürgschaftsübernahme bildenden Forderungen nicht gesondert erwähnt wurden.

29    Das völlige Fehlen einer Vereinbarung eines konkreten Sicherungszwecks würde
jedoch zur Unwirksamkeit der Bürgschaft führen, da nicht klar ist, welche Forderung durch die Bürgschaft gesichert ist. Eine solche Regelung entspräche allerdings
nicht den Interessen der Parteien. Diese waren sich darüber einig, dass der Gläubiger zumindest für die den Anlass der Bürgschaftsübernahme bildende Forderung
gesichert werden sollte. Insofern kann hier eine ergänzende Vertragsauslegung der
Bürgschaft dahingehend vorgenommen werden, dass die Vertragslücke, die durch
die Unwirksamkeit der ausdrücklich vorgesehenen Zweckvereinbarung entstanden
ist, geschlossen wird.[12] Das entspricht auch dem in § 767 Abs. 1 S. 3 BGB zum Ausdruck kommenden gesetzlichen Leitbild der Bürgschaft, so dass diese ergänzende
Vertragsauslegung letztlich dem in § 306 Abs. 2 BGB zum Ausdruck kommenden
Grundgedanken entspricht, dass sich bei der Unwirksamkeit von AGB der Inhalt
des Vertrages nach den gesetzlichen Vorschriften richtet.

30    Damit ist ein wirksamer Bürgschaftsvertrag für die Forderungen des G aus dem
Werkvertrag über das Projekt „Seniorenwohnpark" zustande gekommen, die den
Anlass der Bürgschaftsübernahme bildeten.

## II. Umfang der Bürgenhaftung

31    Der Umfang der Bürgenhaftung richtet sich gem. § 767 Abs. 1 S. 1 BGB grundsätzlich nach dem Umfang der gesicherten Hauptschuld, sofern die Parteien nicht
ausdrücklich eine andere Vereinbarung getroffen haben. Nach dem oben Gesagten
(Rn. 20 ff.) sichert die Bürgschaft grundsätzlich nur Verbindlichkeiten aus dem Projekt „Seniorenwohnpark", das den Anlass der Bürgschaftsübernahme bildete, nicht
aber Forderungen aus dem Projekt „Wohnen im Park".

32    Die Hauptschuld aus dem Projekt „Seniorenwohnpark" betrug zum Zeitpunkt
der Inanspruchnahme 2,03 Mio. €. Von diesen beruhten allerdings 530.000 € auf

---

[11] Vgl. dazu auch Fall 24 Rn. 50 m. w. N.

[12] Vgl. BGHZ 143, 95, 102; Palandt/*Sprau* § 765 Rn. 20 m. w. N.; Staudinger/*Horn* (2013) § 765
Rn. 52.

Umständen, die erst nach der Bürgschaftsübernahme seitens B eingetreten waren. Insofern ist zwischen den 30.000 € Verzugsschaden für die verspätete Zahlung der ersten Raten und den 500.000 € für die Erweiterung des Wohnparks zu unterscheiden. Die Erweiterung des ursprünglichen Konzepts auf 20 Wohneinheiten stellt ein nach Übernahme der Bürgschaft zustande gekommenes Rechtsgeschäft i. S. v. § 767 Abs. 1 S. 3 BGB dar, das durch die Bürgenhaftung nicht abgedeckt ist. Durch die zusätzlichen Wohnungen hat sich die ursprünglich vereinbarte Zahlungsverpflichtung von T um 500.000 € erhöht und damit auch das durch die Bürgschaft abgesicherte Risiko. Da B keinen Einfluss auf diese Vereinbarung hatte, würde sie sich letztlich als ein unzulässiger Vertrag zu Lasten Dritter erweisen, wenn T und G dadurch die Bürgschaftsverpflichtung von B erhöhen könnten. Das Verbot der Fremddisposition ist insofern auch nicht disponibel.

Im Gegensatz dazu beruhen die 30.000 € nicht auf einem zwischen Hauptschuld-  **33** ner und Gläubiger abgeschlossenen Rechtsgeschäft, sondern auf einer gesetzlich angeordneten Haftung für Verzug. Für diese gesetzlichen „Erweiterungen" des ursprünglich übernommenen Risikos sieht § 767 Abs. 1 S. 2 BGB ausdrücklich vor, dass sie von der Bürgschaft erfasst werden. Damit wird dem Sicherungszweck der Bürgschaft Rechnung getragen, da die Erweiterungen der Hauptschuld letztlich auf der Zahlungsunfähigkeit bzw. -unwilligkeit des Hauptschuldners beruhen.

B haftet damit grundsätzlich für die Forderungen aus dem Objekt „Senioren-  **34** wohnpark" in Höhe von 1,53 Mio. €.

---

**Aufbauhinweis**

Aufbautechnisch wäre es durchaus vertretbar gewesen, auch die Frage der Ausdehnung der Bürgenhaftung auf spätere Erweiterungen des gesicherten Projekts im Rahmen der Wirksamkeit der Zweckvereinbarung abzuhandeln. In Anbetracht der speziellen Regelung der Fragen einer nachträglichen Erweiterung der Bürgenhaftung in § 767 Abs. 1 BGB und der Problematik, im Rahmen einer ergänzenden Vertragsauslegung sehr detaillierte Vertragsklauseln in den Vertrag hineinzulesen, ist hier von einer Zweckerklärung ausgegangen worden, die sich auf das Projekt „Seniorenwohnpark" als solches bezog, ohne bereits zwischen ursprünglicher Ausführung und späterer Erweiterung zu differenzieren.

## III. Verjährungseinrede

Es ist ferner zu prüfen, ob der Bürgschaftsanspruch des G durchsetzbar ist. Hin-  **35** sichtlich der erfassten Forderungen aus dem Objekt „Seniorenwohnpark" beruft sich B auf die Verjährung der Zahlungsverpflichtung von T (§ 214 Abs. 1 BGB). Grundsätzlich kann der Bürge die dem Hauptschuldner zustehende Einrede der Verjährung gem. § 768 Abs. 1 S. 1 BGB geltend machen. Im konkreten Fall war jedoch bereits ein rechtskräftiges Versäumnisurteil gegen T ergangen, so dass dieser sich gegen eine Inanspruchnahme aus dem Urteil nicht mehr mit der Einrede der Verjährung verteidigen kann.

**36**    Gem. § 768 Abs. 2 BGB verliert der Bürge seine Einrede nicht dadurch, dass der Hauptschuldner auf sie verzichtet. Insofern kann es keinen Unterschied machen, ob der Hauptschuldner ausdrücklich auf die Geltendmachung der Verjährungseinrede verzichtet oder dieser Verzicht konkludent erfolgt, indem er sich im Rahmen eines Prozesses nicht verteidigt.[13] Damit kann sich B weiterhin auf die Verjährung der Hauptforderung berufen.

## IV. Ergebnis

**37**   G hat keinen durchsetzbaren Anspruch gegen B auf Zahlung eines Geldbetrags aus dem zwischen beiden bestehenden Bürgschaftsvertrag (§ 765 BGB).

---

[13] BGHZ 76, 222, 229 f.; Palandt/*Sprau* § 768 Rn. 9.

# Anhang

## Übersicht 1: Prüfungsreihenfolge bei mehreren Anspruchsgrundlagen[1]

### I. Vertragliche Ansprüche

- **Vertragliche Primäransprüche**
  auf Erfüllung gerichtet; auch: Nacherfüllungsanspruch als modifizierter Erfüllungsanspruch (str.;[2] wird z. T. auch als Sekundäranspruch angesehen)
  - Hauptleistungspflichten (z. B. § 433 I, II [Kaufpreiszahlung], § 439, § 488 I 1, 2 [Zins], § 518, § 535 I, II, § 598, § 611 I, § 631 I, II, § 635)
  - Nebenleistungspflichten (z. B. § 433 II [Abnahme], § 546, § 604)
- **Vertragliche Sekundäransprüche** (bei Leistungsstörungen), insbes.
  - Schadensersatz/ Aufwendungsersatz (§§ 280 ff., 311a II, 284; Spezialregelungen)
  - Rückgewähr nach Rücktritt, Minderung (§§ 346 ff., 441 IV, 638 IV)/ Nutzungsherausgabe/ Wertersatzpflichten nach Rücktritt
  - Herausgabe des Surrogates (§ 285)
  - Vertragsanpassung (§ 313 I)

### II. Vertragsähnliche Ansprüche (Vertrauenshaftung)

- Ersatz des Vertrauensschadens gem. § 122 in den Fällen der §§ 118–120
- Haftung des Vertreters ohne Vertretungsmacht gem. § 179
- Schadensersatz aus *culpa in contrahendo* gem. §§ 280 I, 311 II, III, 241 II

---

[1] Unter Außerachtlassung familien- und erbrechtlicher Ansprüche, die vorrangig zu prüfen sind. – Normen ohne Gesetzesangabe sind solche des BGB.

[2] BGH NJW 2013, 220 Rn. 24; *Unberath/Cziupka* JZ 2008, 867, 868; *Schneider/Katerndahl* MDR 2009, 9, 10.

© Springer-Verlag Berlin Heidelberg 2015
P. Balzer et al., *Die Schuldrechtsklausur I,* Tutorium Jura,
DOI 10.1007/978-3-662-45662-0

## III. Gesetzliche Ansprüche

**1. Ansprüche aus Geschäftsführung ohne Auftrag, §§ 677 ff.**

z. B. Aufwendungsersatz gem. §§ 670, 683 S. 1, Herausgabe gem. §§ 667, 681 S. 2;
Schadensersatz gem. § 678 oder § 280 I

**2. Dingliche (sachenrechtliche) Ansprüche**

z. B. §§ 985, 1007, 861, 1004

**3. Ansprüche aus Gefährdungshaftung; deliktische Ansprüche**

z. B. aus § 7 StVG; § 1 ProdHaftG; §§ 823 I, II, 826, 831 BGB

**4. Ansprüche aus ungerechtfertigter Bereicherung: §§ 812 ff.**

## Übersicht 2: Allgemeines Prüfungsschema für schuldrechtliche Ansprüche

▶ Anhand des nachfolgenden Schemas können schuldrechtliche Ansprüche geprüft werden. Es enthält die meisten Einwendungen und Einreden, die der Schuldner dem Gläubiger, der den Anspruch geltend macht, entgegenhalten kann. Rechtshindernde Einwendungen gegen vertragliche Ansprüche führen dazu, dass gar kein wirksamer Vertrag zustande kommt, aus dem Ansprüche hergeleitet werden könnten. Rechtsvernichtende Einwendungen bewirken, dass der entstandene Anspruch wieder erlischt. Rechtshemmende Einwendungen (= Einreden) beeinträchtigen die Existenz eines Anspruchs nicht, führen aber dazu, dass der Gläubiger den Anspruch (dauerhaft oder vorübergehend) nicht durchsetzen kann, wenn sich der Schuldner auf die Einrede beruft.

Das Schema soll nur zeigen, an welcher Stelle Einwendungen und Einreden in einer Fallösung geprüft werden können. Die Reihenfolge der Prüfung von Einwendungen, die auf gleicher Stufe stehen, ist dabei meist gleichgültig. Selbstverständlich sind die einzelnen Einwendungen nur anzusprechen, wenn es im Sachverhalt einen Anhaltspunkt für ihr Vorliegen gibt. Auch das Grundschema (Anspruch entstanden – nicht erloschen – durchsetzbar) dient primär der gedanklichen Strukturierung des Falles und als Mechanismus zur Eigenkontrolle. Gerade bei Sekundäransprüchen und gesetzlichen Ansprüchen ist eine derartige Gliederung nur in seltensten Fällen sinnvoll; hier reicht es meist aus, die gesetzlichen Tatbestandsmerkmale zu prüfen. Generell gilt für Prüfungsschemata: Der Fall und die Rechtsprobleme bestimmen den Aufbau, nicht umgekehrt (*K. Schmidt* JuS 11/2012, XXXV).

## A) Anspruch entstanden (und fällig)

### I. Anspruch entstanden

#### 1. Vertragliche Primäransprüche

sind auf Erfüllung gerichtet (Beispiele: § 433 I, II, § 488 I 1, 2, § 535 I, II, § 611 I, § 631 I). Sie setzen einen wirksamen Vertrag voraus:

a) **Einigung** der Parteien (oder ihrer Vertreter) über die *essentialia negotii* (wesentlichen Vertragsbestandteile), §§ 145 ff.; 130; evtl. §§ 164 ff.

b) **Keine Wirksamkeitshindernisse** (rechtshindernden Einwendungen), v. a.:

    aa) Geschäftsunfähigkeit (§ 105 I)/ beschränkte Geschäftsfähigkeit, sofern Geschäft nicht lediglich rechtlich vorteilhaft und keine Zustimmung durch gesetzlichen Vertreter (§§ 107, 108 I)

    bb) Geheimer Vorbehalt (§ 116 S. 2), Scheingeschäft (§ 117 I), Scherzerklärung (§ 118)

    cc) Formnichtigkeit (§ 125)

dd) Gesetzesverstoß (§ 134)

ee) Sittenverstoß (§ 138)

ff) Vollzogene Anfechtung (§ 142)

Einordnung als rechtshindernde oder rechtsvernichtende Einwendung problematisch, weil die Wirkung der Anfechtung einerseits wie bei einer rechtsvernichtenden Einwendung nach Vertragsschluss eintritt, sie andererseits aber gem. § 142 wie eine rechtshindernde Einwendung den Vertrag rückwirkend beseitigt.

gg) Aufschiebende Bedingung (§ 158 I); Anfangstermin (§ 163)

**2. Vertragliche Sekundäransprüche**

(v. a. Schadensersatz, §§ 280 ff.) setzen neben einem wirksamen Vertrag (oben 1) die Erfüllung der Tatbestandsvoraussetzungen der jeweiligen Norm voraus.

**3. Bei gesetzlichen Ansprüchen**

(v. a. §§ 677 ff., 812 ff., 823 ff.) müssen die jeweiligen gesetzlichen Tatbestandsvoraussetzungen erfüllt sein. § 254 stellt eine rechtshindernde Einwendung im Rahmen eines Schadensersatzanspruches dar.

## II. Anspruch fällig (§ 271)

## B) Anspruch nicht erloschen (rechtsvernichtende Einwendungen)

**I. Erfüllung und Erfüllungssurrogate**

1. Erfüllung (§ 362 I)
2. Leistung an Erfüllungs Statt (§ 364 I)
3. Hinterlegung (§ 378)
4. Aufrechnung (§ 389)

 **II.** Erlassvertrag (§ 397); Aufhebungs-/Änderungsvertrag; Novation; Konfusion

**III.** **Vollzogene Anfechtung** (§ 142) (Einordnung problematisch, s. o. A I 1 b ff.)

**IV.** **Unmöglichkeit** (§ 275 I [betr. Leistung], § 326 I [betr. Gegenleistung])

 **V.** **Schadensersatzverlangen** nach Ablauf der gesetzten Nachfrist (§ 281 IV)

**VI.** **Rücktritt** (vgl. § 346 I)/ Widerruf (§ 355)/ Minderung (§§ 441 III, 638 III)

**VII.** **Kündigung** (vgl. z. B. § 314) (nur mit Wirkung für die Zukunft)

**VIII.** **Auflösende Bedingung** (§ 158 II)/ Zeitablauf (§ 163)

**IX.** **Verwirkung** als Ausprägung des Grundsatzes von Treu und Glauben (§ 242)

 **X.** Bei bereicherungsrechtlichen Ansprüchen: **Entreicherung** (§ 818 III)

Zum Inhaberwechsel führt die **Abtretung**: § 398

# C) Anspruch durchsetzbar (Einreden = rechtshemmende Einwendungen)

**I. Dauernde (peremptorische) Einreden**
1. Verjährung (§ 214 I)
2. „Faktische" Unmöglichkeit/Unzumutbarkeit (§ 275 II, III) bei endgültigen Leistungshindernissen (str., vgl. *Freitag* NJW 2014, 113 ff.; bei nur vorübergehenden Leistungshindernissen dilatorische Einrede, s. u. II)
3. Einrede der Bereicherung (§ 821)
4. Arglisteinrede (§ 853)
5. Rücktritts- oder Minderungseinrede (§§ 438 IV 2, V, 634a IV 2, V)
6. Verweigerung der Nacherfüllung (§ 439 III)

**II. Vorübergehende (dilatorische) Einreden**
1. Einrede des nichterfüllten Vertrages (§ 320)
2. Allgemeines Zurückbehaltungsrecht (§ 273 I)
3. Stundung (vgl. § 205)
4. Bürgschaft: Einrede der Anfechtbarkeit/Aufrechenbarkeit (§ 770); Einrede der Vorausklage (§ 771)

# Übersicht 3: Rechte des Käufers bei Mängeln der Kaufsache

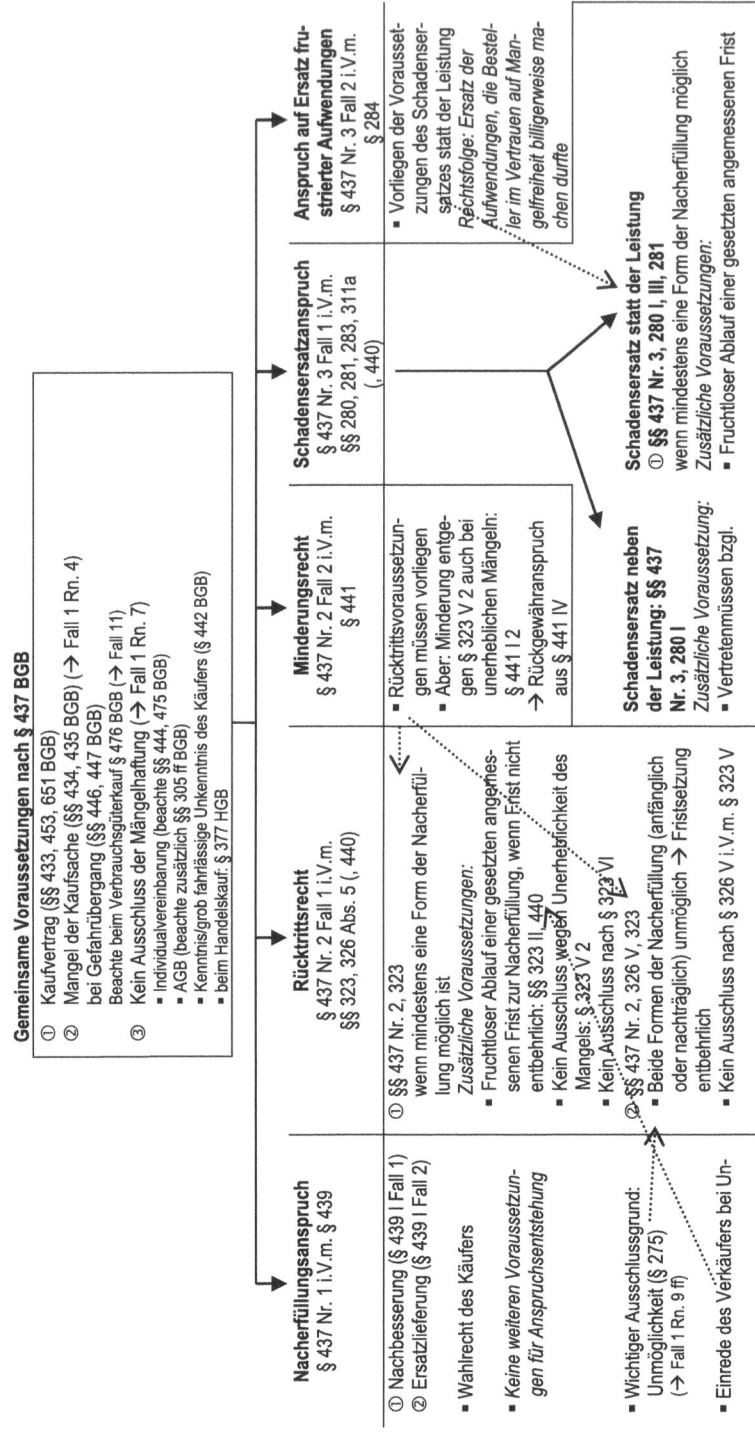

**Gemeinsame Voraussetzungen nach § 437 BGB**

① Kaufvertrag (§§ 433, 453, 651 BGB)
② Mangel der Kaufsache (§§ 434, 435 BGB) (→ Fall 1 Rn. 4)
  bei Gefahrübergang (§§ 446, 447 BGB)
  Beachte beim Verbrauchsgüterkauf § 476 BGB (→ Fall 11)
③ Kein Ausschluss der Mängelhaftung (→ Fall 1 Rn. 7)
  ▪ Individualvereinbarung (beachte §§ 444, 475 BGB)
  ▪ AGB (beachte zusätzlich §§ 305 ff BGB)
  ▪ Kenntnis/grob fahrlässige Unkenntnis des Käufers (§ 442 BGB)
  ▪ beim Handelskauf: § 377 HGB

**Nacherfüllungsanspruch**
§ 437 Nr. 1 i.V.m. § 439

① Nachbesserung (§ 439 I Fall 1)
② Ersatzlieferung (§ 439 I Fall 2)

▪ Wahlrecht des Käufers

▪ *Keine weiteren Voraussetzungen für Anspruchsentstehung*

▪ Wichtiger Ausschlussgrund: Unmöglichkeit (§ 275) (→ Fall 1 Rn. 9 ff)

▪ Einrede des Verkäufers bei Un-

**Rücktrittsrecht**
§ 437 Nr. 2 Fall 1 i.V.m. §§ 323, 326 Abs. 5 (, 440)

① §§ 437 Nr. 2, 323 wenn mindestens eine Form der Nacherfüllung möglich ist
*Zusätzliche Voraussetzungen:*
▪ Fruchtloser Ablauf einer gesetzten angemessenen Frist zur Nacherfüllung, wenn Frist nicht entbehrlich: §§ 323 II, 440
▪ Kein Ausschluss wegen Unerheblichkeit des Mangels: § 323 V 2
▪ Kein Ausschluss nach § 323 VI
② §§ 437 Nr. 2, 326 V, 323
▪ Beide Formen der Nacherfüllung (anfänglich oder nachträglich) unmöglich → Fristsetzung entbehrlich
▪ Kein Ausschluss nach § 326 V i.V.m. § 323 V

**Minderungsrecht**
§ 437 Nr. 2 Fall 2 i.V.m. § 441

▪ Rücktrittsvoraussetzungen müssen vorliegen
▪ Aber: Minderung entgegen § 323 V 2 auch bei unerheblichen Mängeln: § 441 I 2
→ Rückgewähranspruch aus § 441 IV

**Schadensersatz neben der Leistung: §§ 437 Nr. 3, 280 I**
*Zusätzliche Voraussetzung:*
▪ Vertretenmüssen bzgl.

**Schadensersatzanspruch**
§ 437 Nr. 3 Fall 1 i.V.m. §§ 280, 281, 283, 311a (, 440)

**Schadensersatz statt der Leistung**
① §§ 437 Nr. 3, 280 I, III, 281 wenn mindestens eine Form der Nacherfüllung möglich
*Zusätzliche Voraussetzungen:*
▪ Fruchtloser Ablauf einer gesetzten angemessenen Frist

**Anspruch auf Ersatz frustrierter Aufwendungen**
§ 437 Nr. 3 Fall 2 i.V.m. § 284

▪ Vorliegen der Voraussetzungen des Schadensersatzes statt der Leistung
*Rechtsfolge: Ersatz der Aufwendungen, die der Besteller im Vertrauen auf Mangelfreiheit billigerweise machen durfte*

| | | |
|---|---|---|
| verhältnismäßigkeit (§ 439 III) (→ Fall 1 Rn. 31 f) | des Mangels (vermutet, § 280 I 2) | zur Nacherfüllung, wenn Frist nicht entbehrlich: §§ 281 II, 440<br>• Vertretenmüssen bzgl. des Mangels oder des Scheiterns der Nacherfüllung (h.M. → Fall 10; vermutet, § 280 I 2)<br><br>② **§§ 437 Nr. 3, 280 I, III, 283**<br>*Zusätzliche Voraussetzungen:*<br>• Nachträgliche Unmöglichkeit beider Formen der Nacherfüllung (§ 275)<br>• Vertretenmüssen bzgl. der Unmöglichkeit der Nacherfüllung (h.M.; vermutet, § 280 I 2)<br><br>③ **§§ 437 Nr. 3, 311a II**<br>*Zusätzliche Voraussetzungen:*<br>• Anfängliche (bereits bei Vertragsschluss bestehende) Unmöglichkeit beider Formen der Nacherfüllung (§ 275)<br>• Kenntnis bzw. fahrlässige Unkenntnis des Verkäufers vom Hinderungsgrund (vermutet, § 311a II 2) |
| 2, VI (wie oben ①)<br><br>Erklärt (§ 349) der Käufer berechtigt den Rücktritt, wird das Schuldverhältnis in ein Rückgewährschuldverhältnis umgestaltet, aus dem folgende Ansprüche entstehen können:<br>• **Rückgewähr der erbrachten Leistungen** und der gezogenen Nutzungen: **§ 346 I**<br>  • Wertersatz: § 346 II<br>  • Ersatz nicht gezogener Nutzungen: § 347 I<br>  • Verwendungsersatz: § 347 II<br>  • Schadensersatz: § 346 IV i.V.m. §§ 280 ff | *Rechtsfolge: Ersatzfähigkeit des Schadens, der durch hypothetische Nacherfüllung nicht behoben werden kann und damit endgültig eingetreten ist (typischerweise „Mangelfolgeschaden", Integritätsinteresse betroffen)* | *Rechtsfolge: Ersatzfähigkeit des Schadens, der durch hypothetische Nacherfüllung behoben werden kann (typischerweise „Mangelschaden", Äquivalenzinteresse betroffen) (siehe Fall 3 Rn. 19)*<br><br>*Zusätzliche Voraussetzung, wenn Käufer die Sache nicht behalten will und Schadensersatz **statt der ganzen Leistung** verlangt:*<br>• Erheblichkeit des Mangels (§ 281 I 3 ggf. i.V.m. §§ 283 S. 2, 311a II 3)<br>→ Rückgewähranspruch des Verkäufers: § 281 V [ggf. i.V.m. §§ 283 S. 2, 311a II 3] i.V.m. § 346 I |
| Einrede der Verjährung: § 438 I-III i.V.m. § 214 I<br><br>• Ausschluss des Rücktritts und der Minderung: §§ 438 IV, V, 218<br>• Verjährung des Rückgewähranspruchs aus Rücktritt/Minderung (u.a. §§ 346 I, 441 IV): §§ 195, 199 (→ Fall 19 Rn. 17) | | Einrede der Verjährung: § 438 I-III i.V.m. § 214 I |

# Übersicht 4: Rechte des Bestellers bei Mängeln des Werks

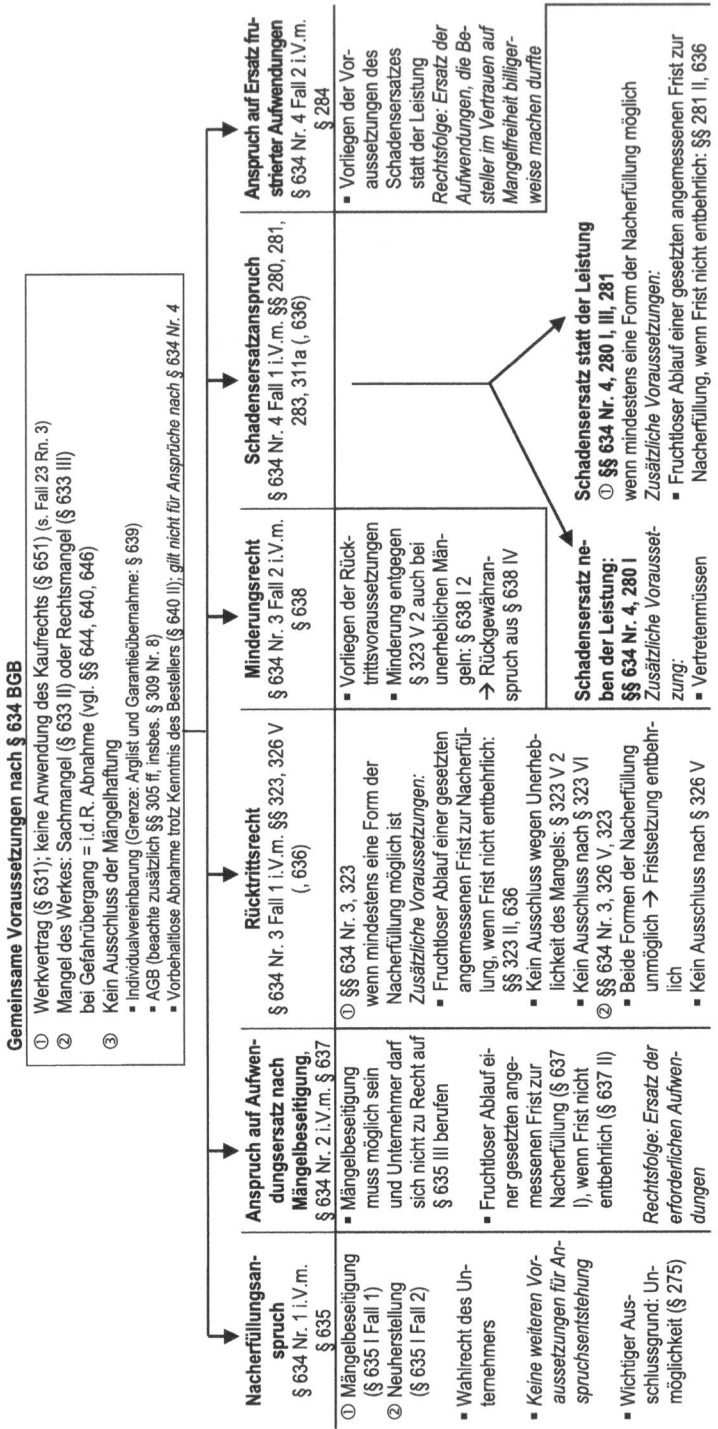

**Gemeinsame Voraussetzungen nach § 634 BGB**

① Werkvertrag (§ 631); keine Anwendung des Kaufrechts (§ 651) (s. Fall 23 Rn. 3)
② Mangel des Werkes: Sachmangel (§ 633 II) oder Rechtsmangel (§ 633 III)
   bei Gefahrübergang = i.d.R. Abnahme (vgl. §§ 644, 640, 646)
③ Kein Ausschluss der Mängelhaftung
   ▪ Individualvereinbarung (Grenze: Arglist und Garantieübernahme: § 639)
   ▪ AGB (beachte zusätzlich §§ 305 ff, insbes. § 309 Nr. 8)
   ▪ Vorbehaltlose Abnahme trotz Kenntnis des Bestellers (§ 640 II); *gilt nicht für Ansprüche nach § 634 Nr. 4*

| **Nacherfüllungs-anspruch**<br>§ 634 Nr. 1 i.V.m.<br>§ 635 | **Anspruch auf Aufwen-dungsersatz nach Mängelbeseitigung,**<br>§ 634 Nr. 2 i.V.m. § 637 | **Rücktrittsrecht**<br>§ 634 Nr. 3 Fall 1 i.V.m. §§ 323, 326 V<br>(, 636) | **Minderungsrecht**<br>§ 634 Nr. 3 Fall 2 i.V.m.<br>§ 638 | **Schadensersatzanspruch**<br>§ 634 Nr. 4 Fall 1 i.V.m. §§ 280, 281,<br>283, 311a (, 636) | **Anspruch auf Ersatz fru-strierter Aufwendungen**<br>§ 634 Nr. 4 Fall 2 i.V.m.<br>§ 284 |
|---|---|---|---|---|---|
| ① Mängelbeseitigung (§ 635 I Fall 1)<br>② Neuherstellung (§ 635 I Fall 2)<br><br>▪ Wahlrecht des Un-ternehmers<br><br>*▪ Keine weiteren Vor-aussetzungen für An-spruchsentstehung*<br><br>▪ Wichtiger Aus-schlussgrund: Un-möglichkeit (§ 275) | ▪ Mängelbeseitigung muss möglich sein und Unternehmer darf sich nicht zu Recht auf § 635 III berufen<br><br>▪ Fruchtloser Ablauf ei-ner gesetzten ange-messenen Frist zur Nacherfüllung (§ 637 I), wenn Frist nicht entbehrlich (§ 637 II)<br><br>*Rechtsfolge: Ersatz der erforderlichen Aufwen-dungen* | ① §§ 634 Nr. 3, 323<br>wenn mindestens eine Form der Nacherfüllung möglich ist<br>*Zusätzliche Voraussetzungen:*<br>▪ Fruchtloser Ablauf einer gesetzten angemessenen Frist zur Nacherfül-lung, wenn Frist nicht entbehrlich: §§ 323 II, 636<br>▪ Kein Ausschluss wegen Unerheb-lichkeit des Mangels: § 323 V 2<br>▪ Kein Ausschluss nach § 323 VI<br>② §§ 634 Nr. 3, 326 V, 323<br>▪ Beide Formen der Nacherfüllung unmöglich → Fristsetzung entbehr-lich<br>▪ Kein Ausschluss nach § 326 V | ▪ Vorliegen der Rück-trittsvoraussetzungen:<br>▪ Minderung entgegen § 323 V 2 auch bei unerheblichen Män-geln: § 638 I 2<br>→ Rückgewähran-spruch aus § 638 IV<br><br><br>**Schadensersatz ne-ben der Leistung:**<br>**§§ 634 Nr. 4, 280 I**<br>*Zusätzliche Vorausset-zung:*<br>▪ Vertretenmüssen | ▪ Vorliegen der Vor-aussetzungen des Schadensersatzes statt der Leistung<br><br>*Rechtsfolge: Ersatz der Aufwendungen, die Be-steller im Vertrauen auf Mangelfreiheit billiger-weise machen durfte* |

**Schadensersatz statt der Leistung:**
**① §§ 634 Nr. 4, 280 I, III, 281**
wenn mindestens eine Form der Nacherfüllung möglich
*Zusätzliche Voraussetzungen:*
▪ Fruchtloser Ablauf einer gesetzten angemessenen Frist zur Nacherfüllung, wenn Frist nicht entbehrlich: §§ 281 II, 636

- Einrede des Unternehmers bei Unverhältnismäßigkeit (§ 635 III)

i.V.m. § 323 V 2, VI (wie oben ①)

Erklärt (§ 349) der Besteller berechtigt den Rücktritt, wird das Schuldverhältnis in ein Rückgewährschuldverhältnis umgestaltet, aus dem folgende Ansprüche entstehen können:

- **Rückgewähr der erbrachten Leistungen** und die gezogenen Nutzungen: **§ 346 I**
  - Wertersatz: § 346 II
  - Ersatz nicht gezogener Nutzungen: § 347 I
  - Verwendungsersatz: § 347 II
  - Schadensersatz: § 346 IV i.V.m. §§ 280 ff

- Ausschluss des Rücktritts und der Minderung: §§ 634a IV, V, 218
- Verjährung des Rückgewähranspruchs aus Rücktritt/Minderung (u.a. §§ 346 I, 638 IV): §§ 195, 199

Einrede der Verjährung: § 634a I-III i.V.m. § 214 I

bzgl. des Mangels (vermutet, § 280 I 2)

*Rechtsfolge: Ersatzfähigkeit des Schadens, der durch hypothetische Nacherfüllung nicht behoben werden kann und damit endgültig eingetreten ist (typischerweise „Mangelfolgeschaden", Integritätsinteresse betroffen)*

- Vertretenmüssen bzgl. des Mangels oder des Scheiterns der Nacherfüllung (h.M.; vermutet, § 280 I 2)

② **§§ 634 Nr. 4, 280 I, III, 283**
*Zusätzliche Voraussetzungen:*
- Nachträgliche Unmöglichkeit beider Formen der Nacherfüllung (§ 275)
- Vertretenmüssen bzgl. der Unmöglichkeit der Nacherfüllung (h.M.; vermutet, § 280 I 2)

③ **§§ 634 Nr. 4, 311a II**
*Zusätzliche Voraussetzungen:*
- Anfängliche (bereits bei Vertragsschluss bestehende) Unmöglichkeit beider Formen der Nacherfüllung (§ 275)
- Kenntnis bzw. fahrlässige Unkenntnis des Unternehmers vom Hinderungsgrund (vermutet, § 311a II 2)

*Rechtsfolge: Ersatzfähigkeit des Schadens, der durch hypothetische Nacherfüllung behoben werden kann (typischerweise „Mangelschaden", Äquivalenzinteresse betroffen)*

*Zusätzliche Voraussetzung, wenn Besteller die Sache nicht behalten will und Schadensersatz **statt der ganzen Leistung** verlangt:*
- Erheblichkeit des Mangels (§ 281 I 3 ggf. i.V.m. §§ 283 S. 2, 311a II 3)
→ Rückgewähranspruch des Unternehmers: § 281 V i.V.m. §§ 283 S. 2, 311a II 3] i.V.m. § 346 I

Einrede der Verjährung: § 634a I-III i.V.m. § 214 I

# Übersicht 5: Rechte des Mieters bei Mängeln der Mietsache

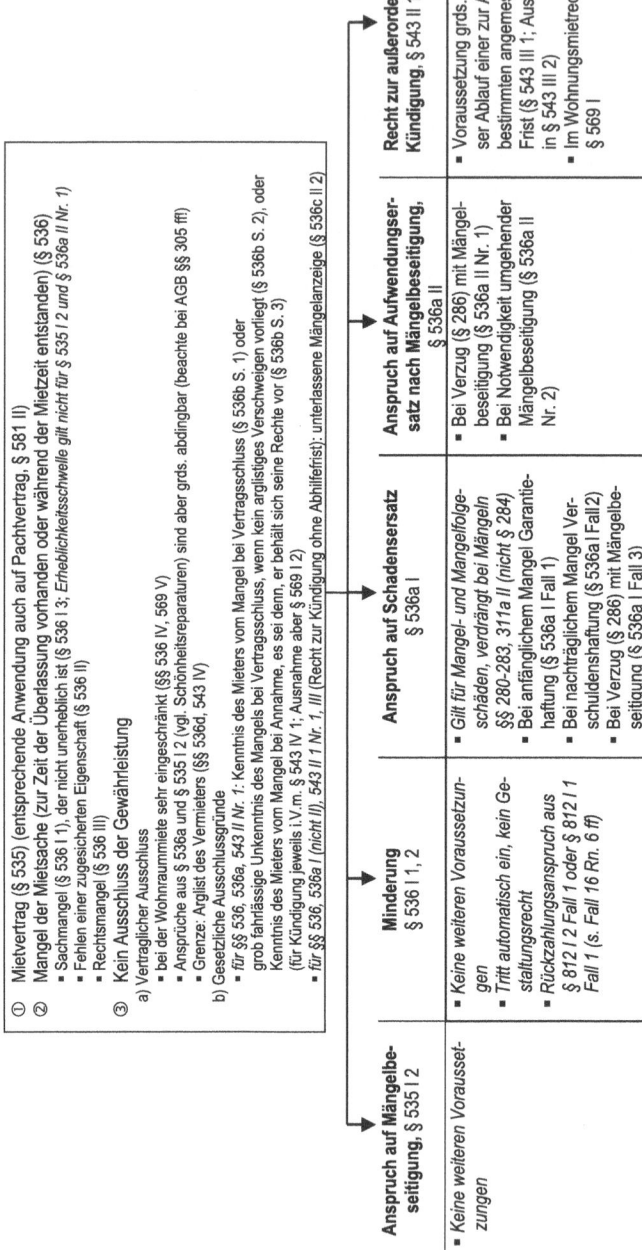

① Mietvertrag (§ 535) (entsprechende Anwendung auch auf Pachtvertrag, § 581 II)

② Mangel der Mietsache (zur Zeit der Überlassung vorhanden oder während der Mietzeit entstanden) (§ 536)
- Sachmangel (§ 536 I 1), der nicht unerheblich ist (§ 536 I 3; *Erheblichkeitsschwelle gilt nicht für § 535 I 2 und § 536a II Nr. 1*)
- Fehlen einer zugesicherten Eigenschaft (§ 536 II)
- Rechtsmangel (§ 536 III)

③ Kein Ausschluss der Gewährleistung
a) Vertraglicher Ausschluss
- bei der Wohnraummiete sehr eingeschränkt (§§ 536 IV, 569 V)
- Ansprüche aus § 536a und § 535 I 2 (vgl. Schönheitsreparaturen) sind aber grds. abdingbar (beachte bei AGB §§ 305 ff)
- Grenze: Arglist des Vermieters (§§ 536d, 543 IV)
b) Gesetzliche Ausschlussgründe
- *für §§ 536, 536a, 543 II Nr. 1: Kenntnis des Mieters vom Mangel bei Vertragsschluss (§ 536b S. 1) oder grob fahrlässige Unkenntnis des Mangels bei Vertragsschluss, wenn kein arglistiges Verschweigen vorliegt (§ 536b S. 2), oder Kenntnis des Mieters vom Mangel bei Annahme, es sei denn, er behält sich seine Rechte vor (§ 536b S. 3)*
- *(für Kündigung jeweils i.V.m. § 543 IV 1: Ausnahme aber § 569 I 2)*
- *für §§ 536, 536a I (nicht II), 543 II 1 Nr. 1, III (Recht zur Kündigung ohne Abhilfefrist): unterlassene Mängelanzeige (§ 536c II 2)*

| Anspruch auf Mängelbeseitigung, § 535 I 2 | Minderung § 536 I 1, 2 | Anspruch auf Schadensersatz § 536a I | Anspruch auf Aufwendungsersatz nach Mängelbeseitigung, § 536a II | Recht zur außerordentlichen Kündigung, § 543 II 1 Nr. 1, III |
|---|---|---|---|---|
| ▪ *Keine weiteren Voraussetzungen* | ▪ *Keine weiteren Voraussetzungen*<br>▪ *Tritt automatisch ein, kein Gestaltungsrecht*<br>▪ *Rückzahlungsanspruch aus § 812 I 2 Fall 1 oder § 812 I 1 Fall 1 (s. Fall 16 Rn. 6 ff)* | ▪ *Gilt für Mangel- und Mangelfolgeschäden, verdrängt bei Mängeln §§ 280–283, 311a II (nicht § 284)*<br>▪ Bei anfänglichem Mangel Garantiehaftung (§ 536a I Fall 1)<br>▪ Bei nachträglichem Mangel Verschuldenshaftung (§ 536a I Fall2)<br>▪ Bei Verzug (§ 286) mit Mängelbeseitigung (§ 536a I Fall 3) | ▪ Bei Verzug (§ 286) mit Mängelbeseitigung (§ 536a II Nr. 1)<br>▪ Bei Notwendigkeit umgehender Mängelbeseitigung (§ 536a II Nr. 2) | ▪ Voraussetzung grds. fruchtloser Ablauf einer zur Abhilfe bestimmten angemessenen Frist (§ 543 III 1; Ausnahmen in § 543 III 2)<br>▪ Im Wohnungsmietrecht auch § 569 I |

# Sachverzeichnis

Die Zahl vor dem Schrägstrich weist auf den jeweiligen Fall hin, die Zahl hinter dem Schrägstrich auf die Randnummer. Ist nur eine Zahl angegeben, bezieht sich der Verweis auf den ganzen Fall. Fettdruck weist auf eine Hauptfundstelle hin.

© Springer-Verlag Berlin Heidelberg 2015
P. Balzer et al., *Die Schuldrechtsklausur I,* Tutorium Jura,
DOI 10.1007/978-3-662-45662-0

The manufacturer's authorised representative in the EU is Springer
Nature Customer Service Centre GmbH, Europaplatz 3, 69115 Heidelberg,
Germany. If you have any concerns regarding our products, please
contact ProductSafety@springernature.com

Printed and bound by CPI Group (UK) Ltd, Croydon, CR0 4YY
27/04/2026
02097614-0010